Prütting · Weller | Handels- und Gesellschaftsrecht

Handels- und Gesellschaftsrecht

von

Dr. Jens Prütting

Juniorprofessor an der Bucerius Law School Hamburg

und

Dr. Marc-Philippe Weller

Professor an der Universität Heidelberg

10., neu bearbeitete Auflage

des von Günter H. Roth begründeten
und bis zur 6. Auflage bearbeiteten Werkes

Verlag Franz Vahlen München 2020

Zitiervorschlag: *Prütting/Weller* HandelsR

www.vahlen.de

Print ISBN 978 3 8006 6310 1
E Book ISBN 978 3 8006 6389 7

© 2020 Verlag Franz Vahlen GmbH
Wilhelmstraße 9, 80801 München

Druck: Nomos Verlagsgesellschaft mbH & Co. KG
In den Lissen 12, 76547 Sinzheim

Satz: Jung Crossmedia Publishing GmbH
Gewerbestraße 17, 35633 Lahnau
Umschlaggestaltung: Martina Busch, Grafikdesign, Homburg Kirrberg

vahlen.de/nachhaltig

Gedruckt auf säurefreiem, alterungsbeständigem Papier
(hergestellt aus chlorfrei gebleichtem Zellstoff)

Vorwort

Das Lehrbuch will den Stoff vermitteln, den junge Juristinnen und Juristen im Handels- und Gesellschaftsrecht beherrschen sollten. Dazu zählen primär die »Grundzüge des Handels- und Gesellschaftsrechts«, die in allen Bundesländern zum Pflichtfachstoff für das Erste und Zweite Juristische Staatsexamen gehören. Darüber hinaus werden die Themenkomplexe vertieft erläutert, die regelmäßig Gegenstand der universitären Schwerpunktbereiche im »Unternehmens- und Wirtschaftsrecht« sind.

Das Lehrbuch wurde von *Günter H. Roth,* Universität Innsbruck, begründet und bis zur 6. Auflage 2001 bearbeitet. In der 7. und 8. Auflage 2010/2013 erschien es unter dem Autorenteam *Roth/Weller.* Für die 9. Auflage 2016 ist *Jens Prütting* als Autor aufgenommen worden, der als Juniorprofessor an der Bucerius Law School in Hamburg lehrt. Das Werk wurde nunmehr erfolgreich in die 10. Auflage fortgeführt und um spezifische Stützen für Studierende, insbesondere um eine vorangestellte Problemübersicht, ergänzt.

Das Buch vermittelt – ausgehend vom Gesetzestext – die übergreifenden Prinzipien des Handels- und Gesellschaftsrechts. Dabei gibt es den Studierenden das methodische und argumentative Rüstzeug an die Hand, um Einzelprobleme – vom »Klassiker« bis hin zu tagesaktuellen Fragen – überzeugend zu lösen. Zahlreiche Schemata und Übersichten erleichtern hierbei den Zugang zur Materie. Anhand von Beispielsfällen und deren »klausurmäßiger« Lösung wird aufgezeigt, wie handels- und gesellschaftsrechtliche Fragen im Prüfungsaufbau zu integrieren sind und wo typischerweise mit ihnen zu rechnen ist.

Das Buch wurde bewusst vor dem Hintergrund geschrieben, dass die Gesetzestexte bei allen Prüfungen als Hilfsmittel zugelassen sind. Es wird den Lesern und Leserinnen daher empfohlen, jede genannte Bestimmung aufmerksam zu studieren. Sie werden dann schnell Fortschritte bei der Erschließung der prima facie komplexen Materie feststellen können.

Herzlich gedankt sei Herrn Wiss. Mit. *Alexander Heß,* der uns bei der Überarbeitung und erneuten Aktualisierung des Buches in vielfältiger Weise unterstützt hat.

Über Anregungen und Kritik freuen wir uns und bitten darum, diese direkt per E-Mail an uns zu adressieren: jens.pruetting@law-school.de und marc.weller@ipr.uni-heidelberg.de.

Hamburg/Heidelberg, im August 2020   *Jens Prütting* und *Marc-Philippe Weller*

Zum Umgang mit diesem Buch

Vorneweg finden Sie eine Übersicht zu Examensklassikern, die insbesondere für eine schnelle Wiederholung, einen Anstoß für effiziente Übung und als Wegweiser für die Nacharbeit dienen kann.

Sodann verrät ein Blick in das Inhaltsverzeichnis und ein Vergleich mit manch anderem Lehrwerk schnell, dass der Aufbau sich nicht am Gesetz, sondern an den Inhalten orientiert. Stellen Sie sich die gesamte Materie des Handelsrechts als einen Lebenszyklus vor, der mit diesem Buch beschrieben wird. In den §§ 1–3 werden Grundlagen beschrieben, die aufzeigen, worum es im Kern geht, wer die Akteure sein können und welche Basisbegriffe Verwendung finden. Zugleich lernen Sie auch schon die wichtigen Aspekte über das zentrale Register des Handelsrechts kennen. In den §§ 4–7 werden dann die handelnden Rechtssubjekte juristisch aus der Taufe gehoben und eingehend vorgestellt. Alle dort gefundenen Informationen benötigen Sie, um mit diesen Akteuren in der Rechtspraxis jonglieren zu können und ein umfassendes Verständnis zu erlangen. Es folgen in den §§ 8–23 die Details über die Rechtssubjekte, die nicht als Einzelunternehmer, sondern in der Rechtsform einer Gesellschaft auftreten. Dabei finden Sie zu jeder Gesellschaftsform immer als Erstes ihr Wesen, sodann ihre Gründung und innere Organisation, in der Folge ihr Auftreten nach außen (Stellvertretung/Haftung) und zuletzt den Wechsel des Gesellschafterbestandes und ihre Beendigung. Auch hier wird dem Lebenszyklus der Rechtsform gefolgt, der sich im Bereich des Gesellschaftsrechts zusätzlich mit der Struktur des Gesetzes deckt. In den §§ 24–39 folgen Aspekte, die alle Handelsrechtssubjekte treffen können und daher gemeinsam behandelt werden. Sie finden zunächst eine Übersicht zur kaufmännischen Rechnungslegung (§§ 24–25), dann zu den besonders klausurrelevanten Problematiken des Firmenrechts und der Haftungsüberleitung wegen Unternehmensnachfolge (§§ 27–29) und in den §§ 30–32 lernen Sie, welche besonderen Möglichkeiten im gewerblichen Bereich bestehen, Aufgaben zu delegieren, also allem voran Vertreter einzusetzen. Die §§ 33–39 zeigen schließlich einzelne Handelsgeschäfte auf, die als Einzelmodifikationen bürgerlich-rechtlicher Verträge zu verstehen sind. Sie bilden ein Konvolut von Einzelproblemen in der Klausur, die ohne Weiteres gelernt werden können und für Sie in den §§ 33–39 in überschaubarer Form zusammengestellt sind. Je nach Kenntnisstand ist es sinnvoll, nur bestimmte Abschnitte zu lesen. Beim ersten Lesen ist es auch vollkommen in Ordnung, Hintergründe, Geschichtsausführungen und allgemeine Aspekte eher zu überfliegen und erst einmal die juristischen Fakten zu erarbeiten. Holen Sie die Hintergrundlektüre jedoch unbedingt nach, da sich gerade für Ihre Klausur hieraus viele schlagkräftige Argumente ergeben, für deren Verständnis und Nutzung Sie Hintergrundwissen benötigen.

Inhaltsübersicht

Inhaltsverzeichnis

Abkürzungsverzeichnis

aA . . . . anderer Ansicht
aaO . . . . am angegebenen Ort
ABGB . . . . Allgemeines Bürgerliches Gesetzbuch (österr.)
abl. . . . . ablehnend
AcP . . . . Archiv für die civilistische Praxis (Zeitschrift)
ADHGB . . . . . . Allgemeines Deutsches Handelsgesetzbuch von 1861
ADSp . . . . Allgemeine Deutsche Spediteurbedingungen
aE . . . . am Ende
AEUV . . . . Vertrag über die Arbeitsweise der Europäischen Union
aF . . . . alte Fassung
AG . . . . Aktiengesellschaft; auch: Die Aktiengesellschaft (Zeitschrift)
AGB . . . . Allgemeine Geschäftsbedingungen
AktG . . . . Aktiengesetz
allgM . . . . allgemeine Meinung
Anm. . . . . Anmerkung
AO . . . . Abgabenordnung
ARGE . . . . Arbeitsgemeinschaft
ARUG . . . . Gesetz zur Umsetzung der Aktionärsrechterichtlinie

BayObLG . . . . . . Bayerisches Oberstes Landesgericht
BB . . . . Betriebs-Berater (Zeitschrift)
Bekl. . . . . Beklagte(-r)
betr. . . . . betreffend
BetrVG . . . . Betriebsverfassungsgesetz
BFH . . . . Bundesfinanzhof
BGB . . . . Bürgerliches Gesetzbuch
BGBl. . . . . Bundesgesetzblatt
BGH . . . . Bundesgerichtshof
BGHZ . . . . Entscheidungen des Bundesgerichtshofs in Zivilsachen
BinnSchG . . . . . Binnenschifffahrtsgesetz
BiRiLiG . . . . . . Bilanzrichtliniengesetz
BNotO . . . . Bundesnotarordnung
BORA . . . . Berufsordnung für Rechtsanwältinnen und Rechtsanwälte
BRAO . . . . Bundesrechtsanwaltsordnung
BR-Drs. . . . . . . Bundesrats-Drucksache
BVerfG . . . . Bundesverfassungsgericht

CIM . . . . Convention internationale concernant le transport des marchandises par chemin de fer
CMR . . . . Convention relative au contrat du transport international de marchandises par route
CR . . . . Computer und Recht (Zeitschrift)

DB . . . . Der Betrieb (Zeitschrift)
dh . . . . das heißt
DStR . . . . Deutsches Steuerrecht (Wochenschrift für Steuerrecht, Wirtschaftsrecht und Betriebswirtschaft)

EG . . . . Europäische Gemeinschaft
eG . . . . eingetragene Genossenschaft
EGHGB . . . . . . Einführungsgesetz zum Handelsgesetzbuch
EGV . . . . Vertrag zur Gründung der EG
EStG . . . . Einkommensteuergesetz
EU . . . . Europäische Union

EuZW	Europäische Zeitschrift für Wirtschaftsrecht
EWIV	Europäische wirtschaftliche Interessenvereinigung
EWR	Europäischer Wirtschaftsraum
f., ff.	folgende
FamFG	Gesetz über Verfahren in Familiensachen und Angelegenheiten der freiwilligen Gerichtsbarkeit
FGG	Gesetz über die Angelegenheiten der freiwilligen Gerichtsbarkeit
FS	Festschrift
G	Gesetz
GA	Generalanwalt
GbR	Gesellschaft bürgerlichen Rechts = BGB-Gesellschaft
GenG	Gesetz betreffend die Erwerbs- und Wirtschaftsgenossenschaften
GesR	Gesellschaftsrecht
GesRZ	Der Gesellschafter (Zeitschrift, österr.)
ggf.	gegebenenfalls
GmbH	Gesellschaft mit beschränkter Haftung
GmbHG	Gesetz betreffend die Gesellschaften mit beschränkter Haftung
GmbHR	GmbH-Rundschau (Zeitschrift)
GrS	Großer Senat
GVG	Gerichtsverfassungsgesetz
GWB	Gesetz gegen Wettbewerbsbeschränkungen
hA	herrschende Ansicht
HdB	Handbuch
HGB	Handelsgesetzbuch
hL	herrschende Lehre
hM	herrschende Meinung
HRefG	Handelsrechtsreformgesetz v. 1998
HRV	Handelsregisterverordnung
Hs.	Halbsatz
idF	in der Fassung
idR	in der Regel
ieS	im engeren Sinne
infra	unten
InsO	Insolvenzordnung (in Kraft ab 1.1.1999)
IPR	Internationales Privatrecht
iS	im Sinne
iSd	im Sinne des
iSv	im Sinne von
iVm	in Verbindung mit
iwS	im weiteren Sinne
JA	Juristische Arbeitsblätter (Zeitschrift)
JBl	Juristische Blätter (Zeitschrift, österr.)
Jhrb	Jahrbuch
JR	Juristische Rundschau (Zeitschrift)
Jura	Juristische Ausbildung (Zeitschrift)
JuS	Juristische Schulung (Zeitschrift)
JVKostO	Justizverwaltungskostenordnung
JW	Juristische Wochenschrift (Zeitschrift)
JZ	Juristen-Zeitung (Zeitschrift)
KapErhG	Gesetz über die Kapitalerhöhung aus Gesellschaftsmitteln und über die Verschmelzung von Gesellschaften mit beschränkter Haftung
KfH	Kammer für Handelssachen

KG . . . . Kommanditgesellschaft (auch: Kammergericht [Berlin])
KGaA . . . . Kommanditgesellschaft auf Aktien
Kl. . . . . Kläger(in)
KO . . . . Konkursordnung
Komm. . . . . Kommentar
KostO . . . . Kostenordnung
krit. . . . . kritisch
KSt . . . . Körperschaftsteuer
KWG . . . . Kreditwesengesetz

lit. . . . . litera (Buchstabe)
LM . . . . Lindenmaier/Möhring, Nachschlagewerk des Bundesgerichtshofs in Zivilsachen
LöschungsG . . . . Gesetz über die Auflösung und Löschung von Gesellschaften und
Genossenschaften

MarkenG . . . . . . Gesetz über den Schutz von Marken und sonstigen Kennzeichen
mAnm . . . . mit Anmerkung
maW . . . . mit anderen Worten
mE . . . . meines Erachtens
MitbestErgG . . . . Mitbestimmungsergänzungsgesetz
MitbestG . . . . . . Gesetz über die Mitbestimmung der Arbeitnehmer
mN . . . . mit Nachweisen
MoMiG . . . . Gesetz zur Modernisierung des GmbH-Rechts und zur Bekämpfung von
Missbräuchen
mwN . . . . mit weiteren Nachweisen

nF . . . . neue Fassung
NJW . . . . Neue Juristische Wochenschrift (Zeitschrift)
NVwZ . . . . Neue Zeitschrift für Verwaltungsrecht
NZG . . . . Neue Zeitschrift für Gesellschaftsrecht
NZV . . . . Neue Zeitschrift für Verkehrsrecht

ÖBA . . . . Österr. Bankarchiv (Zeitschrift)
OHG . . . . Offene Handelsgesellschaft
OLG . . . . Oberlandesgericht
OLG-NL . . . . . . OLG-Rechtsprechung Neue Länder
OLGZ . . . . Entscheidungen der Oberlandesgerichte in Zivilsachen
ÖZW . . . . Österr. Zeitschrift für Wirtschaftsrecht

PartG . . . . Partnerschaftsgesellschaft
PartGG . . . . Partnerschaftsgesellschaftsgesetz
PatAO . . . . Patentanwaltsordnung
PublG . . . . Publizitätsgesetz

R . . . . Recht
RG . . . . Reichsgericht
RGZ . . . . Entscheidungen des Reichsgerichts in Zivilsachen
RIW/AWD . . . . Recht der internationalen Wirtschaft/Außenwirtschaftsdienst (Zeitschrift)
RL . . . . Richtlinie
Rn. . . . . Randnummer
Rpfleger . . . . . . Der Rechtspfleger (Zeitschrift)
RPflG . . . . Rechtspflegergesetz
Rspr. . . . . Rechtsprechung

SeuffA . . . . Seufferts Archiv für Entscheidungen der obersten Gerichte
Stat. Jhrb. . . . . . Statistisches Jahrbuch
StBerG . . . . Steuerberatungsgesetz
str. . . . . streitig
supra . . . . oben

TranspR . . . . Transportrecht (Zeitschrift)

ua . . . . und andere/unter anderem
uE . . . . unseres Erachtens
UmwG . . . . Umwandlungsgesetz
unbestr. . . . . unbestritten
unstr. . . . . unstreitig
uU . . . . unter Umständen

v. . . . . vom
VersR . . . . Versicherungsrecht (Zeitschrift)
VGH . . . . Verfassungsgerichtshof, Verwaltungsgerichtshof
VGR . . . . Wissenschaftliche Vereinigung für Unternehmens- und Gesellschaftsrecht e. V.
VorstAG . . . . Gesetz zur Angemessenheit der Vorstandsvergütung
VVG . . . . Gesetz über den Versicherungsvertrag

WiSt . . . . Wirtschaftswissenschaftliches Studium (Zeitschrift)
WpHG . . . . Wertpapierhandelsgesetz
WPO . . . . Wirtschaftsprüferordnung
WpÜG . . . . Wertpapiererwerbs- und Übernahmegesetz
WRP . . . . Wettbewerb in Recht und Praxis (Zeitschrift)

zB . . . . zum Beispiel
ZBB . . . . Zeitschrift für Bankrecht und Bankwirtschaft
ZEV . . . . Zeitschrift für Erbrecht und Vermögensnachfolge
ZfPW . . . . Zeitschrift für die gesamte Privatrechtswissenschaft
ZGR . . . . Zeitschrift für Unternehmens- und Gesellschaftsrecht
ZGS . . . . Zeitschrift für Vertragsgestaltung
ZHR . . . . Zeitschrift für das gesamte Handelsrecht und Wirtschaftsrecht
ZIP . . . . Zeitschrift für Wirtschaftsrecht
ZPO . . . . Zivilprozessordnung
ZRP . . . . Zeitschrift für Rechtspolitik
ZSR . . . . Zeitschrift für Schweizerisches Recht
zust. . . . . zustimmend
zutr. . . . . zutreffend
ZVglRw . . . . Zeitschrift für vergleichende Rechtswissenschaft
ZZP . . . . Zeitschrift für Zivilprozess

Literaturverzeichnis

Baumbach/Hopt/*Bearbeiter*	*Baumbach/Hopt,* Handelsgesetzbuch, 39. Aufl. 2020
Baumbach/Hueck/*Bearbeiter* . . .	*Baumbach/Hueck,* GmbH-Gesetz, 22. Aufl. 2019
Baur/Stürner SachenR	*Baur/R. Stürner,* Sachenrecht, 18. Aufl. 2009
BeckOK BGB/*Bearbeiter*	*Hau/Poseck* (Hrsg.), Beck'scher Online-Kommentar BGB, 54. Ed. 1.5.2020
BeckOK GmbHG/*Bearbeiter* . . .	*Ziemons/Jaeger/Pöschke* (Hrsg.), Beck'scher Online-Kommentar GmbHG, 44. Ed. 1.5.2020
BeckOK HGB/*Bearbeiter*	*Häublein/Hoffmann-Theinert* (Hrsg.), Beck'scher Online-Kommentar HGB, 28. Ed. 15.4.2020
Bitter/Heim GesR	*Bitter/Heim,* Gesellschaftsrecht, 5. Aufl. 2020
Bitter/Schumacher HandelsR . . .	*Bitter/Schumacher,* Handelsrecht mit UN-Kaufrecht, 3. Aufl. 2018
Bork/Schäfer/*Bearbeiter*	*Bork/Schäfer,* GmbH-Gesetz, 4. Aufl. 2019
Brox/Henssler HandelsR	*Brox/Henssler,* Handelsrecht, 22. Aufl. 2016
Canaris	*Canaris,* Handelsrecht, 24. Aufl. 2006
Canaris, Vertrauenshaftung	*Canaris,* Die Vertrauenshaftung im deutschen Privatrecht, 1971
EBJS/*Bearbeiter*	*Ebenroth/Boujong/Joost/Strohn,* HGB, Bd. 1, 4. Aufl. 2020; Bd. 2, 3. Aufl. 2015
Eisenhardt/Wackerbarth GesR I	*Eisenhardt/Wackerbarth,* Gesellschaftsrecht I, 16. Aufl. 2015
Emmerich/Habersack KonzernR	*Emmerich/Habersack,* Konzernrecht, 11. Aufl. 2020
Fikentscher/Heinemann	*Fikentscher/Heinemann,* Schuldrecht, 11. Aufl. 2017
Flume, Juristische Person	*Flume,* Allgemeiner Teil des bürgerlichen Rechts I/2 (Die juristische Person), 1983
Flume, Personengesellschaft	*Flume,* Allgemeiner Teil des bürgerlichen Rechts I/1 (Die Personengesellschaft), 1977
Flume, Rechtsgeschäft	*Flume,* Allgemeiner Teil des bürgerlichen Rechts II (Das Rechtsgeschäft), 4. Aufl. 1992
Großfeld/Luttermann	*Großfeld/Luttermann,* Bilanzrecht, 4. Aufl. 2005
Großkomm/*Bearbeiter*	Großkommentar zum HGB, begründet von *Staub,* hrsg. von *Canaris/Habersack/Schäfer,* Band 1, 5. Aufl. 2009; Band 2, 1. Aufl. 2008; Band 3, 5. Aufl. 2009; Band 4, 5. Aufl. 2015; Band 6, 5. Aufl. 2011; Band 7.1, 5. Aufl. 2010; Band 7.2, 5. Aufl. 2012; Band 8, 5. Aufl. 2018; Band 9, 5. Aufl. 2013; Band 12, 5. Aufl. 2014; Band 13, 5. Aufl. 2020
Grunewald GesR	*Grunewald,* Gesellschaftsrecht, 10. Aufl. 2017
Habersack/Casper/Löbbe	*Habersack/Casper/Löbbe,* GmbHG – Großkommentar, Bd. 1, 3. Aufl. 2019
Habersack/Verse EuGesR	*Habersack/Verse,* Europäisches Gesellschaftsrecht, 5. Aufl. 2019
Henssler/Strohn/*Bearbeiter*	*Henssler/Strohn,* Gesellschaftsrecht, 4. Aufl. 2019
Heymann/*Bearbeiter*	*Heymann,* Handelsgesetzbuch, Band 1, 3. Aufl. 2019; Band 2, 3. Aufl. 2019; Band 3, 3. Aufl. 2019; Band 4, 2. Aufl. 2010
Hirte, KapGesR	*Hirte,* Kapitalgesellschaftsrecht, 8. Aufl. 2016
HK-GmbHG/*Bearbeiter*	*Saenger/Inhester,* GmbHG, 4. Aufl. 2020
Hübner	*Hübner,* Handelsrecht, 5. Aufl. 2004
Hueck	*Hueck,* Das Recht der OHG, 4. Aufl. 1971
Hüffer/Koch/*Bearbeiter*	*Hüffer/Koch,* Aktiengesetz, 14. Aufl. 2020
Jauernig/*Bearbeiter*	*Jauernig,* Bürgerliches Gesetzbuch, 17. Aufl. 2018
Jung HandelsR	*Jung,* Handelsrecht, 12. Aufl. 2019

Kindler GK HandelsR . . . . *Kindler,* Grundkurs Handels- und Gesellschaftsrecht, 9. Aufl. 2019

KKRD/*Bearbeiter* . . . . *Koller/Kindler/Roth/Drüen,* Handelsgesetzbuch, 9. Aufl. 2019

Koch GesR . . . . *Koch,* Gesellschaftsrecht, 11. Aufl. 2019

Kübler/Assmann . . . . *Kübler/Assmann,* Gesellschaftsrecht, 6. Aufl. 2006

Langenbucher . . . . *Langenbucher,* Aktien- und Kapitalmarktrecht, 4. Aufl. 2018

Lutter/Hommelhoff/*Bearbeiter* . . *Lutter/Hommelhoff,* GmbH-Gesetz, 20. Aufl. 2020

Medicus/Lorenz SchuldR I . . . . . *Medicus/Lorenz,* Schuldrecht I: Allgemeiner Teil, 21. Aufl. 2015

Medicus/Lorenz SchuldR II . . . . *Medicus/Lorenz,* Schuldrecht II: Besonderer Teil, 18. Aufl. 2018

Medicus/Petersen . . . . *Medicus/Petersen,* Bürgerliches Recht, 27. Aufl. 2019

MHdB GesR I . . . . Münchener Handbuch des Gesellschaftsrechts, Bd. 1, 5. Aufl. 2019

MüKoAktG/*Bearbeiter* . . . . Münchener Kommentar zum Aktiengesetz, Band 1, 5. Aufl. 2019;
Band 2, 5. Aufl. 2019; Band 3, 4. Aufl. 2018; Band 4, 4. Aufl. 2016;
Band 5, 5. Aufl. 2020; Band 6, 4. Aufl. 2017; Band 7, 4. Aufl. 2017

MüKoBGB/*Bearbeiter* . . . . Münchener Kommentar zum Bürgerlichen Gesetzbuch, Band 1,
8. Aufl. 2018; Band 2, 8. Aufl. 2019; Band 3, 8. Aufl. 2019; Band 4,
8. Aufl. 2019; Band 5, 8. Aufl. 2020; Band 6, 8. Aufl. 2020

MüKoGmbHG/*Bearbeiter* . . . . . Münchener Kommentar zum GmbH-Gesetz, Band 1, 3. Aufl.
2018; Band 2, 3. Aufl. 2019; Band 3, 3. Aufl. 2018

MüKoHGB/*Bearbeiter* . . . . Münchener Kommentar zum Handelsgesetzbuch, Band 1, 4. Aufl.
2016; Band 2, 4. Aufl. 2016; Band 3, 4. Aufl. 2019; Band 4, 3. Aufl.
2013; Band 5, 4. Aufl. 2018; Band 6, 4. Aufl. 2019; Band 7, 4. Aufl.
2020

Neuner BGB AT . . . . *Neuner,* Allgemeiner Teil des BGB, 12. Aufl. 2020

NK-BGB/*Bearbeiter* . . . . *Heidel/Hüßtege/Mansel/Noack,* BGB, Band 1: Allgemeiner Teil,
EGBGB, 3. Aufl. 2016

Oetker/*Bearbeiter* . . . . *Oetker,* Handelsrecht, 6. Aufl. 2019

Palandt/*Bearbeiter* . . . . *Palandt,* Bürgerliches Gesetzbuch, 79. Aufl. 2020

Petersen . . . . *Petersen,* Examinatorium Allgemeiner Teil des BGB und Handelsrecht, 1. Aufl. 2013

Raiser/Veil . . . . *Raiser/Veil,* Recht der Kapitalgesellschaften, 6. Aufl. 2015

Reichert/Weller . . . . *Reichert/Weller,* Der GmbH-Geschäftsanteil, 2006

Röhricht/Graf v. Westphalen/Haas *Röhricht/Graf v. Westphalen/Haas,* Handelsgesetzbuch, 5. Aufl.
2019

Roth . . . . *Roth,* Vorgaben der Niederlassungsfreiheit für das Kapitalgesellschaftsrecht, 2010

Roth/Altmeppen/*Bearbeiter* . . . . *Roth/Altmeppen,* GmbH-Gesetz, 9. Aufl. 2019

Saenger, GesR . . . . *Saenger,* Gesellschaftsrecht, 4. Aufl. 2018

Schäfer GesR . . . . *Schäfer,* Gesellschaftsrecht, 5. Aufl. 2018

K. Schmidt, GesR . . . . *Schmidt,* Gesellschaftsrecht, 4. Aufl. 2002

K. Schmidt HandelsR . . . . *Schmidt,* Handelsrecht, 6. Aufl. 2014

Scholz/*Bearbeiter* . . . . *Scholz,* Kommentar zum GmbH-Gesetz, Band 1, 12. Aufl. 2018;
Band 2, 11. Aufl. 2013; Band 3, 11. Aufl. 2015

Ulmer/Habersack/Löbbe . . . . . . *Ulmer/Habersack/Löbbe,* GmbHG – Großkommentar, Bd. 2,
2. Aufl. 2014; Bd. 3, 2. Aufl. 2016

Weller, Europ. GesR . . . . *Weller,* Handels- und Gesellschaftsrecht, in: Gebauer/Wiedmann
(Hrsg.), Zivilrecht unter europäischem Einfluss, 2. Aufl. 2010

Weller, Int. GesR . . . . *Weller,* Internationales Gesellschaftsrecht, in: Münchener Kommentar zum GmbHG, 3. Aufl. 2018, Einl. Rn. 314 ff.

Weller, Rechtsformwahlfreiheit . . *Weller,* Europäische Rechtsformwahlfreiheit und Gesellschafterhaftung, 2004

XXVI

Westermann/Wertenbruch . . . . . . *Westermann/Wertenbruch,* Handbuch der Personengesellschaften, 75. EL 2019

Wiedemann . . . . *Wiedemann,* Gesellschaftsrecht, Bd. I: Grundlagen, 1980

Wilhelm . . . . *Wilhelm,* Kapitalgesellschaftsrecht, 4. Aufl. 2018

Windbichler GesR . . . . *Windbichler,* Gesellschaftsrecht, 24. Aufl. 2017

Examensrelevante Klassiker – Kurze Problemübersicht

Ausführliche Problemübersicht

---

1 Überblick in Baumbach/Hopt/*Hopt* HGB § 15 Rn. 11.
2 Baumbach/Hopt/*Hopt* HGB § 15 Rn. 11.
3 MüKoHGB/*Krebs* § 15 Rn. 81.

---

4 KKRD/*Roth* HGB § 15 Rn. 4.
5 MüKoHGB/*Krebs* § 15 Rn. 54.
6 EBJS/*Kindler* HGB § 1 Rn. 27.
7 Übersicht zu den Argumenten in EBJS/*Kindler* HGB § 2 Rn. 31.

– Bei Kapitalgesellschaften ist nach hM das Recht der *angestrebten* Gesellschaftsform anwendbar, soweit keine schutzwürdigen Interessen entgegenstehen (Vorgesellschaft zur GmbH als Rechtsform sui generis anerkannt).
– Argument:
  o Die Regeln der OHG bzw. GbR sollten nicht ohne Weiteres auf die Vorgesellschaft einer Kapitalgesellschaft angewendet werden; diese Gesellschaftsformen sind als fertige, endgültige Rechtsformen konzipiert – zentrales Merkmal der GmbH-Vorgesellschaft ist deren »Unfertigkeit«.
– Folgeproblem I: Gesellschafterhaftung in der Vor-GmbH vor Eintragung
  o Kann die unbeschränkte persönliche Haftung des OHG-Rechts unter Vorgriff auf GmbH-rechtliche Grundsätze abgemildert werden?
  o HM: Grds. besteht im Stadium der Vorgesellschaft eine bloße Verlustdeckungshaftung als Verlustdeckungspflicht gegenüber dieser Vorgesellschaft (keine Primärleistung geschuldet).
  o AA: Es besteht eine Haftung aus § 128 S. 1 HGB analog.
  o Argument:
    • Für hM: Es soll ein Gleichlauf mit dem Haftungsregime nach erfolgter Eintragung ermöglicht werden.
– Folgeproblem II: Rechtsnachfolge der GmbH nach Eintragung
  o Es wird die Rechtsnachfolge der GmbH in Aktiva und Passiva angenommen.
  o Die Vorbelastungshaftung der Gründer garantiert ein volles Startkapital im Zeitpunkt der Registereintragung.
  o Die Vor-GmbH ist mit der GmbH identisch.
– Exkurs: Vorbelastungshaftung
  o Die Gesellschafter müssen Vorbelastungen zu Lasten des Stammkapitals aus der Gründungsphase ausgleichen (Ausnahme notwendiger Gründungsaufwand).
  o Die Verlustdeckungshaftung besteht bis zur Eintragung – die Vorbelastungshaftung besteht ab Eintragung.

Ehegattengesellschaft

– Auslegungsproblem: Abgrenzung der (ggf. konkludent errichteten) Ehegattengesellschaft von der bloßen besonderen gesetzlichen Verbindung zwischen den Ehegatten (§§ 1360 S. 1, 1360a II S. 1 BGB).
– Anhaltspunkte für das Bestehen einer Gesellschaft:
  o Ausmaß der Mitarbeit im Vergleich mit einem als familienüblich angesehenen Standard.
  o Die tatsächliche vermögensmäßige Behandlung oder Abgeltung der Mitarbeit durch die Ehegatten.

Rechtsfähigkeit Außen-GbR

– Ist die Außen-GbR (teil-)rechtsfähig (in der Klausur nur kurz abhandeln – wird allerdings in dieser prägnanten Form noch erwartet)?
– hM (+)
– Argumente:
  o Identitätswahrende Umwandlungen von Gesellschaften bürgerlichen Rechts in andere Rechtsformen und aus anderen Rechtsformen ist besser zu erklären.
  o Systematisch §§ 899a BGB, 47 II GBO.
  o Es existiert eine enorme Vielzahl von Argumenten und es lohnt, sich einige bereitzulegen, um in der Klausur klar und prägnant zur Rechtsfähigkeit zu gelangen.

§ 899a BGB iVm § 47 II GBO
- – Welchen Aussagegehalt haben §§ 899a BGB iVm § 47 II GBO?
- – E. A.: § 899a BGB iVm § 47 II GBO ist auf Ebene der Berechtigung zu prüfen.
- – HM: § 899a BGB bezieht sich lediglich auf die Vertretungsbefugnis und ist demzufolge auf Ebene der Einigung zu prüfen – das Eigentum liegt bei der GbR.
- – Argumente:
  - o Gegen die hM: Es könnte systemwidrig sein, im Rahmen des gutgläubigen Erwerbs Fehler auf Ebene der Einigung zu überbrücken.
  - o Für die hM: Sinn und Zweck ist es, den Verkehrsschutz durch Gutglaubensschutz für Grundstücksgeschäfte mit einer GbR zu ermöglichen.
- – Folgeproblem:
  - o Erstreckung des § 899a BGB auf das Kausalgeschäft?
  - o HM (–)
  - o Daraus folgt: Bereicherungsrechtliche Rückabwicklung möglich.

§ 31 BGB bei Personengesellschaften
- – § 31 BGB ist als allgemeines Rechtsinstitut nach allgM auch auf Personengesellschaften anwendbar (vertragliche, vorvertragliche und deliktische Pflichten erfasst) – diese handeln auch durch Organe.
- – Problematisch, welche Gesellschafter bei Haftungsfällen erfasst werden.
- – E. A.: vertretungsberechtigte Gesellschafter (§ 125 HGB).
- – AA: geschäftsführende Gesellschafter (§ 114 HGB).
- – Argument:
  - o Für die aA: Es geht nicht um rechtsgeschäftliches Handeln (nicht um Vertretung), sondern um die tatsächliche Verrichtung.
  - o Daraus folgt auch eine Erweiterung des § 31 BGB auf herausgehobene Personen in leitender Position mit eigenständiger Führungsverantwortlichkeit innerhalb einer arbeitsteiligen Organisation.

Kaufmannseigenschaft von OHG-Gesellschaftern
- – Haben OHG-Gesellschafter selbst die Kaufmannseigenschaft?
- – HM: (+) Der OHG-Gesellschafter ist individuell Kaufmann.
- – Argument:
  - o Systematisch § 128 HGB: persönliche und unbeschränkte Haftung.
  - o Dagegen: die kaufmännische Tätigkeit wird von der Gesellschaft, nicht von einzelnen Gesellschaftern verfolgt.

Anforderungen an den Geschäftsbeginn in § 123 II HGB
- – Ist für den Geschäftsbeginn iSv § 123 II HGB die Zustimmung aller Gesellschafter erforderlich?
- – HM: (+)
- – Argument
  - o Schutz der Gesellschafter

§ 128 HGB – Haftungsart der Gesellschafter
- – Welchen Charakter hat die Haftung der Gesellschafter nach § 128 HGB?
- – HM (Erfüllungstheorie): Der Gesellschafter schuldet im Rahmen von § 128 HGB die Primärleistung – nicht lediglich Schadensersatz in Geld.

        – Argument:
          o Telos: Die Kreditwürdigkeit der OHG soll durch die persönliche Haftung der Gesellschafter umfassend durch optimale Berücksichtigung der Interessen der Gläubiger gestärkt werden.

Nr. 23 (→ Rn. 251) **Verhältnis der Verpflichtungen der OHG und der Gesellschafter**
– Stehen die Verpflichtungen der OHG und der Gesellschafter nach § 128 HGB zueinander im Verhältnis einer Gesamtschuld?
– HM: (–) In Ermangelung einer Gleichstufigkeit handelt es sich nicht um ein Gesamtschuldverhältnis.
– Argument:
    o Die Gesellschafterhaftung ist akzessorisch ausgestaltet.

Nr. 24 (→ Rn. 264) **Actio pro socio**
– Wenn die OHG nicht selbst gegen den hinsichtlich seiner Sozialansprüche säumigen Gesellschafter vorgeht, können andere Gesellschafter den Anspruch an die OHG klageweise im eigenen Namen geltend machen.
– Herleitung aus Gesellschaftsvertrag – Ausfluss der Mitgliedschaft.
– Folgeproblem: Übertragbarkeit auf Ansprüche aus sonstigen Rechtsgeschäften der OHG.

Nr. 25 (→ Rn. 274) **§ 115 I Hs. 2 HGB – Informationspflicht vor Widerspruch**
– Vor jeder Geschäftsführungsmaßnahme kann ein Mitgesellschafter widersprechen. Besteht eine Informationspflicht ggü. den übrigen Gesellschaftern vor Ergreifung von Geschäftsführungsmaßnahmen?
– Es besteht keine allgemeine Verpflichtung – die Funktionsfähigkeit der Einzelgeschäftsführung wäre sonst beeinträchtigt.
– Jedenfalls besteht dann eine Informationspflicht, wenn ein Widerspruch durch Mitgesellschafter erwartet werden kann.
– Herleitung aus Treuepflicht.[8]

Nr. 26 (→ Rn. 280) **Gesellschafterbeschluss bei Angelegenheiten der Einzelgeschäftsführung**
– Kann die Gesamtheit der Gesellschafter im sachlichen Bereich der Einzelgeschäftsführung (§ 116 I HGB) Angelegenheiten an sich ziehen und per Gesellschafterbeschluss entscheiden?
– HM: (–) Einzelgeschäftsführungsbefugnis ist ein Vorrecht – es ist kein Eingriff durch einen Gesellschafterbeschluss möglich.
– Argument:
    o Gegen die hM: systematisch § 116 II HGB – Es ergibt sich ein Wertungswiderspruch jedenfalls dann, wenn das Vetorecht nur in gewöhnlichen und nicht in außergewöhnlichen Angelegenheiten besteht.

Nr. 27 (→ Rn. 292, 512) **Stimmrechtsausschluss bei Interessenkollision**
– Gesetzlich ist ein Stimmrechtsausschluss bei Interessenkollision nur vereinzelt vorgesehen, vgl. §§ 113 II HGB, 136 I AktG, 47 IV GmbHG.
– Bzgl. der Entlastung oder Befreiung von einer Verbindlichkeit und der Erhebung von Ansprüchen und Klagen ist ein Stimmrechtsausschluss des betroffenen Gesellschafters anerkannt.
    o Argument: Gesamtanalogie zu §§ 136 I AktG, 47 IV GmbHG.
– Bei sonstigen Interessenkollisionen ist umstritten, ob das Stimmrecht auszuschließen ist – ggf. kein Ausschluss, sondern Treuepflicht, im Interesse der Gesellschaft abzustimmen.

---

8 BeckOK HGB/*Klimke* HGB § 115 Rn. 8.

– Argumente:
  o Gegen einen allgemeinen Stimmrechtsausschluss: Grds. sind bei Geschäften der Einzelgeschäftsführung geschäftsführende Gesellschafter nicht gehindert, in eigener Sache zu entscheiden.
  o Für einen allgemeinen Stimmrechtsausschluss: Eine unvoreingenommene Interessenwahrung ist nur durch Vermeidung des Interessenkonflikts möglich. Deshalb ist das Stimmenrecht bei einer Interessenkollision ausgeschlossen. Zudem muss die Geschäftsführungsbefugnis und das Widerspruchsrecht nach § 115 I HGB auch ausgeschlossen sein.

§ 708 BGB – Sorgfaltsstandard bei Verkehrsunfall
– Hat ein Gesellschafter bei einer gemeinsamen Autofahrt mehrerer Gesellschafter ggü. diesen Mitgesellschaftern nach § 708 BGB nur für die Sorgfalt einzustehen, welche er in eigenen Angelegenheiten anzuwenden pflegt?
– HM: (–) § 708 BGB ist nicht anwendbar – Leben und Gesundheit der Mitgesellschafter sind nicht von der Vorschrift erfasst.
– Argumente:
  o Es besteht kein Raum für individuelle Sorglosigkeit im Straßenverkehr.
  o Dagegen spricht, dass sich der Gesellschafter anders als sonstige Verkehrsteilnehmer bewusst auf die Fahrt mit dem Mitgesellschafter eingelassen hat – privatautonome Haftungsausschlüsse zwischen Fahrer und Mitfahrern werden akzeptiert.

Erbenhaftung für Neuverbindlichkeiten bei Umwandlung in Kommanditanteil
– Haften die Erben für Verbindlichkeiten, die zwischen der Umwandlung des Gesellschaftsanteils in einen Kommanditanteil und der Eintragung und Bekanntmachung dieser Umwandlung entstanden sind, nach § 15 I HGB oder § 176 II HGB (nur geringfügiger Unterschied) unbeschränkt und unbeschränkbar?
– Grds. (–)
– Argument:
  o Systematisch würde sonst der Haftungsschutz des Erben aus § 139 HGB unterlaufen.

Gesellschafterwechsel bei noch nicht einbezahltem Kommanditanteil
– Grds. haftet der eintretende Kommanditist für Altverbindlichkeiten nach § 173 HGB. Bei der Übertragung eines noch nicht einbezahlten Kommanditanteils würde die Haftsumme verdoppelt werden.
– Diese Begünstigung des Gläubigers ist unverdient.
– Deshalb haften ursprünglicher und nachfolgender Kommanditist zusammen nur bis zur (einfachen) Höhe der Vermögenseinlage.
– Die Leistung der Einlage im Innenverhältnis durch einen der Beteiligten befreit beide.

Einbringung des Unternehmens in eine Handelsgesellschaft § 28 HGB
– Ist § 28 HGB auch anwendbar, bei
  o Einbringung eines Unternehmens in eine bereits bestehende Gesellschaft?
  o Einbringung eines Unternehmens in eine Kapitalgesellschaft?
– HM: § 28 HGB nicht analog anwendbar.
– Argumente:
  o Für hM:
    • Wortlaut klar
    • Systematisch greift § 25 HGB schon ein.
  o Gegen die hM:

· Die Schutzbedürftigkeit der Gläubiger besteht unabhängig davon, ob es sich um eine Kapital- oder Personengesellschaft handelt bzw. ob die Gesellschaft bereits existiert oder erst entsteht.

Nr. 32 (→ Rn. 748)

Verweis des § 27 I HGB auf § 25 II HGB
– Kann die Haftung nach § 27 I HGB durch eine einseitige Erklärung ggü. den Gläubigern der Gesellschaft ausgeschlossen werden?
– HL: (+)
– Argument:
  o Für die hL spricht, dass der Wortlaut des § 27 I HGB auf § 25 II HGB verweist.
  o Für die hL spricht auch, dass die einseitige Haftungsbeschränkung durch eine Schädigung der Bonität bezahlt wird, so wie die Ausübung der Option in § 25 II HGB mit einem geringeren Kaufpreis bezahlt wird – gleiche Interessenlage.[9]
  o Gegen die hL spricht systematisch betrachtet § 27 II HGB, der dadurch unterlaufen werden würde.[10]

Nr. 33 (→ Rn. 748)

Veräußerung im Rahmen von § 27 HGB
– Führt die Veräußerung so wie die Einstellung des Geschäfts gleichermaßen dazu, dass der Erbe nicht nach § 25 I HGB iVm § 27 I HGB haftet?
– HM: (+)
– Argumente:
  o Der veräußernde Erbe tritt nicht mehr als Inhaber auf – somit entstehen keine Haftungserwartungen.[11]

Nr. 34 (→ Rn. 803 f.)

§ 49 HGB – Reichweite der Prokura
– Die Prokura deckt grds. alle Arten von Rechtshandlungen außerhalb von Grundstücksgeschäften ab, die im *Betrieb eines beliebigen* Handelsgewerbes vorkommen können – Subsumtionsproblem.
– Nicht umfasst sind ua:
  o Unternehmen einstellen, verpachten oder insgesamt veräußern.
  o Eröffnung des Insolvenzverfahrens beantragen.
  o Sonstige, die Grundlagen des Unternehmens berührende Maßnahmen.
– § 49 II HGB schließt nicht den Erwerb eines Grundstücks aus.
– Möglich sind trotz § 49 II HGB der Erwerb eines belasteten Grundstücks und die Aufnahme von Belastungen, die aus Anlass des Erwerbs begründet wurden (Restkaufgeldhypothek).

Nr. 35 (→ Rn. 831 ff.)

§ 56 HGB – Reichweite der Ladenvollmacht
– § 56 HGB erfasst die mit der Veräußerung einer Ware zusammenhängenden Verpflichtungs- und Verfügungsgeschäfte sowie die sonstige Entgegennahme von Leistungen, sofern geschäftstypisch.
– Ankaufsgeschäfte sind nicht erfasst, auch nicht in analoger Anwendung.
– Argumente:[12]
  o Anderes Interesse des Vertretenen bei Ankauf.
  o Umfassendere Risiken.

---

9 MüKoHGB/*Thiessen* § 27 Rn. 47.
10 MüKoHGB/*Thiessen* § 27 Rn. 47.
11 BeckOK HGB/*Bömeke* § 27 Rn. 25.
12 MüKoHGB/*Krebs* § 56 Rn. 28.

Anfechtung von rechtlich erheblichem Schweigen
- Ist auch ein rechtlich erhebliches Schweigen in vollem Umfang anfechtbar?
- Teilproblem I: Ist die Anfechtbarkeit nach § 119 I BGB wegen Irrtums über den Inhalt der Erklärung und entsprechend § 119 II BGB möglich?
  - o HM (+)
  - o Argument: Die rechtliche Bewertung des Schweigens hat den Betroffenen nicht schlechter zu stellen als eine positive Willenserklärung.
- Teilproblem II: Ist die Anfechtung wegen der rechtlichen Bedeutung des Schweigens in Form eines Erklärungsirrtum möglich?
  - o E. A. (–)
  - o Argument: Sonst wird der Vertrauensschutz dieses Rechtskonstrukts unterlaufen, insb. bei gesetzlichen Fiktionen wie § 362 HGB.
- Das gilt beides auch bei kaufmännischen Bestätigungsschreiben.
  - o Modifikation: Auch ein Inhaltsirrtum berechtigt nicht zur Anfechtung, wenn verschuldet.

Kaufmännisches Bestätigungsschreiben
- Voraussetzungen:
  - o Kaufmann oder kaufmannsähnliche Person als Empfänger und Absender
  - o Charakter eines Bestätigungsschreibens: Bestätigung vorangegangen Vertragsschlusses
  - o Zeitlicher Zusammenhang zu den Vertragsverhandlungen
  - o Zugang
  - o Kein unverzüglicher Widerspruch
  - o Schutzwürdigkeit des Empfängers
    - • Keine Arglist
    - • Keine erheblichen Abweichungen
    - • Keine sich kreuzenden Bestätigungsschreiben
- Rechtsfolge:
  - o Geltung des Vertrags mit Inhalt des Bestätigungsschreibens.
- Exkurs: Sich kreuzende Bestätigungsschreiben
  - o Beide Seiten fertigen Bestätigungsschreiben unterschiedlichen Inhalts aus (sowohl kreuzend ieS als auch als Erwiderung abgesandt).
  - o Keines von beiden gilt: kein schutzwürdiges Vertrauen.

§ 366 HGB – Vertretungsmacht
- Umfasst § 366 HGB auch den guten Glauben an die Vertretungsmacht?
- HM (–)
- Argument:
  - o Vertretungsmacht bzgl. des Grundgeschäfts und Verfügungsmacht sind systematisch unterschiedlich – eine Übertragung des Rechtsgedankens ist nicht tragfähig.

§ 392 HGB – Eigentum
- § 392 II HGB schützt den Kommittenten vor dem Risiko eines Zugriffs von Gläubigern des Kommissionärs, solange dem Kommissionär lediglich die *Forderungen* aus dem Geschäft gegen den Dritten zustehen.
- Greift § 392 II HGB auch noch, wenn der Dritte auf die Forderung Besitz und Eigentum einer Sache geleistet hat?
- HM (–)

– Argument:
    o Keine vergleichbare Interessenlage:
        • Besitz entfaltet Indiz für Eigentum – bei bloßer Forderung besteht dieses Indiz nicht.
        • Empfangene Ware wird regelmäßig schnell weitergeleitet, während eine Forderung beim Kommissionär regelmäßig länger besteht.

§ 392 II HGB – Aufrechnung

– Ist § 392 II HGB bei der Aufrechnung des Vertragspartners des Kommissionärs gegen Forderungen des Kommissionärs anwendbar?
– Rspr. (–), wenn Schuldner des Ausführungsgeschäft gleichzeitig ein Gläubiger des Kommissionärs ist – Aufrechnung auch mit inkonnexen Forderungen möglich.[13]
– Argumente:[14]
    o Sinn und Zweck des § 392 II HGB ist der Schutz des Kommittenten vor anderen Gläubigern des Kommissionärs.
    o Der Schutz des Kommittenten ist nur lückenhaft. Dieser hört spätestens nach Erfüllung der Forderung des Kommissionärs auf (s. o. Eigentum nicht analog § 392 II HGB geschützt).

---

13 BeckOK HGB/*Baer* § 392 Rn. 17.
14 BeckOK HGB/*Baer* § 392 Rn. 17 ff.

1. Teil. Grundlagen

§ 1. Das Handelsrecht – Begriff und Wesen

1. Gegenstand des Handelsrechts

Fall 1: Der Ladenangestellte Vogel, der das Optikergeschäft während des Urlaubs des Geschäftsinhabers Igel führt, kauft von einem Dritten im Rahmen der Ladentätigkeit einen preisgünstigen Posten japanischer Ferngläser, obwohl Igel sich den Einkauf ausdrücklich vorbehalten hatte. Als Igel 2 Wochen später aus dem Urlaub zurückkehrt, stellt er fest, dass eine größere Zahl der Geräte Linsenfehler aufweist. Igel will den Kauf rückgängig machen.
Wo suchen Sie die anwendbaren Rechtsnormen? (Lösungshinweise → Rn. 7).

a) Handelsgeschäfte

Das Handelsrecht als das Sonderprivatrecht der Kaufleute befasst sich mit handels- **1**
rechtlichen Rechtsgeschäften – kurz: *Handelsgeschäften* – wie im Eingangsbeispiel;
dies ist das ursprüngliche und älteste Anwendungsfeld des Handelsrechts. Hier geht
es um Sachverhalte, für die das BGB grundsätzlich Regelungen bereithält. Teils ergänzt
das Handelsrecht diese (zB § 383 ff. HGB), teils modifiziert es sie (§§ 348–350 HGB),
teils ersetzt es sie (sog. Anwendungsvorrang vor dem subsidiären bürgerlichen Recht,
Art. 2 I EGHGB). So ist etwa die *Lösung von Fall 1* in ihren Grundlinien im BGB vorgezeichnet (Stellvertretung – Kaufvertrag – Sachmängelrecht). Lediglich in einigen
Einzelpunkten werden die BGB-Normen von Vorschriften des HGB überlagert: Für
die Vertretungsmacht des Vogel sind die §§ 54, 56 HGB zu berücksichtigen, die Sachmängelrechte des Käufers könnten gemäß § 377 II HGB sogar ausgeschlossen sein.

Die Regelung der Handelsgeschäfte macht das Vierte Buch des HGB aus (§§ 343–475 h).
Ganz im Vordergrund stehen dabei schuldrechtliche Rechtsgeschäfte. Nur gelegentlich
finden sich Vorschriften sachenrechtlicher Natur, so die §§ 366, 367 HGB über den gutgläubigen Erwerb, § 368 über den Pfandverkauf. Das Handelsrecht kann also insoweit
als **Sonderrecht zum BGB-Schuldrecht** gesehen werden. Dabei enthält es teilweise
Sonderregeln zum Allgemeinen Schuldrecht – beispielsweise § 369 HGB: Zurückbehaltungsrecht –, in der Hauptsache aber solche zu den Vertragstypen des Besonderen
Schuldrechts. So bauen die Vorschriften über den Handelskauf auf dem Kaufrecht des
BGB auf. Das Kommissionsgeschäft ist ein Fall der Geschäftsbesorgung, der Frachtvertrag ein Werkvertrag usw.

Wenn in der soeben beschriebenen Weise auf Handelsgeschäfte handelsrechtliche Vor- **2**
schriften neben bürgerlich-rechtlichen Normen oder an deren Stelle zur Anwendung
kommen können, so ist damit die Frage aufgeworfen, unter welchen Voraussetzungen
dies der Fall ist, warum beispielsweise der Fernglasfall nach den zitierten Vorschriften
über Handelsgeschäfte und nicht ausschließlich nach BGB gelöst wird. Die Antwort
gibt das HGB mit den Begriffen des Kaufmanns und seines Handelsgewerbes. »Handelsgeschäfte sind alle Geschäfte eines Kaufmanns, die zum Betriebe seines Handelsgewerbes gehören« (§ 343 I HGB).

Damit ist der **Kaufmann** als Rechts*subjekt* in den Mittelpunkt gerückt; nach den am konkreten Geschäft beteiligten Rechtssubjekten bestimmt das deutsche Handelsrecht seine Anwendbarkeit: Handelsgeschäfte sind die Rechtsgeschäfte, an denen zumindest auf einer Seite ein Kaufmann beteiligt ist. Das ist die Gegenposition zu einer *objektiven*, an den Gegenständen der Handelsgeschäfte orientierten Begriffsbestimmung. Letztere kennzeichnet etwa das französische Handelsrecht, welches den »acte de commerce« mit einer Aufzählung typischer Geschäftsgegenstände definiert (an erster Stelle: Kauf beweglicher Sachen zum Zweck der Weiterveräußerung, Art. L-110-1 Code de Commerce). Auch § 343 HGB als »Definitionsnorm«, die den sachlichen Anwendungsbereich des Vierten Buches festlegt, schränkt freilich seinen *subjektiven* Ansatz sogleich durch den Zusatz ein, dass das Geschäft zum »Betrieb seines Handelsgewerbes« gehören muss. Beabsichtigt ist damit allerdings lediglich eine Ausklammerung der Privatsphäre des Inhabers, eine Verengung auf die Unternehmenssphäre dort, wo eine natürliche Person der Rechtsträger des Unternehmens ist. Wenn ein Kaufmann private Geschäfte tätigt, namentlich Geschäfte für seinen persönlichen Verbrauch, will das Gesetz ihn ebenso wenig dem Handelsrecht unterwerfen wie einen Nichtkaufmann. Insgesamt lässt sich dieser Regelungsansatz des Handelsrechts also als ein *qualifiziert-subjektiver* oder **unternehmensorientierter** Ansatz verstehen.[1]

Beachten Sie: Der Begriff des *Unternehmens* ist im Gesetz nicht definiert und kommt in unterschiedlichen Gesetzen zum Tragen (§§ 1, 19, 20 GWB, Art. 101, 102 AEUV, §§ 15–20 AktG, § 1 MitbestG). Ein Unternehmen ist als funktionell organisatorische Einheit zu verstehen, die mit ihrem Verbund sächlicher und immaterieller Mittel am Markt tätig wird. Diese ist weder an eine bestimmte Rechtsform gebunden noch können dessen Grenzen exakt festgelegt werden. Daher ist es auch keineswegs frei von Zweifeln, dass die Rspr. das Unternehmen als »eingerichteten und ausgeübten Gewerbetrieb« in Form eines sonstigen Rechts gemäß § 823 I BGB unter den Deliktsschutz absoluter Rechtsgüter stellt.[2]

3 Ist nur auf der einen Seite des Geschäfts ein Kaufmann beteiligt, so handelt es sich um einseitige Handelsgeschäfte (lesen Sie § 345 HGB); einige besonders einschneidende Regelungen finden aber nur Anwendung, wenn auf beiden Seiten Kaufleute stehen (vgl. etwa §§ 353, 369, 377 HGB), oder sie betreffen (meistens: beschweren) nur den Vertragspartner, der Kaufmann ist (vgl. etwa §§ 347–350 HGB).

4 Das Handelsrecht hat demgemäß anzugeben, *unter welchen Voraussetzungen* jemand **Kaufmann** ist (lesen Sie: § 1 HGB und §§ 3 AktG, 13 III GmbHG, Art. 10 SE-VO iVm § 6 HGB), bzw. es regelt, auf welchem Wege man Kaufmann *werden kann*, wenn man es nicht schon von vornherein ist, nämlich durch Eintragung im Handelsregister (§§ 2, 3 II HGB). Und auch dies führt sogleich wieder auf das Unternehmen zurück; denn der Begriff des Kaufmanns wird von dem Unternehmen her bestimmt, das er betreibt: »Kaufmann ... ist, wer ein Handelsgewerbe betreibt« (§ 1 I HGB). Allerdings macht *nicht jedes Unternehmen* den Inhaber zum Kaufmann, sondern es muss ihm die Qualifikation als **Handelsgewerbe** zukommen. Darin ist eine zweifache Einschränkung ausgedrückt, und insgesamt wird so eine dreistufige **Begriffspyramide** gebildet.

---

1 Ausführlich zur Position des Handelsrechts als »Außenprivatrecht der Unternehmen« *K. Schmidt* HandelsR § 1 II Rn. 23 ff. und historische Herleitung in § 2 sowie heutige Stellung des Unternehmensbegriffs § 3.

2 MüKoBGB/*Wagner* § 823 Rn. 316 ff. mwN (sehr empfehlenswerte Lektüre!).

Schaubild 1: Kaufmännisches Unternehmen

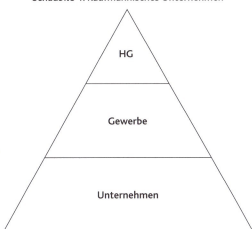

Auf dem wirtschaftlich-organisatorisch gedachten Begriff des **Unternehmens** baut derjenige des **Gewerbes** auf, dessen Inhalt durch Tradition geprägt und deshalb in gewissen Randzonen enger ist als der Unternehmensbegriff. Aus dem Gewerbebegriff schließlich entwickeln die Tatbestandsmerkmale der § 1 II – § 5 HGB das **Handels**gewerbe (HG). Abgerundet wird das Bild durch §6 II HGB (etwa iVm § 3 AktG oder § 13 III GmbHG), der für bestimmte Rechtsformen von Gesellschaften und Genossenschaften einen abgekürzten Weg zur Kaufmannseigenschaft vorzeichnet und damit jene Begriffspyramide umgeht: Sie sind kaufmännisch *kraft ihrer Rechtsform.*

Das Unternehmen, dessen Betreiber nach diesen Regeln die *Kaufmannseigenschaft* zukommt – das *also Handelsgewerbe ist* oder in einer Rechtsform des § 6 HGB betrieben wird –, bezeichnen wir als kaufmännisches Unternehmen.

b) Das kaufmännische Unternehmen

Auf diese Weise wird das kaufmännische Unternehmen zum *zweiten* Regelungsgegenstand des Handelsrechts. Aus dem Blickwinkel des kaufmännischen Unternehmens betrifft das Recht der Handelsgeschäfte das Außenverhältnis des Unternehmens, es ist **Unternehmensaußenrecht.** Zum Auftreten des kaufmännischen Unternehmens im Rechtsverkehr gehören aber auch noch andere Regelungskomplexe, von denen der eine ebenfalls bereits im Eingangsbeispiel eine Rolle spielt. Dies ist die **kaufmännische Stellvertretung,** die als Fortentwicklung des bürgerlichen Vertretungsrechts wichtige Besonderheiten aufweist. Ihre schärfste Ausprägung ist die Prokura (§§ 48 ff. HGB). Den zweiten Regelungskomplex, der allgemein das Auftreten des kaufmännischen Unternehmens im Rechtsverkehr betrifft, stellt das **Firmenrecht** dar. Die Firma ist der Name, unter dem ein Kaufmann seine Geschäfte betreibt (§ 17 I HGB). Dass es sich hierbei der Sache nach um eine auf das Unternehmen bezogene Regelung handelt, auch wenn nicht dieses selbst, sondern nur sein Inhaber ein Rechtssubjekt ist, klingt in § 2 HGB an, der von der »Firma des Unternehmens« spricht. Auch spielt die Firma im Rahmen der Haftungsüberleitung bei Unternehmensnachfolge eine Rolle, §§ 25, 27 HGB.

5

6 Die **kaufmännische Stellvertretung** bezeichnet gleichzeitig einen Schnittpunkt zwischen Unternehmensaußen- und -innenrecht. Denn zwar betrifft die Vertretungsmacht als Befugnis zu rechtsgeschäftlichem Handeln das Außenverhältnis, aber als handelsrechtliche Vertreter begegnen uns Personen, die in die innere Organisation des Unternehmens eingegliedert sind, und zwar typischerweise als kaufmännische Angestellte. Lesen Sie § 52 I HGB, der das der Erteilung »zugrunde liegende Rechtsverhältnis« (zB ein Dienstvertrag, § 611 BGB) und die hieraus geschuldete »vertragsmäßige Vergütung« anspricht. Auch die **innere Struktur** oder »**Unternehmensverfassung**« zu regeln, ist eine Aufgabe des Handelsrechts. Allerdings spielt das beim *einzelkaufmännischen* Unternehmen – demjenigen, dessen Inhaber eine einzige natürliche Person ist – nur eine geringe Rolle. Immerhin finden sich Vorschriften über kaufmännische Angestellte (»Handlungsgehilfen«) in den §§ 59ff. HGB, und als weiterer wichtiger Aspekt der Innenstruktur des Unternehmens sind die *kaufmännische Buchführung und Rechnungslegung* im Dritten Buch des HGB geregelt.

Zusammenfassend lässt sich somit sagen, dass das Handelsrecht sich mit dem kaufmännischen Unternehmen als solchem befasst, und zwar in zweifacher Hinsicht: einerseits mit seiner inneren Struktur (Unternehmens*innenrecht*), andererseits mit seinem Auftreten im Rechtsverkehr (Unternehmens*außenrecht*).

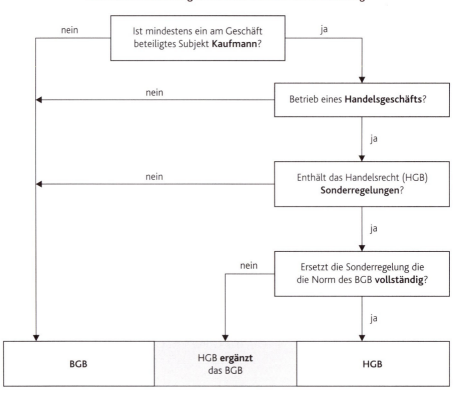

Schaubild 2: Anwendung des BGB und des HGB in der Falllösung

Lösungshinweise zu Fall 1 (vor → Rn. 1): **7**
Die Möglichkeiten der von Igel gewünschten Rückgängigmachung des Kaufvertrags sind im BGB geregelt. Die anwendbaren Rechtsnormen sind somit zunächst im BGB zu suchen. Danach ist jeweils zu prüfen, ob das HGB Sonderregelungen enthält, die die BGB-Normen ergänzen oder gar ersetzen:
Rücktrittsmöglichkeit gemäß §§ 437 Nr. 2, 346, 323 I, 434 I S. 2 Var. 2 BGB?

1. Wirksamer KV (**§ 433 BGB**) zwischen Igel und dem Verkäufer der Ferngläser?
   a) Zwei korrespondierende WE (+), §§ 145ff. BGB
   b) Wirksame Stellvertretung?
   – Ausgangspunkt: §§ 164ff. BGB
   – Erteilung der Vertretungsmacht des V gemäß §§ 164 I S. 2, 167 I BGB?
   – Nein, da Igel sich den Einkauf vorbehalten hatte.
   – Aber: Sonderregelungen der **§§ 54, 56 HGB** sind zu beachten, da das HGB anwendbar ist, dh Kaufmann und Handelsgewerbe iSd **§ 1 HGB** müssen vorliegen.
   – § 56 HGB (–), da nur für den *Verkauf* (= hierunter wird das gesamte Umsatz-(Absatz-)Geschäft inklusive Nebenabreden verstanden) relevant, analoge Anwendung auf den Ankauf ist abzulehnen (*BGH* NJW 1988, 2109)
   – Handlungsvollmacht des Vogel nach **§ 54 I, III HGB** (+), Voraussetzungen (+) a) Vertretener (Igel) ist Kaufmann b) Ermächtigung = konkludente Erteilung durch Anstellung und Zuweisung einer bestimmten Stellung im Laden des Igel (gesetzlicher Umfang der Vertretungsmacht geht somit über das Dürfen im Innenverhältnis hinaus (!)
   c) keine positiv bekannten Beschränkungen gem. § 54 III HGB
2. Sachmangel bei Gefahrenübergang, §§ 434 I S. 2 Var. 2, 446 S. 1 BGB (+)
3. Ausschluss des Rücktritts wegen Verletzung der Rügeobliegenheit?
   a) Beim normalen BGB-Kauf gibt es keine Rügeobliegenheit.
   b) Beim **Handelskauf** greift aber die Sonderregelung des § 377 I, II HGB.
   – Anwendungsvoraussetzung des § 377 HGB: Beiderseitiges Handelsgeschäft, **§ 343 HGB**?
   – Falls § 343 HGB (+), weiter Voraussetzungen des § 377 I, II HGB prüfen.
4. Hier: verspätete Rüge (aA vertretbar) bei offenem (im Fall der Untersuchung) erkennbarem Mangel → Ware gilt als genehmigt, § 377 II HGB (Rechtsverlust durch Fiktion der Genehmigung), führt zum Verlust der Gewährleistungsrechte iwS, dh Rücktrittsrecht (–)

c) Die Handelsgesellschaften

Fall 2: Igel möchte zusätzlich zu seinem Optikergeschäft ein Kontaktlinsenstudio errichten, was mit erheblichem finanziellem Aufwand und wirtschaftlichem Risiko verbunden ist. Igel sieht nicht nur die Gefahr eines unternehmerischen Misserfolgs, sondern will auch das Haftungsrisiko für unvorhersehbare Gesundheitsschäden seiner Kunden nicht unterschätzen.
Welche Organisationsformen bieten sich an, die Igel einerseits eine optimale Finanzierung erlauben, andererseits sein Optikergeschäft und sein Privatvermögen vor wirtschaftlichem Ruin schützen? (Lösungshinweise → Rn. 10).

Eine weit größere Bedeutung, ja eine andere Dimension, gewinnt die Regelung des **8** Unternehmens – seiner Innenstruktur wie seines Auftretens im Rechtsverkehr –, wenn es in **Rechtsform einer Gesellschaft** betrieben wird. Im Regelfall entsteht eine Gesellschaft, wenn mehrere Personen sich als rechtliche oder zumindest wirtschaftliche Mitinhaber zum Betrieb eines Unternehmens zusammenschließen. So könnte im *Fall 2* Igel einen Geldgeber für das Kontaktlinsenstudio als Mitgesellschafter aufnehmen; er könnte aber zum Zweck der angestrebten Risikobegrenzung auch allein eine Einpersonen-GmbH gründen (§ 1 GmbHG). Bei einem gesellschaftlichen Zusammenschluss entstehen komplizierte Fragen der internen Kompetenzverteilung und Vermögensbeziehungen sowie des Auftretens nach außen und der Haftung gegenüber Dritten. Vor allem ist zu unterscheiden, ob die Gesellschaft als juristische Person eigene Rechtssubjektivität gewinnt oder als bloßer Personenverband nur eine Verselbständigung schwächerer Art darstellt.

In Betracht kommen vielfältige **Gesellschaftsformen,** nämlich die Gesellschaft bürgerlichen Rechts (§ 705 BGB) und verschiedene Handelsgesellschaften (ua die OHG und die KG, §§ 105, 161 HGB) sowie eigene Gesellschaftsformen für ganz spezielle Zwecke. Das spezielle Rechtsgebiet ist das **Gesellschaftsrecht,** dessen Verselbständigung sich schon äußerlich darin dokumentiert, dass seine Regelung zum Teil aus dem HGB heraus in Sondergesetze abgewandert ist (AktG, GmbHG etc.). Das Gesellschaftsrecht hat mittlerweile in Rechtsprechung, Rechtswissenschaft und rechtsberatender Praxis größere Bedeutung gewonnen als das klassische Kaufmannsrecht.

9 Insgesamt wird das Handelsrecht zutreffend als das **Sonderprivatrecht der Kaufleute** – oder noch treffender: der kaufmännischen Unternehmen – bezeichnet. Erklären lässt sich diese Fixierung des Handelsrechts auf den Kaufmann bzw. das kaufmännische Unternehmen von seiner geschichtlichen Entwicklung her (die Anknüpfung an den Kaufmannsstand basiert auf den Fortentwicklungen des Zunft- und Ständewesens) und rechtfertigen mit der speziellen Zielrichtung des im Handelsrecht angestrebten Interessenschutzes. Der Begriff des Kaufmanns darf aber nicht dahingehend täuschen, es handele sich stets um Fragen des Kaufvertragsrechts iSd §§ 433 ff. BGB oder dass das BGB selbst nicht ebenfalls in weiten Teilen Unternehmensrecht in sich trage. Tatsächlich haben Kaufleute selbstverständlich mit Werk-, Dienst-, Miet-, Pachtverträgen und vielen weiteren Vertragsformen zu tun. Das BGB bietet für viele Fragen des Handelsrechts ein Regelungskonvolut, welches ohne Weiteres als Unternehmensrecht erkannt werden kann, vgl. §§ 14, 288 II 310 I, II BGB etc.

10 **Lösungshinweise zu Fall 2** (vor → Rn. 8):
Mögliche Organisationsformen (vgl. zu den Kriterien bei der Rechtsformwahl Rn. 129 ff. und Fall 12, vor → Rn. 129):
Kapitalgesellschaften (wegen Haftungsbeschränkung):
a) GmbH (§ 1, § 13 I, II GmbHG)
b) Unternehmergesellschaft haftungsbeschränkt (§ 5a GmbHG)

2. Aufgabe und allgemeine Merkmale des Handelsrechts

a) Entwicklung

11 Das Handelsrecht hat sich, etwa vom ausgehenden Mittelalter an, in einer mehr oder minder kontinuierlichen geschichtlichen Entwicklung[3] als **Sonderrecht** des Personenkreises herausgebildet, der mit wirtschaftlicher Betätigung und Güteraustausch, mit Handel, Transport und Verkehr befasst war. Auf diese Weise ist schon im historischen Hintergrund jener qualifiziert-subjektive oder unternehmensbezogene Ansatz vorgezeichnet, der oben erwähnt wurde: das Handelsrecht als Sonderrecht der am Handelsverkehr berufsmäßig beteiligten Personen, soweit diese im sachlichen Rahmen ihrer Berufsausübung (ihres Unternehmens) tätig werden. Der Grund für die Entwicklung dieses Sonderrechts ist darin zu sehen, dass sich in dem umschriebenen Tätigkeitsbereich das Bedürfnis nach einer besonderen rechtlichen Regelung regte.

---

3 *Goldschmidt,* Universalgeschichte des Handelsrechts, 1891, Neudruck 1973.

So bildete sich in den Anfängen Handelsrecht beispielsweise in den Stadtrechten, Markt- und Wechselordnungen, in den Gründungsakten (»charters«) von Handelskompagnien und Banken, in den Gebräuchen und Rechtssprüchen des Seehandels heraus – bruchstückhaft, zersplittert, lückenhaft und erst allmählich über die Jahrhunderte hinweg zu einer geschlossenen Materie zusammenwachsend (in ihrer Gesamtheit bezeichnet als **lex mercatoria**) und schließlich in handelsrechtlichen Kodifikationen sich verfestigend (franz. Code de Commerce von 1807, ADHGB von 1861).

Für die Art und Weise, in der das Handelsrecht sich entwickelte, sind vier Elemente charakteristisch:

(1) Seine **Geschichtlichkeit.** Handelsrecht ist zum größeren Teil ein organisch gewachsener Rechtsstoff, Produkt eines historisch-soziologischen Prozesses, nicht vom Gesetzgeber »am grünen Tisch erfunden« und »dekretiert«. **12**

(2) Mit der Geschichtlichkeit in Zusammenhang steht seine **gesellschaftliche Verwurzelung.** Handelsrecht ist in besonders hohem Maße beispielhaft für eine Ausbildung von Recht in der Gesellschaft, für eine Artikulation von Rechtsnormen, dh von erwartetem Verhalten, in Anlehnung an tatsächlich geübtem Verhalten.[4] Inhaltlich drückt es die Bedürfnisse des Handelsverkehrs und der ihn gestaltenden und beherrschenden Kräfte aus. Noch heute spielen Gewohnheitsrecht und Handelsbrauch neben dem gesetzten Recht hier eine besonders große Rolle, vgl. § 346 HGB. Dabei darf nicht dem *naturalistischen Fehlschluss* anheimgefallen werden. Es kann nicht vom Sein, also tatsächlichen Gegebenheiten, ohne Weiteres auf ein Sollen unter Schaffung von Rechtsregeln geschlossen werden. Vielmehr müssen Gegebenheiten und Bedürfnisse im Hinblick auf mögliche Verrechtlichungsgedanken sorgsam geprüft werden, was sich in den Voraussetzungen des Gewohnheitsrechts spiegelt: (a) Consuetudo (Übung/Gewohnheit) und (b) Opinio iuris (Verrechtlichungsgedanken).

(3) Seine **Internationalität.** Handelsrecht entwickelte sich ebenso grenzüberschreitend wie sein Regelungsgegenstand, der Handelsverkehr. Das dokumentiert sich in zahlreichen Kodifikationen, in denen das Handelsrecht auf dem Weg der Rechtsvereinheitlichung vorangig ist, im ADHGB von 1861 ebenso wie heute in der Europäischen Union. Weite Teile des Seehandelsrechts (5. Buch des HGB) entstammen internationalen Konventionen, der grenzüberschreitende Güterverkehr zu Land und in der Luft ist in solchen Konventionen eigenständig geregelt. Die Konventionen über das internationale Kaufrecht[5] betreffen zwar an sich eine bürgerlich-rechtliche Materie, finden aber hauptsächlich im Handelsverkehr Anwendung. Die Rechtsvereinheitlichung der EU hat einen ihrer Schwerpunkte im Gesellschaftsrecht (Art. 50 II g AEUV), ergreift aber zunehmend auf dem Weg über das Vertragsrecht[6] auch das Recht der Handelsgeschäfte; sie ist naturgemäß für das deutsche Handelsrecht von vorrangiger Bedeutung (vgl. → Rn. 130, 393). Unabhängig von gesetzgeberischem Handeln schlägt sich die Internationalität schließlich in **13**

---

4 Grundlegend noch immer *Weber,* Wirtschaft und Gesellschaft I/2, Kap. I, 1922/1972; *Luhmann,* Rechtssoziologie, 1972/1987.

5 Einheitliches UN-Kaufrecht von 1980, auch United Nations Convention on Contracts for the International Sale of Goods (CISG) genannt, hierzu → Rn. 906.

6 Ob die EU eine Regelungskompetenz für das Vertragsrecht hat, ist umstritten. Die Befürworter wollen sie im Rahmen der justiziellen Zusammenarbeit in Zivilsachen (Art. 81 AEUV) oder des Verbraucherschutzes (Art. 169 AEUV) ansiedeln. Zu den Bestrebungen um den Erlass eines europäischen Vertragsrechts als optionales Instrument, *Herresthal,* EuZW 2011, 7 ff.

der Praxis des Handelsverkehrs, seinen Gepflogenheiten, Vertragstypen (zB Franchising) und evtl. sogar in der handelsrechtlichen (Schieds-)Gerichtspraxis nieder. Von Interesse für diese fortschreitende Entwicklung und partiell als deren Motor fungierend ist die internationale Handelskammer (International Chamber of Commerce – ICC) mit Sitz in Paris. Sie wurde im Jahre 1919 gegründet und übt Einfluss über konkrete Empfehlungen auf den Handelsverkehr aus. Dies kann rechtlich bei der Erkenntnis von Handelsbräuchen bis hin zu Handelsgewohnheitsrecht von Bedeutung sein. Beim ICC ist auch ein ständiger Schiedsgerichtshof für Handelssachen eingerichtet.

14 (4) Seine **Dynamik.** Das Handelsrecht ist in besonderem Maße der Veränderung und Fortbildung unterworfen, hat prompt und flexibel auf neue wirtschaftliche Gegebenheiten und Entwicklungen zu reagieren und neuen Interessenkonstellationen gerecht zu werden. Soweit der Gesetzgeber dem jedenfalls nicht unmittelbar gerecht werden kann, kommt der richterlichen Rechtsfortbildung eine umso größere Bedeutung zu. Nicht selten nimmt das Handelsrecht auch eine Vorreiter- und Modellfunktion für das Bürgerliche Recht wahr.

15 Für Studierende ist all dies mehr als bloß geschichtliche Reminiszenz oder Baustein seiner juristischen Allgemeinbildung: Es ist von unmittelbarer rechtsmethodischer Aktualität. Aus den genannten Gründen spielen für die Handhabung des Handelsrechts in der Gegenwart die Hilfsmittel der Rechtsgeschichte, der Rechtssoziologie und der Rechtsvergleichung eine nicht zu unterschätzende Rolle; in Zweifelsfällen hat man den Sinn einer Norm von ihrer historischen Grundlage her, aus ihrem wirtschaftlich-gesellschaftlichen Umfeld heraus und mit Blick auf vergleichbare Problemlagen jenseits der nationalen Grenzen zu ergründen. Und gleichzeitig hat man jede Rechtsquelle in ihrer Zeitbezogenheit zu begreifen und sich die fließenden Übergänge zwischen Rechtsanwendung (Interpretation) und Rechtsfortbildung bewusst zu machen. Das Gewicht der höchstrichterlichen Rspr. im Handelsrecht schließlich bedarf nach alledem keiner besonderen Hervorhebung mehr.

Dem kritischen Studenten wird sich das Handelsrecht mit diesen Wesensmerkmalen gleichzeitig als interessantes und fortschrittliches Rechtsgebiet anempfehlen, sind doch Attribute wie dynamisch, international, gesellschaftlich in hohem Grade positiv besetzt. Im Prinzip besteht dieser Anspruch auch zu Recht, doch darf darüber die Kehrseite der Medaille nicht unterschätzt werden. Höhere Dynamik einer Rechtsentwicklung bedeutet zumeist auch höhere Komplexität des Rechtsinhalts und mehr Rechtsunsicherheit für den Bürger wie den Juristen; sie kann darüber hinaus Kurzlebigkeit oder sogar Kurzatmigkeit der Rechtsetzung bedeuten. Die Internationalisierung des Rechts kann auf Kosten der vertrauten Systematik und bewährten Wertungskonsistenz (Dogmatik) des national gewachsenen Rechts gehen, wieder mit dem möglichen Nachteil größerer Komplexität und Rechtsunsicherheit. Ein Beispiel hierfür ist die Transportrechtsreform von 1998, die sich am Modell des internationalen Straßengüterrechts (CMR) orientiert und uns auf diese Weise eine neue Zwischenstufe zwischen Verschuldenshaftung und Gefährdungshaftung beschert hat, nämlich in § 426 HGB: die Vorsicht »im Rahmen des Menschenmöglichen«.[7] Noch schwieriger ist es, EU-weite Harmonisierungen durch *Richtlinien* (vgl. Art. 288 AEUV) im Be-

---

7 KKRD/*Koller* HGB § 426 Rn. 1. Einzelheiten → Rn. 998 ff.

reich des Verbraucherschutzes so in die nationalen Rechtssysteme – etwa in das BGB – umzusetzen, dass sie sich systemstimmig einfügen.[8]

b) Inhalt

Inhaltlich lassen sich die besonderen Charakteristika des Handelsrechts unschwer erklären. Der Wirtschaftsverkehr kann und muss bei allen an ihm beteiligten Unternehmen ein gewisses Maß an »Professionalität« voraussetzen, was den Einzelnen gegen die Folgen von Unüberlegtheit und Unachtsamkeit weniger schutzwürdig erscheinen lässt. Angesichts dessen ist eine gewisse Abschwächung sozialen Rechtsschutzes zugunsten von *mehr privatautonomer Selbstentfaltung und -verantwortung*, insgesamt eine vorrangige Berücksichtigung der auf *Veränderung, Rechtserwerb und Rechtsübertragung* abzielenden Interessen gegenüber dem Interesse an Bestand und Bewahrung von Rechtslagen erlaubt. Gleichzeitig wird das *Vertrauen auf gesetzte Tatbestände* verstärkt geschützt, rechtliche Vorgänge werden *beschleunigt* und *vereinfacht*. Hand in Hand damit geht teilweise eine größere Formfreiheit, teilweise – um der Rechtsklarheit willen – eine größere Formstrenge.

16

Folgende **Beispiele** zur Verdeutlichung:

17

(1) Die Erteilung der Prokura schafft eine Vertretungsmacht, deren Umfang von Gesetzes wegen bindend fixiert ist (§§ 49, 50 HGB). Dasselbe gilt für die Vertretungsorgane der Handelsgesellschaften (zB §§ 126 HGB, 37 II GmbHG). Der Rechtsverkehr soll in diese typisierten Vertretungstatbestände vertrauen können; Vertragsabschlüsse werden hierdurch berechenbarer; dies wiederum fördert den Abschluss neuer Geschäfte auch zwischen Personen, die sich vorher nicht kennen (sog. anonyme Transaktionen).

(2) Die Aktiengesellschaft entsteht durch Eintragung in das Handelsregister (§ 41 I S. 1 AktG); ist sie einmal eingetragen, so kann sie nur noch unter ganz engen Voraussetzungen, in einem formalisierten Verfahren und nur mit Wirkung ex nunc für nichtig erklärt werden (§§ 275–277 AktG). Hierdurch wird das Vertrauen in die Stabilität von Vertragsbeziehungen mit einer AG geschützt.

(3) Fristen und Termine müssen zuverlässig eingehalten werden (§ 376 HGB), auch ansonsten ist schnelles Handeln geboten (§ 377 HGB). Diese Beschleunigungstendenz des Handelsrechts ist insbesondere bei Waren, die zeitnah umzuschlagen sind, von Bedeutung (Saisonwaren, verderbliche Produkte).

(4) Der Schutz von Formerfordernissen ebenso wie andere Schutzvorkehrungen gegen unüberlegtes Handeln entfallen (§§ 348–350 HGB). Man erwartet von den Akteuren Professionalität.

(5) Urkundliche Verpflichtung zu Leistungen kann den Verlust von Einwendungen zur Folge haben (§§ 363–365 HGB).

(6) Wichtige Vorgänge bedürfen der Eintragung ins Handelsregister und der öffentlichen Bekanntmachung. Unterbleibt dies oder erfolgen unzutreffende Bekanntmachungen, so können Dritte sich darauf verlassen (§ 15 I, III HGB – *abstrakter Vertrauensschutz*, also sogar ohne Kenntnis des Dritten vom Inhalt des Handelsregisters!).

---

8 Vgl. *Gsell/Herresthal* (Hrsg.), Vollharmonisierung im Privatrecht, 2010.

18 Auf eine kurze Formel gebracht: Das Handelsrecht ist charakterisiert durch eine tendenziell stärkere Betonung des **Verkehrsinteresses** gegenüber dem Bestandsinteresse, der **Privatautonomie** und Selbstverantwortlichkeit gegenüber dem sozialen Rechtsschutz und der durch Typisierung erzielten **Rechtssicherheit** und Rechtsklarheit gegenüber der Einzelfallgerechtigkeit. Freilich prägt die zuletzt genannte Antithese – das Spannungsverhältnis zwischen Rechtssicherheit und materieller Gerechtigkeit, zwischen strengem und billigem Recht – jedes Rechtsgebiet und jede Rechtsordnung, doch das Handelsrecht sucht hier das Interessengleichgewicht mehr auf der Seite der Rechtssicherheit als das allgemeine bürgerliche Recht.

19 Man mag sich fragen, ob es für den Kaufmann eher vorteilhaft oder nachteilig ist, dem Handelsrecht unterworfen zu sein. Vielfach sind das die zwei Seiten derselben Medaille, zB bei § 377 HGB: Er begünstigt den Kaufmann als Verkäufer, belastet ihn als Käufer. Generell von Vorteil ist die Möglichkeit, eine Kommanditgesellschaft gründen zu können; als nachteilig empfunden wird häufig die kaufmännische Buchführungspflicht oder den Schutz des Formerfordernisses bei Bürgschaftsverpflichtungen durch §°350 HGB zu verlieren. Insgesamt mag es zutreffen, dass früher der kaufmännische Status erstrebenswerter erschien und heute eher die Nachteile abschrecken.[9]

> **Literatur:** *Jung* HandelsR § 1; *Petersen*, § 2; *K. Schmidt*, Das HGB und die Gegenwartsaufgaben des Handelsrechts, 1983.

3. Handelsrecht – Wirtschaftsrecht – Wirtschaftswissenschaften

a) Handelsrecht und Wirtschaftsrecht

20 Die Beziehung zwischen den Begriffen »Handelsrecht« und »Wirtschaftsrecht« ist je nach Kontext unterschiedlich: (1) Mitunter wird Wirtschaftsrecht als Oberbegriff verwendet, der auch das gesamte Handels- und Gesellschaftsrecht *einschließen* soll (»Wirtschaftsjurist«, »ZIP = Zeitschrift für Wirtschaftsrecht«). (2) Teilweise wird Wirtschaftsrecht als *aliud* verwendet, wenn damit Lehrbücher und Lehrveranstaltungen bezeichnet werden, die neben den entsprechenden des Handelsrechts stehen. Wirtschaftsrecht steht dann meist für Kartell- und Lauterkeitsrecht sowie für das Recht des Geistigen Eigentums.

Die polyvalente Bedeutung des Wirtschaftsrechts erklärt sich aus seiner Entwicklung im Spannungsfeld zwischen Handelsrecht und öffentlichem Recht (Verfassungs- und Verwaltungsrecht). Während das traditionelle Handelsrecht es mit den Kaufleuten bzw. Unternehmen als individuellen Wirtschaftssubjekten und in ihren rechtsgeschäftlichen Beziehungen zu tun hatte, gewann in der ersten Hälfte des 20. Jahrhunderts die staatliche Wirtschaftspolitik sprunghaft an Bedeutung und Intensität, es bildete sich ein gesamtwirtschaftlicher Ordnungsrahmen (in den westlichen Ländern unter dem Stichwort »Marktwirtschaft« bzw. »soziale Marktwirtschaft«) aus, und das einzelne Wirtschaftssubjekt wurde zunehmend in seiner Einbindung in die Gesamtwirtschaft und in die staatliche Wirtschaftsordnung gesehen. Die Rechtsmaterie, die sich mit diesem Aspekt befasst, ist das Wirtschaftsrecht. Hierzu gehören an erster Stelle Rechtsgebiete, die unmittelbar mit der (markt-) wirtschaftlichen Ordnung und ihrem Funk-

---

9 *Henssler,* ZHR 161 (1997), 13, 18.

tionieren zu tun haben, wie das öffentliche Wirtschaftsrecht (Gewerberecht, Regulierungsrecht in den Bereichen Telekommunikation, Energie etc.), das Wettbewerbsrecht iSv Kartellrecht (Art. 101 ff. AEUV sowie §§ 1 ff. GWB) und das Wettbewerbsrecht iSd Lauterkeitsrechts (UWG). Einige Rechtsbereiche, die den wirtschaftlichen Ordnungsrahmen mit abstecken, sind inzwischen so bedeutend geworden, dass sie sich auch begrifflich vom Wirtschaftsrecht emanzipiert haben, wie etwa das Gesellschaftsrecht, das Kapitalmarktrecht und das Arbeitsrecht.

Demgemäß kann man als Wirtschaftsrecht *im weiteren Sinne* ein Gebiet bezeichnen, **21** das mehrere andere »klassische« Rechtsgebiete ganz oder teilweise einschließt, als (privates) Wirtschaftsrecht *im engeren Sinne* das Recht der im Wettbewerb stehenden Unternehmen.

Literatur: *Canaris,* § 1; *Fikentscher,* Wirtschaftsrecht, 1983, § 1.

b) Handelsrecht und Steuerrecht

Zwischen diesen beiden Disziplinen ist nicht die sachliche Abgrenzung das Problem, **22** jedoch soll die enge Wechselbeziehung nachdrücklich hervorgehoben werden, die – vor allem unter wirtschaftlichen Aspekten – zwischen dem Handels- (speziell dem Gesellschafts-) und dem Steuerrecht besteht. Nicht nur liefert das Steuerrecht die Vorgaben, die für den Kaufmann – neben Haftungsrisiken – unter Kostengesichtspunkten ganz im Vordergrund seines unternehmerischen Interesses stehen, sondern viele gesellschaftsrechtliche Gestaltungsprinzipien und -alternativen können ohne Seitenblick auf die steuerliche Rechtslage überhaupt nicht begriffen werden. Deswegen darf der Handelsrechtler vor dem sachlich einschlägigen Steuerrecht nicht die Augen verschließen. Das Recht der handelsrechtlichen Rechnungslegung zeigt sodann eine besondere Verbindung der Gebiete, da – freilich mit zahlreichen Veränderungen im Steuerrecht – nach wie vor der sog. Maßgeblichkeitsgrundsatz der Handelsbilanz für die Steuerbilanz gilt. Die Handelsbilanz wird also herangezogen, um die Steuerbilanz zu errichten, wobei Letztere sodann zahlreichen Aktivierungsgeboten und Passivierungsverboten unterliegt, die die Handelsbilanz nach den §§ 242 ff. HGB nicht kennt.

c) Die »ökonomische Betrachtungsweise« im Handelsrecht

Aus dem Vorstehenden dürfte klar geworden sein, dass im Handelsrecht der wirt- **23** schaftlichen Perspektive eine vorrangige Rolle zukommt, dass der Jurist hier beispielsweise mit Bilanzen umgehen können und die rechtlich relevanten Tatsachen des Wirtschaftslebens kennen und erforschen muss. Die *»economic analysis of law«* angloamerikanischer Herkunft besagt und fordert aber noch mehr. Sie liefert eine Deutung und Bewertung des Rechts auf wirtschaftswissenschaftlicher Grundlage, indem sie die Optimierung des **gesamtgesellschaftlichen Nutzens** zum Gerechtigkeitsmaßstab erklärt (Utilitarismus, Wohlfahrtsökonomie) und rechtliche Regelungen danach beurteilt, inwieweit sie zu einer Minimierung der Kosten für bestimmte Leistungen und insgesamt zu einer optimalen Allokation der knappen Ressourcen in der Volkswirtschaft (sog. Effizienz = Vermeidung von Verschwendung im Rahmen der Zielerreichung) beitragen. Gleichzeitig versucht sie, aus ihrem theoretischen Instrumentarium Entscheidungshilfen für Rechtsanwendung und Rechtspolitik abzuleiten. Dies wird als Methode einer wissenschaftlich gesicherten – im Unterschied zu einer bloß an Billigkeit orientierten – Urteilsbildung angesehen, der wohlfahrtsökonomische Maßstab als solcher einerseits (normativ) zum besten Anhaltspunkt für eine rationale Rechtsfindung erklärt, andererseits (empirisch) als allgemeine Richtschnur menschlichen Verhaltens nachgewiesen (in dem Sinne, dass jeder einzelne als **homo oeconomicus** rational und eigennützig seinen persönlichen Nutzen zu maximieren sucht und daraus unter bestimmten Voraussetzungen der größte Nutzen für alle resultiert).

Das bedeutet beispielsweise für das Schadensrecht, dass es nicht nur Ausgleichs-, sondern auch Anreiz- und Abschreckungsmechanismen einsetzen soll, um die Gesamtkosten bestimmter Aktivitäten (erwartbare Schadensfolgen plus Schadensvermeidungsaufwand) möglichst gering zu halten.[10] Die Privatautonomie steht unter der Prämisse, dass Nutzen und Kosten einer Handlung bei derselben Person anfallen sollten, eine Überwälzung der Nachteile auf Dritte (sog. *Externalisierung*) möglichst auszuschließen ist.

24 Eine zentrale Rolle spielt hierbei der **Markt.** Im Bereich rechtsgeschäftlichen Handelns – und damit speziell im Handelsrecht – wird ihm die Fähigkeit zugeschrieben, Nutzen und Kosten, Risiko und Verantwortung auf effiziente Weise zuzuordnen, wenn er reibungslos und unbeeinflusst durch staatliche Eingriffe funktioniert. Das Recht muss dieses Wirken der Marktmechanismen in dem doppelten Sinn in Rechnung stellen, dass es einerseits dem Markt viele Aufgaben zur Bewältigung überlassen kann, andererseits bei nicht marktkonformen Regelungen den Widerstand der Marktkräfte zu erwarten hat, die sein Regelungsziel uU zunichte machen.

> **Zwei Beispiele:** Verschärft man die Haftung des Produzenten zum Schutz auch des nachlässigsten Konsumenten, so schlägt sich das im Preis nieder, und am Ende bezahlt der achtsame Verbraucher die Zeche für die Sorglosigkeit anderer.[11] – Oder das wichtige handelsrechtliche Problem der Haftungsbeschränkung: Die Unternehmer und ihre Gläubiger werden selbst ihre Risiken gegeneinander abwägen und sich das übernommene Risiko durch Risikoprämien abgelten lassen. Auf diese Weise werden sich im Wirtschaftsleben die Formen der Haftungsbeschränkung durchsetzen, die den Bedürfnissen aller Beteiligten am besten entsprechen; jeder juristische Eingriff (Haftungsdurchgriff) läuft Gefahr, am Markt das hergestellte Interessengleichgewicht zu stören.[12]

25 Die Existenzberechtigung des **Rechts** besteht vor diesem Hintergrund zunächst einmal darin, **dem Markt seinen Funktionsrahmen** zu schaffen und zu gewährleisten, indem es die marktwirtschaftliche Wirtschaftsordnung ausprägt, Privateigentum sowie Privatautonomie anerkennt und schützt und alle knappen Ressourcen zum Gegenstand privater und daher handelbarer Verfügungsrechte macht. Darüber hinaus ist aber auch zu beachten, dass man dem Markt nicht allein das Feld überlassen kann, weil zum einen seine Leistungsfähigkeit Grenzen hat und zum anderen seine Leistung nicht kostenfrei ist: *Transaktionskosten,* zB für Informationsbeschaffung, Zeitaufwand, Kommunikation, Absicherung gegen vielfältige Risiken etc. Deshalb hat das **Recht als Ordnungsmechanismus** neben dem Markt die folgenden zwei wichtigen Aufgaben:

---

10 Vgl. hierzu *Taupitz,* AcP 196 (1996), 114.
11 Ausführlich *Adams,* BB Beilage 20/1987.
12 Näher *Roth,* ZGR 1986, 371; 1993, 170.

(1) **Es ergänzt** die marktwirtschaftlichen Mechanismen, indem es deren reibungsloses Funktionieren sicherstellt und verbessert, Transaktionskosten senkt und eine Externalisierung von Kosten verhindert.

(2) **Recht ersetzt** die marktwirtschaftlichen Mechanismen dort, wo diese nicht reibungslos zu funktionieren vermögen, und stellt an ihrer Stelle die optimale Lösung her. Es hat bei *Marktversagen* die Regelungsaufgabe (iS der eingangs erwähnten Nutzenoptimierung) zu übernehmen.

Richtig und wichtig an dieser ökonomischen Betrachtungsweise ist, dass sie dem Juristen die wirtschaftlichen Zielsetzungen und Gesetzmäßigkeiten nachdrücklich vor Augen führt. Freilich sind diese Bewertungen sehr weitgehend schon längst in den tradierten Rechtsstoff eingeflossen oder sie werden vom Juristen – ohne Benutzung der komplizierten ökonomischen Begrifflichkeit und evtl. unbewusst – im Rahmen teleologischer Interpretation praktiziert. Dennoch hilft die economic analysis, Sinn und Richtigkeit vieler Regeln besser zu verstehen, interessengerechte Lösungen leichter zu finden und überzeugender zu begründen. Darüber hinaus gibt es immer wieder Fälle, in denen gerade die moderne Rechtspolitik, geleitet von den sozialpolitischen Wunschvorstellungen, die wirtschaftlichen Zusammenhänge weitgehend ignoriert und infolgedessen Normen zu Gesetzen werden lässt, die langfristig mehr Schaden als Nutzen stiften. Die economic analysis aber konzentriert sich darauf, Folgen korrekt zu ermitteln und abzuschätzen sowie möglichst rational zu beurteilen. **26**

So ist gerade der Gesichtspunkt der **Transaktionskosten** für handelsrechtliche Zwecke ergiebig. Es ist ein Gebot der Effizienz, dass der einzelne rechtsgeschäftliche Abschluss mit möglichst geringem Aufwand an Zeit und Kosten verbunden sein soll, wobei zwischen Transaktionskosten unterschieden werden muss, die vor Ausführung der Transaktion (ex-ante) und nach der Transaktionsausführung (ex-post) erfolgen. Von diesem Ansatz her lassen sich Nutzen und Gefahren Allgemeiner Geschäftsbedingungen ebenso zutreffend beurteilen wie Verbote unlauteren Wettbewerbs, Formerfordernisse, und ganz allgemein die im Dienste des Verkehrs- und Vertrauensschutzes »verschärften« Regeln des Handelsrechts.

Eine dreifache Einschränkung sollte aber stets beachtet werden:

(1) **Wirtschaftliche Effizienz** ist nicht die einzige Richtschnur der Rechtsordnung. Vor allem das Kriterium der *Verteilungsgerechtigkeit* kommt in der economic analysis zu kurz. Sie honoriert Leistungen, aber nicht Bedürfnisse. Sie fragt beispielsweise danach, wie ein Rechtsgut in der Weise genutzt werden kann, die den größten gesamtgesellschaftlichen Nutzen stiftet; sie interessiert sich aber weit weniger oder gar nicht dafür, wem das Nutzungsentgelt bzw. der Nutzungsertrag zustehen soll.[13] Die economic analysis kann daher nicht beanspruchen, die einzige Richtschnur der Rechtspolitik zu sein. In ihren moderneren Ausprägungen tut sie das indessen auch nicht; sie kann aber zu Recht darauf hinweisen, dass einerseits Effizienz den Kuchen vergrößert, der zu verteilen ist, und andererseits auch jeder (Um-) Verteilungsprozess als solcher Kosten und damit Ineffizienz verursacht. **27**

(2) **Maximierung des Nutzens,** wenn iSv wirtschaftlichem Profit verstanden, ist nicht die einzige Triebfeder menschlichen Verhaltens. Die economic analysis darf nicht die Erkenntnisse der Kognitionspsychologie und Verhaltenstheorie über die (ggf. **28**

---

13 *Eidenmüller,* Effizienz als Rechtsprinzip, 3. Aufl. 2005, § 2 A.

altruistischen) Anreize, die den Menschen motivieren, auf ausschließlich wirtschaftliche Triebkräfte verengen.

29 (3) Die economic analysis, vor allem wenn sie der klassischen (liberalistischen) Wirtschaftstheorie verhaftet ist, neigt dazu, die **ökonomische Rationalität** des Menschen und die Funktionsfähigkeit des Marktes zu überschätzen.

Man darf nicht Idealvorstellungen eines vollkommenen Marktes und ungehinderten Wettbewerbs zugrunde legen sowie ideale Fähigkeiten der Marktteilnehmer zur eigenverantwortlichen Selbstbehauptung ihrer Interessen postulieren, denen die Wirklichkeit bei Weitem nicht entspricht und wohl auch nicht entsprechen kann. Man muss sich davor hüten, den Stellenwert des Marktes als Instrument des autonomen Interessenausgleichs zu übertreiben, denjenigen des Rechts in seiner Schutz-, Regelungs- und Schlichtungsfunktion zu unterschätzen. Brauchbare Lösungsansätze verspricht ein marktorientierter Lösungsansatz dort (und nur dort), wo er die geeigneten Rahmenbedingungen antrifft: eine von wirtschaftlichen Gesichtspunkten geprägte Problemstellung, einen funktionsfähigen Markt und professionelle Marktteilnehmer. Deshalb eignet sich die economic analysis aber auch für das Handels- und Wirtschaftsrecht besser als beispielsweise für das Familien- und Strafrecht. Sie kann hier einen Beitrag sowohl zur sachdienlichen und interessengerechten Ausgestaltung von Rechtsnormen – also in der Rechtspolitik – als auch zu ihrer dementsprechenden Handhabung und Anwendung in der Rechtspraxis leisten. Die Präzision jeweiliger Vorhersagen ökonomisch rationalen Verhaltens des Einzelnen oder eines spezifischen Kollektivs ist letztlich mit einem weitreichenden Informationsproblem verbunden. Je sicherer die Datenlage über die handelnden Subjekte desto größer die Eintrittswahrscheinlichkeit einer bestimmten, gerade für das betroffene Rechtssubjekt rationalen Verhaltensweise. Auf eben jenen präzisen oder eher unpräzisen Vorhersagen basieren letztlich aber Legislativeingriffe, die die Spielregeln verändern. Die Staatsführung ist daher vielfach auf das Spiel trial and error angewiesen.

Literatur: *Assmann/Kirchner/Schanze*, Ökonomische Analyse des Rechts, Neubearb. 1993; *Eidenmüller*, Effizienz als Rechtsprinzip, 3. Aufl. 2005; *Petersen*, § 45; *Posner*, Economic Analysis of Law, 7. Aufl. 2007; *Schäfer/Ott*, Lehrbuch der ökonomischen Analyse des Zivilrechts, 4. Aufl. 2005; *Weller*, Die Vertragstreue, 2009, S. 349 ff.

4. Gesetze – Gewohnheitsrecht – Handelsbrauch – Allgemeine Geschäftsbedingungen

30 Im Mittelpunkt der gesetzlichen Regelung des Handelsrechts steht das **HGB** von 1897. Innerhalb dieses Gesetzes nimmt sein Fünftes Buch, das dem Umfang nach die zweite Hälfte ausmacht (§§ 476–905), eine Sonderstellung ein: Es behandelt das **Seehandelsrecht** und gehört angesichts seines sehr branchenspezifischen Charakters nicht zu dem allgemeinen handelsrechtlichen Lehrstoff.

Aus der Fülle der handelsrechtlichen Nebengesetze sind insbesondere zwei von praktischer Relevanz: Das **AktG** von 1965 und das **GmbHG** von 1892. Das Aktienrecht war ursprünglich im HGB selbst geregelt (§§ 178 ff.), wurde dann aber ausgegliedert. Beide Gesetze gehören zu den gesellschaftsrechtlichen Nebengesetzen. Andere Gruppen – mit zum Teil ausgeprägt öffentlich-rechtlichem Einschlag – sind: die Wettbewerbsgesetze (Gesetz gegen den unlauteren Wettbewerb – UWG, Markengesetz ua), die Bank-, Börsen- und Versicherungsgesetze (zB WpHG, WpÜG und VVG) sowie schließlich – mit nicht mehr unmittelbar handelsrechtlicher Natur – die Wertpapiergesetze (Wechselgesetz – WG, Scheckgesetz).

Sowohl das AktG als auch das GmbHG waren in jüngerer Zeit ein Hauptgegenstand **31** gesetzgeberischer Reformbemühungen (zB MoMiG 2008, ARUG 2009, VorstAG 2009), worin sich die Tatsache dokumentiert, dass auf diesem Gebiet – Stichworte: Gläubigerschutz bei Haftungsbeschränkung, Schutz von Kleinaktionären und Minderheitsgesellschaftern – besonders brennende und regelungsbedürftige Interessenkonflikte wahrgenommen wurden. Die Umsetzung von EU-Richtlinien – etwa durch das ARUG 2009 – spielt sich ebenfalls hauptsächlich im Aktienrecht ab. Das HGB blieb demgegenüber jahrzehntelang von Reformen weitgehend unberührt. Die eine große Ausnahme war das Rechnungslegungsrecht (Recht der Handelsbücher, 3. Buch des HGB) von 1985, ansonsten gab es gelegentlich punktuelle Eingriffe, bis dann **1998 ein weitgreifendes Reformwerk** umgesetzt wurde, das nicht nur den bereits erwähnten Kaufmannsbegriff, sondern auch das Firmenrecht sowie das Transportrecht (Fracht-, Speditions- und Lagerrecht) von Grund auf neu geregelt und teils vereinfacht, teils modernisiert hat.

Für **Gewohnheitsrecht** gilt im Handelsrecht dasselbe wie im allgemeinen Zivilrecht. **32** Häufig ist es von »Richterrecht«, also von einer gefestigten Rechtsfortbildung durch die Gerichte, nicht klar zu trennen.

Eine besondere Rolle spielen auch heute noch die allgemein geübten Verhaltensweisen, die sich im Rechtsverkehr unter den Wirtschaftsunternehmen herausgebildet haben. Sie standen, wie bereits erwähnt, in geschichtlicher Betrachtung an der Wiege des Handelsrechts, und die in der Gegenwart gültigen Handelsgesetze sind zu einem großen Teil nichts anderes als die Kodifikation solcher Verhaltensweisen. Darüber hinaus hat aber das HGB den **Handelsbräuchen** kraft ausdrücklicher Vorschrift (§ 346) rechtliche Bedeutung und Verbindlichkeit verliehen, und zwar – insoweit über § 157 BGB hinausgehend – nicht nur für die Auslegung von Willenserklärungen. Vielmehr können sie unmittelbar normative Verhaltenserwartungen festlegen und sind dann wie anderes Recht zu beachten, wenn sie auch im Range unter dem zwingenden Gesetzesrecht stehen und ihre Geltung zumeist auf engere Verkehrskreise begrenzt ist.[14] Sie sind, m. a. W., im rechtssoziologischen Sinne in der Gesellschaft ausgebildetes Recht, sind Gewohnheitsrecht – anders die dogmatisch orientierte hM, die beim Handelsbrauch den für Gewohnheitsrecht verlangten Rechtsgeltungswillen in der Gesellschaft (»opinio iuris«) vermisst. Die Industrie- und Handelskammer (IHK) erstellt für Behörden und Gerichte auf Antrag Gutachten über die Anerkennung von solchen Bräuchen, die Verrechtlichungscharakter erfahren haben könnten.

Beispiele: Recht zur kostenfreien Stornierung von Hotelbuchungen kraft Handelsbrauchs: *LG Hamburg* (NJW-RR 2004, 699) bejaht einen solchen Handelsbrauch für den norddeutschen Raum; anders *OLG Frankfurt* NJW-RR 2001, 1498 für den Bereich des Fichtelgebirges (abweichend von seiner früheren Rechtsprechung, NJW-RR 1986, 911). Schiedsvereinbarung kraft Handelsbrauchs (*BGH* NJW 1993, 1798). Eigentumsvorbehalt kraft Handelsbrauchs (*LG Marburg* NJW-RR 1993, 1505; einschr. *OLG Hamm* NJW-RR 1993, 1444 für Lebens-

---

14 *BGH* NJW 1966, 502; 1993, 1798; *K. Schmidt* HandelsR § 1 III 3.

mittelhandel). Zulässige Mengenabweichungen bei Circa-Klausel im Stahlhandel (*OLG Düsseldorf* NJW-RR 1991, 679).

Handelsbräuche können dispositives Gesetzesrecht verdrängen (im Einzelnen str.) und sind ihrerseits dispositiv. Ebenso wie Gewohnheitsrecht kann das Gericht auch den Handelsbrauch aus eigener Sachkunde anwenden, wenn es ihn kennt (§ 114 GVG); ansonsten ist derselbe beweisbedürftig, weil seine Kenntnis (entgegen dem Grundsatz »iura novit curia«) vom Gericht nicht erwartet werden darf. Doch ergeben sich in prozessualer Hinsicht nach hM einige Unterschiede zum Gewohnheitsrecht.[15]

Ein Handelsbrauch kann auch bestehen, wenn die Praxis überwiegend ausdrückliche Regelungen (auch in Allgemeinen Geschäftsbedingungen) trifft und damit dem Handelsbrauch folgt; er kann umgekehrt aus übereinstimmender ständiger Praxis entstehen.[16] Sammlungen hinreichend bekannter Üblichkeiten werden bei den Industrie- und Handelskammern geführt.

33 Weite Bereiche des nicht durch zwingende Gesetzesnormen geregelten Handelsrechts werden von **Allgemeinen Geschäftsbedingungen** oder in anderer Form typisierten Vertragsinhalten beherrscht. Die Probleme ihres materiellen Gerechtigkeitsgehalts, dh der Angemessenheit der hier getroffenen Interessenabwägung und -rangordnung, sind dieselben wie im allgemeinen Zivilrecht und desgleichen folglich auch die Grundsätze gerichtlicher Kontrolle (Einbeziehungs- und Inhaltskontrolle, §§ 305 ff. BGB), wenngleich bei Verträgen zwischen zwei Unternehmern (§ 14 BGB) gewisse Besonderheiten gelten, vgl. § 310 I BGB (näher → Rn. 875 f.).

Ein besonderes Gesicht und Gewicht gewinnt die AGB-Problematik im Handelsrecht allerdings dadurch, dass hier ganze Branchen durchgängig von identischen Geschäftsbedingungen beherrscht werden, so insbesondere das Bank-, Versicherungs- und Speditionsgewerbe. Hierin dokumentiert sich vielleicht am deutlichsten, dass es sich auch bei AGB – in rechtssoziologischer Sicht – um im Wirtschaftsleben geschaffenes Recht handelt. Freilich müssen AGB grundsätzlich durch Vereinbarung in den Vertragsinhalt einbezogen werden (§ 310 I 1 BGB erklärt nur die qualifizierten Einbeziehungsvoraussetzungen in § 305 II und III BGB für unanwendbar, nicht aber die Einbeziehung als solche nach § 305 I BGB). Doch können sie unter besonderen Umständen auch als branchenüblich kraft Handelsbrauchs gelten, oder der genaue Bedeutungsinhalt bestimmter verbreiteter Klauseln kann als Handelsbrauch festgelegt sein, so dass die Vertragsschließenden sich in abgekürzter Form auf sie beziehen können. S. zu Handelsklauseln im Kaufrecht → Rn. 903 ff.

---

15 Im Gegensatz zum Gewohnheitsrecht ist die Feststellung von Handelsbräuchen keine Rechtsfrage, sondern eine Tatfrage (hM: *BGH* NJW 2001, 2464; NJW-RR 2004, 555; NJW-RR 2004, 1248; aA MüKoZPO/*Prütting* 5. Aufl. 2016, § 284 Rn. 44 ff., der von einem revisiblen Erfahrungssatz ausgeht). Dies bedeutet, dass die Partei, die sich auf einen Handelsbrauch beruft, dessen Existenz darlegen und gegebenenfalls beweisen muss. Die Beweisführung darf sich nicht auf den Beweis der tatsächlichen Übung beschränken, sondern sie muss auch die Maßgeblichkeitsüberzeugung der beteiligten Verkehrskreise umfassen. Sie geschieht mit den allgemeinen Beweismitteln, insbesondere durch Sachverständigengutachten, wobei das Gericht den Sachverständigen bestimmt (§§ 402 ff. ZPO). In der Praxis wird meistens ein Gutachten der zuständigen Industrie- und Handelskammer eingeholt. Das Gericht überprüft das Gutachten auf dessen Schlüssigkeit (EBJS/*Joost* HGB § 346 Rn. 24, 25; MüKoHGB/*K. Schmidt* § 346 Rn. 25).

16 Vgl. *BGH* NJW 1994, 659.

Schaubild 3: Die wichtigsten Quellen des Handelsrechts

1. **Internationales Recht:** CISG, CMR, UNIDROIT, Incoterms
2. **Europarecht:** EU-Richtlinien, Art. 34, 49, 54, 56 AEUV
3. **Grundgesetz:** Art. 2, 12, 14
4. **HGB:** insbes. §§ 1–475
5. **Gesellschaftsrechtliche Nebengesetze:** z.B. AktG, GmbHG
6. **Prozessuales Recht:** insbes. §§ 29 II, 38 I ZPO, §§ 95 I Nr. 1, 114 GVG, §§ 374, 375, 402 ff. FamFG
7. **Sonstige nationale Gesetze:** Wettbewerbsgesetze (UWG, MarkenG), Bank-, Börsen- und Versicherungsgesetze (z. B. BörsG, VVG), Wertpapiergesetze (z. B. WG, ScheckG)
8. **Gewohnheits- und Richterrecht,** auch Handelsbräuche

5. Der Rechtsschutz im Handelsrecht

Prozesse in Handelssachen kommen als »bürgerliche Streitigkeiten« vor die ordentlichen Gerichte. Bei den Landgerichten sind allerdings eigene **Kammern für Handelssachen** (KfH) eingerichtet (§§ 93 ff. GVG), in deren Besetzung die Idee des sachverständigen Laienrichters ihren Niederschlag gefunden hat. Die Kammer entscheidet mit einem Berufsrichter als Vorsitzendem und zwei Handelsrichtern. Diese sind Kaufleute oder Geschäftsführer einer Handelsgesellschaft und werden als Richter ehrenamtlich tätig (§§ 105, 109 GVG). **34**

Die Zuständigkeit der KfH ist in § 95 GVG genau eingegrenzt, und zwar teils enger als der Bereich des materiellen Handelsrechts, teils insofern weiter, als auch Wechsel- und Schecksachen hierher gehören.

Neben der streitigen ist im Handelsrecht auch die **freiwillige Gerichtsbarkeit** von Bedeutung. Die Führung des Handelsregisters erfolgt in ihrem Verfahren (§§ 374 ff. FamFG); zuständig sind die Amtsgerichte. Auch einige wichtige Streitsachen sind in das Verfahren der freiwilligen Gerichtsbarkeit verwiesen, so die Entscheidung über die Zusammensetzung des Aufsichtsrats nach §§ 98, 99 AktG.

Eine große Rolle spielt in Handelssachen schließlich die private **Schiedsgerichtsbarkeit** (§§ 1025 ff. ZPO), deren Vorzüge – Schnelligkeit, Diskretion, richterliche Sachkunde, Vermeidung feindseliger Konfrontation der Parteien durch Schlichtung und Kompromiss, Internationalität – im Wirtschaftsverkehr besondere Wertschätzung finden. Auch erleichtert die ZPO die Vereinbarung schiedsgerichtlicher Streitentscheidung zwischen Unternehmern, macht insbesondere eine Einfügung von Schiedsklauseln in Allgemeine Geschäftsbedingungen möglich (§§ 1029 II, 1031 ZPO). In weitem Maße stellen überdies die Institutionen des Wirtschaftsverkehrs (Handelskammern, Börsen, Verbände) ständige (institutionelle) Schiedsgerichte zur Verfügung, auf welche die Parteien zurückgreifen können. Das kann mitunter allerdings so weit gehen, dass ein Kaufmann sich praktisch gezwungen sieht, eine in seinen Geschäftskreisen allgemein übliche Schiedsvereinbarung zu akzeptieren, auch wenn die Neutralität des Schiedsgerichts nicht außer jedem Zweifel steht. Nicht selten will man auch bei Handelsgesellschaften für interne Auseinandersetzungen unter den Gesellschaftern oder zwischen diesen und der Gesellschaft im Gesellschaftsvertrag bzw. der Satzung eine schiedsgerichtliche Erledigung vorsehen. Grundsätzlich ist das auch hier möglich, im **35**

Einzelnen allerdings namentlich bei den Kapitalgesellschaften str., inwieweit bestimmte Streitigkeiten wie etwa die Anfechtung von Gesellschafterbeschlüssen einer schiedsgerichtlichen Disposition entzogen sind.[17] Für die Rechtspflege und Rechtsentwicklung ist die Schiedsgerichtsbarkeit bisweilen ein Ärgernis, da die fehlende Publikation von Entscheidungen und Gründen die gebotene öffentliche Erörterung in Praxis und Wissenschaft nicht anstößt.

36 **Internationale Handelsschiedsgerichtsbarkeit und lex mercatoria:** Im Zusammenspiel zwischen Handelsbrauch und Gewohnheitsrecht einerseits, die sich ohne Rücksicht auf nationale Grenzen entwickeln können und als solche auch gelegentlich von internationalen Organisationen festgeschrieben werden, und einer internationalen Schiedsgerichtsbarkeit andererseits, die sich häufig diesen anerkannten Gewohnheiten mehr verpflichtet fühlt als nationalem Recht, verfestigt schließlich durch die gemeinsamen Grundprinzipien führender nationaler Rechtsordnungen und internationaler Konventionen, kann sich eine lex mercatoria als Komplex international gelebten und anerkannten, wenngleich nicht staatlich sanktionierten Handelsrechts herausbilden.[18]

§ 2. Handelsregister und Vertrauensschutz

Fall 3: A und B sind persönlich haftende Gesellschafter der C-KG und gemäß Gesellschaftsvertrag sowie Eintragung im Handelsregister nur gemeinschaftlich zur Vertretung der Gesellschaft berechtigt. Am 1. Oktober scheidet A aus der Gesellschaft aus; eingetragen wird dies am 11. November. In der Zwischenzeit bestellt B namens der C-KG Waren bei K, die in der Folge nicht bezahlt werden. Kann K den A in Anspruch nehmen? (Lösungshinweise → Rn. 45).

1. Leitgedanken

a) Das Handelsregister

37 Das Handelsregister ist ein öffentliches Verzeichnis ähnlich dem Grundbuch oder Vereinsregister. Es wird bei den Amtsgerichten geführt (§ 8 HGB, § 376 FamFG). Innerhalb des Amtsgerichts ist – mit Ausnahme einiger besonders wichtiger Angelegenheiten – funktional der Rechtspfleger zuständig (§ 3 Nr. 2 lit. d iVm § 17 RpflG). Seit 2007 wird das Handelsregister elektronisch geführt (§ 8 I HGB, § 7 HRV, Art. 61 EGHGB).

---

17 Der BGH (*BGH* NJW 2009, 1962 – Schiedsfähigkeit II) hat in Fortführung seiner bisherigen Rechtsprechung (BGHZ 132, 278 = NJW 1996, 1753 – Schiedsfähigkeit I) die **Schiedsfähigkeit von Beschlussmängelstreitigkeiten** im GmbH-Recht bestätigt. Voraussetzung ist allerdings, dass das schiedsgerichtliche Verfahren in einer dem Rechtsschutz durch staatliche Gerichte gleichwertigen Weise ausgestaltet ist. Das heißt, sämtlichen Gesellschaftern muss ein – am Maßstab des § 138 BGB zu messender – Mindeststandard an Mitwirkungsrechten und damit Rechtsschutzmöglichkeit gewährt werden. Zu Schiedsklauseln in Gesellschaftsverträgen → Rn. 228, zur Beschlussanfechtung Roth/*Altmeppen* GmbHG § 47 Rn. 48 f.

18 *Stein,* Lex mercatoria – Realität und Theorie, 1995. In eine ähnliche Richtung zielen wissenschaftliche Bemühungen von der Art des internationalen Unidroit-Instituts: Principles of International Commercial Contracts, Rom 2004 (abrufbar unter www.unidroit.org/english/principles/contracts/main.htm).

Das Handelsregister ist ein wichtiges Instrument des Handelsrechts im Dienste von Rechtssicherheit und Rechtsklarheit, aber auch im Interesse der Informationskostensenkung und der Verkehrssicherheit. Es erfasst – zwingend – die Kaufleute und die Handelsgesellschaften und verlautbart über sie bestimmte Tatsachen, die für den Handelsverkehr von Bedeutung sind, insbesondere die wichtigsten Tatsachen über das kaufmännische Unternehmen wie etwa die Firma und den Ort der Niederlassung (vgl. § 29 HGB), Adressen und Vertretungsmacht der Gesellschafter einer Handelsgesellschaft (§ 106 II HGB) oder die Geschäftsführer (§ 10 GmbHG) bzw. Vorstandsmitglieder (§ 39 AktG) bei GmbH bzw. AG. Die Gesetze machen teilweise die Eintragung bestimmter Tatbestände in dieses öffentliche Register den betroffenen Unternehmen zur Pflicht (**eintragungspflichtige Tatsachen**), teilweise eröffnen sie lediglich die Möglichkeit zur Eintragung und machen gewisse Rechtsvorteile davon abhängig (**eintragungsfähige** Tatsachen, s. §§ 25 II, 28 II HGB oder auch §§ 7 I mit 79 II GmbHG zur Gründung einer GmbH). Eintragungspflichtige und eintragungsfähige Tatsachen sind unter dem Obergriff der »eintragbaren« Tatsachen zusammenzufassen. Sofern *nicht* eintragungsfähige Tatsachen versehentlich in das Handelsregister eingetragen werden, kommt der Eintragung grundsätzlich keine Publizitätswirkung zu. Außerdem werden bestimmte Unterlagen zum Register eingereicht und zu dessen Akten genommen.

Die (grundsätzlich gebührenpflichtige, vgl. § 2 I JVKostO) **Einsicht** in das Handelsregister und in die genannten Unterlagen ist *jedermann gestattet* (§ 9 HGB). Beispielsweise ist es vor dem Abschluss eines bedeutenden Vertrages ratsam, sich über die Vertretungsbefugnisse der Gesellschaft, mit der man kontrahiert, durch einen Blick ins Handelsregister Klarheit zu verschaffen.

b) Die Eintragung

Die **Eintragung** ins Handelsregister erfolgt gemäß § 8a HGB durch Aufnahme der   38
eintragungspflichtigen Tatsache in den einschlägigen elektronischen Datenspeicher. Von der Eintragung zu unterscheiden ist die nachgelagerte **Bekanntmachung** gemäß § 10 HGB, dh die Verlautbarung der ins Handelsregister eingetragenen Tatsache via elektronischem Informations- und Kommunikationssystem. Die Bekanntmachung aller Eintragungen erfolgt von Amts wegen in chronologischer Reihenfolge im Internet *(www.handelsregisterbekanntmachungen.de).*[19]

c) Weitere Register

Vom Handelsregister zu unterscheiden sind andere Verzeichnisse: Partnerschafts-   39
gesellschaften sind keine Handelsgesellschaften; für sie wurde daher ein eigenes **Partnerschaftsregister** geschaffen, das aber wie das Handelsregister geführt wird (vgl. § 5 II PartGG). Entsprechendes gilt für Genossenschaften mit dem **Genossenschaftsregister**, § 10 GenG. Wichtig ist auch das Vereinsregister für den e. V., §§ 55, 55a BGB.

Seit 2007 gibt es darüber hinaus ein **zentrales elektronisches Unternehmensregister** *(www.unternehmensregister.de)*, vgl. § 8b HGB. Dieses bündelt für jedes Unternehmen alle wesentlichen Daten, deren Offenlegung von der Rechtsordnung vorgesehen ist, und stellt sie zum Online-Abruf zur Verfügung. Das Unternehmensregister umfasst neben den im Handelsregister eingetragenen Daten auch die Rechnungslegung

---

19 Zum elektronischen Handelsregister *Seibert/Decker*, DB 2006, 2446 ff.

(Jahresabschlüsse) sowie ggf. kapitalmarktrechtliche Pflichtangaben (zB Ad hoc-Meldungen nach § 15 WpHG), vgl. den Katalog in § 8b II HGB. Der Rechts- und Wirtschaftsverkehr muss also nicht mehr verschiedene Informationsquellen und Register bemühen, um über ein bestimmtes Unternehmen die wesentlichen publizitätspflichtigen Angaben zu erhalten; es genügt vielmehr die Einsicht in das Unternehmensregister (Prinzip des »one stop shopping«).

d) Die Handelsregistereintragung

40 Die Bedeutung der Handelsregistereintragung liegt bei einem Teil der Angelegenheiten und für einen Teil der in Frage stehenden Rechtsfolgen darin, dass sie rechtsbegründend *(konstitutiv)* wirkt. So werden nach § 2 HGB diejenigen gewerbeausübenden Unternehmen zu kaufmännischen, die dies nicht schon nach § 1 II HGB kraft Gesetzes sind (dementsprechend für die Rechtsform der OHG nach § 123 I HGB), und die juristischen Personen des Handelsrechts verdanken ihre Existenz der Registereintragung (§§ 41 I AktG, 11 I GmbHG). Die konstitutive Wirkung besagt, dass überhaupt erst die Registereintragung die betreffende Rechtstatsache schafft, also zB die juristische Person »ins Leben ruft«. Vorher müssen lediglich bestimmte Tatbestandsvoraussetzungen vorliegen, um die Eintragung zu rechtfertigen. Doch tritt die konstitutive Wirkung der einmal vollzogenen Eintragung grundsätzlich unabhängig davon ein, ob sie zu Recht oder zu Unrecht erfolgt (vgl. § 5 HGB).

41 In anderen Fällen messen die Gesetze der Eintragung nur rechtsbekundende *(deklaratorische)* Wirkung bei, zB der Prokura (§ 53 HGB) oder der Eintragung des Kaufmannes, der diese Eigenschaft bereits über § 1 II HGB erlangt hat (§ 29 HGB) oder der OHG, welche bereits vor Eintragung durch Aufnahme der Geschäfte entstanden ist, § 123 II HGB. Hier besteht die eintragungspflichtige Rechtstatsache bereits vor und unabhängig von der Eintragung, jedoch löst die Eintragung in Verbindung mit der Bekanntmachung (im Falle des § 15 III HGB allein die Bekanntmachung) bestimmte Publizitätswirkungen aus. Diese gilt nach heute hM auch für die konstitutive Eintragung,[20] bei der die eintragungspflichtige Rechtstatsache erst mit bzw. ab Eintragung besteht. Deren wichtigste Form ist die negative Publizität des § 15 I HGB. Diese Form der Publizität schützt den Rechtsverkehr in Fällen einer deklaratorischen Eintragung vor der Veränderung von eintragungspflichtigen Tatsachen außerhalb des Handelsregisters. Es wird also das Vertrauen auf das Schweigen des Handelsregisters geschützt.[21] Bei der deklaratorischen Eintragung erstreckt sich dieser Schutz auf den Zeitraum zwischen Erfüllung aller Voraussetzungen der Rechtstatsache und auf die Eintragung und Bekanntmachung dieser Tatsache.[22] Dies gilt auch für die konstitutive Eintragung. Allerdings ist zu beachten, dass zu den Voraussetzungen der Rechtstatsache in diesem Fall auch die Eintragung selbst gehört. Der Schutz erstreckt sich also nur auf den Zeitraum zwischen Eintragung und Bekanntmachung.[23]

Eine andere Schutzrichtung hat die positive Publizität, die an die vollzogene Eintragung bzw. Bekanntmachung anknüpft. In erster Linie soll dabei das Vertrauen des

20 Zur Erfassung der konstitutiven Eintragungen durch § 15 I HGB MüKoHGB/*Krebs* § 15 Rn. 34.
21 Baumbach/Hopt/*Hopt* HGB § 15 Rn. 4.
22 Vgl. MüKoHGB/*Krebs* § 15 Rn. 6.
23 Baumbach/Hopt/*Hopt* HGB § 15 Rn. 5.

Rechtsverkehrs auf den *unzutreffend erweckten Anschein* von in Wirklichkeit *nicht* gegebenen Tatbeständen geschützt werden.

Eine positive Publizität zugunsten des Rechtsverkehrs ordnet in § 15 HGB erst **Abs. 3** an, und er scheint an die Abweichung der Bekanntmachung von der richtigen Eintragung anzuknüpfen, stellt sein Wortlaut doch in auffälligem Gegensatz zu den vorangehenden Absätzen allein auf die »*unrichtig bekanntgemacht[e] Tatsache*« ab.

Doch wird von § 15 III HGB auch der praktisch häufigere Fall der Bekanntmachung einer *unrichtigen Eintragung*, die dann dementsprechend mit ihrem unrichtigen Inhalt auch bekanntgemacht wird, nach allg. Meinung[24] ebenfalls erfasst. Die missverständliche und einigermaßen systemwidrige Textierung des § 15 III HGB erklärt sich mit der Herkunft der Vorschrift aus einer EG-Richtlinie, und so liefert § 15 III (datierend von 1969) einen frühen Beleg für die supra angeschnittene Problematik internationaler Rechtsangleichung (vgl. → Rn. 13).

Eine positive Publizität ordnet freilich auch **§ 15 II HGB** an, aber sie ist von ganz besonderer Art und hat wieder eine andere Schutzrichtung. Hier geht es um die Geltung *zutreffend eingetragener* Tatsachen **zum Nachteil Dritter,** was ohnehin nur in bestimmten Fallkonstellationen zum Problem werden kann, während die zuvor genannten Fälle der Publizität das eine gemeinsam haben, dass Eintragung im Register bzw. Bekanntmachung einerseits und Wirklichkeit andererseits auseinanderfallen (weil ein bestehender und eintragungspflichtiger Tatbestand *nicht* eingetragen bzw. ordnungsgemäß bekanntgemacht oder ein nicht existierender Tatbestand *fälschlich* eingetragen bzw. bekanntgemacht wurde). 42

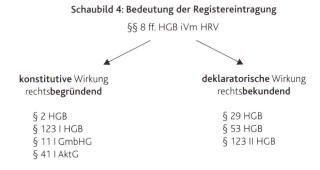

Schaubild 4: Bedeutung der Registereintragung

§§ 8 ff. HGB iVm HRV

konstitutive Wirkung	**deklaratorische** Wirkung
rechts**begründend**	rechts**bekundend**
§ 2 HGB	§ 29 HGB
§ 123 I HGB	§ 53 HGB
§ 11 I GmbHG	§ 123 II HGB
§ 41 I AktG	

e) Weitere Publizitätsinstrumente

Ist somit das Handelsregister ein wichtiges Instrument des Handelsrechts im Dienste von Publizität und Vertrauensschutz, so ist es doch nicht das Einzige. Es wird in zweifacher Richtung ergänzt: 43

(1) Zum einen gibt es im Handelsrecht noch **weitere Publizitätsmittel,** nämlich erstens die **Firma** (§§ 17 ff. HGB), die in bestimmter Weise zu bilden und zu führen ist und so dem Rechtsverkehr bestimmte Grundtatsachen über das Unternehmen kundtut (näher unter § 27 dort auch zu den Pflichtangaben auf Geschäftsbriefen), und zweitens die **Rechnungslegung bzw. Bilanzpublizität,** dh die Veröffentlichung des Jahres-

---

24 MüKoHGB/*Krebs* § 15 Rn. 81, 88; *K. Schmidt* HandelsR § 14 III 2 c; EBJS/*Gehrlein* HGB § 15 Rn. 27; Baumbach/Hopt/*Hopt* HGB § 15 Rn. 18.

abschlusses (nebst Lagebericht) und damit wesentlicher wirtschaftlicher Daten über das Unternehmen. Die letztere Publizitätspflicht trifft allerdings nur Unternehmen bestimmter Rechtsform und mit Abstufung nach Größenordnungen, vgl. § 325 HGB (näher unter → § 24).

44 (2) Zum anderen gewährt das Handelsrecht in Gestalt der **allgemeinen Rechtsscheinhaftung** einen **Vertrauensschutz**, der unabhängig vom Handelsregister eingreift, aber auch an falsche Registereintragungen anknüpfen kann. Dieser allgemeine Rechtsscheingedanke gilt nicht nur im Handelsrecht, entfaltet hier aber eine besonders große Tragweite. Er besagt im Kern, dass das *Recht zugunsten gutgläubiger Dritter Rechtsfolgen aus bestimmten Tatbeständen* herleitet, obwohl diese in Wirklichkeit gar nicht vorliegen, sondern lediglich *im Rechtsverkehr der Anschein ihres Vorliegens erweckt* wurde. Schon das Gesetz kennt eine solche Rechtsscheinhaftung außerhalb der Registerpublizität (§ 56 HGB), weit größere Bedeutung hat aber die allgemeine Rechtsscheinhaftung erlangt, die in *Rechtsfortbildung* außerhalb des Gesetzes entwickelt wurde und an beliebige Tatbestände eines fälschlich hervorgerufenen Anscheins anknüpfen kann. Eine besondere Rolle spielt dabei der Anschein, der aus dem soeben genannten Publizitätsmittel der Firma herrühren kann, nämlich aus deren irreführender Bildung oder unberechtigter Führung. Nach heute hM nicht zwingend an den Kaufmann als Erklärungsempfänger zu richten ist das *kaufmännische oder berufliche Bestätigungsschreiben,* welches gleichwohl als Handelsgewohnheitsrecht bezeichnet werden kann (teilweise auch aus einer Gesamtanalogie der §§ 75h, 91a, 362 HGB hergeleitet).

Sowohl die Regelung des § 15 HGB wie auch die allgemeinen Rechtsscheingrundsätze werfen erfahrungsgemäß häufig Verständnisschwierigkeiten auf – dies insbesondere dann, wenn man sie als allgemeine Regeln studiert, ohne schon den übrigen Stoff des Handelsrechts, aus dem sich ihr weites Anwendungsfeld ergibt, zu beherrschen. Der Leser darf jedoch erwarten, dass sich ihm das Verständnis dann an späterer Stelle im Zusammenhang mit konkreten Anwendungsfällen (Scheinkaufmann, Prokura) leichter erschließen wird.

45 **Lösungshinweise zu Fall 3** (vor → Rn. 37):
Anspruch K gegen A auf Kaufpreiszahlung aus **§ 433 II BGB iVm §§ 161 II, 128 S. 1 HGB?**
1. **Entstehung der Kaufpreisforderung** zwischen K und der KG (sog. Gesellschaftsverbindlichkeit), § 433 II BGB (+)
   a) Verpflichtungsfähigkeit der KG: KG ist im Rechtsverkehr teilrechtsfähig und somit Trägerin von Rechten und Pflichten (vgl. §§ 161 II, 124 I HGB)
   b) Kaufvertrag, § 433 BGB: Zwei korrespondierende WE von B und K, §§ 145 ff. BGB
   c) Vertretungsmacht des B gem. §§ 161 II, 170, 125 I HGB
      aa) Grundsatz der Einzelvertretung: §§ 161 I, 125 I HGB
      bb) hier: Anordnung der Gesamtvertretung, §§ 161 I, 125 II, so dass B grds. die KG nicht alleine wirksam vertreten kann, aber: nach Ausscheiden eines gesamtvertretungsberechtigten Komplementärs ist der andere Komplementär, hier also B, alleinvertretungsberechtigt (*BGH* NJW 1964, 1624)
2. Haftung des A gem. §§ 128 S. 1, 161 II HGB?
   Gem. §§ 128 S. 1, 161 II HGB müsste A unmittelbar, persönlich und unbeschränkt für Verbindlichkeiten der C-KG haften, sofern er einer ihrer persönlich haftenden Gesellschafter (sog. **Komplementär**) ist, § 161 I HGB. Zu prüfen ist, ob A zum Zeitpunkt der Entstehung der Verbindlichkeit (Kaufpreisforderung) Gesellschafter iSd § 128 HGB war.

a) **Tatsächliche Gesellschafterstellung** (–): A ist am 1.10. aus der KG ausgeschieden; der Kaufvertrag wurde erst danach geschlossen.

b) Gesellschafterstellung des A aufgrund **negativer Publizität nach § 15 I HGB?**

  aa) Eintragungspflichtige Tatsache (+)

   Das Ausscheiden des Gesellschafters aus der KG ist gem. §§ 143 II, 161 II HGB eintragungspflichtig.

  bb) Fehlende Eintragung (+)

  cc) Guter Glaube des K (+)

  dd) Handeln im rechtsgeschäftlichen Verkehr (+)

  ee) Rechtsfolge des § 15 I HGB:

Fortbestehen der im Handelsregister verlautbarten Rechtslage → A war zum Zeitpunkt der Entstehung der Kaufpreisforderung als Gesellschafter im Handelsregister eingetragen und kann sich im Verhältnis zu K nicht auf sein tatsächliches Ausscheiden berufen (§ 15 I HGB ist als Einwendungsausschluss konzipiert).

3. Ergebnis

Anspruch K gegen A aus § 433 II BGB iVm §§ 161 II, 128 HGB (+)

2. Die Publizitätswirkung des Handelsregisters im Einzelnen

Fall 4: P ist Prokurist bei Kaufmann I und als solcher im Handelsregister eingetragen. Später wird P krankheitsbedingt geschäftsunfähig (§ 104 Nr. 2 BGB). Als I das merkt, entzieht er ihm die Prokura und lässt sie im Register löschen. Ist I aus Geschäften, die P noch vor der Registerlöschung abgeschlossen hat, den Gläubigern verpflichtet, welche von der Geschäftsunfähigkeit des P nichts wussten? (Lösungshinweise → Rn. 62).

a) Negative Publizität gemäß § 15 I HGB

Abs. 1 des § 15 stellt die *negative* Publizität des Handelsregisters in den Vordergrund, **46** dh er schützt den guten Glauben Dritter daran, dass eintragungs*pflichtige*, aber in concreto *nicht eingetragene* (und bekanntgemachte) Tatbestände auch nicht verwirklicht sind (Parallelvorschriften zu § 15 I finden sich in § 68 BGB für das Vereinsregister und in § 1412 BGB für das Güterrechtsregister). Dem Rechtsverkehr wird in § 15 I HGB also nicht das Risiko abgenommen, dass Eintragungen unrichtig sind – es bleibt dem Dritten insoweit anheimgestellt, die Richtigkeit selbst zu überprüfen –, wohl aber das Risiko, dass sich neue Umstände ereignet haben, die aus dem Register nicht ersichtlich sind. In der Tat wäre eine Überprüfung im letzteren Fall praktisch noch schwerer möglich, ist die Schutzbedürftigkeit insoweit daher noch größer.

Die Bedeutung dieser negativen Publizität tritt in zwei verschiedenen Fallgestaltungen **47** zutage. *Zum einen* werden **eintragungspflichtige Tatbestände,** insoweit sie sich zum Nachteil des gutgläubigen Dritten auswirken würden, als nicht existent behandelt, solange sie nicht im Register eingetragen sind, dh es gilt die *Rechtslage, die dem Schweigen des Registers* entspricht. Beispiel: In einer OHG wurde in Abweichung vom Prinzip der Einzelvertretung (§ 125 I HGB) Gesamtvertretung vereinbart, aber entgegen §§ 106 II Nr. 4, 107, 125 II HGB nicht eingetragen. Hatte dann ein Gesellschafter allein einen Vertrag abgeschlossen, so kann der Vertragspartner hieraus Rechte herleiten, da es nach § 15 I HGB zugunsten gutgläubiger Dritter weiterhin beim gesetzlichen Regelfall, der Einzelvertretung, bleibt.

Zum zweiten greift § 15 I HGB ein, wenn eine bestimmte eintragungspflichtige Tatsache zunächst (zutreffend) ins Register eingetragen wurde und später eine (wiederum eintragungspflichtige) **Änderung** eingetreten ist. Solange dies nicht eingetragen (und bekanntgemacht) ist, gilt zugunsten des Dritten die *im Register verlautbarte Rechtslage als fortbestehend*, dh man gelangt auf diesem Umweg im Ergebnis zu einem Vertrauensschutz nach Maßgabe des jeweiligen Registerstands. Die Publizitätswirkung ist dennoch auch hier eine negative; die Änderung oder Beendigung der Rechtslage wird ignoriert. So beispielsweise beim *Widerruf der Prokura:* Diese erlischt hierdurch (§ 52 I HGB). Das Erlöschen ist ebenso wie die Erteilung eintragungspflichtig (§ 53 II HGB). Die Prokura gilt daher nach § 15 I HGB als fortbestehend, solange ihr Erlöschen nicht im Register eingetragen ist. Andere Beispiele sind die *Übertragung eines Unternehmens* auf einen neuen Inhaber oder das *Ausscheiden eines Gesellschafters* (Lösung zu *Fall 3,* → Rn. 45). Beide Fälle sind eintragungspflichtig (vgl. § 31 bzw. § 143 HGB). Solange die Eintragung nicht erfolgt ist, haftet der alte Inhaber bzw. frühere Gesellschafter nach § 15 I HGB auch für neue Verbindlichkeiten. Entsprechendes gilt für den Scheinkaufmann nach § 15 I HGB, wenn das *Gewerbe eingestellt*, die Firma aber nicht im Register »gelöscht« (dh das Erlöschen eingetragen, § 31 II HGB) wurde; hierzu näher unter § 7. Beachte: Der Scheinkaufmann ist kein Kaufmann iSd §§ 1–6 HGB; er ist im HGB generell nicht geregelt. Es handelt sich um eine Person, die sich wie ein Kaufmann geriert, ohne einer zu sein. Aus Rechtsscheingesichtspunkten folgt dann nach hM, dass die Belastungen, die einen Kaufmann nach dem Gesetz treffen, auch für den Scheinkaufmann greifen sollen, die Begünstigungen jedoch nicht beansprucht werden können. Erforderlich ist nur, dass der Dritte im rechtsgeschäftlichen Verkehr mit dem Scheinkaufmann interagiert hat und gutgläubig gewesen ist.

48 Notwendiger Anknüpfungspunkt für § 15 I HGB ist in all diesen Fällen eine gesetzliche Bestimmung, welche die **Eintragungspflicht** statuiert; solche Vorschriften (wie zB §§ 31 II, 53 II, 143 HGB) sollten, wenn man im Zuge einer Falllösung auf sie stößt, stets daran erinnern, dass eine negative Publizitätswirkung in Betracht kommt. Die Rechtsfolge aus § 15 I HGB betrifft demgemäß ebenfalls nur den eintragungspflichtigen Tatbestand, nicht aber sonstige Tatsachen, die ggf. darüber hinaus vorliegen, die aber nicht eintragungspflichtig sind. Beispielsweise macht im *Fall 4* (vor → Rn. 46, → Rn. 62) die Geschäftsunfähigkeit des P auch dann die Willenserklärung nichtig, wenn ein Erlöschen der Prokura dem Dritten wegen § 15 I HGB nicht entgegengesetzt werden kann.[25] Denn der Eintritt der Geschäftsunfähigkeit nach § 104 BGB ist kein eintragungspflichtiger Tatbestand; § 15 I HGB ist tatbestandlich also nicht anwendbar, was zur Konsequenz hat, dass sich Dritte im Hinblick auf die Geschäftsunfähigkeit nicht auf § 15 I HGB berufen können.

49 Im Übrigen gilt für beide Fallgestaltungen, wie allgemein bei § 15 I und auch III, das Prinzip des generalisierenden, typisierten oder **abstrakten Vertrauensschutzes,** wie es bereits von der Registerpublizität des BGB her bekannt ist. Entscheidend für das Verständnis sowie die Einordnung des § 15 I und auch III ist der Umstand, dass der Dritte nicht absolut geschützt wird, sondern der Schutz entscheidend von dessen gutem Glauben abhängt. Insoweit lässt sich von einer »negativen Komponente des Vertrauens«[26] sprechen. Im Gegensatz zur Lehre vom Scheinkaufmann braucht der Dritte

---

25 Hierzu *W.-H. Roth,* JZ 1990, 1030; *K. Schmidt,* JuS 1991, 1002.
26 Hierzu *Schilken,* AcP 187 (1987), 1, 3.

um den Schutz des § 15 HGB beanspruchen zu können aber nicht tatsächlich auf die Registereintragung oder deren Fehlen vertraut oder die Bekanntmachungen verfolgt zu haben. Eine Kausalität des Registerstands oder der Bekanntmachungen für das Handeln des Dritten ist mithin nicht erforderlich. Anders gewendet: Der Dritte kann sich auch dann auf § 15 I oder III HGB berufen, wenn er noch nie Einsicht in das Handelsregister genommen und noch nie eine Bekanntmachung gelesen hat. Das rechtfertigt sich einmal mit der Überlegung, dass dem Dritten die Umstände, auf die er sein Vertrauen gründet, auch anderweitig bekannt geworden sein können, zum anderen mit Beweisproblemen. Ausreichend, aber auch erforderlich ist die *Möglichkeit,* auf den Registerstand vertraut zu haben (»potentielles Vertrauen«), damit der Dritte so gestellt werden kann, als hätte er tatsächlich darauf vertraut. Allenfalls unter ganz besonderen Umständen kann die Ausnutzung des § 15 I HGB, wenn überhaupt kein schutzwürdiges Vertrauen zugrunde liegt, beispielsweise weil der Dritte von vornherein nicht die Möglichkeit gehabt hat, sein Handeln nach der Registereintragung auszurichten, als rechtsmissbräuchlich verwehrt werden.[27]

Außerdem ist problematisch, ob § 15 I HGB auch zu Lasten von beschränkt Geschäftsfähigen und Geschäftsunfähigen zur Anwendung kommt. Dagegen spricht die Schutzbedürftigkeit von diesen Personengruppen. Dennoch ist die in Anbetracht des Wortlauts erforderliche teleologische Reduktion mit der hM abzulehnen. § 15 I HGB basiert auf dem Gedanken des abstrakten Vertrauensschutzes. Aus diesem Grund ist im Rahmen von § 15 I HGB kein Platz für Zurechnungserwägungen, an denen sich die Schutzbedürftigkeitserwägungen entzünden könnten.[28]

b) Fehlende Voreintragung

Zweifelhafter ist ein **dritter Anwendungsfall** des § 15 I HGB. Greift die Vorschrift bei eintragungspflichtigen Veränderungen eines ursprünglich verwirklichten (und eintragungspflichtigen) Tatbestands selbst dann in dem vorerwähnten Sinn ein, wenn diese ursprüngliche Tatsache zu Unrecht *nicht eingetragen* war, wenn also beispielsweise schon die Erteilung der später widerrufenen Prokura nicht zum Handelsregister angemeldet worden war? Oder entsprechend beim Ausscheiden eines Gesellschafters: wenn dessen Beteiligung nie eingetragen war.

Man darf sich insoweit nicht vom Begriff der »Löschung« einer Registereintragung irritieren lassen, etwa in dem Sinne, dass doch nichts gelöscht werden kann (und muss), was gar nicht im Register steht. »Löschung« bedeutet die Eintragung eines Erlöschensvermerks, der zwar technisch auch die Voreintragung der entsprechenden Entstehungstatsache voraussetzt, doch kann das zusammen mit dem Löschungsvermerk nachgeholt werden. Dennoch mag die wortlautgetreue Anwendung des § 15 I HGB auf diesen Fall auf den ersten Blick recht formalistisch anmuten und wird in der Tat teilweise deswegen abgelehnt,[29] teilweise gerade mit dem formalisierten Charakter des

50

---

27 ZB wenn eine sehr lange zurückliegende Tatsache nicht eingetragen wurde, etwa das Ausscheiden eines OHG-Gesellschafters vor 20 Jahren. Wenn heute niemand mehr mit seiner Mitgliedschaft rechnet, ginge es zu weit, ihn noch für die heutigen Schulden der OHG einstehen zu lassen, *Canaris,* § 5 Rn. 16f.

28 MüKoHGB/*Krebs* § 15 Rn. 40f.

29 *John,* ZHR 140 (1976), 236. Von einzelnen Vertretern dieser Ansicht wird allerdings im Regelfall ein Rückgriff auf die allgemeine Rechtsscheinhaftung zugelassen, was gegenüber § 15 I HGB zu einem abgeschwächten Schutz des Rechtsverkehrs führt.

in § 15 HGB gewährleisteten Verkehrsschutzes gerechtfertigt,[30] teilweise mit dem Verweis auf die fehlende Fehlerhaftigkeit des Registers und das Fehlen eines zurechenbaren Vertrauenstatbestandes, teilweise mit dem Argument, dass ein actus contrarius einen vorherigen actus voraussetze.

In interessenorientierter Gesetzesanwendung sollte die Frage den Ausschlag geben, ob es auch hier im Zusammenhang mit der fehlenden Registerlöschung ein potentielles Vertrauen zu schützen gilt (Schutzbedürfnis des Rechtsverkehrs). Und hierfür gewinnt der Gesichtspunkt besonderes Gewicht, dass ein schutzwürdiges Vertrauen auf die frühere (mittlerweile überholte) Rechtslage im Rechtsverkehr auch auf andere Weise als durch Registereintragung erzeugt worden sein kann. Die Geschäftspartner des Unternehmens durften beispielsweise die Vertretungsmacht des Prokuristen, mit dem sie vielleicht schon wiederholt zu tun hatten, ungeachtet der fehlenden Registereintragung als bestehend annehmen, zumal der Rechtsverkehr ohnehin viel eher die tatsächlichen Verhältnisse als den Registerstand zur Kenntnis nimmt. Um ihres Schutzes willen bedarf es daher einer löschenden Eintragung auch im vorliegenden Fall, um ihrer Interessen willen ist die Anwendung des § 15 I auch hier gerechtfertigt. Nur ganz extreme Fälle – der Prokurist hatte noch überhaupt keine Tätigkeit aufgenommen und war auch erst seit sehr kurzer Zeit berufen (wenige Tage) – können auch in den so verstandenen Schutzbereich der Vorschrift nicht mehr einbezogen werden.[31]

c) Bösgläubigkeit

51 Als **Maßstab der Bösgläubigkeit** gilt positive Kenntnis, es wird also jede Unkenntnis geschützt. Diesen Schutz erweitert **§ 15 II S. 2 HGB** sogar noch um die »Karenzfrist« von 15 Tagen nach Bekanntmachung, jetzt allerdings mit einem strengeren Maßstab der Gutgläubigkeit – bereits einfache Fahrlässigkeit schadet, § 122 II BGB – und mit Beweislastumkehr. Bei Abs. 1 hat nämlich nach allgemeinen Grundsätzen (»... es sei denn, dass ...«) nicht der Dritte seine Gutgläubigkeit, sondern derjenige die Kenntnis nachzuweisen, der dem Dritten die fragliche Tatsache entgegenhalten will.

52 Maßgeblicher **Zeitpunkt**: Vornahme der Rechtshandlung bzw. allgemein der Vorgang, aus dem der Dritte Rechte herleitet. Zu dieser Zeit darf im Falle von § 15 I HGB die Tatsache noch nicht bekanntgemacht worden sein und der Dritte keine Kenntnis von ihr gehabt haben, damit Gutglaubensschutz eingreift; Entsprechendes gilt für die anderen Vertrauensschutztatbestände.

---

30 *BGH* LM § 15 HGB Nr. 2; *BGH* NJW 1983, 2258 mAnm *K. Schmidt*.
31 Hierzu näher *K. Schmidt* HandelsR § 14 II 2; vgl. auch *BGH* ZIP 1992, 29, 32.

Schaubild 5: Negative Publizität, § 15 I HGB

Klausurrelevante Fragen und Fallkonstellationen:
▸ Diskrepanz zwischen der im Handelsregister eingetragenen und der tatsächlichen Rechtslage
▸ Stellung und Rechte des Kaufmanns; häufig: Vertretungsmacht, Gesellschafterstellung

Tatbestandsvoraussetzungen
▸ **eintragungspflichtige** Tatsache
▸ **fehlende Eintragung und fehlende Bekanntmachung**
  ● der eintragungspflichtigen **Tatsache** oder
  ● der eintragungspflichtigen **Änderung** oder
  ● der eintragungspflichtigen **Veränderung bei zu Unrecht unterlassener Voreintragung**
    Beachte: Nur bei **schutzwürdigem Vertrauen** des Dritten auf die frühere, nicht eingetragene und zwischenzeitlich überholte Rechtslage
▸ **guter Glaube:** keine positive Kenntnis des Dritten; sog. »potentielles Vertrauen« reicht aus
▸ Handeln im **Geschäfts- oder Prozessverkehr**

Rechtsfolge
▸ Allgemeines: Fortbestehen der **im Handelsregister verlautbarten** Rechtslage, § 15 I ist als Einwendungsausschluss konzipiert
▸ Wahlrecht: Der Dritte kann sich auch auf die wahre Rechtslage berufen, § 15 I erweitert lediglich seinen Handlungsspielraum (Wahlrecht zwischen alternativen Rechtsfolgen)

d) **Positive Publizität** zu Lasten Dritter gemäß **§ 15 II S. 1 HGB**

Das Zusammenwirken von Abs. 1 und Abs. 2 S. 2 wird nicht leicht ersichtlich, weil die 53 letztere Vorschrift an Abs. 2 S. 1 anschließt und sich diese Vorschrift wiederum in ihrer Bedeutung nur schwer erschließt. Denn sie scheint auf den ersten Blick nichts zu besagen, was nicht auch ohne ihre ausdrückliche Aussage gelten würde: Was (richtig) eingetragen und bekanntgemacht ist, gilt. Das ist eine *positive* Publizitätswirkung, aber eine solche von eigener Art. Es geht um die Wirkung *richtig* eingetragener Tatsachen *zu Lasten* Dritter. Nun ist aber das der Normalfall, dass die wahre Rechtslage im Rechtsverkehr gilt, und die besondere Betonung dieses Umstands erlangt daher nur im Hinblick auf Fälle einen Sinn, in denen auf Grund spezieller gesetzlicher Anordnung dies ohne die Registereintragung (und Bekanntmachung) zum Nachteil gutgläubiger Dritter nicht gelten würde.

Ein solcher Fall ist gerade § 15 I HGB. § 15 II S. 1 HGB stellt insofern nur die Kehrseite zu Abs. 1 dar. Bis zur Eintragung (und Bekanntmachung) einer eintragungspflichtigen Tatsache wird die Unkenntnis hiervon geschützt, gegen die (bekanntgemachte) Registereintragung – und abgesehen von der »Karenzfrist« des Abs. 2 S. 2 – kann Unkenntnis, selbst unverschuldete, nicht geltend gemacht werden. Hierin kommt ganz deutlich die Doppelfunktion des Handelsregisters und der Eintragungspflicht zum Ausdruck. Zunächst einmal gewährleistet dies dem Rechtsverkehr einen zusätzlichen Schutz: Während im allgemeinen Zivilrecht eine Tatsache grundsätzlich gegenüber

Dritten wirkt, sobald sie sich verwirklicht hat, hängt die Wirkung hier – außer bei positiver Kenntnis – von Eintragung und Bekanntmachung ab. Andererseits hat der Eintragungspflichtige aber auch die Möglichkeit, durch ordnungsgemäße Eintragung und Bekanntmachung diese Wirkung auszulösen, und dann kommt ihm selbst innerhalb der Karenzfrist des Abs. 2 S. 2 der Grundsatz zu Hilfe, dass Unkenntnis von Registerbekanntmachungen unter Kaufleuten nur ausnahmsweise entschuldbar ist.

Die zweite Frage, ob auch gegen eine solche Registereintragung kein neuer Rechtsschein wirksam begründet werden kann, ist damit noch nicht beantwortet (hierzu → Rn. 63 f.).

e) Bedeutungsgehalt des § 15 II HGB

54 Die **Bedeutung des § 15 II HGB** erschöpft sich indessen nicht in der bisher behandelten Widerspiegelung und Erweiterung des Abs. 1. Vielmehr kann die Vorschrift auch an anderweitige Regelungen anknüpfen, die gutgläubige Dritte gegen die nachteiligen Wirkungen bestimmter Rechtstatsachen schützen wollen, und dann diesen Schutz außer Kraft setzen. Ein *Beispiel* bietet § 174 S. 1 BGB, der bei einseitigen Rechtsgeschäften die Gegenpartei vor Erklärungen eines angeblich Vertretungsbefugten schützt. Wenn aber ein Prokurist eine Kündigung ausspricht, muss der Gekündigte die eingetragene und bekanntgemachte Prokura nach § 15 II HGB gegen sich gelten lassen; er kann die Kündigung nicht nach § 174 BGB zurückweisen.[32]

f) § 15 II HGB im Verhältnis zu sonstigem Rechtsschein

55 Es ist die herrschende Meinung, dass § 15 II 1 HGB durch andere Rechtsscheintatbestände verdrängt werden kann. Der Vorrang ergibt sich aus dem Verhältnis des § 15 II HGB und des dem jeweiligen Rechtsschein zugrundeliegenden Vertrauensschutzes. Dieser Gedanke wird unterschiedlich begründet: Man könnte einerseits auf eine teleologische Reduktion des § 15 II 1 HGB abstellen und andererseits auf rechtsmissbräuchliches Verhalten (§ 242 BGB).[33]

---

32 *BAG* ZIP 1992, 497. Zum str. Anwendungsfall des § 407 BGB iVm § 25 HGB s. MüKoBGB/*Roth/ Kieninger* § 407 Rn. 20; Großkomm/*Burgard*, § 25 Rn. 75 f., 80.
33 Baumbach/Hopt/*Hopt* HGB § 15 Rn. 15.

Schaubild 6: Positive Publizität zu Lasten Dritter, § 15 II S. 1 HGB

Klausurrelevante Fragen und Fallkonstellationen:
▸ Stellung und Rechte des Kaufmanns, z. B. Gesamtvertretung nach § 125 II iVm §§ 106 II Nr. 4, 107 HGB

Tatbestandsvoraussetzungen
▸ **eintragungspflichtige** Tatsache
▸ **richtige Eintragung** der eintragspflichtigen Tatsache
▸ **Bekanntmachung** der eintragspflichtigen Tatsache
▸ Handeln im **rechtsgeschäftlichen** Verkehr

Rechtsfolgen
▸ Wirkung der Tatsache **zu Lasten des Dritten:** Der Dritte muss die Tatsache gegen sich gelten lassen, auch wenn er nichts von ihr weiß.
▸ Rechtsschein wird durch die richige Eintragung zerstört.
▸ Beachte die »**Karenzfrist**« des § 15 II S. 2 HGB!

3. Positive Publizität zugunsten Dritter: § 15 III HGB

a) Bekanntmachung und Eintragung

§ 15 III HGB schafft eine positive Publizität unrichtiger Verlautbarungen zugunsten **56** Dritter, an der im Kontext mit Abs. 1, 2 etwas befremdlich anmuten kann, dass sie nun plötzlich allein auf die Bekanntmachung abstellt. Wichtig ist angesichts dessen zunächst, dass § 15 III nicht nur den Fall einer Diskrepanz zwischen Eintragung und Bekanntmachung, also den Fall der unrichtigen Bekanntmachung einer *richtig eingetragenen* Tatsache erfasst. Er gilt vielmehr auch, wenn Eintragung *und* Bekanntmachung gleichermaßen unrichtig sind; er vermag auf diese Weise indirekt also auch den guten Glauben an eine unrichtige Eintragung zu schützen. Hingegen legt Abs. 3 der unrichtigen Eintragung ohne nachfolgende Bekanntmachung keinen Vertrauensschutz bei, obwohl sie doch, zumindest längerfristig, als der für den Rechtsverkehr wichtigere Orientierungspunkt erscheinen muss, gleichzeitig auch als der gewichtigere Zurechnungsgesichtspunkt für denjenigen, zu dessen Lasten die Rechtsscheinwirkung gehen soll. Erklären lässt sich diese systemwidrige Lücke, wie bereits gesagt, mit der Herkunft der Vorschrift, ausfüllen lässt sie sich unter Zuhilfenahme allgemeiner Rechtsscheingrundsätze (nachfolgend → Rn. 63 f.). Unter den genannten teleologischen Gesichtspunkten ließe sich auch eine analoge Anwendung des § 15 III HGB vertreten, jedoch sollte eine entsprechende Änderung einer klaren gesetzgeberischen Entscheidung vorbehalten sein, die bislang ausblieb.

Die Formulierung »einzutragende Tatsache« besagt auch im Rahmen von III nur, dass **57** es sich (bei der Bekanntmachung) um eine nach dem Gesetz eintragungspflichtige oder -fähige Tatsache handeln muss. Nicht etwa müsste in concreto ein eintragungsfähiger Vorgang gegeben sein, der dann unrichtig (eingetragen und) bekanntgemacht wurde. § 15 III HGB erfasst also sowohl den Fall, dass Meier zum Prokuristen ernannt wurde (konkret eintragungsfähiger Vorgang), versehentlich aber Müller als Prokurist bekanntgemacht wird, wie auch den Fall, dass jemand als Prokurist bekanntgemacht wird, obwohl in Wirklichkeit bei der betreffenden Firma niemand zum Prokuristen ernannt worden ist (nur abstrakt eintragungsfähiger Vorgang). Allerdings zieht hier die hM im Interesse des durch die Eintragung Betroffenen eine *Grenze:* Wenn er überhaupt *keine zurechenbare Veranlassung* zu der erfolgten (unrichtigen) Bekanntmachung gegeben hat, wirkt § 15 III HGB nicht gegen ihn (Veranlassungsprinzip). Der passus des § 15 III »in dessen Angelegenheit sie einzutragen war« steht einem solchen Verständnis jedenfalls nicht entgegen. Entscheidend ist die Überlegung, dass man sich gegen die Folgen aus § 15 III schützen soll, indem man die Bekanntmachung auf ihre Richtigkeit hin kontrolliert, dass das aber von demjenigen nicht erwartet werden kann, der mit einer ihn betreffenden Bekanntmachung überhaupt nicht zu rechnen braucht und deswegen völlig unbeteiligt ist. Schließlich ist ein anderes Verständnis auch unter verfassungsrechtlichen Gesichtspunkten bedenklich: Im Gegensatz zu § 892 BGB oder § 2366 BGB, die nur den Verlust einzelner Vermögensgegenstände vorsehen, sieht sich der Betroffene bei § 15 III HGB der Gefahr ausgesetzt, sein gesamtes Vermögen zu verlieren.[34]

Es bleibt anzumerken, dass sich aus dem Gedanken der zurechenbaren Veranlassung anders als bei § 15 I HGB ergibt, dass bei § 15 III HGB der Schutz von beschränkt Geschäftsfähigen und Geschäftsunfähigen Raum greifen kann (str.). Aus diesem Grund sollte § 15 III HGB nicht zu Lasten von schutzwürdigen Personengruppen angewendet werden.[35]

> **Beispiel:** Firma Meier meldet die Ernennung des Prokuristen P zur Eintragung an, versehentlich wird dieser bei der Firma Mayer eingetragen und bekanntgemacht. (Die Frage einer Amtshaftung soll hier außer Betracht bleiben.) § 15 III HGB wirkt hier nicht gegen die Firma Mayer.

b) Gemeinsame Grundsätze

58 § 15 III HGB entfaltet seine Wirkung auf nachfolgende Geschäftsvorfälle von der falschen Bekanntmachung an, ohne dass der gutgläubige Dritte auf sie effektiv vertraut zu haben braucht (also auch hier *generalisierender Vertrauensschutz*). Im letzteren Fall (wenn also der Dritte von der Bekanntmachung gar nichts weiß), bedeutet die den guten Glauben ausschließende positive Kenntnis folgerichtig das Wissen um die wahre Rechtslage. Die Wirkung des Abs. 3 kann durch eine berichtigende Bekanntmachung gestoppt werden, zwar nur ex nunc, aber ohne die Karenzfrist des § 15 II S. 2.

59 Abschließend noch **drei Verdeutlichungen,** die für alle Fälle des § 15 HGB gelten. Die Publizitätswirkung gilt ausschließlich im *rechtsgeschäftlichen* Verkehr (so ausdrücklich Abs. 4), also beispielsweise nicht, wenn der von einem Lieferwagen des Unternehmens angefahrene Fußgänger den früheren Inhaber oder ausgeschiedenen Gesellschafter *deliktisch* in Anspruch nehmen will. Denn der verletzte Fußgänger wird die Schädigung nicht im Vertrauen auf das Handelsregister und eine etwaige, dort eingetragene Komplementärstellung des Gesellschafters in Kauf genommen haben. Der Gesichtspunkt des abstrakten Vertrauensschutzes entfällt auch dann, wenn (selbst bei rechtsgeschäftlichen Ansprüchen) ein Vertrauen nicht einmal als Möglichkeit in Betracht kommt,

---

34 *Canaris,* § 5 Rn. 51.
35 Baumbach/Hopt/*Hopt* HGB § 15 Rn. 19.

beispielsweise in Bezug auf die hinzutretende Haftung eines später beitretenden Gesellschafters etc. (§§ 25, 28, 130 HGB).[36]

Ferner wirkt die Publizität nur *zum Vorteil des Dritten,* und es steht in seinem Belieben, den Vorteil für sich in Anspruch zu nehmen;[37] er verliert nicht die aus der wahren Rechtslage sich ergebenden Rechtsfolgen. So kann im Fall der Unternehmensveräußerung für eine Schuld, die im Unternehmen *nach* der Übertragung, aber vor deren Eintragung begründet wurde, der Altinhaber nach § 15 I HGB in Anspruch genommen werden, desgleichen haftet aber der neue Inhaber als der »in Wahrheit« Verpflichtete. Ausnahme: Der Vertragspartner hat nicht die Wahl, statt des Vertretenen den falsus procurator zu belangen, sondern auch die kraft Rechtsscheins begründete Vertretungsmacht beseitigt beim Vertreter den Tatbestand eines Handelns ohne Vertretungsmacht (→ Rn. 757 f.).[38]   60

Drittens schließlich ist eine Inanspruchnahme der Publizitätswirkung nicht so zu verstehen, als optiere der Dritte damit für eine Abwandlung des wahren Sachverhalts mit der Folge, dass nun der Scheinsachverhalt durchgängig der Fallentscheidung zugrunde gelegt werden müsste. So haften bei der Unternehmensveräußerung im vorgenannten Beispiel der alte und der neue Inhaber nebeneinander als Gesamtschuldner. Desgleichen soll in *Fall 3* A sich nicht auf unwirksame Vertretung berufen können, die etwa bei vereinbarter Gesamtvertretung bestünde, wenn er noch Gesellschafter gewesen wäre, wie K es geltend macht.[39] Der Dritte darf die ihm günstige Rechtsfolge des Vertrauensschutzes wählen, ohne dadurch die Maßgeblichkeit des wahren Sachverhalts im Übrigen zu präkludieren. Dieser Grundsatz mag einleuchtend erscheinen; dennoch kann die Abgrenzung zu anderen Fallgestaltungen Schwierigkeiten bereiten, in denen es dem Dritten als widersprüchlich verwehrt werden muss, sich gewissermaßen die Rosinen aus dem Kuchen herauszusuchen (Rosinentheorie), indem er die günstigste Rechtsfolge aus einer selektiven Kombination von Elementen des wahren und des Scheintatbestands herbei konstruiert.[40]   61

---

36 Im Ergebnis ebenso *BAG* ZIP 1987, 1446.
37 *BGH* NJW 1990, 2678; *BGH* NJW 1991, 2627 = LM § 4 GmbHG Nr. 13 *(Roth).*
38 BGHZ 86, 273 = NJW 1983, 1308; *K. Schmidt,* FS Gernhuber, 1993, S. 449; aA *Canaris,* Vertrauenshaftung, S. 520.
39 BGHZ 65, 309; hierzu *K. Schmidt* HandelsR § 14 II 4 b.
40 Vgl. zur Anwendung des § 176 HGB auf die Schein-KG Rn. 404.

Schaubild 7: Positive Publizität zugunsten Dritter, § 15 III HGB

Klausurrelevante Fragen und Fallkonstellationen:

▸ Wirkung der unrichtigen Bekanntmachung
▸ Stellung und Rechte des Kaufmanns; z. B. Vertretungsmacht, Gesellschafterstellung

---

Tatbestandsvoraussetzungen

▸ **eintragungspflichtige** Tatsache
▸ (richtige oder falsche) **Eintragung** der eintragungspflichtigen Tatsache
▸ **unrichtige Bekanntmachung**
▸ **zurechenbare** Veranlassung der Bekanntmachung
▸ **guter Glaube:** keine positive Kenntnis des Dritten
▸ Handeln im **rechtsgeschäftlichen** Verkehr

Rechtsfolge

▸ Wirkung der **falsch bekanntgemachten** Tatsache **zugunsten des Dritten:** Der Dritte kann sich auf die unrichtig bekanntgemachte Tatsache gegenüber demjenigen berufen, in dessen Angelegenheiten die Tatsache einzutragen war.

62   **Lösungshinweise zu Fall 4** (vor → Rn. 46; vgl. *BGH* NJW 1991, 2566):
I ist aus Geschäften, die P noch vor der Registerlöschung abschloss, verpflichtet, wenn er von P wirksam vertreten wurde oder die Gläubiger sich auf § 15 I HGB berufen können.

1. Wegen §§ 104 Nr. 2, 105 I BGB keine wirksame Stellvertretung gem. §§ 164 ff. BGB
2. Publizität des § 15 I HGB?
   a) Eintragungspflichtige Tatsache?
      Vor dem Entzug der Prokura: kein eintragungspflichtiger Tatbestand, da die Geschäfts(un)
     aa) fähigkeit nicht einzutragen ist
     bb) Nach dem Entzug der Prokura (für den Fall, dass P auch danach Geschäfte abgeschlossen hat): Erlöschen der Prokura ist eintragungspflichtige Tatsache, § 53 II HGB
   b) Aber: Gem. § 15 I HGB kann sich der Rechtsverkehr auf den Fortbestand der Prokura, jedoch nicht auf die Geschäftsfähigkeit des Prokuristen verlassen.
     → § 15 I HGB heilt zwar den Mangel aus § 177 BGB iVm §§ 48 ff. HGB, aber nicht den Mangel aus §§ 104, 105 BGB
3. Verpflichtung des I aus Rechtsscheingesichtspunkten? a) Rechtsscheintatbestand (+) b) Zurechenbarkeit: im Fall der Geschäftsunfähigkeit ausgeschlossen, da Schutz des Geschäftsunfähigen dem Schutz des gutgläubigen Verkehrs vorgeht, aber hier: Rechtsschein würde zu Lasten des I und nicht zu Lasten des schutzwürdigen geschäftsunfähigen P gehen, daher grundsätzlich Zurechenbarkeit (+), indes: tragendes Grundprinzip des gesamten Privatrechtssystems ist, dass die Willenserklärung eines geschäftsunfähigen Vertreters niemals gilt, §§ 165, 105 BGB, daher (−) (anders: *BGH* NJW 1991, 2566 mit einer Abwägung im Einzelfall)
4. **Ergebnis:** Keine Verpflichtung des I.

4. Vertrauensschutz nach allgemeinen Rechtsscheingrundsätzen

Fall 5: Schneider und Schuster betreiben unter der Firma »Schneider & Schuster Klimatechnik« eine OHG. 2007 wird die Gesellschaft zur GmbH & Co. KG mit Schneider und Schuster als Kommanditisten und Geschäftsführern der GmbH, die als alleinige Komplementärin fungiert. Dies wird ordnungsgemäß im Handelsregister eingetragen. 2009 bestellt Schneider bei K wiederholt Waren; den Schriftverkehr wickelt er auf Geschäftsbriefen mit dem Briefkopf »Schneider & Schuster Klimatechnik« ab. 2010 wird die Gesellschaft insolvent.
Haften Schneider und Schuster dem K persönlich und unbeschränkt für die Kaufpreisforderung? (Lösungshinweise → Rn. 69).

a) Funktion und Entwicklung

Die Regelung in § 15 I, II S. 2 und III HGB wird durch den Gutglaubensschutz nach **63** **allgemeinen Rechtsscheingrundsätzen** ergänzt. Hierbei handelt es sich um eine **Rechtsfortbildung,** die in Anlehnung an die vereinzelten gesetzlichen Regelungen einer Rechtsscheinhaftung (im HGB eben § 15, ferner § 56, im BGB §§ 68, 70, 170–173) entwickelt wurde und nicht nur im Handelsrecht gilt, hier aber besondere Bedeutung erlangt hat, weil es ein generelles Charakteristikum des Handelsrechts ist, dem Schutz des Rechtsverkehrs hohen Stellenwert zuzuerkennen.

Als außergesetzliche Rechtsfortbildung vollzog sich diese Entwicklung anhand konkreter **Fallgruppen,**[41] als deren wichtigste zu nennen sind:

- Die Bindung an *unrichtige Registereintragungen,* wenn man diese verursacht oder zu beseitigen unterlassen hat. Auf diese Weise wird die oben erwähnte Regelungslücke positiver Publizität, die § 15 HGB hinterlässt (→ Rn. 56), überbrückt.
- Die Unterwerfung unter das Handelsrecht nach der Lehre vom *Scheinkaufmann* und von der *Schein(handels)gesellschaft,* hierzu unter § 7 (→ Rn. 161 f.).
- Die unzulässige bzw. *irreführende Firmierung.* Der dadurch verursachte Schein kehrt sich gegen den, der ihn hervorruft; so insbesondere bei den Gesellschaftsformen mit beschränkter Haftung, wenn – aufgrund *fehlenden* Rechtsformzusatzes »mbH«, »KG« etc. – der Eindruck *unbeschränkter* persönlicher Haftung erweckt wird (→ Rn. 680 ff.).
- Die Vertretungswirkung kraft *Scheinvollmacht* (→ Rn. 783 ff.).

b) Wesen und Bedeutung

Diese Rechtsentwicklung hat mittlerweile aber eine solche Breite erreicht und eine so **64** einheitliche Ausprägung gewonnen, dass sie sich unschwer als **allgemeiner Rechtsscheingrundsatz** auf praktisch alle rechtserheblichen Tatbestände des Handelsrechts erstrecken lässt. Wer in zurechenbarer Weise einen Rechtsschein hervorruft, muss sich von demjenigen, der im Vertrauen darauf rechtsgeschäftliche Dispositionen vornimmt, nach Maßgabe des gesetzten Rechtsscheins behandeln, insbesondere rechtlich in Anspruch nehmen lassen. Der Rechtsscheingrundsatz lässt sich letztlich auf § 242 BGB, und zwar auf dessen speziellere Ausprägung des »**venire contra factum proprium**« zurückführen, wonach es als widersprüchliches Verhalten verwehrt ist, zunächst das Vertrauen der Gegenseite auf eine bestimmte Rechtslage zu erwecken und

---

41 Ausführlich zur Fallgruppenbildung *Canaris,* § 6.

sich sodann darauf zu berufen, dass diese Rechtslage in Wirklichkeit gar nicht begründet wurde.

Dieser Wertungsgedanke ist weder gleichzusetzen mit der Sanktion eines unredlichen, täuschenden Verhaltens – ein solches ist nicht erforderlich – noch andererseits mit einer quasi-rechtsgeschäftlichen Hilfskonstruktion, die etwa eine (in concreto fehlende) gültige Willenserklärung ersetzen sollte. Ein gedanklicher Zusammenhang der letzteren Art besteht zwar typischerweise bei der Anscheinsvollmacht, wo der Vertretene eine rechtsgeschäftliche Vertretungsmacht nicht erteilen wollte und auch nicht erteilt hat und nun kraft Rechtsscheins der Effekt einer solchen gültigen Erteilung hergestellt wird. Bezeichnenderweise kann hier dann auch ein rechtsgeschäftlicher Erklärungsansatz – konkludente Willenserklärung – mit dem Rechtsscheingedanken konkurrieren, so vor allem bei der sog. Duldungsvollmacht (→ Rn. 785).

Doch darin erschöpft sich der Rechtsscheingedanke nicht, sondern er will in umfassender Weise **Verkehrsschutz** gewährleisten. Zwar muss auch hierbei in vernünftiger Interessenabwägung eine *Verantwortlichkeit* des in Anspruch zu Nehmenden für den Rechtsschein vorausgesetzt werden,[42] dh ihm muss der Rechtsschein in ähnlicher Weise *zurechenbar* sein wie auf der rechtsgeschäftlichen Ebene die Erklärungsbedeutung einer nicht beabsichtigten Willenserklärung, so dass *insoweit* zwischen Zurechnung kraft Rechtsscheins und kraft rechtsgeschäftlichen Handelns kein grundlegender Unterschied besteht. Allerdings schützt der Rechtsschein uU einen größeren Verkehrskreis gutgläubiger Dritter als die grundsätzlich adressatenorientierte Auslegung. Ein zweiter Unterschied ergibt sich im Anwendungsbereich: anders als die Rechtsgeschäftslehre vermag die Rechtsscheinlehre über die Substitution gültiger Rechtsgeschäfte hinaus auch über das Fehlen anderer, objektiver Tatbestandsvoraussetzungen hinwegzuhelfen. Das ist zwar str. (siehe unter § 7, → Rn. 161 f.), lässt sich aber mit dem gesetzlich geregelten Beispiel des § 15 I HGB belegen, wenn dieser einen ehemaligen Kaufmann, der seine Löschung im Handelsregister versäumt hat, weiterhin dem Kaufmannsrecht unterwirft, obwohl kein Gewerbe mehr betrieben wird.

65 Im Einzelnen setzt die **Rechtsscheinhaftung** die folgenden **vier Tatbestandsmerkmale** voraus: Es muss (a) im Rechtsverkehr der **Anschein** eines rechtserheblichen Tatbestands gesetzt worden sein, (b) ein **Dritter** muss auf diesen Rechtsschein tatsächlich **vertraut** haben (Merkmal der Kausalität des Rechtsscheins!), der **Dritte** muss (c) in seinem Vertrauen schutzwürdig, dh **gutgläubig** gewesen sein, und (d) der Rechtsscheintatbestand **muss demjenigen**, der an ihm festgehalten werden soll (dh **zu dessen Lasten der Rechtsschein gehen soll**), **zurechenbar** sein. Besonders problematisch sind dabei die Wertungselemente der Gutgläubigkeit einerseits und der Zurechenbarkeit andererseits. Insbesondere fragt sich, ob und welche *subjektiven* Beurteilungskriterien (positive Kenntnis, einfache oder grobe Fahrlässigkeit) anzulegen sind. Hierzu näher bei den Fällen Scheinkaufmann (§ 7, → Rn. 161 f.) und Scheinprokura (→ Rn. 814 ff.).

Die allgemeine Rechtsscheinhaftung *erweitert* auf diese Weise die Registerpublizität, indem sie grundsätzlich jede Art eines rechtserheblichen Scheintatbestands genügen lässt, nicht nur den unrichtigen Registerstand und die unrichtige Bekanntmachung in den Grenzen des § 15 HGB. Auf der anderen Seite muss sie dafür aber den Vertrauensschutz an *engere Voraussetzungen* knüpfen: (a) Es wird das *tatsächliche* Vertrauen des

---

42 MüKoBGB/*Schubert* § 242 Rn. 347 ff.

Dritten (Kausalität) verlangt, während § 15 HGB das *abstrakte* Vertrauen genügen lässt (der Dritte muss den Inhalt des Handelsregisters nicht kennen! – ausreichend ist die potentielle Kausalität). (b) Die Rechtsscheinlehre setzt die *Zurechenbarkeit* des Rechtsscheins voraus, was bei § 15 HGB nur im Rahmen des Abs. 3 eine marginale Rolle spielt (→ Rn. 57 aE). (c) Ferner erscheint es richtig, auch die *Gutgläubigkeit* des Dritten zumindest strenger zu beurteilen als nach § 15 I HGB, also zumindest grob fahrlässige Unkenntnis als nicht schutzwürdig auszuschließen.[43] (d) Und schließlich müsste die *Beweislast* für das Vorliegen sämtlicher Tatbestandsvoraussetzungen, auch der Gutgläubigkeit, hier nach den allgemeinen Grundsätzen zur Beweislastverteilung[44] den Dritten treffen, wobei die herrschende Meinung allerdings in Analogie zu den gesetzlichen Vertrauensschutztatbeständen Ausnahmen macht.

Die **Rechtsfolge** ist dann, dass zum Vorteil des Dritten der Sachverhalt so behandelt wird, als hätte das nur scheinbar gegebene Merkmal tatsächlich vorgelegen. Es wird also nicht nur das so genannte negative Interesse des Dritten in dem Sinne geschützt, dass ihm ein Ersatz seines Vertrauensschadens zugesprochen würde.[45] Der Rechtsschein soll allerdings nicht greifen, wenn dieser von einer nicht voll geschäftsfähigen Person verursacht wurde. Der Schutz dieser Personengruppe ist nach der hM auch in diesem Fall vorrangig.[46] **66**

c) Verhältnis zur Registerpublizität

Sofern der Rechtsschein an eine *Registereintragung* anknüpfen soll, verdient dies wegen der Konkurrenz mit der gesetzlichen Regelung besondere Aufmerksamkeit. Zunächst beansprucht die Anwendung der gesetzlichen Vorschriften Vorrang; soweit die Fallgestaltung aber nicht von § 15 HGB erfasst wird, kann in der Tat die positive Publizität einer unrichtigen Eintragung aus allgemeinen Rechtsscheingrundsätzen abgeleitet werden. Außerdem sind die, wie gezeigt, engeren Tatbestandsvoraussetzungen der allgemeinen Rechtsscheinhaftung zu beachten. Dennoch bleibt zwischen § 15 I und III HGB noch ein Anwendungsfeld übrig: Bleibt etwa in dem oben bei Rn. 57 genannten *Beispiel* (versehentliche Eintragung des Prokuristen P bei der Firma Mayer), in dem § 15 III HGB nicht zum Zuge kommt, diese Eintragung längere Zeit unberichtigt, so kann man dies dem Inhaber der Firma Mayer nach Rechtsscheingrundsätzen zurechnen, da von ihm erwartet werden muss, sich regelmäßig um den Stand des Handelsregisters in seinen Angelegenheiten zu kümmern. **67**

Umgekehrt können die allgemeinen Rechtsscheingrundsätze auch einmal mit der Regelung des § 15 HGB **kollidieren** und sie dann im Ergebnis neutralisieren. Das spielt hauptsächlich eine Rolle, wenn die Rechtsscheinhaftung zugunsten des Dritten mit der positiven Publizität einer Registereintragung nach § 15 II S. 1 HGB zu Lasten des Dritten konkurriert – so in *Fall 5*, → Rn. 69. Der Gesellschafter erweckt durch sein **68**

---

43 AA *Schäfer* GesR S. 22, der bereits einfache Fahrlässigkeit genügen lassen will.

44 Nach der sog. **Rosenbergschen Normentheorie** trägt jede Partei die Beweislast für das Vorliegen der Tatbestandsmerkmale der ihr günstigen Normen: Der Kläger trägt die Beweislast für die anspruchsbegründenden (auch negativen) Tatbestandsvoraussetzungen, der Beklagte die Beweislast für rechtsvernichtende, rechtshindernde und rechtshemmende Normen, *Rosenberg/Schwab/Gottwald*, Zivilprozessrecht, 18. Aufl. 2018, § 116 Rn. 9.

45 Vgl. *Canaris*, Vertrauenshaftung, §§ 2, 5, 18; gleichwohl verbleiben Unterschiede zwischen der Rechtsgeschäftslehre und der Rechtsscheinlehre, näher *Weller*, Die Vertragstreue, 2009, S. 190ff.

46 MüKoBGB/*Schubert* § 167 Rn. 120.

Auftreten weiterhin den Eindruck, persönlich haftender Gesellschafter zu sein; im Handelsregister ist aber seine Kommanditistenstellung eingetragen.

Hier könnte man zwar daran denken, § 15 II S. 1 iVm S. 2 HGB gegenüber dem allgemeinen Rechtsscheingedanken den Vorrang zuzumessen, und das wäre auch richtig, wenn es sich um das Fortwirken des früheren Tatbestandes als Rechtsschein handelte. Hier aber geht es um einen Rechtsschein, der weiterhin und neu *nach* der Registereintragung gesetzt wird. Der Bildung neuer Vertrauenstatbestände außerhalb des Registers und entgegen dessen Inhalt steht § 15 II HGB nicht schlechthin entgegen, vielmehr bedarf es einer Gewichtung, welchen Umständen im Rechtsverkehr größere Bedeutung zukommt, der Registereintragung oder dem damit im Widerspruch stehenden Auftreten. Vor allem im Rahmen einer fortdauernden Geschäftsbeziehung vermag die Beibehaltung früherer, jetzt unrichtiger Merkmale die Registerwirkung zu entkräften; möglicherweise darf der Geschäftspartner sogar positive Hinweise auf die Änderung erwarten.[47]

Schaubild 8: Rechtsschein

Klassische Fallgruppen
▶ Unrichtige Registereintragungen lückenschließend zu § 15 HGB (→ Rn. 56)
▶ Scheinkaufmann und Scheingesellschaft (→ Rn. 161 f.)
▶ Irreführende Firmierung (→ Rn. 680 ff.)
▶ Scheinvollmacht (→ Rn. 783 ff.).
Herleitung
▶ § 242 BGB venire contra factum proprium
Voraussetzungen
▶ Rechtsschein
▶ Zurechenbarkeit: zurechenbares Verursachen des Rechtsscheins
• **Problem:** Anforderung an Zurechenbarkeitsgrad (dazu → Rn. 174): Objektive Risikozuordnung oder subjektive Zurechnungskriterien (Erkennbarkeit oder höherer Grad des Verschuldens)
• **Problem:** Kann der Rechtsschein auch einem nicht voll Geschäftsfähigen zugerechnet werden (dazu → Rn. 66)? H. M. grds. (–)
▶ Kausalität: Rechtsschein kausal für das Handeln der anderen Person
▶ Gutgläubigkeit der anderen Person
• **Problem:** Anforderungen an Gutgläubigkeit: positive Kenntnis, einfache oder grobe Fahrlässigkeit (dazu → Rn. 65)

69   **Lösungshinweise zu Fall 5** (vor → Rn. 63):

Anspruch des K gegen Schneider und Schuster aus **§§ 433 II BGB, 128 HGB iVm den Grundsätzen der Rechtsscheinhaftung:**

1. Voraussetzungen der Rechtsscheinhaftung (vgl. → Rn. 65) liegen hier vor.

---

47 S. *BGH* NJW 1978, 2030. *BGH* NJW 1987, 3125 argumentiert in einer vergleichbaren Konstellation mit Rechtsmissbrauch. Vgl. ferner *Canaris,* § 5 Rn. 36 f.; MüKoBGB/*Schubert* § 242 Rn. 348 f.

2. Ausschluss der Rechtsscheinhaftung auf Grund des **§ 15 II HGB**, weil K aus dem Handelsregister die wahre Rechtsform (GmbH & Co. KG) hätte ersehen können?
   a) Kollision zwischen der **Handelsregistereintragung** (GmbH & Co. KG) und dem mit den Geschäftsbriefen gesetzten **Rechtsschein** (OHG)
   b) Keine automatische Neutralisierung der sich widersprechenden Angaben, vielmehr **Abwägung** aller Umstände des Einzelfalls, allerdings mit Tendenz zu Generalisierung, wonach § 15 II S. 1 HGB tendenziell zurückzutreten hat: hier insbes. fortlaufende Geschäftsbeziehung →schutzwürdiges Vertrauen des K überwiegt
3. Ergebnis: Rechtsscheinhaftung (+)

5. Die Führung des Handelsregisters

Es ist klar, dass das anzustrebende Ziel der Registerführung, soweit es sich um die (deklaratorische) Verlautbarung von außerhalb des Registers eingetretenen Rechtsänderungen handelt, stets die *Übereinstimmung von Register und Wirklichkeit* zu sein hat. Und soweit es um konstitutive Eintragungen geht, besteht ebenfalls sehr häufig ein öffentliches Interesse daran, dass die gesetzlich vorgeschriebenen Voraussetzungen für den fraglichen Vorgang, etwa die Gründung einer GmbH oder AG, auch tatsächlich vorliegen. Im Hinblick darauf stellt sich die Frage, inwieweit das *Registergericht* die *materielle Richtigkeit* angemeldeter Tatsachen **nachzuprüfen** hat. Einerseits ist um der vorgenannten Zielsetzung willen eine möglichst gründliche Prüfung wünschenswert, andererseits sprechen praktische Gründe gegen eine Totalüberprüfung jeglicher Anmeldung. Sofern nicht ausnahmsweise gesetzliche Vorschriften genauere Angaben zum Umfang der Prüfung (vgl. § 38 AktG für die Gründung der AG) machen, besteht eine Prüfungs*pflicht* nur bei begründeten Zweifeln an der Richtigkeit.[48] Ein Prüfungs*recht* besteht auch darüber hinaus. Begrenzt wird es allerdings durch das Gebot sachdienlicher Bearbeitung des Eintragungsantrags, welches verlangt, dass unnötige Verzögerungen zu vermeiden sind und das Ausmaß der Prüfung mithin daran auszurichten ist, inwieweit vernünftigerweise Anhaltspunkte für Zweifel bestehen.   70

Neben der Mitverantwortung für den Inhalt beantragter Eintragungen ist dem Gericht auch eine solche für die Veranlassung von Eintragungen auferlegt. Allerdings geht das nur in Sonderfällen soweit, dass das Gericht **von Amts wegen** einzutragen hat, nämlich bei bestimmten berichtigenden Eintragungen wie dem Erlöschen einer Firma nach § 31 II HGB. Ansonsten dient diesem Zweck das Instrument des **Zwangsgeldes** gemäß § 14 HGB, mit dem das Gericht diejenigen zur Anmeldung anhalten kann, die ihrer gesetzlichen Anmeldepflicht bislang nicht nachgekommen sind. Eine solche Pflicht ist der Regelfall bei deklaratorisch wirkenden Eintragungen, wo die Verlautbarung der eingetretenen Rechtsänderung im öffentlichen Interesse liegt; hingegen besteht ein solches Interesse am Vollzug konstitutiver Eintragungen normalerweise nicht (s. § 2 HGB, §§ 7 I, 79 II GmbHG).   71

Eine letzte Frage betrifft die **Bindung** des Registergerichts an Urteile des Prozessgerichts. Auch sie kann sich wiederum auf die Vornahme (das »ob«) wie den Inhalt (das »was«) einer Eintragung beziehen. Was das Erstere anbelangt, so stellt § 16 II HGB eine Bindung an Entscheidungen her, die eine Eintragung für unzulässig erklären. Dass umgekehrt für die Vornahme einer Eintragung erforderliche Anmeldungen   72

---

48 *Jung* HandelsR § 10 Rn. 5; *Kindler* GK HandelsR § 3 Rn. 14. Zu den Amtspflichten des Registergerichts gegenüber dem Einzutragenden *BGH* NJW 1983, 222.

durch ein rechtskräftiges Urteil ersetzt werden können, das eine (privatrechtliche) Verpflichtung hierzu ausspricht, folgt schon aus § 894 ZPO. § 16 I HGB erweitert dies noch. (Beispiel: Verpflichtung eines Gesellschafters seinen Mitgesellschaftern gegenüber zur Mitwirkung bei der Anmeldung nach § 108 I HGB, § 36 I AktG.)

Im Übrigen gelten die allgemeinen Grundsätze über die Rechtskraft und Gestaltungswirkung von Zivilurteilen, was bedeutet, dass das Registergericht zwar Rechtsgestaltungen zu beachten hat, aber von einer Rechtskraftbindung »inter partes«, die sich nur auf die Parteien des Rechtsstreits erstreckt (das Registergericht ist nicht selbst Kläger oder Beklagter!) nicht erfasst wird, selbst dann nicht, wenn es zunächst das Registerverfahren bis zur Prozessentscheidung nach § 381 FamFG ausgesetzt hat. Freilich spricht dessen ungeachtet für Urteilssprüche im Allgemeinen eine Richtigkeitsvermutung, die *faktisch* auch das Registergericht regelmäßig beachten wird. Diese Richtigkeitsvermutung basiert insbesondere darauf, dass regelmäßig eine Prüfung der Sach- und Rechtslage der zivilprozessualen Entscheidung vorausgegangen sein sollte. Gleichermaßen erschüttert ist diese Vermutung, wenn auf Basis prozessualer Besonderheiten (Versäumnisurteil, Konsenswahrheit §§ 138 III, 288 ZPO, Präklusionsvorschriften der §§ 273–277, 282, 296, 296a ZPO) eine entsprechende Prüfung unterblieben oder offenkundig unvollständig geblieben ist.

§ 3. Das Unternehmen

1. Der Begriff des Unternehmens

73 Das **HGB** verwendet zwar gelegentlich den Begriff des Unternehmens (§§ 1 II, 2, 84 IV und für Konzernverbindungen in den §§ 290 ff.), aber weder misst es ihm zentrale Bedeutung bei, noch vermittelt es eine klare Begriffsbestimmung. Im Mittelpunkt steht für das HGB vielmehr der **Kaufmann** (bzw. die **Handelsgesellschaft**) als das Rechtssubjekt, dem als »Unternehmensträger« dann das kaufmännische Unternehmen zuzuordnen ist.

Immerhin ergibt sich schon aus den wenigen gesetzlichen Anhaltspunkten, dass der Begriff des kaufmännischen Unternehmens einerseits den des Handelsgewerbes in sich schließt (s. § 2 HGB), andererseits dem des Handelsgeschäfts in den §§ 22 ff. HGB entspricht.[49] Außerdem wird der Begriff des Unternehmens auch noch von anderen handelsrechtlichen Gesetzen verwandt, so insbesondere vom AktG in den §§ 15 ff., hier allerdings mit spezieller, konzernrechtlicher Blickrichtung.

a) Vermögensgesamtheit

74 Als wohl erste Assoziation, die mit dem Unternehmensbegriff verbunden ist, stellt sich das Bild der **Vermögensgesamtheit** ein, die gegenständlich das Unternehmen verkörpert und dem Inhaber des Unternehmens »gehört«. Hierzu rechnen die Immobilien und Mobilien, die Forderungen, Patente und anderen Rechte, der »gute Name« etc. Die Rechtsprechung definiert das Unternehmen als »Inbegriff von Sachen, Rechten und sonstigen Vermögenswerten«.[50] Der Terminus des Unternehmens dient hier also

---

49 *K. Schmidt* HandelsR § 4 I 1.
50 *BGH* NJW 2002, 1042, 1043.

zur Bezeichnung von *Rechtsobjekten,* wobei aber das Unternehmen selbst als Gesamtheit der in ihm zusammengefassten Vermögensobjekte kein eigenes Rechtsobjekt ist. Nur im Ausnahmefall erlaubt das Gesetz einen einheitlichen Rechtsübergang des Unternehmens als Vermögensgesamtheit (Universalsukzession); ansonsten sind Verfügungen stets über die einzelnen zugehörigen Rechtsobjekte mit dem jeweiligen Sukzessionstatbestand zu treffen (→ Rn. 703). Für rechtsgeschäftliche Zwecke bleibt damit das Unternehmen nur verwendbar als Gesamtbezeichnung im (schuldrechtlichen, zB kaufvertraglichen) Verpflichtungsgeschäft (zB in Form des sog. asset deals, → Rn. 687 f.).

Als Bezeichnung im Objektbereich zu dienen, ist sicher *eine* Funktion des Unternehmensbegriffs. Hiermit wird aber nur ein spezieller Aspekt erfasst, nämlich das gegenständliche Substrat des Unternehmens.

Bereits als Bezeichnung eines Vermögensobjektes ist das Wesen des Unternehmens- **75** begriffs mit einer bloßen Addition einzelner Vermögensgegenstände nicht ausgeschöpft. Das erweist eine wirtschaftliche Betrachtungsweise dessen, was den Wert des Unternehmens ausmacht. Dieser ergibt sich nämlich nicht aus einer bloßen Addition der einzelnen Gegenstandswerte – diese vielleicht zu Markt- oder Wiederbeschaffungspreisen angesetzt –, sondern aus einer Abschätzung der *Erwerbschancen* des Unternehmens, seiner zukünftigen langfristigen Gewinnerwartung.[51] Die Erwerbschancen wiederum hängen nur zu einem Teil von der sachlichen Ausstattung des Unternehmens ab, zum überwiegenden Teil aber von dem im Unternehmen angesammelten »know how« und »good will«, von seiner Stellung am Markt, seinem Management, seiner Versorgung mit Arbeitskräften, der Entwicklungsfähigkeit seiner Leistungspalette und vielem anderen mehr.

b) Weitere Funktionen

Der Begriff des Unternehmens in dem Sinne, in dem er hier verwandt wird, soll aber **76** nicht nur eine Gesamtheit von Vermögensobjekten bezeichnen, sondern in der Hauptsache zwei andere Funktionen erfüllen: Für Fragestellungen, die die **Außenbeziehungen des Unternehmens** betreffen, soll er zur Bezeichnung dessen herangezogen werden, was *im Rechtsverkehr als wirtschaftliche und rechtliche Einheit* auftritt. Es geht hier also um das Unternehmen als wirtschaftlichen Bezugspunkt für rechtliches Handeln – wenn schon nicht selbst als Rechtssubjekt. Für Fragestellungen, die die **innere Ordnung** des Unternehmens betreffen, soll er die Einheit wirtschaftlicher Betätigung bezeichnen, um deren *organisatorische und rechtliche Struktur* es geht.

Demgemäß lässt sich das Unternehmen am besten **definieren** als die *organisatorische* **77** *Zusammenfassung von Produktionsfaktoren unter einheitlicher Leitung zum Zwecke wirtschaftlicher Betätigung und eines einheitlichen Auftretens im Rechtsverkehr.* Mit »Unternehmensverfassung« bezeichnet man dann sinnvollerweise jenen Teilaspekt der Innenstruktur, der sich mit der Verteilung von Herrschaft und Kompetenzen im Unternehmen befasst, und das heißt letztlich wieder: mit der das Unternehmenshandeln steuernden Willensbildung.

---

51 *Weller,* FS Maier-Reimer, 2010, S. 839, 844 f.

Diese Begriffsbestimmung lehnt sich eng an die gebräuchlichen Definitionen des Unternehmens in den Wirtschaftswissenschaften an, wonach das Unternehmen als wirtschaftliche Einheit vor allem abzuheben ist vom Betrieb als der Bezeichnung für die technisch-produktive (Unter-)Einheit, die Produktionsstätte. Unnötig und irreführend daher der Begriff »Gewerbe*betrieb*« in §§ 1 und 2 HGB.

78 Die Rechtsordnung hat die Betrachtung des Unternehmens als Einheit allerdings nicht so weit entwickelt, dass sie das Unternehmen als eigenes Rechtssubjekt anerkennen würde. Zwar finden sich im HGB Ansätze, die immerhin in diese Richtung weisen: So spricht § 2 HGB von der Firma des Unternehmens, während § 17 HGB die Firma als den Namen des Kaufmanns definiert, der das Unternehmen betreibt.[52] Und § 25 HGB erkennt das Unternehmen *mit Firma* als Bezugs- und Identifikationspunkt für Gläubiger und Schuldner »des Unternehmens« an. Im Konzernrecht sprechen die §§ 290ff. HGB wiederholt von der Beteiligung eines Unternehmens an einem anderen. Eine bezeichnende sprachliche Vereinfachung gestattete sich schließlich der Gesetzgeber des DM-Bilanzgesetzes 1990 in dessen § 1: »Unternehmen …, die als Kaufleute verpflichtet sind …«.

Das ändert aber nichts daran, dass man in rechtlicher Hinsicht zwischen dem *Unternehmen* und dem hinter ihm stehenden *Rechtssubjekt* als seinem *Inhaber oder Rechtsträger* unterscheiden muss. Letzterer kann eine einzelne natürliche Person sein oder eine Gesellschaft, wenn mehrere Personen sich zum Betrieb eines Unternehmens zusammenschließen, vgl. § 14 BGB. Die Gesellschaft kann wiederum eine Personengesellschaft (GbR, OHG) mit Rechtsfähigkeit sein (vgl. 14 II BGB sowie § 124 HGB für die OHG), oder aber eine juristische Person mit umfassender Rechtssubjektivität (AG, GmbH).[53] Selbst in diesem letzteren Fall muss man, genau genommen, zwischen der Korporation als Rechtsträger und dem Unternehmen unterscheiden; es erscheint aber erlaubt, im Sinne eines modernen Unternehmensverständnisses Unternehmen und Gesellschaft als Einheit zu betrachten.[54] Das als juristische Person verfasste Unternehmen kann mit der juristischen Person gleichgesetzt werden.[55] Am deutlichsten wird dies, wenn ein Einzelinhaber sein Unternehmen (aus Haftungsgründen) in die Rechtsform der Einmann-GmbH (§ 1 GmbHG) überführt.

Literatur: *J. Flume*, Vermögenstransfer und Haftung, 2008, § 3; *W. Flume*, Juristische Person, § 2; *K. Schmidt* HandelsR §§ 4–8.

---

52 Folgerichtig hat das österr. Unternehmensgesetzbuch in seinem § 2 die Formulierung Firma des Unternehmens durch »… des Unternehmers« ersetzt.

53 Der Grad an rechtlicher Verselbständigung ist bei einer juristischen Person noch größer als bei einer rechtsfähigen Personengesellschaft. Dies zeigt sich etwa daran, dass eine juristische Person von ihrem Mitgliederbestand unabhängiger ist als eine Personengesellschaft (vgl. § 727 I BGB versus § 60 GmbHG) oder daran, dass sie Anteile »an sich selbst« halten kann (vgl. §§ 33 GmbHG, 71 AktG), näher MüKoBGB/*Schäfer* § 705 Rn. 76f., 303, 307f.

54 Vgl. *Schilling*, ZHR 144 (1980), 136 und 339; auch *W. Flume*, Um ein neues Unternehmensrecht, 1980. Vgl. ferner unten § 24 zur Veräußerung des Unternehmens durch eine AG etc.

55 *W. Flume*, Juristische Person, S. 48f.; krit. *Marhold*, FS Schwarz, 1991, S. 527; *Mülbert*, ZGR 1997, 129, 145.

2. Einzelkaufmann und Handelsgesellschaft

a) Struktur

In ihrer einfachsten Form stellen sich die Innen- wie die Außenbeziehungen des Unternehmens dar, wenn sein Rechtsträger **eine einzelne natürliche Person** ist. Erfüllt diese die noch zu erörternden Voraussetzungen der Kaufmannseigenschaft, so spricht man vom **Einzelkaufmann.**   79

Die rechtliche **Innenstruktur** des Unternehmens ist dann denkbar unproblematisch; eine Unternehmensverfassung als solche besteht nicht. Das Eigenkapital des Unternehmens ist in der Hand einer einzigen natürlichen Person, eben des Einzelkaufmanns, so dass auf der Kapitalseite allenfalls die Einbeziehung von **Fremdkapital** zu regeln bliebe. Aber Fremdkapital wird regelmäßig in der schuldrechtlichen Form des Darlehens (§ 488 BGB) eingebracht, und dies gewährt dem Kreditgeber normalerweise keine Mitspracherechte. Zwar kann das von Fall zu Fall auch anders geregelt werden, und in der Praxis kommen Absprachen (sog. covenants) durchaus vor, die dem Kreditgeber bestimmte Informationen gewährleisten oder sogar die Zustimmung zu bestimmten Unternehmensentscheidungen vorbehalten. Aber von einer Einbeziehung der Darlehensgläubiger in die unternehmensverfassungsrechtliche Ordnung kann deswegen noch nicht die Rede sein.

Auch der **Arbeitsfaktor** tritt hier im Rahmen der Unternehmensverfassung nicht in Erscheinung; denn beim einzelkaufmännischen Unternehmen gibt es nur die *betriebsbezogene* Mitwirkung nach dem BetrVG (v. a. über den Betriebsrat), die zwar alles andere als unbedeutend ist, sich aber als arbeitsrechtliche Institution von der Arbeitnehmermitbestimmung im Aufsichtsrat und damit in der *Unternehmensverfassung* abschichten lässt.[56] An der unternehmensleitenden Willensbildung partizipieren die Arbeitnehmer und ihre Interessenvertretungen beim einzelkaufmännischen Unternehmen nach geltendem Recht nicht. Erklären und rechtfertigen lässt sich dies hauptsächlich damit, dass der Einzelkaufmann noch weitgehend dem klassischen Leitbild des eigenverantwortlichen Unternehmers entspricht und vor allem das persönliche Risiko trägt.   80

Für die **Außenbeziehungen** des Unternehmens ist Ausgangspunkt die natürliche Person des Einzelkaufmanns als Rechtssubjekt, vgl. § 1 BGB. Er tritt im Rechtsverkehr auf, ihm ist das gegenständliche Substrat des Unternehmens zugeordnet, er verfügt darüber bzw. erwirbt Gegenstände hinzu. Die handelsrechtliche Erörterung des Einzelkaufmanns konzentriert sich daher im Wesentlichen auf seine Kaufmannseigenschaft.

b) Kapitaleignergesamtheit

Schließen sich demgegenüber **mehrere Kapitaleigner** in einem Unternehmen zusammen, so ist als vordringlichste Aufgabe im Innen- wie Außenverhältnis das Zusammenwirken dieser Mehrheit natürlicher Personen rechtlich zu bewältigen. Durch dieses gezielte Zusammenwirken, das sich im gegenständlichen Bereich in einer ge-   81

---

56 Zur Arbeitnehmermitbestimmung → Rn. 533 ff.

meinschaftlichen Zuordnung von Vermögenswerten niederschlägt, entsteht zwangsläufig ein Gebilde, das rechtlich etwas anderes ist als die Summe seiner Mitglieder.

In der am weitesten entwickelten Form entsteht ein neues Rechtssubjekt in Gestalt
einer **juristischen Person.** Die Frage nach der Inhaberschaft am Unternehmen ist
dann unproblematisch – Rechtsträger ist eben diese juristische Person –, dafür hat
man sich aber die spezifischen Probleme der juristischen Person eingehandelt: Ist sie
überhaupt rechtswirksam entstanden? Wer handelt für die juristische Person (denn
dazu bedarf diese zwangsläufig natürlicher Personen)? Wie vollzieht sich die Willensbildung für die juristische Person (denn auch dazu bedarf es natürlicher Personen)?
Wie sind die Kapitalbeziehungen zwischen dem einzelnen Kapitalgeber und der juristischen Person ausgestaltet? Im Übrigen kann die juristische Person in den beiden Gesellschaftsformen der AG und GmbH nach modernem Recht auch durch einen einzigen Kapitaleigner gegründet werden, vgl. §§ 1 GmbHG, 2 AktG. Schließlich werden
bei diesen beiden Gesellschaftsformen auch die Arbeitnehmer auf die soeben beschriebene Weise in die Unternehmensverfassung integriert, §§ 52 GmbH, 95 ff. AktG.

82 »Unterhalb« der juristischen Person kennt das Gesellschaftsrecht **Zusammenschlüsse
unterschiedlicher Intensität,** dh eines unterschiedlichen Grades von Verselbständigung der Gesellschaft gegenüber den einzelnen Gesellschaftern. Das wirft komplexe
Fragen im Bereich der Vermögenszuordnung sowie des rechtsgeschäftlichen Handelns
auf, sei es das Handeln mit dinglicher (verfügender) Wirkung über Gegenstände des
Unternehmensvermögens, sei es das Handeln mit schuldrechtlicher (verpflichtender)
Wirkung für und gegen das Unternehmen oder sogar die einzelnen Gesellschafter. Außerdem stellen sich hinsichtlich der Willensbildung und der Kapitalbeziehungen ähnliche Probleme wie im Falle der juristischen Person. Und der erste Gesichtspunkt bei
all diesen Fragestellungen ist, ob überhaupt ein solcher Zusammenschluss rechtswirksam begründet wurde.

c) Arbeitnehmerregelung

Unter zwei Aspekten befasst sich schließlich das Handelsrecht bei Unternehmen jeder
Art mit dem **Arbeitnehmer:** *Zum einen* regelt es eine bestimmte *Funktion,* die rechtsgeschäftliche Vertretung (Prokura, Handlungsvollmacht, §§ 48 ff. HGB; → § 26), *zum
anderen* liefert es für eine bestimmte Kategorie von Arbeitnehmern, die kaufmännischen Angestellten, einen Komplex kaufmännischen *Sonderarbeitsrechts* (§§ 59 ff.
HGB; → § 22 Rn. 642 f.).

3. Das kaufmännische Unternehmen (Die Kaufmannseigenschaft)

a) Unternehmensrecht und Kaufmannsrecht

83 Das Handelsrecht hat es nicht mit dem Unternehmen schlechthin, sondern nur mit
dem in einem engeren Sinn als »kaufmännisch« zu qualifizierenden Unternehmen zu
tun. Damit bestimmt die gesetzliche Regelung der Kaufmannseigenschaft zwangsläufig den Zugang zum Handelsrecht, und sie bedingt jene eingangs beschriebene zweifache Verengung gegenüber dem Unternehmensbegriff, die sich in dem Begriff des *Gewerbes* und den Qualifikationsmerkmalen des *Handels*gewerbes ausdrückt (→ Rn. 2,
4). Demgemäß hängt beim Einzelunternehmer die Kaufmannseigenschaft zunächst

einmal von dem eingebürgerten Gewerbebegriff ab, der in Randzonen enger ist als der Unternehmensbegriff.[57] Sodann muss das betriebene Gewerbe als Handelsgewerbe qualifiziert sein; denn das Gesetz leitet den Begriff des Kaufmanns von demjenigen des Handelsgewerbes ab (§ 1 I HGB).

Zur Existenz eines Handelsgewerbes und damit zur **Kaufmannseigenschaft** führen *zwei Wege:* (1) Unter der Voraussetzung des **§ 1 II HGB** (mit Ausnahme in § 3 I HGB) ist das Gewerbe von Gesetzes wegen Handelsgewerbe. (2) Andernfalls kann es diese Eigenschaft durch Eintragung im Handelsregister erlangen; die Eintragung wirkt hier also konstitutiv für die Kaufmannseigenschaft (§§ 2, 3 II HGB), sie ist grundsätzlich ins Belieben des Inhabers gestellt (§ 2 mit Einschränkungen in § 3 II, III HGB).

Diese wiederholt kritisierte[58] Einschränkung des Handelsrechts hat auch die **Reform von 1998** nicht aufgegeben, sondern lediglich die Qualifikationsmerkmale modernisiert und vereinfacht. Allerdings hat der Gesetzgeber 1998 und bereits vorher selbst Grenzverwischungen betrieben, die einerseits den Verlust an systematisierender Kraft in der modernen Gesetzgebung dokumentieren, andererseits die mittels des Kaufmannsbegriffes vorgenommene Eingrenzung relativieren und gleichzeitig noch fragwürdiger erscheinen lassen. So ist das Transportrecht des HGB in seiner Anwendung abweichend von § 343 HGB nicht mehr am Kaufmannsbegriff orientiert, sondern eine Stufe tiefer, am Gewerbebegriff: §§ 407 III, 453 III, 467 III HGB. Jedes »gewerbliche Unternehmen«, das die einschlägigen Leistungen erbringt, unterliegt diesen Vorschriften sowie den allgemeinen Vorschriften über Handelsgeschäfte (mit Ausnahme der §§ 348–350 HGB). Wieder anders grenzt § 383 II HGB den Anwendungsbereich des Kommissionsrechts ein: Hier wird das nichtkaufmännische Gewerbe ebenfalls – aber nur dann – erfasst, wenn es seinem Gegenstand nach ein Kommissionsgewerbe ist.[59] Hinzu kommt die Ablösung des Kaufmanns durch den Unternehmer im Verbraucherrecht, § 14 BGB, womit nochmals eine Stufe tiefer angesetzt wird.

Angesichts dessen könnte es leichter fallen, auch außerhalb gesetzlicher Grenzverwischungen einzelne handelsrechtliche Normen nach Beurteilung der Interessenlage auf *nichtkaufmännische Unternehmen* – Kleingewerbetreibende oder Angehörige Freier Berufe – allgemein oder in einem konkreten Einzelfall zu erstrecken, beispielsweise auch einen kleingewerblichen Bauunternehmer oder einen Zahnarzt, die eine Maschine gekauft haben, der Rügeobliegenheit nach § 377 HGB unterwerfen;[60] die dadurch ausgelöste Rechtsunsicherheit wäre aber wahrscheinlich ein zu hoher Preis für den Gewinn an sachgerechten Ergebnissen.

b) Kapitalgesellschaften

Bei den Gesellschaftstypen ist in puncto Kaufmannseigenschaft die Rechtslage einfacher als beim Einzelkaufmann. Das erklärt sich unschwer, wenn man einmal verstanden hat, dass es bei der Kaufmannseigenschaft in erster Linie um die Wertentscheidung geht, ob dem betreffenden Unternehmen der Rigor des Handelsrechts in voller Schärfe zugemutet werden kann, dass aber die gesellschaftlichen Zusammenschlüsse – jeden-

84

---

57 § 14 I BGB: Unternehmer = gewerbliche *oder* selbständige berufliche Tätigkeit.
58 *K. Schmidt* HandelsR § 3 I; *Hopt*, ZGR 1987, 145.
59 Ein gesetzgeberisches Versehen, s. *Bydlinski*, ZIP 1998, 1174; KKRD/*Roth* HGB § 406 Rn. 1.
60 *K. Schmidt* HandelsR § 3 II, III; *Canaris*, § 21 Rn. 1 f., § 24 Rn. 7 f.; für Rechtsanwalt *OLG Köln* CR 1991, 541.

falls bestimmte Typen unter ihnen – als höher entwickelte Formen mit im Allgemeinen auch höherem wirtschaftlichen Status insoweit weniger schutzbedürftig sind.

AG und GmbH (ebenso auch KGaA und eG) sind »Vereine, denen das Gesetz« – nämlich das AktG in § 3, das GmbHG in § 13 III – »ohne Rücksicht auf den Gegenstand des Unternehmens die Eigenschaft eines Kaufmanns beilegt« iS des § 6 II HGB. Sie sind damit *kraft ihrer Existenz Kaufleute,* ausnahmslos und ohne Einschränkungen.

Eine weitere Vereinfachung im Vergleich zum Einzelkaufmann ergibt sich bei der Begriffsbestimmung der Handelsgeschäfte (§ 343 HGB). Während der Kaufmann als natürliche Person auch noch einen privaten Wirkungskreis hat und seine Geschäfte daher Handelsgeschäfte nur unter der zusätzlichen Voraussetzung sind, dass sie *sachlich zu seinem Unternehmen* gehören, sind für die Kapitalgesellschaft alle ihre Geschäfte ohne Rücksicht auf den Einzelfall ausnahmslos Handelsgeschäfte; denn eine Handelsgesellschaft kann in ihrem Unternehmen nur Handelsgeschäfte abschließen, sie hat keine Privatsphäre.[61]

c) OHG und KG

85 Für die Handelsgesellschaften, die keine juristischen Personen sind, gilt im Prinzip dasselbe wie für den Einzelkaufmann; sie sind das gesellschaftsrechtliche Gegenstück zu ihm. Es geht dann also nicht darum, ob eine Handelsgesellschaft von kaufmännischer Natur ist, sondern ob ein gesellschaftlicher Zusammenschluss eine Handelsgesellschaft zu begründen vermochte. Das aber richtet sich bei diesen Handelsgesellschaften ebenso wie beim Einzelkaufmann, jedoch anders als bei AG und GmbH, in erster Linie nach den objektiven Tatbestandsmerkmalen des § 1 HGB und nur in dem danach verbleibenden Bereich nach dem Willen der Gründer und der Einhaltung bestimmter Formalitäten. Außerdem hat der Gesetzgeber von 1998, um sein System ein weiteres Mal aufzubrechen, den Optionsmöglichkeiten der §§ 2, 3 HGB für die Personengesellschaften in § 105 II HGB einen speziellen Fall (die Verwaltung eigenen Vermögens) angefügt, mit dem er gezielt über den nach traditionellem Verständnis gewerblichen Bereich hinausgreift.

Für die Zwecke des § 343 HGB hingegen entsprechen die Personenhandelsgesellschaften den Kapitalgesellschaften: Eine Privatsphäre, die nach dieser Vorschrift auszugrenzen wäre, können OHG und KG bzw. deren Gesellschafter in ihrer gesellschaftlichen Verbundenheit ebenso wenig haben wie AG und GmbH.

d) Registereintragung

86 Zur praktischen Orientierung bietet sich die Eintragung im Handelsregister als gemeinsamer Nenner der Kaufmannseigenschaft für alle drei Bereiche an; denn nicht nur entsteht durch sie die Kaufmannseigenschaft in den Fällen der §§ 2, 3, 105 II HGB, sondern auch die juristischen Personen des Handelsrechts (AG und GmbH) müssen existenznotwendig ins Handelsregister eingetragen sein (§ 41 I S. 1 AktG, § 11 I GmbHG), und bei den Handelsgewerben kraft Gesetzes ist ebenfalls eine Registereintragung vorgeschrieben, um die Kaufmannseigenschaft auszuweisen (§ 29 HGB).

---

61 Vgl. Baumbach/Hueck/*Fastrich* GmbHG § 13 Rn. 7, 73; Roth/Altmeppen/*Altmeppen* GmbHG § 13 Rn. 12.

Im Einzelnen allerdings hat das Gesetz dies als einheitliches System nicht konsequent durchgeführt, weil eben im Unterschied zu den juristischen Personen des Handelsrechts bei Einzelunternehmern und Personengesellschaften die gewerbliche Natur und »Größe« (Erforderlichkeit kaufmännischer Einrichtung) des Unternehmens auch ohne Registereintragung eine kaufmännische Qualifikation begründen können.

2. Teil. Das kaufmännische Unternehmen

1. Abschnitt. Einzelkaufmann und Handelsgesellschaft

§ 4. Das Handelsgewerbe (Der Kaufmannsbegriff)

1. Das Betreiben eines Gewerbes

> **Fall 6:** R und S betreiben ein Ehevermittlungsinstitut größeren Zuschnitts. Die von ihnen beantragte Eintragung ins Handelsregister (als OHG) lehnt das Registergericht ab. Zu Recht? (Lösungshinweise → Rn. 95).

Die §§ 1 I und 105 I HGB leiten die Eigenschaft bzw. Qualifikation als *Kaufmann* so- **87** wie als (Personen-)*Handels*gesellschaft vom **Betreiben eines Handelsgewerbes** ab. Die §§ 1 II – 5 HGB **definieren** wiederum, unter welchen Voraussetzungen ein Ge- werbe *Handels*gewerbe ist. Was das Gesetz nicht beantwortet, sind die Fragen, wann man es mit einem Gewerbe zu tun hat und was unter dem Betreiben eines Gewerbes zu verstehen ist.

a) Begriff des Gewerbes

Folgende Kriterien werden traditionell als wesentlich für den Begriff des Gewerbes an- **88** gesehen:

- Es muss sich um eine **selbständige private** Tätigkeit handeln. Eine Bestätigung hier- für liefert § 84 I S. 1 HGB, der für Handelsvertreter ausdrücklich das Kriterium der Selbständigkeit fordert. Dabei kommt es auf die rechtliche Selbständigkeit an, un- erheblich sind hingegen die wirtschaftlichen Rahmenbedingungen. Unselbständig ist vor allem, wer im Rahmen eines Arbeitsverhältnisses oder eines Beamtenverhält- nisses weisungsabhängig tätig wird. Eine rein wirtschaftliche Abhängigkeit in einem Konzern (→ Rn. 491 f.) beeinträchtigt hingegen die rechtliche Selbständigkeit des Gewerbes nicht. In Anlehnung an § 84 I 2 HGB ist es von Bedeutung, ob die betrof- fene Person im Wesentlichen ihre Tätigkeit frei gestalten und ihre Arbeitszeit frei be- stimmen kann.
- Die Tätigkeit muss **auf Dauer angelegt** sein und **planmäßig betrieben** werden. Da- mit scheiden einmalige und bloße Gelegenheitsgeschäfte aus. Entscheidend ist aber einerseits nicht die tatsächliche Dauer oder gar das Vorliegen einer Mindestdauer, sondern die Konzeption des Betreibers – auch wer zwei Wochen nach Geschäfts- eröffnung in Konkurs fällt, betrieb ein Gewerbe –, andererseits muss die Dauer nicht unbestimmt, sondern sie kann auch (zB saisonal) begrenzt und sogar auf eine kurze Frist, zB den Zeitraum eines Oktoberfestes oder einer Messe, begrenzt sein. Schließlich ist auch das Geschäftsvolumen, mithin die Anzahl der abgeschlossenen Geschäfte, ein maßgebliches Kriterium für die Dauerhaftigkeit und Planmäßigkeit.
- Die Tätigkeit muss **berufsmäßig und nach wohl hM** in der **Absicht der Gewinn- erzielung** betrieben werden. Dieses Kriterium birgt die hauptsächlichen Probleme. Erfasst werden soll hierdurch die im eigentlichen Sinne erwerbswirtschaftliche (un- ternehmerische) Betätigung. Unerheblich ist, ob sie wirtschaftlich erfolgreich war.

Es kommt auf die Zielsetzung an. Ausgenommen werden die rein karitativen oder sonst fremdnützigen Tätigkeiten, ferner das bloße Hobby, die Liebhaberei. Soviel ist klar. Doch wirft dieses Kriterium noch weitere Einordnungsschwierigkeiten auf, die sich etwa im Umgang mit städtischen Versorgungsunternehmen zeigen.[62]

- Schließlich muss die Tätigkeit Erkennbarkeit und Wirkung nach außen entfalten. Dafür genügt es nicht, wenn ein lediglich streng geschlossener Markt mit überschaubarem Teilnehmerkreis bedient wird.[63]

b) Grenzfälle

89   Die Gewinnerzielungsabsicht kann beispielsweise bei konzernzugehörigen Unternehmen fehlen, wenn die Gewinne aus konzernstrategischen Gründen auf andere Mitgliedsunternehmen verlagert werden. Dennoch sind eine professionelle Unternehmensführung und kostenbewusstes Rentabilitätsdenken auch hier vorhanden; *Wertschöpfung* ist die Zielsetzung, nicht Verbrauch wie bei der Liebhaberei. Nur soll der wirtschaftliche Erfolg nicht als Gewinn im Unternehmen anfallen, sondern über günstige Abgabepreise an andere Konzerngesellschaften weitergegeben werden. Daher sollte das Vorliegen eines Gewerbes bejaht werden. In ähnlicher Weise werden aber auch die gemeinnützigen Einrichtungen zum Problem, wenn sie einem Stab hauptberuflicher Organisatoren den Lebensunterhalt gewährleisten und ihnen zur Verwirklichung ihrer Ziele eine möglichst hohe unternehmerische Effizienz zumindest zu wünschen ist.

90   Die bloße **Verwaltung eigenen Vermögens** (Kapitalanlage), Vermietung und Verpachtung sind kein Gewerbe.[64] Das ist leicht zu begreifen, wenn man sich den typischen Sparer, Privataktionär oder auch Spekulanten, den Haus- oder Grundbesitzer vor Augen hält, bei dem diese Aktivität nicht in der beruflichen Sphäre angesiedelt ist. Für ein solches Verständnis streitet schließlich auch die Vorschrift des § 105 II S. 1 HGB, die dem Gewerbe – Handelsgewerbe und Kleingewerbe – die Vermögensverwaltung als typologisch hiervon zu unterscheidende wirtschaftliche Betätigungsform gegenüber stellt. Dasselbe soll nach überwiegender Meinung[65] auch in den Fällen gelten, in denen die *Vermögensverwaltung* professionell betrieben wird (zB in sog. family offices von Vermögensberatern). Eine Vermögensverwaltung findet auch in Form einer sog. *Betriebsaufspaltung* statt, bei der das Sachvermögen aus steuerlichen Gründen oder Haftungsgründen auf ein Besitzunternehmen ausgelagert wird, das dieses Vermögenssubstrat dann an eine Betriebsgesellschaft zur wirtschaftlichen Betätigung verpachtet. Schließlich liegt eine Vermögensverwaltung vor, wenn Beteiligungen, beispielsweise in einem Konzern, in einer sog. *Holding* zusammengefasst werden, die aber keinen aktiven Einfluss auf die Leistung der nachgeordneten Unternehmen ausübt.

---

62 Vgl. *BGH* NJW 1968, 639f. unter Ablehnung der erforderlichen Gewinnerzielungsabsicht; relativierend 1985, 3063f.; nicht entschieden in NJW 2003, 2742ff.; 2006, 2250f.

63 An einem hinreichenden Auftritt nach außen fehlt es etwa bei der Vermietung möblierter Appartements, vgl. *BGH* NJW 1979, 1650 oder bei der Verwaltung des eigenen Vermögens durch eine hierfür geschaffene GbR vgl. *BGH* NJW 2002, 368f.

64 *BGH* NJW 2002, 368f.

65 *BGH* ZIP 1990, 505; *BAG* NJW 1988, 222; *OLG Hamm* ZIP 1993, 1310; *OLG Koblenz* DB 1996, 136; vgl. auch BGHZ 113, 216 = NJW 1991, 922; aA *OLG München* NJW 1988, 1036; *Hopt*, ZGR 1987, 145; MüKoHGB/*K. Schmidt* § 1 Rn. 28.

Die genannten Beispiele zeigen, dass einerseits die Verwaltung eigenen Vermögens nicht unbedingt im Gegensatz zu berufsmäßiger Tätigkeit steht, andererseits die Gewinnerzielungsabsicht als Zugangsschwelle zum Handelsrecht ein zu undifferenziertes Kriterium darstellt. Allerdings lässt sich das Wesen kaufmännischen Wirtschaftens auf andere Weise nur schwer definieren; die Gesichtspunkte betriebswirtschaftlicher Rentabilität oder der Erzeugung von Mehrwert drohen wieder auf das Gewinnkriterium zurückzuführen, andere Kriterien wie Teilnahme am marktwirtschaftlichen Wettbewerb, Vorhandensein eines Unternehmenssubstrats (Sachmittel, Organisation)[66] sind ebenfalls punktuell zu weit oder zu eng oder insgesamt zu unscharf. Letztlich bleibt für praktische Zwecke in den genannten Grenzfällen eine kasuistische Orientierung an der Rechtsprechung maßgeblich.

In der Praxis tritt die Problematik zumeist in **gesellschaftsrechtlicher** Einkleidung auf. 91
In solchen Fällen ist eine weitere Differenzierung vorzunehmen: Das Problem entfällt von vornherein, wenn das fragliche Unternehmen als juristische Person des Handelsrechts gegründet wird und damit Formkaufmann ist, § 6 II HGB. Denn die Rechtsformen der Kapitalgesellschaft sind nicht auf gewerbliche Betätigung beschränkt; sie können auch ideelle oder sonstige Zwecke verfolgen (vgl. § 1 GmbHG: *jeder* gesetzlich zulässige Zweck). Und in der Tat werden die privaten Holdinggesellschaften überwiegend in der Rechtsform der AG und GmbH geführt. Hingegen sind OHG und KG als Gesellschaftsformen an sich ausgeschlossen, wenn die Gewerbeeigenschaft verneint wird; als Personengesellschaft kommt dann lediglich die Gesellschaft bürgerlichen Rechts (GbR) in Betracht. Davon wird in § 105 II HGB wieder eine spezielle Ausnahme für die zweitgenannte Problemgruppe, die Verwaltung eigenen Vermögens, gemacht, indem sie für diesen Fall die *Optionsmöglichkeit* zugunsten einer Registereintragung (§ 2 HGB) vorsieht. Den Besitz- und Holdinggesellschaften ist damit der Zugang zu OHG und KG eröffnet. Für den vermögensverwaltenden Einzelinhaber gibt es eine entsprechende Option aber nicht.

Es bleibt anzumerken, dass auch umstritten ist, ob ein Gewerbe nur in einer erlaubten Tätigkeit bestehen kann. Gegen dieses Erfordernis spricht, dass derjenige mit einer unerlaubten Tätigkeit von den Pflichten eines Kaufmanns entbunden wäre. Das würde zudem die Überwachung solcher Tätigkeiten erschweren.[67]

c) Freie Berufe

Ein Problem eigener Art, das ebenfalls mit dem dritten Begriffspaar zusammenhängt, ist 92
die freiberufliche Tätigkeit. Aus dem Gewerbebegriff werden entsprechend den überkommenen sozialen Anschauungen nämlich auch die sog. freien Berufe wissenschaftlicher und künstlerischer (**»höherer«) Art** ausgeklammert: Ärzte, Notare, Künstler, Architekten, Rechtsanwälte, Wirtschaftsprüfer, Steuerberater, Zahnärzte.[68] Für den Rechtsanwalt sagt dies § 2 II BRAO, für Patentanwälte § 2 II PatAO, für Notare § 2 S. 3 BNotO, für Steuerberater § 32 II StBerG und für Wirtschaftsprüfer § 1 II WPO ausdrücklich. Der Grund dafür wird heute vorwiegend in der historischen Entwicklung

---

66 Vgl. Baumbach/Hopt/*Hopt* HGB § 1 Rn. 16; *K. Schmidt* HandelsR § 4 I 2, § 9 IV 2d; MüKoHGB/*K. Schmidt* § 1 Rn. 31.
67 EBJS/*Kindler* HGB § 1 Rn. 31.
68 BGHZ 94, 65 = NJW 1985, 1844. Nicht hingegen: Apotheker, Zahntechniker, Unternehmens- und Vermögensberater.

gesehen, wobei einmal die Vorstellung maßgeblich gewesen sein dürfte, dass hier idealistische Motive die treibende Kraft sind und die Absicht der Gewinnerzielung fehlt – gewiss eine antiquierte Einschränkung und unter den Verengungen des Gewerbebegriffs gegenüber dem modernen Unternehmensbegriff die wohl überholteste.

Die **gesetzliche Definition des Unternehmers in § 14 I BGB** (»gewerbliche oder selbständige berufliche Tätigkeit«) zielt ersichtlich gerade darauf ab, die freien Berufe mit einzubeziehen. Das ändert nichts daran, dass die Formulierung, die freilich auf eine EG-Richtlinie zurückgeht, ihrerseits missverständlich und ungenau ist. Zwar bringt sie deutlich zum Ausdruck, dass die gewerbliche Tätigkeit nur einen Teilbereich der unternehmerischen ausmacht, aber die Beschreibung des verbleibenden Bereichs mit »selbständig beruflich« ist in mehrfacher Hinsicht ungenügend. Zum einen gehören auch zum Gewerbe bereits die Merkmale der selbständigen und beruflichen Ausübung (→ Rn. 88); gemeint sein muss also: *sonstige* selbständige berufliche. Zum zweiten bleiben andere Problembereiche wirtschaftlicher Betätigung wie namentlich die in § 105 II HGB ausdrücklich einbezogene Verwaltung eigenen Vermögens bei dieser Unternehmensdefinition ebenso ungelöst wie beim Gewerbebegriff.

Wenn die Mitglieder freier Berufe kein Gewerbe iS des Handelsrechts betreiben, können sie folgerichtig weder Einzelkaufleute sein noch können sie nach §§ 2, 105 II HGB eine OHG bilden. Als Personengesellschaft stand ihnen damit nur die *GbR* zur Verfügung, bis ihnen der Gesetzgeber 1994 in der *Partnerschaftsgesellschaft* (PartG) eine eigene Gesellschaftsform mit OHG-rechtlichen Wesensmerkmalen und einer speziellen Möglichkeit der Haftungsbeschränkung (lesen Sie § 8 PartGG) schaffte. Unberührt bleibt freilich auch hier der Zugang zu *GmbH* und *AG*. So spielen in der Tat die Wirtschaftsprüfungs-(»Treuhand«-)AG und -GmbH in der Praxis eine große Rolle, neuerdings auch die Rechtsanwalts-GmbH und die Rechtsanwalts-AG.[69]

93 Anderen Berufen sind auch die GmbH und AG als Organisationsform aus *standesrechtlichen Gründen* verschlossen, so kraft ausdrücklichen gesetzlichen Verbots den Apothekern und Notaren.[70] Die ärztliche Gemeinschaftspraxis ebenso wie die Anwaltssozietät bestand traditionell als Gesellschaft bürgerlichen Rechts (hierzu → Rn. 192 ff.). Neuerdings sind indessen auch die standesrechtlichen Schranken zunehmend ins Wanken geraten; der BGH hat die GmbH bereits für Heilpraktiker und Zahnärzte zugelassen,[71] und vor allem ist sie dem Rechtsanwalt seit 1999 von Gesetzes wegen unter bestimmten Voraussetzungen eröffnet: §§ 59c ff. BRAO. Die Rechtsprechung hat darüber hinaus auch die Rechtsanwalts-AG anerkannt.[72] Zu beachten ist, dass in der Rechtsform der GmbH oder AG auch der Freiberufler als Vollkaufmann dem Handelsrecht unterliegt (vgl. § 13 III GmbHG, § 3 I AktG) – wobei weiterhin zwischen dem einzelnen Freiberufler und der agierenden Gesellschaft als Kaufmann zu differenzieren ist –, nicht hingegen mit einer GbR und auch mit der PartG nur insoweit, als es um die entsprechende Anwendung von OHG-Recht auf die Gesellschaft geht (§§ 6, 7 PartGG). Ansonsten aber wird auch die PartG nicht als Kaufmann behandelt.

Ein wieder anderes Bild stellt sich dar, wenn einer der vorgenannten Berufe in *anstaltsähnlicher* Form betrieben wird, so dass die wirtschaftliche Zielsetzung gegenüber den

---

69 MüKoGmbHG/*Reichert/Weller* § 15 Rn. 192 ff.
70 Lutter/Hommelhoff/*Bayer*, § 1 Rn. 13.
71 *BGH* GRUR 1992, 175; ZIP 1994, 381; *BayObLG* ZIP 1994, 1868; 1996, 1706; hierzu Roth/Altmeppen/*Altmeppen* GmbHG § 1 Rn. 13. Architekten-GmbH: *OLG Düsseldorf* GRUR 1996, 370. Für Ärzte vgl. *BayObLG* ZIP 2000, 2067 einerseits, Lutter/Hommelhoff/*Bayer*, § 1 Rn. 13 andererseits.
72 *BGH* NJW 2005, 1568; *BFH* NJW 2004, 1974.

überkommenen Vorstellungen von einer anderen idealen verpflichteten Tätigkeit dominiert. Privatkliniken und Sanatorien, private Schulen und Theater sind Gewerbe, wenn ihnen nicht im Einzelfall die Absicht der Gewinnerzielung fehlt (str.). Entsprechendes gilt für medizinische und zahnmedizinische Laboratorien. Gesellschaftsrechtlich können sie demgemäß nicht nur in der Form einer AG oder GmbH, sondern nach Maßgabe der §§ 1, 2 HGB auch in derjenigen einer OHG oder KG betrieben werden.

Gilt es einen Unternehmensträger zu bewerten, der sowohl freiberufliche als auch gewerbliche Tätigkeit entfaltet, so ist nach der Rechtsprechung keine grundsätzliche Überlagerung der einen oder anderen Tätigkeit anzunehmen, sondern es soll auf eine Gesamtbetrachtung unter Bewertung des im Einzelfall überwiegenden Teils ankommen.[73] Dieser Ansatz ist nicht frei von Zweifeln, wenn die gesetzliche Unterscheidung zwischen Freiberufler und Gewerbetreibendem ernst genommen wird, da in diesem Fall die Einordnung als Freiberufler nicht als zur Disposition des Einzelnen stehendes Privileg, sondern als feste Ordnungsgröße aufgefasst werden müsste, die durch spezielle Berufsvorgaben (vgl. die Landesheilberufsgesetz iVm den Berufsordnungen der Ärzte oder BRAO und BORA für Rechtsanwälte sowie die Flankierung durch das allgemeine Wettbewerbsrecht in UWG und GWB/Art. 101, 102 AEUV) reglementiert sind. Auf der anderen Seite kann auch hier (entsprechend zum Fall des gemischten Unternehmens von Urproduktion und kaufmännischem Gewerbe, → Rn. 113) argumentiert werden, dass eine Flucht aus den Kaufmannspflichten eines jedenfalls teilkaufmännischen Gewerbes nicht möglich sein soll.

Schaubild 9: Gewerbebegriff

Definitionsmerkmal des Gewerbes	←→	Abgrenzung von
privat		Tätigkeit der öffentlichen Hand
selbstständig		weisungsgebunden (Arbeitnehmer)
planmäßig/auf Dauer angelegt		einmalig/gelegentlich
berufsmäßig mit Gewinnerzielungsabsicht oder freie entgeltliche Tätigkeit am Markt		karitativ, fremdnützig, hobbymäßig
tradierter Gewerbebegriff		Freie Berufe wissenschaftlicher und künstlerischer (»höherer«) Art

d) Das Betreiben eines Gewerbes

Unter dem Betreiben eines Gewerbes versteht man dessen Führung *im eigenen Namen* und *für eigene Rechnung*. Als Betreiber eines Gewerbebetriebes ist mithin anzusehen, wer durch das vorgenommene Rechtsgeschäft berechtigt und verpflichtet wird. Damit sind auch der *Pächter* eines Unternehmens und der Nießbrauchsberechtigte einbezogen. Betreiber (und damit bei einem Handelsgewerbe: Kaufmann) ist also derjenige, dem die gewerbliche Betätigung als Unternehmensträger rechtlich und wirtschaftlich zugerechnet wird. Fällt beides allerdings auseinander (*Beispiel:* Treuhand), so gibt die rechtliche Zurechnung den Ausschlag. Im Fall des vorgeschobenen Strohmanns, der

94

---

73 *BGH* NJW 2011, 3036f.

nur seinen Namen für das Geschäft hergibt, kann jedoch auch der Hintermann von Rechts wegen als wirklicher Betreiber behandelt werden.[74]

Nicht Betreiber in diesem Sinne (und damit *nicht Kaufleute*) sind mithin einmal die im Unternehmen tätigen Prokuristen und anderen Angestellten. Hier überschneidet sich das Kriterium des Betreibens mit dem für das Gewerbe konstitutiven der rechtlichen Selbständigkeit (s. oben). Das gilt auch für die Vorstandsmitglieder einer AG, die Geschäftsführer einer GmbH.[75] Andererseits sind aber auch die Gesellschafter einer juristischen Person, die Aktionäre, GmbH-Gesellschafter, nicht Betreiber. Das ist vielmehr nur die juristische Person als solche.[76]

Im Falle einer Personenhandelsgesellschaft hingegen werden die Gesellschafter, die für die Geschäftsergebnisse rechtlich gleich einem Einzelkaufmann persönlich einstehen müssen – also die OHG-Gesellschafter sowie die Komplementäre der KG, nicht dagegen die Kommanditisten –, von der überwiegenden Meinung individuell als Betreiber des Handelsgewerbes und damit als Kaufleute angesehen (hierzu → Rn. 225 f.).

Sachlich gehören zum Betreiben des Gewerbes auch die Geschäfte im Vorbereitungs- und Abwicklungsstadium, also etwa die Anmietung eines Geschäftslokals aber auch die Veräußerung des ganzen Unternehmens.

Die Zusammenarbeit mehrerer Unternehmen im Hinblick auf eine bestimmte Aufgabe, einen Auftrag, insbesondere die sog. *Arbeitsgemeinschaft* (»ARGE«) konstituiert nach (noch) hM noch kein neues, gemeinschaftliches Gewerbe; denn die Kooperation verselbständigt sich nicht zu einer gemeinschaftlichen Unternehmenstätigkeit, und der Zusammenschluss, selbst wenn gesellschaftsrechtlicher Art und von längerer Dauer, betrifft nur eine konkrete Gelegenheit (Gelegenheitsgesellschaft in der Rechtsform der GbR).[77] Dem wird entgegengehalten, dass sog. einzelne (Groß-)Projekte einer ARGE erhebliche Ausmaße mit zahlreichen Konnexgeschäften entfalten können, die einer eigenständigen und auf Dauer angelegten Tätigkeit in keiner Form nachstünden.[78] Auch wird eine nicht unerhebliche Umgehungsgefahr angemahnt, wenn Kaufleute ihre Einzelprojekte durch Schaffung einer ARGE den speziellen handelsrechtlichen Vorschriften entziehen können. Diese Gefahr sieht auch die Rspr. und ist ohne Abweichung von der höchstrichterlichen Linie um Einzelfallausgleich bemüht, wenn eine ARGE zwar als GbR – nicht als OHG(!) – eingestuft, dann aber der Rügeobliegenheit in analoger Anwendung des § 377 HGB unterworfen wird.[79] Dieser Lösungsweg scheint weder tragfähig noch konsequent. Ein Umdenken in Richtung Kaufmannsbegriff im Fall der ARGE mit großen, auf längere Zeit angelegten Aufgaben erscheint vorzugswürdig und sachgerecht.

95   **Lösungshinweise zu Fall 6** (vor → Rn. 87):
Lägen die Tatbestandsvoraussetzungen einer OHG gemäß § 105 HGB vor, bestünde nicht nur eine Anmeldepflicht der Gesellschafter (§ 108 iVm §§ 105 iVm 106 HGB); vielmehr hätten sie nach dem das deutsche Gesellschaftsrecht beherrschenden **System der Normativbestimmungen** auch ein *Recht* auf Eintragung als OHG.

---

74 *KG* JW 1939, 293. Zur Haftung des Strohmanns *OLG Düsseldorf* und *BGH* WM 1985, 346, 348.
75 *BGH* WM 1991, 536; *OLG Düsseldorf* BB 1994, 2101.
76 *BGH* ZIP 1986, 1457; *OLG Oldenburg* NJW-RR 1996, 286.
77 So für eine ARGE »Bau« *BGH* NJW Spezial 2009, 173.
78 Hierzu *LG Bonn* ZIP 2003, 2160.
79 So *OLG Brandenburg* NJW 2012, 2124 f.

Fraglich ist jedoch, ob die Ehevermittlung ein **Handelsgewerbe** iSd § 1 HGB ist.

1. selbständige private Tätigkeit (+)
2. auf Dauer angelegt und planmäßig betrieben (+)
3. berufsmäßig in der Absicht der Gewinnerzielung (+)
4. **Einschränkung wegen fehlender Rechtsverbindlichkeit (§ 656 I BGB)?**
   - *BayObLG* NJW 1972, 1327: »Der Begriff des Handelsgewerbes knüpft nicht lediglich an eine bestimmte bloße Betätigung an, sondern setzt voraus, dass die betreffende Betätigung sich in rechtsgeschäftlich verbindlicher Weise vollzieht« → Somit hier **kein Handelsgewerbe**.
   - aA vertretbar (Baumbach/Hopt/*Hopt* HGB § 1 Rn. 5; MüKoBGB/*Roth* § 656 Rn. 1 f.; *Gilles*, JZ 1972, 383): Fehlende Einklagbarkeit der Entgeltforderung nach § 656 BGB stellt kein taugliches Kriterium gegen die Annahme eines Handelsgewerbes dar, da der Gewerbebegriff die Frage des Gewerbeerfolgs oder der staatlichen Durchsetzbarkeit nicht einmal thematisiert.
5. Ergebnis

Eintragungsablehnung erfolgte je nach vertretener Auffassung zu Recht/Unrecht.

2. Das Handelsgewerbe kraft Gesetzes, § 1 II HGB

Fall 7: Wie Fall 1 (vor → Rn. 1, 7); das Optikergeschäft des Igel hat einen Umsatz von jährlich 250.000 EUR bei rund 2.000 Kunden und ein kompliziertes (Krankenkassen!) Abrechnungsverfahren. Ist es kaufmännisch? (Lösungshinweise → Rn. 103).

Fall 8: B hat sich an der Diskothek des A, als diese in wirtschaftliche Schwierigkeiten geriet, mit einer Kapitaleinlage beteiligt. Haftet er für die früheren Schulden des A nach § 28 HGB? (Lösungshinweise → Rn. 104).

a) Erforderlichkeit kaufmännischer Einrichtung

§ 1 II HGB macht das Gewerbe kraft Gesetzes und unabhängig von einer Registereintragung zum Handelsgewerbe, sieht hierfür allerdings eine Einschränkung vor. Ausgenommen ist das Gewerbe, das nach *Art und Umfang* einen in kaufmännischer Weise eingerichteten Geschäftsbetrieb nicht erfordert. Der Sache nach wird damit die *Erforderlichkeit* kaufmännischer Einrichtung zur positiven Voraussetzung für den *Status des Handelsgewerbes* (Abs. 2) und damit aufgrund der Verweisung von Abs. 1 auf Abs. 2 auch zum maßgeblichen *materiellen Tatbestandsmerkmal der Kaufmannseigenschaft.* Wenn die Erforderlichkeit kaufmännischer Einrichtung in concreto zum Betreiben eines bestimmten Gewerbes hinzutritt, wird der Inhaber kraft dieses objektiven Tatbestands von Gesetzes wegen und zwingend zum Kaufmann (sog. »Istkaufmann«). 96

Es erscheint im gedanklichen Ansatz auch durchaus vernünftig, die Anwendbarkeit des Handelsrechts davon abhängig zu machen, ob ein kaufmännischer Zuschnitt des Geschäftsbetriebs nach Art und Umfang geboten erscheint. Und es ist folgerichtig und nicht etwa ein logischer Zirkelschluss, wenn das Gesetz auf der einen Seite nach der Erforderlichkeit kaufmännischer Einrichtung den Kaufmann determiniert (§ 1 HGB) und ihm dann auf der anderen Seite als eine der wichtigsten Rechtsfolgen hieraus das Kernelement kaufmännischer Einrichtung, eine ordnungsgemäße Buchführung und Bilanzierung, von Rechts wegen zur Pflicht macht (§§ 238 ff. HGB). Wer einen dementsprechenden Geschäftsbetrieb führt, dem kann auch die zwingende Unterwerfung unter das Handelsrecht zugemutet werden. Vorsicht: Der jeweilige Gewerbetreibende kann sich also gerade nicht darauf berufen, er sei kein Kaufmann, weil er schließlich nicht kaufmännisch Buch führe, bilanziere und den Umfang seiner durchaus komplexen Geschäftsbeziehungen unfachmännisch händele. Vielmehr kommt es einzig darauf an, ob nach der Gesamtbetrachtung der Umstände all dies von ihm zu erwarten wäre.

Das Problem dieses Kriteriums ist jedoch die damit verbundene Rechtsunsicherheit, hervorgerufen durch die Unschärfe seiner Bestimmung, die letztlich in den Händen der Gerichte liegt und vorher von jedem Beteiligten auf eigenes Risiko versucht werden muss. Im Grenzbereich kann nicht einmal der Unternehmer selbst sich sicher sein, ob es im Streitfall ihm oder seinem Geschäftspartner gelingen würde, den erforderlichen Beweis zu führen. Denn *inhaltlich* lässt sich das Kriterium nicht leicht definieren, und vor allem für die praktische Anwendung gibt es kaum greifbare Merkmale, die eine eindeutige Abgrenzung erlauben.

97   Schon der **Begriff der kaufmännischen Einrichtung** eines Geschäftsbetriebs ist unscharf. Man denkt dabei in erster Linie an eine geordnete Buchführung, doch darüber hinaus spielt ganz allgemein die innere Organisation des Unternehmens eine Rolle. Noch weiter kompliziert wird die Situation aber dadurch, dass es nicht darauf ankommt, ob das Unternehmen solchermaßen eingerichtet *ist*, sondern eine wertende Beurteilung stattzufinden hat, ob das Unternehmen einen solchermaßen eingerichteten Geschäftsbetrieb **erfordert.** Hierzu verweist das Gesetz auf qualitative (»Art«) und quantitative (»Umfang«) Maßstäbe, und im Einzelnen kommt eine Vielzahl von Gesichtspunkten in Betracht – Gegenstand und Art der Unternehmenstätigkeit, Größe nach Betriebs- und Anlagekapital, Umsatz, Zahl der Arbeitnehmer und Betriebsstätten, regionale Ausdehnung der Geschäftsaktivität, Zahl der Geschäftspartner, Formen der Finanzierung ua –, aus denen man einen Gesamteindruck zu bilden hat.[80] Es ist gewissermaßen das Produkt aus der inhaltlichen Komplexität und dem wirtschaftlichen Volumen des Geschäftsbetriebs, das den Maßstab setzt.

b) Beweislastumkehr und Registerpublizität

98   Der Gesetzgeber hat die drohende Rechtsunsicherheit durchaus erkannt und infolgedessen versucht, dem Bedürfnis nach Verkehrsschutz dadurch Rechnung zu tragen, dass er zum Zwecke der Beweislastumkehr das Tatbestandsmerkmal der Erforderlichkeit kaufmännischer Einrichtung negativ, nämlich die *fehlende* Erforderlichkeit als Einschränkung, formuliert.[81] Das Gesetz stellt eine *Vermutung für die Kaufmannseigenschaft* auf. Wer sich der Anwendung des Handelsrechts entziehen will, muss im Streitfall dartun und beweisen, dass der fragliche Gewerbebetrieb keiner kaufmännischen Einrichtung bedarf.

Rechtsunsicherheit zu beseitigen ist aber auch der Zweck der **Handelsregistereintragung,** und deshalb verpflichtet § 29 HGB zur Eintragung der Handelsgewerbe, die diese Eigenschaft nach § 1 II HGB erworben haben. Soweit eine solche Eintragung besteht, ist der Beweis des Gegenteils (§ 292 S. 1 ZPO) nach § 1 II HGB (aus Gründen, die noch zu erklären sein werden) ausgeschlossen, dh der Rechtsverkehr kann sich auf die positiven Aussagen des Handelsregisters zur kaufmännischen Qualifikation von

---

80 S. *BGH* DB 1960, 917; *BayObLG* WM 1985, 457.
81 Reg. Begr. BR-Drs. 340/97, 30.

Gewerben verlassen. Die Rechtsunsicherheit kann nur insoweit bestehen, als ein Gewerbe nicht ins Handelsregister eingetragen ist; der Beweis des Gegenteils kommt nur in diesem Bereich in Betracht.

Der **Beweis des Gegenteils** steht prinzipiell dem Unternehmer selbst ebenso wie dem Geschäftspartner offen – wer immer aus dem Ausschluss der kaufmännischen Qualifikation den Vorteil ziehen will. Beispielsweise kann bei einem Kaufgeschäft für den Käufer die Kaufmannseigenschaft seines Verkäufers von Nachteil sein, weil ihm dann, wenn er selbst ebenfalls Kaufmann ist, die Rechtsfolge des § 377 HGB droht. Doch soweit es um die Interessen des Dritten geht, tritt die Regelvermutung des § 1 II HGB in Widerspruch zu der negativen Publizität des Handelsregisters (§ 15 I HGB), die daran anknüpft, dass das Handelsgewerbe des § 1 II nach § 29 HGB eingetragen sein müsste. Soweit sich nun der Dritte auf § 15 I HGB stützen kann, braucht er den Beweis des Gegenteils nicht zu erbringen. Diese Publizität kann nicht einmal der nicht eingetragene Kaufmann dadurch entkräften, dass er seinerseits die Erforderlichkeit kaufmännischer Einrichtung positiv nachweist! Die Grenze der Publizitätswirkung bildet gemäß § 15 I HGB die positive Kenntnis des Dritten. Wenn der Unternehmer Kaufmann nach § 1 II HGB *ist* und der Dritte das (nachweislich) weiß, kann er den Schutz des § 15 I HGB nicht mehr in Anspruch nehmen. Aber dann kommt für ihn der Beweis des Gegenteils nach § 1 II HGB ohnehin nicht in Betracht.

Man müsste also, um im Rahmen des § 1 II HGB für einen **Beweis des Gegenteils seitens des Dritten** überhaupt noch Raum zu lassen, die Grenzen der negativen Publizität enger bestimmen, etwa bereits die Kenntnis davon genügen lassen, dass der Unternehmer Kaufmann zu sein *vorgibt,* indem er beispielsweise als Kaufmann firmiert.[82] Das würde bedeuten: Wenn jemand, obwohl nicht eingetragen, als Kaufmann auftritt und der Dritte das wahrnimmt, aber (zu Recht) nicht glaubt, müsste dieser Dritte sich darauf einstellen, den Beweis des Gegenteils nach § 1 II HGB auf eigenes Risiko zu führen, weil ihm § 15 I HGB nicht mehr zugute kommt. Das erscheint als interessenwidrige Überspannung der Vermutungswirkung nach § 1 II HGB, die den mit § 15 I HGB intendierten Schutz der Geschäftspartner verkürzt, um demjenigen zu nützen, der nach eigener Behauptung (als angeblicher Kaufmann) eintragungspflichtig gewesen wäre, aber dieser gesetzlichen Pflicht nicht nachgekommen ist, sich also sogar mit seinem eigenen Verhalten in Widerspruch setzt. Der Dritte hingegen würde zwischen allen Stühlen sitzen, weil er sich auch nicht umgekehrt darauf einstellen kann, sein Gegenüber als Kaufmann zu behandeln und dies notfalls nach Rechtsscheingrundsätzen zu rechtfertigen, wenn ihm in Wirklichkeit der Glaube daran fehlt.

Es verbleibt als **Anwendungsbereich** der Beweisführungssituation gegen § 1 II HGB das Beweisangebot **durch den Unternehmer** selbst, der nicht eingetragen ist und sich (regelmäßig zu Recht) als Nichtkaufmann der Unterwerfung unter das Handelsrecht entziehen will. Wenn er freilich – siehe vorheriges Beispiel – durch ein Auftreten als Kaufmann den entsprechenden Rechtsschein gesetzt hat und der Dritte dies glaubt, gehen zugunsten des gutgläubigen Dritten die allgemeinen Grundsätze über den Kaufmann kraft Rechtsscheins vor. Der einmal gesetzte Rechtsschein ist durch den Beweis des Gegenteils nicht widerlegbar. Ansonsten aber, im weiten Bereich des nichtkaufmännischen Verkehrs, kann auch die gesetzliche Vermutung des § 1 II HGB nicht dazu füh-

99

100

---

82 So KKRD/*Roth* HGB § 1 Rn. 46.

ren, dass Gewerbetreibende entgegen den tatsächlichen Gegebenheiten dem Handelsrecht unterworfen werden, ohne dass hierfür ein Bedürfnis nach Verkehrsschutz bestünde. Es kann also keine Rede davon sein, dass der Rechtsverkehr kraft der Vermutung des § 1 II HGB bei einem nicht eingetragenen Gewerbe die kaufmännische Natur als den Regelfall unterstellen dürfte. So verbleibt als legitimer Anwendungsbereich für die Beweislastumkehr jene Grauzone, in der es für den Unternehmer selbst zweifelhaft ist oder sein müsste, ob bei ihm eine kaufmännische Einrichtung erforderlich ist. Wenn er sich angesichts dessen dafür entscheidet, außerhalb des Handelsrechts bleiben zu *wollen* (denn es wird noch zu zeigen sein, dass er auch freiwillig *für* den Kaufmannsstatus optieren und durch seine Registereintragung jeder Rechtsunsicherheit ein Ende bereiten könnte), tut er dies auf eigenes Risiko. Das ist der eigentliche Effekt der Beweislastumkehr; aber dem Rechtsverkehr ist damit nicht wirklich viel gedient, weil die Geschäftspartner auch nicht darauf vertrauen können, dass dem Unternehmer in den für sie vielleicht zweifelhaften Fällen der Beweis des Gegenteils misslingt.

c) Mittelfristige Betrachtung

101 Im Zeitablauf bedarf die Erforderlichkeit kaufmännischer Einrichtung einer mittelfristigen Betrachtung. Ist das Geschäftsvolumen des Unternehmens saisonal bedingt starken Schwankungen unterworfen, so hat man es trotzdem einheitlich zu qualifizieren, und es genügt, wenn die Erforderlichkeit kaufmännischer Einrichtung sich aus den Phasen des größeren Geschäftsanfalles ergibt. In der Startphase eines neugegründeten Unternehmens genügt es, wenn die vollkaufmännische Größenordnung im Zuschnitt des Unternehmens »angelegt« ist und ihre alsbaldige Verwirklichung erwartet werden kann. Denn die Erforderlichkeit kaufmännischer Einrichtung ist ihrem Sinne nach mit Blick in die Zukunft zu beurteilen, sie muss eine vorhersehbare Entwicklung bereits vorwegnehmen. Eine kaufmännische Einrichtung ist schon für erforderlich zu erachten, wenn Art und Umfang des Unternehmens sich erst als Zukunftspotential in entsprechender Weise abzeichnen.[83] Dann ist also das Unternehmen schon in diesem Stadium ein Handelsgewerbe nach § 1 II HGB, und auch eine Registereintragung nach § 29 HGB lässt die hM unter diesen Voraussetzungen bereits zu[84] – genau genommen ist sie bereits geboten. Wenn dann die zunächst berechtigten Zukunftserwartungen sich doch nicht in absehbarer Zeit erfüllen oder die Erforderlichkeit kaufmännischer Einrichtung durch einen späteren Schrumpfungsprozess wieder entfällt, entfällt damit auch die Qualifikation nach § 1 II HGB, und wenn eine Registereintragung bereits erfolgte, besteht sie nun als deklaratorische (= die gesetzliche Kaufmannseigenschaft verlautbarende) Eintragung zu Unrecht. Das Problem ihrer Rechtswirkung verlagert sich damit zu den §§ 2, 5 HGB; hierzu sogleich.

Wenn *ein* Unternehmen mehrere Unternehmensgegenstände in einer organisatorischen Einheit verbindet, ist auch die Frage nach der kaufmännischen Qualifikation gemäß »Erforderlichkeit« für das Unternehmen einheitlich zu stellen und zu beantworten; dh, wenn auch nur der eine Unternehmensgegenstand eine kaufmännische Einrichtung (für diesen Bereich) erforderlich erscheinen lässt, ist notwendigerweise das gesamte Unternehmen kaufmännisch.[85]

---

83 Großkomm/*Oetker*, § 2 Rn. 11 f.
84 *BayObLG* WM 1985, 457.
85 Enger Baumbach/Hopt/*Hopt* HGB § 1 Rn. 28.

d) Weitere sprachliche Eigentümlichkeiten

Weitere Eigentümlichkeiten des Wortlautes des § 1 II HGB haben nichts zu bedeuten und sind allenfalls geeignet, Verwirrung zu stiften, jedoch sollte eine kurze Auseinandersetzung zugunsten eines saubereren methodischen Arbeitens anhand von Wortlaut und Systematik nicht fehlen. Das begriffliche Zweigespann von Gewerbebetrieb und Unternehmen – das in § 2 S. 1 HGB wiederkehrt – ist überflüssig und in seiner Bedeutung unklar. In § 1 II HGB stehen beide Begriffe einigermaßen beziehungslos nebeneinander; in § 2 S. 1 HGB ist die Zugehörigkeit des Gewerbebetriebs zum Unternehmen mittels einer Genitivverbindung ausgedrückt, womit gemeint sein könnte, dass das Unternehmen das Gewerbe betreibt (wohingegen der Begriff des »Betriebs« ansonsten hier fehl am Platze wäre, → Rn. 73 f.). Einen vernünftigen Sinn ergibt allein die kategorisierende Begriffsbeziehung, wie sie die Adjektivverbindung »gewerbliches Unternehmen« (ebenfalls in § 2 S. 1) herstellt: eine spezielle Kategorie von Unternehmen (im Gegensatz zu nichtgewerblichen) und als solche gleichzusetzen mit Gewerbe. In diesem Sinn kann § 1 II HGB vereinfachend gelesen werden als »Handelsgewerbe ist jedes Gewerbe, es sei denn, dass es …«

Die Wortverbindung »nach Art oder Umfang« dürfte der Gesetzgeber wegen der Verneinungsform (»… nicht erfordert«) gewählt haben, weil in der positiven Formulierung das Erfordernis zumeist so gefasst wird, dass das Gewerbe nach Art *und* Umfang einer kaufmännischen Einrichtung bedürfen muss, um Handelsgewerbe zu sein. Damit ist aber nicht gemeint, dass dieses Erfordernis sowohl nach der Art als auch nach dem Umfang (kumulativ) zu bejahen sein müsste und umgekehrt also die Voraussetzung bereits fehlen würde, wenn *entweder* nach der Art *oder* nach dem Umfang eine solche Einrichtung nicht nötig erscheint. Gemeint ist eine Gesamtbeurteilung *nach Art und Umfang*. Hieran vermag auch eine Verneinungsform nichts zu ändern.[86]

102

Lösungshinweise zu Fall 7 (vor → Rn. 96; vgl. *OLG Hamm* OLGZ 69, 131):
Das Optikergeschäft wäre (unabhängig von einer Registereintragung) gemäß § 1 II HGB als Handelsgewerbe zu qualifizieren, wenn es **nach Art und Umfang** einen in kaufmännischer Weise eingerichteten Geschäftsbetrieb erfordert. Zu prüfen ist somit die **Erforderlichkeit kaufmännischer Einrichtung.** Entscheidend ist das Gesamtbild des Unternehmens. Für die *Bejahung* eines Handelsgewerbes (§ 1 II HGB) und damit eo ipso der **Kaufmannseigenschaft** des Igel (§ 1 I HGB) sprechen in casu folgende Kriterien:

1. **Art des Unternehmens:** Gegenstand der Unternehmenstätigkeit, Schwierigkeit der Geschäftsvorgänge (kompliziertes Abrechnungsverfahren), Abwicklung der Geschäfte mit Kundenstamm von 2.000 Kunden
2. **Umfang des Unternehmens:** hoher Umsatz (250.000 EUR) (in der registergerichtlichen Praxis, die von der Rspr. gebilligt wird, kann der Gesamtumsatz eine wesentliche Orientierungshilfe darstellen, insbesondere bei einer Überschreitung des Jahresumsatzes von 250.000 EUR).

103

Lösungshinweise zu Fall 8 (vor → Rn. 96; vgl. *BGH* NJW 1982, 577):
B müsste für die früheren Schulden des A gem. § 28 iVm §§ 128 f. (Haftung des OHG-Gesellschafters) oder 171 f. HGB (Kommanditistenhaftung) haften, wenn er »in das Geschäft eines Einzel**kaufmanns**« eingetreten wäre. Zu prüfen ist also die Kaufmannseigenschaft des A:

1. Kaufmann kraft Eintragung nach § 2 S. 1 HGB (–)
2. Voraussetzungen des § 1 II HGB (Art und Umfang des Unternehmens) sind zu prüfen. Je nach dem wirtschaftlichen Zuschnitt der Diskothek (+/–).

104

---

86 Vgl. *Kögel*, DB 1998, 1802.

3. Eintritt des B als persönlich haftender Gesellschafter (OHG-Gesellschafter) oder Kommanditist (§ 28 iVm §§ 105 bzw. 161 HGB). Beachte: B haftet nach § 28 HGB aber nur, wenn er sich als »**persönlich haftender Gesellschafter**« (§ 28 iVm § 105 HGB) und nicht nur als »**stiller Gesellschafter**« iSd § 230 HGB an der Diskothek des A beteiligt. Ersteres setzt über die bloße Kapitalbeteiligung das Vorliegen von Geschäftsführungs- und Mitspracherechten (vgl. §§ 114 ff. HGB) voraus oder im Falle der Kommanditistenstellung jedenfalls das In-Erscheinung-Treten als solcher und den Erhalt entsprechender Prüfberechtigungen, § 166 HGB.

4. Folge: **akzessorische Haftung** des B nach § 28 iVm §§ 128 f. oder 171 f. HGB; Hinweis: Nach hM folgt die persönliche Haftung des neu eintretenden Gesellschafters nicht direkt aus § 28 HGB – § 28 regelt lediglich eine Haftung der *Gesellschaft* –, sondern als akzessorische Haftung aus § 28 iVm §§ 128 f. oder §§ 171 f. (MüKoHGB/*Thiessen* § 28 Rn. 31). Dafür spricht insbesondere der vom Gesetzgeber intendierte Gleichlauf des § 28 HGB mit der (ihrerseits harten) Haftungsregelung des § 130 HGB, die im Fall des § 28 HGB durch dessen Dispositivität abgeschwächt wird. Demgegenüber verneinen Canaris (*Canaris*, § 7 Rn. 92) und K. Schmidt (*K. Schmidt*, DB 1973, 703, 704) mit rechtspolitischen Gründen eine solche persönliche Haftung des neuen Gesellschafters für Altschulden nach § 28 HGB, weil sie darin ein »unverdientes Geschenk« für den Gläubiger sehen.

3. Die Handelsgewerbe kraft Eintragung (§§ 2, 5 HGB)

Fall 9: Kann ein Optiker auch zum Kaufmann werden, wenn sein Geschäft deutlich kleiner ist als in Fall 7 (vor → Rn. 96, → Rn. 103) angegeben? (Lösungshinweise → Rn. 114).

Fall 10: Wie Fall 8 (vor → Rn. 96, → Rn. 104), aber die Diskothek des A war und blieb im Handelsregister eingetragen. (Lösungshinweise → Rn. 115).

a) Handelsgewerbe nach § 2 HGB

105   Gewerbe, die nicht schon nach § 1 II HGB Handelsgewerbe sind, können zum Handelsgewerbe durch Eintragung ihrer Firma im Handelsregister werden (§ 2 HGB). Die Eintragung wirkt hier also für die Kaufmannseigenschaft *konstitutiv*, dh, *vor* erfolgter Eintragung liegt ein Handelsgewerbe *nicht* vor. Die Eintragung nach § 2 andererseits begründet die Qualifikation als Handelsgewerbe ebenso wie der Tatbestand des § 1 II; die abschwächende Formulierung »gilt« (Fiktion?) im Unterschied zu »ist« in § 1 II ist nur historisch zu erklären und bedeutet keine Abschwächung in der Rechtsfolge.

Der Bereich, den § 1 II HGB für eine konstitutive Eintragung nach § 2 HGB übrig lässt, ist allein durch die Erforderlichkeit einer kaufmännischen Einrichtung für das Unternehmen bestimmt. Oberhalb dieser Schwelle ist das Gewerbe ipso iure Handelsgewerbe, unterhalb kommt § 2 HGB zum Zuge. Für die Personengesellschaften erweitert § 105 II HGB den Anwendungsbereich des § 2 HGB sogar noch um einen speziellen Fall von – gemessen am tradierten Gewerbebegriff – nichtgewerblicher Tätigkeit in Gestalt der Vermögensverwaltung. Das Wesentliche an dieser Konzeption ist, dass § 2 dem Unternehmer ein *Wahlrecht* einräumt; er kann für den Kaufmannsstatus optieren, wenn er dies für vorteilhaft hält. So liegt es im Belieben des (kleinen) Gewerbetreibenden, auf diesem Weg Kaufmann zu werden wie auch – solange eine kaufmännische Einrichtung nicht erforderlich ist – diesen Status wieder aufzugeben (»**Kannkaufmann**«). Diese beiden Optionen sind in S. 2 und 3 festgeschrieben, die Wirkung der Eintragung als solche in S. 1. Eine solche Entscheidung kann beispielsweise höchst vorteilhaft sein, wenn Kapitalgeber angeworben werden sollen, die sich jedoch am operativen Geschäft nicht beteiligen und eine klare Haftungsbegrenzung wünschen. Mit der Optierung für das kaufmännische Gewerbe steht dann der Weg in die KG mit den Dritten gegenüber wirksamen Beschränkungen der §§ 171 ff. HGB zu Gebote, was in einer GbR mit der für alle Dritten gegenüber unbeschränkbar geltenden akzessorischen Haftung analog § 128 HGB[87] nicht zu erreichen ist.

Demgemäß ist die tatbestandliche Voraussetzung für die Kaufmannseigenschaft nach **106** § 2 HGB (neben dem Betreiben eines Klein*gewerbes*) eine entsprechende **Willensentscheidung,** die in der Registeranmeldung **erklärt** wird. Die Eintragung als solche allerdings unterscheidet zwischen den Fällen des § 1 II (mit § 29) und des § 2 HGB nicht. Für ihre Vornahme ist es gleichgültig, ob ein Gewerbe eingetragen wird, das schon nach § 1 II Handelsgewerbe *ist* oder das dies durch die Eintragung *wird,* ob also die Erforderlichkeit kaufmännischer Einrichtung zu bejahen ist oder der Unternehmer freiwillig für die Eintragung optiert. Daraus wurde gefolgert, dass praktisch im Registerverfahren diese Unterscheidung und damit auch die materielle Erforderlichkeit kaufmännischer Einrichtung keine Rolle spielen soll, sofern nur eine Anmeldung erfolgt. Indessen ist zu berücksichtigen, dass die Anmeldung in beiden Fällen auf unterschiedlicher Willensgrundlage erfolgt, und wenn der Inhaber sein Handelsgewerbe nach § 29 anmeldet, weil er das kraft der gesetzlichen Qualifikation des § 1 II HGB tun zu müssen glaubt, hat er keine Option gemäß § 2 HGB gültig erklärt.[88] Wenn aber das Registergericht im Rahmen seiner Prüfung feststellt, dass weder die Erforderlichkeit als Voraussetzung für § 1 II HGB noch eine wirkliche Option als Voraussetzung für § 2 HGB gegeben ist, hat es uE die Eintragung abzulehnen oder dem Anmeldenden mittels Zwischenverfügung die Möglichkeit zu geben, seine Wahlentscheidung zu erklären.

Damit ist noch nicht die Frage beantwortet, ob die unter solchen Umständen trotzdem erfolgte Eintragung ebenfalls die Rechtswirkungen des § 2 HGB auslöst; immerhin nennt dessen S. 1 ja nur die eine Tatbestandsvoraussetzung der vollzogenen Eintragung. Hierzu sogleich.

Entsprechendes gilt für die **Löschungsoption** des Kaufmanns nach § 1 II HGB, der **107** zunächst nach § 29 HGB ins Register eingetragen wurde. Er kann die Firma nicht löschen lassen, solange sein Unternehmen die für § 1 II HGB maßgebliche Erforderlichkeitsschwelle überschreitet. Hingegen kann er das, wenn das Unternehmen unter diese Schwelle »geschrumpft« ist; er muss aber nicht, sondern nun kommt auch für diesen Fall die Optionsregelung des § 2 S. 3 HGB zum Zuge. Statt zuerst die ursprünglich deklaratorische Eintragung löschen zu lassen und dann für eine Eintragung nach § 2 S. 2 zu optieren, kann er die alte Eintragung als nunmehr konstitutive bestehen lassen. Will allerdings das Registergericht in derartigen Fällen, wenn es den Tatbestand erkennt, eine Amtslöschung wegen Wegfalls des Erforderlichkeitskriteriums betreiben, so hat es zuvor dem Unternehmer die Gelegenheit zu einer Option für die Kaufmannseigenschaft einzuräumen und dieser kann per Widerspruch seine Option hierfür ausdrücken.[89]

---

87 Lies zum Hintergrund auch *BGH* WM 2014, 516.
88 Baumbach/Hopt/*Hopt* HGB § 2 Rn. 4; *Canaris,* § 3 Rn. 19.
89 KKRD/*Roth* HGB § 2 Rn. 3; Baumbach/Hopt/*Hopt* HGB § 2 Rn. 6; *Lieb,* NJW 1999, 36. Von vornherein gegen eine Löschung *K. Schmidt,* ZHR 163 (1999), 97.

108 Ist umgekehrt ein Unternehmen einmal unter seiner Firma eingetragen, so haftet ihm die Eigenschaft als Handelsgewerbe auch bei **Inhaberwechsel** weiter an, solange es unter der Firma fortgeführt wird und die Eintragung fortbesteht. Denn die gesetzliche Konzeption ist, dass nicht der Inhaber durch seine Eintragung zum Kaufmann, sondern das *Unternehmen* durch *dessen* Eintragung zum Handelsgewerbe wird, und der Inhaber dann seine Kaufmannseigenschaft nach § 1 I HGB vom Unternehmen ableitet.[90]

b) Die Funktion des § 5 HGB

109 § 5 HGB ist ursprünglich als Auffangtatbestand für Fälle geschaffen worden, in denen eine Registereintragung besteht, aber materiell zu Unrecht existiert. Meinungsverschiedenheiten bestanden schon immer über die dogmatische Deutung dieser Funktion; seit der HGB-Reform 1998 ist die Frage hinzugekommen, ob § 5 HGB überhaupt noch eine Funktion besitzt.

Diese Vorschrift knüpft gleichlautend mit § 2 S. 1 HGB an *eine* Voraussetzung an, die Eintragung. Sie setzt ebenso wie § 2 HGB voraus, dass ein Gewerbe iSd traditionellen Begriffsbestimmung betrieben wird, hilft über das Fehlen dieses Tatbestandsmerkmals also nicht hinweg. Die **Rechtsfolge** wird aber im Vergleich zu § 2 S. 1 HGB abgeschwächt formuliert: das Gewerbe wird nicht zum Handelsgewerbe erklärt (wie in § 1 II HGB), es »gilt« auch nicht als solches, sondern man kann lediglich das Fehlen dieser Qualifikation nicht geltend machen. Deshalb ist die Funktion des § 5 HGB vom Wortlaut her nicht ganz einfach zu verstehen. Jedenfalls handelt es sich hier **nicht** bloß um den **Schutz des guten Glaubens** im Rechtsverkehr, um positive Publizität der Registereintragung, wie bei den §§ 892, 2366 BGB (vgl. auch → § 2, → Rn. 41, 56 f.); denn § 5 HGB wirkt nicht nur zugunsten Dritter, sondern auch zugunsten des Eingetragenen, und er verlangt keinen guten Glauben an die Richtigkeit der Eintragung (was hier zu heißen hätte: an das Vorliegen irgendwelcher Eintragungsvoraussetzungen). Zur Verdeutlichung der Fall des § 377 HGB: Diese den Verkäufer begünstigende Vorschrift setzt ein beiderseitiges Handelsgeschäft voraus. § 377 HGB soll nun kraft § 5 HGB auch zugunsten eines zu Unrecht eingetragenen Verkäufers wie auch zugunsten eines Verkäufers, der weiß, dass sein Käufer zu Unrecht eingetragen ist, wirken. Trotzdem wurde der Kaufmann des § 5 HGB traditionell gern als »Scheinkaufmann« bezeichnet, was aber den Sinn des § 5 HGB verfehlt und zur Verwechslung mit den echten Rechtsscheinfällen (→ § 2, → § 7) Anlass geben kann. Beachte: Der Fiktivkaufmann des § 5 HGB ist gerade nicht unter die gewohnheitsrechtlich verfestigte Lehre vom Scheinkaufmann zu subsumieren und folgt daher nicht den allgemeinen Regeln über die Rechtsscheinhaftung.[91]

Überwiegend wird § 5 HGB als **gesetzliche unwiderlegliche Vermutung** der Existenz eines Handelsgewerbes gedeutet. Das bedeutet aber im Ergebnis nichts anderes, als dass auf der Grundlage von § 5 HGB die Firmen-*Eintragung allein*, ohne weitere Voraussetzungen das betriebene Gewerbe zum Handelsgewerbe macht.[92] Die konstitutive Wirkung des § 5 HGB soll nach überkommener Meinung allerdings *in zweifacher*

---

90 BGHZ 73, 217 = NJW 1979, 1361; BGHZ 59, 179.

91 Hierzu *Canaris*, § 6 Rn. 68 ff.: (1) Rechtsscheinbasis; (2) Zurechenbarkeit des Rechtsscheins; (3) Schutzwürdigkeit des vertrauenden Dritten.

92 Ebenso Heymann/*Förster*, § 5 Rn. 1; *K. Schmidt* HandelsR § 10 III 1, 3.

Hinsicht schwächer sein als diejenige des § 2 HGB: Das Handelsgewerbe des § 5 HGB schwebt in beständiger Gefahr, durch Löschung der (fälschlich zustande gekommenen) Eintragung seine Qualifikation zu verlieren, und diese Qualifikation soll nach hM nur im Geschäftsverkehr gelten, nicht beispielsweise gegenüber Steuerbehörden, wohl auch nicht bei deliktischer Schädigung im außergeschäftlichen Bereich.[93] Auch die Pflicht zur Führung der Handelsbücher (§§ 238 ff. HGB) ist nicht auf § 5 HGB zu stützen.[94]

Im Zivilprozess können sich außerdem Besonderheiten daraus ergeben, dass nach dem Wortlaut des § 5 HGB derjenige, der Rechte aus der Eintragung herleiten will, sich auf sie *berufen* muss.[95] Nun muss zwar unter der Herrschaft der Verhandlungsmaxime jede Tatsache von einer Partei in den Prozess eingeführt werden, doch wäre immerhin der Fall vorstellbar, dass nur die Gegenpartei die Tatsache der Registereintragung erwähnt. Dies dürfte jedoch im heutigen Zivilprozessrecht keine ernst zu nehmende Rolle mehr spielen, da die Rspr. weithin davon ausgeht, dass sich die Partei den für sie günstigen Sachvortrag, den sie von Zeugen, Sachverständigen und der Gegenseite hört, konkludent zu eigen macht, wobei allerdings eine unterschiedliche Spruchpraxis herrscht, ob ein solches Annehmen fremden Vortrags in irgendeiner Form nach außen erkennbar in Erscheinung treten muss.[96]

Das alles ändert aber nichts daran, dass in den solchermaßen abgesteckten Grenzen § 5 **110** die **Eintragung** allein genügen lässt, um einem Gewerbe, das nicht bereits nach § 1 II Handelsgewerbe ist, die **Rechtsqualitäten eines Handelsgewerbes** beizulegen. Nach der Reform des § 2 ist die Frage jedoch, welchen Raum er noch für eine solche Wirkung des § 5 lässt.

Ein Gewerbe, das mangels materieller Voraussetzung nicht eintragungsfähig wäre, gibt es nicht mehr, da diese Eintragung nunmehr ins Belieben des Unternehmers gestellt ist. Ein Gewerbe im handelsrechtlichen Sinn muss er zwar tatsächlich betreiben, aber das gilt auch für § 5. Wirkungsgrenzen des § 2 können allenfalls daraus resultieren, dass es an einer **wirksamen Option** für die Eintragung fehlt. Dieser Fall kann in 2 Varianten auftreten: Die Entscheidung des Unternehmers gemäß § 2 S. 2 ist mit Willensmängeln behaftet, oder er hat eine solche Option überhaupt nicht getroffen, sondern irrtümlich oder sogar zu Recht (früher, bei der Anmeldung) einen Fall des § 1 II angenommen.

Im zuletzt genannten Fall, dass also die Anmeldung zunächst gemäß § 29 HGB unter den tatsächlichen Voraussetzungen des § 1 II HGB erfolgte, die Erforderlichkeit kaufmännischer Einrichtung aber später entfiel, kann die Fortdauer der Eintragung wiederum von einem Willen des Unternehmers iSv § 2 S. 2 HGB getragen sein oder auch nicht. Der Eintragung sieht man es nun zwar nicht an, ob sie auf der Grundlage von § 1 II HGB oder von § 2 HGB erfolgte, aber das ändert nichts daran, dass eine gültige

---

93 Str., vgl. MüKoHGB/*K. Schmidt* § 5 Rn. 40.
94 Baumbach/Hopt/*Merkt* HGB § 238 Rn. 8; KKRD/*Roth* HGB § 5 Rn. 2, 8; teilweise aA *K. Schmidt* HandelsR § 10 III 3.
95 Str., vgl. *Canaris*, § 3 Rn. 59; aA Baumbach/Hopt/*Hopt* HGB § 5 Rn. 4, der mit Verweis auf den Normzweck des § 5 HGB eine Berücksichtigung von Amts wegen vertritt. Hiernach soll es entscheidend darauf ankommen, ob ein Sachverhalt vorgetragen wird, dessen rechtliche Beurteilung davon abhängt, ob ein Handelsgewerbe vorliegt.
96 Für Zeugenaussagen *BGH* GRUR 2004, 50; für den Sachverständigenvortrag *BGH* NJW-RR 2010, 495; *OLG Köln* NJW-RR 2000, 1478; für Parteivortrag der Gegenseite *BGH* NJW-RR 1995, 684.

Option fehlt, und damit ist man wieder bei der Frage angelangt, ob diese Option eine zweite (ungeschriebene) Tatbestandsvoraussetzung für die Rechtsfolge des § 2 S. 1 HGB ist. Diese Frage zu bejahen,[97] ist jedenfalls schlüssig, wenn man einmal die Anmeldung in solchen Fällen für mangelhaft erklärt hat (→ Rn. 106), und es ist im Ergebnis unproblematisch, weil man dann für diese Fälle die Auffangfunktion des § 5 HGB ausnutzen und diesem gleichzeitig noch eine vernünftige Restfunktion neben § 2 HGB erhalten kann. Das gilt jedenfalls, wenn man die Rechtswirkung des § 5 HGB in dem vorgenannten, § 2 HGB praktisch gleichwertigen Sinn bestimmt (zur Funktion des § 5 HGB im Zusammenhang mit § 3 HGB → Rn. 112)

c) Handelsgewerbe und Registereintragung

111   Als Kriterium der Kaufmannseigenschaft bietet die Eintragung im Handelsregister den eindeutigen Vorteil der Rechtsklarheit. Von daher würde sich eine denkbar einfache Regel anbieten: Nach der Registereintragung bestimmt sich der Status des Handelsgewerbes. Im praktischen Ergebnis kommt dem die gesetzliche Regelung auch nahe, jedenfalls auf der einen Seite: *Sofern und solange es eingetragen ist, ist das Gewerbe Handelsgewerbe.* Marginale Einschränkungen ergeben sich allenfalls aus der noch ungeklärten Frage, ob man in den beschriebenen Randbereichen ergänzend zu § 2 HGB den § 5 HGB heranziehen muss. Stärker ins Gewicht fällt jedoch, dass es auf der anderen Seite auch eine Kaufmannseigenschaft ohne Registereintragung gibt; denn der Gesetzgeber meinte, sich nicht allein auf diesen Formalakt verlassen zu sollen. Man kann auch das Bestreben verstehen, im Kernbereich kaufmännischer Betätigung die Kaufmannseigenschaft von der Registereintragung unabhängig zu machen; denn erstens schaut der Geschäftspartner kaum je ins Handelsregister, zweitens kommt es durchaus vor, dass die (gebotene) Eintragung nicht oder nicht rechtzeitig erfolgt. Materiell ist es auch richtig, nach Maßgabe der Erforderlichkeit kaufmännischer Einrichtung auch das nicht eingetragene Gewerbe dem Handelsrecht zu unterwerfen. Der Haken ist nur, dass gerade dieses Merkmal speziell für außenstehende Dritte äußerst schwer zu beurteilen sein kann; und die negative Publizität des § 15 I HGB schützt den Dritten nur *gegen* die Anwendung von Handelsrecht. *Für* eine Einbeziehung in dessen Anwendungsbereich bietet die Beweislastumkehr des § 1 II HGB nur einen schwachen Vorteil (→ Rn. 99); und der Unternehmer umgekehrt muss sich überlegen, ob er sicherheitshalber freiwillig für die Eintragung optiert oder – in der umgekehrten Richtung – sich darauf verlässt, dass ihm der Entlastungsbeweis nötigenfalls gelingen wird.

4. Sonderregelung der Land- und Forstwirtschaft (§ 3 HGB)

112   Land- und forstwirtschaftliche Unternehmen sind aus dem Kreis der Handelsgewerbe kraft Gesetzes ausgenommen (§ 3 I HGB, die Ausnahme ist als auf § 1 II HGB beschränkt zu lesen); sie sind also *in keinem Fall zwingend Handelsgewerbe.* Zum Kaufmann können Land- und Forstwirte aber über § 2 HGB werden; auch die Gründung einer (Personen-)Handelsgesellschaft ist auf diesem Weg möglich. Insofern gilt also die **Optionsregel** auch für diesen Sektor, aber jetzt mit gegensätzlichem Anwendungs-

---

97 So *Canaris*, § 3 Rn. 49; KKRD/*Roth* HGB § 2 Rn. 3, 4, § 5 Rn. 1; Baumbach/Hopt/*Hopt* HGB § 2 Rn. 3, 6; *Lieb*, NJW 1999, 36: Begr. zum Reformentwurf, BR-Drs. 340/97, 32; aA *K. Schmidt*, ZHR 163 (1999), 97.

bereich. Angesprochen ist der Bereich des § 1 II HGB, also oberhalb der Erforderlichkeitsschwelle, während im eigentlichen Bereich des § 2 HGB (unterhalb der Erforderlichkeitsschwelle) die Land- und Forstwirte zwingend nichtkaufmännisch bleiben. Ist sonach die Eintragung (bei Vorliegen der sonstigen Voraussetzungen) ins Belieben des Land- oder Forstwirts gestellt, so gilt das allerdings nicht auch für die Löschung einer einmal erfolgten Eintragung (§ 3 II S. 2 HGB) in Abweichung von § 2 S. 3 HGB; die einmal ausgeübte Option kann, solange die Voraussetzungen bestehen, nicht mehr rückgängig gemacht werden.

Ist das land- oder forstwirtschaftliche Unternehmen zu Unrecht eingetragen, so genießt es im Rahmen des § 5 HGB keine Sonderstellung. Dies ist also der Anwendungsbereich, der dem § 5 HGB ungeachtet der oben erörterten Abgrenzung zu § 2 HGB jedenfalls verbleibt.

§ 3 III HGB bringt eine Sonderregelung für andere, normale gewerbliche Unternehmen eines Land- oder Forstwirts, wenn sich diese ihrer Natur oder Bedeutung nach als Nebengewerbe der Land- und Forstwirtschaft darstellen. Für sie gilt § 3 I, II ebenso wie für das land- oder forstwirtschaftliche Hauptunternehmen, und zwar unabhängig davon, wie der Inhaber sich hinsichtlich des letzteren entscheidet. – Um ein Nebengewerbe iS des § 3 III HGB handelt es sich, wenn das Unternehmen einerseits gegenüber dem landwirtschaftlichen Betrieb eine gewisse *Selbständigkeit* besitzt (vorausgesetzt sind *zwei* Unternehmen desselben Inhabers),[98] andererseits in *sachlicher Beziehung* zu diesem steht und ihm gegenüber in der Bedeutung *untergeordnet* ist. Daher gehört hierher weder die bloße Erzeugung und Veräußerung der eigenen Produkte im Rahmen des landwirtschaftlichen Unternehmens, etwa von Tafelobst durch einen Obstbauern, noch eine »branchenfremde« Nebentätigkeit, etwa der Betrieb eines Lebensmittelgeschäfts oder einer Tankstelle, noch auch ein Gewerbe, das wirtschaftlich zur Hauptsache geworden ist, etwa eine größere Landbrauerei. Typische Beispiele sind Molkerei, kleinere Brauerei und Gastwirtschaft, Sägewerk.

Werden hingegen innerhalb eines einzigen Unternehmens landwirtschaftliche mit anderen, sachlich davon unabhängigen gewerblichen Aktivitäten verbunden, so handelt es sich um einen sog. Mischbetrieb mehrerer Unternehmensgegenstände, die das HGB unterschiedlich behandelt, und die Aufgabe lautet, sich zwischen der Anwendung der §§ 1 II, 2 oder § 3 I HGB zu entscheiden. Hierzu konkurrieren traditionell zwei Auffassungen, von denen die eine darauf abstellt, welche Tätigkeit das Unternehmen prägt oder seinen Schwerpunkt bildet, während die zweite, zutreffende die kaufmännische Qualifikation bereits dann durchschlagen lässt, wenn die für sie relevante – also die nicht-landwirtschaftliche – Betätigungsweise, obgleich insgesamt minder gewichtig, eine eigenständige Bedeutung gewonnen hat.[99] Letzteres dürfte bereits deshalb richtig sein, weil derjenige, der einen Betrieb unterhält, welcher kaufmännische Einrichtung erfordert, sich nicht aus den Sonderpflichten des Kaufmannsstands durch Verbindung mit einem Betrieb der Urproduktion flüchten können darf.

113

---

98 *K. Schmidt* HandelsR § 10 VI 3; MüKoHGB/*K. Schmidt* § 3 Rn. 32 f.; Baumbach/Hopt/*Hopt* HGB § 3 Rn. 10.
99 KKRD/*Roth* HGB § 1 Rn. 24; EBJS/*Kindler* HGB § 1 Rn. 51.

Schaubild 10: Handelsgewerbe

Voraussetzungen eines Gewerbes

- ▸ Private Tätigkeit – Abgrenzung zur Tätigkeit der öffentlichen Hand
- ▸ Selbstständig (rechtliche Selbstständigkeit, nicht wirtschaftliche Selbstständigkeit erforderlich) – Abgrenzung zur weisungsgebundenen Tätigkeit (Arbeitnehmer)
- ▸ Auf Dauer angelegt und planmäßig betrieben (nicht tatsächliche Dauer, sondern Konzeption des Betriebs entscheidend) – Abgrenzung zu einmalig/gelegentlich
- ▸ Berufsmäßig – Abgrenzung zu kreativ, fremdnützig, hobbymäßig
  - Problem: Gewinnerzielungsabsicht erforderlich (→ Rn. 88)? HM (+)
- ▸ Erkennbarkeit und Wirkung nach außen
- ▸ Keine bloße Vermögensverwaltung
- ▸ Erlaubtheit der Tätigkeit
  - Problem: Ist diese Voraussetzung für ein Gewerbe erforderlich (Rn. 91)? HL (–)
- ▸ Keine freiberufliche Tätigkeit
- ▸ Keine Urproduktion (hierfür § 3 HGB)

Voraussetzungen des § 1 I HGB
(ohne Sonderregelung § 3 HGB – Land- und Forstwirtschaft)

- ▸ Gewerbe
- ▸ Gewerbe, das als Handelsgewerbe eingestuft werden kann
  - § 6 HGB (Formkaufmann)
  - § 1 II HGB (Istkaufmann)
    - Grds. ist ein Gewerbe ein Handelsgewerbe
    - Ausgenommen ist das Gewerbe, das nach Art und Umfang einen in kaufmännischer Weise eingerichteten Geschäftsbetrieb nicht erfordert
    - Kaufmannseigenschaft wird vermutet
    - Problem: Startphase eines neugegründeten Unternehmens: ausreichend, wenn Art und Umfang einer kaufmännischen Einrichtung des Geschäftsbetriebs angelegt sind (→ Rn. 101)
  - § 2 HGB (Kannkaufmann)
    - Wenn nicht § 1 II HGB vorliegt, dann § 2 HGB
    - Problem: Herabsinken zum Kleingewerbe (→ Rn. 106 ff.)
    - Modifikation bei Personengesellschaften durch § 105 II HGB für Vermögensverwaltung beachten
  - § 5 HGB
- ▸ Geringe Restfunktion neben § 2 HGB
- ▸ Betreiben
  - Führung im eigenen Namen und auf eigene Rechnung (Auch Pächter und Nießbrauchsberechtigte)

Beispiel: »Ferien auf dem Bauernhof.« Das Dienstleistungsgewerbe begründet für das gesamte Unternehmen die Kaufmannseigenschaft nach § 1 II HGB oder die Eintragungsoption nach § 2 HGB – nach der Gegenmeinung erst, wenn es gegenüber der reinen Landwirtschaft überwiegt.

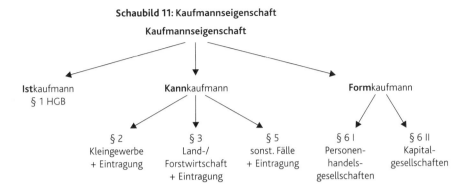

Schaubild 11: Kaufmannseigenschaft

Kaufmannseigenschaft

- **Ist**kaufmann § 1 HGB
- **Kann**kaufmann
  - § 2 Kleingewerbe + Eintragung
  - § 3 Land-/ Forstwirtschaft + Eintragung
  - § 5 sonst. Fälle + Eintragung
- **Form**kaufmann
  - § 6 I Personen- handels- gesellschaften
  - § 6 II Kapital- gesellschaften

Lösungshinweis zu Fall 9 (vor → Rn. 105):   114
Das Optikgeschäft kann kraft Eintragung nach § 2 S. 1 HGB zum **(Kann-)Kaufmann** werden.

Lösungshinweis zu Fall 10 (vor → Rn. 105):   115
Hier war A im Unterschied zum Fall 8 bereits auf Grund der Eintragung Kaufmann, § 2 HGB. Wenn B kein stiller Gesellschafter iSd § 230 HGB ist, haftet er gem. § 28 iVm § 128 HGB (jedenfalls über § 5 HGB) für alte Verbindlichkeiten des A (aA mit dem Argument einer schwer erklärlichen Besserstellung der Gläubiger vertretbar).

§ 5. Der Einzelkaufmann

Fall 11: Hass ist Inhaber des Tauch- und Bergungsunternehmens Heribert Hass in Bremen. Gleichzeitig gehört ihm auch eine kleinere Schiffswerft in Kiel, die unter der Firma Werftbetriebe Helmut Hass Nachf. betrieben wird. Das Bremer Unternehmen hat einen Vertrag über die Durchführung bestimmter Unterwasserarbeiten im Bremer Hafen abgeschlossen, kann diese aber nicht termingerecht durchführen, weil kurz zuvor infolge eines Unglücksfalls die erforderlichen Geräte und die spezialisierten Arbeitskräfte ausfielen. Die Werftbetriebe in Kiel allerdings verfügen ebenfalls über solche Geräte und das Personal.
Kann der Vertragspartner (V) verlangen, dass die Mittel am Kieler Standort zur Durchführung der Arbeiten eingesetzt werden; kann er Schadensersatz wegen Verzugs oder Nichterfüllung verlangen? (Lösungshinweise → Rn. 118, 128).

1. Unternehmer und Unternehmen

Tritt eine einzige natürliche Person als Inhaber und Rechtsträger des Unternehmens in   116 Erscheinung, so ist die rechtliche Unterscheidung zwischen dieser Person und dem Unternehmen am schwächsten ausgeprägt. Nicht nur hat das Unternehmen im Verhältnis zu seinem Inhaber keine eigene Rechtspersönlichkeit, es findet auch jene Abschichtung schwächerer Art – gewissermaßen unterhalb der Stufe der Rechtssubjektivität – nicht statt, wie sie bei Auftreten mehrerer Mitinhaber bzw. Mitunternehmer nahezu zwangsläufig ist (insbesondere Bildung und Abschichtung eines gemeinsamen Sondervermögens, etwa in Gestalt eines Gesamthandvermögens bei der GbR, vgl. §§ 718f. BGB). Beim Einzelkaufmann ist das Unternehmen im Grundsatz von dessen Person rechtlich nicht unterschieden; er als natürliche Person ist der juristische »Bezugspunkt« für das Unternehmen. Daher kann das »Unternehmen« auch niemals der juristische Schuldner oder Gläubiger einer Forderung oder eines sonstigen Rechts sein.

Immerhin enthält das Gesetz einige spezielle Regelungen, die zwischen dem Unternehmen und der Person seines Inhabers einen Unterschied machen: Der **Sitz** des Unternehmens, seine »Handelsniederlassung« (§ 29 HGB), ist zu unterscheiden vom Wohnsitz des Inhabers (§ 7 BGB). Der Name, unter dem der Kaufmann sein Unternehmen betreibt, ist die **Firma** (§ 17 HGB) und ist als solcher zu unterscheiden vom bürgerlichen Namen des Kaufmanns (§§ 12, 1616ff. BGB). Betreibt ein Einzelkaufmann mehrere Unternehmen, so kann er für jedes eine eigene Firma führen. Es ist dann auch für jedes Unternehmen die kaufmännische Natur eigens zu prüfen (→ Rn. 96f.). Im praktischen Ergebnis – und ebenso in der Formulierung des § 2 S. 1 HGB – ist die Firma die Bezeichnung für das Unternehmen in Unterscheidung von dessen Inhaber als Privatperson. **Handelsbücher**, Inventare, Bilanzen (§§ 238ff.) betreffen nur das (jeweilige) Unternehmen, nicht das Privatvermögen, nicht andere Unternehmen des Kaufmanns.[100] Von **Erwerb** und Übernahme eines Unternehmens handelt § 22 HGB, wobei eine besonders herausgehobene Bedeutung dem Unternehmen mit Firma in § 25 HGB beigemessen wird. Und auch die wichtige Qualifikation eines Geschäftsvorgangs als **Handelsgeschäft** richtet sich nach seiner sachlichen Zugehörigkeit zur Unternehmens- im Unterschied zur Privatsphäre (§ 343 I HGB), allerdings hat der Kaufmann insoweit die gesetzlichen Vermutungen des § 344 HGB zu widerlegen. Desgleichen beschränkt die Reichweite einer handelsrechtlichen Vertretungsmacht (Prokura) sich richtiger Ansicht nach auf die Unternehmenssphäre.

117　Doch ist in all diesen Regelungen eine **rechtliche Verselbständigung** des Unternehmens nur ansatzweise verwirklicht. Es gibt keine Trennung in der Rechtszuordnung zwischen Unternehmen und dem Inhaber »als Privatperson« und ebenso wenig zwischen mehreren Unternehmen desselben Inhabers. Das gilt für die sachlichen Produktionsmittel ebenso wie für die einzelnen rechtsgeschäftlichen Vorgänge. Es gibt also nur *eine* Art von Vermögen des Inhabers, gleichgültig ob es sich um Anlage- und Umlaufvermögen des Unternehmens oder um Gegenstände des privaten Haushalts handelt. Betriebswirtschaftlich zwar kann man unschwer zwischen Unternehmensvermögen und Privatvermögen unterscheiden, rechtlich aber ist das Unternehmensvermögen, von den erwähnten sporadischen Ansätzen abgesehen, *kein Sondervermögen*. Desgleichen wirken Rechtsgeschäfte für und gegen den Inhaber ohne Rücksicht darauf, ob sie im Unternehmensbereich oder im privaten Bereich abgeschlossen wurden.

Zur Klarstellung: Der Kaufmann handelt für das Unternehmen zwar unter der Firma, § 17 HGB, aber nichtsdestoweniger im eigenen Namen. Sein natürlicher – »bürgerlicher« – Name und die Firma sind *zwei Bezeichnungen für ein und dieselbe Rechtsperson*, so dass er gleichermaßen mit seinem Privat- wie mit seinem Betriebsvermögen haftet.

> **Beispiel:** Ein Bsp. für einen »e.K.« aus der Textilbranche ist der bekannte Trigema-Chef Wolfgang Grupp.[101]

Entsprechendes gilt, wenn *eine* natürliche Person mehrere Unternehmen unter verschiedenen Firmen betreibt. Unter welcher Bezeichnung auch immer sie einen Vertrag schließt, einen Prozess führt, die Partei (§ 50 I ZPO) im Rechtssinne ist stets die natürliche Person.

118　So ist im *Fall 11* (vor → Rn. 116) Heribert Hass der Schuldner aus dem Werkvertrag, und sein Kieler Unternehmen steht, rechtlich gesehen, dem Vertrag grundsätzlich

---

100　Baumbach/Hopt/*Merkt* HGB § 238 Rn. 8.
101　FAZ v. 29.12.2010, S. 16.

ebenso nahe wie das Bremer Unternehmen. Allerdings kann eine Vertragsauslegung ergeben, dass vernünftigerweise nur eine Leistung mit Mitteln des Bremer Unternehmens gewollt sein konnte, und danach richtet sich dann auch, ob Hass für die Terminüberschreitung einzustehen hat. Schuldet er freilich demnach Schadensersatz, so haftet er dafür mit seinem ganzen Vermögen, auch mit dem in dem Kieler Unternehmen gebundenen. Auf diese Weise verkörpert der Einzelkaufmann in seiner Person die Position »Eigenkapital« im Unternehmen einschließlich einer uneingeschränkten Erfolgs- und Risikozuordnung bis hin zur unbeschränkten persönlichen Haftung. Will er dem Haftungsrisiko ausweichen, so muss er die Haftungsvergünstigungen des Gesellschaftsrechts in Anspruch zu nehmen versuchen und eine juristische Person zwischen sich und das Unternehmen schalten *(Einpersonengesellschaft)*.

2. Entstehung und Erlöschen des Unternehmens, Erbfolge

Beim einzelkaufmännischen Unternehmen ist offensichtlich, dass Beginn und Ende der Existenz des Unternehmens von Geburt und Tod der natürlichen Person, die sein Inhaber ist, unterschieden werden müssen. Das Unternehmen entsteht durch Schaffung seiner organisatorischen Einrichtung und Aufnahme seines Wirkens nach außen. Fällt es unter § 1 II HGB, so ist es vom Zeitpunkt des Entstehens an Handelsgewerbe. Zur Beurteilung der Erforderlichkeit kaufmännischer Einrichtung in der Startphase → Rn. 101. Das Unternehmen erlischt dementsprechend durch Auflösen seiner Organisation, Einstellen seines Wirkens. Eine nur als zeitweilig geplante Stilllegung lässt das Unternehmen lediglich »ruhen«. **119**

Im Einzelnen wird man allerdings für unterschiedliche Fragestellungen möglicherweise unterschiedliche Zeitpunkte innerhalb des Vorbereitungs- oder Abwicklungsstadiums ansetzen müssen. Die Kaufmannseigenschaft gilt, wenn sie bereits eingetreten ist, schon für die Vorbereitungs- und noch für Abwicklungsgeschäfte; für Fragen der Unternehmensveräußerung wird man bereits ein gewisses gegenständliches Substrat und für den Schutz des »eingerichteten und ausgeübten Gewerbebetriebs« nach § 823 I BGB eine noch weiter fortgeschrittene Unternehmensentwicklung verlangen.

Der **Tod des Kaufmanns** (Inhabers) beendigt das Unternehmen nicht; dieses geht vielmehr als Bestandteil seines Vermögens in die Erbmasse mit ein und ist Gegenstand der Erbfolge. Der Kaufmann kann auch im Wege des Vermächtnisses Bestimmungen treffen, was dem Bedachten einen schuldrechtlichen Anspruch gemäß § 2174 BGB gegen den oder die Erben einräumt. **120**

Der **Erbe** wird Kaufmann nicht schon mit dem Erbfall, sondern erst, wenn er den Betrieb des Handelsgewerbes fortsetzt (wegen § 1 I HGB). Zumeist allerdings, speziell bei größeren Unternehmen, wird die Unternehmenstätigkeit nach dem Tod des Inhabers nicht ruhen, sondern von den Mitarbeitern fortgeführt werden (beispielsweise ordnet § 52 III HGB ausdrücklich an, dass eine Prokura in Kraft bleibt), und dann kann auch die kaufmännische Natur des Unternehmens nicht unterbrochen sein.

Die erbrechtliche Nachfolge ist zur Eintragung ins Handelsregister anzumelden (§ 31 HGB). Ist das Unternehmen aber kraft Eintragung Handelsgewerbe (§§ 2, 5 HGB) und bleibt die Firma bestehen, so behält es diese Eigenschaft – ebenso wie das Handelsgewerbe des § 1 II – unabhängig vom Tod des Kaufmanns und der Eintragung des neuen Inhabers. Der Nachfolger betreibt dann also iS des § 1 I HGB ein Handelsge-werbe auch schon vor seiner eigenen Registereintragung.

121 Die **Haftung** des Erben für die früheren Geschäftsverbindlichkeiten richtet sich ent-weder nach Erbrecht oder nach § 27 HGB, der eine verschärfte Haftung vorsieht. Letzteres hängt davon ab, ob der Erbe das Unternehmen unter der alten Firma (wenn auch evtl. mit beigefügtem Nachfolgezusatz) über die Frist des § 27 II hinaus fortführt. Die Einzelheiten dieser Haftung gehören daher in den Zusammenhang der Firmen-fortführung (→ Rn. 747 ff.).

122 Fällt die Erbschaft mehreren Erben an, so besteht zunächst einmal eine **Erbengemein-schaft** (§ 2032 BGB). Die hM lässt die Fortführung des Unternehmens durch die Er-bengemeinschaft zu, und zwar auch über längere Zeit, evtl. mehrere Jahre hinweg, obwohl ansonsten eine Erbengemeinschaft nicht für fähig erachtet wird, ein Handels-gewerbe zu betreiben oder auch Gesellschafter einer Handelsgesellschaft zu sein, weil sie nicht die geeignete Organisationsform für ein kaufmännisches Unternehmen ist.[102] Dessen ungeachtet erwirbt sie auf diese Weise die Kaufmannseigenschaft und wird auch nach § 31 HGB ins Handelsregister eingetragen.[103] Andererseits können die meh-reren Erben das kaufmännische Unternehmen auch in Form einer Handelsgesellschaft fortführen, wobei die Errichtung einer OHG uU schon im stillschweigend-einver-nehmlichen, gemeinsamen Betreiben des Unternehmens erblickt werden kann. Zur Frage, wie und unter welchen Voraussetzungen aus einer Erbengemeinschaft heraus eine OHG begründet wird, → Rn. 709 f.

Wird über das Vermögen eines Kaufmanns (nicht: des Unternehmens!) das **Insolvenz**-verfahren eröffnet, so führt der Insolvenzverwalter das Unternehmen fort oder »legt es still« (§ 22 I S. 2 Nr. 2 InsO). Registereintragungen: § 32 HGB.

3. Haupt- und Zweigniederlassung des Unternehmens

123 Die organisatorisch-gegenständliche Einrichtung des Unternehmens kann auf einen Ort konzentriert oder auf mehrere Orte verteilt sein. Der Ort, an dem das Unterneh-men seinen *wirtschaftlichen Schwerpunkt* und sein verwaltungsmäßiges Zentrum hat, bezeichnet man als seine »Niederlassung« bzw. »Hauptniederlassung«. Im Zweifel ist die Lokalisierung der Unternehmensspitze maßgeblich; bestehen Schwerpunkte an mehreren Orten, so hat das Unternehmen einen gewissen Auswahlspielraum. Jedoch ist eine schlechthin willkürliche Festlegung der Hauptniederlassung für unzulässig zu erachten, desgleichen grundsätzlich eine Mehrheit von Hauptniederlassungen.

Bei **Gesellschaften** ist die Niederlassung, bei der es auf die *reale* organisatorisch-ge-genständliche Erscheinung des Unternehmens ankommt (zB auf die Bürogebäude oder Produktionsstätten) abzugrenzen von deren **Sitz,** der sich aus dem Gesellschafts-*vertrag* ergibt und nicht notwendig mit der realen Niederlassung übereinstimmen muss (vgl. auch die terminologische Unterscheidung in § 13 h HGB; siehe zum Sitz von Gesellschaften ausführlich → Rn. 155 f.).

---

102 Die Gegenauffassung vertritt *C. Schmidt,* Von der Rechtsfähigkeit der Erbengemeinschaft, 2015, S. 176 ff.

103 Vgl. *K. Schmidt* HandelsR § 5 I 3 b.

Der Ort der Niederlassung bzw. Hauptniederlassung wird im Handelsregister verlautbart (§ 29 HGB), desgleichen seine Verlegung (§ 13h HGB).

Unterhält das Unternehmen noch an anderen Orten als dem der Hauptniederlassung Einrichtungen, so stellen auch diese eine Niederlassung – »Zweigniederlassung« – dar, wenn ihnen eine gewisse *wirtschaftliche* Selbständigkeit zukommt (zB Bank- oder Supermarkt*filialen*). Allerdings sind Zweigniederlassungen im Unterschied zu **Tochtergesellschaften** *rechtlich nicht selbständig;* sie sind vielmehr ein integraler Teil des rechtlich einheitlichen Unternehmens. Zweigniederlassungen werden eigens im Register verlautbart (§§ 13–13 g HGB). Außerdem bestehen für die Zweigniederlassung noch folgende rechtliche Besonderheiten: Sie kann aus der Firma des Unternehmens (der Hauptniederlassung) mit Zusätzen eine eigene Firma bilden (im Falle des § 30 III HGB zwingend geboten). Dann kann auch eine Prokura auf die Zweigniederlassung beschränkt werden (§ 50 III BGB), *sog. Filialprokura.* **124**

Bedeutung haben Haupt- bzw. Zweigniederlassung ua im IPR als Anknüpfungspunkt für das nach Art. 4 iVm Art. 19 I, II Rom I-VO zu bestimmende objektive *Vertragsstatut* sowie im deutschen Sachrecht für den Erfüllungsort (§ 269f. BGB) und den Gerichtsstand (§§ 21, 29 ZPO). Beispielsweise kann gegen eine Gesellschaft eine Klage sowohl an deren Sitz (§ 17 ZPO) als auch an (allen) Orten ihrer (Haupt- und Zweig-) Niederlassungen (§ 21 ZPO) erhoben werden. Je nach Gewerbe kommt sogar für Streitigkeiten um Entgeltansprüche des jeweiligen Vertragspartners ein einheitlicher Gerichtsstand am Ort der vertragscharakteristischen Leistung via §§ 29 I ZPO, 269 I BGB in Betracht.[104] **125**

4. Die Geschäftsfähigkeit des Einzelkaufmanns

Da beim einzelkaufmännischen Unternehmen der Kaufmann als natürliche Person Rechtsträger des Unternehmens ist, bedeutet das nicht nur, dass der in dem Unternehmen zusammengefasste Komplex von Rechten und Pflichten dieser natürlichen Person zugeordnet wird, sondern sie repräsentiert auch nach außen – im Rechtsverkehr – das Unternehmen; ihr obliegt es, die Rechtshandlungen in Bezug auf das Unternehmen vorzunehmen. Setzt ersteres Rechtsfähigkeit voraus, die bei natürlichen Personen immer gegeben ist (§ 1 BGB), so erfordert letzteres Geschäftsfähigkeit (§§ 104ff. BGB). **126**

Ist der Inhaber eines kaufmännischen Unternehmens **nicht voll geschäftsfähig,** so gelten auch in Bezug auf die Unternehmenssphäre die allgemeinen Vorschriften. Entweder handelt in seinem Namen sein gesetzlicher Vertreter (Eltern, §§ 1626ff. BGB, Vormund, §§ 1793ff. BGB), wobei in bestimmten Fällen eine Mitwirkung des Vormundschaftsgerichts erforderlich ist (§§ 1821–1823, 1643 BGB; lesen Sie insbesondere § 1822 Nr. 11 BGB!). Oder der Minderjährige im Alter von 7–18 Jahren handelt selbst mit Einwilligung des gesetzlichen Vertreters (§ 107 BGB) oder auf Grund einer generellen Ermächtigung zum Betrieb eines Erwerbsgeschäfts nach § 112 BGB. Für letzteres ist wiederum eine vormundschaftsgerichtliche Genehmigung erforderlich; außerdem bleiben die Vorbehaltsgeschäfte der §§ 1821, 1822 bzw. des § 1643 BGB (je

---

104 *BGH* NJW 1996, 1411f., besonderer Streit besteht um Vertragsschwerpunkte am Ort des Architektenbüros, vgl. *LG München I* NJW-RR 1993, 212; BauR 1996, 421; *OLG Köln* NJW-RR 1994, 986; aA *LG Tübingen* MDR 1995, 1208; *LG Karlsruhe* BauR 1997, 519; *KG* BauR 1999, 941.

nachdem um welche Art von gesetzlichem Vertreter es sich handelt) ausgeklammert, dh, es bedarf hier jeweils einer speziellen Zustimmung des gesetzlichen Vertreters und – wie auch ansonsten bei den Vorbehaltsgeschäften im Rahmen der §§ 107, 108 BGB[105] – des Vormundschaftsgerichts. Dasselbe gilt entsprechend für den nach dem Betreuungsrecht Betreuten (§§ 1896, 1903 I BGB).

§ 1629 a BGB schützt den Minderjährigen dagegen, dass er auf Grund von Verbindlichkeiten, die in der vorgenannten Weise begründet wurden, bei Eintritt seiner Volljährigkeit bereits überschuldet ist; er kann ähnlich wie ein Erbe seine Haftung auf das in diesem Zeitpunkt vorhandene Vermögen beschränken. Das gilt allerdings nicht im Anwendungsbereich des **§ 112 BGB (§ 1629 a II)**.[106]

127 In einen anderen Zusammenhang gehört die **rechtsgeschäftliche Bestellung von Vertretern** (Bevollmächtigung). Hier gelten neben dem allgemeinen Recht der Stellvertretung (§§ 164 ff. BGB) Sonderregelungen des Handelsrechts, nämlich die §§ 48 ff. HGB über Prokura und Handlungsvollmacht.[107] Solche Vertreter können dem geschäftsfähigen wie dem nicht voll geschäftsfähigen Inhaber zur Seite stehen. Die Bevollmächtigung stellt als Delegation von Handlungsbefugnissen im Außenverhältnis die Parallele zu der internen Delegation von Entscheidungsbefugnissen innerhalb einer Verwaltungshierarchie dar, sie erweitert den Aktionsradius des Unternehmens im Rechtsverkehr.

128   **Lösungshinweise zu Fall 11** (vor → Rn. 116):

    I. Anspruch V gegen Hass auf Durchführung der Arbeiten mit den Mitteln des Kieler Unternehmens aus § 631 I BGB

      1. Werkvertrag gem. **§ 631 BGB** zwischen V und Hass (+)

      2. Rechtsfolge:

        a) Der **Schuldner** (Hass) ist zur Herstellung des Werkes verpflichtet.

        b) Grundsatz: Der Einzelkaufmann hat für die im Rahmen seiner handelsgewerblichen Tätigkeit begründeten Verbindlichkeiten (hier: Herstellung des Werkes) mit seinem gesamten Vermögen unter Einschluss des Privatvermögens einzustehen. Eine Unterscheidung zwischen Vermögensarten oder unterschiedlichen Unternehmen einer natürlichen Person erfolgt nicht. Das heißt hier: Keine Trennung zwischen den beiden rein tatsächlich verselbstständigten Unternehmen (Bremer und Kieler Unternehmen) und dem Inhaber Hass als Privatperson. Das Kieler Unternehmen steht somit dem Gläubiger V grundsätzlich genau so nahe wie das Bremer Unternehmen.

        c) Ausnahme: Auslegung des Werkvertrages gem. **§§ 133, 157 BGB**: Abschluss des Vertrages erfolgt mit dem Bremer Unternehmen, dieses Unternehmen schuldete vertraglich die Durchführung der Unterwasserarbeiten; Unter Zugrundelegung des objektiven Empfängerhorizontes ist mithin die Leistungserbringung ausschließlich mit Mitteln des Bremer Unternehmens gewollt (derartige Beschränkungen sind selten akzeptiert und die gegenteilige Auffassung ist im Fall ebenso gut vertretbar)

      3. Ergebnis: V hat keinen Anspruch gegen Hass auf Durchführung der Arbeiten durch das Kieler Unternehmen.

    II. Anspruch auf Schadensersatz

      1. Anspruchsgrundlagen: **§§ 280 I, II, 286** bzw. **§§ 280 I, III, 281 BGB**

---

105 Palandt/*Ellenberger* BGB § 107 Rn. 10.

106 Schrifttum zur handelsrechtlichen Haftung Minderjähriger *Behnke*, NJW 1998, 3078 und NZG 1999, 244; *Habersack*, FamRZ 1999, 1; *Grunewald*, ZIP 1999, 597; *Wolf*, AcP 187 (1987), 319.

107 Hierzu → §§ 26–28.

2. Der Einzelkaufmann **haftet** für die im Rahmen seiner handelsgewerblichen Tätigkeit begründeten Verbindlichkeiten **mit seinem gesamten Vermögen.**
3. Ergebnis: Hass haftet auch mit dem im Kieler Unternehmen gebundenen Vermögen.

§ 6. Die Handelsgesellschaften

Fall 12: Der Chemiker Carstens hat ein neues Verfahren zur Kunststoffverarbeitung entwickelt und möchte zu dessen kommerziellem Einsatz ein eigenes Unternehmen gründen. Er findet auch zwei Geldgeber, Reich und Raff, von denen der erstere allerdings darauf besteht, dass nichts im Unternehmen ohne seine Zustimmung geschieht, wohingegen Raff hauptsächlich an risikolosen Gewinnen interessiert ist. Welche Gesellschaftsformen kommen für das Zusammenwirken von Carstens, Reich und Raff in Frage? (Lösungshinweise → Rn. 159).

1. Gesellschaftstypen

a) Rechtsformen

Gesellschaften können unterschiedlichen Zwecken dienen und werden aus den vielfältigsten Motiven heraus gegründet, ganz im Vordergrund stehen aber folgende Gesichtspunkte: *Zusammenschluss* zu gemeinsamer Tätigkeit oder zur Kapitalsammlung bzw. Kapitalanlage, *Haftungsbeschränkung* sowie *Steuerbegünstigungen*. **129**

Der **Zusammenschluss** mehrerer zur Verfolgung eines gemeinsamen Zwecks ist die klassische, schon in § 705 BGB zur Charakterisierung verwandte Funktion einer Gesellschaft. Diese Finalität unterscheidet sie von der schlichten Rechtsgemeinschaft der §§ 741 ff. BGB, beispielsweise der Gemeinschaft mehrerer Eigentümer von nach § 948 BGB miteinander vermischten Sachen.

Beschränkung bzw. Ausschluss persönlicher **Haftung** ist zunächst einmal das legitime Bedürfnis der Beteiligten bei bestimmten, besonders umfangreichen oder lockeren (anonymen) Zusammenschlüssen, denen das Recht einiger Gesellschaftsformen Rechnung trägt. Dieser haftungsrechtliche Aspekt entwickelte sich dann aber alsbald zum Selbstzweck, um dessentwillen gelegentlich sogar eine Gesellschaftsform gewählt wird, ohne dass überhaupt ein Zusammenschluss mehrerer Personen stattfindet (Fall der Einpersonen-GmbH und -AG, vgl. § 1 GmbHG).

Steuervorteile führen häufig zur Gründung einer Handelsgesellschaft, obwohl statt einer Zusammenarbeit iS des § 705 BGB eigentlich eine bloße Finanzierung (Kreditgewährung, evtl. mit Erfolgsbeteiligung) gewollt ist, so vor allem bei den sog. Abschreibungsgesellschaften. Auch für die Einpersonen-Kapitalgesellschaft (als Alternative zum Einzelkaufmann) können, abhängig hauptsächlich von der Höhe des Körperschaftssteuersatzes, Steuergründe sprechen. Eine Hauptrolle spielen steuerliche Überlegungen sodann, wenn es um die Entscheidung unter den zur Wahl stehenden Gesellschaftsformen geht.

Folgende Gesellschaftsformen stellt das deutsche Recht abschließend zur Verfügung (*numerus clausus* der Rechtsformen): **130**

(1) Die BGB-Gesellschaft oder Gesellschaft bürgerlichen Rechts **(GbR)** als Grundform der Personengesellschaften, §§ 705 ff. BGB,

(2) den Verein als Grundform der Körperschaften, §§ 21 ff. BGB,[108]

(3) die offene Handelsgesellschaft (OHG), §§ 105 ff. HGB,

(4) die Kommanditgesellschaft (KG), §§ 161 ff. HGB,

(5) die stille Gesellschaft (§§ 230 ff. HGB),

(6) die Partenreederei (§§ 489 ff. HGB),

(7) die Aktiengesellschaft (AG), §§ 1 ff. AktG,

(8) die Kommanditgesellschaft auf Aktien (KGaA), §§ 278 ff. AktG,

(9) die Gesellschaft mit beschränkter Haftung (GmbH), § 1 ff. GmbHG,

(10) die Unternehmergesellschaft (haftungsbeschränkt) (UG haftungsbeschränkt) als »kleine Variante« der GmbH, § 5 a GmbHG,

(11) die eingetragene Genossenschaft (e. G.), § 1 ff. GenG,

(12) den Versicherungsverein auf Gegenseitigkeit, der seine Grundlage in den §§ 15 ff. Versicherungsaufsichtsgesetz (VAG) hat,

(13) und schließlich die Partnerschaftsgesellschaft (PartG). Diese ist eine spezielle, der OHG nachgebildete Rechtsform einer Personengesellschaft für Angehörige freier Berufe. Sie kann nunmehr auch als Partnerschaftsgesellschaft mit beschränkter Berufshaftung (PartG mbB) errichtet werden, wodurch eine Variante zur GmbH und AG für die freien Berufe geschaffen worden ist, welche durch erhöhte Versicherungssummen ausgeglichen wird.

Insbesondere für grenzüberschreitende Tätigkeiten können außer den deutschen (und gewissen ausländischen Rechtsformen, etwa die englische Limited) auch folgende supranationale europäische Rechtsformen, deren Gesellschaftsstatut sich primär aus speziellen EU-Verordnungen ergibt, gewählt werden:

(14) Die Europäische Wirtschaftliche Interessenvereinigung (EWIV),

(15) die Europäische Aktiengesellschaft – Societas Europaea (SE)

(16) und die Europäische Genossenschaft – Societas Cooperativa Europaea (SCE).

(17) Schließlich befand sich die Societas Privata Europaea (SPE), die der kleinen Kapitalgesellschaft nachgebildet ist (»Europa-GmbH«), über lange Zeit in Planung und ist vorerst aufgrund fehlender Einigungsbereitschaft der Mitgliedstaaten insbesondere in den Punkten Kapitalaufbringung und -erhaltung, Stammkapital und Arbeitnehmermitbestimmung derzeit als gescheitert zu betrachten. In Diskussion ist nunmehr die Societas Unius Personae (SUP), die wohl in erster Linie als Konzernbaustein konzipiert werden wird, wenn sie zur Verabschiedung kommen sollte.

---

108 Wobei eine umstrittene Zwischenstellung gemäß § 54 BGB der nicht eingetragene Verein einnimmt – praktisch wichtigster Anwendungsfall: die Arbeitnehmer-Gewerkschaften. Nach heute hM wird der nichtrechtsfähige Idealverein entgegen der gesetzlichen Anordnung in § 54 BGB unter die Vorschriften des e. V. gefasst, vgl. MüKoBGB/*Leuschner* § 54 Rn. 4 ff. mwN, während die Behandlung des wirtschaftlichen nicht rechtsfähigen Vereins Schwierigkeiten bereitet und umstritten ist, vgl. MüKoBGB/*Leuschner* § 54 Rn. 9 ff. mwN.

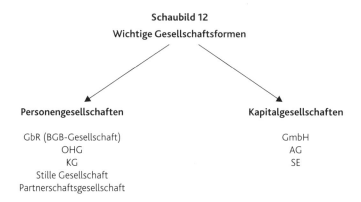

Schaubild 12
Wichtige Gesellschaftsformen

Personengesellschaften

GbR (BGB-Gesellschaft)
OHG
KG
Stille Gesellschaft
Partnerschaftsgesellschaft

Kapitalgesellschaften

GmbH
AG
SE

b) Gesellschaftszweck

Für die systematische Ordnung dieser Typenvielfalt bieten sich mehrere Gliederungs- **131**
gesichtspunkte an. Dem **Zweck** nach heben sich die beiden Organisationsformen des
BGB von allen übrigen durch ihre typischerweise *nicht wirtschaftliche* Zielsetzung
ab – mit allerdings wichtigen Differenzierungen im Einzelnen. Dem eingetragenen
Verein (e. V.) ist nach § 21 BGB eine wirtschaftliche Zielsetzung grundsätzlich verboten
(seltene Ausnahme: § 22 BGB). Die **GbR** hingegen dient häufig auch wirtschaftlichen
Bedürfnissen, nämlich immer dort, wo die qualifizierten Voraussetzungen für eine Personenhandelsgesellschaft (OHG und KG) fehlen, sei es das gemeinschaftlich betriebene Gewerbe, sei es dessen kaufmännische Natur. Zum einen fehlt bei den *klassischen
freien Berufen* die Gewerbeeigenschaft (→ Rn. 88, 92), etwa im Fall einer Anwaltssozietät oder einer ärztlichen Gemeinschaftspraxis. Zum anderen fehlt die Kaufmannseigenschaft insbesondere bei *kleingewerblichen Unternehmen* (vgl. § 1 II HGB), die folglich
ein Anwendungsfall für die GbR sind, sofern nicht die Gesellschafter nach §§ 2, 105 II
für eine Registereintragung optieren. Die GbR aber ist immer *nichtkaufmännisch,* und
unterliegt damit nicht dem Handelsrecht. Davon abzugrenzen ist die Unternehmer-
eigenschaft im Verbraucherprivatrecht, § 14 BGB. Diese kann auch einer GbR zukommen.

Betreibt die Gesellschaft hingegen ein Handelsgewerbe iSd §§ 1–3 HGB unter gemeinschaftlicher Firma, dann wird sie nach § 105 HGB ipso iure zur OHG. **OHG** und **KG**
umgekehrt haben notwendigerweise den Betrieb eines solchen *Handelsgewerbes* zum
Gegenstand, abgesehen von dem Sonderfall des § 105 II, in dem die Eintragungsoption
auch den Besitz- und Holdinggesellschaften eröffnet ist, die nach hM kein Gewerbe
betreiben. **AG** und **GmbH** wiederum betreiben überwiegend ebenfalls ein Handelsgewerbe, das wird aber vom Gesetz nicht verlangt (vgl. § 3 AktG, § 1 GmbHG). Die zuletzt genannten vier Gesellschaftsformen bilden innerhalb der Organisationen wirtschaftlicher Zielsetzung die Gruppe der echten **Handelsgesellschaften** (weil GmbH
und AG selbst bei ideeller Zweckverfolgung qua gesetzlicher Anordnung als »Handelsgesellschaften« eingestuft werden, vgl. § 13 III GmbHG, § 3 I AktG). Dies hat
nach **§ 6 I HGB** zur Konsequenz, dass auf sie stets das Handelsrecht Anwendung
findet.

Im Unterschied zur GmbH und AG können die übrigen Gesellschaftsformen nicht zu
jedem beliebigen Zweck eingesetzt werden. Vielmehr gelten Einschränkungen: Für die

stille Gesellschaft wegen ihrer Struktur als reine Innengesellschaft (§ 230 I HGB – dies schließt die Bildung eines dieser Gesellschaft »dinglich« zugewiesenen Gesellschafts- vermögens aus), für die **Genossenschaft** wegen des ihr gesetzlich limitierten genossen- schaftlichen »Förderungszwecks« (lesen Sie § 1 I GenG); und die Betätigungsfelder der anderen oben aufgeführten Rechtsformen sind von Gesetzes wegen spezifisch ein- gegrenzt (vgl. etwa § 1 I, II PartGG für die **Partnerschaftsgesellschaft,** die nur zum Zweck der Ausübung eines »Freien Berufes« gewählt werden kann).

132   Aus den soeben genannten Merkmalen folgt auch, dass zwischen den verschiedenen Gesellschaftsformen teilweise **Wahlfreiheit** besteht, teilweise ein gesetzlicher **Rechts- formzwang** eingreift. So kann man eine AG oder GmbH für jeden beliebigen Zweck gründen, und zwar sogar als Einzelperson (Fall der sog. Einpersonengründung); man muss lediglich den zwingenden gesetzlichen Gründungsmodalitäten entsprechen. Demgegenüber verlangen die Personengesellschaften stets zumindest *zwei* Gesell- schafter, und hier wiederum besteht zwischen OHG und KG die freie Wahl, ebenso im Anwendungsbereich der PartG zwischen dieser und der GbR. Hingegen schließen OHG/KG und GbR/PartG sich wechselseitig aus, soweit nicht die §§ 2, 105 II aus dem Anwendungsbereich der GbR heraus eine Option für die Handelsgesellschaft und gemäß § 2 S. 3 HGB auch wieder in die Gegenrichtung eröffnen, und hier begrün- det dann die Registereintragung die Rechtsform der OHG/KG.

c) Andere Kriterien

133   Von Aussagekraft im Hinblick auf die rechtliche Struktur der Gesellschaften und die daran anknüpfenden Probleme sind noch drei andere Einteilungskriterien. (1.) In An- lehnung an die beiden im BGB vorgegebenen Grundtypen unterscheidet man zwi- schen **Vereinen** (Körperschaften) und **Gesellschaften im engeren Sinne** (GbR), (2.) im Hinblick auf die mehr die Persönlichkeit oder mehr den Kapitaleinsatz akzentuie- rende Bindung zwischen **Personen-** und **Kapital**gesellschaften, und schließlich (3.) nach der vorhandenen oder fehlenden Rechtspersönlichkeit der Organisation zwi- schen **juristischen Personen** einerseits, **Gesamthandsgesellschaften** (GbR, OHG, KG) und reinen **Innengesellschaften** (Innen-GbR, stille Gesellschaft) andererseits. Es sei allerdings angemerkt, dass in Bezug auf Gesamthandsgesellschaften, die nach außen in den Verkehr treten, Streitigkeiten heute nahezu ausschließlich akademischer Natur sein dürften, da das Bestehen einer rechtlich akzeptierten Rechtspersönlichkeit respek- tive Rechtssubjektivität nicht mehr ernsthaft bestritten wird. Nur die nach außen han- delnde Erbengemeinschaft hat nie entsprechende Anerkennung gefunden.

> **Literatur** zur PartG und EWIV: *K. Schmidt,* GesR, §§ 64, 66; *Koch* GesR §§ 28, 29; zur SE: *Windbichler* GesR §§ 35, 36.

2. Der Grad der rechtlichen Verselbständigung der Gesellschaft

a) Rechtsfähigkeit

134   Die römischrechtliche Urform einer Gesellschaft privatrechtlichen Charakters, die *so- cietas,* wurde als eine lediglich schuldrechtliche Beziehung zwischen selbständig blei- benden Einzelpersonen verstanden. Diese Anschauung hat sich im systematischen

Standort der GbR-Bestimmungen niedergeschlagen, die sich mit den §§ 705 ff. BGB im Abschnitt über die »Schuldverhältnisse« finden. Demgegenüber ließ das germanische Recht bereits seinen *Gemeinschaften zur gesamten Hand* eine gewisse Verselbständigung im Vermögen gegenüber den einzelnen Mitgliedern zukommen. Auch diese Anschauung hat ihren Ausdruck im geltenden Recht gefunden, vgl. § 719 BGB (»gesamthänderische Bindung« des Gesellschaftsvermögens). In Bezug auf seine *Körperschaften* verband das germanische Recht – so jedenfalls im Lichte der Theorie von der realen Verbandspersönlichkeit *(Otto von Gierke)* – sogar die Vorstellung vom Verband als einem eigenen personenhaften Organismus mit eigenständiger gesellschaftlicher Existenz.[109]

Das geltende deutsche Recht bietet als augenfälligstes Kriterium für den Grad der Verselbständigung einer Gesellschaft gegenüber ihren Mitgliedern die **Rechtspersönlichkeit** an und hat bereits im BGB die beiden alternativen Grundformen hierfür geschaffen. Der eingetragene Verein ist nach § 21 BGB rechtsfähig, demgegenüber ist die GbR nach der Konzeption des BGB-Gesetzgebers von 1900 kein eigenständiges Rechtssubjekt[110]; beim Handeln einer GbR sollen vielmehr die hinter ihr stehenden einzelnen Gesellschafter in ihrer gesamthänderischen Verbundenheit als Rechtssubjekte verpflichtet werden (vgl. den Wortlaut des § 714 BGB: »die *anderen Gesellschafter* gegenüber Dritten zu vertreten«). Ungeachtet dieser Konzeption des BGB hat der Bundesgerichtshof in seiner Leitentscheidung »ARGE Weißes Roß« von 2001[111] im Wege zulässiger richterrechtlicher Rechtsfortbildung *der (Außen-)GbR als solcher* die Rechtsfähigkeit zugesprochen. Infolgedessen kann sie unter anderem Rechtspositionen – wie etwa Eigentum oder (Organ-)Besitz – erwerben, Verbindlichkeiten begründen und ist gemäß § 11 II Nr. 1 InsO insolvenzfähig. Die (sog. Teil-)Rechtsfähigkeit bleibt im Umfang marginal hinter der Rechtsfähigkeit einer OHG und hinter derjenigen einer juristischen Person zurück, was sich vor allem daraus ergibt, dass für die GbR kein Register existiert und somit der Bestand ihrer Mitglieder nur schwer zu überprüfen ist, woraus mit der Anerkennung der Grundbuchfähigkeit der GbR[112] besondere Schutznormen für Dritte erwuchsen, vgl. §§ 47 II GBO, 899a BGB (näher → Rn. 216 ff.). Eine besondere Problematik der Teilrechtsfähigkeit ergibt sich bei der mietvertragsrechtlichen Eigenbedarfskündigung, wenn in Rede steht, inwieweit es auf das Interesse der in einer GbR verbundenen Gesellschafter ankommen kann. Der BGH hält eine Eigenbedarfskündigung der Vermieter-GbR auf Basis des Interesses der Gesellschafter für denkbar, wenngleich § 573 Abs. 2 Nr. 2 BGB auf natürliche Personen zugeschnitten ist und somit keine direkte Anwendung findet.[113]

In die vom Gesetz vorgegebenen zwei Kategorien lassen sich alle »Wirtschaftsgesellschaften« einordnen: AG, KGaA, GmbH, Genossenschaft und Versicherungsverein

135

---

109 Auch das römische Recht kannte eine Organisationsform an diesem Ende der Skala, die *universitas*, die sogar als *der* Prototyp einer in jeder Hinsicht verselbständigten juristischen Person angesehen wird. Sie trug allerdings überwiegend öffentlich-rechtlichen Charakter *(Hauptbeispiel:* Staat, Gemeinden).

110 Der historische Gesetzgeber hat die genaue Rechtsnatur der GbR indes offengelassen: »Die Kommission glaubte, zu der wissenschaftlichen Streitfrage über das Wesen der gesamten Hand nicht Stellung nehmen zu sollen (…)«, siehe Protokolle II, 430 = Mugdan II, 990.

111 *BGH* NJW 2001, 1056.

112 *BGH* NZG 2009, 137. Eine Übertragbarkeit auf den nichtrechtsfähigen Verein wird nach hM abgelehnt, vgl. *Prütting,* FS Reuter 2010, S. 263, 268f. MüKoBGB/*Leuschner* § 54 Rn. 22f. mwN.

113 *BGH* ZIP 2017, 122.

sind *juristische Personen* und gehören damit der *Kategorie der Vereine* an. Daher gilt für die juristischen Personen des Handelsrechts, soweit eigene Vorschriften fehlen, das Vereinsrecht des BGB ergänzend (zB §§ 31, 35 BGB).

Dagegen zählen OHG und KG trotz der ihnen vom Gesetz zugebilligten weitgehenden Rechtsfähigkeit (§ 124 HGB)[114] traditionell nicht zu den juristischen Personen, sondern sind als *Gesamthandsgesellschaften* auf die *GbR* als deren Grundform zurückzuführen. Diese Verwurzelung kommt in § 105 III HGB ganz deutlich zum Ausdruck, wenn dort für die OHG (und dasselbe gilt über § 161 II HGB für die KG) ergänzend auf das Recht der GbR verwiesen wird.[115]

Gleichlaufend mit der so gezogenen Trennungslinie ist diejenige zwischen **Personen- und Kapitalgesellschaften;** denn bei den juristischen Personen steht typischerweise die Kapitalbindung, bei den Gesellschaften ohne Rechtsfähigkeit das personale Element, dh die Person der einzelnen Gesellschafter, im Vordergrund.

b) Abstufungen zwischen den Gesellschaftsformen

136 Beschränkt man sich einmal auf die für unternehmerische Zwecke wichtigsten Gesellschaftsformen, so lässt sich die schrittweise Verselbständigung in folgenden Merkmalen veranschaulichen. Dabei kann man sich die verschiedenen Gesellschaftsformen als ein *Kontinuum* vorstellen, beginnend bei der stillen Gesellschaft und endend auf der anderen Seite bei der großen Publikums-AG.

Während die **stille Gesellschaft** überhaupt nur als schuldrechtliche Innenbeziehung zwischen den Gesellschaftern existiert, die nicht nach außen in Erscheinung tritt (*Innengesellschaft,* lesen Sie § 230 HGB), schichtet die **GbR** immerhin bereits das allen Gesellschaftern zur gesamten Hand zugeordnete Gesellschaftsvermögen als Sondervermögen vom freien Vermögen der einzelnen Gesellschafter ab (vgl. §§ 718, 719 BGB) und ist daher häufig eine für den Rechtsverkehr erkennbare *Außengesellschaft.* Im Übrigen aber dreht sich auch bei der GbR noch alles um den einzelnen Gesellschafter: Er haftet persönlich für Gesellschaftsschulden (nach der sog. Akzessorietätstheorie analog § 128 HGB), jede Maßnahme der Geschäftsführung und Vertretung bedarf grundsätzlich seiner Mitwirkung (Prinzip der Gesamtgeschäftsführung und Gesamtvertretung, §§ 709 I, 714 BGB mit der Ausnahme der Notgeschäftsführung analog § 744 Abs. 2 BGB[116]) und von seiner Person hängt schließlich die Existenz der Gesellschaft ab (§ 727, Ausnahme § 736 BGB).

137 Die **OHG** kann schon wie eine juristische Person »unter ihrer Firma Rechte erwerben und Verbindlichkeiten eingehen, Eigentum und andere dingliche Rechte an Grundstücken erwerben, vor Gericht klagen und verklagt werden« (§ 124 I HGB), und der Tod oder andere Ereignisse in der Person eines Gesellschafters lassen die Existenz der Gesellschaft grundsätzlich unberührt (§ 131 III HGB). Doch zur Geschäftsführung und Vertretung sind auch hier nur die Gesellschafter, keine außenstehenden Dritten, be-

---

114 *K. Schmidt,* GesR, § 8 V 1. spricht von »relativer Rechtsfähigkeit«.

115 Allerdings lässt sich die kategorische Zweiteilung nicht kompromisslos durchhalten. So ist anerkannt, dass auch auf die Personengesellschaften einige Vorschriften des Vereinsrechts (beispielsweise § 31 BGB) anzuwenden sind.

116 *BGH* WM 2014, 2167.

rufen (Prinzip der *Selbstorganschaft*[117]); allerdings löst der Grundsatz der Einzelbefugnis bei Geschäftsführung und Vertretung den bei der GbR geltenden Grundsatz der Gesamtbefugnis ab (§§ 114, 115, 125 HGB). Trotzdem – oder gerade deswegen – eignet sich auch die OHG nur für den Zusammenschluss einer überschaubaren und einigermaßen homogenen Gesellschaftergruppe.

Den nächsten wichtigen Schritt vollzieht die **KG,** indem sie die Haftung eines Teils der Gesellschafter (der Kommanditisten) auf bestimmte Höchstbeträge beschränkt (§ 161 I HGB). Gleichzeitig tritt dann auch die Person dieser beschränkt haftenden Gesellschafter im Verhältnis zu der Gesellschaft als solcher immer mehr in den Hintergrund, indem sie etwa von der Geschäftsführung und Vertretung ausgeschlossen sind (lesen Sie §§ 164, 170, 177 HGB). Umgekehrt haben die Kommanditisten außerhalb der Gesellschaftssphäre größere Freiheiten; sie unterliegen anders als die OHG-Gesellschafter und Komplementäre (§§ 112f. HGB) keinem Wettbewerbsverbot, § 165 HGB. Damit eignet sich die KG auch – freilich ist dies immer noch der Ausnahmefall – zur Organisation einer Vielzahl anonymer Kapitalanleger (Publikums-KG).

Der **GmbH** hat das Gesetz als juristische Person umfassende Rechtsfähigkeit verliehen (§ 13 I GmbHG). Der Haftung unterliegt nur das Gesellschaftsvermögen (§ 13 II GmbHG). Im Übrigen aber ist die Stellung des einzelnen Gesellschafters sehr häufig im Gesellschaftsvertrag (und das Gesetz eröffnet den Gesellschaftern insoweit weitgehende Gestaltungsfreiheit, § 45 I GmbHG aE) derjenigen eines OHG-Gesellschafters angeglichen – Fall der **personalistischen GmbH.** Dies äußert sich etwa in entsprechenden Geschäftsführungsbefugnissen der Gesellschafter (»Gesellschafter-Geschäftsführer«) oder in sog. Vinkulierungsklauseln in der Satzung gemäß § 15 V GmbHG, welche im Fall der Veräußerung eines Geschäftsanteils durch einen Gesellschafter den anderen eine Mitsprache im Hinblick auf die Person des Erwerbers und damit eine Kontrolle über die Zusammensetzung des Gesellschafterkreises erlauben.[118] Die GmbH ist hier der Funktion nach nichts anderes als eine OHG mit allseits beschränkter Haftung, im Extremfall der Einpersonen-GmbH sogar ein Einzelkaufmann mit beschränkter Haftung.

Auf der anderen Seite gibt es aber auch GmbHs mit einer größeren Zahl von Gesellschaftern oder mit Gesellschaftern, die über die Kapitalanlage hinaus an dem Unternehmen nicht weiter interessiert sind. Das erlaubt eine sehr weitgehende Verselbständigung der Gesellschaft gegenüber ihren Gesellschaftern, und eine solche **kapitalistische GmbH** ist der gesetzliche Regelfall. Gesellschaftsanteile sind frei veräußerlich und vererblich (§ 15 I GmbHG), die Person des einzelnen Gesellschafters also beliebig austauschbar. Für Geschäftsführung und Vertretung sind besondere Organe einzurichten, und die Gesellschafterstellung verleiht hierfür keine Befugnisse. Vielmehr können nach § 6 III GmbHG auch externe Manager als Geschäftsführer eingesetzt werden: Prinzip der *Drittorganschaft.* Die allumfassende Herrschaft über das Unternehmen freilich liegt immer noch bei der Gesamtheit der Gesellschafter, die gegenüber den Geschäftsführern ein internes Weisungsrecht besitzen (§ 37 I GmbHG) und sie jederzeit auch ohne wichtigen Grund abberufen können (§ 38 I GmbHG). Darüber hinaus sind GmbH-Geschäftsanteile aufgrund des notariellen Beurkundungszwangs bei der Anteilsübertragung (§ 15 III GmbHG) nicht so umlauffähig wie

138

---

117 Näher *Osterloh-Konrad,* ZGR 2019, 271.
118 Näher MüKoGmbHG/*Reichert/Weller* § 15 Rn. 358–436.

Aktien; sie können insbesondere nicht an Börsen gehandelt werden. Selbst die kapitalistische GmbH ist mithin regelmäßig nur für einen überschaubaren Gesellschafterkreis geeignet, nicht für die anonyme Anlegermasse wie in der AG.

139 Erlauben sonach KG wie GmbH eine von Fall zu Fall unterschiedlich weit getriebene Verselbständigung der Gesellschaft, so gilt dasselbe für die in der Praxis beliebte Kombination dieser beiden Gesellschaftsformen, die **GmbH & Co. KG.** Bei ihr gründen zunächst einige Gesellschafter eine GmbH; diese GmbH wird sodann persönlich haftende Gesellschafterin einer KG, die GmbH-Gesellschafter oder auch noch weitere Personen fungieren als Kommanditisten der KG. Unmittelbarer Unternehmensträger ist die KG; daher bestimmt sich auch für die GmbH & Co. KG (anders als für die GmbH) der Anwendungsbereich nach den §§ 161 mit 105 HGB.[119] Der ursprüngliche Zweck dieser sinnreichen Konstruktion, den GmbH-Vorteil allseitig beschränkter Haftung mit bestimmten Vorzügen der KG, welche die GmbH entbehrt (ursprünglich: der erhöhte Vertrauenskredit, später: Steuervorteile, keine Publizitätspflichten), zu verbinden, ist mittlerweile allerdings weitgehend obsolet geworden.[120]

Die GmbH & Co. KG ist rechtspolitisch als **Typenvermischung,**[121] die sich aus zwei Gesellschaftsformen jeweils nur »die Rosinen herauspickt«, dem gesetzgeberisch gewollten und in sich geschlossenen System eines ausgewogenen Interessenschutzes aber ausweicht, seit jeher umstritten. Denn es versteht sich keineswegs von selbst, dass eine juristische Person als Komplementär zugelassen wird. Doch der deutsche Gesetzgeber hat die GmbH & Co. KG in den §§ 130a, 177a, 264a ff. HGB ua eindeutig anerkannt und gleichzeitig, um Missbrauch einzudämmen, teilweise den Schutzvorschriften des GmbH-Rechts unterworfen.

140 Bei der **AG** schließlich ist das »kapitalistische« Element, welches bei der GmbH noch zur Disposition der Gesellschafter steht, zwingend festgeschrieben und in der Innenstruktur der Gesellschaft noch weiter ausgebildet. Insbesondere besteht anders als bei der GmbH keine Freiheit der Gesellschafter, die AG durch entsprechende Satzungsregelungen personalistisch auszugestalten; dem steht das Prinzip der *Satzungsstrenge* nach § 23 V AktG entgegen. In der AG ist institutionell alles auf die Zusammenfassung einer Vielzahl anonymer Kapitalgeber angelegt und die Veräußerlichkeit (Fungibilität) des Gesellschaftsanteils durch Verbriefung in einem Wertpapier namens Aktie – regelmäßig vom Typ der Inhaberpapiere[122] – noch wesentlich erhöht. Trotzdem findet auch diese Gesellschaftsform – beispielsweise als »Familien-AG« – gelegentlich noch für intimere Zusammenschlüsse einiger weniger Großaktionäre Verwendung, und dann erweist sich die nach § 76 I AktG zwingend angelegte Unabhängigkeit der Unternehmensleitung (Vorstand) gegenüber den Aktionären als *faktisch* durchaus überbrückbar.

---

119 *BayObLG* WM 1985, 457; MüKoHGB/*K. Schmidt* § 6 Rn. 18.
120 So gelten die für die Kapitalgesellschaften greifenden Publizitätspflichten weitgehend auch für die GmbH & Co. KG, vgl. §§ 264a ff. HGB.
121 Diskutiert wird hierbei, ob die GmbH und Co. KG eher als modifizierte echte Personengesellschaft, als eine Mischform, bei der die kapitalistischen Züge überwiegen, oder als eigenständige Erscheinungsform der Kapitalgesellschaft einzuordnen ist.
122 Neben den Inhaberaktien sind nach §§ 10, 68 AktG auch Namensaktien zulässig. Letztere erfreuen sich in jüngerer Zeit zunehmender Beliebtheit (z. B. eingeführt durch das Chemieunternehmen Bayer AG im Jahr 2009), weil sie den Aktiengesellschaften die direkte Kontaktaufnahme zu ihren Aktionären erlauben (investor-relations-Aspekt).

Rechtlich implementieren lässt sich das personale Element in einer Publikumsgesellschaft, allerdings mit der Folge unbeschränkter persönlicher Haftung, in der Mischform der **Kommanditgesellschaft auf Aktien** (lesen Sie § 278 AktG). Doch wird hier ebenfalls wieder eine juristische Person als Komplementär zugelassen: *GmbH & Co. KGaA*,[123] und das hat in jüngster Zeit für einen gewissen Aufschwung dieser hybriden Rechtsform gesorgt. Etwas ganz anderes, nämlich eine Formenverbindung entsprechend der GmbH & Co., ist die **AG & Co. KG**; auch sie kommt gelegentlich vor.[124]

Andererseits kann auch dort, wo die leichte Veräußerlichkeit der Aktie erwünscht ist, um dem Unternehmen einen möglichst breiten Kapitalstrom zuzuführen, diese vom Gesetz allein nicht wirksam gewährleistet werden. Eine funktionsfähige **Börse** erst ermöglicht es – wie vereinfachend gesagt wird –, »kurzfristige Kapitalhingabe in langfristige Kapitalanlage umzusetzen« und damit jene für eine wirtschaftliche Expansion erforderlichen Finanzierungsquellen zu erschließen, deren Nutzung der eigentliche Seinsgrund der Aktiengesellschaft ist. Die Existenz einer solchen Börse, und nicht die von Rechts wegen gewährleistete Veräußerlichkeit, macht den praktischen Unterschied zwischen AG und GmbH aus, und sie hebt auch innerhalb der Masse der AGs jene wenigen, aber wirtschaftlich weitaus bedeutendsten hervor, die an einer Börse zugelassen sind (»börsennotiert«, § 3 II AktG) und damit allein in den Genuss jener ausschlaggebenden faktischen Fungibilität des Anteils kommen. Nur sie vermögen die Kapitalien des breiten Anlegerpublikums (der Masse der Sparer) anzuziehen, und auf Grund dessen entwickelt sich wieder ein Teil von ihnen zum besonderen Typus der sog. »**Publikums-AG**«, bei der das gesamte Aktienkapital unter einer Vielzahl durchwegs kleiner Aktionäre gestreut ist. Hier tritt der einzelne Aktionär so sehr an Bedeutung zurück, dass selbst die ihm vom Gesetz vorbehaltene – nicht absolute, aber ausbalancierte – Herrschaftsposition faktisch zugunsten des Unternehmensmanagements oder der das Aktienstimmrecht ausübenden Depotbanken ausgehöhlt werden kann.

Zum Schutz dieses kleinen Kapitalanlegers wiederum, der weniger seine Aktionärsrechte in Unternehmen wahrnimmt als vielmehr seine Anteile an der Börse kauft und verkauft, hat sich aus Ansätzen des Aktien-, Bank- und Börsenrechts heraus ein umfassendes **Kapitalmarktrecht** entwickelt, dessen Aufgabe es ist, dem kleinen Privatanleger ein »fair play« am Kapitalmarkt zu gewährleisten und damit insgesamt die Funktionsfähigkeit des Kapitalmarkts zu sichern.[125] Auch das AktG hat seine aufwendigen und komplizierten Regelungsmechanismen am Schutzbedürfnis des typischen Kapitalanlegers ausgerichtet; deshalb lässt das Gesetz gewisse Vereinfachungen für die nicht börsennotierte Gesellschaft (sog. *»kleine AG«*) zu.

c) Gesellschaft und Gesellschafter

Die vielfältigen Rechtsprobleme allerdings, die das Näheverhältnis zwischen Gesellschafter und Gesellschaft betreffen, werden nur teilweise nach Maßgabe dieser Abstufung beurteilt, teilweise aber auch im Hinblick auf den konkreten Interessenkonflikt, **141**

---

123 *BGH* NJW 1997, 1923 = LM § 278 AktG Nr. 1 *(Roth)*.

124 Beispielsweise ist Gruner + Jahr, Europas größtes Verlagsunternehmen, als AG & Co. KG organisiert, näher *Weller*, ZHR 175 (2011), 175 ff.

125 ZB Wertpapier-VerkaufsprospektG v. 1990, WertpapierhandelsG (WpHG) v. 1994; Überblick: *Assmann*, in: Assmann/Schütze/Buck-Heeb, Handbuch des Kapitalanlagerechts, 5. Aufl. 2020, § 1 Rn. 8 ff.; *Langenbucher*, §§ 13, 14.

teilweise einheitlich für alle Gesellschaftsformen. So kann beispielsweise nicht nur bei den juristischen Personen, sondern auch bei den Personengesellschaften der Gesellschafter in rechtliche Drittbeziehungen zu seiner Gesellschaft treten (→ §§ 8, 9). Unterschiedlich ist hingegen die Frage zu beantworten, ob der Gesellschafter im Prozess seiner Gesellschaft als Partei oder als Zeuge zu vernehmen ist (→ Rn. 218). Für die Zwecke der Insolvenzanfechtung wiederum bezieht § 138 II InsO gesellschaftsrechtliche Beziehungen in den Kreis der nahestehenden Personen nach differenzierten, aber rechtsformübergreifenden Gesichtspunkten ein. Schließlich kann bei den juristischen Personen die rechtliche Verselbständigung gegenüber dem Gesellschafter für Haftungs- wie auch für andere Zwecke unter bestimmten, engen Voraussetzungen im Wege der »Durchgriffshaftung« durchbrochen werden (→ §§ 16, 18).

Literatur: *Flume,* Personengesellschaft, §§ 1, 7; *Flume,* Juristische Person §§ 1, 4; *Petersen,* § 57; *K. Schmidt,* GesR, § 3; *Windbichler* GesR § 4.

3. Steuerrechtliche Gesichtspunkte

142 Steuerrechtliche Gesichtspunkte fallen auf verschiedenen Gebieten ins Gewicht. Ganz im Vordergrund des Interesses steht aber die ertragssteuerrechtliche Belastung in Form der Körperschafts- und der Einkommenssteuer. Hier besteht ein grundsätzlicher Unterschied zwischen den *juristischen Personen* und den Personengesellschaften darin, dass erstere *eigene Steuersubjekte* und daher mit ihren Gewinnen selbst ertragssteuerpflichtig sind (über die *Körperschaftsteuer,* § 1 I Nr. 1 KStG), während bei den Personengesellschaften die Gewinne zwar für die Gesellschaft ermittelt,[126] aber unmittelbar den Gesellschaftern anteilsmäßig zugerechnet und von diesen im Rahmen ihrer Gesamteinkünfte mit versteuert werden (über die *Einkommenssteuer*). Verluste können bei den Personengesellschaften mit anderweitigen Einkünften der Gesellschafter anteilig verrechnet werden, bei juristischen Personen nur (im Wege des Verlustvortrags) mit den Gewinnen künftiger Jahre.[127]

Im Falle einer juristischen Person fällt dann für die ausgeschütteten Gewinne beim einzelnen Gesellschafter nochmals die Steuerpflicht an, was zur Problematik der Zweifachbelastung bzw. »Doppelbesteuerung« führt. Am augenfälligsten wird diese Problematik bei der *Vermögensteuer,* die zwar wegen verfassungsrechtlicher Bedenken seit 1997 nicht mehr erhoben wird, rechtspolitisch jedoch gleichwohl bis heute in der Diskussion steht. Hier wird bei den Gesellschaften, die selbst Steuersubjekte sind, zunächst ihr Vermögen mit einem bestimmten Prozentsatz pro Jahr besteuert, und sodann im Prinzip derselbe Vermögenswert nochmals bei den einzelnen Gesellschaftern über ihren jeweiligen zum Privatvermögen zu rechnenden Gesellschaftsanteil.

---

126 *BFH* (GrS) DB 1991, 889, 891.

127 Dieser Vorzug der Personengesellschaft machte lange Zeit die Attraktivität der sog. Abschreibungsgesellschaften aus, deren Verlustzuweisungen die einkommensteuerliche Belastung der Gesellschafter aus ihren anderweitigen (hauptberuflichen) Einkünften vermindern – was allerdings das Steuerrecht in jüngerer Zeit zunehmend eingeschränkt hat, vgl. § 15a EStG. Hiernach können Kommanditisten und ihnen vergleichbare Unternehmer Verluste, die zu einem negativen Kapitalkonto führen, erst künftig und nur gegen Gewinne aus der Beteiligung verrechnen.

Demgegenüber stellt sich die *Einkommensbesteuerung* differenzierter dar, weil zum einen die Erfassung auf der zweiten Stufe (beim einzelnen Gesellschafter) nur noch die ausgeschütteten Gewinnanteile betrifft, nicht den Teil des Gewinns, der für die Körperschaftsteuer der Gesellschaft verbraucht oder in der Gesellschaft »thesauriert«, also den Rücklagen zugeführt wird (etwa um aus den angesparten Rücklagen später Investitionen zu finanzieren), zum zweiten auf den beiden Stufen unterschiedliche Besteuerungssysteme maßgeblich sind.

Die Körperschaftsteuer wird grundsätzlich nach einem Einheitssatz, also unabhängig von der Höhe des konkreten Gewinns der juristischen Person, berechnet, der zur Zeit 15 % beträgt (§ 23 I KStG). Dagegen ist die individuelle Einkommensteuer progressiv und richtet sich grundsätzlich nach der Höhe der persönlichen Gesamteinkünfte, dh, der Einkommensteuersatz kann je nach Einkommen zwischen 0 und 45 % betragen, vgl. § 32a EStG. Demgemäß richten sich die Auswirkungen der Zweifachbesteuerung beim Einkommen zunächst einmal danach, wie hoch der Körperschaftssteuersatz im Verhältnis zum Spitzensteuersatz der Einkommenssteuer festgesetzt ist, ferner aber auch für jeden einzelnen Gesellschafter nach seinem steuerpflichtigen Gesamteinkommen, und schließlich nach der Ausschüttungspolitik der jeweiligen Gesellschaft.

Die Steuerreformen der letzten Jahre haben die Problematik der Zweifachbesteuerung **143** abgemildert, zunächst durch das sog. Halbeinkünfteverfahren. Dieses wurde jedoch durch die **Unternehmenssteuerreform 2008** abgeschafft. Seit 1.1.2009 gilt nunmehr für Anteile an Kapitalgesellschaften, die im *Betriebsvermögen* gehalten werden, ein *Teileinkünfteverfahren:* Hiernach sind (nur) 60 % der Dividenden steuerpflichtig und werden mit dem persönlichen Einkommensteuersatz des jeweiligen Gesellschafters besteuert. Bei Anteilen, die im *Privatvermögen* gehalten werden, unterliegen Gewinnausschüttungen grundsätzlich unabhängig vom persönlichen Einkommensteuersatz einer pauschalen Kapitalertragsteuer (»Abgeltungssteuer«) in Höhe von derzeit 25 % (vgl. § 32d I EStG). Allerdings bleibt die Ermittlung der steuerlichen Belastung von Personen- und Kapitalgesellschaften und ihren Gesellschaftern im Einzelfall komplex, da neben der Einkommens- und Körperschaftssteuer ua auch die Gewerbesteuer sowie Anrechnungs- und Abzugsmöglichkeiten (etwa von Verlusten und Betriebsausgaben) zu berücksichtigen sind.

Insgesamt lässt sich zum Verhältnis von Gesellschaftsrecht und Steuerrecht bilanzieren: Ein *nicht rechtsformneutrales* Steuerrecht hat erheblichen Einfluss auf die Wahl einer bestimmten Gesellschaftsform. Umgekehrt stehen die gesellschaftsrechtlichen Kriterien (Haftungsbeschränkung, Geschäftsführung, Einflussmöglichkeiten der Gesellschafter etc.) bei der Wahl einer Gesellschaftsform umso mehr im Vordergrund, je rechtsformneutraler das Steuerrecht ausgestaltet ist.

Literatur: *Jacobs/Scheffler/Spengel*, Unternehmensbesteuerung und Rechtsform, 5. Aufl. 2015; Roth/Altmeppen/*Roth* GmbHG Einl. Rn. 39 ff., § 29 Rn. 74a ff.; *Wicke*, GmbHG, 4. Aufl. 2020, Einl., Rn. 38 ff.; *Windbichler* GesR § 4 Rn. 9f.

4. Wirtschaftliche Bedeutung und Verbreitung

144 Die wirtschaftliche Entwicklung der verschiedenen Gesellschaftsformen ist in den letzten Jahrzehnten von einem *Trend zur Kapitalgesellschaft* charakterisiert. Insbesondere die **GmbH** konnte sich auf dem Feld der mittelständischen Unternehmen vor allem aufgrund ihres Haftungsvorteils und ihrer weitgehenden statutarischen Gestaltungsfreiheit, die eine Anpassung an individuelle Bedürfnisse erlaubt, mit großem Abstand gegenüber den anderen Rechtsformen durchsetzen; So soll es zum 1.1.2010 insgesamt 1.016.000 GmbHs gegeben haben, hier allerdings die UG mit 23.400 eingerechnet. Die Zahl der letzteren hat sich bis zum 1.3.2011 auf insgesamt 47.600 erhöht.[128] Im Jahr 2013 waren in Deutschland 426.121 Personengesellschaften, 544.009 GmbHs/AGs (wobei der maßgeblichen Anteil hiervon GmbHs sind) und 2.198.392 Einzelunternehmer amtlich erfasst.[129]

Aber auch die Verbreitung der **AG** hat in den vergangenen Jahren signifikant zugenommen, wenngleich ihre absolute Zahl immer noch gering ist. Für 2011 wurden ca. 14.000 AGs ermittelt.[130] Die AG eröffnet insbesondere für Großunternehmen, aber auch dem Mittelstand, den Zutritt zum öffentlichen Kapitalmarkt; ihre zunehmende Beliebtheit spiegelt das seit den 1990er Jahren auflebende Interesse an der Börse in ihren verschiedenen Segmenten, namentlich an der Wagnisfinanzierung neuer und innovativer Unternehmen wider; und einige gesetzliche Vereinfachungen für die »kleine AG« sollen den Zugang zu dieser Rechtsform erleichtern. Obgleich die AG traditionell die Rechtsform der Großunternehmen ist – 9 der 10 umsatzstärksten Unternehmen sind auch heute Aktiengesellschaften[131] –, liegt in der gesamtwirtschaftlichen Bedeutung seit 1980 die GmbH vorn.

Im Anschluss an die Rechtsprechung des EuGH in Sachen Centros, Überseering und Inspire Art erfreut sich auch die **englische Limited** als Vehikel für eine Unternehmenstätigkeit in Deutschland großer Beliebtheit. So soll es im Jahr 2006 mehr als 46.000 Limiteds mit Verwaltungssitz in Deutschland gegeben haben.[132] Allerdings scheint der Trend zur Limited gebrochen:[133] Zum 1.1.2010 war von knapp 20.000 englischen Limited companies in Deutschland auszugehen.[134] Dazu trägt insbesondere die **Unternehmergesellschaft (haftungsbeschränkt)** gemäß § 5a GmbHG bei, die – wie die Limited, aber anders als die GmbH – ein Mindeststammkapital von nur 1 EUR (vgl. § 5a I iVm § 5 II 1 GmbHG) voraussetzt und insofern für kleine Unternehmen attraktiv erscheint.[135]

---

128 Zu der Bestandsstatistik: Roth/Altmeppen/*Altmeppen* GmbHG Einl. Rn. 5 ff.
129 Statistisches Bundesamt, https://www.destatis.de/DE/ZahlenFakten/GesamtwirtschaftUmwelt/ UnternehmenHandwerk/Unternehmensregister/Tabellen/UnternehmenRechtsformenWZ 2008. html (Abrufdatum: Mai 2020).
130 Quelle: Deutsche Bundesbank, Kapitalmarktstatistik, Mai 2010, 46.
131 Volkswagen AG, Daimler AG, Siemens AG, Deutsche Telekom AG, BMW AG, Deutsche Post AG, Allianz AG, Uniper AG, Münchener Rück AG (Stand 2017). Nur Bosch firmiert als GmbH.
132 *Westhoff*, GmbHR 2007, 474, 478; *Bayer/Hoffmann*, GmbHR 2009, 1048, 1054.
133 MüKoGmbHG/*Fleischer* Einl. Rn. 218 ff.
134 Roth/Altmeppen/*Altmeppen* GmbHG Einl. Rn. 7.
135 Zur Gründung und Durchführung einer UG s. *Schäfer*, ZIP 2011, 53.

Die größte Zahl von Unternehmen machen freilich nach wie vor die **Einzelunternehmen** mit mehr als 2 Millionen aus, von denen etwa 10–20 % als Kaufleute (»e. K.«) registriert sein dürften.

Die nachfolgende Tabelle ist der **Umsatzsteuerstatistik 2013**[136] entnommen, wobei **145** diese auf Grund ihres spezifischen Erhebungsmaterials nur einen Teil der registrierten Gesellschaften erfasst, beispielsweise gut 500.000 Gesellschaften mbH und knapp 8.000 Aktiengesellschaften, während in beiden Fällen – wie soeben dargelegt – tatsächlich mindestens die doppelte Zahl existieren dürfte. Gleichwohl zeigt die Tabelle anschaulich die ungefähren *Proportionen* der verschiedenen Unternehmensformen.

	Anzahl	Gesamtumsatz (ohne USt)
AG	7.800	822 Mrd. EUR*
GmbH	518.500	2.200 Mrd. EUR*
OHG	15.500	46 Mrd. EUR*
KG	17.600	123 Mrd. EUR*
Einzelunternehmen	2.200.000	561 Mrd. EUR*

* Grobe Schätzungen. Alle Zahlen sind gerundet.

5. Der Gründungsakt (Gesellschaftsvertrag)

Fall 13: Witwe F gründete zusammen mit ihren vier teils voll-, teils minderjährigen Kindern eine OHG zum Betrieb der Gaststätte »Eisvogel«, wobei F für die minderjährigen Kinder handelte und zur Geschäftsführerin bestellt wurde. Eine vormundschaftsgerichtliche Genehmigung wurde nicht eingeholt. Einige Zeit später nahm F für die Gaststätte bei der Bank G ein Darlehen auf. Wieder einige Zeit später musste der Betrieb der Gaststätte als unrentabel eingestellt werden.
Kann die Bank G (a) die volljährigen, (b) die minderjährigen Kinder auf Rückzahlung des Darlehens in Anspruch nehmen? (Lösungshinweise → Rn. 160).

a) Rechtsgeschäft

Als privatrechtliche Organisation bedarf jede Gesellschaft zu ihrer Gründung der **146** rechtsgeschäftlichen Einigung der Gründer. In den Gesetzen wird diese als *Gesellschaftsvertrag, Satzung* oder auch *Statut* bezeichnet (vgl. §§ 705 BGB, 2 AktG, 5 GenG). Dieser Gründungsakt zeigt ein zweifaches Gesicht: Einerseits schafft er die rechtliche Verbindung unter den Gründer-Gesellschaftern (Rechtsbindungswille!) und begründet für diese Verpflichtungen, andererseits bildet er die Grundlage (»Verfassung«) für die ins Leben gerufene Organisation.

Die **Pflichten der Gesellschafter** werden geprägt von dem Wesensmerkmal jeder gesellschaftsrechtlichen Verbindung, der Verfolgung eines *gemeinsamen Zwecks.* Demgemäß ist die *Grundpflicht* die *Förderung* dieses Zwecks; sie ist allerdings nicht allumfassend, sondern bestimmt sich im Einzelnen nach der jeweiligen gesetzlichen und vertraglichen Regelung (vgl. §§ 705 BGB, 109 HGB). Besonders herausgehoben ist bereits in der Grundnorm des § 705 BGB die Verpflichtung, *Beiträge* zu leisten, wobei in

---

[136] Quelle: Statistisches Bundesamt, www.destatis.de/DE/Publikationen/Thematisch/Finanzen Steuern/Steuern/Umsatzsteuer/Umsatzsteuer2140810137004.pdf?__blob=publicationFile (Abrufdatum: Mai 2020).

erster Linie, wenn auch nicht ausschließlich (§ 706 III BGB!), an *Kapital*beiträge gedacht ist, die zusammen das Gesellschaftsvermögen zu bilden haben. Welch große
Rolle daneben andere Verpflichtungen spielen, ist von Gesellschaftstyp zu Gesellschaftstyp und bei manchen Gesellschaftsformen von Fall zu Fall unterschiedlich. Bei
der AG, dem Prototyp der Kapitalgesellschaft, geht es praktisch nur um Kapitaleinlagen (§ 54 AktG, Ausnahme in § 55 AktG). Die Personengesellschaft kann demgegenüber auch Gesellschafter aufnehmen, die keinen Kapitalbeitrag, sondern besondere
persönliche Eigenschaften (zB eine bestimmte fachliche Expertise) einbringen. Allgemein kommt bei ihr der *tätigen Mitwirkung* größere Bedeutung zu; dementsprechend kann die Beitragspflicht nach § 706 III BGB »auch in der Leistung von Diensten
bestehen«. Wichtigster, wenn auch nicht der einzige Anwendungsbereich, ist hierbei
die Verpflichtung zur Geschäftsführung.

147   Als Element der **Unternehmensverfassung** gewinnt der Gesellschaftsvertrag (die Satzung) umso größere Bedeutung, je mehr an Regelungsumfang und -dichte im Hinblick
auf mögliche *Interessenkonflikte* (in praxi häufig sind zB Streitigkeiten zwischen Gesellschaftern) und die Schutzbedürftigkeit der involvierten Interessen erforderlich erscheint und je weniger bereits die einschlägigen Gesetze die Regelungsaufgabe erfüllen.
Eine Rolle spielt dabei auch, inwieweit die gesetzliche Normierung zwingend oder dispositiv ist. Dies hängt wiederum von den zu schützenden Interessen ab. Unter den
letzteren stehen typischerweise diejenigen von Gesellschaftern, vor allem Gesellschaf-
terminderheiten, einerseits, von Gläubigern andererseits im Vordergrund. Deshalb
unterliegt generell das *Außenverhältnis* der Gesellschaft, wo die *Interessen Dritter* berührt werden, in weiterem Umfang zwingendem Recht als das *Innenverhältnis*. Deshalb ist die Regelung des AktG umfangreicher, umfassender und insgesamt in geringerem Maße dispositiv als diejenige des GmbHG oder der Personengesellschaften
(vgl. § 23 V AktG einerseits und §§ 109 HGB, 45 GmbHG andererseits). Trotzdem ist
gleichzeitig die Ausgestaltung der Satzung bei der AG von herausgehobener Bedeutung, weil das naturgemäß davon abhängt, wie vielfältig die zu regelnden Rechtsverhältnisse sind, wie komplex das Potential an zukünftigen Interessenkonflikten und
wie hoch der wirtschaftliche Einsatz ist, der auf dem Spiel steht. Letztlich sieht freilich
jeder Gesellschaftsvertrag sich vor die Aufgabe gestellt, zukünftige Ungewissheit zu
bewältigen, und dies über Jahrzehnte und Generationen hinweg, weshalb es bei größeren und auf Dauer angelegten Gesellschaften unerlässlich ist, dass Mechanismen zur
Anpassung des Vertrags an veränderte Umstände und Bedürfnisse zur Verfügung stehen, an erster Stelle die Möglichkeit zur *Vertragsänderung, ohne* auf die *Einstimmigkeit* aller Beteiligten angewiesen zu sein.

b) Anwendbares Vertragsrecht

148   Im Hinblick auf diese doppelte Funktion bereitet die Einordnung des Gründungsakts
seiner **Rechtsnatur** nach Schwierigkeiten. Handelt es sich um einen *gegenseitigen* Vertrag iS der §§ 320 ff. BGB (Austauschvertrag, der im Hinblick auf die Parteien von
einem *Interessengegensatz,* dem »do ut des« geprägt ist), oder um den besonderen Typus eines Organisationsvertrags, oder um einen »Gesamtakt«? Letztere Bezeichnung
will die Besonderheit zum Ausdruck bringen, die vor allem bei der Gründung einer juristischen Person deutlich wird, dass nämlich die Gesellschafter nicht in gegenseitige
Verpflichtungen eintreten, sondern gewissermaßen »parallele« Erklärungen abgeben,
gerichtet auf ein *gemeinsames* Ziel hin und mit der Wirkung, dass dann Rechte und

Pflichten zwischen dem einzelnen Mitglied und der Gesellschaft als solcher entstehen (Vertrag der *Interessengemeinschaft*). Noch weitergehend kann man hieraus für das Statut – wiederum speziell der juristischen Person – dann sogar eine Art von objektiver Rechtsnormenqualität im Unterschied zur rechtsgeschäftlichen Qualifikation des Vertrags ableiten (str.).

Die praktisch wichtige Frage ist indessen allein, inwieweit die Vorschriften des **Vertragsrechts** auf den Gründungsakt zur Anwendung kommen. Im Grundsatz steht deren Anwendbarkeit außer Streit, Probleme werfen jedoch zum einen die Regeln über den **gegenseitigen Vertrag,** zum anderen diejenigen über die **Unwirksamkeit von Willenserklärungen** auf.

Die **§§ 320 ff. BGB** kommen bei der Gründung einer juristischen Person schon mangels eines Gegenseitigkeitsverhältnisses unter den Gesellschaftern nicht in Betracht. Bei Personengesellschaften sind vom Gründungsvorgang ebenfalls regelmäßig die Interessen weiterer Beteiligter betroffen, denen die §§ 320 ff. BGB nicht hinreichend Rechnung zu tragen vermögen. Wenn beispielsweise drei von fünf Gesellschaftern ihre Kapitalbeiträge leisten, kann der Vierte seinen Beitrag nicht nach § 320 BGB zurückbehalten, nur weil der Fünfte noch nicht geleistet hat. Nur ausnahmsweise wird man das Leistungsverweigerungsrecht des § 320 BGB heranziehen können, etwa bei zweigliedrigen Gesellschaften. Aber auch bei diesen passt die Rücktrittsvorschrift des § 323 BGB grundsätzlich nicht. So darf auf die Einbringung einer für die Gesellschaft wesentlichen Sacheinlage bei deren Mangelhaftigkeit nicht § 323 iVm § 437 Nr. 2 BGB mit der Konsequenz angewandt werden, dass dann die Gesellschaft rückabzuwickeln wäre.[137] Letzteres liefe dem Vertrauen des Rechtsverkehrs in den Bestand der Gesellschaft zuwider. Hinzu kommt, dass es mit den §§ 730 ff. BGB, 145 ff. HGB, 64 ff. GmbHG spezielle Auflösungsvorschriften gibt.

Auch die Anwendung von Sätzen der allgemeinen Rechtsgeschäftslehre kann in Zweifel gezogen werden. In Frage steht zum einen, ob die vertraglichen *(subjektivierenden)* **Auslegungsgrundsätze** der **§§ 133, 157 BGB** von denjenigen der *(objektiven) Gesetzesauslegung* verdrängt werden. In der Tat muss der objektive Erklärungswert des Gesellschaftsvertrags umso mehr in den Mittelpunkt rücken, darf der nicht im Text zum Ausdruck gekommene Wille der Vertragspartner umso weniger zum Tragen kommen, je stärker die Interessen Dritter betroffen sind. Und dies sind nicht nur Nichtgesellschafter, sondern auch später in die Gesellschaft eingetretene Gesellschafter (man denke an Vereinsmitglieder oder an Aktionäre, die ihre Aktien über die Börse erwerben), woraus folgt, dass zum einen mit zunehmender Entpersönlichung des Gesellschaftstyps und wachsendem wirtschaftlichen Eigengewicht des Unternehmens, zum anderen aber auch mit dem bloßen Zeitablauf die *objektive Auslegung tendenziell in den Vordergrund* tritt. Der rechtliche Ausgangspunkt der Auslegung bleiben aber die §§ 133, 157 BGB.

Zum anderen wird die Anwendbarkeit des **§ 181 BGB** diskutiert, wenn ein Gesellschafter gleichzeitig als Vertreter eines Mitgesellschafters auftritt. Die von § 181 BGB geregelte Problematik des Insichgeschäfts bzw. der Mehrfachvertretung stellt sich nicht nur beim Abschluss des Gesellschaftsvertrages, sondern auch bei späteren Gesellschafterbeschlüssen einschließlich Vertragsänderungen. Die *Stimmabgabe* bei der Be-

149

150

---

137 *OLG München* ZIP 2000, 2255.

schlussfassung ist *kein Rechtsgeschäft* unter den Gesellschaftern, und daher wird § 181 zu Recht bei Gesellschafter*beschlüssen* juristischer Personen (für Satzungsänderungen str.) und auch bei solchen von Personengesellschaften in Geschäftsführungsangelegenheiten nicht angewandt.[138] Davon ist aber der Abschluss des Gesellschafts*vertrags* als solcher einschließlich späterer *vertragsändernder* Beschlüsse bei Personengesellschaften zu unterscheiden; diese sind ein Rechtsgeschäft unter den Gründern bzw. Gesellschaftern, § 181 BGB ist daher zu beachten.[139]

151 Fraglich ist schließlich, inwiefern die allgemeinen Regeln über Willenserklärungen, insbesondere diejenigen über deren Unwirksamkeit infolge von **Willensmängeln** (zB aufgrund einer Anfechtung, § 142 I BGB), Geltung beanspruchen. Im Hinblick auf die *Rechtsfolgen* aus derartigen Unwirksamkeitsgründen sind *Einschränkungen* im Vergleich zur allgemeinen Rechtsgeschäftslehre geboten, wenn trotz des fehlerhaften gesellschaftsrechtlichen Gründungsakts das Unternehmen eine faktische Existenz begann und damit einen Anknüpfungspunkt für vielfältige Rechtsbeziehungen schuf. Diesen Umstand kann die Rechtsordnung nicht schlechthin ignorieren, und zwar weder im Innenverhältnis unter den Gesellschaftern noch im Außenverhältnis zu Dritten. Für einige Gesellschaftsformen sind insoweit spezielle gesetzliche Vorschriften vorhanden. Beispielsweise nennt § 75 I GmbHG im Interesse des Rechtsverkehrs nur wenige Gründe, die zur Unwirksamkeit des Gesellschaftsvertrages im Wege der Nichtigkeitsklage führen können. Im Übrigen haben Rechtsprechung und Wissenschaft die **Grundsätze der fehlerhaften Gesellschaft** entwickelt, die die Nichtigkeitsfolgen im Interesse des Verkehrs- und Bestandsschutzes abmildert. Näher hierzu → Rn. 184 f.

c) Form und Inhalt

152 Über den erforderlichen **Inhalt des Gesellschaftsvertrags** treffen die Gesetze teilweise genaue und zwingende Aussagen (siehe § 23 AktG, § 3 GmbHG); bei den Personenhandelsgesellschaften ergibt sich die Notwendigkeit für bestimmte Festlegungen indirekt daraus, dass diese (namentlich Firma und Sitz, § 106 HGB) bei der Anmeldung zum Handelsregister anzugeben sind. Die gewünschte Gesellschaftsform müssen die Gründer festlegen, soweit sie zu ihrer Disposition steht.

Der Gesellschaftsvertrag ist teilweise **formfrei** gültig (*Beispiel:* GbR). Hier genügt die einvernehmliche Aufnahme der Geschäfte, da hierin regelmäßig eine *konkludente Einigung* über die Gründung der Gesellschaft erblickt werden kann. Teilweise schreiben die Gesetze indes besondere **Formerfordernisse** vor (§§ 23 I S. 1 AktG, 2 I S. 1 GmbHG – notarielle Beurkundung).

Mitunter bedarf es zur Gründung der Gesellschaft bzw. zur Verwirklichung der gewünschten Rechtsform darüber hinaus der **Registereintragung** als eines *konstitutiven* Akts. Dies ist der Fall bei allen juristischen Personen (vgl. § 21 BGB, § 11 I GmbHG), ferner bei der OHG und KG, die nicht schon gemäß § 1 II ein Handelsgewerbe betreiben, vgl. § 123 I, II HGB.

---

138 BGHZ 65, 93, 96; BGHZ 66, 82, 86; *BGH* WM 1991, 72; *BGH* ZIP 1988, 1046; im Einzelnen Roth/Altmeppen/*Altmeppen* GmbHG § 47 Rn. 61 f.
139 *BGH* NJW 1961, 724; *BGH* NJW 1976, 49 = BGHZ 65, 93; *Röll,* NJW 1979, 627; *Bernstein/ Schultze v. Lasaulx,* ZGR 1976, 33.

Fehlt es hingegen im Zeitpunkt der Geschäftsaufnahme noch an einem erforderlichen **153** Formalakt, so stellt sich die Frage nach der Rechtsnatur und rechtlichen Behandlung dieser *vor* der Wirksamkeit der eigentlich angestrebten Rechtsform vorhandenen Gesellschaft, der sog. **Vorgesellschaft.** Praktisch wichtig wird das vor allem dann, wenn eine Gesellschaft schon vor ihrer Registereintragung die Geschäftätigkeit aufnimmt. Man könnte insoweit daran denken, das Recht derjenigen Gesellschaftsform heranzuziehen, deren Formerfordernisse auch die Vorgesellschaft bereits erfüllt, also der GbR, bei einem Handelsgewerbe nach § 1 II der OHG. In der Tat sieht dies § 123 II HGB für die OHG vor. Bei Kapitalgesellschaften, insbesondere bei der GmbH (»**Vor-GmbH**«), wendet man dagegen nach heute hM schon vor der Registereintragung das Recht der *angestrebten* Gesellschaftsform an, soweit nicht schutzwürdige Interessen entgegenstehen; die Vor-GmbH untersteht mithin einem Sonderrecht, das aus den im Gesetz oder im Gesellschaftsvertrag gegebenen Gründungsvorschriften und dem Recht der rechtsfähigen Gesellschaft, soweit nicht die Eintragung vorausgesetzt wird, besteht. Das Problem der Vorgesellschaft gehört deshalb in den Zusammenhang der jeweils in Frage stehenden Gesellschaftsform; s. zur GmbH, wo das Problem die größte Rolle spielt (→ Rn. 477f.), zur KG → Rn. 390f.

Der Unterschied zwischen *fehlerhafter Gesellschaft* und *Vorgesellschaft* besteht darin, **154** dass es im ersteren Fall an einer rechtsgültigen Einigung fehlt, während im letzteren Fall der Gesellschaftsvertrag wirksam ist, jedoch ein weiterer notwendiger Bestandteil des Gründungsakts, die Registereintragung, noch aussteht. Von der Interessenlage her geht es bei der fehlerhaften Gesellschaft darum, ob der oder die Gesellschafter, in deren Person der Einigungsmangel begründet ist, vor der gesellschaftlichen Bindung bewahrt werden können, an deren Anerkennung andere Gesellschafter oder Dritte ein schutzwürdiges Interesse haben. Umgekehrt verträgt sich bei der Vorgesellschaft die Anerkennung der gewollten gesellschaftlichen Bindung zumeist durchaus mit den Interessen der Gesellschafter, während der Rechtsverkehr hiervor oder vor gewissen Teilaspekten (zB Haftungsbeschränkungen) geschützt werden muss. Gemeinsam ist beiden Fallgestaltungen, dass unternehmerische Aktivitäten auf unvollkommener Rechtsgrundlage ins Werk gesetzt werden und zumindest einige daran Beteiligte oder davon Berührte hieran schutzwürdige Erwartungen knüpfen. Die Verwandtschaft beider Problembereiche kommt deutlich im Fall des formungültigen Gesellschaftsvertrags zum Ausdruck, der je nach Schutzrichtung des Formerfordernisses bald mehr als Fall der fehlerhaften Gesellschaft, bald mehr als Fall der Vorgesellschaft erscheinen könnte. In den praktisch wichtigen Fällen (insbesondere bei der GmbH) muss man allerdings dem Formerfordernis (der notariellen Beurkundung) durchweg auch gesellschafterschützende Funktion zuerkennen, und daher bringt die hM das besondere Recht der Vorgesellschaft erst vom *formgültigen Vertragsschluss* (der sog. »Errichtung« der Gesellschaft) an zur Anwendung, während *vor* Abschluss des notariellen Gesellschaftsvertrages allenfalls eine sog. konkludent zustande gekommene *Vorgründungsgesellschaft* bestehen kann, die als GbR bzw. OHG zu qualifizieren ist.[140]

Literatur: *Flume,* Personengesellschaft, § 2; *K. Schmidt,* GesR, § 5; *Grunewald,* 1. Teil A III, B II, 2. Teil, F II 2; *Bitter/Heim* GesR § 3 II, § 4 II, § 5 II, § 6 II; zur Einteilung von Verträgen nach ihrer Interessenstruktur *Weller,* Die Vertragstreue, 2009, S. 197ff.

---

140 Hierzu Roth/Altmeppen/*Altmeppen* GmbHG § 11 Rn. 3.

6. Der Sitz der Gesellschaft

155 Jede Gesellschaft hat einen »Sitz«. Der Sitz hat die Funktion, das Unternehmen zu lokalisieren. Bei Gesellschaften ist der Sitz zu unterscheiden von der (Haupt-)Niederlassung des Unternehmens (zur Niederlassung → Rn. 123). Sitz und Niederlassung werden zwar meist am selben Ort liegen, zwingend ist dies jedoch nicht.

Um der Rechtsklarheit willen muss der Sitz zunächst einmal eindeutig festgelegt sein. Daher verlangen die Gesetze, dass der Sitz im Gesellschaftsvertrag bzw. der Satzung als wesentliches Element vereinbart (vgl. §§ 5, 23 III Nr. 1 AktG und §§ 3 I Nr. 1, 4a GmbHG) und **im Handelsregister** festgehalten wird (vgl. § 106 II Nr. 2 HGB, § 8 I Nr. 1 iVm § 3 I Nr. 1 GmbHG).

Problematisch ist allerdings, dass bei Gesellschaften der Begriff des Sitzes nicht einheitlich verwendet wird. Manche meinen damit den *im Gesellschaftsvertrag benannten* Sitz (**gesellschaftsvertraglichen Sitz** bzw. **Satzungssitz**), andere den *tatsächlichen* Sitz iS der Hauptverwaltung der Gesellschaft (**Verwaltungssitz**). Zwar stimmen in der Praxis der im Gesellschaftsvertrag benannte Sitz und der tatsächliche Verwaltungssitz meist überein, dh dass die Gesellschafter in der Satzung denjenigen Ort als Sitz benennen, an dem sich auch die reale Hauptverwaltung befindet. Zwingend ist dies jedoch nicht.

> **Beispiel:** Die Satzung der Deutschen Bank AG bestimmt in ihrem § 1 »Frankfurt a. M.« als »Sitz«; in Frankfurt befindet sich zugleich auch die Verwaltungszentrale der Deutschen Bank. Zwingend ist die Übereinstimmung von Satzungs- und Verwaltungssitz allerdings nicht, wie die in den Jahren 2001 und 2002 geführte Diskussion um die Verlagerung des Verwaltungssitzes nach London belegt.

Praktisch kommt ein vom Verwaltungssitz abweichender Satzungssitz insbesondere in Betracht, wenn für alle Konzernunternehmen – die deutschlandweit tätig sein mögen – eine Zuständigkeitskonzentration an einem Registergericht begründet werden soll, was sich durch Vereinheitlichung des Satzungssitzes aller Konzerngesellschaften erreichen lässt.

156 Der Sitz einer Gesellschaft ist in mehrfacher Hinsicht von Bedeutung:

a) Auf Ebene des **IPR** stellt sich für den Fall eines unternehmensrechtlichen Sachverhaltes mit Auslandsbezug die Frage, wessen Staates Gesellschaftsrecht auf eine konkrete Gesellschaft Anwendung findet. Hier besteht in Ermangelung eines gesetzlich geregelten Anknüpfungspunktes für das Gesellschaftsstatut in Bezug auf die Außengesellschaften Streit über den zu wählenden kollisionsrechtlichen Anknüpfungspunkt. Die **Gründungstheorie** stellt auf den *Satzungssitz* ab, während die **Sitztheorie** im *effektiven Verwaltungssitz* das wesentliche Anknüpfungskriterium erblickt. Entscheidungserheblich ist dieser Streit freilich nur, wenn Satzungs- und Verwaltungssitz einer Gesellschaft in *verschiedenen* Staaten liegen. Ein Beispiel hierfür ist die Fluggesellschaft Air Berlin, die ihren Verwaltungssitz in Berlin, ihren Satzungssitz jedoch als public limited company in England hat.

b) Auf Ebene des **deutschen Sachrechts** ist – wenn allgemein vom »Sitz der Gesellschaft« die Rede ist – der *im Gesellschaftsvertrag benannte Sitz* (Satzungssitz) der entscheidende Lokalisationspunkt, wie die §§ 4a GmbHG, 5 AktG seit dem MoMiG

2008 ausdrücklich klarstellen. Auch bei der OHG und KG ist aus Gründen der Rechtssicherheit richtigerweise auf den *gesellschaftsvertraglichen* Sitz abzustellen, wenn in § 106 I, II Nr. 2 HGB vom »Sitz« die Rede ist.[141]

Nach dem gesellschaftsvertraglichen Sitz bestimmt sich insbesondere die örtliche **Zuständigkeit des Handelsregisters,** bei dem die Gesellschaft anzumelden ist (§ 106 I HGB, § 7 I GmbHG), ferner der **allgemeine Gerichtsstand,** an dem etwa Geschäftspartner die Gesellschaft verklagen können (§ 17 ZPO), und die Zuständigkeit des Insolvenzgerichts (§ 3 InsO). Darüber hinaus ist der gesellschaftsvertragliche Sitz der Erfüllungsort (§ 269 BGB) für die Rechte und Pflichten der GmbH gegenüber den Organmitgliedern.[142]

Als gesellschaftsvertraglicher Sitz muss eine **politische Gemeinde** angegeben werden. **157** Dabei muss die Ortsbezeichnung so präzise gewählt werden, dass das zuständige Handelsregister (Amtsgerichtsbezirk) eindeutig bestimmt werden kann. Die Bezeichnung einer Region (zB Rhein-Neckar-Region, Ruhrgebiet) würde diesem Petitum also nicht genügen. Der gesellschaftsvertragliche Sitz (einer deutschen Rechtsform) muss zwingend **im Inland** liegen, weil es bei Gesellschaftsgründungen andernfalls an der internationalen Zuständigkeit deutscher Amtsgerichte für das Handelsregisterverfahren fehlte. § 4 a GmbHG hebt diesen Inlandsbezug ausdrücklich hervor.

In Abweichung vom Satzungssitz kann der **Verwaltungssitz** einer GmbH oder AG **158** seit dem MoMiG auch *im Ausland* liegen. Ein ausländischer Verwaltungssitz einer deutschen Gesellschaftsform lässt freilich die Zuständigkeit inländischer Gerichte und Behörden weitgehend unberührt, weil – wie supra ausgeführt – für das Registerverfahren und Zivilprozesse (§ 17 ZPO) der Satzungssitz maßgeblich ist. Eine bedeutende Ausnahme ist der Insolvenzfall, wo es für die internationale Zuständigkeit des Insolvenzgerichts nach Art. 3 EuInsVO auf den effektiven Verwaltungssitz ankommt.[143]

Literatur: MüKoGmbHG/*Heinze* § 4a; *Wicke,* GmbHG, 4. Aufl. 2020, § 4a.

---

141 Baumbach/Hopt/*Roth* HGB § 106 Rn. 8; Großkomm/*Schäfer,* § 106 Rn. 19.
142 *BGH* WM 1985, 283 f.
143 Zur damit verbundenen Problematik der Firmenbestattung im Ausland *Weller,* ZIP 2009, 2029 ff.

Schaubild 13: Gründung einer Gesellschaft

Voraussetzungen

▸ Einigung der Gründer (Gesellschaftsvertrag, Satzung)
  • Inhalt – insbesondere gemeinsamer Zweck, fortgesetzte Verfolgung und Beitragsverpflichtung, bei Personengesellschaften mindestens zwei Gesellschafter
▸ Form
  • Je nach Gesellschaftsform: GbR (–), GmbH und AG (+) §§ 23 I S. 1 AktG, 2 I S. 1 GmbHG – notarielle Beurkundung
▸ Handelsregistereintragung
  • Je nach Gesellschaftsform: bei juristischen Personen (+) § 21 BGB, § 11 I GmbHG, bei der OHG und KG (+), die nicht schon gemäß § 1 II HGB ein Handelsgewerbe betreiben, vgl. § 123 I, II HGB

Klassische Probleme

▸ Fehlerhafte Gesellschaft (→ Rn. 184 ff.)
▸ Scheingesellschaft (→ Rn. 178 ff.)
▸ Abgrenzung von sonstigen Schuldverhältnissen (→ Rn. 202 ff.)

---

159   **Lösungshinweise zu Fall 12** (vor → Rn. 129):

1. In Frage käme eine Handelsgesellschaft **(keine GbR)**, da der Einsatz des Kunststoffverarbeitungsverfahrens zu kommerziellen Zwecken den Betrieb eines **Handelsgewerbes** iSd § 1, 105 HGB darstellt.

2. Zu empfehlen ist eine Gesellschaftsform, die den Vorteil der **Haftungsbeschränkung** bietet (zumindest für Raff, der nicht aktiv mitwirken will und an risikolosen Gewinnen interessiert ist), mithin **keine OHG**. Zu denken wäre an eine **KG** mit Raff als Kommanditisten. Wäre Raff Kommanditist, so hätte dies gemäß § 171 I Hs. 2 HGB zur Folge, dass eine Haftung des Raffs ab dem Zeitpunkt der tatsächlichen Wertzuführung (Kapitalaufbringungsprinzip) ausgeschlossen ist. Konsequenz für Raff wäre weiterhin, dass er von der Geschäftsführung sowie der organschaftlichen Vertretung der Gesellschaft ausgeschlossen wäre (§§ 164, 171 HGB). Carstens und Reich würden als Komplementäre unbeschränkt persönlich haften (§§ 161, 128 HGB). Das Anliegen von Reich, dass im Unternehmen nichts ohne seine Zustimmung geschieht, würde über §§ 161 II, 125 I HGB bzw. §§ 161 II, 114 HGB Berücksichtigung finden (Grundsatz der Selbstorganschaft).

3. Wenn auch Carstens und Reich vom Vorteil der Haftungsbeschränkung als Kommanditisten profitieren wollen, ist an eine **GmbH und Co. KG** zu denken. Raff würde als Kommanditist grundsätzlich gegenständlich unbeschränkt, der Höhe nach aber auf die Haftsumme begrenzt, haften, § 171 I Hs 1 HGB. Die Gesellschaftsgläubiger können auf sein gesamtes Vermögen, allerdings nur bis zum Betrag der Haftsumme, zugreifen. Jene summenmäßig beschränkte Haftung könnte Raff auch hier ausschließen, indem er seine Einlage in das Gesellschaftsvermögen leistet, § 171 I Hs. 2 HGB. Allerdings ist bei Haftungsfragen des Kommanditisten in der GmbH und Co. KG zu beachten, dass § 172 VI HGB gilt, wonach die Kommanditeinlage nur dann als geleistet gilt, wenn sie nicht in Anteilen an dem GmbH-Vermögen besteht.

4. Zu denken wäre daher an eine **GmbH & Still** (ausführlicher dazu → Rn. 423); Gründe für die Wahl dieser Rechtsform:
   – **GmbH** zwischen Carstens und Reich **Haftungsbeschränkung** für beide gem. § 13 II GmbHG.
   – Bestimmung der Stellung des Reich und seiner Rechte im Gesellschaftsvertrag: § 45 GmbHG bezieht sich insoweit auf die Verwaltungs- und Herrschaftsrechte (zB Bestellung des Reich zum Geschäftsführer).
   – **Stille Beteiligung** des Raff gem. §§ 230 ff. HGB mit Möglichkeit des Ausschlusses seiner Beteiligung am Verlust gem. § 231 II HGB

5. Eine **GmbH** als solche mit Carstens, Reich und Raff als Gesellschaftern käme ebenfalls in Frage. Den Bedürfnissen der Gesellschafter kann durch entsprechende Ausgestaltung des Innenverhältnisses in der Satzung (§ 45 GmbHG), zB durch unterschiedliche Mitwirkungs- und Beteiligungsrechte, Rechnung getragen werden. Allerdings ist zu beachten, dass Carstens und Reich möglicherweise nicht wollen, dass Raff, dem nur am Gewinn gelegen ist, die (nicht abdingbaren, § 51a III GmbHG) **Kontrollrechte nach § 51a GmbHG** zustehen. Dies spricht dafür, dem Raff nur die Position einen stillen Gesellschafters zuzubilligen, dessen Kontrollrechte nach § 233 HGB weniger ausgeprägt sind als die eines GmbH-Gesellschafters.

Lösungshinweise zu Fall 13 (vor → Rn. 146; vgl. *BGH* NJW 1983, 748): Anspruch des G gegen die Kinder auf Rückzahlung des Darlehens aus § 488 I 2 BGB iVm §§ 128 S. 1 HGB analog   **160**

1. Wirksamer Gesellschaftsvertrag, § 105 III HGB iVm § 705 BGB?
   a) Wirksamkeit der Willenserklärungen der volljährigen Kinder und F (+)
   b) **Keine Wirksamkeit** der Willenserklärungen der **minderjährigen Kinder** wegen fehlender vormundschaftsgerichtlicher Genehmigung **§§ 1643 I, 1822 Nr. 3 BGB**
   c) **Problem:** Anwendbarkeit und Regelungsgehalt des § 139 BGB (Teilunwirksamkeit könnte zur Gesamtunwirksamkeit des Gesellschaftsvertrages führen)? Hier: keine Gesamtnichtigkeit des Gesellschaftsvertrages, wenn man unterstellt, dass W die Gaststätten-OHG auch allein mit den volljährigen Kindern gegründet hätte, zB weil die Mitarbeit der Minderjährigen für den Gaststättenbetrieb nicht notwendig ist.
   d) **Problem:** Haftung nach Invollzugsetzung unter den Voraussetzungen der **fehlerhaften Gesellschaft?** Behandlung der OHG als fehlerfrei entstanden (auch) im Verhältnis zu den minderjährigen Kindern nach den Grundsätzen der fehlerhaften Gesellschaft (hierzu → Rn. 184 ff.)?
   e) 1. Lösungsmöglichkeit: Anspruch gegen die »OHG« besteht nicht. Die volljährigen Kinder haften aber aus Rechtsscheingrundsätzen nach § 128 HGB, da ihnen der Rechtsschein der OHG zuzurechnen ist. Anders verhält sich dies mit den nicht volljährigen Kindern: Hier scheitert eine Haftung an der **Zurechenbarkeit (Minderjährigenschutz!)** des Rechtsscheins.
2. Lösungsmöglichkeit: fehlerhaft vollzogener Eintritt der minderjährigen Kinder ist **wirksam**, Haftungsfolgen oder sonstige Nachteile für den Minderjährigen bleiben aber außer Betracht (so *K. Schmidt*, GesR, S. 153 mit Verweis auf die Probleme im Fall der Gründung einer Einpersonen-GmbH). Hier bestünde also im Gegensatz zur 1. Möglichkeit auch ein **Anspruch gegen die OHG** selbst und nach § 128 HGB auch gegen die volljährigen Kinder.
3. Wirksamer Darlehensvertrag, §§ 488 BGB iVm § 125 HGB (Einzelvertretungsmacht der F)
4. Ergebnis:
   a) Anspruch der G gegen die volljährigen Kinder (+)
   b) Anspruch der G gegen die minderjährigen Kinder (–)

§ 7. Scheinkaufmann und Scheingesellschaft, fehlerhafte Gesellschaft

Fall 14: Die Klägerin verkauft Stoffe; die Beklagte zu 1 betreibt unter der Firma B ein Textilgeschäft. Ihr Ehemann, der Beklagte zu 2, hatte bei der Klägerin wiederholt für die Firma B Bettzeug bestellt und sich bei der Aufnahme der Geschäftsbeziehungen wahrheitswidrig als Teilhaber der »B-OHG« ausgegeben. Den Kaufpreis für die letzte Lieferung blieb die Firma B schuldig. Die wahren Verhältnisse waren der Klägerin nicht bekannt. Kann die Klägerin auch den Beklagten zu 2 persönlich auf Zahlung des Kaufpreises in Anspruch nehmen? (Lösungshinweise → Rn. 182).

1. Überblick

Die Anwendung der **Rechtsscheingrundsätze** (→ Rn. 63 f.) auf Tatbestandsmerkmale,   **161**
die für das kaufmännische Unternehmen (und seine Organisationsform) von Bedeu-

tung sind, führt dazu, dass in Wirklichkeit nicht bestehende Tatbestandsmerkmale zugunsten gutgläubiger Dritter im Rechtsverkehr als existent behandelt werden können, weil ein entsprechender Rechtsschein gesetzt wurde. Der von dieser Rechtsscheinhaftung Betroffene muss sich dann nach Rechtsvorschriften behandeln lassen, die für kaufmännische Unternehmen gelten, obwohl er in Wahrheit kein solches kaufmännisches Unternehmen betreibt. Dabei kann es objektiv zB schon am Merkmal des *Gewerbes* oder an der *Gesellschafterstellung* fehlen, ferner an den Qualifikationsmerkmalen für eine *bestimmte Gesellschaftsform* bzw. eine bestimmte Gesellschafterstellung. Alle derartigen Mängel vermag ein entsprechender Rechtsschein zu überdecken.

Setzt ein *Nicht*kaufmann den Rechtsschein eines einzelkaufmännischen Unternehmens, dann spricht man von **Scheinkaufmann**, geht es um eine in Wahrheit nicht bestehende Gesellschaft, von der **Scheingesellschaft** bzw. einer bestimmten Gesellschaftsform, der Schein-OHG etc. Steht die Rechtsposition eines einzelnen Beteiligten in Frage, dann handelt es sich dementsprechend um einen **Scheingesellschafter,** einen **Scheinkomplementär** (der in Wirklichkeit Kommanditist ist) etc. So geht es im Eingangsbeispiel (*Fall 14,* vor → Rn. 161, → Rn. 182) darum, ob der Ehemann wie ein OHG-Gesellschafter (vgl. § 128 HGB) für die Schuld der Firma B haftet, weil er einen solchen Rechtsschein hervorgerufen hat.

162   Bei der Lehre vom kaufmännischen Unternehmen kraft Rechtsscheins wird häufig an **§ 5 HGB** angeknüpft, der einen gesetzlich geregelten Fall des Kaufmanns »zum Schein« (im Gegensatz zum Kaufmann »in Wahrheit«) darstellen soll.[144] Wie bereits oben Rn. 109 gezeigt, besteht dieser Zusammenhang nicht, § 5 HGB regelt vielmehr den Fall des (»wirklichen«) Kaufmanns kraft Eintragung. Auch verdunkelt die gegenteilige Auffassung die Wesensmerkmale des kaufmännischen Unternehmens kraft Rechtsscheins mehr, als sie sie erhellt, denn diese Merkmale unterscheiden sich vom Tatbestand des § 5 HGB ganz grundsätzlich.

163   Der Problemkreis der **fehlerhaften Gesellschaft,** bei dem es um bestimmte Mängel im Gründungstatbestand der Gesellschaft geht (hierzu bereits → Rn. 146 f.), wird üblicherweise nicht in Zusammenhang mit demjenigen des kaufmännischen Unternehmens kraft Rechtsscheins gebracht. In der Tat geht es bei der fehlerhaften Gesellschaft auch zunächst einmal nicht um den Schutz des Rechtsverkehrs (das Außenverhältnis), sondern um das *Innenverhältnis,* um die Interessen einiger Gesellschafter daran, dass die Gesellschaft als bestehend behandelt wird, gegenüber den Interessen anderer, deren Mitwirkung am Zusammenschluss nicht rechtsgültig war; und materiell ist die Interessenabwägung zumindest teilweise von anderen Gesichtspunkten bestimmt.

Jedoch treffen die Grundsätze von fehlerhafter Gesellschaft und Scheingesellschaft aufeinander, wenn es um das *Außenverhältnis* einer fehlerhaften Gesellschaft geht. Hierzu braucht man als *Beispiel* den Eingangsfall 14 nur so umzugestalten, dass die Ehefrau ihren Mann tatsächlich als Teilhaber aufgenommen hat, später aber diese Aufnahme wegen Irrtums oder Täuschung anficht, was nach der allgemeinen Rechtsgeschäftslehre die Nichtigkeit des Gesellschaftsvertrages zur Folge hätte, §§ 142 I iVm 119, 123 BGB. Auch erscheint die gemeinsame Erörterung beider Fragenkreise unter dem übergeordneten Gesichtspunkt gerechtfertigt, dass in beiden Fällen eine, gemessen am gesetzlichen Entstehungstatbestand, wirksame Handelsgesellschaft nicht vor-

---

144 EBJS/*Kindler* HGB § 5 Rn. 49, 50 mwN.

liegt und es um die Anerkennung von Interessen geht, die trotzdem die Anwendung des Rechts der (wirksamen) Gesellschaft fordern – auch wenn diese Interessen an unterschiedliche Elemente anknüpfen und aus unterschiedlichen Gründen schutzwürdig erscheinen.

2. Der Kaufmann kraft Rechtsscheins

Fall 15: Alfons A ist Geschäftsführer der T-GmbH und als solcher bei der GmbH im Handelsregister mit »Alfons A, Kaufmann« eingetragen. Für Schulden der GmbH übernahm A die Bürgschaft in einem von ihm unterzeichneten Schriftstück, das dem Gläubiger per Fax übermittelt wurde. Ist die Bürgschaft wirksam? (Lösungshinweise → Rn. 183).

Die wichtigste Überlegung im Rahmen der Haftung kraft Rechtsscheins gilt dem **rechtsscheinerzeugenden Tatbestand.** Für ihn kommt grundsätzlich jedes Verhalten in Betracht, das im Rechtsverkehr als typisch kaufmännisches Verhalten verstanden werden und zu den entsprechenden Rückschlüssen Anlass geben kann.

164

a) Der Scheinkaufmann kraft Registereintragung

Eine Sonderstellung unter den rechtsscheinerzeugenden Tatbeständen kommt der Fallgestaltung zu, dass *zu Unrecht eine Eintragung im Handelsregister* erfolgte. Einmal ist dieser Fall schon vom BGB her als Paradebeispiel eines die Rechtsscheinhaftung auslösenden Tatbestands bekannt: § 892 BGB (Grundbucheintragung). Zum anderen ist im HGB die Rechtsscheinhaftung aus Registereintragung (partiell) gesetzlich geregelt: § 15 HGB.

165

Allerdings sind die Fälle der unrichtigen Handelsregistereintragung abzugrenzen von der Eintragung nach den §§ 2, 5 HGB, die einen Nicht-Kaufmann konstitutiv zum (echten) Kaufmann (und nicht zum Schein-Kaufmann!) macht (→ Rn. 105). Für den *Scheinkaufmann kraft Registereintragung* bleibt mithin nur ein schmales Anwendungsfeld. In Betracht kommt hauptsächlich der Fall, dass in Wirklichkeit **kein Gewerbe betrieben** wird; denn § 5 HGB setzt ebenso wie § 2 den tatsächlichen Betrieb eines Gewerbes voraus (→ Rn. 105, 111). Dabei kann die nächstliegende Konstellation, dass jemand seine Eintragung als Kaufmann ins Handelsregister *zu Unrecht* erwirkt, weil er objektiv kein Gewerbe betreibt, nach dem Wortlaut des § 15 HGB eigentlich nicht gelöst werden; denn hiernach wird der gute Glaube Dritter an eine (unrichtige) *Eintragung* unmittelbar nicht geschützt (im Unterschied zu § 892 BGB); es bedarf vielmehr nach § 15 III HGB der *unrichtigen Bekanntmachung;* nur über letztere wird mittelbar auch der gute Glaube an die (unrichtige) Eintragung geschützt (dazu schon → Rn. 41 und sogleich → Rn. 168). Liegt keine Bekanntmachung vor, sind Fälle der unrichtigen Eintragung über die *allgemeine Rechtsscheinhaftung* – also außerhalb des § 15 HGB – zu lösen.

§ 15 I HGB erfasst den Fall der **unterbliebenen Löschung.** Diese wird relevant, wenn jemand zunächst ein Gewerbe betreibt und ins Handelsregister eingetragen wird, dann aber das **Gewerbe aufgibt** und die *Löschung* im Handelsregister *versäumt.* Die Aufgabe des Gewerbes ist als Fall des Erlöschens der Firma nach § 31 II S. 1 HGB eintragungspflichtig und daher »eine in das Handelsregister einzutragende Tatsache« iS des § 15 I HGB. Derjenige, »in dessen Angelegenheiten« die Tatsache einzutragen ist, ist

166

der, dessen Rechtsstellung die Eintragung betrifft, also bei einer Firmeneintragung und -löschung der (ehemalige) Inhaber des Geschäfts. Voraussetzung für den Schutz des Dritten nach § 15 I HGB ist dann, dass es an der Eintragung und/oder der Bekanntmachung hinsichtlich der Unternehmensaufgabe fehlt. Nicht erforderlich ist indes die Kausalität der fortbestehenden Eintragung für das Handeln des Dritten, er braucht also nicht tatsächlich auf die Registereintragung vertraut zu haben. Der Schutz des Dritten entfällt nur dann, wenn er anderweitige *Kenntnis* von dem Entfallen der Kaufmannseigenschaft hatte. Inhaltlich äußert sich der Schutz des § 15 I HGB darin, dass zugunsten des Dritten diejenigen Rechtsfolgen greifen, die gelten würden, wenn der ehemalige Kaufmann noch Kaufmann wäre.

Nach überwiegender und zutreffender Ansicht greift § 15 I HGB selbst dann ein, wenn jemand zunächst ein Handelsgewerbe nach § 1 II HGB betrieb, das entgegen § 29 HGB *nicht* im Handelsregister eingetragen war, und nun nach Aufgabe des Gewerbes oder seinem Schrumpfen auf einen kleingewerblichen Umfang die Löschung der (noch gar nicht eingetragenen) Firma wiederum nicht veranlasst (zu Problem und Begründung bereits → Rn. 46 f.). Immer muss aber ein *neuer Tatbestand* eingetreten sein, der die früher vorhandene Kaufmannseigenschaft entfallen lässt und als solcher eintragungspflichtig ist.

167 Während in § 15 I HGB ein Scheinkaufmann zutage tritt, bei dem es sich nicht eigentlich um einen Scheinkaufmann kraft Registereintragung, sondern richtiger um einen solchen kraft unterbliebener Registerlöschung handelt (negative Publizitätswirkung), gewährleistet **§ 15 III HGB** eine positive Publizität, die den Rechtsschein eines kaufmännischen Unternehmens begründen kann. Anknüpfungspunkt ist freilich nicht die (unrichtige) Eintragung, sondern die **unrichtige Bekanntmachung,** doch § 15 III erfasst auch den Fall, dass *sowohl* Eintragung *wie* Bekanntmachung unrichtig sind (→ Rn. 41, 56). Hat also jemand, ohne überhaupt ein Gewerbe zu betreiben, seine Eintragung ins Handelsregister erwirkt und ist diese Eintragung bekanntgemacht worden, so gilt zugunsten Dritter § 15 III HGB, dh, sie können aus rechtsgeschäftlichen Handlungen die Rechtsfolgen für sich in Anspruch nehmen, wie wenn der Eingetragene Kaufmann wäre. Voraussetzung ist wiederum, dass sie keine positive Kenntnis von der wahren Sachlage haben; dagegen ist *nicht* Voraussetzung, dass sie tatsächlich auf die Bekanntmachung vertrauen.

168 § 15 III HGB soll lediglich dann *nicht* gelten, wenn derjenige, der zu Unrecht als Kaufmann bekanntgemacht wurde, mit diesem Vorgang nichts zu tun hat, ihn mithin *in keiner Weise veranlasst* hat. Dies ist etwa der Fall, wenn durch ein Versehen des Registergerichts ein *Unbeteiligter* eingetragen und bekanntgemacht wurde. Da man dem Betroffenen den durch die Bekanntmachung erzeugten Rechtsschein **nicht zurechnen** kann, fehlt es an einer Voraussetzung der allgemeinen Rechtsscheinhaftung (→ Rn. 65). Das fehlende Kriterium der Zurechenbarkeit kann man durch eine entsprechende teleologische Reduktion des § 15 III HGB berücksichtigen. Der Wortlaut ist hierfür offen (»in dessen Angelegenheiten die Tatsache einzutragen war«): Aus Sicht des Unbeteiligten war keine Tatsache einzutragen.

Beachten Sie: *Fall 15* wird weder von § 5 noch von § 15 HGB erfasst, weil der fragliche Vermerk (»Kaufmann«) sich nicht auf den Gewerbetreibenden oder Unternehmensträger (T-GmbH) bezieht, um dessen Registereintragung es geht, sondern auf den *Geschäftsführer* der GmbH.

Zum Rechtsschein kraft Registereintragung: Ist eine Eintragung erfolgt, so gibt dies zu **169** folgender **dreistufiger Prüfung** Anlass:[145]

(1) (echter) Kaufmann nach §§ 2, 5 HGB,

(2) Scheinkaufmann nach der speziellen gesetzlichen Regelung des § 15 I, III HGB,

(3) Scheinkaufmann nach allgemeinen Rechtsscheingrundsätzen (dazu sogleich).

b) Kaufmann kraft allgemeiner Rechtsscheingrundsätze

In Anwendung der allgemeinen Rechtsscheingrundsätze (→ Rn. 63 f.) können auch die **170** Rechtswirkungen der Kaufmannseigenschaft herbeigeführt werden. Im Einzelnen setzt die **Haftung als Scheinkaufmann** voraus:

(1) Kaufmännisches Auftreten im Rechtsverkehr (Anschein eines rechtserheblichen Tatbestandes/**Rechtsscheintatbestand**),

(2) Tatsächliches Vertrauen des Partners auf den Rechtsschein, dh **Kausalität** des Scheintatbestands für das Handeln des Partners,

(3) **Gutgläubigkeit** des Geschäftspartners, wobei diesem, anders als bei § 15 I HGB, zumindest grobe (vgl. § 932 II BGB), möglicherweise auch bereits einfache Fahrlässigkeit (vgl. § 122 II BGB) schadet.

(4) Der Rechtsscheintatbestand muss demjenigen, der an ihm festgehalten werden soll, **zurechenbar sein** (was zB zu verneinen ist, wenn sich der Schein auf einen Unbeteiligten bezieht).

Als **kaufmännisches Auftreten** kommt vor allem die Benutzung von für Kaufleute re- **171** servierten Einrichtungen (Eintragung im Handelsregister, Führung einer Firma) sowie von typisch kaufmännischen Organisationsformen und Geschäftsmethoden in Betracht. Der Rechtsschein kraft *Firmenführung* ist praktisch bedeutsam, weil § 19 HGB für jeden kaufmännischen Unternehmensträger eine spezifische **Rechtsformangabe** vorschreibt und eine derartige Formulierung den zwingenden Rückschluss auf die entsprechende Rechtsform zulässt. Wer mit dem Zusatz »e. K.«, »OHG«, »KG« etc. (§ 19 I Nr. 1–3 HGB) firmiert, kann sich nicht mehr auf eine nichtkaufmännische Geschäftsbezeichnung hinausreden.

Allein die schlichte *Behauptung, Kaufmann zu sein,* kann je nach den Umständen des **172** Einzelfalles ausreichen, um den Prätendenten als Kaufmann zu behandeln. Dies gilt etwa dann, wenn jemand sich damit gewisse *Vergünstigungen,* zB beim Einkauf einen Preisnachlass »für Wiederverkäufer«, verschaffen will; dann sollen ihn jedoch auch die Nachteile der Kaufmannseigenschaft treffen (wie etwa die Anwendung des § 377 HGB zu Lasten des Käufers). Alternativ könnte man diese Konstellation freilich auch unabhängig von der Rechtsscheinhaftung allein über § 242 BGB lösen (Fallgruppe des widersprüchlichen Verhaltens in Form des venire contra factum proprium).

Unter dem Gesichtspunkt der **Systemkohärenz** ist die Lehre vom Scheinkaufmann **173** freilich nicht ganz unproblematisch. Denn ist die Person, die als Scheinkaufmann behandelt werden soll, *nicht im Register eingetragen,* so kommen im Allgemeinen (dh außerhalb der Land- und Forstwirtschaft) zwei Fallgestaltungen in Betracht: (1) Es wird objektiv kein Gewerbe betrieben. (2) Es wird ein Kleingewerbe betrieben, der Gewerbetreibende hat jedoch bewusst nicht für die Eintragung gemäß § 2 HGB optiert. Im ersteren Fall fehlt es an einer zwingenden objektiven Tatbestandsvoraussetzung für

---

145 Vgl. *BAG* ZIP 1987, 1446.

die Kaufmannseigenschaft, im letzteren am Willen des Unternehmers bzw. an dessen rechtswirksamer Umsetzung. In beiden Konstellationen darf man nicht nur den Schutz des Rechtsverkehrs vor Augen haben, der auf den Anschein der Kaufmannseigenschaft vertraut. Denn den Schutzzweck der **gesetzlichen Beschränkungen** der Kaufmannseigenschaft, wie sie in den §§ 1, 2 HGB normiert sind, kann man durchaus auch darin sehen, eine Person, die mangels Gewerbe bzw. freiwilliger Eintragung nicht Kaufmann ist bzw. nicht sein möchte, vor nachteiligen Folgen der Anwendung von Kaufmannsrecht zu bewahren. Es ist mithin fraglich, ob diese Beschränkungen kraft Rechtsscheins überspielt werden können oder die mit diesen Beschränkungen verfolgten Zwecke dem Interesse des auf den Anschein vertrauenden Geschäftspartners untergeordnet sind.[146] *Beispiel:* Verliert ein Verbraucher, der den Anschein erweckt, Kaufmann zu sein, den Schutz der Verbraucherbestimmungen (zB das Widerrufsrecht nach § 355 BGB), obwohl diese ansonsten unabdingbar sind? Die Frage kann ebenso für risikoträchtige Institutionen des HGB selbst wie etwa für die Prokura oder den kaufmännischen Verpflichtungsschein (§ 363 I S. 2 HGB) aufgeworfen werden; und sie stellt sich in zugespitzter Form, wenn der Rechtsschein gerade durch die unbefugte Benutzung dieser Institute erzeugt wird. Dann mag es auf den ersten Blick befremdlich erscheinen, dass den Nichtkaufmann, der die für Kaufleute reservierten Tatbestände verwirklicht, deswegen die Rechtsfolgen treffen, die ihm nach der gesetzlichen Wertung gerade erspart bleiben sollen.

Zwar ist das Problem dadurch entschärft, dass jeder Gewerbetreibende gemäß § 2 HGB nach seinem Belieben für die Kaufmannseigenschaft optieren kann, es also (außerhalb von § 3 HGB) für ihn keine weiteren willensunabhängigen Erfordernisse für den Kaufmannsstatus mehr gibt, und soweit die Optionsmöglichkeit reicht, kann die gleiche Wirkung jedenfalls auch kraft zurechenbaren Rechtsscheins hergestellt werden.

Es verbleiben dann aber die Problemfälle von der Art unseres *Beispiels 15* (→ Rn. 164), in dem der Geschäftsführer A selbst kein Gewerbe betreibt (ähnlich der Ehemann in *Fall 14,* vor → Rn. 161). Der denkbare Einwand, dass das Fehlen zwingender objektiver Tatbestandsmerkmale nicht durch einen entsprechenden Rechtsschein überdeckt werden könnte, weil sonst die Systemkohärenz litte, ist indes in dieser Allgemeinheit nicht richtig. § 15 I, III HGB beweist gerade in Anwendung auf die fehlende Gewerbequalifikation das Gegenteil (wer demnach mangels Gewerbe zu Unrecht im Handelsregister eingetragen und bekanntgemacht wird oder bleibt, ist ungeschützt, → Rn. 166). Dies ist nur konsequent; denn der Leitgedanke des venire contra factum proprium, auf dem jede Rechtsscheinhaftung beruht, lässt ebenfalls keine generelle Ausnahme dieser Art zu. Vielmehr sind die *schutzwürdigen Interessen des Nichtkaufmanns* in der Beurteilung des *Einzelfalls* zu wahren, wofür namentlich das Erfordernis der *Zurechenbarkeit* des Rechtsscheins hinreichend Raum lässt. So bedarf es insbesondere in der schwierigen Frage, ob bereits das (evtl. einmalige) Verfahren nach kaufmännischen Regeln oder Benutzen kaufmännischer Einrichtungen die entsprechenden handelsrechtlichen Rechtsfolgen auszulösen vermag, der kritischen Prüfung, ob damit tatsächlich das Vertrauen, man sei Kaufmann, erweckt wurde und dies dem Betroffenen zurechenbar ist.

Beispiel: Wer nur einmalig im Moment der Abgabe einer Bürgschaftserklärung per Telefax (und damit ohne Wahrung der Schriftform, § 766 BGB) als Kaufmann auftritt (vgl. *Fall 15,* vor → Rn. 164), wird nicht als solcher behandelt, so dass § 350 HGB nicht zur Anwendung ge-

---

146 Vgl. *Canaris,* § 6 Rn. 23.

langt.[147] Anders wäre es, wenn jemand seinen Bevollmächtigten ausdrücklich zum Prokuristen bestellt und diesen über eine gewisse Dauer als solchen agieren lässt.

Das Kriterium der **Zurechenbarkeit** gewinnt zunächst einmal Bedeutung für den *Geschäftsunfähigen*, dessen Schutz im Zivilrecht als vorrangig angesehen wird. Darüber hinaus können jedoch schwierige Wertungsfragen auftreten. Zum ersten fragt sich, ob die Zurechnung nur nach objektiven Gesichtspunkten vorgenommen werden soll, also im Sinne einer objektiven Risikozuordnung, einer »Sphärentheorie« etc., oder ob weiter subjektive Zurechnungskriterien zu verlangen sind. Letzterenfalls muss man sich dann entscheiden, ob bloße Erkennbarkeit (s. § 122 II BGB) genügt, oder ob die Haftung erst bei einem höheren Verschuldensgrad einsetzen soll. Die Entscheidung wird dadurch erschwert, dass die allgemeinen Grundsätze des venire contra factum proprium eine einheitliche Aussage nicht erlauben. Immerhin ist dort eine rein objektive Zurechnung eher die Ausnahme.[148] Generell spricht für die Einbeziehung des subjektiven Kriteriums der Erkennbarkeit im kaufmännischen Verkehr, dass damit dem Individualinteresse noch etwas stärker Rechnung getragen werden kann, ohne dass die praktischen Auswirkungen zum Nachteil des Verkehrsinteresses angesichts des strengen Sorgfaltsmaßstabs des § 347 I HGB allzu spürbar würden.   **174**

Doch gerade insoweit ist wiederum der Problemkreis des Scheinkaufmanns besonders kompliziert gelagert, weil derjenige, der auf Haftung in Anspruch genommen werden soll, in Wirklichkeit **Nichtkaufmann** ist. Welcher Sorgfalts- bzw. Erkennbarkeitsstandard (der allgemein-bürgerlich-rechtliche nach § 276 BGB oder der schärfere handelsrechtliche nach § 347 HGB) soll angelegt werden, wenn jemand, ohne es zu wissen und zu wollen, im Handelsverkehr einen Rechtsscheintatbestand setzt, aus dem Kaufleute bestimmte Folgerungen ziehen, der ihm als Nichtkaufmann aber nicht ersichtlich war? Hierbei ist daran zu erinnern, dass das Kaufmannsrecht hauptsächlich durch gewisse professionelle Standards und Risiken charakterisiert ist, die dem Nichtkaufmann nicht zugemutet werden sollen. Wenn der Nichtkaufmann dieses Schutzes kraft Rechtsscheins verlustig gehen kann, dann muss man dem Schutzzweck des Gesetzes jedenfalls im Rahmen der Zurechnung Genüge tun, dh deren Beurteilung am Horizont des Nichtkaufmanns orientieren. Daraus folgt, dass das Zurechenbarkeitskriterium in jedem Fall denkbarer Rechtsscheinhaftung als begrenzendes und damit freiheitssicherndes Element des Handelnden sorgfältig geprüft werden muss.

Schließlich besteht auch ein Wertungszusammenhang mit der Beurteilung der **Gutgläubigkeit** auf der anderen Seite: Als verzerrte Interessenwertung erscheint es, dem Scheinkaufmann schon unverschuldete Unkenntnis anzulasten und beim Geschäftspartner erst grobe Fahrlässigkeit zu berücksichtigen. Umgekehrt kann der Dritte auch bei grober Fahrlässigkeit noch geschützt werden, wenn der Rechtsschein vorsätzlich und rechtsmissbräuchlich verursacht wurde.[149]   **175**

Die **Rechtsfolge** bestimmt sich »nach Maßgabe des gesetzten Rechtsscheins«, dh es werden an den Tatbestand der Kaufmannseigenschaft, dessen Anschein erweckt wurde, die jeweils darauf bezogenen Rechtsfolgen geknüpft.[150] Inhaltlich vermag der   **176**

---

147 *OLG Düsseldorf* NJW-RR 1995, 93.
148 Vgl. MüKoBGB/*Schubert* § 242 Rn. 347 ff.
149 *BGH* ZIP 1993, 420.
150 Dem Unternehmer ist auch der Gegeneinwand nach § 1 II HGB, es läge nur ein Kleingewerbe vor, verschlossen.

Rechtsschein grundsätzlich alle denkbaren Rechtsfolgen der Kaufmannseigenschaft ebenso auszulösen, wie wenn die Qualifikation wirklich gegeben wäre. Die Rechtsfolgen gelten allerdings nur *zugunsten* des (gutgläubigen) Dritten und nur, wenn er es will und sich darauf beruft.

177 **Beweislast:** Entsprechend der gesetzlichen Grundsatzregelung (s. §§ 15 I, III HGB, 173, 932 II BGB) muss der Scheinkaufmann, der sich nicht als Kaufmann behandeln lassen will, dem Dritten die Bösgläubigkeit nachweisen. In der Frage der Kausalität hingegen erscheint angesichts der Schwierigkeit, ein Negativum (die fehlende Kausalität) zu beweisen, grundsätzlich dem Dritten der Nachweis zumutbar, dass er in Kenntnis des Scheintatbestands handelte (str., vgl. BGHZ 64, 11, 18).

Literatur: Baumbach/Hopt/*Hopt* HGB § 5 Rn. 10f., § 15; *Bitter/Schumacher* HandelsR § 2 IV; *Canaris*, §§ 5, 6; *Kindler/Libbertz*, NZG 2010, 603; *Kliebisch*, JuS 2010, 958; *Petersen*, JURA 2012, 683; aus der Rechtsprechung *BGH* NJW 2011, 66; BGHZ 17, 13; 22, 234.

3. Scheingesellschaft, Scheingesellschafter

178 In Prinzip gilt für die Scheingesellschaft dasselbe wie für den Scheinkaufmann. Man hat also auch hier wieder vorweg zwischen den Fällen der **Registereintragung** bzw. Bekanntmachung und dem in anderer Weise erzeugten Rechtsschein zu unterscheiden. Und bei der zu Unrecht vorgenommenen Registereintragung ist wiederum der Fall des § 5 HGB auszuklammern. Die Wirkungsgrenzen des § 5 HGB gewinnen allerdings bei der Gesellschaft noch eine zusätzliche wichtige Bedeutung.

§ 5 HGB vermag lediglich die mangelnde kaufmännische Natur des Gewerbes zu überdecken. Demgemäß bleibt beim Einzelkaufmann als wichtigster Fall einer Rechtsscheinhaftung, die *nicht von § 5* überdeckt wird, derjenige übrig, dass überhaupt *kein Gewerbe* betrieben wird. Im Gesellschaftsrecht tritt nun ein zweiter wichtiger Fall hinzu, das *Fehlen eines rechtswirksamen Gesellschaftsvertrags.* Das bedeutet, dass ein Gewerbe zwar betrieben wird, aber von einem der *anderen* Beteiligten, nicht hingegen von dem scheinbaren Gesellschafter bzw. der scheinbar bestehenden Gesellschaft (vgl. *Fall 14,* vor → Rn. 161, Rn. 182). Auch in diesem Fall besteht keine Gesellschaft nach § 5 HGB, und es ist daher der Zugang zur Rechtsscheinhaftung nach § 15 HGB oder nach allgemeinen Rechtsscheinsgrundsätzen eröffnet. Gleichzeitig kommen allerdings bei mängelbehaftetem Gesellschaftsvertrag auch die Regeln der fehlerhaften Gesellschaft in Betracht; zu ihnen und ihrem Verhältnis zur Rechtsscheinhaftung näher unter → Rn. 184ff.

179 Für die Scheingesellschaft kraft Registereintragung bzw. Bekanntmachung gilt dasselbe, was oben für den Scheinkaufmann zu § 15 I und III HGB ausgeführt wurde. Desgleichen gilt dasselbe für die Scheingesellschaft kraft **allgemeiner Rechtsscheinsgrundsätze;** wiederum kann der Rechtsscheinstatbestand aus einer Eintragung im Handelsregister oder aus anderweitigem kaufmännischem Auftreten resultieren. Schwierigkeiten können allerdings daraus resultieren, dass auf Seiten der Scheingesellschaft mehrere beteiligt sind. Der Scheintatbestand kann nur zu Lasten desjenigen wirken, dem er zurechenbar ist und auf den sich das schutzwürdige Vertrauen des Geschäftspartners erstreckt. Das heißt zwar nicht, dass jeweils nur derjenige als Gesellschafter haftet, der den Scheintatbestand setzt, vielmehr kann auch genügen, dies geduldet oder gewusst zu haben. Auch haftet etwa bei Gebrauch einer irreführenden Firma nicht nur derjenige, auf den die Firma unmittelbar verweist. Aber es würde beispielsweise ein später beitretender Gesellschafter nicht ohne Weiteres den Folgen eines Rechtsscheins unterfallen, der früher und ohne sein Zutun gesetzt wurde.

Die **Rechtsfolge** des Scheintatbestands kann bei der Gesellschaft insofern von weittra- **180** genderer Bedeutung sein als beim Einzelkaufmann, als es evtl. nicht nur um die kaufmännische Qualifikation, sondern überhaupt um die Existenz der gesellschaftlichen Einheit bzw. einer Einheit bestimmter Entwicklungsstufe oder Rechtsform mit den Folgen der Rechtspersönlichkeit (bei den juristischen Personen), der Parteifähigkeit (§ 124 HGB), der Wechselrechtsfähigkeit etc. geht.[151] Insbesondere können also auch die Normen einer bestimmten **Gesellschaftsform** kraft Rechtsscheins zur Anwendung kommen, während in Wirklichkeit die Gesellschaft in anderer Rechtsform besteht.

Die praktisch häufigsten Anwendungsfälle der Scheingesellschaft betreffen allerdings nicht die Gesellschaft als solche und insgesamt, sondern die Rechtsposition **einzelner Gesellschafter.** Zumeist geht es darum, ob einem Gesellschafter Haftungsprivilegien (als Kommanditist) nach Rechtsscheinsgrundsätzen verloren gehen, die ihm nach Gesellschaftsvertrag und Gesetz eigentlich zuständen. Da nun aber das Gesetz die Eintragung der Kommanditistenstellung ins Handelsregister verlangt (§ 162 HGB), ergeben sich folgende zwei Fallgestaltungen. Entweder es *fehlt an dieser Eintragung,* dann gilt die spezielle gesetzliche Regelung des § 176 HGB, die im Sachzusammenhang mit der KG unten in § 13 behandelt wird, beim Wechsel eines bisherigen Komplementärs in die Kommanditistenstellung auch § 15 I HGB. Oder der Kommanditist erweckt *trotz Eintragung* im Rechtsverkehr den Eindruck unbeschränkter persönlicher Haftung. Das kann in praxi vor allem dann eintreten, wenn der Kommanditist ursprünglich Komplementär war und später in eine Kommanditistenstellung überwechselte. Dieser Fall spielt wiederum hauptsächlich bei der GmbH & Co. KG eine Rolle, wenn diese ihre Firma nicht vorschriftsmäßig anpasst, hierzu → Rn. 675 ff. Gleichzeitig stellt sich in diesem Zusammenhang das Problem, ob eine Rechtsscheinhaftung auch trotz ordnungsgemäßer Registereintragung und entgegen § 15 II HGB eingreifen kann; das ist grundsätzlich zu bejahen, wenn ein außerhalb des Registers gesetzter Rechtsschein existiert (→ Rn. 63 ff.).

Kraft Rechtsscheins kann aber auch haften, wer selbst an dem Unternehmen gar **nicht** **181** **beteiligt** ist, also das Gewerbe nicht (mit-)betreibt, so der beklagte Ehemann im *Fall 14* (vor → Rn. 161). Als Scheingesellschafter kann schließlich der bereits **ausgeschiedene** Gesellschafter noch von der Haftung getroffen werden; bei der Handelsgesellschaft spielt hier wiederum § 15 I HGB im Hinblick auf die Eintragungspflicht des Ausscheidens nach § 143 II HGB eine Rolle (→ Rn. 312 ff.). Die Rechtsscheinsgrundsätze gelten bei der **GbR** ebenfalls; so haftet ein Rechtsanwalt aus Verpflichtungen seines Kollegen, wenn der falsche Anschein einer Sozietät erweckt wird, desgleichen kann er nach seinem Ausscheiden noch haften, wenn etwa sein Name weiterhin auf Praxisschild und Briefbögen erscheint.[152]

---

151 S. zur Parteifähigkeit (im Prozess) einer KG kraft Rechtsscheins *OLG Nürnberg* WM 1985, 259; zur steuerrechtlichen Behandlung einer Schein-GmbH & Co. KG *BFH* WM 1984, 1328. Allg. zur Scheinhandelsgesellschaft in Prozess und Zwangsvollstreckung *Lindacher,* ZZP 96, (1983), 486.
152 *BGH* NJW 1991, 1225.

182 **Lösungshinweise zu Fall 14** (vor → Rn. 161; vgl. BGHZ 17, 13):

I. Anspruch K gegen B2 auf Kaufpreiszahlung aus § 433 II BGB (–)

Kein Kaufvertrag zwischen K und B2, denn B2 bestellte das Bettzeug »für die Firma B«, mithin als Vertreter.

II. Anspruch K gegen B2 aus § 433 II BGB iVm **§ 128 S. 1 HGB** (–)

Keine (fehlerhafte) Gesellschaft: B1 betreibt das Textilgeschäft alleine; kein Gesellschaftsvertrag

III. Anspruch K gegen B2 aus §§ 433 II BGB, 128 HGB iVm **Handelsregister** (–)

Weder § 5 HGB noch einer der Tatbestände des § 15 HGB ist einschlägig.

IV. Anspruch K gegen B2 aus §§ 433 II BGB, 128 HGB iVm **den Grundsätzen der allgemeinen Rechtsscheinhaftung:**

1. Rechtsscheintatbestand: Auftreten des B2 als OHG-Gesellschafter (+)

2. Gutgläubigkeit der Klägerin (+)

3. Kausalität des Scheintatbestands für das Handeln der K (+)

4. Zurechenbarkeit des Rechtsscheintatbestandes gegenüber B2 (+)

5. Ergebnis: B2 haftet auf Grund des von ihm herbeigeführten Rechtsscheins auf Kaufpreiszahlung aus §§ 433 II BGB, 128 HGB iVm den allgemeinen Grundsätzen der Rechtscheinhaftung.

183 **Lösungshinweise zu Fall 15** (vor → Rn. 164; vgl. *OLG Düsseldorf* NJW-RR 1995, 93):

Die Bürgschaft wäre wirksam, wenn die **Schriftform der §§ 766 S. 1, 126 BGB** eingehalten worden wäre. Übermittlung der Bürgschaftserklärung per Fax entspricht nicht dem Schriftformerfordernis des § 126 BGB, da dem Empfänger der Erklärung eine formgerechte Erklärung (und nicht eine Kopie oder Abschrift hiervon) zugehen muss.[153] Grundsätzliche Rechtsfolge somit: § 125 S. 1 BGB, Nichtigkeit wegen Formmangels.

Außer: Das Formerfordernis würde gem. **§ 350 HGB** entfallen, wenn der Bürge (A) Kaufmann wäre (persönlicher Geltungsbereich) und die Bürgschaft sich für ihn als ein Handelsgeschäft darstellen würde (sachlicher Geltungsbereich).

Zu prüfen ist somit die **Kaufmannseigenschaft des A:**

1. **Istkaufmann iSd § 1 HGB** (–)

Nicht A, sondern die GmbH als Formkaufmann betreibt das Gewerbe, §§ 6 HGB, 13 III GmbHG.

2. **Kaufmann kraft Eintragung, § 5 HGB** (–)

§ 5 HGB greift nur für den Fall ein, dass jemand unter einer Firma ein Handelsgewerbe betreibt und unter dieser Firma als Inhaber in das Handelsregister eingetragen ist. An einer derartigen Eintragung des A als Inhaber einer Firma fehlt es hier.

3. **Behandlung als Kaufmann nach § 15 HGB** (–)

Vermerk (»Kaufmann«) bezieht sich nicht auf den Gewerbetreibenden (GmbH), um dessen Registereintragung es in § 15 HGB jedoch geht (vgl. den Wortlaut in § 15 I, III HGB »in dessen Angelegenheiten«, der auch für Abs. 2 gilt).

4. **Scheinkaufmann** (–)

Fall der **Rechtsscheinhaftung** durch die untechnische Verwendung »Kaufmann« **(Behauptung):** *Einzelfallabwägung* ist entscheidend (→ Rn. 172).

a) Fehlender **objektiver Rechtsscheintatbestand?** Bezeichnung deutet im Alltag nur auf eine kaufmännische Berufsausübung, nicht hingegen auf eine Unternehmensträgerschaft hin (MüKoBGB/*K. Schmidt* Anhang zu § 5 Rn. 20).

b) Sinn und Zweck der Rechtsscheinhaftung: **Sinn** der Rechtsscheinhaftung besteht darin, dass denjenigen, der sich durch die Eintragung als Kaufmann Vergünstigungen verschaffen will, auch Nachteile der Kaufmannseigenschaft treffen sollen (→ Rn. 172). Hier ist die Situation anders: Die Eintragung als Kaufmann erfolgt ausschließlich *im Zusammenhang mit der Geschäftsführung für die T-GmbH.* Hierdurch erlangt der A aber selbst keine Vorteile, weil das Handeln als Geschäftsführer fremdnützig ist, mithin allein der GmbH zugutekommt. (aA vertretbar).

5. **Ergebnis:** Anwendbarkeit des § 350 HGB (–); die **Bürgschaft ist unwirksam.**

---

153 BGHZ 121, 224, 228 ff. = NJW 1993, 1126.

4. Die fehlerhafte (»faktische«) Gesellschaft

Fall 16: M und W gründen eine KG und werben weitere Kommanditisten mit der Behauptung an, M habe eine Methode zur Herstellung künstlicher Diamanten entwickelt, die in der Gesellschaft verwertet werden solle. Mehrere Kommanditisten treten daraufhin bei und leisten Geldeinlagen, unter ihnen auch K, der aber seine Einlage zunächst nicht leistet. Nun stellt sich heraus, dass M ein Betrüger ist und das Gesellschaftsvermögen verwirtschaftet hat. K verweigert endgültig die Zahlung seiner Einlage. Zu Recht? (Lösungshinweise → Rn. 191).

a) Begriff

Bei der zunächst für das Kapitalgesellschaftsrecht entwickelten Rechtsfigur der fehler- **184** haften Gesellschaft geht es um die Fallgestaltung, dass eine Gesellschaft trotz eines *Mangels im rechtsgeschäftlichen Entstehungstatbestand* (dh im Gesellschafts*vertrag*) tatsächlich ihre Existenz begonnen, dh praktisch: den Betrieb eines Unternehmens aufgenommen hat. Die tatsächlich bereits in Gang gesetzte Unternehmenstätigkeit kann Interessen berühren, deren Schutz eine rechtliche Anerkennung dieser Betätigung fordert. Das Recht kann also das *tatsächliche* gesellschaftliche Zusammenwirken nicht einfach ignorieren.

In dieser allgemeinen Definition entspricht mithin die Interessenkonstellation derjenigen bei der Scheingesellschaft. Im Einzelnen greift aber das Recht der fehlerhaften Gesellschaft weiter aus; insbesondere geht es darum, den Kreis der schutzwürdigen Interessen über den Schutz des gutgläubigen Rechtsverkehrs hinaus auszudehnen. Das betrifft einmal den Schutz der Beteiligten im *Innenverhältnis,* zum anderen den Schutz der Partner im Rechtsverkehr *ungeachtet* von deren Gutgläubigkeit.

Am deutlichsten ausgeprägt und von Gesetzes wegen geregelt sind diese Grundsätze **185** im **Aktien- und GmbH-Recht.** Die §§ 275 AktG, 75 GmbHG erklären nur einige wenige Satzungsmängel für beachtlich, und auch sie haben keine rückwirkende Nichtigkeit zur Folge, sondern nur die Auflösung der Gesellschaft für die Zukunft (§§ 277 AktG, 77 GmbHG). Hierin bestätigt sich die zentrale Bedeutung der Registereintragung für die Existenz dieser körperschaftlichen Gesellschaftsformen. Vorher kann nur eine Vorgesellschaft bestehen (s. §§ 41 I S. 1 AktG, 11 I GmbHG; hierzu → Rn. 477f.). Sobald die Eintragung einmal erfolgt ist, besteht die Gesellschaft vollgültig, im Innenverhältnis wie im Außenverhältnis. Eine Ausnahme ist allenfalls insofern anzuerkennen, als vorrangig schutzwürdige Gesellschafter ihrer *Einlagepflicht* nicht nachzukommen brauchen. Bejaht wird dies bei *mangelnder Geschäftsfähigkeit,* verneint hingegen schon bei arglistiger Täuschung.[154] Aber selbst bei mangelnder Geschäftsfähigkeit bleibt der Bestand der Gesellschaft zwischen den *übrigen* (geschäftsfähigen) Gesellschaftern bestehen.

Im Recht der <mark>Personengesellschaft</mark> gewährleisten die Grundsätze der fehlerhaften **186** oder »faktischen« Gesellschaft einen <mark>Bestandsschutz</mark> (Innenverhältnis) und einen <mark>Verkehrsschutz</mark> (Außenverhältnis) bei tatsächlichem gesellschaftlichem Zusammenwirken. Hintergrund für die Durchbrechung der allgemeinen Nichtigkeitsfolgen ist auch hier die Erwägung, dass die Anwendung der bürgerlich-rechtlichen Nichtigkeits- und Anfechtungsvorschriften zur Folge hätte, dass eine auf Dauer angelegte und tatsächlich

---

154 Roth/Altmeppen/*Altmeppen* GmbHG § 2 Rn. 39f.

vollzogene Leistungsgemeinschaft, für die Beiträge erbracht und Vermögenswerte geschaffen, Gewinnchancen genutzt und eine allseitige Risikoaufteilung stattgefunden hat, so behandelt würde, als ob sie niemals existent war. Der heute bevorzugte Terminus der *fehlerhaften* Gesellschaft bringt zum Ausdruck, dass nicht jegliche Mängel im gesellschaftsrechtlichen Entstehungstatbestand (zB die fehlende Handelsregistereintragung bei der GmbH, § 11 I GmbHG) durch den tatsächlichen Vollzug überbrückt werden können, sondern nur Wirksamkeitsmängel des Gesellschafts*vertrags* (Nichtigkeits- und Anfechtungsgründe). Eine darüber hinausgehende »normative Kraft des Faktischen« oder rechtsgeschäftsgleiche Wirkung ohne rechtsgeschäftliche Grundlage will die hM nicht anerkennen.[155] Ein *Vertrag* als solcher muss abgeschlossen worden sein; relativiert werden nur die Rechtsfolgen, in dem Vertragsmängel nach den Grundsätzen der fehlerhaften Gesellschaft überbrückt werden können.

b) Innenverhältnis

187 Die Rechtsfolgen entfalten sich zunächst einmal im Verhältnis unter den Gesellschaftern bzw. zwischen diesen und der Gesellschaft. Es geht hier um die Abwicklung der vermögensmäßigen Veränderungen, die sich aus dem gesellschaftlichen Zusammenwirken ergeben haben. Wollte man den Umstand, dass ein Unternehmen tatsächlich ins Werk gesetzt wurde, rechtlich leugnen, so müsste man die Vermögensbeziehungen nach Bereicherungsrecht rückabwickeln, und das wäre manchmal praktisch kaum möglich, darüber hinaus in vielen Fällen nicht zuletzt wegen des Entreicherungseinwandes (§ 818 III BGB) nicht interessengerecht. Für die Rechtsfolgen von Nichtigkeits- und Anfechtungsgründen gilt daher nach den Grundsätzen der fehlerhaften Gesellschaft das Prinzip (vgl. auch §§ 277 AktG, 77 GmbHG), dass sie nur **in die Zukunft (ex nunc)** wirken, während für die Vergangenheit das Rechtsverhältnis nach den Regeln über die gültige Gesellschaft beurteilt wird. Die Gesellschaft wird also aufgelöst, und auch durchgeführt wird diese Auflösung nach den jeweiligen gesellschaftsrechtlichen Bestimmungen, etwa im Wege der Auflösungsklage nach § 133 HGB bei der OHG. Einen speziellen »wichtigen Grund« über den vorgegebenen Nichtigkeits- oder Anfechtungsgrund hinaus zu verlangen, hieße allerdings den Bestandsschutz der fehlerhaften Gesellschaft überspannen.

Stets stehen diese Grundsätze freilich unter dem **Vorbehalt,** dass nicht vorrangig Interessen der Allgemeinheit oder schutzwürdiger Personen entgegenstehen. So kann eine Gesetzes- oder Sittenwidrigkeit (§§ 134, 138 BGB) des verfolgten Gesellschaftszwecks es verbieten, die Gesellschaft auch nur für die Vergangenheit und im Innenverhältnis als bestehend zu behandeln.[156] Selbiges gilt für eine Kartellrechtswidrigkeit,[157] desgleichen das Interesse eines nicht voll geschäftsfähigen oder eines arglistig getäuschten Gesellschafters. Beispielsweise besteht in *Fall 13* (vor → Rn. 146) ein gültiges – allenfalls kündbares – Gesellschaftsverhältnis unter den volljährigen Beteiligten. Dagegen werden die minderjährigen Kinder nicht von den Grundsätzen der fehlerhaften Gesellschaft erfasst.[158] Schließlich fällt auch die Frage, ob die Beteiligten den Mangel verschuldet bzw. verursacht oder gekannt haben oder hätten kennen können, bei der

---

155 MüKoHGB/*K. Schmidt* § 105 Rn. 230.
156 *BGH* WM 2010, 319f.
157 *BGH* ZIP 1991, 40.
158 *BGH* NJW 1983, 748; vgl. auch NJW 1992, 1503; ZIP 2000, 1430 und 1483. Zum Verstoß gegen gesetzliche Verbote, *Schwintowski,* NJW 1988, 937.

Interessenabwägung ins Gewicht. Zu betonen ist jedoch, dass die Grundsätze der fehlerhaften Gesellschaft nicht nur Vertrauensschutz bezwecken, ein gutgläubiges Vertrauen auf Wirksamkeit und Fortbestand des Gesellschaftsvertrags mithin *nicht* Voraussetzung ist. Vielmehr geht es im Kern darum, gewisse Unzulänglichkeiten des Bereicherungsrechts sowie eine im BGB zu großzügig gewährte Irrtumsanfechtung angesichts eines ins Werk gesetzten Dauerschuldverhältnisses zu korrigieren.

c) Außenverhältnis

Im Verhältnis zu außenstehenden Dritten besteht kein Bedürfnis nach einem besonderen Bestandsschutz der fehlerhaften Gesellschaft, soweit die Rechtsscheingrundsätze tragen, dh, soweit es um den Schutz des gutgläubigen Rechtsverkehrs geht. Auch die nach Rechtsscheingrundsätzen erforderlichen Zurechnungskriterien machen dann keinen praktischen Unterschied; denn auch die Grundsätze der fehlerhaften Gesellschaft setzen voraus, dass ein Unternehmen ins Werk gesetzt wurde, und können daher nur zu Lasten desjenigen eingreifen, der hierbei mitgewirkt hat oder dem dies sonst wie zurechenbar ist. Die Frage ist aber, ob nicht *jenseits* der Grenzen, bis zu denen eine Rechtsscheinhaftung wirkt, auch im Außenverhältnis die Grundsätze der fehlerhaften Gesellschaft einen Bestandsschutz gewährleisten müssen. Nach hA ist es nicht zu rechtfertigen, dass man im Rechtsverkehr nur den *gutgläubigen* Dritten schützt, wenn im Innenverhältnis auch der nicht Gutgläubige begünstigt wird. Und wenn man auch im Außenverhältnis nicht mehr auf Gutgläubigkeit abstellt, dann muss man den Bestandsschutz auch *zugunsten* der (fehlerhaften) Gesellschaft gewährleisten. Kurz gesagt, der vom Rechtsscheingedanken unabhängige Bestandsschutz der fehlerhaften Gesellschaft wird auf das Außenverhältnis erstreckt.[159]   **188**

Für praktische Zwecke bedeutet das, dass bei einer fehlerhaften Gesellschaft die weitergehenden Voraussetzungen für Rechtsscheinhaftung zunächst einmal nicht geprüft werden müssen – beispielsweise wenn im *Fall 16* (vor → Rn. 184) ein Gläubiger der Gesellschaft den K persönlich haftbar machen will. Gegenständlich allerdings reichen die Grundsätze der fehlerhaften Gesellschaft im Außenverhältnis nicht weiter als im Innenverhältnis, sie decken also immer nur die Wirksamkeitsmängel des Vertragsschlusses ab.   **189**

> **Beispiel:** Betreibt die fehlerhafte Gesellschaft nur ein Kleingewerbe und ist sie auch nicht im Handelsregister eingetragen, so kann die Anwendbarkeit der Vorschriften über Handelsgeschäfte (§§ 343 ff. HGB) allenfalls aus Rechtsscheingrundsätzen resultieren; denn unter dem Gesichtspunkt der fehlerhaften Gesellschaft handelt es sich nur um eine GbR.

---

159 Beachtenswerte Kritik bei *Möschel*, FS Hefermehl, 1976, S. 171.

Schaubild 14: Die fehlerhafte/»faktische« Gesellschaft

Häufige Stellung im Prüfungsaufbau

▸ Ansprüche auf Einlageleistung aus dem Gesellschaftsvertrag (§ 705 BGB)/Persönliche Haftung von Gesellschaftern aufgrund ihrer Gesellschafterstellung (die einen wirksamen Gesellschaftsvertrag voraussetzt), z. B. nach § 128 HGB

Voraussetzungen für die Anwendung der Grundsätze der fehlerhaften Gesellschaft

▸ **Mängel** des Gesellschafts**vertrages** (Nichtigkeit oder Anfechtbarkeit wegen Willensmängeln)

▸ **Invollzugsetzung der Gesellschaft** (dh tatsächliche Aufnahme der Unternehmenstätigkeit iS eines »Ingangsetzens einer verfassten Organisation nach innen und nach außen«, genauer Zeitpunkt ist indes umstritten, ausreichend ist bereits, dass Leistungen in das Gesellschaftsvermögen erbracht worden sind)

Rechtsfolgen

▸ Für die **Vergangenheit** wird das Innen- und Außenverhältnis nach den Regeln über die **gültige Gesellschaft** beurteilt.

▸ Nichtigkeits- und Anfechtungsgründe wirken (abweichend von § 142 BGB) lediglich in die Zukunft (**ex nunc**).

▸ **Ausnahme:** Entgegenstehende vorrangige schutzwürdige Interessen (Geschäftsunfähigkeit, Minderjährigkeit): schutzwürdige Personen werden dann nicht als Gesellschafter behandelt; die übrigen Beteiligten aber schon!

---

d) Weitere Anwendungsfälle

190 Nach denselben Grundsätzen genießen auch der fehlerhafte **Beitritt** zu einer Gesellschaft sowie die fehlerhafte Anteilsübertragung (str.) und sonstiges rechtsgeschäftliches Ausscheiden einen Bestandsschutz.[160] Der fehlerhaft Beigetretene wird für die Vergangenheit als Gesellschafter behandelt, er kann mit Wirkung für die Zukunft wieder ausgeschlossen werden oder austreten.

> Das folgende **Beispiel** zeigt, dass auch hier der Bestandsschutz von anderer Qualität ist als eine Rechtsscheinhaftung: Der fehlerhaft einer OHG Beigetretene haftet nach § 130 HGB für die Altschulden, während der Rechtsscheingedanke dieses Ergebnis nicht begründen könnte; denn es gibt grundsätzlich kein schutzwürdiges Vertrauen von Altgläubigern auf einen in der Zukunft liegenden Beitritt weiterer Gesellschafter.

Gleich der fehlerhaften Gründung einer Kapitalgesellschaft ist schließlich auch die (spätere) fehlerhafte **Kapitalerhöhung** zu behandeln, wobei allerdings der Unterschied beachtet werden muss, dass bei der Gründung immerhin alle Beteiligten (zumindest scheinbar) einverstanden sind, während bei der Kapitalerhöhung von vornherein eine überstimmte Minderheit vorhanden sein kann, deren schutzwürdige Interessen Einschränkungen erforderlich machen können.

---

160 *BGH* ZIP 1988, 509; NJW 1992, 1501 und 1503; aA *K. Schmidt*, GesR, § 6 V.

Literatur: *Bitter/Heim* § 5 II 2; *Canaris,* Vertrauenshaftung, § 15; *Flume,* Personengesellschaft, 13 ff.; *Schäfer,* Die Lehre vom fehlerhaften Verband, 2002; *Schäfer* GesR § 5 Rn. 18; *K. Schmidt,* JuS 2010, 918; *Ulmer,* ZHR 161 (1997), 102; *Windbichler* GesR § 12 Rn. 11 ff.

Lösungshinweise zu Fall 16 (vor → Rn. 184; vgl. BGHZ 26, 330 = NJW 1958, 668): **191**
Anspruch der KG gegen K auf Zahlung der Einlage (Beitragspflicht) aus §§ 161, 105 III HGB, 705 BGB.

1. Wirksamer Gesellschaftsvertrag (–)
   Anfechtung der auf den Abschluss des Gesellschaftsvertrages gerichteten WE gem. § 123 BGB durch K. Die Zahlungsverweigerung kann als konkludente Anfechtungserklärung (§ 143 I BGB) des K ausgelegt werden (§§ 133, 157 BGB). Rechtsfolge an sich: **Nichtigkeit ex tunc, § 142 BGB**
2. Aber: Grundsätze der fehlerhaften Gesellschaft
   a) Nichtiger Gesellschaftsvertrag
   b) Invollzugsetzung der Gesellschaft
   c) **Modifizierte Rechtsfolge:** Im Interesse der anderen (ebenfalls getäuschten) Kommanditisten wird der Gesellschaftsvertrag (und die KG) als wirksam entstanden behandelt; Liquidierung der Gesellschaft mit **ex nunc-Wirkung. Kein Ausschluss** der Einlagepflicht nach § 242 BGB, da diese der gerechten Schadensverteilung unter allen Getäuschten dienen soll. Hinweis: Ein Leistungsverweigerungsrecht könnte dem K allerdings dann zustehen, wenn die Einlageleistung im Wesentlichen dem täuschenden Kommanditisten M zu Gute käme. Wenn aber wie hier die Täuschung von einem Kommanditisten ausgeht und die Mehrzahl der übrigen Gesellschafter betroffen ist (dasselbe gilt im Übrigen, wenn die Einlageleistung der Gläubigerbefriedigung dient), ist ein Leistungsverweigerungsrecht mit Blick auf den Gleichbehandlungsgrundsatz ausgeschlossen.
3. **Ergebnis:** Anspruch auf Einlageleistung (+)

2. Abschnitt. Die Personengesellschaften

§ 8. Strukturmerkmale der Personengesellschaft

Fall 17: Die Ärzte A und B betreiben eine Gemeinschaftspraxis unter der Bezeichnung »Institut für Nuklearmedizin«. Patient P erleidet aus einem Behandlungsfehler des B einen Schaden und verklagt daraufhin den vermögenden A auf Schadensersatz. Haftet A persönlich? (Lösungshinweise → Rn. 222).

1. Die Rechtsformen

a) Überblick

Die Grundform der Personengesellschaft ist die **GbR.** Auf die subsidiäre Anwendbar- **192** keit ihres Rechts (§§ 705 ff. BGB) verweist für die **OHG** § 105 III HGB. Die **OHG** ist demgemäß ihrem Wesen nach eine handelsrechtliche Sonderform der Gesellschaft bürgerlichen Rechts. Die **KG** wiederum ist eine durch haftungsrechtliche Vergünstigungen für die Kommanditisten qualifizierte Sonderform der OHG, vgl. 161 II HGB. Die **stille Gesellschaft** mit ihren Ausprägungen als typische und atypische stille Gesellschaft andererseits ist ebenfalls eine Sonderform der (Innen-)GbR, steht aber als reine Innengesellschaft ohne Gesamthandvermögen in klarem Gegensatz zu den Außengesellschaftsformen der OHG und KG (zu Innen und Außengesellschaften → Rn. 198).

b) Begriffsmerkmale

193 Die allgemeinen **Begriffsmerkmale einer Personengesellschaft** enthält § 705 BGB: (1) Gesellschaftsvertrag, (2) gemeinsame Zweckverfolgung, (3) Förderung des Zwecks durch Beiträge.

Diese Merkmale gelten auch für die **OHG** (über § 105 III HGB), die im Verhältnis zu der KG die gesetzliche Grundform der Personenhandelsgesellschaft darstellt, *wobei* § 105 I HGB eine Konkretisierung vornimmt sowie darüber hinausgehende Merkmale statuiert. Eine OHG setzt hiernach voraus: (1) Zusammenschluss mehrerer Gesellschafter auf Grundlage eines *Gesellschaftsvertrages*, (2) auf eine gewisse Dauer angelegter *Betrieb eines Handelsgewerbes* als gemeinsamer Zweck, (3) *Beiträge* der Gesellschafter im Hinblick auf den Betrieb des Handelsgewerbes, (4) Führung einer gemeinschaftlichen *Firma* für dieses Handelsgewerbe, (5) unbeschränkte *persönliche Haftung aller Gesellschafter.*

c) Der gemeinsame Zweck

Das übergreifende Charakteristikum ist also der Zusammenschluss mehrerer zur Verfolgung eines gemeinsamen Zwecks (und Leistung der im Hinblick darauf vereinbarten Beiträge), der *qualifizierte* Zweck bei der OHG im Unterschied zur bürgerlichen Gesellschaft der *Betrieb eines Handelsgewerbes.* Das bedeutet für das Verhältnis zwischen diesen beiden Gesellschaftsformen, dass je nach den objektiven Gegebenheiten nur alternativ die eine oder die andere Form verwirklicht worden sein kann (sog. **Rechtsform-** oder **Typenzwang**). Betreibt die Gesellschaft ein Handelsgewerbe und tritt sie in dieser Eigenschaft im Rechtsverkehr auf, so kann sie nicht mehr GbR sein. Es besteht mithin kraft Gesetzes eine OHG, selbst wenn der Wille der Gesellschafter nicht auf diese Rechtsfolge gerichtet ist. Entsprechendes gilt, wenn eine ursprünglich bestehende GbR nunmehr ein Handelsgewerbe betreibt. Hat umgekehrt das gemeinschaftlich betriebene Unternehmen kein Handelsgewerbe zum Gegenstand, so scheidet die OHG grundsätzlich als Gesellschaftsform aus. Insoweit spielt es keine Rolle, welche Rechtsform die Gesellschafter anstreben, sondern die eine oder die andere Form verwirklicht sich von Rechts wegen.

194 Davon zu unterscheiden ist allerdings die **Wahlfreiheit,** die das Gesetz den Betreibern in der Frage einräumt, ob ihr *Kleingewerbe* bzw. ihr *landwirtschaftliches* Gewerbe zum *Handels*gewerbe wird, nämlich im Rahmen der §§ 2, 3 HGB. Und darüber hinausgehend eröffnet § 105 II für den speziellen Fall der Verwaltung eigenen Vermögens sogar die direkte Option auf die Rechtsform der OHG (und entsprechend der KG), ohne dass das Unternehmen ein Handelsgewerbe (geworden) wäre. Denn die Verwaltung eigenen Vermögens fällt gemäß tradierter Gewerbedefinition nicht unter den Gewerbebegriff (→ Rn. 90). Davon abgesehen, richtet sich aber die für die Qualifikation als GbR oder OHG maßgebliche Beurteilung, ob ein Handelsgewerbe betrieben wird, ebenso wie beim Einzelinhaber nach den §§ 1 II, 5 HGB.

Daraus ergibt sich für die Verfügbarkeit der OHG in Abgrenzung zur GbR folgendes **Gesamtbild:** Ist das Gewerbe wegen der Erforderlichkeit kaufmännischer Einrichtung kraft Gesetzes (§ 1 II HGB) Handelsgewerbe, so ist die Personengesellschaft notwendigerweise OHG. Beim Kleingewerbe haben die Gesellschafter gemäß § 2 HGB, im Bereich der Land- und Forstwirtschaft nach Maßgabe von § 3 HGB die Wahl zwischen

GbR und OHG. Nichtgewerbliche Tätigkeiten sind auf die Rechtsform der GbR beschränkt, mit Ausnahme der Verwaltung *eigenen* Vermögens. (Die Verwaltung *fremden* Vermögens konstituiert grundsätzlich ein Gewerbe, also §§ 1 II, 2 HGB maßgeblich.)

d) Exkurs: Freiberufler-Gesellschaftsform

Um das Gesamtbild abzurunden, muss im nichtgewerblichen Bereich auch noch die Rechtsform der **PartG** einbezogen werden, die für die **freien Berufe höherer Art** – aufgezählt in § 1 II PartGG (vgl. auch → Rn. 92) – die fehlende Option für die OHG/ KG praktisch ersetzt. Denn für das Recht der PartG verweist zwar § 1 IV PartGG allgemein auf die subsidiäre Anwendbarkeit der GbR-Vorschriften, aber in den wichtigen Punkten kommt dann kraft spezieller Verweisungen (§§ 2 II, 6 III, 7 II, III, 8 I, 9 I, IV, 10 PartGG) doch das Recht der OHG zum Zuge. Die die Partnerschaftsgesellschaft auszeichnende **partielle Haftungsbeschränkung** ist allerdings eigenständig in **§ 8 II, III PartGG** geregelt: § 8 II PartGG regelt die Haftungskonzentration, während § 8 III PartGG die Höchstbetragshaftung vorsieht.[161] Sie geht einerseits nicht so weit wie diejenige für den Kommanditisten, bietet sich andererseits jedoch im Unterschied zur KG, die stets mindestens einen unbeschränkt haftenden Gesellschafter benötigt, allen Gesellschaftern an. Im Übrigen bleiben die als nichtgewerblich zu qualifizierenden Tätigkeiten (wie *Fall 6*, vor → Rn. 87) auf die GbR beschränkt. Die PartG kann allerdings bei Nachweis einer gesetzlich vorgesehenen Mindestversicherung für Berufshaftpflichtfälle auch als PartG mbB (mit beschränkter Berufshaftung) eingetragen und geführt werden, so dass das Pendant zur GmbH für die freien Berufe entstanden ist, vgl. § 8 IV PartGG.

e) Gewisse Dauer

Weitere Voraussetzung für eine Handelsgesellschaft ist, dass die Gesellschafter den Betrieb des Handelsgewerbes als gemeinschaftlichen auf gewisse **Dauer** anlegen. Die *»Gelegenheitsgesellschaft«* ist, wenn überhaupt Gesellschaft, dh Zweckverbindung iS von § 705 BGB, *stets nur GbR*.   **195**

> **Beispiel:** Mehrere Nachbarn beziehen gemeinsam ihr Heizöl.[162] Das gilt typischerweise auch für die sog. »Arbeitsgemeinschaften« (ARGE), Konsortien zur Durchführung bestimmter Projekte, die Metaverbindungen (sofern sie auf Einzelgeschäfte gerichtet oder auf kurze Zeit befristet sind) sowie Poolverträge (→ Rn. 94). Weitere Gelegenheitsgesellschaften sind im Bereich der Privatsphäre natürlicher Personen zB: Fahrgemeinschaften, Seilschaften im Bergsport oder Reisegesellschaften.

f) Firma

Die Führung einer gemeinschaftlichen Firma als Name, unter dem die Geschäfte abgeschlossen werden (§ 17 HGB), folgt zwangsläufig aus dem Kriterium des kaufmännischen Unternehmens, wenn dieses wirklich auch nach außen hin gemeinsam betrieben wird. Dabei kommt es auf eine firmenrechtlich korrekte Firmenbildung nicht an,   **196**

---

161 *Unbeteiligte* Partner haften nach § 8 II PartGG nicht für *berufliche Fehler* der *anderen* Partner. Fraglich ist allerdings, welche Partner als »unbeteiligt« gelten, was insbesondere bei neu eingetretenen Gesellschaftern im Hinblick auf »Altfälle« (Anwendbarkeit des § 130 HGB?) umstritten ist, näher *BGH* NJW 2010, 1360, Tz. 15 ff.

162 *LG Konstanz* NJW 1987, 2521.

sondern es genügt jede Kollektivbezeichnung, unter der die Gesellschaft nach außen in Erscheinung tritt. Selbst die beibehaltene frühere Einzelfirma eines Gesellschafters genügt, wenn sie nur nunmehr als gemeinschaftliche Bezeichnung geführt wird. Die Gesellschafter können also diesem Qualifikationsmerkmal des § 105 I HGB nur ausweichen, wenn sie die Geschäfte nicht unter einer Kollektivbezeichnung führen, und das heißt praktisch: nicht als gemeinsame Betreiber des Gewerbes nach außen in Erscheinung treten.

g) Unbeschränkte Haftung

197 Das in § 105 I HGB zuletzt genannte Merkmal der unbeschränkten persönlichen Haftung aller Gesellschafter gemäß § 128 S. 1 HGB macht den Unterschied zwischen OHG und KG aus. Bei dieser muss nur noch mindestens ein Gesellschafter in der beschriebenen Weise haften, während für die übrigen Gesellschafter (die Kommanditisten) die Haftung in einer näher bestimmten Weise auf beliebig festsetzbare Haftungssummen beschränkt werden kann (vgl. §§ 161 I, 172 I HGB). Diese und einige damit zusammenhängende Besonderheiten sind in den §§ 162–177a HGB geregelt, ansonsten verweist § 161 II HGB auf das Recht der OHG (§§ 105–160 HGB). Die KG erweist sich darin als eine durch die Haftungsbeschränkung der Kommanditisten qualifizierte Sonderform der OHG. Das ist auch gleichzeitig der charakteristische Beitrag des Kommanditisten zur Gesellschaft: in einem bestimmten Umfang das Haftungsrisiko zu übernehmen und einen bestimmten, nicht notwendigerweise gleich hohen Kapitalbeitrag zum Unternehmen zu leisten.

Die unbeschränkte persönliche Haftung folgt als notwendiges Merkmal aus der Existenz einer OHG, sie ist mithin nicht als solche zur Disposition der Gesellschafter gestellt. Sie tritt vielmehr zwangsläufig ein, wenn die Gesellschafter nicht wirksam eine Gesellschaftsform mit Haftungsbeschränkung wählen.[163] Erfolgt dennoch eine Vereinbarung zwischen den Gesellschaftern, ist diese zwar nach außen hin ohne Wirkung, kann jedoch im Innenverhältnis beispielsweise ein Recht auf Freistellung von den Haftungsverbindlichkeiten begründen. Im Gegensatz hierzu lässt sich die Mithaftung in Verträgen *mit* Dritten (dh mit deren Einverständnis) durch entsprechende Haftungsbeschränkungsklauseln auch im Außenverhältnis wirksam abbedingen, wobei eine solche Absprache jedoch regelmäßig individuell zu erfolgen hat und nicht durch eine Formulierung zB in AGB vorgenommen werden kann, da anderenfalls eine überraschende Klausel iSd § 305c BGB vorliegt. § 128 S. 2 HGB steht dem nicht entgegen, da er nur die Unwirksamkeit von Haftungsbeschränkungsvereinbarungen zwischen Gesellschaftern betrifft, die »Dritten *gegenüber*« (Wortlaut!) wirken sollen, mithin ohne Einverständnis der Geschäftspartner der OHG geschlossen wurden.

h) Konkrete Ausgestaltung

198 Eine Personengesellschaft kann im Prinzip entweder als **Außengesellschaft** die gemeinschaftliche Zweckverfolgung auch *im Rechtsverkehr* durch einheitliches Auftreten verwirklichen oder als bloße **Innengesellschaft** lediglich im Innenverhältnis unter den Gesellschaftern eine gemeinschaftliche Beteiligung herstellen. Im Einzelnen ist allerdings zu unterscheiden: Für die OHG und ebenso die KG folgt aus den genannten

---

163 S. BGHZ 22, 240; Großkomm/*Schäfer*, § 105 Rn. 15, 36, 37.

Begriffsmerkmalen, dass sie Außengesellschaft sein müssen. Demgegenüber legt § 230 HGB als Wesensmerkmal der **stillen Gesellschaft** fest, dass sie immer reine Innengesellschaft ist. Lediglich die GbR kann als Außen- oder Innengesellschaft gegründet und betrieben werden, im letzteren Fall auch als atypische GbR bezeichnet.[164] Eine große Rolle spielt diese Unterscheidung ua bei Anwaltssozietäten und ärztlichen Praxisgemeinschaften; denn wenn diese in der beruflichen Tätigkeit als Außengesellschaft (»Gemeinschaftspraxis«) auftreten, so dass die Gesellschaft Vertragspartner der Klienten bzw. Patienten wird, verpflichtet jeder Beteiligte auch seine Sozien und haften diese für seine Behandlungsfehler etc. (*Fall 17*, vor → Rn. 192).[165]

Von dieser berufsausübenden Außengesellschaft ist die bloße Vermögensgemeinschaft hinsichtlich bestimmter Einrichtungen (Büro, Praxis) und Aufwendungen zu unterscheiden, die zwar ebenfalls als Außengesellschaft auftreten kann, *insoweit* gemeinsame Verträge mit Dritten abgeschlossen werden (Anmietung von Räumen, Anstellung von Personal), die aber eben nicht das Unternehmen als solches betreibt – sondern in Bezug hierauf allenfalls Innengesellschaft ist, *wenn* eine wechselseitige Erfolgsbeteiligung unter den Sozien vereinbart wurde.

i) Anwendungsbereich

Aus dem soeben genannten Grund – kein gemeinschaftlicher Betrieb des Handelsgewerbes – ist die *stille Gesellschaft* **keine Handelsgesellschaft** (vgl. die Überschrift zum 2. Buch des HGB, vor § 105 HGB). Die Personenhandelsgesellschaften des HGB sind nur OHG und KG, sie unterliegen als solche dem Recht der Kaufleute (§ 6 I HGB). Das gilt aus diesem Grund ebenso für die Gesellschaft, deren Gesellschafter nach § 105 II für die OHG/KG optiert haben; sie ist kaufmännisch, ohne ein Handelsgewerbe zu betreiben. Demgegenüber wird die GbR schon begrifflich als Gegensatz zur Handelsgesellschaft verstanden; auf ihre Tätigkeit kann Handelsrecht nur in gesetzlichen Sonderfällen (vgl. § 84 III HGB) oder analog anwendbar sein (etwa im Hinblick auf die persönliche Haftung der GbR-Gesellschafter nach der Akzessorietätstheorie, auf welche die §§ 128 ff. HGB entsprechend herangezogen werden (→ Rn. 413 ff.). **199**

2. Der Abschluss des Gesellschaftsvertrags

> **Fall 18:** F ist in der Gastronomie tätig; die Konzession lautet auf ihren Namen. Sie lebt 17 Jahre mit ihrem Lebensgefährten M zusammen, der formell ihr Angestellter ist. Aus der Verbindung gehen 3 Kinder hervor. F und M erarbeiten sich zusammen einen Wohnbungalow, ein Doppelhaus sowie ein Hotel-Restaurant, alles im Eigentum der F stehend. Schließlich trennen sich die Parteien und M macht nun eine Ausgleichsforderung von 50.000 EUR geltend. Zu Recht? (Lösungshinweise → Rn. 223).

a) Ausdrücklicher oder konkludenter Vertragsschluss

Der Zusammenschluss der Gesellschafter zu einer Personengesellschaft erfolgt durch Gesellschaftsvertrag, wobei seine doppelte Rechtsnatur als Schuldvertrag einerseits und als Organisationsvertrag andererseits zu beachten ist. Dieser bedarf bei allen hier **200**

---

164 *Windbichler* GesR § 5 Rn. 9 f.
165 BGHZ 56, 355; 97, 273. Zur Bestimmung der Sozietät als Vertragspartner *OLG Koblenz* NJW-RR 1997, 952.

zu behandelnden Rechtsformen keiner besonderen Form und kann daher auch durch schlüssiges Verhalten abgeschlossen werden. Dieser Umstand vermag in Grenzfällen die Entscheidung zu erschweren, *ob* ein Gesellschaftsvertrag dem Inhalt nach zustande kam. Zu treffen ist sie anhand der allgemeinen Auslegungsregeln der §§ 133, 157 BGB (Rechtsbindungswille oder bloßes Gefälligkeitsverhältnis?), wobei das maßgebliche Beurteilungskriterium die in § 705 BGB als Wesensmerkmal einer Gesellschaft herausgehobene Verfolgung eines gemeinsamen Zwecks auf rechtsgeschäftlicher Grundlage ist. Diese Zweckgemeinschaft wiederum konkretisiert sich, wie bereits § 705 BGB hervorhebt, in der Verpflichtung, **Beiträge zu leisten,** wobei diese Beiträge typischerweise *Kapitalbeiträge* sind, die in ein gemeinsames Vermögen – das Gesellschaftsvermögen – fließen (vgl. §§ 706 II, 718, 719 BGB).

Auf diese Weise wird die Leistung eines **Kapitalbeitrags** ein wichtiges Indiz für eine angestrebte gesellschaftsrechtliche Bindung. Es wurde aber bereits darauf hingewiesen, dass die Hingabe von Kapital ebenso gut in einer anderen Finanzierungsform gewollt sein kann, etwa als Darlehen (§ 488 BGB) oder als Schenkung (§ 516 BGB). Andererseits muss der Gesellschaftsbeitrag nicht unbedingt in Kapital bestehen. Daher kann auch ein Gesellschaftsvertrag beabsichtigt sein, wenn ein Beteiligter hauptsächlich oder ausschließlich **Dienstleistungen** einschließlich leitender oder beratender – haupt- oder nebenberuflicher – Mitwirkung im Unternehmen verspricht, und dies vor allem dann, wenn er über besonders wertvolle Kenntnisse oder Fähigkeiten (»know how«), Kontakte oder Ansehen (»good will«) verfügt, vgl. § 706 III BGB.

201 In Fällen der letztgenannten Art ist es uU schwierig, bei Fehlen einer ausdrücklichen – möglichst schriftlichen – Vereinbarung Gesellschaftsvertrag und (evtl. partiarischen) Dienstvertrag voneinander abzugrenzen. Ein Unterschied zum partiarischen Darlehensvertrag besteht darin, dass hierbei die Vertragspartner ausschließlich verschiedene eigene Interessen verfolgen, nicht aber einen gemeinsamen Zweck wie bei der Gesellschaft. In den zweifelhaften Fällen steht dabei allerdings von vornherein meist weniger das Zustandekommen einer OHG in Frage, weil es an den weiteren Voraussetzungen einer Außengesellschaft fehlt, als vielmehr das einer BGB-Innengesellschaft. Noch größere Zweifelsfragen wirft häufig die Fallgestaltung der **Ehegattengesellschaft** auf, weil hier eine gewisse Verpflichtung zur Zusammenarbeit bzw. Mitarbeit des einen Ehegatten im Unternehmen des anderen schon vor jeder diesbezüglichen Vereinbarung auf gesetzlicher Grundlage bestehen kann (§§ 1360 S. 1, 1360a II S. 1 BGB). Anhaltspunkte sind hier zum einen das Ausmaß der Mitarbeit im Vergleich mit einem als familienüblich angesehenen Standard, zum anderen die tatsächliche vermögensmäßige Behandlung oder Abgeltung dieser Mitarbeit durch die Ehegatten. Es ist allerdings nicht zu verkennen, dass die Rechtsprechung zur Ehegattengesellschaft über eine Interpretation des zum Ausdruck gekommenen rechtsgeschäftlichen Willens hinausgreift und im Bemühen um ein interessengerechtes Ergebnis (die Teilhabe des einen Partners am wirtschaftlichen Erfolg des anderen) das Gesellschaftsrecht unter Umständen als normative Ausgleichsordnung heranzieht.[166] Dasselbe gilt bei wirtschaftlicher Zusammenarbeit in **nichtehelicher Lebensgemeinschaft.**[167]

---

166 Näher *Lieb,* Die Ehegattenmitarbeit im Spannungsfeld zwischen Rechtsgeschäft, Bereicherungsausgleich und gesetzlichem Güterstand, 1970; Ehegatten-Innengesellschaft bejaht von *BGH* WM 1990, 877.
167 *BGH* NJW 2008, 3277 = BGHZ 177, 193; *BGH* NJW 2008, 3282; *BGH* NJW-RR 2010, 295.

Eine weitere »klassische« Problemgestaltung im Bereich des stillschweigend abgeschlossenen Gesellschaftsvertrags tritt auf, wenn ein einzelkaufmännisches Unternehmen nach dem Tod des Inhabers durch eine **Erbengemeinschaft** fortgeführt wird. Denn es fragt sich, ob nicht – bzw. warum nicht – die Erbengemeinschaft konkludent zur OHG wird (hierzu → Rn. 709 ff.).

Dabei gilt es in Grenzfällen stets zu bedenken, dass eine **Auslegung** auch des konkludenten Erklärungsinhalts immer noch die Ermittlung einer privatautonomen Regelung ist und nicht den Beteiligten etwas aufzwingen soll, was *keiner von ihnen* gewollt oder so verstanden hat. Deshalb macht es bei der Prüfung eines konkludenten Vertragsschlusses einen Unterschied, ob es um die rechtliche Qualifikation der (unstreitig vorhandenen) rechtsgeschäftlichen Einigung, um die inhaltliche Ermittlung des gemeinsamen Geschäftswillens oder – auf der vorgelagerten Ebene des Erklärungsbewusstseins (bzw. des Rechtsbindungswillens) – um die Frage geht, ob ein Vertrag abgeschlossen wurde.

202

Ersteres richtet sich uU nicht nach dem Parteiwillen, nämlich insoweit der bereits erwähnte Rechtsformzwang eingreift. Soweit die Parteien maßgeblich Tatbestandsmerkmale selbst bestimmen können, kommt es auf ihren Geschäftswillen an, und auch dieser bedarf keiner objektivierenden Auslegung, wenn die Parteien subjektiv darin übereinstimmen, was sie gewollt haben. Wenn hingegen die Parteien mangels Erklärungsbewusstseins **keinen Vertrag** geschlossen haben, ist auch nichts entstanden, was dann als Gesellschaft einer bestimmten Art qualifiziert werden könnte. Zwar muss auch das für einen Vertragsschluss maßgebliche Erklärungsbewusstsein nicht bei jedem Beteiligten tatsächlich vorhanden sein, sondern es genügt nach den Grundsätzen der allgemeinen Rechtsgeschäftslehre, wenn seinem Verhalten, vom *objektiven Empfängerhorizont* her betrachtet, eine Erklärungsbedeutung beizulegen ist. Es kann ferner schon ein rudimentäres Bewusstsein von der Rechtserheblichkeit des Handelns genügen, um beispielsweise bei einem entsprechenden Zusammenwirken eine Gelegenheitsgesellschaft zustande zu bringen.[168] Wenn aber kein Beteiligter dem Verhalten diese Bedeutung beimisst, dann können die Interessen unbeteiligter Dritter erforderlichenfalls nach Rechtsscheingrundsätzen (also durch Annahme einer Scheingesellschaft, → Rn. 178 f.) hinreichend geschützt werden; eine weitergehende rechtsgeschäftliche Interpretation ist nicht angezeigt. Deshalb bedarf es für die Annahme einer konkludenten Gesellschaftsgründung vor allem dort zusätzlicher Anhaltspunkte, wo die Parteien bereits in einer rechtlichen Verbindung (zB Erbengemeinschaft) stehen,[169] und wenn sie sich *darüber einig* sind, keine andere Organisationsform über die bereits vorhandene hinaus eingehen zu wollen, kann ihnen diese auch nicht per Auslegung aufgezwungen werden.

b) Form

Ausnahmsweise kann eine Formbedürftigkeit des – bei Personengesellschaften nicht formbedürftigen – Gesellschaftsvertrags aus *anderen* allgemeinen Formvorschriften resultieren. Das ist insbesondere dann der Fall, wenn sich ein Gesellschafter im Gesellschaftsvertrag zur Einbringung eines *Grundstücks* verpflichtet; denn dieses muss dann an die Gesellschaft übereignet werden. Für den Gesellschaftsvertrag als Grundlage der Übereignungsverpflichtung gilt dann die notarielle Form nach **§ 311b I 1 BGB.** Vielfach

203

---

168 Vgl. *OLG Dresden* NZG 1999, 151; MüKoBGB/*Schäfer* § 705 Rn. 26.
169 Zutr. MüKoBGB/*Schäfer* § 705 Rn. 27 f.

unbeachtet geblieben ist die Beurkundungspflicht eines Gesellschaftsvertrages im Fall der Aufnahme von Güterstandsklauseln, die letztlich nach zutreffender hM aus einer Analogie zu § 1410 BGB zu folgern ist.[170] Unabhängig davon wird es sich aus praktischen Gründen immer empfehlen, die vertragliche Grundlage für den gemeinsamen Betrieb eines Unternehmens schriftlich festzulegen und sorgfältig auszuarbeiten, um eine für alle Beteiligten interessengerechte Regelung zu schaffen und zukünftigen Meinungsverschiedenheiten nach Möglichkeit vorzubeugen (siehe auch → Rn. 146 f.).

c) Änderungen des Gesellschaftsvertrags

204 Spätere Änderungen des Gesellschaftsvertrags sind ebenfalls konkludent möglich, etwa dadurch, dass die Gesellschafter über längere Zeit hinweg eine vom Vertrag abweichende Übung praktizieren oder widerspruchslos dulden. Schwierigkeiten kann freilich die Unterscheidung zwischen bloß fallweisen einverständlichen Abweichungen vom Gesellschaftsvertrag und seiner stillschweigenden Änderung für die Zukunft bereiten.[171] Besteht ein schriftlicher Vertrag, kann in diesem für den Fall seiner Änderung die Schriftform vereinbart werden (§ 126 BGB).

3. Das Gesellschaftsvermögen

> **Fall 19:** A, B und C sind gleichzeitig die Gesellschafter der X-OHG und der Y-OHG. A ist vertretungsberechtigter Geschäftsführer bei der X-OHG, B bei der Y-OHG.
> B erwirbt für die Y-OHG von der X-OHG eine Maschine. Er kann nicht wissen – A jedoch weiß es –, dass diese Maschine der D-Bank zur Sicherung übereignet war.
> Hat die Y-OHG kraft guten Glaubens Eigentum erlangt? (Lösungshinweise → Rn. 224).

a) Gesamthandsvermögen

205 Das gemeinsame Merkmal sämtlicher Personengesellschaften in Form der Außengesellschaft ist, dass sie ein Gesellschaftsvermögen erwerben können und dies in aller Regel auch tun. (Demgegenüber erweist sich das Wesen der stillen Gesellschaft als reiner Innengesellschaft eben darin, dass das Unternehmensvermögen allein dem (Einzel-)Inhaber des Handelsgeschäfts zusteht, § 230 I HGB.) Die rechtliche Konzeption des Gesellschaftsvermögens ist bereits im BGB angelegt: Es bildet als gemeinschaftliches Vermögen der Gesellschafter ein dinglich gebundenes **Sondervermögen** (§ 718 I BGB) und steht den Gesellschaftern *zur gesamten Hand* zu (§ 719 BGB); die konkreten Vermögensgegenstände sind mithin der Realisierung des Gesellschaftszwecks vorbehalten. Das Gesellschaftsvermögen kommt zunächst durch die Kapitalbeiträge der Gesellschafter zustande, die diese in Erfüllung ihrer gesellschaftsvertraglichen Beitragspflicht erbringen. Außer den Beiträgen der Gesellschafter fällt in das Gesellschaftsvermögen jeder rechtsgeschäftliche Erwerb, der mit Wirkung für die Gesellschaft (dh im Namen der Gesellschaft, § 164 BGB) vorgenommen wird. Umgekehrt gehen zu Lasten des Gesellschaftsvermögens alle Verpflichtungen und Verfügungen, die gegen die Gesellschaft wirken. Ferner gelangt in das Gesellschaftsvermögen, was die Gesellschaft von Gesetzes wegen erwirbt, beispielsweise durch Verarbeitung für

---

170 Ausführlich *Prütting,* ZfPW 2016, 385 ff. mwN.
171 Hierzu *BGH* NJW 1990, 2684.

die Gesellschaft nach § 950 BGB, und was durch Surrogation erlangt wird (§ 718 II BGB). Die Gesellschaft kann auch auf Grund letztwilliger Verfügung Vermögen erwerben.

Die **Kapitalbeiträge** der Gesellschafter sind aus dem persönlichen Vermögen des einzelnen Gesellschafters in das Gesellschaftsvermögen zu erbringen. Es findet dabei ein vollständiger Wechsel der Rechtszuordnung statt, nicht etwa nur ein teilweiser. Zwar ist die Personengesellschaft keine juristische Person, sondern ihr Vermögen steht allen Gesellschaftern gemeinsam zur gesamten Hand zu, aber die Teilhabe des Einzelnen an einem Gesamthandsvermögen ist qualitativ etwas anderes als persönliche Vermögensinhaberschaft. Erforderlich ist also ein *Übertragungsakt* nach den allgemeinen Vorschriften, bei der Übereignung von Grundstücken beispielsweise Auflassung und Eintragung im Grundbuch nach §§ 873, 925 BGB. Vertreten wird die Gesellschaft bei diesen Erwerbsgeschäften, wie stets im Rechtsverkehr, nach Maßgabe des § 164 I 1 BGB (Willenserklärung, Offenkundigkeitsprinzip, Vertretungsmacht) durch vertretungsberechtigte Personen. Auch dies sind bei Personengesellschaften nach dem Prinzip der Selbstorganschaft wieder Gesellschafter, siehe § 714 BGB, § 125 HGB. Bei Rechtsgeschäften mit einem Gesellschafter ist insoweit allerdings § 181 BGB (Verbot des Selbstkontrahierens) zu beachten. Der bloßen Leistung geschuldeter Beiträge steht indessen § 181 seinem Wortlaut gemäß nicht entgegen.

206

b) Gesamthänderische Bindung

Die **gesamthänderische Bindung** des Gesellschaftsvermögens bedeutet, dass der einzelne Gesellschafter kein unmittelbares Teilrecht an den einzelnen Gegenständen des Gesellschaftsvermögens hat und daher über ein solches auch nicht verfügen kann (§ 719 I BGB). Über den einzelnen Gegenstand kann lediglich die Gesamthandsgemeinschaft als solche durch ihre Vertreter verfügen. Merke: *Jedem gehört alles, aber keinem gehört etwas allein.*

207

Dementsprechend kann auch ein *Privatgläubiger* eines Gesellschafters nicht auf das Gesellschaftsvermögen zugreifen und ebenso lässt die Insolvenz eines Gesellschafters das Gesellschaftsvermögen unberührt. Allerdings stellt die Eröffnung des Insolvenzverfahrens einen Grund für das Ausscheiden dieses Gesellschafters dar (§ 131 III Nr. 2 HGB), der Privatgläubiger eines Gesellschafters kann dessen Ausscheiden durch Kündigung herbeiführen (§§ 725 BGB, 135 HGB), und auf diesem Weg wird dann der Vermögenswert der Beteiligung zugunsten der Privatgläubiger des Gesellschafters realisiert.

Für den speziellen Fall der *Aufrechnung* hebt § 719 II BGB die unterschiedliche Rechtszuordnung von Forderungen und Schulden des Gesellschaftsvermögens einerseits, des einzelnen Gesellschafters andererseits noch besonders hervor. Im Verhältnis zwischen einer Forderung aus dem Gesellschaftsvermögen und einer Forderung gegen einen Gesellschafter (und umgekehrt) fehlt es an der Gegenseitigkeit iSd § 387 BGB.

Hingegen ist der einzelne Gesellschafter kraft seiner Mitgliedschaft in der Gesellschaft an deren Vermögen wirtschaftlich beteiligt. Streitig ist, inwieweit man sich diese Beteiligung vermögensrechtlich als quotenmäßigen **Anteil** am Gesellschaftsvermögen vorstellen darf.[172] Praktische Bedeutung gewinnt die Frage allerdings erst im Zusammen-

208

---

172 S. hierzu *Flume*, Personengesellschaft, § 5, einerseits (contra), *Hueck*, § 27 II andererseits (pro); zusammenfassend *Wiedemann*, Gesellschaftsrecht, Bd. II: Recht der Personengesellschaften, 2004, § 5 I.

hang mit einem Wechsel im Gesellschafterbestand (→ § 11 Rn. 310 f.), und selbst dort ist das Entscheidende etwa bei der Übertragung des Gesellschaftsanteils nicht, ob damit (auch) ein individueller Anteil am Vermögen übertragen wird, sondern ob die Übertragung zulässig oder ausgeschlossen und inwieweit diese Frage durch § 719 I BGB präjudiziert ist.

4. Gesamthandsidentität und Rechtsform

a) Mehrere Gesamthandsvermögen

209　Die Verselbständigung der Vermögenszuordnung beim Gesamthandsvermögen hat nicht nur die Konsequenz, dass Rechtsbeziehungen zwischen der Gesellschaft und dem einzelnen Gesellschafter ebenso möglich sind wie zwischen der Gesellschaft und Dritten und Verschiebungen von einem Vermögen in das andere ebensolche Übertragungsakte erforderlich machen, sondern das Entsprechende gilt, wenn dieselben Gesellschafter **mehrere Gesellschaften** gründen. Es entstehen dann mehrere Sondervermögen, die trotz Identität der Gesellschafter voneinander geschieden sind, und Vermögensverschiebungen zwischen zwei Sondervermögen dieser Art bedürfen der allgemein vorgeschriebenen Übertragungsakte. Das müsste in letzter Konsequenz für die Frage des *gutgläubigen Erwerbs* bedeuten, dass in *Fall 19* (vor →Rn. 205) die Y-OHG, da es nach § 166 I BGB nur auf den guten Glauben des B ankommt, nach §§ 929, 932 BGB Eigentum erwerben könnte. So weit geht man indessen nicht: Die Vorschriften über den gutgläubigen Erwerb schützen das Verkehrsinteresse. Dieses ist aber zwischen zwei Gesellschaften mit Gesellschafteridentität nicht schutzwürdig. Die hM formuliert: Es handle sich *nicht um ein Verkehrsgeschäft,* weil das Geschäft wegen der weitgehenden Personenidentität auf beiden Seiten nicht zwischen zwei voneinander unabhängigen Parteien geschlossen wurde (teleologische Reduktion der Vorschriften über den Gutglaubenserwerb). Auch eine Anlehnung an den Rechtsgedanken des § 166 II BGB kann im Einzelfall erwogen werden.

b) Identitätswahrender Rechtsformwechsel

210　Von dem Fall zweier verschiedener Gesamthandsvermögen mit identischen Mitgliedern ist der Fall der Gesamthandsidentität bei Rechtsformwechsel zu unterscheiden. Es kann sein, dass ein und dasselbe Sondervermögen im zeitlichen Ablauf unter verschiedenen Rechts- bzw. Gesellschaftsformen in Erscheinung tritt, und dann findet eine Vermögensübertragung nicht statt. Ein wichtiger Fall dieser Art ist die *Entstehung einer OHG aus einer GbR* als Vorgesellschaft, die etwa eintritt, wenn ein Kleingewerbe (GbR) anwächst und dadurch automatisch zum Handelsgewerbe (OHG) wird. **§ 123 II HGB** zeigt, dass der Übergang von der GbR zur OHG keines Formalaktes bedarf. Der identitätswahrende Rechtsformwechsel hat zur Konsequenz, dass die OHG bei ihrem Entstehen aus einer GbR heraus *eo ipso Schuldnerin (und auch Gläubigerin) aus den Geschäften der Vorgesellschaft* ist.[173]

Ein anderer Fall ist die Umwandlung einer OHG in eine KG durch Schaffung von Kommanditanteilen. Ebenso wandelt sich umgekehrt eine OHG oder KG, die ihr Gewerbe verpachtet – auch an eine Untergesellschaft, beispielsweise eine Tochter-

---

173 BGHZ 69, 95.

GmbH – oder sonst einstellt und zur reinen Besitz- oder Holdinggesellschaft wird, zur GbR,[174] sofern sie nicht von der Option nach § 105 II HGB Gebrauch macht (zur Fortgeltung einer bestehenden Registereintragung → Rn. 105 ff.). Die Gesamthandsgesellschaft ist eine Einheit, der eine eigene Identität unabhängig von der jeweils bestehenden Gesellschaftsform zukommt. Denn das Gesetz hat das Verhältnis zwischen den Rechtsformen GbR, OHG und KG so angelegt, dass ein und dieselbe Gesellschaft im Zeitablauf unter wechselnder Rechtsform zutage treten kann, wobei der Übergang zwischen OHG und KG durch entsprechende privatautonome Gestaltung bestimmt werden kann, derjenige zwischen GbR und OHG/KG nur teilweise, nämlich im Bereich des § 105 II HGB, und ansonsten von dem objektiven Qualifikationsmerkmal des Handelsgewerbes abhängt.

Den *Wechsel der Rechtsform* bei *fortbestehender Identität des Rechtsträgers* hat man in **211** rechtssystematischer Hinsicht von zwei anderen Gestaltungen zu unterscheiden, die es mit Veränderungen in der Person des Rechtsträgers des Unternehmens zu tun haben. Die klare Antithese ist die **Übertragung des Unternehmensvermögens** von einem Rechtsträger auf einen anderen mittels einer Vielzahl rechtsgeschäftlicher Verfügungen (→ Rn. 686, 703 f.), beispielsweise im Zuge einer Unternehmensveräußerung (asset deal) oder auch zur Einbringung als Gesellschaftereinlage (Sacheinlage) in eine Gesellschaft. Das bedarf einer komplizierten Durchführung im Wege von Einzelverfügungen nach §§ 398, 929, 873, 925 BGB (verfügungsrechtlicher Bestimmtheitsgrundsatz), uU ferner einer Liquidation des übertragenden Rechtsträgers, und ist zudem zumeist mit steuerlichen Nachteilen verbunden. Diese Nachteile vermeidet die **Gesamtrechtsnachfolge,** die ebenfalls ein Vermögen von einem Rechtsträger auf einen anderen überträgt; allerdings erfolgt der Vermögensübergang als Gesamtheit von Rechts wegen, ohne Übertragungsakte für die einzelnen Gegenstände. Ihre Anwendungsfälle müssen allerdings als solche vom Gesetz vorgesehen sein – klassische Beispiele: die Erbfolge nach § 1922 BGB oder die Verschmelzung nach § 20 I Nr. 1 UmwG, die Spaltung nach §§ 123 ff. UmwG und der Formwechsel nach §§ 190 ff. UmwG, wobei der Formwechsel das Gegenstück zur Umwandlung von GbR/oHG/KG und umgekehrt ist, da der Rechtsträger in anderer Rechtsform ohne Universalsukzession vollumfänglich seine Identität behält, vgl. § 202 I Nr. 1 UmwG.

Gesamtrechtsnachfolge und Identität sind in *praktischer* Hinsicht nahezu gleichwertig, weil das Entscheidende eben darin besteht, dass es keiner Verfügungsgeschäfte über die Vermögensbestandteile bedarf; sie schließen sich aber begrifflich aus, weil die Gesamtrechtsnachfolge als Form eines Vermögensübergangs zwei verschiedene Rechtsträger voraussetzt. Am anschaulichsten wird der Tatbestand der Nicht-Identität dort, wo auf der einen Seite eine natürliche Person als Unternehmensinhaber beteiligt ist oder ansonsten beide Rechtsträger in einem Zeitabschnitt nebeneinander existieren, weil die Identität eines Menschen mit einem anderen Rechtssubjekt oder die Identität zweier gleichzeitig existierender Rechtssubjekte begrifflich ausgeschlossen ist. Hingegen verlangt Identität nicht, dass der Rechtsträger in beiden Stadien dieselbe rechtliche Qualität (zB juristische Person bzw. Rechtssubjektivität) aufweist, str.[175]

---

174 Vgl. *BGH* ZIP 1987, 909; *BAG* NJW 1988, 222; *OLG Koblenz* NJW-RR 1996, 744.
175 AA *Mülbert,* AcP 199 (1999), 38.

5. Das Auftreten von GbR und OHG im Rechtsverkehr

212 Während die vermögensrechtliche Situation der Personengesellschaften klar geregelt ist, weil das Gesetz sie bei der GbR abschließend behandelt (vgl. §§ 718 ff. BGB, → Rn. 205) und die Verweisung der §§ 105 III, 161 II HGB diese Regelung dann auf OHG und KG erstreckt, sind die Außenbeziehungen der Gesellschaft insbesondere für die OHG eigenständig normiert (§§ 124 ff. HGB).

a) Rechtliche Verselbständigung der OHG

213 Die OHG nimmt am Rechtsverkehr unter *eigenem Namen* – ihrer Firma – teil. Unter ihrer Firma schließt sie Rechtsgeschäfte ab und wird daraus berechtigt und verpflichtet, dh, die für sie handelnden Vertreter vertreten die Gesellschaft als solche, nicht die einzelnen Gesellschafter (§ 125 I HGB). Unter ihrer Firma hat sie auch Eigentum und andere absolute Rechte inne; so tritt sie im Grundbuch in Erscheinung (§ 15 I lit. b GBV) und unter der Firma verfügt sie über ihre Rechte und erwirbt neue Rechte hinzu (§ 124 I HGB). Auf diese Weise kann sie auch Gesellschafterin anderer Gesellschaften sein, und zwar nicht nur von Kapitalgesellschaften, sondern auch von Personengesellschaften, insbesondere kann eine OHG Gesellschafterin einer anderen OHG sein (»doppelstöckige OHG«). Im vermögensrechtlichen Bereich lässt sich so ein bestimmter Komplex als das Vermögen der OHG eingrenzen. Dies ist das soeben behandelte Gesellschaftsvermögen, von dem auch § 124 II HGB spricht.

Im **Prozess,** in Aktiv- wie auch in Passivprozessen, tritt die OHG ebenfalls als solche unter ihrer Firma auf (§ 124 I HGB), sie ist mithin parteifähig. Das gilt nicht nur für den streitigen Zivilprozess, sondern ganz allgemein für die Teilnahme an gerichtlichen Verfahren. Allerdings kann die OHG (wie auch juristische Personen) nicht strafrechtlich belangt werden, doch hat dies seinen Grund bereits in der mangelnden strafrechtlichen Deliktsfähigkeit. Besonderheiten gelten im Ordnungswidrigkeiten- und im Steuerstrafrecht. Die OHG ist aufgrund der einschlägigen steuerrechtlichen Regelungen selbst Schuldnerin der Umsatzsteuer und der Gewerbesteuer, nicht hingegen der Einkommensteuer. Eine Bestrafung der OHG kommt nicht in Betracht, wohl aber die Durchführung von Straf- und Ordnungswidrigkeitsverfahren gegen ihre vertretungsberechtigten Gesellschafter (§ 14 I Nr. 2 StGB; § 9 I Nr. 2 OWiG).

Zur **Zwangsvollstreckung** in das Gesellschaftsvermögen ist ein *gegen die OHG* gerichtetes vollstreckbares Urteil (oder ein entsprechender Vollstreckungstitel anderer Art, § 794 ZPO) erforderlich (§ 124 II HGB). Die InsO sieht ein besonderes **Insolvenz**verfahren über das Vermögen der OHG vor, für welches die Zahlungsunfähigkeit der Gesellschaft Anknüpfungspunkt ist (§§ 11 II Nr. 1, 17 InsO).

Die OHG kann auch unter ihrer Firma Vollmachten erhalten und wahrnehmen, mit Ausnahme der Prokura, die die hM natürlichen Personen vorbehält. Sie kann auch Vermögensverwalter, Testamentsvollstrecker etc. sein, die Personenfürsorge (als Vormund) hingegen ist wiederum natürlichen Personen vorbehalten.

In all den genannten Punkten ist die OHG hinsichtlich der Teilnahme am Rechtsverkehr einer **juristischen Person** gleichgestellt. Das HGB geht aber *nicht* so weit, sie gleich den Kapitalgesellschaften geradewegs zur juristischen Person zu erklären. Dort wo das Gesetz eine juristische Person schaffen will, tut es dies unmissverständlich in einer über § 124 HGB hinausgehenden Weise und knüpft die Entstehung, über § 123 HGB hinausgehend, an einen eindeutigen Formalakt (vgl. §§ 1 I S. 1, 41 I S. 1 AktG, 11 I, 13 I GmbHG).[176] Demgegenüber wird eine Rechtspersönlichkeit ausdrücklich in § 11 II Nr. 1 InsO verneint; dh, die OHG ist nur gesamthänderische Verbindung ihrer Gesellschafter, eine Personengesellschaft mit einer gesetzlich in besonderer Weise ausgeprägten rechtlichen Verselbständigung. Man beachte jedoch, dass diese Verselbständigung derart weit geht, dass dies im üblichen Rechts- und Geschäftsverkehr kaum noch ins Gewicht fällt.

b) Die historisch-gesetzliche Konzeption der GbR (1900)

Der GbR fehlt nach der – bis heute in Kraft befindlichen – *Konzeption des BGB aus* **214** *dem Jahr 1900* eine rechtliche Verselbständigung als Handlungs- und Zurechnungseinheit, wie § 124 HGB sie für die OHG vollzieht. Die gesellschaftliche Verselbständigung scheint hier auf die vermögensmäßige Absonderung des Gesamthandsvermögens von den Individualvermögen der Gesellschafter beschränkt; als Rechtssubjekte aber treten im Gesetz allein die Gesellschafter in ihrem vertraglichen Zusammenschluss zu einer Personengruppe in Erscheinung. Die deutlichste Bestätigung hierfür bieten die §§ 714, 715 BGB, wenn dort von einer Vertretung der *anderen Gesellschafter* die Rede ist (vgl. demgegenüber § 125 I HGB!). Folgerichtig verlangt § 736 ZPO zur Zwangsvollstreckung in das Gesellschaftsvermögen einen Vollstreckungstitel gegen *alle Gesellschafter*. Gewisse Unterschiede zur OHG sind als Konsequenz hieraus unbestritten. So kann die GbR keine Firma führen, sondern tritt im Rechtsverkehr regelmäßig unter dem Namen eines oder mehrerer ihrer Gesellschafter als Gesamtbezeichnung auf. Entscheidend ist, dass die §§ 17ff. HGB hierauf keine Anwendung finden. Anders als eine OHG kann die GbR als solche auch nicht Verwalter einer Wohnungseigentümergemeinschaft (vgl. §§ 26f. WEG) sein.[177]

Demgegenüber stellen neuere Gesetze die GbR zunehmend mit der OHG auf dieselbe **215** Stufe. So erkennt die InsO der GbR als solcher bereits die Insolvenzfähigkeit zu (in § 11 II Nr. 1 InsO ist die GbR einbezogen, was bedeutet, dass sie selbst als Trägerin der Insolvenzmasse angesehen wird), und die §§ 191 II, 226 UmwG erlauben die identitätswahrende Umwandlung ausdrücklich auch in eine GbR als »Rechtsträger«, was denknotwendig deren (Teil-)Rechtsfähigkeit – vergleichbar § 124 HGB – voraussetzt. Schließlich erfasst § 14 II BGB, der den Begriff der »rechtsfähigen Personengesellschaft« definiert, nach hM ebenfalls die GbR.[178]

c) Die neue richterrechtliche Konzeption der GbR (2001)

Nicht zuletzt vor dem Hintergrund dieser neueren Gesetze hat sich der BGH im Jahr **216** 2001 der von *Werner Flume*[179] begründeten sog. Gruppenlehre angeschlossen und die (Teil-)Rechtsfähigkeit der Außen-GbR anerkannt und sie damit ihrer Rechtsnatur nach praktisch einer OHG gleichgestellt. Die ersten beiden Leitsätze lauten: »(1.) Die (Außen-)GbR besitzt *Rechtsfähigkeit, soweit* sie durch Teilnahme am Rechtsverkehr eigene Rechte und Pflichten begründet. (2.) In diesem Rahmen ist sie zugleich im Zivilpro-

---

176 Im Schrifttum str., aA *T. Raiser*, AcP 194 (1994), 495; *Timm*, NJW 1995, 3209; ZGR 1996, 247.
177 *BGH* NJW 2006, 2189.
178 Palandt/*Ellenberger* BGB § 14 Rn. 3.
179 *Flume*, ZHR 136 (1972), 177ff.

zess aktiv und passiv *parteifähig.*«[180] Als Begründung führt der BGH insbesondere an: »Die hier vertretene Auffassung ist zudem eher in der Lage, identitätswahrende Umwandlungen von Gesellschaften bürgerlichen Rechts in andere Rechtsformen und aus anderen Rechtsformen zu erklären. Betreibt eine GbR ein **Gewerbe,** dann wird sie von Gesetzes wegen ohne jeden Publizitätsakt zu einer personen- und strukturgleichen **oHG,** sobald das Unternehmen nach Art und Umfang einen in kaufmännischer Weise eingerichteten Geschäftsbetrieb erfordert (§ 105 I iVm § 1 HGB). Da der oHG jedenfalls Rechtssubjektivität im oben beschriebenen Sinne zukommt (vgl. § 124 HGB), würden sich bei konsequenter Anwendung der traditionellen Auffassung die Eigentumsverhältnisse an den zum Gesellschaftsvermögen gehörenden Gegenständen mit der Umwandlung zur oHG ändern. Dies würde für die Praxis insbesondere deshalb schwierige Probleme bereiten, weil für den Übergang von der GbR zur oHG infolge des wertungsabhängigen Kriteriums des Erfordernisses eines kaufmännischen Geschäftsbetriebs ein genauer Zeitpunkt der Umwandlung kaum ausgemacht werden kann.«

Der nach dem Gesetzeswortlaut von BGB einerseits (§§ 718 f. BGB: die *Gesellschafter*) und HGB andererseits (§ 124 HGB: die *Gesellschaft*) an sich bestehende rechtskonstruktive Unterschied von GbR und OGH hat mit dieser – verfassungsrechtlich unter dem Gesichtspunkt der Gewaltenteilung nicht unproblematischen[181] – **richterlichen Rechtsfortbildung** an praktischer Bedeutung verloren.[182] So darf die GbR nunmehr zwar immer noch keine Firma führen (weil diese allein Kaufleuten bzw. Handelsgewerben vorbehalten ist, vgl. § 17 HGB), sehr wohl aber eine funktional vergleichbare *Gesamtbezeichnung* (»Geschäftsbezeichnung«), unter der sie im Rechtsverkehr auftritt (zB ARGE Ostsee Autobahn), verwenden. Mit der Anerkennung der Rechts- und Parteifähigkeit der GbR wird vieles erleichtert: So wirkt sich der Wechsel eines GbR-Gesellschafters auf Rechtsverhältnisse (zB einen Mietvertrag), welche die GbR geschlossen hat, nicht mehr als Wechsel der Vertragspartei aus, weil die GbR – wie zuvor schon die OHG (§ 124 HGB) – nun selbst Vertragspartei sein kann. Auch in laufenden Prozessen führt eine Änderung des GbR-Gesellschafterkreises nicht mehr zu einer subjektiven Klageänderung, weil die GbR als solche Klägerin bzw. Beklagte ist.

d) Die Rechtsnatur der Gesamthandsgesellschaft zwischen natürlicher und juristischer Person

217 Noch nicht abschließend geklärt ist die dogmatische Kernfrage, wie man die weitgehende gesetzliche Verselbständigung der OHG und nun auch der GbR in das System der Rechtssubjekte einzuordnen hat. Die Teilrechtsfähigkeit bereitet gewisse Verständnisschwierigkeiten, wenn man vom allgemeinen Personenrecht her gewohnt ist, nur zwei Arten von Rechtssubjekten zu unterscheiden, **natürliche und juristische Personen,** und sich deren Rechtsfähigkeit als eine kategoriale Qualität vorzustellen, die man entweder hat oder nicht hat. Demgegenüber sind die **Gesamthandsgesellschaften** im Personengesellschaftsrecht eine dritte Art von Rechtsträgern neben den natürlichen und juristischen Personen, die sich durch inhaltliche Abstufungen ihrer Rechtssubjektivität im Sinne von mehr oder weniger Rechtsfähigkeit auszeichnen

---

180 *BGH* NJW 2001, 1056 (Hervorhebung durch Verf.).

181 *Canaris,* ZGR 2004, 69 ff.: »unzulässige Rechtsfortbildung contra legem.«

182 Näher *Weller,* Von der GbR zur OHG: Abkehr vom »Geist der Gesetze« durch richterliche Rechtsfortbildung?, FS Günter H. Roth, 2011, S. 881 ff.

(»beschränkte Rechtssubjektivität«).[183] Anders als der (veraltete) Wortlaut der §§ 714, 718 BGB, welcher nur die jeweiligen **Gesellschafter** als Rechtssubjekte nennt, erkennt die moderne Gesellschaftsrechtslehre der Gesamtheit der Gesellschafter in ihrer gesellschaftlichen (gesamthänderischen) Verbundenheit eine besondere Qualität als **Personenverband** zu, die mehr ist als eine bloße Zusammenfassung von Einzelpersonen, nämlich eben die Verselbständigung als Handlungs- und Zurechnungseinheit, die § 124 HGB herstellt. Dennoch bleibt der Personenverband (GbR, OHG) etwas anderes als die sog. Verbandsperson (Verein, Kapitalgesellschaft etc.). Nur die letztere ist – dogmatisch exakt betrachtet – eine eigene Rechtsperson (vgl. zu Unterschieden → Rn. 78). Betrachtet man aber die fortschreitende Entwicklung, so scheinen die Grenzen hin zur auch dogmatisch anzuerkennenden Rechtspersönlichkeit zunehmend verwischt zu werden. Für die Nutzbarkeit im Rechtverkehr ist dies durchaus begrüßenswert, ist es doch für die Betroffenen im Rechtsverkehr ohne gesellschaftsrechtliche Ausbildung kaum möglich, ohne Weiteres zu unterscheiden.

Die **praktische Konsequenz** der dogmatischen Kontroverse ist bei der **OHG** eher gering und sollte dies auch sein; denn konkrete Einzelprobleme sind nicht durch begriffliche Deduktionen, sondern nur in Würdigung der Interessenlage überzeugend zu lösen. So sind Zivilprozesse zwischen der OHG und einem einzelnen Gesellschafter ebenso möglich wie Vertragsabschlüsse, aber auch hierfür genügt die Erklärung der OHG als Personenverband. Im Prozess der OHG mit Dritten ist ein einzelner Gesellschafter nicht als Zeuge, sondern nur nach den Regeln über die Parteivernehmung (§§ 445 ff. ZPO) zu vernehmen – dies aber nicht wegen der Identität des Rechtssubjekts, sondern weil die OHG selbst nicht prozessfähig ist, vgl. §§ 51, 52 ZPO. Dasselbe gilt daher auch für die organschaftlichen Vertreter juristischer Personen, und umgekehrt weist die hM den von der Vertretung ausgeschlossenen Gesellschaftern auch bei der OHG in deren Prozess Zeugenstellung zu.[184] | **218**

Für die **GbR** gilt nunmehr Ähnliches wie für die OHG mit geringen Abweichungen, die darauf zurückzuführen sind, dass die GbR *in etwas geringerem Umfang teilrechtsfähig* ist als die OHG.[185] Bereits erwähnt wurde, dass die GbR nicht Verwalter einer WEG sein kann.[186] | **219**

e) Die Grundbuchfähigkeit der GbR

Ein weiterer Unterschied zeigt sich im Grundbuchrecht: Zwar können sowohl OHG als auch GbR materiell-rechtlich Eigentümer eines Grundstücks sein.[187] Formell-grundbuchrechtlich kann jedoch nur die OHG als solche im Grundbuch als Eigentümerin eingetragen werden (§ 47 I GBO); dagegen müssen bei der GbR – so der seit 2009 geltende **§ 47 II GBO**[188] – *neben* der GbR **auch alle ihre Gesellschafter** im | **219a**

183 *BGH* NJW 2009, 594, 595, Tz. 10; *BGH* NJW 2001, 1056; *Flume*, Personengesellschaft, S. 50 ff.; *K. Schmidt*, GesR, § 8 III–IV; *Mülbert*, AcP 199 (1999), 38.
184 *Rosenberg/Schwab/Gottwald*, Zivilprozessrecht, 18. Aufl. 2019, § 120 Rn. 10; *K. Schmidt*, GesR, § 46 II 3 a bb; BGHZ 42, 230.
185 *BGH* NJW 2009, 594, 595, Tz. 10.
186 *BGH* NJW 2006, 2189.
187 *BGH* NJW 2009, 594, 595, Tz. 11.
188 § 47 II GBO: [1]Soll ein Recht **für** eine Gesellschaft bürgerlichen Rechts eingetragen werden, so sind **auch** deren **Gesellschafter** im Grundbuch einzutragen. [2]Die für den Berechtigten geltenden Vorschriften gelten entsprechend für die Gesellschafter.

Grundbuch aufgeführt werden.[189] Der Gesetzgeber hat mit Einführung des § 47 II GBO die Rechtsprechung, welche die **Grundbuchfähigkeit der GbR** (*ohne* Rekurs auf deren Gesellschafter) kurz zuvor anerkannt hatte,[190] korrigiert.

219b Mit der Kodifizierung des § 47 II GBO hat der Gesetzgeber jedoch *nicht* zugleich die Rechtsprechung zur *Teilrechtsfähigkeit* der GbR in Frage gestellt.[191] Diese wurde vielmehr bestätigt, wie der Wortlaut des § 47 II GBO erhellt (»Soll ein Recht **für** eine Gesellschaft bürgerlichen Rechts eingetragen werden [...].«). Die Neuregelung bezweckt zum einen die Erhöhung der Rechtssicherheit: Indem neben der GbR auch die Gesellschafter in das Grundbuch eingetragen werden müssen, sollen die GbR und damit die das Eigentum beanspruchenden Gesellschafter als Verband eindeutig **identifizierbar** sein. Daneben trägt die Vorschrift aber auch dem Bestimmtheitsgebot und der Rechtsklarheit Rechnung. Der Unterschied zur OHG, deren Gesellschafter nicht im Grundbuch einzutragen sind (§ 47 I GBO), erklärt sich daraus, dass die OHG über deren Handelsregistereintragung (vgl. §§ 106 f. HGB) eindeutig identifizierbar ist; für die GbR fehlt es (bislang) dagegen an einem dem Handelsregister vergleichbaren allgemeinen (GbR-)Register, dem der Rechtsverkehr die für Rechtsgeschäfte notwendigen Informationen entnehmen könnte (siehe auch → § 14). Dies ist auch nachvollziehbar und wird im Zweifel so bleiben, solange die GbR in derart großer Zahl und auf solch einfache Weise entstehen und vergehen kann, wie dies nach der geltenden Rechtslage der Fall ist, vgl. §§ 705 und 723 ff. BGB.

f) Die Gutglaubensvorschrift des § 899a BGB

219c § 47 II GBO schafft zudem die grundbuchrechtlichen Voraussetzungen für die Anwendung der **Gutglaubensvorschrift des § 899a BGB,** wonach in Ansehung eines eingetragenen Rechts vermutet wird, dass die nach § 47 II S. 1 GBO im Grundbuch eingetragen Personen die einzigen und alleinigen Gesellschafter der GbR sind (positive Publizität) und dass darüber hinaus keine weiteren Gesellschafter vorhanden sind (negative Publizität).

Allerdings ist der **Aussagegehalt von § 899a BGB iVm § 47 II GBO** umstritten: Für eine Grundstücksübertragung müssen bekanntlich drei Tatbestandsmerkmale vorliegen: die Berechtigung, die Einigung und die Eintragung im Grundbuch, §§ 873, 925 BGB.

(1) *Ulmer*[192] leitet aus §§ 899a BGB, 47 II GBO eine Differenzierung zwischen Eigentumsinhaberschaft (GbR) und **Verfügungsbefugnis** der Gesellschafter (vgl. § 185

---

189 Die dem formellen Grundbuchrecht geschuldeten Anforderungen hat der BGH – wohl in Replik auf die GBO-Änderung 2009 – zugunsten des Rechtsverkehrs **moderat** formuliert, vgl. *BGH* ZIP 2011, 1003, Leitsatz: »Erwirbt eine Gesellschaft bürgerlichen Rechts (GbR) Grundstücks- oder Wohnungseigentum, reicht es für die Eintragung des Eigentumswechsels in das Grundbuch aus, wenn die GbR und ihre Gesellschafter in der notariellen **Auflassungsverhandlung** benannt sind und die für die GbR Handelnden erklären, dass sie deren alleinige Gesellschafter sind; **weiterer Nachweis der Existenz, der Identität und der Vertretungsverhältnisse** dieser GbR bedarf es gegenüber dem Grundbuchamt **nicht.**«Vgl. auch *Wellenhofer,* JuS 2010, 1048, 1049.

190 *BGH* NJW 2009, 594, 1. Leitsatz: »Die Gesellschaft bürgerlichen Rechts (GbR) kann unter der Bezeichnung in das Grundbuch eingetragen werden, die ihre Gesellschafter im Gesellschaftsvertrag für sie vorgesehen haben.«

191 So aber *Scherer,* NJW 2009, 3063; wie hier *Miras,* DStR 2010, 604, 605.

192 *Ulmer,* ZIP 2011, 1689 ff.

BGB) ab. Nach *Ulmer* wäre § 899a BGB daher wohl auf Ebene der Berechtigung zu prüfen.

(2) Nach *Wilhelm*[193] liegen Eigentum *und* Verfügungsbefugnis bei der GbR (GbR als Berechtigte). § 899a BGB beziehe sich lediglich auf die **Vertretungsbefugnis.** Mithin wäre § 899a BGB unter dem Gesichtspunkt der Einigung zu prüfen: der Erwerber/ Veräußerer einigt sich mit der GbR, diese vertreten durch ihre Gesellschafter (§§ 164, 714 iVm 709 BGB). Wirken an der Einigung auf Seiten der GbR zB weniger Gesellschafter mit, als objektiv mitwirken müssten, kann sich ein gutgläubiger Dritter dieser Ansicht zufolge auf § 899a BGB berufen, sofern die die Einigung erklärenden Gesellschafter im Grundbuch eingetragen sind. Damit könnte über § 899a BGB eine fehlende Vertretungsmacht (§ 164 I BGB) überspielt werden.

(3) *Altmeppen*[194] kritisiert § 899a BGB als »dramatische Fehlleistung des Gesetzgebers«. Die Norm richte im BGB einen »Augiasstall« an und sei wegen der Zugrundelegung zweier sich ausschließender Prinzipien dogmatisch unbrauchbar.

In der Tat ist es systemfremd, auf Ebene des gutgläubigen Erwerbs, der sich im Sachenrecht regelmäßig auf die Überwindung der Nichtberechtigung des Veräußerers bezieht (vgl. §§ 932, 892 BGB), mit § 899a BGB eine Regelung zu normieren, welche sich auf die (fehlende) Vertretungsbefugnis beziehen soll. Gleichwohl folgt die hM der Interpretation der Ansicht Nr. (2), welche jedenfalls unter Klausurgesichtspunkten am Einfachsten abzubilden ist (vgl. für eine Integration dieser Ansicht in eine Falllösung *Teichmann et al.,* JuS 2011, 723 ff.). Bei der Gesetzesauslegung und Anwendung muss letztlich – trotz aller, sicherlich berechtigter Kritik –beachtet werden, dass gerade auch Grundstücksgeschäfte mit einer GbR für den Rechtsverkehr salonfähig im Sinne eines Gutglaubensschutzes werden sollten.[195] Insofern ist der hM denn auch zuzugeben, dass diese eben jenen Schutz jedenfalls auf dinglicher Ebene vollumfänglich bietet. Streitig ist nach wie vor zudem, ob § 899a BGB auch eine Aussage in Bezug auf das zu Grunde liegende Kausalgeschäft entnommen werden kann, oder ob es hier bei den allgemeinen Grundsätzen und somit ggf. bei der Rückabwicklung nach Bereicherungsrecht verbleibt. Die wohl hM steht auf dem Standpunkt, dass eine Ausdehnung auf das Kausalgeschäft nicht in Betracht kommt, jedoch kann je nach Situation sicherlich über die Institute der Duldungs- oder Anscheinsvollmacht nachgedacht werden.[196]

---

193 *Wilhelm,* NZG 2011, 801 ff.
194 *Altmeppen,* NJW 2011, 1905 ff.
195 BGBl. I 2713.
196 Hierzu übersichtlich BeckOK BGB/*Eckert* § 899a Rn. 5 f. mwN.

Schaubild 15: Personengesellschaften – Unterschiede und Gemeinsamkeiten

	GbR	OHG	KG
Gesetzliche Regelung	§§ 705 ff. BGB	§§ 105 ff. HGB	§§ 161 ff. HGB
Gemeinsamer Zweck	jeder erlaubte Zweck (auch Gelegenheitsgesellschaft)	auf Dauer angelegtes Betreiben eines *Handelsgewerbes*	
Rechtsfähigkeit	keine juristische Person, aber (teil-)rechtsfähig		
	Materiellrechtlich ist GbR als solche Eigentümerin von Immobilien	OHG/KG als solche kann Eigentum erwerben (§ 124 HGB)	
	GbR als solche aber **nicht** grundbuchfähig (§ 47 II GBO)	OHG/KG als solche ist grundbuchfähig	
Haftung	– Haftung der GbR + – akzessorische Haftung der Gesellschafter, § 128 HGB analog	– Haftung der OHG + – akzessorische Haftung der Gesellschafter, § 128 HGB	– Haftung der KG + – unbeschränkte (akzessorische) Haftung der Komplementäre – beschränkte Haftung der Kommanditisten, § 161 HGB

6. Die Zurechnung deliktischen Verhaltens

220 Wenn die Personengesellschaft als Verband ihrer Gesellschafter oder sogar als rechtsfähige Einheit eigener Art am Rechtsverkehr teilnehmen und, rechtsgeschäftlich vertreten durch ihre Gesellschafter oder Bevollmächtigte, Schuldner von Verbindlichkeiten werden kann, dann fragt sich, ob Entsprechendes auch für deliktische und andere außervertragliche Ansprüche gilt. Dies wird grundsätzlich bejaht.

a) Zurechnungsnormen

Allerdings kann deliktsrechtlich relevantes Handeln nur von *natürlichen* Personen herrühren. Eine deliktische Haftung der Gesellschaft kann sich dann einmal aus der haftungszuweisenden Norm des **§ 831 BGB** ergeben, doch mindert der dort eröffnete Entlastungsbeweis in § 831 I S. 2 BGB ihre Schärfe. Abgesehen davon wird man die handelnden GbR-Gesellschafter regelmäßig nicht als weisungsabhängig gegenüber der GbR ansehen können, so dass sie schon gar nicht als Verrichtungsgehilfen qualifiziert werden können.[197]

221 Darüber hinaus findet insbesondere **§ 31 BGB** als allgemeines Rechtsinstitut nach allg. Meinung auch auf die Personengesellschaften Anwendung, obwohl sie ihrer Rechtsnatur nach nicht zu den Vereinen zählen. Doch es muss genügen, dass die Personen-

---

197 *BGH* NJW 2007, 2490, 2491; MüKoBGB/*Leuschner* § 31 Rn. 14, 18.

gesellschaften ebenso wie jene den Vorteil genießen, *mittels ihrer Organe* handeln zu können. Für **OHG** und **KG** ist die Anwendung des § 31 BGB daher unter Verweis auf die körperschaftliche Struktur seit Langem anerkannt. § 31 BGB rechnet der Gesellschaft das Handeln ihrer Organe *als eigenes Handeln* zu und ist insofern Ausdruck der **Organtheorie**. Dabei erfasst § 31 BGB sowohl die Verletzung vertraglicher, vorvertraglicher als auch deliktischer Pflichten.

Fraglich ist nur, ob Organ iS dieser Haftung die *vertretungsberechtigten* Gesellschafter (§ 125 HGB) sind oder ob nicht vielmehr auf die *Geschäftsführungsbefugnis,* also die Funktionszuweisung im Innenverhältnis (§ 114 HGB) abzustellen ist.[198] Letzterer Ansatz erscheint vorzugswürdig, weil es hier nicht um *rechtsgeschäftliches* Handeln (mithin nicht um Vertretung gemäß § 164 BGB!), sondern um *tatsächliche* Verrichtung geht.

b) Zurechnung in der GbR

Für die **GbR** ist die Anwendung von § 31 BGB konsequenter Weise ebenfalls zu bejahen,[199] wenn man ihr eine Verselbständigung ähnlich der OHG zuerkennt und das Handeln der dazu berufenen Gesellschafter für sie als organschaftliches begreift und ihr folgerichtig als eigenes Handeln zurechnet. Dann haftet neben dem **handelnden Gesellschafter-Geschäftsführer** (dieser haftet unmittelbar aus Delikt, etwa aus § 823 BGB) über die Zurechnungsnorm des § 31 BGB auch die **GbR** mit dem Gesellschaftsvermögen. Schließlich haften mittelbar auch die (nicht handelnden) **Mitgesellschafter** persönlich, da sie über die Akzessorietätstheorie nach § 128 HGB analog für alle (dh auch die deliktischen) Verbindlichkeiten der GbR einzustehen haben (siehe ferner → Rn. 418).

Literatur: *Mülbert*, AcP 199 (1999), 38; *Petersen*, § 41; *Schäfer* GesR § 6 Rn. 3, 4; *Wellenhofer*, JuS 2010, 1048; *Windbichler* GesR § 8 Rn. 10, § 14 Rn. 4.

Lösungshinweise zu Fall 17 (vor → Rn. 192; vgl. *BGH* NJW 1986, 2364; NJW 2003, 1445): **222**

   I. Anspruch des P gegen A auf Schadensersatz aus §§ 280 I, 31 BGB iVm § 128 S. 1 HGB analog

     1. Haftung der GbR (Gesellschaftsschuld)

       a) Verpflichtungsfähigkeit der GbR: Schuldverhältnis (Behandlungsvertrag als Dienstvertrag, § 611 BGB) zwischen P und dem »Institut für Nuklearmedizin«, welches als **teilrechtsfähige GbR selbst Vertragspartei** ist (+)

       b) Pflichtverletzung und Verschulden des handelnden B sind der GbR analog **§ 31 BGB** zuzurechnen (Hinweis: Die Zurechnung vertraglicher Pflichtverletzungen lässt sich alternativ auch über § 278 BGB bejahen: B ist dann als Erfüllungsgehilfe der GbR zu begreifen). [Hinweis: Für § 278 BGB spricht, dass das Organ entweder als Erfüllungsgehilfe zu qualifizieren ist oder aber einem gesetzlichen Vertreter gleichsteht und mithin mangels planwidriger Regelungslücke kein Raum für eine entsprechende Anwendung von § 31 BGB besteht. Für § 31 BGB analog spricht, dass die Verschuldenszurechnung eines Organes eine andere Qualität hat: der Anwendbarkeit von § 278 BGB steht die personalistische, den Gesellschafter als Mitglied umfassende Struktur der GbR entgegen, so dass die einheitliche Lösung über § 31 BGB analog den Vorzug verdient]

     2. Haftung des Mitgesellschafters A (Gesellschafterschuld)

       Für die Verbindlichkeiten der GbR haften alle Gesellschafter gesetzlich und akzessorisch nach der **Akzessorietätstheorie analog § 128 HGB** als Gesamtschuldner, dh, P kann A für den vol-

---

198 Vgl. Baumbach/Hopt/*Roth* HGB § 124 Rn. 25 ff.
199 So denn auch *BGH* NJW 2003, 1445.

len Schaden in Anspruch nehmen (früher: auf § 714 BGB gestützte Doppelverpflichtungslehre, wonach Handeln für Gesellschaft sowohl zur Verpflichtung der Gesellschaft als auch idR. der Gesellschafter führt – obsolet [!])

II. Anspruch des P gegen A auf Schadensersatz aus §§ 823 I, 31 BGB iVm § 128 S. 1 HGB
Der GbR wird das deliktische Handeln des B nach § 31 BGB analog zugerechnet, so dass sie auch aus §§ 823 I, 31 BGB haftet. Anwendbarkeit des § 128 HGB auf Deliktsschulden? Nach ganz hM verbietet die Akzessorietätslehre eine unterschiedliche Haftungsstruktur in Bezug auf vertragliche und deliktische Verbindlichkeiten. Die Rechtssubjektivität der GbR gebietet mit Blick auf die Entnahmefreiheit eine umfassende Haftung des Gesellschafters. Über § 128 HGB analog haftet mithin auch A für die deliktischen Verbindlichkeiten der GbR unmittelbar gegenüber P.

223 Lösungshinweise zu Fall 18 (vor → Rn. 200; vgl. *BGH* NJW 2008, 3277; NJW 2008, 3282; NJW-RR 2010, 295; *BGH* NJW 2011, 2880):

I. Ausgleichsanspruch aus § 1378 I BGB analog
1. Nichteheliche Lebensgemeinschaft: hier (+), da zwischen M und F eine auf Dauer angelegte, daneben keine weitere Bindung gleicher Art zulassende, von innerer Bindung getragene Verbindung besteht, infolgedessen die Partner unterhaltsähnlich füreinander einstehen.
2. Anwendbarkeit des Eherechts: (–), weil die Rechtswirkungen der Ehe nicht gegenüber den nichtehelichen Lebensgemeinschaften gelten sollen; auch Art. 6 I GG spricht gegen eine Übertragung der Vorschriften. Selbst für § 1362 BGB wurde eine Analogie abgelehnt, vgl. *BGH* NJW 2007, 992.

II. Ausgleichsforderung des M gemäß §§ 734, 738 I 2 BGB (bzw. § 235 I HGB)
1. Bestehen einer **GbR** iSd §§ 705 ff. BGB?
   a) »**Ehegatteninnengesellschaft**« bei Eheleuten oder eheähnlichen Partnerschaften in Form der GbR, wenn die Partner einen **über den typischen Rahmen der Lebens- oder Familiengemeinschaft hinausgehenden Zweck** verfolgen (zB gemeinsamer Betrieb eines in der Alleininhaberschaft eines Partners stehenden Unternehmens)
   b) Konkludenter formfreier (Gesellschafts-)Vertragsschluss? Problem: Rechtsbindungswille. Aus dem personalen Charakter der nichtehelichen Lebensgemeinschaft folgen strenge Anforderungen an die Auslegung. Konkludenter Vertragsschluss mithin nur gegeben, wenn ein über die Lebensgemeinschaft hinausgehender Zweck verfolgt wird, der auf die Schaffung von gemeinschaftlichen wirtschaftlichen Werten abzielt. Hier: Erarbeitung des Bungalows, des Doppelhauses und des Restaurants liegt außerhalb der typischen »Ehegattenmitarbeit«, daher (+).
2. Auflösung der GbR (BGH differenziert hier insoweit nicht, anders vgl. zB MüKoBGB/*Schäfer* § 730 Rn. 12 ff.).
   a) nach **§ 726 BGB** direkt (–), weil Innengesellschaft über kein auflösungsfähiges und damit kein abzuwickelndes Sondervermögen verfügt
   b) entweder § 726 BGB analog (+) oder aber Abfindungsanspruch ergibt sich im Wege der Auslegung des Gesellschaftsvertrages
3. Ergebnis: M steht ein Anspruch auf Auszahlung des ihm zustehenden Anteils am gemeinsam geschaffenen Vermögen zu.

III. Anspruch aus **§ 812 I 1 Alt. 1 BGB** (–), weil Rechtsgrundabrede einen rechtlichen Grund bildet. Leistungen (Mitarbeit der Häuser) wird grundsätzlich in der Vorstellung erbracht, dass Leistungen in einem Austauschverhältnis stehen, sich gegenseitig bedingen und mithin nicht isoliert zurückgefordert werden können.

IV. Anspruch aus **§ 812 I 2 Alt. 2 BGB** (nach der neuen Rechtsprechung des *BGH* [NJW 2011, 2880] grundsätzlich möglich!)
Hier: Bereits Zweckvereinbarung iSd § 812 I 2 Alt. 2 BGB zweifelhaft. Als Erfolg kommt hier Fortbestand der nichtehelichen Lebensgemeinschaft in Betracht. Jedenfalls »normale« Austauschleistungen stellen keine Zweckvereinbarung dar, da der Bestand der Gemeinschaft gerade nicht gesichert ist und eine spätere Rückforderung zumeist nicht dem Willen der Parteien entspricht. Übertragbarkeit auf nicht mehr typische »Mitarbeit« (vgl. oben)?

BGH [Tz. 32] führt dazu aus: »Zu fordern ist vielmehr eine konkrete Zweckabrede, wie sie etwa dann vorliegen kann, wenn die Partner zwar keine gemeinsamen Vermögenswerte schaffen wollten, der eine aber das Vermögen des anderen in der Erwartung vermehrt hat, an dem erworbenen Gegenstand langfristig partizipieren zu können«. Hier: M und F sind seit 17 Jahren zusammen, Mitarbeit und damit Zuwendung geht deutlich über das hinaus, was die Gemeinschaft Tag für Tag benötigt, daher (+).
Aber: Verhältnis zum Gesellschaftsrecht? Vertretbar, das Ausgleichsansprüche nach vertraglichem Recht (hier: Gesellschaftsvertrag) vorrangig sind.

V. Ausgleich nach den Grundsätzen über den **Wegfall der Geschäftsgrundlage, § 313 BGB?**
   1. Nach der neuen BGH-Rechtsprechung auch bei Auflösung der unehelichen Lebenspartnerschaften möglich. Gegenstand der Grundlagenstörung ist ein konkludent geschlossener Kooperationsvertrag sui generis. Ausgleich über § 313 BGB erfolgt nur in Ausnahmefällen, wenn die Zuwendung über den alltäglichen Leistungsaustausch hinaus erfolgt, erhebliche Bedeutung hat und unter Berücksichtigung aller Umstände des Einzelfalls die Vermögensverteilung schlichtweg unangemessen ist.
   2. Aber: Vorrang der gesellschaftsrechtlichen Ausgleichsansprüche (s. o.).

Lösungshinweise zu Fall 19 (vor → Rn. 205):   224
Eigentumserwerb der Y-OHG von der X-OHG gemäß **§§ 929 S. 1, 932 BGB?**
   1. Erwerb grundsätzlich möglich, da zwei von den Gesellschaftern unabhängige Sondervermögen; für jede OHG gilt § 124 HGB (→ Rn. 205, 209)
   2. Guter Glaube des B, §§ 166 I, 932 II BGB (+)
   Aber: Das Wissen eines einzigen Gesellschafters genügt (hier A, der ebenfalls Gesellschafter der erwerbenden Y-OHG ist), jedenfalls wenn die Nichtweitergabe des Wissens an den handelnden Gesellschafter (B) organisationspflichtwidrig war; nach aA nur, wenn er konkret vertreten hat, für die übrigen Vertreter nur nach § 166 II BGB.
   3. Und: Wegen teilweiser Personenidentität im Gesellschafterbestand der beiden an der Eigentumsübertragung beteiligten Parteien **kein Verkehrsgeschäft.**
   4. Ergebnis: Keine wirksame Eigentumsübertragung

§ 9. Die OHG – Entstehung, Außenverhältnis

1. Die Gesellschafter

Gesellschafter der OHG sind in den meisten Fällen natürliche Personen. Doch können   225
auch juristische Personen OHG-Gesellschafter sein; die hM bejaht dies ferner für Personengesellschaften – es kann mithin eine OHG oder Außen-GbR sowie ein nicht rechtsfähiger Verein als Gesellschafter einer zweiten OHG in Erscheinung treten –, verneint es hingegen noch für die Erbengemeinschaft.[200] Es können also in dem letzteren, praktisch sehr wichtigen Fall die mehreren Erben eines verstorbenen OHG-Gesellschafters nur jeder für sich, nicht aber in Erbengemeinschaft in die Gesellschafterposition nachrücken, falls dies überhaupt im Gesellschaftsvertrag so vorgesehen ist (lesen Sie hierzu vorerst § 139 HGB!).

Die Zahl der Gesellschafter muss mindestens zwei betragen, nach oben ist sie unbegrenzt.

---

200 *BGH* NJW 1983, 2377, NJW 2002, 3389; EBJS/*Wertenbruch* HGB § 105 Rn. 181; Baumbach/ Hopt/*Roth* HGB § 105 Rn. 28 f.; KKRD/*Kindler* HGB § 105 Rn. 19.

226 Streitig ist, ob neben der OHG auch ihren Gesellschaftern persönlich die **Kaufmanns-eigenschaft** zukommt. Unschwer bejahen lässt sich das für besondere Fragestellungen wie diejenige des § 109 GVG (Befähigung zum Handelsrichter); denn der OHG-Gesellschafter ist hierzu – jedenfalls wenn er nicht nach § 114 II HGB von der Geschäftsführung ausgeschlossen ist – ebenso qualifiziert wie der Einzelkaufmann. Jedoch will die überwiegende Meinung darüber hinaus den OHG-Gesellschafter (und zwar auch den nicht-geschäftsführenden) wegen seiner persönlichen, unbeschränkten Haftung nach § 128 HGB als (Mit-)Betreiber des Unternehmens und damit auch individuell als Kaufmann ansehen.[201] Für die Anwendung von Handelsrecht ist das freilich weitgehend ohne Bedeutung, weil persönliche Rechtsgeschäfte dieses Gesellschafters nicht zur Unternehmenssphäre der Gesellschaft gehören und daher nach § 343 HGB trotz Kaufmannseigenschaft keine Handelsgeschäfte darstellen.[202] Denn die Geschäfte des Unternehmens werden namens der OHG abgeschlossen (§ 124 I HGB), der Gesellschafter handelt allenfalls als deren Vertreter (§ 125 HGB). Schließt er ein Geschäft im eigenen Namen ab, so gehört dies nicht zum Unternehmen der OHG, sondern zu seiner individuellen Privatsphäre, wobei im Falle schwer einzuordnender Geschäfte die Vermutung des § 344 HGB nicht übersehen werden darf.

227 Die problematischen Anwendungsfälle sind freilich so gelagert, dass der Gesellschafter eine Willenserklärung im eigenen Namen abgibt, diese ihrem **Zweck** nach aber auf das gemeinsam betriebene Unternehmen ausgerichtet ist. Hauptsächlich zwei Fallgruppen spielen eine Rolle: erstens Abreden im Gesellschaftsvertrag und andere gesellschaftsbezogene Rechtsgeschäfte unter den Gesellschaftern, zweitens Geschäfte eines Gesellschafters mit Dritten im Interesse der Gesellschaft. So kann man Vertragsstrafeklauseln im Gesellschaftsvertrag nach § 348 HGB behandeln, bei mängelbehafteten Sacheinlagen des Gesellschafters evtl. § 377 HGB (analog?) anwenden, wenn man den Abschluss des Gesellschaftsvertrags und erst recht spätere Änderungen bereits auf die Unternehmenssphäre des zu betreibenden Unternehmens bezieht (str.). Und wenn ein Gesellschafter sich für eine Schuld der OHG verbürgt (§§ 349, 350 HGB!), so verbürgt er sich zwar mit seinem Privatvermögen, aber die Zweckbestimmung der Bürgschaft ist es, dem gemeinsamen Unternehmen zu dienen.

Man mag sich fragen, welchen praktischen Sinn eine solche Bürgschaft haben soll, da der Gesellschafter doch ohnehin persönlich unbeschränkt haftet. Gewisse Rechtsvorteile vermag die zusätzliche Bürgschaft dem Gläubiger immerhin zu verschaffen: So erfasst die Sonderverjährung der §§ 159, 160 HGB nicht die Bürgschaftsverpflichtung, und in der sog. Doppelinsolvenz von Gesellschaft und Gesellschafter gilt § 43 InsO, nicht § 93 InsO (mit potentiell erheblichen, aber str. Konsequenzen, nachfolgend → Rn. 245 ff.).

Will man die Entscheidung, ob auf das vom Gesellschafter abgeschlossene Geschäft die kaufmanns- bzw. unternehmerbezogenen Normen Anwendung finden sollen, richtigerweise von einer Interessenbewertung abhängig machen, so ist es allein mit dem Hinweis auf die OHG als Mitunternehmerschaft und auf die unbeschränkte Haftung nach § 128 HGB hierbei nicht getan. Vielmehr müsste feiner differenziert werden: Unter welchen Voraussetzungen soll ein Gesellschafter hinsichtlich Schutzwürdigkeit mit dem Vollkaufmann auf eine Stufe gestellt werden – bei welchen Gesellschaftsformen soll das »gemeinsame« Unternehmen als Zuordnungsobjekt für den einzelnen Gesellschafter genügen? Dann aber dürfte es sich aus Rechtssicherheitsgründen doch eher

---

201 BGHZ 34, 293; 45, 282; *Canaris,* § 2 Rn. 20; Heymann/*Förster,* § 1 Rn. 69; *Windbichler* GesR § 11 Rn. 8.
202 *BGH* BB 1968, 1053; Großkomm/*Schäfer,* § 105 Rn. 77 f. AA *K. Schmidt,* ZIP 1986, 1510.

empfehlen, auch bei der OHG mit der kategorischen Unterscheidung Ernst zu machen: Die Gesellschafter betreiben das Unternehmen in ihrer gesamthänderischen Verbundenheit; mit Rechtshandlungen, die ein einzelner Gesellschafter für seine Person tätigt, unterfällt er *nicht* dem Kaufmannsrecht. Es ist in diesem Moment auch nicht recht einzusehen, weshalb entsprechende Handlungen iSd §§ 343, 344 HGB gerade *seinem* Handelsgewerbe unterfallen sollen.

Besonders gelagert ist das Problem der **Schiedsklauseln** in Gesellschaftsverträgen. §1031 ZPO macht dies nun nicht mehr von der Kaufmannseigenschaft der Vertragsparteien abhängig, rückt aber für deren Wirksamkeit umso deutlicher die Verbrauchereigenschaft bzw. umgekehrt die Zurechnung zur Unternehmenssphäre in den Mittelpunkt (Abs. 5 m. § 13 BGB: Verbraucher = weder einer »gewerblichen noch selbständigen beruflichen Tätigkeit« zurechenbar). Man könnte nun ob des Bezuges der OHG-Gesellschafter zum gemeinsamen Unternehmen (OHG) deren Verbrauchereigenschaft verneinen mit der Konsequenz, dass die Schiedserklärung der einzelnen Gesellschafter gültig ist.[203] Zum selben Ergebnis gelangte man, wenn man die Personenhandelsgesellschaften den Kapitalgesellschaften gleichstellte: Wenn § 1066 ZPO nach hM den Kapitalgesellschaften in ihren Satzungen Schiedsklauseln erlaubt,[204] so ist es nicht gerechtfertigt, die Personenhandelsgesellschaften in dieser Hinsicht strengeren Maßstäben zu unterwerfen.[205]

228

2. Errichtung und Entstehung der OHG

a) Terminologie

Vorweg zur **Terminologie:** Das HGB spricht in der Titelüberschrift vor § 105 HGB von der Errichtung der OHG und in § 123 HGB von ihrer Wirksamkeit im Verhältnis zu Dritten. Auseinander zu halten sind hierbei drei unterschiedliche Zeitpunkte: das Wirksamwerden des Vertrages, die Entstehung der Gesellschaft als Rechtsträger und die Anwendbarkeit der handelsrechtlichen Vorschriften auf die Gesellschaft. Unter Errichtung im Allgemeinen versteht man die rechtsgeschäftliche und rechtsverbindliche Einigung unter den Gründern, so auch im AktG (§ 29); demgegenüber bezeichnet das GmbHG (in § 1 und der Überschrift davor) damit den Gesamtvorgang der Gründung. Der Unterschied gewinnt dann praktische Bedeutung, wenn dieser Gesamtvorgang der Gründung, der die Gesellschaft zur Entstehung bringt, über den Abschluss des Gesellschaftsvertrags bzw. Gründungsakts – also die Errichtung – hinaus weitere Rechtsakte erfordert, etwa die konstitutive Eintragung im Handelsregister (s. bereits → Rn. 152). Für die OHG nun nennt die zwingende Vorschrift des § 123 HGB *alternativ* zwei solcher weiterer Kriterien, die Registereintragung in § 123 I HGB und den Geschäftsbeginn in § 123 II HGB. Die Vorschrift macht davon die Wirksamkeit gegenüber Dritten abhängig, was den Eindruck nahelegen könnte, als hätte man zwischen einer Entstehung der OHG im Innen- und im Außenverhältnis zu unterscheiden.

229

Unmissverständlich ergibt sich aus § 123 HGB, dass die OHG im **Außenverhältnis** – und dh: als **Außengesellschaft** – erst existiert, wenn zum Vertragsschluss noch eines

---

203 Konsequent verneinend Baumbach/Hopt/*Hopt* HGB vor § 1 Rn. 90.
204 *BGH* NJW 2009, 1962.
205 *Roth*, FS Nagel, 1987, S. 318; *K. Schmidt*, ZHR 162 (1998), 277.

dieser weiteren Kriterien hinzukommt. Entstehen kann die Gesellschaft als solche aber bereits vorher, nämlich als Außengesellschaft in Rechtsform der GbR oder als bloße Innengesellschaft (und damit zwangsläufig als GbR). Es handelt sich dennoch in allen Phasen dieser Entwicklung um dieselbe Gesellschaft. Zur Außengesellschaft wird eine Gesellschaft, wenn sie im Rechtsverkehr in Erscheinung tritt, und die zwei hierfür möglichen Formen sind eben die in § 123 HGB genannte Geschäftsaufnahme bzw. die Registereintragung der Gesellschaft, die in § 106 HGB vorgeschrieben ist. Als Gesellschaft kann die Personengesellschaft schon allein mit Abschluss des Gesellschaftsvertrags entstehen, allenfalls auch mit dem aufschiebend bedingten oder befristeten Wirkungseintritt des Gesellschaftsvertrags. Bei einer Gesellschaft, deren Zweck auf den Betrieb eines Handelsgewerbes gerichtet ist (§ 105 I HGB), hat aber die bloße Innengesellschaft allenfalls für ein kurzes Vorbereitungsstadium Bedeutung; denn bereits die ersten Vorbereitungshandlungen, mit denen die Gesellschaft sich im Rechtsverkehr bemerkbar macht (zB die Anmietung des Geschäftslokals), markieren den Geschäftsbeginn. Wesentlich wichtiger ist daher bei der Gründung einer OHG die Frage, was die Außengesellschaft zur OHG macht bzw. ob die Außengesellschaft in anderer Rechtsform – in derjenigen der GbR – existiert.

b) Handelsgewerbe

230 § 105 I HGB stellt entscheidend auf den Betrieb eines Handelsgewerbes ab. Hierfür spielt nun wieder der Unterschied zwischen Handelsgewerben kraft Gesetzes (§ 1 II HGB) und solchen kraft Registereintragung (§ 2 HGB) eine Rolle. Erstere beziehen ihre Qualifikation vom Betreiben eines Gewerbes mit Erforderlichkeit kaufmännischer Einrichtung, letztere bedürfen der Eintragung als eines konstitutiven Akts. Im letzteren Fall ist damit die **Registereintragung** gleichzeitig konstitutiv für die Rechtsform der OHG; vorher kann die Gesellschaft, selbst wenn sie bereits ihre Geschäfte begonnen hat und mithin Außengesellschaft ist, nur GbR sein. Das meint § 123 II HGB mit seinem »soweit …«-Nachsatz, der sich auf die Fälle des § 2 HGB bezieht. Wird das Unternehmen erst durch Eintragung zum Handelsgewerbe, wird auch die Gesellschaft erst mit Eintragung OHG. Es handelt sich dabei um ein und dieselbe Eintragung; die Eintragung der OHG nach §§ 106, 123 I HGB schließt die Eintragung der »Firma des Unternehmens« iSv §§ 2 S. 1, 105 II HGB ein. Die GbR ist in diesen Fällen bei Geschäftsaufnahme vor der Registereintragung die Vorgesellschaft zur OHG.

231 Betreibt die OHG demgegenüber ein **Handelsgewerbe iSv § 1 II,** so ist sie gemäß § 123 II HGB mit dem Zeitpunkt des **Geschäftsbeginns** errichtet, wenn dieser vor demjenigen der Eintragung liegt. Die Registereintragung verlautbart dann nur noch die Gesellschaftsform; sie ist nach § 106 HGB geboten, der insoweit an die Stelle von § 29 HGB tritt. Freilich fragt sich im Hinblick auf die Erforderlichkeit kaufmännischer Einrichtung, ob nicht auch das Handelsgewerbe gemäß § 1 II sehr häufig in Rechtsform der GbR beginnen muss, weil es klein anfängt und erst allmählich in die Größenordnung hineinwächst, die eine kaufmännische Einrichtung erforderlich macht. Indessen begnügt die hM sich damit, dass diese Qualifikation im Unternehmen (von Anfang an) »angelegt« ist; sie lässt im Übrigen unter dieser Voraussetzung auch eine Registereintragung bereits zu.[206]

---

[206] *BayObLG* WM 1985, 457.

Der Grund hierfür ist nicht, wie man vielleicht auf den ersten Blick meinen möchte, in der speziellen Formulierung des § 105 HGB zu finden, die so verstanden werden könnte, als stellte sie nur auf die Zweckrichtung, nicht auf den tatsächlichen Betrieb ab. Vielmehr knüpft § 105 HGB insofern lediglich an § 705 BGB an, indem er den dort verlangten gemeinsamen Zweck für die Personenhandelsgesellschaften präzisiert,[207] ohne dass aber die Zweckrichtung schon deren Verwirklichung ersetzen soll. Jedoch lässt sich das Ergebnis unmittelbar aus dem Kriterium der Erforderlichkeit einer kaufmännischen Einrichtung (§§ 2, 4 HGB) herleiten, und damit gleichermaßen für die Personenhandelsgesellschaften wie für Einzelunternehmen (s. bereits → Rn. 96). Diese Erforderlichkeit ist ihrem Sinne nach mit Blick in die Zukunft zu beurteilen; denn sie muss eine vorhersehbare Entwicklung bereits vorwegnehmen. Eine kaufmännische Einrichtung ist schon für erforderlich zu erachten, wenn Art und Umfang des Unternehmens sich erst als Zukunftspotential in objektivierbarer Weise abzeichnen.[208]

Andernfalls, also wenn das Gewerbe seinem Zuschnitt nach keiner kaufmännischen Einrichtung bedarf, lässt ohne Registereintragung der Geschäftsbeginn nur eine GbR entstehen. Wächst dann das Unternehmen später doch noch in die vollkaufmännische Qualifikation hinein, so wird die Gesellschaft mit diesem Zeitpunkt zur OHG.

Die **Registereintragung** ist andererseits auch schon vor Geschäftsbeginn zulässig und zeitigt die Rechtsfolge des § 123 I HGB ohne Rücksicht darauf, ob es sich um ein kleineres oder ein größeres Gewerbe handelt, im ersteren Fall auch ohne Rücksicht darauf, ob willentlich eine Option für die Rechtsform der OHG ausgeübt wurde oder nicht (s. zum Verhältnis zwischen § 2 und § 5 HGB → Rn. 105 ff.). Entscheidend ist, dass § 123 I HGB der Rechtssicherheit dient und mithin den Rechtsverkehr absolut schützt, allerdings gerade nicht als eine Vertrauensschutzvorschrift ieS zu begreifen ist. Hieraus folgt, dass selbst die Kenntnis eines Dritten, dass die OHG ihre Geschäfte noch nicht aufgenommen hat, keinen Einfluss auf die Wirksamkeit nach § 123 I HGB hat. **232**

Umgekehrt kann auch die Existenz der Gesellschaft als OHG dem Dritten Erschwernisse bringen (*Beispiel:* § 124 II HGB – zur Vollstreckung in das Gesellschaftsvermögen ist ein gegen die OHG gerichteter Schuldtitel genügend, aber auch erforderlich) und hiergegen wird der Dritte, der von der Entstehung der OHG nach § 123 II HGB nichts wusste, nach § 15 I HGB geschützt.

c) Verwaltung eigenen Vermögens

In die Optionsmöglichkeit bezieht die Vorschrift des § 105 II HGB zusätzlich die Gesellschaften ein, »die nur eigenes Vermögen verwalten« und damit nach wohl hM, weil sie kein Gewerbe betreiben, nicht Personenhandelsgesellschaft werden können (→ Rn. 87 ff.). Auf diese Weise erhält die Eintragung kraft Option, die dann auch allgemein Handelsrecht anwendbar macht (§ 6 I HGB), bei den Personenhandelsgesellschaften eine noch größere Bedeutung als beim Einzelkaufmann nach § 2 HGB. **233**

d) Einverständnis der Gesellschafter

Die Willenseinigung der Gesellschafter über die Gründung der OHG einschließlich der Übernahme der Gesellschafterrechte und -pflichten manifestiert sich im Abschluss **234**

---

207 Großkomm/*Schäfer*, § 105 Rn. 20.
208 Großkomm/*Oetker*, § 2 Rn. 11 f.

des Gesellschaftsvertrags. Ausreichend und damit von § 123 HGB erfasst ist die fehlerhafte Gesellschaft, nicht hingegen die Scheingesellschaft. Der Beginn der gesellschaftlichen Außenexistenz jedenfalls in der Variante des § 123 I HGB ist nochmals an die Mitwirkung aller Gesellschafter geknüpft; denn § 108 HGB verlangt eine Anmeldung durch sämtliche Gesellschafter. Daraus folgt, dass auch die Ausübung einer Option nach § 105 II HGB des Einverständnisses aller Gesellschafter bedarf. Die hM verlangt ebenso bei § 123 II HGB einen einvernehmlichen Geschäftsbeginn; **die Aufnahme der Geschäfte durch nur einige Gesellschafter wirkt nicht zu Lasten der Mitgesellschafter, die nicht einverstanden waren.**[209] Damit wird dem einzelnen Gesellschafter ein zusätzlicher Schutz gegen die Risiken des OHG-Rechts gewährt; freilich ist er nach Maßgabe des Gesellschaftsvertrags zur Mitwirkung bei der Registeranmeldung bzw. der Geschäftsaufnahme verpflichtet oder kann dort der Geschäftsbeginn bereits einverständlich determiniert werden.

Eine einverständliche *Rechtswahl* der Gesellschafter, abweichend von den Kriterien des § 123 HGB (iVm § 105 II HGB), ist mit Wirkung nach außen nicht möglich; denn die Rechtsform der OHG oder GbR tritt *von Gesetzes wegen,* dh unabhängig vom Willen der Gesellschafter ein **(Rechtsformzwang).** Im **Innenverhältnis** hingegen bestehen keine schutzwürdigen Interessen, die es verbieten würden, auch für die GbR-Vorgesellschaft OHG-Recht gelten zu lassen. Also können die Gesellschafter das so vereinbaren und darüber hinaus dürfte das im Zweifel als konkludenter Vertragsinhalt anzusehen sein; denn in dem Vertrag haben die Gesellschafter ihren unbedingten Willen erklärt, ein Rechtsverhältnis dieser Art einzugehen. (Etwas anderes gilt folgerichtig, wenn die Gesellschafter insoweit abweichende Vereinbarungen getroffen haben.)

Zusammengefasst: Die OHG entsteht mit Wirkung für das Außenverhältnis im Falle eines Handelsgewerbes nach § 1 II HGB mit der Registereintragung oder der Aufnahme der Geschäfte – der frühere Zeitpunkt ist maßgebend –, in anderen Fällen mit der Eintragung, soweit eine solche zur Wahl steht, dh, bei allen Gewerben sowie bei der Verwaltung eigenen Vermögens. Für die Wirkung im Innenverhältnis genügt grundsätzlich der Abschluss des Gesellschaftsvertrags.

235 Zur **Klarstellung:** Bisher war scheinbar selbstverständlich davon die Rede, dass Geschäftsaufnahme oder Registereintragung *nach Abschluss des Gesellschaftsvertrags* erfolgen. Die umgekehrte Konstellation, dass die Geschäfte vor Abschluss des Gesellschaftsvertrags aufgenommen werden, ist praktisch kaum vorstellbar. Spätestens in der einverständlichen Aufnahme der Geschäfte – ebenso in der einverständlichen Anmeldung zum Handelsregister – liegt der stillschweigende Vertragsschluss. Es verbleiben also nur die Fälle, in denen weder vorher noch bei Geschäftsbeginn ein wirksamer Vertrag zustande kommen konnte, sei es mangels Geschäftsfähigkeit, sei es mangels Einverständnisses etc., und diese Fälle gehören zum Problemkreis der fehlerhaften Gesellschaft (hierzu → Rn. 184 ff.).

---

209 Baumbach/Hopt/*Roth* HGB § 123 Rn. 12.

3. Die Vertretung der OHG

Fall 20: OHG mit drei Gesellschaftern A, B, C. A erteilt dem P Prokura, ohne die Mitgesellschafter zu fragen.

a) Ist die Prokura wirksam erteilt?

b) Kann B sie gegen den Willen des A widerrufen?

(Lösungshinweise → Rn. 244).

a) Organschaftliche Vertretung

Um Verträge abschließen und sonstige Rechtsgeschäfte vornehmen zu können, muss **236** die OHG vertreten werden, **§ 164 BGB.** Dabei sehen die **§§ 125, 126 HGB** eine Vertretung der OHG durch ihre Gesellschafter vor, was Ausdruck des Prinzips der Selbstorganschaft ist. Die Vertretungsbefugnis stellt – ebenso wie die Geschäftsführungsbefugnis – ein mitgliedschaftliches Pflichtrecht dar. Die Vertretung ist sachlich allumfassend, deckt also alle denkbaren Rechtshandlungen der Gesellschaft ab, und kann mit Wirkung für das *Außenverhältnis* nicht eingeschränkt werden (§ 126 I, II HGB). Diese organschaftliche Vertretungsmacht folgt unmittelbar, also ohne dass es einer eigenen Bevollmächtigung bedürfte, aus der im Gesetz vorgegebenen Gesellschaftsverfassung. Man spricht daher zu Recht von einer gesetzlichen organschaftlichen Vertretung, einer *originären* Vertretungsmacht.

Die OHG kann auch durch andere Personen vertreten werden, beispielsweise durch **237** Prokuristen, Handlungsbevollmächtigte. Doch handelt es sich in diesem Fall nicht um eine von *Gesetzes* wegen eingeräumte *organschaftliche* und originäre, sondern um eine *rechtsgeschäftlich* eingeräumte und damit *abgeleitete (derivative) Vertretungsmacht,* dh, es bedarf der Erteilung einer entsprechenden *Vollmacht* (§ 167 BGB), die durch einen organschaftlichen Vertreter (Gesellschafter) erfolgen oder auf ihn zurückführbar sein muss. (*Beispiel:* Der Prokurist hat Handlungsvollmacht erteilt, er selbst wurde von einem Gesellschafter bestellt.) Der sachliche Umfang einer rechtsgeschäftlich erteilten Vertretungsmacht richtet sich nach dem Inhalt der Vollmacht bzw. nach dem – soweit vorhanden, s. Prokura, §§ 48 ff. HGB – speziellen gesetzlichen Rahmen.

Die organschaftliche Vertretungsmacht findet sachlich ihre **Grenzen** erst dort, wo es **238** um die *Grundlagen des Gesellschaftsverhältnisses* geht und man daher von einem Organhandeln für *diese* Gesellschaft nicht mehr sprechen kann. Sie deckt beispielsweise nicht Änderungen des Gesellschaftsvertrags, der Firma, des Gesellschafterbestands, die Auflösung der Gesellschaft. Dies sind Akte, die nicht in die Kompetenz der OHG, sondern in diejenige der Gesellschafter fallen, so dass sich die Frage nach der Vertretung der OHG gar nicht stellt (sondern ggf. nur diejenige nach der Vertretung eines Gesellschafters in der Gesellschafterversammlung, etwa durch seinen Anwalt). Entsprechendes gilt für die auf das Gesellschaftsverhältnis bezogenen Anmeldungen zum Handelsregister (§§ 108, 143 HGB). Die Veräußerung des gesamten Gesellschaftsvermögens berührt an sich ebenfalls die Grundlagen des Gesellschaftsverhältnisses; daher bedarf ein Verpflichtungsgeschäft über das gesamte Vermögen zu seiner Wirksamkeit eines Gesellschafterbeschlusses.[210] Jedoch müssen die einzelnen Übertra-

---

210 *BGH* NJW 1995, 596.

gungsgeschäfte (dingliche Verfügungen) als Verkehrsgeschäfte im Interesse des Rechtsverkehrs noch von der Vertretungsmacht gedeckt sein.[211]

Die Vertretungsmacht des § 125 HGB folgt unmittelbar aus der Gesellschafterstellung, ohne dass es eines Bestellungsakts in eine bestimmte Organposition bedürfte: **Selbstorganschaft.** Eine organschaftliche Vertretung durch andere Personen als Gesellschafter (sog. *Drittorganschaft*) ist bei der OHG grundsätzlich nicht möglich. Ausnahmsweise kann allerdings das Gericht, wenn alle Gesellschafter als Vertreter weggefallen sind, einen Nichtgesellschafter als organschaftlichen Vertreter bestellen.

b) Vertretungsmacht

239 Hinsichtlich der Vertretungsmacht bekennt sich das Gesetz zum Grundsatz der sachlich unbeschränkbaren und unbeschränkten **Einzelvertretung** jedes Gesellschafters (§ 125 I HGB). Auf diese Weise erreicht das Gesetz jene Beweglichkeit, die eine größere Personengemeinschaft im kaufmännischen Verkehr erst praktisch handlungsfähig macht. Andererseits zeigt diese Regelung deutlich, dass die OHG auf den Zusammenschluss eines überschaubaren Kreises von miteinander vertrauten und persönlich verbundenen Gesellschaftern zugeschnitten ist; denn der Grundsatz der **Einzelvertretung** – speziell in Verbindung mit der noch zu erörternden persönlichen Haftung – gibt jeden Gesellschafter sehr weitgehend in die Hand der anderen Gesellschafter. Insbesondere verfängt hiergegen auch nicht das *Widerspruchsrecht* des § 115 I Hs. 2 HGB; denn dieses wirkt grundsätzlich nur im Innenverhältnis im Bereich der Geschäftsführungsbefugnis und im Außenverhältnis daher nur in den zwei noch zu erörternden Ausnahmefällen, in denen Beschränkungen der Geschäftsführungsbefugnis Außenwirkung entfalten.

240 Allerdings erlaubt das HGB von diesem Grundsatz gewisse **Abweichungen,** die durch *gesellschaftsvertragliche* Regelung zu treffen sind:

aa) Einzelne Gesellschafter können von der Vertretung schlechthin **ausgeschlossen werden** (§ 125 I HGB). Der Ausschluss bedarf der Eintragung ins Handelsregister (§§ 106 II Nr. 4, 107, 125 I HGB). Solange er nicht eingetragen ist, wirkt er dank der Gutglaubensregelung des § 15 I HGB nur gegenüber Dritten, die den Ausschluss positiv kannten. Auf diese Weise kann auch, durch Ausschluss aller Anderen, einem einzigen Gesellschafter die alleinige Vertretungsmacht vorbehalten werden. Mindestens ein Gesellschafter muss aber als Ausfluss aus dem Grundsatz der Selbstorganschaft, als organschaftlicher (Allein-)Vertreter übrig bleiben.[212]

bb) Der Gesellschaftsvertrag kann **Gesamtvertretung** anordnen (§ 125 II HGB). Hier sind vielfältige Gestaltungen möglich: die Gesamtvertretung aller Gesellschafter (»allgemeine« Gesamtvertretung), das Zusammenwirken einer bestimmten, beliebig zusammengesetzten Anzahl aus der Gesamtheit aller Gesellschafter (»allgemeine Gruppenvertretung«, *Beispiel:* aus fünf Gesellschaftern A, B, C, D, E immer zwei zusammen, also A mit B, B mit C, C mit D etc. – »Vier-Augen-Prinzip«). Ausschluss einzelner Gesellschafter und Gesamtvertretung der übrigen, Einzelvertretung einiger Gesellschafter und Gesamtvertretung der anderen, Gesamtvertretung in bestimmten

---

211 *BGH* NJW 1991, 2564.

212 Zur Frage, ob dem nach § 125 HGB ausgeschlossenen Gesellschafter Prokura erteilt werden kann, → Rn. 797 f.

Gruppen und andere Kombinationen (»besondere« oder »qualifizierte« Gesamtvertretung). Anerkannt ist schließlich auch die »halbseitige« Gesamtvertretung (Beispiel: Gesellschafter A kann die Gesellschafter alleine vertreten und die Gesellschafter B und C können die Gesellschaft entweder gemeinsam oder zusammen mit A vertreten). Auch hier ist wieder das Eintragungserfordernis der §§ 106 II Nr. 4, 107, 125 I HGB zu beachten. Zur Ausübung der Gesamtvertretung → Rn. 768 f.

cc) Möglich ist schließlich auch eine weitere Ausgestaltung jeder Spielart von Gesamtvertretung dergestalt, dass einer oder mehrere (aber nicht alle) der erforderlichen Gesellschafter durch einen oder mehrere **Prokuristen** ersetzt werden (§ 125 III HGB, sog. **unechte oder gemischte Gesamtvertretung**). Häufigstes Beispiel: Verlangt wird das Zusammenwirken von entweder zwei Gesellschaftern oder einem Gesellschafter und einem Prokuristen. Der *Umfang* der Vertretungsmacht bestimmt sich bei einer solchen Paarung von Gesellschafter und Prokurist auch für den letzteren nicht nach dem Recht der Prokura, sondern nach § 126 HGB.

Nicht angängig ist nach § 125 III HGB die ausschließliche Kombination eines Gesellschafters mit einem Prokuristen. Es muss wegen des Grundsatzes der Selbstorganschaft stets die Variante einer Vertretung *allein durch Gesellschafter* eröffnet bleiben.

Auch vom Grundsatz der *sachlich unbeschränkten* Vertretungsmacht lässt das Gesetz **241** eine kleine **Ausnahme** zu: Lesen Sie § 126 III HGB und § 50 III HGB! Ansonsten kann der Gesellschaftsvertrag zwar den vertretungsberechtigten Gesellschaftern beliebig Schranken setzen, diese wirken aber grundsätzlich *nur im Innenverhältnis*, also als Beschränkungen der Geschäftsführungsbefugnis (hierzu → Rn. 270 ff.). Das kann dann insbesondere zur Folge haben, dass derjenige, der solche Beschränkungen missachtet, sich der OHG gegenüber schadensersatzpflichtig macht aus § 280 BGB wegen Verletzung des Gesellschaftsvertrages oder der mitgliedschaftlichen Treuepflicht.

Nur in *zwei Ausnahmefällen* schlagen der Geschäftsführungsbefugnis gesetzte innere Grenzen *nach außen* auf das vorgenommene Rechtsgeschäft durch: Wenn ein *Gesellschafter* der Vertragspartner der OHG ist (insofern wirkt § 126 II HGB nicht: »Dritten gegenüber«) oder wenn die Grundsätze über den *Missbrauch der Vertretungsmacht* eingreifen (hierzu → Rn. 775 ff.).

c) Entzug

Änderungen in der Vertretungsmacht können schließlich dadurch eintreten, dass das **242** **Gericht** einseitig auf Antrag aller übrigen Gesellschafter mit der Gestaltungsklage einem von ihnen die Vertretungsmacht entzieht (§ 127 HGB). Denkbar ist schließlich auch, dass ein Entzug der Vertretungsmacht nach den entsprechenden Regelungen im Gesellschaftsvertrag durch Gesellschafterbeschluss erfolgt. In der Praxis erfolgt dabei eine parallele Entziehung der Geschäftsführungsbefugnis (§ 117 HGB) und der Vertretungsmacht (§ 127 HGB) in Form einer objektiven Klagehäufung (§ 260 ZPO). Entzogen werden kann sowohl eine Einzelvertretungsmacht als auch die Teilhabe an einer Gesamtvertretungsmacht. Als Minus gegenüber der Entziehung kommt auch eine Einschränkung in Betracht, soweit gesetzlich zulässig (*Beispiel*: Ersetzung von Einzelvertretung durch eine Form von Gesamtvertretung) und im Hinblick auf den vorliegenden Grund zurichend. Verliert auf diese Weise der *einzige* vertretungsbefugte Gesellschafter seine Vertretungsmacht, so lebt eine allgemeine Gesamtvertretung auf.

243 Voraussetzung für die Entziehung ist ein **wichtiger Grund:** Das bedeutet, dass überwiegende schutzwürdige Interessen der Gesellschaft eine Entziehung oder Beschränkung der Vertretungsmacht gebieten müssen. Als Hauptbeispiele nennt das Gesetz grobe Pflichtverletzung seitens des betreffenden Gesellschafters und Unfähigkeit. Auch die Entziehung der Vertretungsmacht ist nach §§ 106 II Nr. 4, 107, 125 I HGB ins Handelsregister einzutragen.

244 **Lösungshinweise zu Fall 20** (vor → Rn. 236):

a) Die Erteilung der Prokura stellt einen Verstoß gegen **§ 116 III 1 HGB** dar (der den A ggf. zu Schadensersatz verpflichtet); jedoch gilt § 116 HGB ausweislich seiner systematischen Stellung nur für das **Innenverhältnis** (rechtliches Dürfen). Im **Außenverhältnis** ist die Prokura somit **wirksam** (§§ 125, 126 I HGB), da der gemäß § 126 HGB unbeschränkbare und unbeschränkte Umfang der Vertretungsmacht nicht durch § 116 III HGB berührt wird.

b) Widerrufsmöglichkeit des B gem. § 126 I iVm § 125 I HGB auch gegen den Willen des A. (Hinweis: § 116 III 2 HGB betrifft wiederum nur das Innenverhältnis).

4. Die Haftung der OHG und der Gesellschafter

Fall 21: A und B betreiben ein Bauunternehmen in Rechtsform einer OHG. A ist laut Gesellschaftsvertrag der alleinige *geschäftsführende* Teilhaber. Einem Gläubiger G 1 ist die OHG zur Rechnungslegung (§ 259 BGB) verpflichtet, ein Gläubiger G 2 hat Ansprüche auf Beseitigung verschiedener Baumängel. Von G 3 schließlich hat das Unternehmen einen Baukran geleast; der Leasingvertrag wird aufgekündigt. Kann

a) G 1 den A persönlich auf Rechnungslegung,
b) G 2 den B persönlich auf Mängelbeseitigung,
c) G 3 A und B auf Rückgabe des Krans verklagen?

(Lösungshinweise → Rn. 259).

Fall 22: Kann der Gesellschafter A im Fall 21 nach Ablauf der Verjährungsfrist noch in Anspruch genommen werden, wenn die Verjährung durch Anerkenntnis

a) seitens der OHG, vertreten durch ihren Prokuristen P,
b) des A selbst,
c) des Mitgesellschafters B unterbrochen wurde?

(Lösungshinweise → Rn. 260).

a) OHG und Gesellschafter

245 Erwachsen aus Rechtsgeschäften der OHG dem Vertragspartner Ansprüche, sind ihr deliktische Schädigungen zuzurechnen (entsprechend § 31 BGB) oder entstehen auf anderer gesetzlicher Grundlage (Geschäftsführung ohne Auftrag, Eigentümer-Besitzer-Verhältnis, ungerechtfertigte Bereicherung etc.) Verbindlichkeiten, so richten sich die Ansprüche zunächst einmal *gegen die OHG als solche*. Die OHG selbst ist Trägerin von Rechten und Pflichten, § 124 I HGB. Der Gläubiger kann daher von der OHG Leistung verlangen, sie verklagen und in ihr Gesellschaftsvermögen vollstrecken, vgl. § 124 II HGB.

Der *Privatgläubiger* eines *Gesellschafters* kann sich nicht an die OHG und das Gesellschaftsvermögen halten. Er kann lediglich auf die vermögensrechtlichen Ansprüche seines Schuldners, dh des Gesellschafters, gegen die OHG zugreifen, insbesondere dessen Ausscheiden herbeiführen und dann dessen Abfindungsanspruch für sich verwerten (vgl. hierzu §§ 135, 131 III Nr. 4 HGB). Auf diese Weise ist er, was den Zugriff auf das OHG-Vermögen betrifft, den Gesellschaftsgläubigern gegenüber nachrangig (was insbesondere im Fall der Insolvenz der OHG eine Rolle spielt).

Umgekehrt haften aber den Gläubigern der OHG auch die **Gesellschafter persönlich.** **246** Die *persönliche* und *unbeschränkte* Haftung der Gesellschafter ist bereits in § 105 I HGB als Wesensmerkmal der OHG genannt; § 128 HGB greift das wieder auf. Gemeinhin charakterisiert man diese Gesellschafterhaftung noch durch zwei weitere Attribute: sie ist *primär* und *unmittelbar.* Ersteres besagt, dass sie nicht erst an zweiter Stelle oder subsidiär zum Zuge kommt (wie die des Bürgen nach § 771 BGB); »unmittelbar« bedeutet, dass der Gesellschafter nicht erst auf dem Umweg über die Gesellschaft belangt werden kann (indem der Gläubiger deren Ansprüche gegen den Gesellschafter pfändet – so unter Umständen bei der GmbH, wo die Gesellschafter allenfalls im *Innen*verhältnis gegenüber der GmbH haften). Angewandt auf den einfachsten und praktisch häufigsten Fall bedeutet dies, dass der Gläubiger einer Geldforderung gegen die OHG, wenn diese nicht freiwillig zahlt oder zahlungsunfähig ist, auch jeden Gesellschafter individuell in Anspruch nehmen und auf dessen Privatvermögen zugreifen kann. Er ist dann hier mit den Privatgläubigern gleichrangig.

Auf diese Weise ist dem Gesellschaftsgläubiger auch bei **Insolvenz** der OHG noch eine **247** vollständige Befriedigung gewährleistet, solange wenigstens ein Gesellschafter leistungsfähig ist. Jedoch verhindert die Vorschrift des § 93 InsO den unmittelbaren Gläubigerzugriff auf die Gesellschafter: Nur der Insolvenzverwalter macht die persönliche Haftung von Gesellschaftern während des Insolvenzverfahrens über das Vermögen einer Personengesellschaft geltend, um einen Wettlauf der Gläubiger bei der Inanspruchnahme der (noch) solventen Gesellschafter im Interesse der Gleichbehandlung aller Gläubiger zu verhindern (»Windhundprinzip«). Die praktisch wichtigere Frage ist in dieser Situation allerdings, in welcher Höhe diese Haftung geltend gemacht werden kann, wenn die Insolvenz der OHG, wie so häufig, ein Insolvenzverfahren über das Privatvermögen des Gesellschafters nach sich zieht (sog. Doppelinsolvenz). Zwar sieht die InsO kein Einheitsinsolvenzverfahren vor, so dass die beiden Insolvenzen in getrennten Verfahren abzuwickeln sind, allerdings stehen sie nicht völlig isoliert neben einander. Die naheliegende Antwort ist, dass die Gläubigeransprüche an beiden bzw. allen Insolvenzverfahren in voller Höhe teilnehmen, bis sie zu 100 % befriedigt sind, und für sie scheint auch § 43 InsO zu sprechen. Es ist jedoch str., ob nicht weiterhin, wie nach der Rechtslage vor Inkrafttreten der InsO, in der Gesellschafterinsolvenz nur der Betrag zu berücksichtigen ist, der in der Gesellschaftsinsolvenz ungedeckt bleibt (Prinzip des § 52 InsO) – womit eine Begünstigung der Privatgläubiger des Gesellschafters zum Ausgleich dafür bezweckt wird, dass sie »ihre« (einzige) Insolvenzmasse mit den OHG-Gläubigern teilen müssen.[213]

b) Schuld und Haftung

Die Frage, in welchem Verhältnis die Verbindlichkeiten der OHG zur Haftung ihrer **248** Gesellschafter hierfür stehen, ist nicht nur für das rechtliche Verständnis dieser Haf-

---

213 Dafür *K. Schmidt*, ZIP 2000, 1077, 1085; aA *Bitter*, ZIP 2000, 1077, 1083; Baumbach/Hopt/*Roth* HGB § 128 Rn. 47.

tung von Bedeutung, in bestimmten Fallgruppen zeigt sie auch praktische Konsequenzen. Hier scheint das »Wesen« der OHG als gesamthänderische Verbindung ihrer Gesellschafter oder als eigenes Rechtssubjekt eine Rolle zu spielen; doch sollten die Entscheidungen vorrangig unter dem Gesichtspunkt der Interessenbewertung getroffen werden – ebenso wie die Grundsatzfrage der persönlichen Haftung der Gesellschafter nur vordergründig mit der Einordnung einer Gesellschaft als juristische Person oder Personengemeinschaft zusammenhängt. Der Gesetzgeber ist frei, auch bei juristischen Personen den Gesellschaftern eine persönliche und unmittelbare Haftung aufzuerlegen (so die persönliche Haftung des Komplementärs bei der KGaA) und umgekehrt bei Personengesellschaften die Gesellschafterhaftung zu beschränken oder ganz auszuschließen (so für den Kommanditisten bei der KG nach § 171 I 2. Hs. HGB). Am stärksten scheint noch der Unterschied zwischen unmittelbarer und mittelbarer Haftung von der Rechtspersönlichkeit her bestimmt: So haften GmbH-Gesellschafter den Gläubigern evtl. mittelbar über die Innenhaftung gegenüber der Gesellschaft. Dass aber auch dieser Zusammenhang nicht zwingend ist, erweist wieder die KGaA.

249 Der eine Aspekt des Problems lässt sich begrifflich mit dem Unterschied von »schulden« und »haften«[214] (im Sinne des deutsch-rechtlichen Sprachgebrauchs) ausdrücken: Schuldet der Gesellschafter persönlich die Primärleistung (also die Erfüllung in Natur/Naturalerfüllung), oder haftet er nur auf Schadensersatz in Geld wegen Nichterfüllung seitens der OHG, dh, auf Schadensersatz statt der (Primär-)Leistung aus §§ 280 I, III, 281 BGB? Die hM[215] nimmt ersteres an (sog. Erfüllungstheorie), und das lässt sich im Grundsatz auch von der Interessenlage her rechtfertigen, denn die persönliche Haftung der Gesellschafter verfolgt den Zweck, die Kreditwürdigkeit der OHG dadurch zu stärken, dass den Interessen des Gläubigers optimal Rechnung getragen wird. Dessen Interessen fordern aber, dass er sofort und direkt gegen die Gesellschafter vorgehen kann. Die persönliche Haftung des Gesellschafters ist deswegen unmittelbar und primär, und dieselben Gründe sprechen dafür, sie dann auch (inhaltlich) als auf den primären Leistungsgegenstand ausgerichtet anzusehen und nicht als Ersatz- oder Ausfallhaftung zu begreifen. Hiernach kann etwa der Gläubiger eines mit einer Handwerker-OHG geschlossenen Werkvertrages einen der OHG-Gesellschafter unmittelbar auf Vornahme der vereinbarten Handwerkerleistung (Naturalerfüllung) in Anspruch nehmen (§ 241 I BGB), nicht nur auf Schadensersatz statt der Leistung.

250 In bestimmten Fallgestaltungen allerdings macht das schutzwürdige Interesse des Gesellschafters Abstriche hiervon erforderlich. Das gilt namentlich dann, wenn er die geschuldete Leistung **persönlich nicht erbringen** kann (zB mangels entsprechender Kenntnisse) oder hierdurch in seiner Privatsphäre **unzumutbar** betroffen würde. Denn die von der OHG versprochene Leistung ist ihrem Inhalt nach in der **Gesellschaftssphäre** angesiedelt und der Gesellschafter nur gehalten, für Erfüllung seitens der OHG zu sorgen und im Übrigen seine Verpflichtungen dieser gegenüber zu erfüllen. Doch sind viele Einzelheiten str.

---

214 Zu »Schuld und Haftung« *Weller,* Die Vertragstreue, 2009, S. 32 ff.
215 BGHZ 73, 217; *BGH* NJW 1987, 2367; *Flume,* Personengesellschaft, § 16 III 2 ff.; EBJS/*Hillmann* HGB § 128 Rn. 22; MüKoHGB/*K. Schmidt* § 128 Rn. 24.

Beispiele:

(1) Die OHG verkauft ein Grundstück, das einem Gesellschafter persönlich gehört. Muss er den Kaufvertrag erfüllen? Wohl nur, wenn er sich der OHG gegenüber zur Einbringung des Grundstücks (zB im Rahmen einer Sacheinlage) verpflichtet hatte.

(2) Die OHG betreibt ein Konstruktionsbüro, dessen »Kopf« der Gesellschafter A ist. Geschäftsführender Gesellschafter ist B, während C keine aktive Rolle spielt. Können alle drei persönlich auf Erfüllung eines Konstruktionsauftrags in Anspruch genommen werden? A und B ja, C jedenfalls dann nicht, wenn die Erstellung der Konstruktion als unvertretbare Leistung (vgl. § 91 BGB) – bezogen auf die Person des A und/oder des Teams der OHG – erscheint.[216]

(3) Bei Herausgabeansprüchen (aus Vertrag, aus Eigentümer-Besitzer-Verhältnis) ist problematisch, ob der verklagte Gesellschafter selbst im Besitz der Sache sein oder auf die (im Besitz befindliche) OHG geschäftsführenden Einfluss ausüben muss.[217]

(4) Die OHG verpflichtet sich zur Unterlassung bestimmter Wettbewerbshandlungen. Sind auch die einzelnen Gesellschafter daran gebunden? Grundsätzlich nein, aber im Einzelfall aus Umgehungsgründen (»nach Treu und Glauben«) häufig doch,[218] ebenso wie umgekehrt ein persönlich zur Unterlassung Verpflichteter sich dem nicht dadurch entziehen kann, dass er die verbotenen Aktivitäten auf eine Gesellschaft auslagert.[219] Letzteres zeigt freilich, dass es hier um einen Missbrauch rechtlicher Gestaltungen, nicht eigentlich um eine Haftungsfrage geht.

c) Gesamtschuld

Hat man sich, mit den genannten Einschränkungen, für die grundsätzliche naturale Erfüllungspflicht des Gesellschafters entschieden, so stellt sich der zweite Aspekt des Problems: Handelt es sich um zwei unterschiedliche Verpflichtungen von OHG und Gesellschafter und, wenn ja, stehen sie zueinander im Verhältnis der Gesamtschuld nach §§ 421 ff. BGB? § 128 S. 1 HGB gibt insoweit keinen Hinweis; denn er stellt nur *für die Gesellschafter untereinander* ein Gesamtschuldverhältnis fest. Die heute hM erachtet das Verhältnis zwischen OHG und Gesellschaftern in Ermangelung einer Gleichstufigkeit nicht als Gesamtschuldverhältnis; vielmehr ist die persönliche Haftung der Gesellschafter **akzessorisch** an die Haftung der Gesellschaft ausgerichtet.[220] Dies bedeutet, dass sich der Gesellschafter bei einer Inanspruchnahme durch einen Gesellschaftsgläubiger nicht nur auf die in seiner Person bestehenden Einwendungen berufen kann (*eigene* Einwendungen), sondern zusätzlich auch auf alle Einwendungen, die auch die OHG gegenüber dem Gläubiger verteidigungsweise vorbringen könnte (*fremde* Einwendungen). Im Einzelnen:

251

d) Einwendungen

Die dem Gesellschafter, der von einem Gläubiger in Anspruch genommen wird, zustehenden Einwendungen behandelt **§ 129 HGB.** Als wesentliche Ausprägung der Akzessorietät der Haftung ordnet diese Vorschrift an, dass dem Gesellschafter folgende Verteidigungsmittel zu Gebote stehen:

252

---

216 Vgl. BGHZ 73, 217 = NJW 1979, 1361.
217 Hierzu BGHZ 36, 224; *BGH* NJW 1987, 2367.
218 Vgl. RGZ 136, 266; BGHZ 59, 67.
219 Vgl. *BGH* DB 1988, 701 für Einpersonen-GmbH.
220 MüKoHGB/*K. Schmidt* § 128 Rn. 19; EBJS/*Hillmann* HGB § 128 Rn. 21.

aa) Neben seinen persönlichen Einwendungen kann er die Einwendungen (im technischen Sinn, dh günstige Tatsachen) vorbringen, die der OHG zustehen, beispielsweise Erfüllung, Erfüllungssurrogate, Erlass der Schuld oder aber ganz oder teilweises Erlöschen gemäß §§ 275, 326 BGB.

bb) Er kann auch die der OHG zustehenden Einreden im technischen Sinne geltend machen, also Verteidigungsmittel, die erst wirken, wenn die berechtigte Partei sie ausübt (*Beispiel:* Einrede des nichterfüllten Vertrags, §§ 214 I, 320 BGB).[221]

253   **cc) Gestaltungsrechte der OHG** wie Anfechtung, Aufrechnung, Rücktritt kann der in Anspruch genommene Gesellschafter nur ausüben, wenn er (Einzel-)Vertretungsmacht für die OHG hat. Die Position des nicht vertretungsberechtigten Gesellschafters verbessert § 129 II, III HGB: Er kann zwar nicht die Gestaltung herbeiführen, hat aber eine aufschiebende Einrede, kann mithin die Leistung verweigern, solange die Gesellschaft zur Ausübung des Gestaltungsrechts imstande ist.

Zu Missverständnissen gibt dabei die Formulierung des Abs. 3 betreffend die **Aufrechnung** Anlass. Es ist von der Interessenlage her geboten, dass – entgegen dem Wortlaut – der Gesellschafter das Leistungsverweigerungsrecht gerade nicht hat, wenn die Aufrechnungsbefugnis zum Schutze des Gläubigers diesem allein vorbehalten ist (lesen Sie § 393 BGB!). Umgekehrt besteht keine Rechtfertigung, ihm den Vorteil zu versagen, wenn ausschließlich die OHG aufrechnungsbefugt ist.

§ 129 II, III HGB regelt nur die Fälle von Anfechtung und Aufrechnung, das wird aber analog auf alle anderen Gestaltungsrechte, insbesondere auf das Rücktrittsrecht (§§ 323, 346 ff. BGB) angewandt.

dd) Verteidigungsmittel, die **in seiner Person** begründet sind, stehen dem Gesellschafter uneingeschränkt zu. Beispiele sind eine persönlich gewährte Stundung, Aufrechnung mit einer persönlichen Forderung. Wenn allerdings nach Eröffnung des Insolvenzverfahrens über die OHG die Aktivlegitimation auf den Insolvenzverwalter übergegangen ist (§ 93 InsO), bleiben nur noch die persönlichen Einwendungen erhalten, die gegen alle Gläubiger wirken würden, so die bereits vorher begründete Aufrechnung mit einer Gegenforderung gegen einen Gläubiger (Rechtsgedanke des § 406 BGB).

e) Gesellschafterhaftung und -regress

254   Das Haftungsverhältnis mehrerer **Gesellschafter untereinander** ist das der Gesamtschuld (§ 128 S. 1 HGB). Insbesondere haftet also – und das gilt auch für das Verhältnis zwischen OHG und Gesellschafter – jeder auf die ganze Schuld; die Leistung eines der Haftenden wirkt aber für alle (§§ 421, 422 BGB).

Hat auf diese Weise einer der Gesellschafter die ganze Leistung erbracht, so stellt sich für ihn die Frage des Rückgriffs, die aber eine Frage des Innenverhältnisses zwischen Gesellschaft und Gesellschaftern ist (→ § 10 Rn. 261 ff.).

---

221 Zu einer Ausnahme siehe *BGH* NJW 1988, 1976 in Bezug auf die Verjährung.

Schaubild 16: Haftung bei der OHG

Haftung der / Haftung für	Gesellschaft		Gesellschafter
	für Handlungen des **vertretungsberechtigten** Gesellschafters (Organs)	für Handlungen **sonstiger** Personen	
primäre Ansprüche	§§ 124, 125 HGB	§ 164 BGB	§ 128 HGB
sekundäre Ansprüche	§ 31 BGB analog	§ 278 BGB	§ 128 HGB
deliktische Ansprüche	§§ 823, 31 BGB analog	§ 831 BGB	§ 128 HGB Handelnder Gesellschafter haftet zusätzlich gem. § 823 BGB!

5. Prozessuale Fragen

Der Gläubiger kann nach seinem Belieben die OHG und/oder einen, mehrere, alle Gesellschafter verklagen. Er wird sich dabei an den mutmaßlichen Chancen einer Zwangsvollstreckung orientieren, für die es aufgrund der Verselbständigung der Gesellschaft und der Unterscheidung zwischen dieser und ihren Mitgliedern jeweils eines eigenen Vollstreckungstitels bedarf (§§ 124 II, 129 IV HGB). Zu beachten ist hierbei insbesondere, dass die Vollstreckung in das Gesellschaftsvermögen gemäß § 124 II HGB einen Titel gegen die Gesellschafter nicht genügen lässt, erforderlich ist vielmehr ein Titel gegen die Gesellschaft.[222] Insofern unterscheidet sich die OHG im Grad ihrer Verselbständigung von der GbR (§ 736 ZPO). Werden auf diese Weise mehrere Parteien verklagt, so fragt sich, ob zwischen ihnen eine notwendige Streitgenossenschaft (§ 62 ZPO) besteht. Das hierfür maßgebliche Kriterium, dass nur eine einheitliche Prozessentscheidung möglich ist, hängt, wie aus dem zu § 129 HGB Ausgeführten ersichtlich, davon ab, ob einzelne Gesellschafter persönliche Verteidigungsmittel erfolgreich vorbringen. Demgemäß stellte die frühere Rechtsprechung auf die Prozessführung der Beklagten ab. Die heutige Rechtsprechung vermeidet jedoch zutreffend dieses Unsicherheitsmoment mit dem Hinweis, dass die wegen der prozessualen Folgen wichtige Entscheidung, ob eine notwendige oder eine einfache Streitgenossenschaft anzunehmen ist, aus Gründen der Rechtssicherheit und Rechtsklarheit nicht von den Zufälligkeiten der Prozessführung abhängen darf. Es handelt sich mithin in keinem Fall um eine notwendige Streitgenossenschaft iSd § 62 ZPO.[223] Werden Gesellschaft und Gesellschafter gemeinsam verklagt, so liegt stets eine einfache Streitgenossenschaft iSd § 59 ZPO vor, selbst dann, wenn der Gesellschafter sich nicht mit persönlichen Einwendungen verteidigt.

255

Die **Rechtshängigkeit** gegen eine der haftenden Parteien wirkt nicht gegen die anderen. Daher kann auch ein Gesellschafter im Unterschied zu den materiellen Einwendungen der OHG (Rn. 252 f.) die prozessuale Rüge der Rechtshängigkeit (§§ 261 III

256

---

222 Wenn aus einem gegen einen Gesellschafter gerichteten Titel in das Gesellschaftsvermögen vollstreckt wird, so steht der Gesellschaft, vertreten durch ihre Gesellschafter, hiergegen die Drittwiderspruchsklage nach § 771 ZPO zu.
223 *BGH* WM 1985, 750; NJW 1988, 2113.

Nr. 1, 282 III ZPO) aus einem bereits anhängigen Prozess gegen die OHG nicht geltend machen.

Komplizierter ist es mit der **Rechtskraftwirkung.** Zu unterscheiden sind hierbei die Urteilswirkungen im Prozess gegen die Gesellschaft einerseits und im Prozess gegen den Gesellschafter andererseits. Ein Urteil gegen einen Gesellschafter berührt die OHG im Verhältnis zum Gläubiger nicht und kann allenfalls Rückgriffsansprüche zwischen dem betroffenen Gesellschafter und seinen Mitgesellschaftern nach sich ziehen. Bei rechtskräftigen Urteilen gegen die OHG ist zu beachten, dass einerseits der Gesellschafter immer akzessorisch zur Haftung der OHG haftet und sich der Gesellschafter folglich auf ein zugunsten der Gesellschaft ergangenes Urteil berufen kann. Andererseits wirkt ein zulasten der Gesellschaft ergangenes Urteil auch gegenüber dem Gesellschafter, so dass dieser Einwendungen, die der Gesellschaft durch das Urteil abgesprochen worden sind, nunmehr über § 129 HGB ebenfalls nicht mehr geltend machen kann. Allerdings stehen ihm persönliche Verteidigungsmittel nach wie vor offen. Es findet also eine nur teilweise (partielle) Rechtskrafterstreckung statt mit dem Ergebnis, dass in einem neuen Prozess gegen den Gesellschafter die die Verpflichtung der OHG betreffenden Fragen, und nur diese, als rechtskräftig entschieden zu behandeln sind (→ Rn. 261).

Ansonsten wirken prozessbestimmende Tatsachen aus dem Verhältnis der OHG zu ihrem Gläubiger auch gegenüber dem Gesellschafter. Das gilt für eine abgeschlossene Gerichtsstandsvereinbarung oder Schiedsklausel ebenso wie für die aus einer Wechselverbindlichkeit resultierende Eröffnung des Wechselprozesses.[224]

6. Mitgesellschafter als Gläubiger

257 Eine Ausnahme von der primären Haftung auf den vollen Betrag erscheint interessengerecht, wenn der Gläubiger selbst Gesellschafter ist. Es kann durchaus vorkommen, dass einem Gesellschafter aus Rechtsbeziehungen mit der OHG, die **nicht gesellschaftsrechtlicher Natur** sind, Ansprüche zustehen, beispielsweise Zahlungsansprüche aus Kauf-, Miet-, Darlehensvertrag (sog. Drittgeschäfte). Dann ist *erstens* dem Gesellschafter-Gläubiger die – aus der mitgliedschaftlichen Treuepflicht folgende – Einschränkung im Interesse der Mitgesellschafter zumutbar, dass er sich zuerst an die OHG zu halten hat und nur, wenn diese zur Leistung unfähig ist, auf die Mitgesellschafter zurückgreifen darf. Und *zweitens* – das ist eine Ausprägung der allgemeinen Grundsätze unzulässiger Rechtsausübung (»dolo agit, qui petit, quod statim redditurus est«) – kann er von einem Mitgesellschafter nicht den vollen Betrag fordern, sondern muss sich zumindest den Anteil abziehen lassen, der im Rückgriffwege auf ihn entfiele. Dabei ist auch bereits eine feststehende Zahlungsunfähigkeit einzelner Gesellschafter einzurechnen.

258 Steht also bei vier gleichermaßen am Verlust beteiligten Gesellschaftern A, B, C, D dem A ein Anspruch auf 12.000 EUR zu und sind sowohl die OHG als auch C zahlungsunfähig, so beträgt der Verlustanteil des A ein Drittel und er könnte demnach B und/oder D auf 8.000 EUR belangen.

UE muss man noch einen Schritt weiter gehen. A darf auch das Rückgriffsrisiko des B gegen D und umgekehrt nicht dem jeweiligen Mitgesellschafter aufladen, sondern soll

---

224 *BGH* NJW 1981, 2644, 2646; NJW-RR 1991, 424.

sowohl B als auch D nur pro rata, also in Höhe von 4.000 EUR in Anspruch nehmen dürfen. Dies folgt nicht zuletzt aus § 128 S. 1 HGB iVm § 426 I 1 BGB, wonach Gesamtschuldner »im Verhältnis zueinander zu gleichen Anteilen verpflichtet« sind, »soweit nicht ein anderes bestimmt ist« – letzteres kann insbesondere bei einer gesellschaftsvertraglichen Regelung der Fall sein, die den Gesellschaftern eine unterschiedliche Verlustbeteiligung auferlegt.

Davon zu unterscheiden sind Ansprüche gegen die OHG aus dem **Gesellschaftsverhältnis** (sog. **Sozialansprüche**); für sie haften Mitgesellschafter während des Bestehens der Gesellschaft grundsätzlich nicht.[225] – Die vorgenannten Abschwächungen der Gesellschafterhaftung gegenüber dem Mitgesellschafter bleiben auch nach einer Abtretung der Ansprüche an Dritte bestehen (§ 404 BGB).[226]

Literatur: *Altmeppen,* NJW 1996, 1017; *Bitter/Heim* GesR § 6 III; *Flume,* Personengesellschaft, § 16; *Lindacher,* JuS 1982, 349 und 592; *Windbichler* GesR § 14.

Schaubild 17: Ansprüche gegen die OHG und Haftung der Gesellschafter

---

Voraussetzungen: Ansprüche gegen die OHG

▸ Bestehen der OHG
  - Innenverhältnis § 105 HGB: Abschluss des Gesellschaftsvertrags
  - Außenverhältnis § 123 HGB: Wenn Handelsgewerbes nach § 1 II HGB, dann ab Registereintragung oder Aufnahme der Geschäfte (Zustimmung aller Gesellschafter, sonst »kleinere« OHG), sonst mit der Eintragung
▸ Rechtsfähigkeit der OHG § 124 HGB
▸ Anspruch entstanden
  - Normale Prüfung des entsprechenden Anspruchs
  - Besonders zu beachten: ordnungsgemäße Vertretung der Gesellschaft
    – Prinzip der Selbstorganschaft
    – Grds. Einzelvertretung § 125 I HGB – disponibel: Allerdings ist es nicht möglich auszuschließen, dass die Gesellschaft allein durch Gesellschafter vertreten werden kann, § 125 III HGB bzw. Selbstorganschaft
    – Geschäftsführungsbefugnis schlägt nur ausnahmsweise auf Vertretungsmacht durch: Gesellschafter ist Vertragspartner der OHG, Missbrauch der Vertretungsmacht

Voraussetzungen: OHG-Gesellschafterhaftung § 128 HGB

▸ Anspruch gegen die Gesellschaft
▸ Stellung als Gesellschafter
▸ Haftungsumfang
  - **Problem:** Nach hM Erfüllungstheorie; Primärleistung (→ Rn. 249)
▸ Einwendungen
  - Eigene Einwendungen und Einreden
  - Abgeleitete Einwendungen und Einreden § 129 HGB

---

225 *BGH* ZIP 1989, 852; zum Haftungsrückgriff → Rn. 303.
226 *BGH* NJW 1983, 749.

259 **Lösungshinweise zu Fall 21** (vor → Rn. 245; vgl. BGHZ 23, 302; BGHZ 73, 217; *BGH* NJW 1987, 2367):

Die Gesellschafter A und B haften grundsätzlich für die Gesellschaftsschulden gem. § 128 S. 1 HGB **persönlich** und unbeschränkt mit ihrem gesamten Vermögen (Hauptcharakteristikum der OHG). Das bedeutet, dass sie in allen drei Fällen zumindest auf *Schadensersatz* im Fall der Nichterfüllung durch die OHG haften. Ob sie auch auf **Naturalerfüllung** und damit in gleicher Weise wie die OHG haften, ist umstritten. Die hM bejaht dies im Grundsatz, lässt jedoch Ausnahmen zu (→ Rn. 249):

a) Als geschäftsführender Gesellschafter ist A zur Rechnungslegung (dh zur Naturalerfüllung) gegenüber G1 verpflichtet.

b) An sich ist B ebenfalls zur Naturalerfüllung, dh zur Mängelbeseitigung verpflichtet. Da er jedoch die Geschäfte nicht führt, wird er sich der Mängelbeseitigungspflicht zumindest dann entziehen können, wenn sie ihm unzumutbar ist, etwa weil ihm die notwendigen fachlichen Kenntnisse fehlen.

c) Für den Erfolg der Herausgabeklage aus § 985 BGB kommt es auf die Besitzverhältnisse an. A als Organ besitzt für die OHG (**Organbesitz,** dh Besitz der Gesellschaft durch ihre Organe = geschäftsführungs- und vertretungsberechtigte Gesellschafter); B dagegen mangels Geschäftsführereigenschaft nicht. Vorzugswürdig ist es wohl, die OHG und A gemeinsam auf Herausgabe zu verklagen.

260 **Lösungshinweise zu Fall 22** (vor → Rn. 245):

a) A kann gem. § 129 I HGB alle Einwendungen geltend machen, die **der OHG selbst zustehen.** Der Prokurist war zur Erklärung des Anerkenntnisses nach § 49 I HGB befugt, so dass der OHG wegen Neubeginns der Verjährung (§ 212 I Nr. 1 BGB) keine Verjährungseinrede zusteht. A kann somit in Anspruch genommen werden **(akzessorische Haftung).**

b) A kann auch Einwendungen und Einreden geltend machen, die **in seiner Person** begründet sind, § 129 I HGB. *Umgekehrt* kann er auf solche Einreden (hier die Verjährungseinrede) mit Wirkung für seine Person auch »verzichten«. Konkret hat A seine Verpflichtung anerkannt. Dies führt nach § 212 I Nr. 1 BGB zum Neubeginn der Verjährung.

c) Hat B die Anerkenntniserklärung **im Namen der OHG** abgegeben und war er vertretungsbefugt (vgl. § 125 HGB), wirkt die Anerkenntnis im Verhältnis zwischen der OHG und dem Gläubiger; die OHG kann sich nicht auf Verjährung berufen und kann in Anspruch genommen werden (**§ 425 BGB II gilt im Verhältnis OHG – Gesellschafter nicht, was konsequent ist, da im Wege der Alleinvertretungsmacht das Grundgeschäft auch vollständig neu hätte abgeschlossen werden können).**

Hat **B lediglich seine persönliche Schuld** (§ 128 S. 1 HGB) anerkannt, wirkt das Anerkenntnis nach § 425 II BGB nicht zu Lasten der übrigen Gesellschafter, da Gesellschafter untereinander Gesamtschuldner sind; A kann nach Ablauf der Verjährungsfrist folglich nicht in Anspruch genommen werden.

§ 10. Die OHG – Das Innenverhältnis

Fall 23: H ist geschäftsführender, persönlich haftender Gesellschafter der H-KG, K ist einer der Kommanditisten. Laut Vertrag hat H seine gesamte Arbeitskraft der Gesellschaft zu widmen. Er tut dies aber nicht, und daher droht K mit Schadensersatzansprüchen, weil Umsatz und Gewinn der Gesellschaft zurückgehen. Daraufhin beschließen die Gesellschafter auf Veranlassung des H und gegen die Stimme des K, dem H alle etwaigen Schadensersatzschulden wegen Verletzung seiner Pflichten zu erlassen. Der Gesellschaftsvertrag sieht vor, dass solche Beschlüsse mit einfacher Mehrheit gefasst werden können.
Nun klagt K gegen H auf Zahlung von Schadensersatz an die Gesellschaft. Hat er Aussicht auf Erfolg? (Lösungshinweise → Rn. 307).

1. Vertragsfreiheit

Im Unterschied zu den Regeln über das Verhältnis der OHG und ihrer Gesellschafter **261** zu Dritten, welche die Interessen Außenstehender berühren, betreffen die Regeln über das Innenverhältnis nur die Interessen der am Gesellschaftsvertrag Beteiligten, und das Gesetz stellte es diesen daher grundsätzlich frei, ihre Interessen nach eigenem Gutdünken selbst zu wahren. Die gesetzliche Regelung ist dispositiv (§ 109 HGB). Lediglich gewisse Minimalstandards zum Schutz des einzelnen Gesellschafters sind unverzichtbar (vgl. etwa § 118 II HGB, § 723 III BGB). Die Gesellschafter können mithin den Inhalt des Gesellschaftsvertrages weitgehend frei ausgestalten (Vertragsinhaltsfreiheit).

Im Übrigen findet freilich auch diese Freiheit ihre Grenzen an den Schranken der allgemeinen Vertragsfreiheit; es gelten die §§ 134, 138 BGB sowie § 242 BGB. Dagegen gelten die Regeln über die Kontrolle vorformulierter Vertragsbedingungen (§§ 305 ff. BGB) gemäß der Bereichsausnahme für Gesellschaftsverträge in § 310 IV BGB nicht. Allerdings unterliegt die Satzung eines Vereins einer gewissen richterlichen Inhaltskontrolle nach § 242 BGB; entsprechendes gilt für formularmäßige Regelungen bei einer Investment- oder Publikums-KG, die eine Vielzahl von Kommanditisten wirbt.[227]

2. Beitragspflicht und actio pro socio

Die Pflicht der Gesellschafter, Beiträge zu leisten, ist typischerweise die wichtigste **262** Ausprägung der gesellschaftsrechtlichen Grundpflicht, den gemeinsamen Zweck zu fördern (§ 705 BGB). Gegenstand und Umfang der zu erbringenden Beiträge werden normalerweise im Gesellschaftsvertrag festgelegt. Der häufigste Fall sind **Geldzahlungen,** doch kann auch die **Einbringung von Sachen** zu Eigentum (quoad dominium), **zur bloßen Nutzung bzw. zur Gebrauchsüberlassung** (quoad usum) (zB Maschinen, Geschäftsräume) oder in der Art und Weise erfolgen, dass ohne Änderung der dinglichen Zuordnung im Innenverhältnis die Sache wie Gesellschaftseigentum behandelt wird (quoad sortem). Schließlich kann auch die **Einbringung von (Immaterialgüter-)Rechten** (zB Patente, Lizenzen) vereinbart werden.

---

227 Näher → Rn. 352 ff.

Zu erbringen sind die Beiträge aus dem Vermögen des einzelnen Gesellschafters in das *Gesellschaftsvermögen* (→ Rn. 205 f.), was ggf. eine Rechtsübertragung nach sachenrechtlichen Grundsätzen und mithilfe des jeweiligen Sukzessionstatbestandes notwendig macht (§§ 398, 929 ff., 873, 925 BGB).

§ 706 I BGB sieht als normal den Fall an, dass alle Gesellschafter gleiche bzw. gleichwertige Beiträge zu erbringen haben. Auch das wird in GbR- oder OHG-Verträgen häufig anders festgesetzt; allerdings ist dann üblicherweise auch die Gewinnbeteiligung darauf abgestimmt. Im Hinblick darauf stellt sich, sobald ein Gesellschafterbeitrag nicht in einer Geldsumme besteht, das Problem der zutreffenden *Bewertung*, die die Relation zu den Beiträgen der anderen Gesellschafter zu bestimmen hat. Doch hat das hier, anders als bei den später zu besprechenden Gesellschaftsformen mit Haftungsbeschränkung, nur für das Innenverhältnis Bedeutung.

263 Die Gesellschafter können im Gesellschaftsvertrag zusätzlich zu solchen Kapitalbeiträgen oder stattdessen auch noch *andere Verpflichtungen* übernehmen. Die praktisch wichtigste ist diejenige zur Erbringung von **Dienstleistungen.** Auf diese Weise kann ein Gesellschafter besondere Kenntnisse und Fähigkeiten in die Gesellschaft einbringen; § 706 III BGB bezeichnet eine solche Leistung ausdrücklich als Beitrag iS des § 705 BGB.

Auf diese Weise ist also auch ein gesellschaftlicher Zusammenschluss möglich, in dem ein Teil der Gesellschafter *keine Kapitalbeiträge* (Vermögenswerte, die in die Bilanz als Aktivposten eingehen) erbringt. Die Folge ist (in Ermangelung abweichender Vereinbarung),[228] dass auch der (noch zu erörternde) Kapitalanteil dieser Gesellschafter mit Null beginnt. All dies ist bei der GbR und OHG rechtlich durchaus zulässig, es zieht lediglich die praktische Notwendigkeit nach sich, für die Gewinn- und Verlustbeteiligung dann einen eigenen, von Kapitalanteilen unabhängigen Schlüssel festzulegen.

Zu beachten ist in diesem Zusammenhang: Hat sich das besondere Wissen und Können in *Patenten* oÄ niedergeschlagen, so werden diese als vermögenswerte absolute Rechte, dh als Kapital eingebracht, und der Gesellschafter erhält einen entsprechenden Kapitalanteil gutgeschrieben. Das praktische Problem der zutreffenden Bewertung solcher Rechte ist dasselbe wie bei der Bewertung versprochener Dienstleistungen zum Zwecke der Festlegung eines angemessenen Gewinnverteilungsschlüssels.

264 Gewisse Schwierigkeiten bereitet die Frage, wem gegenüber die **Beitragspflicht** besteht. Der Beitrag soll der OHG zufließen und zusammen mit den anderen Kapitalbeiträgen deren erstes Gesellschaftsvermögen bilden. Deshalb ist es richtig, eine Verpflichtung *gegenüber der OHG* anzunehmen, die in deren Namen von den für sie Vertretungsberechtigten geltend gemacht werden kann. Anspruchsberechtigt ist hiernach ausschließlich die rechtlich verselbständigte Gesamthand; die Sozialansprüche sind Teil des Gesamthandvermögens. Andererseits verpflichten sich im OHG-Vertrag die Gesellschafter wechselseitig und untereinander und versprechen sich die Erfüllung schuldrechtlicher Verpflichtungen; jede Vertragspflicht besteht mithin auch *den anderen Gesellschaftern* gegenüber (vgl. § 705 BGB sowie zur Frage der Gegenseitigkeit iSd § 320 BGB bereits → Rn. 148 f.). Deshalb ist es gerechtfertigt, auch dem einzelnen Gesellschafter einen eigenen (Individual-)Anspruch gegen die anderen beitragspflichtigen

---

228 S. hierzu das in → Rn. 266 diskutierte Beispiel.

Gesellschafter *auf Leistung an die OHG* zuzuerkennen. Geht die OHG nicht selbst gegen den hinsichtlich seiner Beitragspflicht säumigen Gesellschafter vor (zB weil der säumige Gesellschafter der einzige für die OHG vertretungsberechtigte Gesellschafter ist und nicht gegen sich selbst vorgehen will), können andere Gesellschafter den aus dem Gesellschaftsvertrag resultierenden Anspruch auf Beitragsleistung *an die OHG* notfalls klageweise auch *im eigenen Namen* geltend machen (sog. **actio pro socio**).[229] Dafür ist es erforderlich, dass die Gesellschaft den Anspruch trotz Aufforderung durch den Gesellschafter nicht geltend macht.[230] Die actio pro socio findet ihre Rechtsgrundlage nach heute hM im Gesellschaftsvertrag und ist Ausfluss der Mitgliedschaft jedes einzelnen Gesellschafters.

Davon zu unterscheiden ist die wesentlich kompliziertere Frage, ob eine actio pro socio gegen einen Schuldner der OHG auch dann zulässig sein soll, wenn der klagebereite Gesellschafter persönlich am Grundgeschäft nicht beteiligt, der oder die vertretungsbefugten Gesellschafter aber nicht klagewillig sind. Es geht hier also um Ansprüche nicht aus dem Gesellschaftsvertrag (sog. Sozialansprüche), sondern aus einem beliebigen anderen *Rechtsgeschäft der OHG*. Dabei kann man dann weiter unterscheiden danach, ob der Schuldner ein Gesellschafter (aus einem anderen Rechtsgrund als dem Gesellschaftsverhältnis, zB Kauf) oder ein Dritter ist. UE kann man rechtspolitisch eine Klagebefugnis des einzelnen Gesellschafters immer dann befürworten, wenn ein Tätigwerden der zur Vertretung berufenen Organe wegen eines Interessenkonflikts nicht erwartet werden kann.[231]

Zu weiteren Beiträgen über das im Gesellschaftsvertrag Vereinbarte hinaus, zu **Nachschüssen** also, sind die Gesellschafter auch dann nicht verpflichtet, wenn die Gesellschaft in wirtschaftliche Notlage gerät, §§ 707 BGB, 105 III HGB. Im praktischen Ergebnis läuft es freilich auf dasselbe heraus, wenn die Gesellschaft zahlungsunfähig wird und deren Gläubiger die unbeschränkte persönliche Haftung der Gesellschafter für Gesellschaftsschulden nach § 128 HGB ausnutzen. **265**

---

229 *Flume,* Juristische Person, § 8 V.
230 MüKoHGB/*Schmidt* § 105 Rn. 201.
231 Eingehender zur Problematik *Fleischer/Harzmeier,* ZGR 2017, 239; *Hadding,* Actio pro socio, 1966; *Flume,* Personengesellschaft, § 10 IV; *K. Schmidt,* GesR, § 21 IV 4, 7; s. zur Aktionärsklage → Rn. 532.

Schaubild 18: actio pro socio

Herleitung
▸ HM Gesellschaftsvertrag: Ausfluss der Mitgliedschaft eines Gesellschafters
Voraussetzungen
▸ Sozialverbindlichkeit
▸ Gesellschafterstellung
▸ Keine eigenständige Geltendmachung der Gesellschaft
• Verweigerung der Rechtsverfolgung des zuständigen Organs
Rechtsfolge
▸ Prozessstandschaft des Gesellschafters für diesen Anspruch – Geltendmachung des Anspruchs der Gesellschaft im eigenen Namen

3. Kapitalanteil, Beteiligung an Gewinn und Verlust

266   Jedem Gesellschafter steht grundsätzlich ein **Kapitalanteil** zu. Das spricht das Gesetz in den §§ 120–122 HGB aus. Der Kapitalanteil ist eine rechnerische Bezugsgröße, die den Wert der wirtschaftlichen Beteiligung eines Gesellschafters an der Gesellschaft im Verhältnis zu denjenigen der anderen Gesellschafter zum Ausdruck bringt. In der Bilanz ist das Eigenkapital der Gesellschaft in die Kapitalanteile *(Kapitalkonten)* der Gesellschafter aufgegliedert.

Wenn beispielsweise drei Gesellschafter A, B, C mit je 100.000 EUR Kapitaleinlage eine OHG gründen, so weist eine nach diesem Vorgang erstellte Bilanz auf der linken (Aktiv-)Seite 300.000 EUR in Kassenbeständen oder Bankguthaben, auf der rechten (Passiv-)Seite ein Eigenkapital in gleicher Höhe aus. Dieses Eigenkapital setzt sich aus drei Kapitalanteilen (des A, B und C) von je 100.000 EUR zusammen. Die Gesellschafter können allerdings auch Abweichendes vereinbaren. Wenn beispielsweise A und B je 150.000 EUR einbringen und C lediglich seinen guten Namen oder seine Geschäftskontakte, so betragen im Normalfall die Kapitalanteile des A und B 150.000 EUR, derjenige des C beginnt mit Null. Es steht aber einer Vereinbarung nichts entgegen, wonach auch in diesem Fall für jeden der drei Gesellschafter zu Beginn ein Kapitalanteil von 100.000 EUR ausgewiesen werden soll.

267   Die Kapitalanteile verändern sich im Laufe der Geschäftstätigkeit durch Gutschrift von Gewinnanteilen sowie Lastschrift von Verlustanteilen und Entnahmen (§ 120 II HGB). Der **Gewinn** und **Verlust** eines Jahres wird auf die Gesellschafter nach einem Schlüssel verteilt, der entweder im Gesellschaftsvertrag festgelegt ist oder andernfalls sich nach § 121 HGB bestimmt.

Die Regelung des § 121 HGB beschreitet einen eigenartigen Mittelweg zwischen der *Verteilung nach Köpfen* (Grundsatz bei der GbR, § 722 I BGB) und der Verteilung *nach Größe der Kapitalanteile* (Grundsatz bei den Kapitalgesellschaften, vgl. § 29 III GmbHG): Vom Gewinn wird ein Basisbetrag in Höhe von 4 % des Eigenkapitals nach *Kapital*anteilen, ein überschießender Gewinn ebenso wie ein Verlust nach *Köpfen* verteilt.

Auch das Recht des Gesellschafters auf **Entnahmen** bestimmt sich in erster Linie nach dem Gesellschaftsvertrag. Die dispositive Regelung des Gesetzes (§ 122 HGB) sieht vor, dass der Gesellschafter grundsätzlich seinen gesamten Gewinnanteil, mindestens aber einen Betrag in Höhe von 4 % seines Kapitalanteils pro Jahr entnehmen darf. Das Gesetz hat dabei den (Normal-)Fall im Auge, dass ein Gesellschafter aus seiner OHG-Beteiligung seine Existenz bestreiten muss und ihm seine Mitarbeit im Unternehmen nicht eigens vergütet wird. Die Gesellschafter können aber auch die letztgenannte Frage abweichend regeln. **268**

Auf diese Weise können sich beispielsweise die drei 100.000 EUR-Anteile von A, B und C am Ende des ersten Geschäftsjahres wie folgt verändert haben. **269**

	A	B	C
Anfangskapital	100.000	100.000	100.000
./. Entnahmen	5.000	12.000	–
+ Gewinn	20.000	20.000	20.000
	115.000	108.000	120.000

Durch solche Veränderungen kann ein Kapitalanteil auch einmal Null erreichen oder sogar *negativ* werden. Jedenfalls bleiben die Kapitalanteile absolut wie auch im Verhältnis zueinander nicht konstant. Das kann eine Gewinnverteilung nach Kapitalanteilen komplizieren. (Negative Kapitalanteile bleiben bei einer solchen Berechnung außer Ansatz.)

Häufig werden, um nicht jede Entnahme auf das Kapitalkonto durchschlagen zu lassen, neben den Kapitalkonten der Gesellschafter *Privatkonten* geführt. Über letztere wickelt man dann fortlaufend die Entnahmen ab, während die Kapitalkonten nicht oder allenfalls beim Jahresabschluss berührt werden; ein Übertrag von Gewinnanteilen oder Entnahmebeträgen füllt dann die Privatkonten wieder auf. Unzulässige Entnahmen, Darlehen an Gesellschafter, Vorschüsse uÄ werden sowieso nicht vom Kapitalkonto abgebucht; sie müssen grundsätzlich auch verzinst werden (vgl. § 111 HGB).

Literatur: *Grunewald*, 1. B., Rn. 51 ff.; *U. Huber*, Vermögensanteil, Kapitalanteil und Gesellschaftsanteil an Personalgesellschaften des Handelsrechts, 1970; *U. Huber*, ZGR 1988, 1.

4. Geschäftsführung

a) Begriff, Befugnis

Für die **Willensbildung** im Unternehmen muss man zwei Arten von Angelegenheiten unterscheiden: Maßnahmen der Geschäftsführung und Grundlagenentscheidungen. **270**

(1) *Geschäftsführung* ist im weitesten Sinne »jede auf die Verfolgung des Gesellschaftszwecks gerichtete Tätigkeit für die Gesellschaft« (*Hueck*, OHG, § 10 I). Innerhalb der Geschäftsführungsangelegenheiten hebt dann die Kompetenzverteilung des § 116 HGB die außergewöhnlichen von den gewöhnlichen ab.

(2) Den Gegenstand von *Grundlagenentscheidungen* bilden demgegenüber Fragen, die den Bestand der Gesellschaft oder das Verhältnis unter den Gesellschaftern betreffen, zB eine Änderung des Gesellschaftsvertrags, der Firma oder des Unternehmensgegenstands, die Auflösung der Gesellschaft, aber auch bereits die alljährliche Feststellung der Bilanz und der Gewinn- und Verlustrechnung.[232] Zuständig für das Treffen von Grundlagenentscheidungen sind nicht die Geschäftsführer, sondern die Gesamtheit der Gesellschafter (→ Rn. 279). Allerdings kann die spätere Umsetzung eines Grundlagenbeschlusses, etwa die Veräußerung wesentlicher Unternehmensbestandteile, die Mitwirkung der Geschäftsführer notwendig machen.

271 Die Befugnis zur Geschäftsführung als Berechtigung (»Dürfen«) im *Innenverhältnis* muss von der **Vertretungsmacht** als Wirkungsvoraussetzung (»Können«) im *Außenverhältnis* sorgfältig unterschieden werden, steht aber in sachlichem Zusammenhang mit dieser. Das bedeutet, dass im Einzelfall stets Rechenschaft abzulegen ist, ob man es mit einer Fragestellung des Innen- oder des Außenverhältnisses zu tun hat, inhaltlich müssen aber die jeweiligen Regelungen beider Bereiche (seien es gesetzliche, seien es gesellschaftsvertragliche Regelungen) vernünftig aufeinander abgestimmt sein. Eingehend zu Vertretung und Vertretungsmacht in §§ 26, 30.

Demgemäß tritt im Recht der **GbR** dem Grundsatz der *gemeinschaftlichen Geschäftsführung* (§ 709 BGB) derjenige der *Gesamtvertretung* gegenüber (§ 714 BGB). Dagegen korrespondiert im Recht der **OHG** mit der *Einzelgeschäftsführung* nach §§ 114 I, 115 I HGB folgerichtig die *Einzelvertretung* jedes Gesellschafters gemäß § 125 I HGB.

Trotzdem verbleibt ein gradueller Unterschied: Der durch die Befugnis zur Einzelgeschäftsführung abgedeckte Bereich ist weniger rigoros und starr abgesteckt als derjenige der Vertretungsmacht, welche sich auf rechtsgeschäftliches Handeln der OHG gemäß § 164 BGB im Außenverhältnis bezieht. Das erklärt sich unschwer von der jeweiligen Interessenlage her. Im Außenverhältnis verlangen die Interessen des Rechtsverkehrs vor allem Klarheit und Verlässlichkeit, im Innenverhältnis erlauben die Interessen des gerade geschäftsführend tätigen Gesellschafters sowie das allgemeine Interesse an Funktionsfähigkeit der Geschäftsführung schon weitergehende Abstriche im Interesse der nicht an der Geschäftsführungsmaßnahme Beteiligten. Dies schlägt sich in zweifacher Hinsicht nieder: in der sachlichen Eingrenzung und in einer generellen Abschwächung der Einzelgeschäftsführung.

b) Umfang der Einzelgeschäftsführung

272 Den Umfang der Geschäftsführungsbefugnis beschränkt § 116 I HGB auf einen Geschäftskreis, der durch den *gewöhnlichen* Betrieb *dieses speziellen* Unternehmens abgesteckt wird. Für Geschäfte, die aus dem gewöhnlichen Rahmen des Unternehmens der in Frage stehenden OHG fallen, tritt an die Stelle der Einzelgeschäftsführung die Gesamtentscheidung aller Gesellschafter durch Beschluss, § 116 II HGB. Die Abgrenzung ist nach den konkreten Verhältnissen des betreffenden Unternehmens zu treffen. Abs. 1 unterfallen in erster Linie, aber nicht nur, die typischen *Alltagsgeschäfte;* darüber hinaus ist nicht schon jedes seltene oder besonders riskante Geschäft ein außergewöhnliches iSv Abs. 2 (vgl. auch → Rn. 821f. zu der wortgleichen Abgrenzung in

---

232 Vgl. BGHZ 76, 338, 342; *BGH* ZIP 1996, 750.

§ 54 HGB). Sondern es kommt darauf an, ob die Angelegenheit nach Inhalt und/oder Umfang aus dem für das Unternehmen gewöhnlichen Rahmen fällt. Andererseits darf der Begriff der außergewöhnlichen Angelegenheiten keinesfalls auf Grundlagenentscheidungen reduziert werden (s. oben); unter Abs. 2 fallen beispielsweise die Veräußerung wesentlicher Vermögensbestandteile, die Entscheidung für neuartige Geschäftstätigkeiten oder Finanzierungsformen, die Gründung von Zweigniederlassungen und Tochtergesellschaften etc.[233]

Besonders herausgehoben ist in § 116 III HGB die **Prokura,** und zwar deswegen, weil deren Erteilung und Widerruf in etwa die Grenzlinie zwischen gewöhnlichen und außergewöhnlichen Handlungen markieren. Die Erteilung der Prokura muss grundsätzlich vom Willen aller geschäftsführenden Gesellschafter getragen sein; widerrufen darf sie jeder von ihnen allein. Diese Regelung kann zu Verständnisschwierigkeiten Anlass geben, und sie bietet andererseits ein anschauliches Beispiel für die Unterscheidung zwischen Innen- und Außenverhältnis, Geschäftsführung und Vertretung: Die Erteilung der Prokura (lesen Sie vorerst § 48 HGB) ist ein einseitiges Rechtsgeschäft der OHG gegenüber dem zukünftigen Prokuristen; mithin hat sie ein organschaftlicher Vertreter namens der OHG zu erklären und ist ihre Wirksamkeit eine Frage der Vertretungsmacht. Und dass auch insoweit der Grundsatz der Einzelvertretung gilt, besagt ausdrücklich § 126 I HGB. § 116 III HGB betrifft demgegenüber nur die Willensbildung im Innenverhältnis und damit die Rechtmäßigkeit eines Handelns mit Außenwirkung. Ernennt ein Gesellschafter auf eigene Faust einen Prokuristen, so ist dies – abgesehen von einem Missbrauch der Vertretungsmacht – wirksam, der Gesellschafter hat aber § 116 III HGB verletzt, und ein anderer Gesellschafter kann (§ 126 I mit § 52 I HGB) und darf (§ 116 III HGB) die Prokura jederzeit widerrufen (*Fall 20,* vor → Rn. 236). Das Erfordernis des § 116 III HGB für die Erteilung einer Prokura, also die Herstellung einer breiteren Entscheidungsbasis im Innenverhältnis, liegt insofern auf derselben Ebene wie bei der GmbH dasjenige des § 46 Nr. 7 GmbHG.

Generell modifiziert § 115 I Hs. 2 HGB den Grundsatz der Einzelgeschäftsführung. Jeder geschäftsführende Gesellschafter kann jeder Geschäftsführungsmaßnahme eines Mitgesellschafters **widersprechen.** Der letztere ist dann verpflichtet, diese zu unterlassen. Auf das Außenverhältnis, also auf die Frage der *Vertretungsmacht,* strahlt ein solcher Widerspruch allerdings grundsätzlich *nicht* aus, wie § 126 II HGB klarstellt (Grundsatz der im Außenverhältnis **unbeschränkten und unbeschränkbaren Vertretungsmacht**). Der Widerspruch muss zwangsläufig erhoben werden, *bevor* die fragliche Maßnahme vollzogen wird. Das wirft die dortige Frage auf, unter welchen Voraussetzungen ein Gesellschafter die Mitgesellschafter vor der Ergreifung von Geschäftsführungsmaßnahmen unterrichten muss, um die Ausübung des Widerspruchsrechts zu ermöglichen. Eine allgemeine Verpflichtung dieser Art wäre geeignet, die Funktionsfähigkeit der Einzelgeschäftsführung zu beeinträchtigen; andererseits wird man sie mindestens dann bejahen müssen, wenn die Missbilligung der beabsichtigten Maßnahme durch einen anderen Gesellschafter erwartet werden kann. Eine Missachtung des erhobenen Widerspruchs wie auch die Vereitelung eines rechtzeitigen Widerspruchs berechtigen den übergangenen Gesellschafter, die Maßnahme rückgängig zu machen und sich dabei nun auch über den Widerspruch des Mitgesellschafters hinwegzusetzen!

233 Weitere Beispiele bei *Windbichler* GesR § 13 Rn. 5.

> **Beispiel:** Während Gesellschafter A in Urlaub ist, entlässt Gesellschafter B die Sekretärin S, an der, wie er weiß, das Herz des A hängt. Als A zurückkommt, will er S wieder einstellen, doch B widerspricht. Nicht nur kann A kraft seiner Vertretungsmacht das trotzdem tun; er darf das auch, ohne Sorge tragen zu müssen, damit gegen § 115 HGB zu verstoßen. Anders aber, wenn eine sofortige fristlose Entlassung im Interesse der Gesellschaft geboten war.

275 Der **Widerspruch** ist nur beachtlich, wenn er konkrete Maßnahmen betrifft, und selbst dann kann er unter gewissen Umständen unbeachtlich sein, so insbesondere wenn die in Frage stehende Maßnahme von Rechts oder der Interessen der Gesellschaft wegen zwingend geboten ist oder der widersprechende Gesellschafter auf andere Weise pflichtwidrig handelt. Allerdings bedeutet das nicht, dass bei Meinungsverschiedenheiten zwischen zwei Gesellschaftern immer am Ende von Rechts wegen überprüft werden könnte, welche Auffassung die sachlich »bessere« ist, und diese dann die Oberhand behielte; sondern es muss den Gesellschaftern ein kaufmännischer Ermessensspielraum eingeräumt bleiben, und in dessen Rahmen behält dann jeweils der Widersprechende die Oberhand (Vetorecht).[234]

> **Beispiel:** A befürwortet ein riskantes Geschäft, dem B ist das Risiko zu hoch. Das Geschäft muss unterbleiben.

Damit ist die Frage aufgeworfen, ob das Veto des einzelnen Gesellschafters durch einen Gesellschafterbeschluss als gewissermaßen »höhere Instanz« aufgehoben werden kann, hierzu sogleich.

Die aus einem zulässigen Widerspruch folgende Verpflichtung kann im Wege der einstweiligen Verfügung durchgesetzt werden, § 935 ZPO. Gegen einen Widerruf der Prokura ist kein Widerspruch zulässig, § 116 III HGB insofern lex specialis.

c) Abweichende Gestaltungen

276 Der **Gesellschaftsvertrag** kann die Geschäftsführung abweichend regeln, und zwar kann er zum einen ebenso wie bei der Vertretungsmacht einzelne Gesellschafter hiervon *ausschließen* (§ 114 II HGB) oder *gemeinschaftliche* Geschäftsführung aller bzw. der übrigen Gesellschafter anordnen (hierzu näher § 115 II HGB mit Ausnahme bei »Gefahr im Verzuge«), zum anderen – anders als bei der Vertretungsmacht – *jede beliebige andere* Kompetenzverteilung, auch jede beliebige andere sachliche Eingrenzung der Geschäftsführungsangelegenheiten treffen. Der Grund für den letztgenannten Unterschied zur Vertretungsmacht ist wiederum das bei dieser vorrangige, bei der Geschäftsführung nicht angesprochene Schutzbedürfnis des Rechtsverkehrs. Aus demselben Grund werden Regelungen der Geschäftsführung auch nicht ins Handelsregister eingetragen.

Sogar eine Drittorganschaft wird im Innenverhältnis teilweise für zulässig erachtet,[235] was zu bedeuten hätte, dass die oberste Entscheidungsgewalt Dritten eingeräumt werden könnte, zum Vollzug (nach außen) dann aber weiterhin Gesellschafter befugt bleiben müssten und der Dritte insoweit allenfalls Prokura erhalten könnte. Die praktische Relevanz der Frage ist daher gering.

---

234 *BGH* WM 1985, 1316.
235 *Kraft/Kreutz*, Gesellschaftsrecht, 2000, D II 1 c cc; aA dagegen BGHZ 36, 292; s. auch *Windbichler* GesR § 13 Rn. 4.

Die **Entziehung** der Geschäftsführungsbefugnis regelt § 117 HGB in sachlicher Übereinstimmung mit der Entziehung der Vertretungsmacht.

Wer im Gesellschaftsvertrag oder nach § 117 HGB von der Geschäftsführung ausgeschlossen wurde, hat auch das Widerspruchsrecht nach § 115 I nicht (mehr). Lediglich ein **Kontrollrecht** gibt ihm § 118 HGB. Das bedeutet praktisch, dass er das Unternehmen betreten und besichtigen sowie die Handelsbücher, die Korrespondenz und sonstige Papiere einsehen kann. Des Weiteren gelten die §§ 713, 666 BGB bezüglich der Pflicht zur Auskunft und Rechenschaft. § 118 I HGB ist nur zum Teil dispositiver Natur; »wenn Grund zu der Annahme unredlicher Geschäftsführung besteht«, ist die Regelung zwingend (Abs. 2). 277

5. Gesellschafterbeschlüsse

Fall 24: Der Gesellschaftsvertrag einer KG lässt »die Aufnahme neuer Gesellschafter, die Auflösung der Gesellschaft sowie sonstige Vertragsänderungen« mit Dreiviertelmehrheit zu. Die Gesellschafter beschließen gegen die Stimmen einer Minderheit von 24 % eine Änderung dahingehend, dass in Zukunft Beschlüsse der vorgenannten Art mit Zweidrittelmehrheit gefasst werden können. Wirksam? (Lösungshinweise → Rn. 308).

Der Gesellschafterbeschluss ist der Akt, in dem die Gesamtheit der Gesellschafter eine Entscheidung trifft. Er ist in allen Angelegenheiten der OHG zulässig; besondere Bedeutung gewinnt jedoch der engere Bereich, in dem es eines Gesellschafterbeschlusses zwingend *bedarf,* im Unterschied zu dem weiteren Bereich, in dem ein Gesellschafterbeschluss lediglich anstelle der Entscheidung durch einen einzelnen Gesellschafter *möglich* ist. 278

a) Anwendungsbereich

Erforderlich ist ein Gesellschafterbeschluss in allen Angelegenheiten, auf die sich die Entscheidungsbefugnis des *einzelnen* Gesellschafters nicht erstreckt, also zum einen in solchen Geschäftsführungsangelegenheiten, die nach Gesellschaftsvertrag (§ 116 II HGB) oder Gesetz (§ 116 III S. 1 HGB) nicht der Einzelgeschäftsführung unterliegen. Dabei kann allerdings – wenn nicht alle Gesellschafter an der Geschäftsführung beteiligt sind – ein weiterer Unterschied insofern auftreten, als teilweise nur *alle geschäftsführenden* Gesellschafter zuzustimmen brauchen (§§ 115 II, 116 III S. 1), während § 116 II HGB einen Beschluss *schlechthin aller* Gesellschafter verlangt. Zum anderen ist ein Beschluss durch die Gesamtheit der Gesellschafter nach den ungeschriebenen Vorstellungen des Gesetzgebers stets bei den oben erwähnten **Grundlagenentscheidungen** erforderlich (→ Rn. 270). 279

Ob die Gesamtheit der Gesellschafter darüber hinaus auch im sachlichen Bereich der Einzelgeschäftsführung (§ 116 I HGB) Angelegenheiten an sich ziehen und per Gesellschafterbeschluss entscheiden **kann,** gewinnt Bedeutung bei Meinungsverschiedenheiten unter geschäftsführenden Gesellschaftern, in denen ansonsten das Veto des Widersprechenden den Vorrang zu behalten hätte (siehe das Beispiel einer unterschiedlichen Risikobereitschaft der Gesellschafter, → Rn. 275). Nach überwiegender Meinung bedeutet die *Einzelgeschäftsführungsbefugnis ein Vorrecht,* in das durch Weisung per Gesellschafterbeschluss *nicht* eingegriffen werden kann. Nun stellt sich freilich das 280

Problem erst, wenn der Gesellschaftsvertrag in Abweichung von § 119 I HGB eine Beschlussfassung auch schon mit Stimmenmehrheit zulässt (hierzu sogleich). Dann aber erscheint es wenig überzeugend, dass dem einzelnen Gesellschafter in gewöhnlichen Angelegenheiten das Vetorecht gewährleistet sein müsse, welches er in außergewöhnlichen Angelegenheiten (§ 116 II HGB) nicht mehr hat! Schließlich ist wiederum klar, dass jegliche Garantie des Widerspruchsrechts dort ihre Grenze findet, wo selbst Vertragsänderungen betreffend die Geschäftsführungsbefugnis mit Mehrheit zulässig sind, weil die Einzelgeschäftsführung einschließlich des § 115 I Hs. 2 HGB zur Disposition des Gesellschaftsvertrags steht. Das Problem beschränkt sich also auf den Fall, dass der Gesellschaftsvertrag für »einfache« Beschlüsse eine Mehrheitsentscheidung genügen lässt und Vertragsänderungen nicht mit derselben Mehrheit möglich sind. Und hier sollte am Ende doch die Überlegung den Ausschlag geben, dass mit einer Auflösung der Pattsituation durch Gesellschafterbeschluss der Gesellschaft insgesamt am besten gedient ist. Das bedeutet, dass die Gesamtheit der Gesellschafter als höhere Instanz die originäre und allumfassende Entscheidungskompetenz besitzt.[236]

b) Beschlussfassung

281 Für die Entscheidung der Gesellschaftergesamtheit stellt das Gesetz in § 119 I HGB den Grundsatz der **Einstimmigkeit** auf, doch kann der Gesellschaftsvertrag statt dessen auch **Mehrheitsentscheidung,** und hier wiederum beliebige (qualifizierte) und beliebig abgestufte Mehrheiten, **vorsehen.** In diesem Fall bestimmt sich die Mehrheit grundsätzlich nach Köpfen (§ 119 II HGB), und zwar im Verhältnis zur Gesamtzahl der Gesellschafter,[237] doch kann der Gesellschaftsvertrag auch eine Berechnung nach Kapitalanteilen oder einem anderen Schlüssel vorsehen, auch nach der Mehrheit der abgegebenen Stimmen.

Gleichgültig ist in beiden Fällen, wie der erforderliche Gesellschafterwille sich artikuliert. Abstimmung auf Gesellschafterversammlungen ist möglich, aber nicht geboten, vielmehr auch jede andere Kundgabe des Gesellschafterwillens zulässig und ausreichend, auch nachträgliche Genehmigung. Der Gesellschaftsvertrag kann allerdings insoweit ebenfalls abweichende Regelungen treffen, und unabhängig davon macht bei Mehrheitsbeschlüssen das Partizipationsinteresse des Einzelnen ein Mindestmaß an geordnetem **Verfahren** erforderlich, damit die Minderheitsmeinung sich wenigstens Gehör verschaffen kann.[238] Bei den Kapitalgesellschaften sind solche Verfahrensgarantien gesetzlich verankert (vgl. die Kautelen für die Einberufung der GmbH-Gesellschafterversammlung sowie der Hauptversammlung, §§ 49 ff. GmbHG, 121 ff. AktG). Bei den Personengesellschaften fehlt dies, weil der Gesetzgeber wohl den Fall des einstimmigen Gesellschafterbeschlusses vor Augen hatte. Sobald aber Mehrheitsentscheidungen vorgesehen werden, gilt auch hier der Grundsatz, dass ein geordnetes Verfahren den Verlust des Vetorechts zu kompensieren hat; die Mehrheitsentscheidung bedarf mithin der »Legitimation durch Verfahren«.

---

236 Dass der Gesellschaftsvertrag das so vorsehen kann, ist unstreitig, siehe *BGH* ZIP 1988, 843.
237 *BGH* ZIP 1997, 859; Baumbach/Hopt/*Roth* HGB § 119 Rn. 41.
238 *Weipert,* in: MHdB GesR I, 5. Aufl. 2019, § 57 Rn. 85 ff. Für stille Gesellschaft als Publikumsgesellschaft *BGH* NJW 1998, 1946 = LM § 230 HGB Nr. 7 *(Roth).*

c) Schutz des Mitspracherechts

Mit der Möglichkeit der Mehrheitsentscheidung[239] ist die Frage angesprochen, inwie- **282** weit generell der Gesellschaftsvertrag Gesellschafterbeschlüsse von der Zustimmung des einzelnen Gesellschafters unabhängig machen kann. Besonders problematisch ist das bei den oben erwähnten Grundlagenentscheidungen. So wie der ursprüngliche Gesellschaftsvertrag von dem Willen aller Gründer getragen sein musste, bedürfte eine spätere Vertragsänderung ebenfalls der Zustimmung aller Gesellschafter. Und wenn das auch nicht zwingendes Recht ist, so verdient doch die Schutzbedürftigkeit des einzelnen, ggf. überstimmten Gesellschafters besondere Aufmerksamkeit.

Auf derselben Linie wie die Frage der Mehrheitsentscheidung, die die Minderheit in **283** die Hände der Mehrheit zu geben droht, liegt die gesellschaftsvertragliche Anordnung eines **Stimmrechtsausschlusses** sowie einer **Stimmbindung** zu Lasten bestimmter Gesellschafter. Ersterer würde dazu führen, dass im Ergebnis auch Grundlagenentscheidungen in die Kompetenz eines einzelnen oder einiger Gesellschafter gestellt werden, letztere soll einen Gesellschafter verpflichten, wie ein anderer Gesellschafter (evtl. sogar nach den Wünschen eines Dritten) abzustimmen.

Grundsätzlich sind alle derartigen gesellschaftsvertraglichen Einschränkungen des Stimmrechts als Konsequenzen der hier gültigen **Privatautonomie** zulässig (→ Rn. 261), lediglich eine *Übertragung des Stimmrechts*, losgelöst von der Mitgliedschaft als solcher, ist von vornherein ausgeschlossen: **Abspaltungsverbot** (vgl. § 717 S. 1 BGB).[240]

Doch hat die Rechtsprechung iS eines **Minderheitenschutzes** auch über das Abspal- **284** tungsverbot hinaus Grenzen gezogen, die im Rahmen eines zweistufigen Verfahrens sowohl formelle als auch materielle Kriterien berücksichtigen. Auf der ersten Stufe steht die gesellschaftsvertraglich legitimierte Mehrheitsmacht. Auf der zweiten Stufe ist danach zu fragen, ob die in Rede stehende Maßnahme einen unzulässigen Eingriff in die Mitgliedschaftsrechte eines Gesellschafters darstellt. Mit anderen Worten: Entscheidend ist einerseits die *Höhe der erforderlichen Mehrheit* und andererseits ein materieller Schutz der Minderheit gegen besonders gravierende Eingriffe in ihre Gesellschafterrechte *(materielle Rechtmäßigkeitsprüfung)*. Früher war noch die Präzisierung der erfassten Beschlussgegenstände im Gesellschaftsvertrag erforderlich (sog. *Bestimmtheitsgrundsatz*).[241] Diese Judikatur hat der BGH inzwischen allerdings ausdrücklich aufgegeben.[242] Im Einzelnen:

(1) Eine geringere als die **Dreiviertelmehrheit** scheint für Vertragsänderungen generell bedenklich.[243] Eine inhaltlich nicht näher substantiierte Mehrheitsklausel bedarf der Auslegung um den betreffenden Beschlussgegenstand einer Mehrheitsentscheidung zu unterwerfen und wird grundsätzlich und regelmäßig auf Geschäftsführungsangelegenheiten beschränkt.

---

239 *Wiedemann*, FS Hopt, 2010, S. 1491 ff.

240 Von der – vom Rest der Mitgliedschaft isolierten – Übertragung des Stimmrechts zu unterscheiden ist die bloße *Bevollmächtigung* zur Stimmrechtsausübung, die der Gesellschaftsvertrag zulassen kann (zu § 181 BGB s. bereits → Rn. 150).

241 Vgl. zum Überblick der Entwicklung zum Bestimmtheitsgrundsatz EBJS/*Freitag* HGB § 119 Rn. 68 ff.

242 BGH,, NZG 2014, 1296.

243 Vgl. *BGH* NJW 1988, 411; *K. Schmidt*, ZGR 2008, 1.

(2) Darüber hinaus – also vor allem wieder bei Vertragsänderungen – sollten früher Mehrheitsentscheidungen nur insoweit maßgeblich sein, als die betreffenden Materien im Gesellschaftsvertrag hinreichend genau **bestimmt** wurden, damit alle Gesellschafter ex ante wissen, welche Beschlussgegenstände einer Mehrheitsentscheidung offen stehen.[244] Spätestens nachdem der BGH den Bestimmtheitsgrundsatz aufgegeben hatte, genügt es für die formelle Legitimation eines Mehrheitsbeschlusses, dass sich aus dem Gesellschaftsvertrag – ausdrücklich oder durch Auslegung – ergibt, dass der jeweilige Beschlussgegenstand einer Mehrheitsentscheidung unterworfen sein soll.[245] Eine ausdrückliche Nennung ist mithin nicht notwendig.

(3) Schließlich müssen Mehrheitsbeschlüsse unter dem Gesichtspunkt des Minderheiten- bzw. Individualschutzes gewissen **materiellen Anforderungen** genügen. Begrenzt wird die Mehrheitsmacht insbesondere durch die **Treuepflichten**[246] und den Grundsatz der **Gleichbehandlung** (zu beiden nachfolgend → Rn. 288 ff.) sowie durch die sog. **Kernbereichslehre.** Letztere besagt, dass Eingriffe in den Kernbereich der Gesellschafterstellung – das können Vertragsänderungen, unter Umständen aber auch andere Beschlüsse sein – einer inhaltlichen Rechtfertigung bedürfen. Soweit der Kern der Mitgliedschaft eines Gesellschafters negativ betroffen ist – zum Kern zählen insbesondere das Stimmrecht, die Beteiligung an Gewinn und Liquidationserlös, das Gewinnrecht und das Informationsrecht –, bedürfen sie ferner dessen Zustimmung.[247] Auch die Auferlegung von *Nachschusspflichten* ist nur mit Zustimmung des betroffenen Gesellschafters möglich, vgl. § 707 BGB.[248]

285 In Bezug auf den Bestimmtheitsgrundsatz hatte sich die jüngere Rechtsprechung zunächst dahingehend entwickelt, dass die Anforderungen nach dem Bestimmtheitsgrundsatz und nach der Kernbereichslehre *kumulativ* erforderlich waren, um eine Abkehr vom Einstimmigkeitspostulat des § 119 I HGB hin zum Mehrheitsbeschluss zu legitimieren.[249] Diese Entwicklung war zu begrüßen. Denn stellte man allein auf den Bestimmtheitsgrundsatz ab, würde dies den eigentlichen Problemschwerpunkt verfehlen. Letztlich geht es nämlich nicht um eine detaillierte Beschreibung möglicher späterer Interessenverletzungen im Gesellschaftsvertrag, sondern um die wirksame Verhinderung *unzumutbarer* Benachteiligung, mithin um den *inhaltlich* angemessenen Interessenausgleich. Deshalb können die formalen Gesichtspunkte der Bestimmtheit ebenso wie die Höhe der Mehrheit für sich allein nicht den Ausschlag geben. Sie können lediglich Eingang in eine umfassende Interessenabwägung finden, wobei die Anforderungen umso höher sind, je mehr es gilt, den *Kernbereich* der Gesellschafterstellung gegen die Willkür wirtschaftlicher oder zahlenmäßiger Übermacht zu schützen.[250]

---

244 BGHZ 85, 356; NJW 1985, 2830; 1988, 411; *Wiedemann,* § 8 I 2 a; *Marburger,* NJW 1984, 2252; *Brändel,* FS Stimpel, 1985, S. 95.

245 *BGH* NZG 2013, 63.

246 Lies zur Treuepflicht auch *BGH* WM 2014, 560.

247 Die Zustimmung zum Eingriff in den Kern der Mitgliedschaft kann bereits *antizipiert* im Gesellschaftsvertrag erfolgen, wobei die Anforderungen hierfür höher liegen als diejenigen, welche aus dem die Mehrheitsentscheidung legitimierenden Bestimmtheitsgrundsatz folgten, vgl. *K. Schmidt,* ZIP 2009, 737, 739 f. Von dieser antizipierten Zustimmung unberührt bleiben aber die übrigen materiellen Rechtmäßigkeitsschranken (Treuepflicht, Gleichbehandlung) von Mehrheitsbeschlüssen.

248 *BGH* ZIP 2009, 864, Tz. 14; *BGH* ZIP 2009, 1373, Tz. 18.

249 BGHZ 170, 283, Tz. 10 – *Otto;* BGHZ 179, 13, Tz. 17, 25 – *Schutzgemeinschaftsvertrag II.*

250 *BGH* WM 1985, 256; NJW 1985, 2830; NJW 1995, 194 = LM § 119 HGB Nr. 32 *(Roth); Ulmer,* ZHR 161 (1997), 102, 120.

Von den bisher erörterten Fragen des vereinbarten Stimmrechtsausschlusses zu unter- **286**
scheiden ist die Frage, inwieweit im Einzelfall das Stimmrecht eines Gesellschafters
wegen *Interessenkollisionen* **von Rechts wegen ausgeschlossen** ist. Es geht hierbei
um Beschlüsse, die Interessen aus der Privatsphäre eines Gesellschafters berühren
(vgl. die in § 47 IV GmbHG aufgelisteten Konstellationen, welche über das GmbH-
Recht hinaus gelten). Trifft ein Stimmrechtsausschluss auf eine Mehrheitsentscheidung, so ist die Mehrheit der nicht ausgeschlossenen Gesellschafter maßgeblich.

d) Beschlussmängel

Die einzelne Stimmabgabe wie der Beschluss insgesamt können nach den allgemeinen **287**
Regeln über Rechtsgeschäfte **nichtig** sein. Sind Mehrheitsbeschlüsse in einem fehlerhaften Verfahren zustande gekommen, so macht sie das ebenfalls ungültig, weil die
Einhaltung eines vorgeschriebenen Verfahrens die Voraussetzung für das wirksame
Abgehen vom Einstimmigkeitserfordernis ist. Allerdings führt ein fehlerhaftes Verfahren nur zur Ungültigkeit des Beschlusses, wenn der Fehler für das Abstimmungsergebnis kausal war.[251] Allerdings kann mit einem Gesellschafterbeschluss, vor allem
wenn von vertragsändernder Qualität, ein ähnliches Bestandsinteresse verbunden sein
wie mit der Gründung der Gesellschaft (→ Rn. 184f.). Wiederum enthält nur das Recht
der Kapitalgesellschaft eigene Vorschriften über einen solchen Bestandsschutz
(§§ 241ff. AktG), und wiederum wird eine entsprechende Erstreckung auf die Personengesellschaften iS einer Einschränkung von Nichtigkeit und Anfechtbarkeit diskutiert, ohne dass diese Überlegungen allerdings bislang dieselbe Anerkennung gefunden
hätten wie die Grundsätze der fehlerhaften Gesellschaft. Denn die §§ 241ff. AktG enthalten eine erhebliche Einschränkung des individuellen Rechtsschutzes gegenüber
dem allgemeinen Standard und können nur zur Anwendung kommen, soweit sich die
Einschränkung nach der Struktur der jeweiligen Gesellschaftsform als sachgerecht erweist. Solch eine Einschränkung ist bei Personengesellschaften, die sich gerade durch
eine überschaubare Mitgliederzahl und eine individualistisch ausgestaltete Binnenord-
nung auszeichnen, nicht erforderlich.[252] Als Rechtsmittel gegen den fehlerhaften Beschluss kommt eine **Klage auf Feststellung** der Unwirksamkeit des Beschlusses nach
§ 256 ZPO in Betracht.

Literatur: *Grunewald*, 1. B., Rn. 27 ff.; *Noack*, Fehlerhafte Beschlüsse, 1990.

---

251 Baumbach/Hopt/*Roth* HGB § 119 Rn. 31.
252 Henssler/Strohn/*Drescher* AktG § 241 Rn. 5.

Schaubild 19: Beschlussfassung in der Gesellschaft

Funktion
▸ Gesamtheit der Gesellschafter trifft eine Entscheidung

Anwendungsbereich

▸ In allen Angelegenheiten, auf die sich die Entscheidungsbefugnis des einzelnen Gesellschafters nicht erstreckt
  • Geschäftsführungsangelegenheiten außerhalb der Einzelgeschäftsführung § 116 II, III 1 HGB
  • Zustimmung nur aller geschäftsführenden Gesellschafter erforderlich §§ 115 II, 116 III 1 HGB
  • Zustimmung nur der Mitgesellschafter erforderlich §§ 113 II, 122 II, 117, 127, 140 HGB
  • **Problem:** Kann die Gesamtheit der Gesellschafter darüber hinaus auch im sachlichen Bereich der Einzelgeschäftsführung (§ 116 I HGB) Angelegenheiten an sich ziehen und per Gesellschafterbeschluss entscheiden (→ Rn. 280)? HM (–)

Schema

▸ Formelle Kontrolle
  • Stimmenquorum erreicht
    – Grds. Einstimmigkeit nach § 119 I HGB und § 709 I Hs. 2 BGB
    – Aber disponibel: Mehrheitsentscheidung vereinbar, vgl. § 119 II HGB, § 709 II BGB
    – Allerdings prüfen, ob die Mehrheitsklausel auch den Gegenstand der konkreten Entscheidung umfasst
    – Inzident ggf. Wirksamkeit der einzelnen Stimmenabgabe nach den allgemeinen Regeln über Rechtsgeschäfte oder rechtsgeschäftsähnliche Handlungen prüfen
  • Form
    – Grds. keine bestimmte Form erforderlich
    – Aber disponibel: kann im Gesellschaftsvertrag vereinbart werden
  • Verfahren
    – Jedenfalls Mindestmaß an geordnetem Verfahren bei Mehrheitsentscheidungen (Minderheitenschutz)
    – Bei Kapitalgesellschaften gesetzlich verankert §§ 49 ff. GmbHG, 121 ff. AktG
  • Verstoß gegen Stimmrechtsausschluss
    – Gesetzlich angeordnet: § 113 II HGB; §§ 136 I AktG, 47 IV GmbHG; §§ 136 I AktG, 47 IV GmbHG analog (Entlastung der Befreiung von einer Verbindlichkeit und der Erhebung von Ansprüchen und Klagen)
    – **Problem:** Ausschluss wegen Interessenkollision (→ Rn. 286)? Kommt auf den Einzelfall an – aus Treuepflicht ableiten
  • Verstoß gegen Stimmbindung
    – Ggf. aus Treuepflicht im Einzelfall ableiten
  • Verstoß gegen Abspaltungsverbot § 717 S. 1 BGB
▸ Materielle Kontrolle
  • Kernbereichslehre
    – Eingriffe in den Kernbereich der Mitgliedschaftsrechte sind nur mit Zustimmung des betroffenen Gesellschafters möglich
  • Verstoß gegen einfache Treuepflicht
  • Grundsatz der Gleichbehandlung
    – Vorteile gleichmäßig anbieten, Nachteile und Opfer gleichmäßig abverlangen
  • Belastungsverbot § 707 BGB

Rechtsfolge

▸ Nichtigkeit bei fehlerhaftem Beschluss – bei formellen Fehlern nur, wenn sie kausal für das Abstimmungsergebnis waren
▸ **Problem**: Interesse am Bestandsschutz von Entscheidungen
  • Nur geregelt bei Kapitalgesellschaften §§ 241 ff. AktG
  • Analog auf Personengesellschaften (→ Rn. 287)? HM (–)

---

6. Treuepflicht und Gleichbehandlungsgebot

Fall 25: A. H. und B. H. betreiben die Gebrüder H.-OHG in einem gemieteten Geschäftslokal. Der Vermieter bietet das Anwesen dem B. H. zum Kauf an; daraufhin erwirbt es dessen Frau, kündigt der OHG den Mietvertrag und verlangt eine wesentlich höhere Miete.
A. H. will B. H. wegen grober Treuepflichtverletzung aus der OHG ausschließen und schadensersatzpflichtig machen; denn die OHG sei zum Erwerb des Anwesens bereit und in der Lage gewesen. B. H. hätte nur das Angebot an die OHG weiterleiten müssen. Zu Recht? (Lösungshinweise → Rn. 309).

a) Die gesellschaftsrechtliche Treuepflicht im Allgemeinen

Die gesellschaftsrechtliche Treuepflicht wird als fundamentales Grundprinzip des Gesellschaftsrechts angesehen, und in der Tat beherrscht der Gedanke wechselseitiger Treue aller Beteiligten das Gesellschaftsverhältnis. Die Treuepflicht ist eine allgemeine Verhaltenspflicht, die die gesamte Rechts- und Pflichtstellung des Gesellschafters bestimmt und aus der wiederum erst die einzelnen konkreten Pflichten entspringen. Darüber hinaus bestimmt sie Inhalt und Grenzen der dem einzelnen Gesellschafter zustehenden Rechte und bildet so eine Schranke zulässiger Rechtsausübung im Gesellschaftsrecht. Die Treuepflicht findet ihre positivrechtliche Grundlage in **§§ 242, 241 II BGB** (str.);[253] jedoch schlägt sich der Grundsatz von Treu und Glauben im gesellschaftsrechtlichen Gemeinschaftsverhältnis mit *gesteigerter Intensität* nieder. | **288**

Allerdings muss man bei solchen generalklauselartigen Formulierungen stets Bedacht darauf nehmen, konkrete praktische Konsequenzen vom unverbindlichen Schlagwort abzuheben.

Die Treuepflicht des Gesellschafters (= **mitgliedschaftliche Treuepflicht**) besteht einerseits der *Gesellschaft*, andererseits den *Mitgesellschaftern* gegenüber.[254] Allerdings kommt der Treuepflicht zwischen den Gesellschaftern gegenüber der Treuepflicht zur Gesellschaft nur dann eine eigenständige Bedeutung zu, wenn nicht gleichzeitig Interessen der Gesellschaft oder sämtlicher Gesellschafter betroffen sind. Sachlich geht es bei der Treuepflicht um die Wahrung der Interessen der Gesellschaft und der Mitgesellschafter und um das Problem des **Interessenkonflikts** zwischen diesen Interessen und Eigeninteressen. Dabei fragt sich sogleich, wie das »*Interesse der Gesellschaft*« zu bestimmen und insbesondere, ob es mehr ist als das »aggregierte« Interesse aller Gesellschafter. Letzteres kann man wohl nur bejahen, wenn man von der Vorstellung eines »Unternehmensinteresses« ausgeht, welches vom Interesse der Gesellschafter ab- | **289**

---

253 *Bitter*, ZGR 2010, 147, 172 ff.
254 *BGH* NJW 2007, 917, Tz. 9.

gehoben wird und die Interessen anderer dem Unternehmen verbundener Personenkreise (Gläubiger, Arbeitnehmer, öffentliche Interessen), evtl. auch ein gewissermaßen entpersönlichtes Interesse des Unternehmens »an sich« (als Organisation) an gesichertem und funktionsfähigem Fortbestand oÄ einbezieht. All dies ist unter theoretischen Gesichtspunkten kontrovers.[255] Praktische Bedeutung hat der letztgenannte Aspekt hauptsächlich für die AG, wo mit der weitreichenden Eigenverantwortung von Vorstand und Aufsichtsrat eine umfassende organschaftliche Treuepflicht korrespondiert. Für die Personengesellschaften hingegen ist in praktischer Hinsicht wiederum klar, dass die Gesellschafter in ihrer institutionalisierten Willensbildung das aktuelle Gesellschaftsinteresse determinieren, und es ist für jeden Gesellschafter zunächst grundsätzlich legitim, in diesen Willensbildungsprozess seine eigenen Interessen und wirtschaftlichen Zielvorstellungen einzubringen. Daraus kann jedoch nicht gefolgert werden, dass ein Unternehmensinteresse wegen der Beachtung sonstiger Stakeholderinteressen auszuschließen wäre. Arbeitnehmer, Lieferanten, Umwelt, Staat etc. verlangen mit Recht eine *Social Responsibility,* die durch Öffentliches Recht und Privatrecht auch bereits in vielen Details Justiziabilität erfahren hat. Der Gesellschafter hat in seinen gesellschaftsrelevanten Entscheidungen vor dem Hintergrund der Treuepflicht auch solche Aspekte einzubeziehen.

290   Im Verhältnis zur **Gesellschaft** greift die Treuepflicht demgemäß nur dort ein, wo *unternehmensexterne Partikularinteressen* (aus der Privatsphäre) eines Gesellschafters mit dem gesellschaftlichen Gesamtinteresse kollidieren. *Fall 25* (vor → Rn. 288) verdeutlicht den Treuepflichttatbestand.

Im Verhältnis zum **Mitgesellschafter** fragt sich darüber hinaus, ob es (bei Mehrheitsentscheidungen) für die Gesellschaftermehrheit eine Grenze gibt, jenseits derer sie ihren Willen nicht mehr uneingeschränkt der Minderheit aufzwingen darf, oder umgekehrt (beim Einstimmigkeitsprinzip) Fälle, wo der Einzelne sich dem Wunsch der Anderen zu beugen hat. Das *Beispiel* der unterschiedlichen Risikobereitschaft (→ Rn. 274 f.) verdeutlicht das Problem. Ein allgemeingültiger Lösungsweg kann hierfür aber nicht vorgezeichnet werden; wo die Rspr. in derartigen Fällen eine Treuepflicht bejaht hat, spielte zumeist auch ein unternehmensexternes Partikularinteresse eine Rolle. So hat *BGH* NJW 1980, 1278 es für unzulässig erklärt, dass der Mehrheitsgesellschafter gegen den Willen der Minderheit die Auflösung der Gesellschaft beschloss, aber der springende Punkt war, dass er dabei den Zweck verfolgte, sich die Vermögenswerte des aufgelösten Unternehmens auf billigem Wege anzueignen, um das Unternehmen anschließend in alleiniger Inhaberschaft wieder zu aktivieren.[256] Typische Problemfälle sind ferner Meinungsverschiedenheiten zur Rücklagenbildung und Gewinnverwendung, wenn der Gesellschaftsvertrag das Entnahmerecht verkürzt; dem einzelnen Gesellschafter muss uE je nach seiner persönlichen Interessenlage eine gewisse Mindestrendite erhalten bleiben.

Die **Intensität der Treuepflicht** schwächt sich graduell ab, je weniger einerseits der Charakter der Gesellschaft personalistisch geprägt und je geringer andererseits die Beteiligung und der Einfluss des jeweiligen Gesellschafters sind. So ist die Treuepflicht eines maßgeblichen OHG-Gesellschafters graduell intensiver als die eines kleinen

---

255 S. *Teubner,* ZHR 149 (1985), 470; MüKoAktG/*Götze* Vor § 53a Rn. 19 ff.

256 Die Entscheidung betraf eine GmbH; ebenso BGHZ 103, 184 für eine AG. Einschränkend *OLG Frankfurt* ZIP 1991, 657; *OLG Stuttgart* ZIP 1995, 1515.

Kommanditisten einer Publikums-KG. Gegenüber den Mitgesellschaftern ist die Treuepflicht umso intensiver, je größer einerseits der Gesellschafterkreis ist, dessen gemeinsames Interesse Beachtung fordert, und je vitaler andererseits die bedrohten Interessen sind. Am Ende wird hier wohl immer eine inhaltliche Bewertung der kollidierenden Interessen den Ausschlag geben.

Als **Rechtsfolge** der Treuepflicht verdient dort, wo unzulässige Eigeninteressen im **291** Spiel sind, grundsätzlich der *Ausschluss* des betroffenen Gesellschafters von der Mitwirkung und Entscheidung am konkreten Beschluss den Vorzug; denn dies ist die sauberste Lösung eines Interessenkonflikts dieser Art. Das gilt vor allem für das Stimmrecht bei Gesellschafterbeschlüssen, nachfolgend (b). Schwieriger wird es in anderen Fällen, in denen der Gesellschafter *positiv* zu einem bestimmten Handeln verpflichtet und hierzu der Inhalt der Pflicht konkret (etwa im Wege des Interessenkompromisses) determiniert werden muss (zB zur Ausübung des Stimmrechts in einer bestimmten Weise), oder in denen ein Verhalten außerhalb des gesellschaftlichen Willensbildungsprozesses zu missbilligen ist. Die wichtigsten Fälle dieser Art werden nachfolgend (c)–(e) erörtert. Wird die Treuepflicht verletzt, trifft den Gesellschafter eine **Schadensersatzpflicht** nach **§§ 280, 241 II BGB.**

b) Stimmrechtsausschluss

Den Gesellschafter, der in seinen persönlichen Interessen betroffen ist, schließt das **292** HGB im speziellen Fall der Geltendmachung von Ansprüchen bei Verletzung eines Wettbewerbsverbotes von der Beschlussfassung aus: § 113 II HGB. Darüber hinaus bieten sich die weiter ausgreifenden Regelungen der §§ 136 I AktG, 47 IV GmbHG für eine Analogie an, die übereinstimmend die Fälle der Entlastung, der Befreiung von einer Verbindlichkeit und der Erhebung von Ansprüchen und Klagen erfassen, sich aber in der Einbeziehung von Rechtsgeschäften der Gesellschaft mit Gesellschaftern unterscheiden. Demgemäß ist bei der OHG schon die Behandlung dieses Falles streitig,[257] erst recht die Anerkennung eines Stimmrechtsausschlusses als verallgemeinertes Prinzip in anderen Konfliktsituationen. Allenfalls wird in solchen Fällen dann eine Treuepflicht postuliert, inhaltlich auf eine Entscheidung hinzuwirken, die den Interessen der Gesellschaft ausreichend Rechnung trägt, widrigenfalls die abgegebene Stimme wegen Stimmrechtsmissbrauchs nicht gilt. Das Problem ist die zweifelhafte Wirksamkeit dieses Sanktionsmechanismus, weil sie von einer inhaltlichen Würdigung der Entscheidung in jedem Einzelfall abhängt.

Gegen einen allgemeinen Stimmrechtsausschluss wird hauptsächlich argumentiert, solche Geschäfte unterfielen grundsätzlich der Einzelgeschäftsführung, und dort sei ein geschäftsführender Gesellschafter auch nicht gehindert, in eigener Sache zu entscheiden (lediglich beim rechtsgeschäftlichen Handeln behindert ihn § 181 BGB). Richtigerweise hat man umgekehrt zu argumentieren: Weil nur die Vermeidung des Interessenkonflikts der Gesellschaft eine unvoreingenommene Interessenwahrung garantiert, sind bei Interessenkonflikten sowohl das Stimmrecht des betroffenen Gesellschafters

---

257 Für eine analoge Anwendung des § 47 IV GmbHG auf den Ausschluss des Stimmrechts eines OHG-Gesellschafters KKRD/*Kindler* HGB § 119 Rn. 3; ähnlich EBJS/*Freitag* HGB § 119 Rn. 20: Stimmverbot auch in den gesetzlich nicht geregelten Fällen, wenn die Gefahr besteht, der betreffende Gesellschafter werde außerstande sein, sich bei der Abstimmung allein von dem Gesellschaftsinteresse und nicht von seinen Sonderinteressen leiten zu lassen; dagegen *Hueck*, § 11 III 2.

für Beschlussentscheidungen[258] als auch seine Geschäftsführungsbefugnis sowie sein Widerspruchsrecht nach § 115 I HGB ausgeschlossen.[259]

> **Beispiel:** A, B und C sind die Gesellschafter der G-OHG. A gehört ein Grundstück, welches seiner Meinung nach die OHG gut gebrauchen könnte. B ist gleicher Meinung, doch C ist der Preis zu hoch. A selbst kann das Geschäft für die OHG wegen § 181 BGB nicht abschließen. Will B das tun, kann C nach § 115 HGB widersprechen. Richtiger Ansicht nach können dann A und B zwar einen Gesellschafterbeschluss darüber herbeiführen (→ Rn. 275 und 280), aber wenn § 119 I HGB gilt, kann C das Geschäft wiederum verhindern, und wenn § 119 II gilt, ebenfalls, weil A mit seinem Stimmrecht ausgeschlossen sein muss.

Das gilt aber *nicht* – um der Entstehung etwaiger Missverständnisse vorzugreifen! – für Fragen der inneren Organisation des Unternehmens und des gesellschaftsrechtlichen Grundverhältnisses. Hier ist es legitim, dass die Gesamtheit der Gesellschafter beschließt und jeder Einzelne *seine Interessen* wahrt. Wenn ein solcher Beschluss einen Gesellschafter in stärkerem Maße betrifft als die anderen, etwa wenn die *Geschäftsführung* zu seinem Nachteil neu geregelt oder ihm eine besondere Pflicht auferlegt werden soll, so ist es gerade geboten, dass er mitstimmen darf.

c) Vertragsänderungen

293 Der Gesellschafter ist grundsätzlich nicht gehalten, Vertragsänderungen zuzustimmen, hierbei seine Interessen denjenigen der Mitgesellschafter unterzuordnen oder gar über seine ursprünglichen Vertragspflichten hinaus zusätzliche Leistungen zu erbringen, vgl. § 707 BGB. Ausnahmsweise kann aber etwas anderes gelten, wenn die Interessen der Gesellschaft bzw. der Mitgesellschafter eindeutig überwiegen, die Belastung für den betroffenen Gesellschafter gering und nach Abwägung aller Umstände des Einzelfalls ihm daher die **Zustimmung zumutbar** ist. Das gilt in besonderem Maße, wenn Vertragsanpassungen an eine *geänderte Rechtslage* geboten sind (zB die Umstellung auf EUR-Beträge im Gesellschaftsvertrag) oder nur bestimmte *Sanierungsmaßnahmen* die Gesellschaft noch zu retten vermögen (freilich dürfen die Sanierungsmaßnahmen *nicht* mit einer Finanzierungspflicht des betroffenen Gesellschafters verbunden sein, weil andernfalls dessen Belastung gerade nicht gering wäre). Bezüglich der Unternehmenssanierung hat der BGH hierbei für den Fall, dass die Gesellschaft zahlungsunfähig und überschuldet ist und die Gesellschafter im Fall des Ausscheidens nicht schlechter als bei einer sofortigen Liquidation der Gesellschaft stehen, anerkannt, dass aus der gesellschaftsrechtlichen Treuepflicht eine Mitwirkungspflicht in Gestalt einer Zustimmung zu einer Kapitalerhöhung zu Sanierungszwecken folgen kann – alternativ könne der Gesellschafter auch aus der Gesellschaft ausscheiden.[260] Auch in WM 1985, 256 hat der BGH den Kommanditisten einer Publikums-KG (hierzu → Rn. 384 ff.), dessen persönliche Bindung an die Gesellschaft relativ schwach ausgeprägt war, für verpflichtet erachtet, einer zeitweiligen Aussetzung der im Vertrag garantierten Kapitalverzinsung zuzustimmen, weil das Überleben der Gesellschaft auf dem Spiel stand.

Erst recht kann die Treuepflicht bei entsprechender Interessenlage eine Zustimmung zu **einfachen** (nicht vertragsändernden) **Gesellschafterbeschlüssen** gebieten.[261] Um-

---

258 So auch *Wieland,* HandelsR, Bd. I, 1921, 578 N. 4.
259 Vgl. allgemein *Roth,* Das Treuhandmodell des Investmentrechts, 1972, §§ 37–42.
260 *BGH* NJW 2010, 65.
261 *BGH* NJW 1987, 1020.

gekehrt darf uU auch ein einzelner Mitgesellschafter eine Beschlussfassung in seinem Interesse verlangen, wenn keine schutzwürdigen Belange entgegenstehen, beispielsweise eine für ihn wichtige Nachfolgeregelung.[262]

d) Chancen der Gesellschaft

Die Treuepflicht in ihrer speziellen Ausprägung als *Geschäftschancenlehre* verbietet **294** den Gesellschaftern, wirtschaftliche Möglichkeiten, die der Gesellschaft gebühren, zum eigenen Vorteil auszunutzen. Einem Gesellschafter ist es aber nicht schlechthin verboten, sich außerhalb der Gesellschaft auf eigene Rechnung wirtschaftlich zu betätigen, und daher ist die unter Umständen schwierige Eingrenzung der Sphäre erforderlich, innerhalb derer der Gesellschaft der Vorrang zukommt.

Eine spezielle Ausprägung dieses Gedankens ist das in den §§ 112, 113 HGB geregelte **295** **Wettbewerbsverbot.** Ein Gesellschafter darf ohne Einwilligung der anderen nicht den gemeinsamen Interessen Konkurrenz machen. Das gilt auch für nicht geschäftsführende Gesellschafter; denn sie sind im Rahmen der Kompetenzverteilung ebenfalls zur Förderung des Gesellschaftszwecks und damit insbesondere negativ dazu verpflichtet, alles den Gesellschaftsinteressen Abträgliche zu unterlassen.

Allgemein fällt bei der Beurteilung, ob eine wirtschaftliche Chance der Gesellschaft zuzuordnen ist, zum einen ins Gewicht, wo die Chance objektiv ihren Ursprung, zum anderen, woher der Gesellschafter (subjektiv) davon Kenntnis hat. Ein eindeutiges Beispiel sind Erfindungen, die im Unternehmen gemacht werden und von denen der Geschäftsführer kraft dieser Position erfährt,[263] ein anderes Beispiel gibt der *Eingangsfall Nr. 25* (→ Rn. 288) wieder.[264] Wer der Gesellschaft in solcher Weise Geschäftschancen wegnimmt, hat ihr den Schaden zu ersetzen,[265] auch ohne speziellen Schadensnachweis muss er uE entsprechend § 113 HGB zumindest die selbst gezogenen Vorteile abführen.

e) Aufopferung eigener Interessen

Unter engen Voraussetzungen ist der Gesellschafter ausnahmsweise verpflichtet, auf **296** eigene Rechte gegenüber der Gesellschaft zu verzichten oder sonst seine Interessen gegenüber denjenigen der Gesellschaft bzw. der Mitgesellschafter hintanzustellen. Dabei müssen allerdings die letzteren eindeutig überwiegen, im Übrigen sind dieselben Zumutbarkeitserwägungen wie oben (→ Rn. 293) anzustellen. Auch das typische Beispiel ist das oben (→ Rn. 293) bereits erwähnte, dass ein Gesellschafter auf Zinsansprüche zeitweilig verzichten muss, um der Gesellschaft das Überleben zu ermöglichen.[266]

f) Gleichbehandlung

Das Recht des Gesellschafters auf Gleichbehandlung mit anderen Gesellschaftern ist in **297** gewisser Weise ein Korrelat zur Treuepflicht, ein Gebot fairen Verhaltens seitens der

---

262 *BGH* NJW 1987, 952.
263 *BGH* ZIP 1985, 1484, für den Geschäftsführer einer GmbH.
264 *BGH* ZIP 1985, 1482; ähnlich *BGH* NJW 1989, 2687; hierzu *Kübler/Waltermann*, ZGR 1991, 162. Ein Gegenbeispiel für legitime Erzielung eigener Gewinne auf Kosten der Gesellschaft bietet *BGH* NJW 1998, 1225.
265 *BGH* WM 2013, 320.
266 *BGH* WM 1985, 256; *OLG Koblenz* WM 1984, 1051.

OHG (bzw. der übrigen Gesellschafter) gegenüber einem Mitgesellschafter. Der Gleichbehandlungsgrundsatz verbietet willkürliche Benachteiligung eines Gesellschafters gegen dessen Willen, hat also bei der OHG eine Bedeutung hauptsächlich im Bereich von Mehrheitsentscheidungen (als Instrument des Minderheitsschutzes) sowie im Bereich der Geschäftsführung im Verhältnis zu Gesellschaftern, die von der Geschäftsführung ausgeschlossen sind. Nicht sichert der Gleichbehandlungsgrundsatz den Gesellschaftern zwingend gleiche Rechte und Pflichten zu, vielmehr geht hier die *Freiheit gesellschaftsvertraglicher Gestaltung* vor. Allerdings mag bei auslegungsbedürftiger Vertragsregelung eine Vermutung für Gleichstellung streiten.

Der Gleichbehandlungsgrundsatz gebietet auch, dass die Gesellschaft Vorteile, zB günstige Geschäfte mit der Gesellschaft, Beteiligung an einer Kapitalerhöhung, allen Gesellschaftern gleichmäßig anbietet, Nachteile und Opfer, zB den vorgenannten Verzicht auf Zinsen, allen gleichmäßig abverlangt. Ausnahmen können wiederum gelten, wenn gerade die Ungleichbehandlung um eines vorrangigen Gesellschaftsinteresses willen geboten ist, also gerade die ungleiche Benachteiligung das Opfer ist, welches die Treuepflicht gebietet.

Literatur zur Treuepflicht: *Flume,* ZIP 1996, 161; *Hennrichs,* AcP 195 (1995), 221; *Kindler* GK HandelsR § 11 Rn. 13 ff.; *Lutter,* AcP 180 (1980), 84, 102 ff.; *Lutter,* ZHR 153 (1989), 446; *Weller,* Die Vertragstreue, 2009, S. 240 ff., 302 ff.; *Bork/Schäfer/Weller* GmbHG § 13 Rn. 7 ff.; *M. Winter,* Mitgliedschaftliche Treuebindungen im GmbH-Recht, 1988, aus der Rspr.: *BGH* NZG 2005, 274.

Zur Gleichbehandlung: *Hueck,* Der Grundsatz der gleichmäßigen Behandlung im Privatrecht, 1959; MüKoBGB/*Schäfer* § 705 Rn. 244 ff.; *Verse,* Der Gleichbehandlungsgrundsatz im Recht der Kapitalgesellschaften, 2006.

7. Weitere Rechte und Pflichten der Gesellschafter

a) Pflicht zur Geschäftsführung, Sorgfaltspflicht

298   Soweit ein Gesellschafter nach Gesellschaftsvertrag und Gesetz zur Geschäftsführung berechtigt ist, ist er auch dazu *verpflichtet* (§ 114 I HGB, beachten Sie ferner §§ 713, 664 BGB!). Die Pflichtbindung des geschäftsführenden Gesellschafters gilt gleichermaßen für die Ausübung seines *Widerspruchsrechts* nach § 115 HGB; ein unter Verletzung der Sorgfaltspflicht erhobener Widerspruch ist unbeachtlich.

Verpflichtungen zu speziellen Dienstleistungen kann der Gesellschaftsvertrag begründen. Es empfiehlt sich, die Funktion, Pflichten und Obliegenheiten der Gesellschafter im Gesellschaftsvertrag festzulegen oder Regelungsmechanismen hierfür vorzusehen, wenn mehrere Gesellschafter in unterschiedlichem Maße hierzu herangezogen werden sollen.

299   Den bei der Erfüllung dieser Pflichten maßgeblichen **Sorgfaltsstandard** bestimmt **§ 708 BGB** (iVm § 105 III HGB): Es ist dies die sog. »diligentia quam in suis«. Das bedeutet nicht unbedingt eine Abmilderung gegenüber dem allgemeinen Sorgfaltsstandard, demzufolge auch *einfache* Fahrlässigkeit sanktioniert wird, § 276 I 1 iVm II BGB; es kommt darauf an, welche Sorgfalt der Gesellschafter üblicherweise in eigenen Angelegenheiten walten lässt. Aber praktisch liegt eben doch, wenn einem Gesellschaf-

ter leichtere Nachlässigkeiten unterlaufen, der Schluss nahe, dass dies persönlichkeitsbedingt und somit – bis zur Grenze der *groben* Fahrlässigkeit (§ 277 BGB) – nach § 708 BGB entschuldigt sei. Deshalb ist es wichtig, den Anwendungsbereich des § 708 BGB genau abzugrenzen, und der vielgenannte Beispielsfall hierfür ist derjenige der gemeinsamen Autofahrt mehrerer Gesellschafter, die bei einem Verkehrsunfall verletzt werden. Dem Gesellschafter, der den Unfall verschuldet hat, kommt § 708 nicht zu Hilfe; denn Leben und Gesundheit der Mitgesellschafter werden nicht vom Ausstrahlungsbereich der Vorschrift erfasst – es liege hier kein Raum für individuelle Sorglosigkeit vor.[267] Diesem vermeintlich klaren Schulbeispiel ist uE zu widersprechen. Die Rspr. verkennt den Unterschied zwischen Verschuldensmaßstab und Haftungsreichweite, wenn die Aussage aufgestellt wird, § 708 BGB gelte im Straßenverkehr per se nicht, da sich schließlich jeder in gleichem Maße an die Verkehrsregeln halten müsse. Diese Aussage trifft gegenüber dritten Verkehrsteilnehmern zu, nicht jedoch ist sie korrekt in Bezug auf Personen, die bewusst akzeptieren, dass der Fahrer des KFZ, in welchem sie sitzen, etwa für einfache Fahrlässigkeit nicht haften soll. So werden privatautonome Haftungsausschlüsse zwischen Fahrer und Mitfahrern ohne Weiteres akzeptiert. Selbstverständlich muss sich der Fahrer auch weiterhin an die Verkehrsregeln halten. Nur in Bezug auf den Verschuldensgrad kommt es zu Veränderungen, die seitens der Mitgesellschafter bewusst akzeptiert worden sind.

Abgesehen von dieser Diskussion ist für § 708 BGB jedenfalls dann kein Raum, wenn es um Angelegenheiten geht, die über den Gesellschafterkreis hinaus auch die *Interessen Dritter* berühren können, wie etwa bei Rücksichtspflichten (§ 241 II BGB) bzw. Verkehrssicherungspflichten (§ 823 BGB), die sich aus der Eröffnung eines Verkehrs (zB Geschäftslokals) ergeben. Denn ausweislich seiner systematischen Stellung und seines Wortlautes entfaltet § 708 BGB nur im Innenverhältnis Wirkung. Auch für die Erfüllung von Leistungspflichten, die aus Verträgen der Gesellschaft mit Dritten resultieren, greift § 708 BGB nicht. Die Norm beschränkt sich vielmehr auf Pflichten aus dem Gesellschaftsverhältnis, die keine Außenwirkung haben.

Im Übrigen ist für die Pflichten des Geschäftsführers gemäß §§ 713 BGB, 105 III HGB **300** das **Auftragsrecht** nach §§ 664 ff. BGB maßgebend. Demgemäß lässt sich die oben behandelte Frage, ob der einzelne geschäftsführende Gesellschafter an Weisungen durch Gesellschafterbeschluss gebunden ist, auch von § 665 BGB her betrachten. Die hM will jedoch zu § 713 BGB diese Schlussfolgerung gerade nicht ziehen, weil die Geschäftsführungsbefugnis dem einzelnen Gesellschafter als Sonderrecht (vgl. § 35 BGB) zugewiesen sei.[268] Im Ergebnis erscheint die eine wie die andere Argumentation zu formal, entscheidend muss daher vielmehr die Beurteilung der Interessenlage sein, wie oben (→ Rn. 280) geschehen.

Erlangt der Gesellschafter aus der Geschäftsführung persönlich einen Vorteil, so ist er nach § 667 BGB zur **Herausgabe** verpflichtet. Die Sorgfalts- und die aus deren Verletzung evtl. resultierenden Schadensersatzpflichten sowie die zuletzt genannte Herausgabepflicht bestehen ebenso wie die Beitragspflicht *der Gesellschaft* gegenüber; auch für die *actio pro socio* gilt das oben Erwähnte entsprechend.

---

267 Vgl. BGHZ 46, 313.
268 Palandt/*Sprau* BGB § 713 Rn. 1, § 717 Rn. 4.

b) Mitwirkungspflichten

301 Jeder Gesellschafter ist ungeachtet seiner Geschäftsführungsbefugnis verpflichtet, an Gesellschafterbeschlüssen mitzuwirken und sein Stimmrecht auszuüben. Auch insoweit gilt der Sorgfaltsmaßstab des § 708 BGB.

c) Aufwendungsersatz, Rückgriff

302 Für Aufwendungsersatz und Ausgleich anderer Einbußen enthält das Recht der OHG eine eigene Rechtsgrundlage, **§ 110 HGB,** die über den Wortlaut des § 670 BGB hinausgeht und die allgemeinen Regelungen des Auftragsrechts modifiziert und erweitert. § 110 HGB gilt auch für nicht geschäftsführende Gesellschafter, wenn nur die Geschäftsbesorgung oder das Risiko der Gesellschaftssphäre zuzurechnen ist. Ein Hauptanwendungsfall ist aber die Erstattung von Aufwendungen, die im Rahmen der Geschäftsführung getätigt werden. Ein *Entgelt* für ihre Tätigkeit als solche steht den Geschäftsführern allerdings in Ermangelung abweichender Vereinbarung nicht zu; sie sind auf ihre Gewinnbeteiligung verwiesen. Dienstleistungen außerhalb der Geschäftsführung, die üblicherweise gegen Entgelt erbracht werden, können hingegen Aufwendungen iS des § 110 HGB darstellen. § 110 HGB lässt sich demnach als eine Ausgleichsregelung für freiwillige und unfreiwillige Vermögenssonderopfer, die bei der Wahrnehmung von Gesellschaftsangelegenheiten erlitten worden sind, begreifen.[269]

303 Ein anderer wichtiger Anwendungsfall des § 110 HGB ist die Vergütung von Auslagen, die ein nach **§ 128 HGB** in Anspruch genommener Gesellschafter (hierzu → § 9 Rn. 225 ff.) zur *Deckung von Gesellschaftsschulden* gemacht hat. Über § 110 HGB kann der persönlich haftbar gemachte OHG-Gesellschafter in voller Höhe *bei der Gesellschaft* Rückgriff nehmen. Hingegen hat der Gesellschafter in Ermangelung eines Gesamtschuldverhältnisses zwischen den Gesellschaftern und der Gesellschaft (ein Gesamtschuldverhältnis besteht nach § 128 S. 1 HGB nur *zwischen den Gesellschaftern*) keinen Ausgleichsanspruch nach § 426 I BGB.

304 Häufig freilich nützt diese Deckungsmöglichkeit dem Gesellschafter wenig, greift doch ein Gesellschaftsgläubiger meist erst dann auf einen Gesellschafter persönlich zu, wenn von der Gesellschaft nichts mehr zu erlangen ist. Der Gesellschafter kann jedoch auch **bei den Mitgesellschaftern Rückgriff nehmen.** Dies geht zwar *nicht* nach § 110 HGB iVm *§ 128 S. 1 HGB,* weil § 110 HGB eine *Sozialverbindlichkeit* der Gesellschaft aus dem Gesellschaftsverhältnis gegenüber den Gesellschaftern darstellt, für die Mitgesellschafter nicht nach § 128 HGB persönlich haften, da § 128 HGB nur im Verhältnis zu Dritten gilt.[270] Eine persönliche akzessorische Haftung würde nämlich auf eine Nachschusspflicht hinauslaufen, die ihrerseits die Vorschriften des § 707 BGB, § 105 III HGB und das hierin inkorporierte Nachschusspflichtverbot unterlaufen würde. Teilweise soll hiervon für den Fall der (häufig vorliegenden) Illiquidität der Gesellschaft mit Verweis auf die Zufälligkeit der Inanspruchnahme des Gesellschafters eine Ausnahme erfolgen. Einem solchen Verständnis steht indes entgegen, dass der Gesamtschuldnerausgleich nach Maßgabe des § 426 BGB einen adäquaten und systemkonformen Haftungsausgleich ermöglicht. Wegen der offenen Formulierung des § 426 I 1

---

269 MüKoHGB/*Langhein* § 110 Rn. 1.
270 *BGH* DB 2002, 318; *K. Schmidt,* JuS 2002, 712.

BGB (»soweit nicht ein anderes bestimmt ist«) können gesellschaftsrechtliche Besonderheiten hinreichend berücksichtigt werden.

Allerdings besteht gegen die Mitgesellschafter ein **Rückgriffsanspruch aus § 426 I BGB;** denn unter den Gesellschaftern besteht ein Gesamtschuldverhältnis, § 128 S. 1 HGB. Hierbei ist jedoch zu beachten, dass aufgrund der gesellschaftsrechtlichen Treuepflicht der unmittelbare Rückgriff eines Gesellschafters gegen die Mitgesellschafter aus § 426 I BGB ausgeschlossen ist. Die Treuepflicht gebietet es, dass sich der Gesellschafter **zunächst an die Gesellschaft** hält (Grundsatz der Subsidiarität). Eine Inanspruchnahme der Mitgesellschafter ist erst dann zulässig, wenn eine Befriedigung aus dem Gesellschaftsvermögen nicht mehr möglich ist.

Der Ausgleichsanspruch aus § 426 I BGB richtet sich gegen jeden Mitgesellschafter freilich nur *in der Höhe von dessen Haftungsquote im Innenverhältnis;* diese wiederum bestimmt sich im Zweifel nach dessen Verlustanteil.[271] Den sich danach errechnenden eigenen Haftungsanteil trägt der Gesellschafter, der den Gläubiger befriedigt hat, endgültig. Soweit von einzelnen Gesellschaftern ihr Anteil nicht einzutreiben ist, wird der Ausfallbetrag dementsprechend auf die Zahlungsfähigen umgelegt (§ 426 I S. 2 BGB).

Ob neben dem Ausgleichanspruch aus § 426 I 1 BGB auch ein Übergang der Forderung des Gesellschaftsgläubigers, auf die der Gesellschafter gezahlt hat, nach **§ 426 II BGB** stattfindet **(cessio legis),** was mit Blick auf etwaige Sicherungsrechte (§ 401 BGB) von Relevanz sein kann, ist streitig. Überwiegend wird die cessio legis abgelehnt, weil zwischen Gesellschaft und Gesellschaftern kein Gesamtschuldverhältnis, sondern ein **Akzessorietätsverhältnis** besteht (→ Rn. 251). Um letzterem Rechnung zu tragen, wollen manche Autoren statt § 426 II BGB die cessio legis aus dem Bürgschaftsrecht nach **§ 774 I BGB analog** anwenden.[272] Dies überzeugt letztlich jedoch nicht, da § 774 BGB in Bezug auf den Bürgen nicht nur von einer akzessorischen, sondern auch von einer subsidiären Haftung ausgeht, welche im Verhältnis zwischen Gesellschaft und Gesellschaftern aufgrund des Prinzips der unmittelbaren Außenhaftung (§ 128 HGB) gerade nicht besteht.

305

Der Rückgriff nach § 110 HGB auf das Gesellschaftsvermögen stellt den Gesellschafter im Ergebnis günstiger als der Rückgriff auf die Mitgesellschafter nach § 426 BGB, weil er dem Gesellschafter die Liquidierung seiner gesamten Aufwendungen erlaubt, während er bei § 426 BGB seinen Verlustanteil selbst zu tragen hat. Das damit angezeigte Rangverhältnis zwischen § 110 HGB einerseits und § 426 BGB andererseits ist jedoch nicht nur praktischer Art; auch von Rechts wegen ist der Gesellschafter grundsätzlich verpflichtet, **zuerst aus dem Gesellschaftsvermögen Rückgriff** zu suchen. Gelingt das nicht, so braucht er es allerdings nicht erst zur Liquidation kommen zu lassen, sondern kann sich schon vorher an die Mitgesellschafter halten. Begründen lässt sich die Pflicht zur *primären Inanspruchnahme der Gesellschaft* mit § 707 BGB (keine Nachschusspflicht) und der gesellschaftsrechtlichen Treuepflicht den Mitgesellschaftern gegenüber. Diese **gestufte Rückgriffs-Lösung** – primär § 110 HGB gegenüber der Ge-

306

---

271 Vgl. *OLG Koblenz* NJW-RR 1995, 486.
272 Vgl. *K. Schmidt,* GesR, § 49 V 1; aA *BGH* NZG 2011, 1023: Analogievoraussetzungen der planwidrigen Regelungslücke liegen in Bezug auf § 774 BGB nicht vor, da § 110 HGB den Rückgriff des Gesellschafters gegen die OHG abschließend regelt.

sellschaft, sekundär § 426 I BGB gegenüber den Mitgesellschaftern sowie – je nach Meinung, der man folgt – auch § 426 II bzw. § 774 BGB analog – ist das Ergebnis einer Abwägung zwischen dem Interesse der Mitgesellschafter daran, über ihre Beiträge hinaus zur Finanzierung der Geschäftstätigkeit nicht herangezogen zu werden, einerseits, und dem Interesse des Gesellschafters an alsbaldiger Auslagenerstattung andererseits. Basiert eine Schuld allerdings auf dem alleinigen oder Mitverschulden eines Gesellschafters, so ist dies bei der Haftungsquotelung im Innenverhältnis zu berücksichtigen.[273]

307 **Lösungshinweise zu Fall 23** (vor → Rn. 261; vgl. *BGH* NJW 1985, 2830):

   I. Zulässigkeit der Klage
   Problematisch ist hier die **Prozessführungsbefugnis** des K:
   1. K ist als Kommanditist für die KG nicht vertretungsbefugt, § 170 HGB.
   2. Aber **actio pro socio** (→ Rn. 262):
   Im Gesellschaftsrecht ist allgemein anerkannt, dass auch ein nicht vertretungs- und geschäftsführungsbefugter Gesellschafter im eigenen Namen auf Erfüllung von Sozialverbindlichkeiten an die Gesellschaft klagen kann (Gesellschafterklagen).
      a) Sozialanspruch der KG: H ist der Gesellschaft gegenüber aus dem Gesellschaftsvertrag, in dem ausdrücklich seine Leistungspflicht definiert ist, verpflichtet (Hinweis: ohne eine solche Regelung könnte man auch auf die gesellschaftsrechtliche Treuepflicht abstellen).
      b) Geltendmachung von Sozialansprüchen: Solche **Sozialansprüche** der Gesellschaft gegen einen Gesellschafter können andere Gesellschafter als fremdes Recht im eigenen Namen geltend machen, sofern die Gesellschaft sie selbst nicht verfolgt, zB weil sich der vertretungsbefugte persönlich haftende Gesellschafter (H) in einem Interessenkonflikt befindet (wie hier). Dabei richtet sich die Klage auf Leistung *an die Gesellschaft*

   II. Begründetheit der Klage
   1. **Schadensersatzanspruch** entsteht, wenn H seine Leistungspflicht (§§ 280 I, 281 I, II, 241 I BGB) bzw. seine Treuepflicht (§§ 280 I, 241 II BGB) verletzt hat. Hier (+)
   2. Schadensersatzanspruch untergegangen durch **Schulderlass**, § 397 BGB?
   Voraussetzung: Beschluss über Schulderlass muss wirksam sein.
      a) Beschluss entsprechend dem Gesellschaftsvertrag mit einfacher Mehrheit gefasst; Abweichung vom Einstimmigkeitsprinzip des § 119 I HGB möglich (hier +).
      b) Aber **materielle Rechtmäßigkeitsprüfung**: (→ Rn. 284, 288 f.) Treuepflicht steht einer Stimmausübung des H über den eigenen Schulderlass entgegen (»kein Richten in eigener Sache«, § 47 IV GmbHG analog).
      c) Folge: Beschluss über Schulderlass ist unwirksam.
   III. Ergebnis: Schadensersatzklage ist zulässig und begründet.

308 **Lösungshinweise zu Fall 24** (vor → Rn. 278; vgl. *BGH* NJW 1988, 411 zur alten Rspr., zur neuen Rspr. vgl. *BGH* NJW 2007, 1685):

   1. Wirksamkeit des Beschlusses setzt voraus, dass das ¾-Quorum hier – in zulässiger Abweichung vom Einstimmigkeitsprinzip des § 119 I HGB – das erforderliche Mehrheitsverhältnis bildet. Dies wiederum setzt voraus, dass die im Gesellschaftsvertrag der KG enthaltene **Mehrheitsklausel** mit dem Passus »sonstige Veränderungen« auch die konkrete Entscheidung der Gesellschafter erfasst. BGH geht nunmehr davon aus, dass die einzelnen Beschlussgegenstände nicht minutiös aufgelistet sein müssen. Grundsätzlich soll es ausreichend sein, dass sich durch Auslegung des Gesellschaftsvertrags ergibt, worauf sich die Mehrheitsklausel bezieht.
   Hier wird man wohl trotz allem berücksichtigen müssen, dass eine **pauschal** »sonstige Vertragsänderungen« erfassende Mehrheitsklausel nur die üblichen Vertragsänderungen decken soll. Bei Vertragsänderungen mit ungewöhnlichem Inhalt muss sich der Beschlussgegenstand hingegen un-

273 *BGH* WM 2013, 2136.

zweifelhaft, sei es auch nur durch Auslegung (vgl. oben), aus dem Gesellschaftsvertrag ergeben, daher hier: Die Mehrheitsklausel erfasst die in Frage stehende Entscheidung der Gesellschafter nicht.

2. Beschluss könnte zudem in unzulässiger Weise in den **Kernbereich** der Mitgliedschaft eingreifen (→ Rn. 284), weil eine quotenmäßig zu weitgehende Absenkung der Mehrheitserfordernisse in Kombination mit einer Ausdehnung des sachlichen Anwendungsbereichs von Mehrheitserfordernissen letztlich auf eine Entwertung des Stimmrechts der Minderheitsgesellschafter hinausläuft. Ein gewisser »Grundbestand« an Rechten ist unentziehbar und darf daher ausschließlich mit der Zustimmung des Gesellschafters aufgegeben werden.

3. Eine zu ungleiche und damit sachlich nicht mehr zu rechtfertigende unterschiedliche materielle Wirkkraft des Stimmrechts könnte zugleich den **Grundsatz der Gleichbehandlung** der Gesellschafter verletzen. Um eine Verletzung des Kernbereichs oder der Gleichbehandlung definitiv feststellen zu können, wären indes alle im Einzelfall relevanten Interessen der Beteiligten zu würdigen.

Lösungshinweise zu Fall 25 (vor → Rn. 288; vgl. *BGH* ZIP 1985, 1482):   **309**

I. Schadensersatzanspruch der OHG gegen B. H. aus §§ 280 I, 242, 241 II BGB

1. Schuldverhältnis iSd § 280 I BGB: Gesellschaftsvertrag
2. Pflichtverletzung: **Verletzung der Treuepflicht**. B. H. war es auf Grund der gesellschaftsrechtlichen Treuepflicht nicht gestattet, Geschäftschancen der OHG, auch wenn sie außerhalb des eigentlichen Geschäftsbereichs der OHG liegen, persönlich auszunutzen.
3. Vertretenmüssen, § 280 I 2 BGB iVm § 708 BGB, § 105 II HGB
4. Schaden: höhere Miete
5. Ergebnis: Anspruch aus § 280 I BGB (+)
6. Hinweis: A. H. kann den Anspruch der OHG gegen B. H. als Sozialanspruch nach den Grundsätzen der **actio pro socio** geltend machen.

II. Ausschließung des B. H. aus der OHG

Eine Treuepflichtverletzung kann – wenn sie *wesentlich* ist und zumindest *grob fahrlässig* erfolgt (vgl. § 133 II HGB) – einen Ausschließungsgrund iSd **§§ 140 iVm 133 II, 131 III Nr. 3 HGB** darstellen. Für die Beurteilung entscheidend sind alle Umstände des Einzelfalls.

§ 11. Die OHG – Gesellschafterwechsel, Auflösung der Gesellschaft

Fall 26: I, Inhaber einer Werbeagentur, nimmt seine langjährigen Angestellten A und B als Kommanditisten auf, wobei er ihnen die Hälfte der Kommanditeinlage schenkungsweise zuwendet. Er behält sich aber das Recht vor, die beiden jederzeit nach seinem Belieben »hinauszukündigen«, die Abfindung soll in diesem Fall 50 % des Buchwertes betragen und in 15 gleichen Jahresraten (bei 6%iger Verzinsung des Restbetrags) auszuzahlen sein.
Da A in der Folge wiederholt kleinere Aufträge auf eigene Rechnung annimmt, kündigt I ihm.

1. Ist A wirksam ausgeschlossen?
2. Muss er sich die Abfindung gemäß der gesellschaftsvertraglichen Regelung gefallen lassen?

(Lösungshinweise → Rn. 349).

1. Ausscheiden eines Gesellschafters

a) Auflösung oder Fortbestand der OHG

Die OHG ist ein Personenverband, bei dem typischerweise für den Entschluss der Ge-   **310**
sellschafter, sich zusammenzuschließen, die Person jedes der anderen Gesellschafter von wesentlicher Bedeutung ist. Gesellschafter können deshalb nicht beliebig aus-

gewechselt, Gesellschaftsanteile nicht beliebig übertragen werden. Darin unterscheiden sich die Personengesellschaften wesentlich von Kapitalgesellschaften, deren Anteile grundsätzlich frei übertragbar sind (vgl. § 15 I GmbHG). Andererseits ist normalerweise auch der Fortbestand der einmal entstandenen Gesellschaft für jeden Gesellschafter von erheblichem Interesse und wirtschaftlichem Gewicht; dass aber in der Person eines Gesellschafters Umstände eintreten, die seine weitere Beteiligung unmöglich oder unzumutbar machen, ist nicht auszuschließen. Der Todesfall ist das augenfälligste Beispiel. Hierfür bieten sich grundsätzlich 3 Lösungen an: *Auflösung* der Gesellschaft; Fortsetzung der Gesellschaft unter den *übrigen* Gesellschaftern oder, drittens, Fortsetzung unter Einbeziehung eines *Rechtsnachfolgers* für den Wegfallenden.

Das HGB hat sich in dispositiver Regelung für den mittleren Weg entschieden (§ 131 III HGB) und hierbei außer dem Tod des Gesellschafters auch noch einige andere Fälle erfasst; weitere Fälle kann der Gesellschaftsvertrag gleichstellen. Die Rechtsfolge ist also, dass der betreffende Gesellschafter ausscheidet bzw. im Falle seines Todes keine Erben nachrücken. Wollen die Gesellschafter das letztere, so können sie die Fortsetzung mit den Erben vereinbaren (§ 139 HGB, → Rn. 337 ff.); ansonsten können sie ganz allgemein statt der Fortsetzung der Gesellschaft die Auflösung vorsehen, auch unterschiedlich für verschiedene Gesellschafter.

311   Wenn sich allerdings der Gesellschaftsvertrag für eine Auflösung ausspricht, so kann sich die Situation ergeben, dass bei den Gesellschaftern erst nach Eintritt des Auflösungsfalles der Wunsch nach einer Fortsetzungsregelung geweckt wird. Dann kann eine solche Vereinbarung durchaus noch nachgeholt werden, wobei allerdings der Gesellschafter, in dessen Person sich der Auflösungsgrund verwirklicht (im Todesfall dessen Erbe), einbezogen bleibt; er muss also, wenn Einstimmigkeit erforderlich ist, seinem Ausscheiden (an Stelle einer Liquidation) zustimmen und kann hierzu kraft Treuepflicht verpflichtet sein.[274]

b) Kündigung durch Gesellschafter

312   Mit der Kündigung iSv § 131 III Nr. 3 HGB ist die *ordentliche,* ins Belieben des Gesellschafters gestellte und nicht an besondere Gründe gebundene, sondern lediglich fristgebundene Kündigung gemeint, die § 132 HGB näher erläutert. Als Auflösungsgrund würde sie nicht zuletzt deswegen besonders einschneidend wirken, weil sie im Vertrag nicht schlechthin ausgeschlossen werden kann (§ 723 III BGB gilt über § 105 III HGB); doch kann der Gesellschaftsvertrag die Fristen und Termine modifizieren, sofern dies nicht im Ergebnis das Kündigungsrecht in unzumutbarer Weise einengt.

§ 135 HGB gewährt das Kündigungsrecht des § 132 HGB unter bestimmten Voraussetzungen auch dem Privatgläubiger eines Gesellschafters, damit dieser auf den Vermögenswert des Gesellschaftsanteils zugreifen kann.

c) Gesellschafterbeschluss

Durch **Gesellschafterbeschluss** kann entweder die Auflösung der Gesellschaft (§ 131 I Nr. 2 HGB) oder das Ausscheiden eines Gesellschafters (§ 131 III Nr. 6 HGB) herbeigeführt werden. Allerdings ist letzteres iS eines Ausschlusses *gegen* seinen Willen auf

---

274 *BGH* WM 1986, 68; siehe auch → Rn. 293.

diesem Wege grundsätzlich nicht möglich (sondern nur nach Maßgabe des § 140 HGB, → Rn. 334), weil der Beschluss nach § 119 I HGB der Zustimmung auch des Betroffenen bedarf und Mehrheitsregelungen iSv § 119 II gemäß den hierfür gültigen Schranken (Kernbereichsschutz, → Rn. 284) nur ganz ausnahmsweise zulässig sein können. § 131 III Nr. 6 HGB meint also das »einvernehmliche« Ausscheiden des Gesellschafters. Dieser Weg mag zur Vermeidung der einseitigen Kündigung nach § 131 III Nr. 3 HGB sinnvoll sein, etwa weil die Kündigungsfrist oder sonstige nachteilige Rechtsfolgen der Kündigung, die sich aus dem Gesellschaftsvertrag ergeben mögen, vermieden werden sollen.

d) Vollzug des Ausscheidens

Die OHG als solche – ihre Identität – und das Gesellschaftsvermögen bleiben beim Ausscheiden eines Gesellschafters unverändert bestehen; lediglich die Anteile der verbleibenden Gesellschafter hieran verändern sich proportional. Der Anteil des Ausscheidenden »wächst den übrigen Gesellschaftern zu« (§ 738 I 1 BGB – sog. **Anwachsungsmodell**). Waren also an der A-OHG ursprünglich vier Gesellschafter zu je 1/4 beteiligt und scheidet einer aus, so sind als Folge des Ausscheidens nunmehr die verbleibenden Gesellschafter an derselben OHG zu je 1/3 beteiligt. Die Anwachsung geschieht de iure, dh irgendwelche Übertragungsakte finden nicht statt. **313**

Besteht eine OHG nur aus **zwei Gesellschaftern** und will einer von ihnen ausscheiden, so kann die OHG als solche nicht fortbestehen, da eine Personengesellschaft mindestens zwei Gesellschafter voraussetzt. Jedoch ist für den Fall des zwangsweisen Ausschlusses (→ Rn. 334) ausdrücklich ausgesprochen, dass dieser auch im Verhältnis unter nur zwei Gesellschaftern möglich ist (§ 140 I 2 HGB). Die Folge ist, »dass nach der Ausschließung nur ein Gesellschafter verbleibt«, und ebenso ist es beim Ausscheiden eines Gesellschafters aus der Zweipersonen-OHG gemäß § 131 III HGB. Der verbleibende Gesellschafter wird damit von Gesetzes wegen zwangsläufig zum Einzelinhaber.[275] Er übernimmt das Geschäft ohne Liquidation mit Aktiven und Passiven, und das Vermögen geht durch Anwachsung nach § 738 I 1 BGB auf ihn über, also im Wege der Gesamtrechtsnachfolge und ohne dass es spezieller Übertragungsakte bedürfte.[276] **314**

Probleme können allerdings entstehen, wenn bei Unstimmigkeiten zwischen den beiden Gesellschaftern jeder von ihnen das Unternehmen übernehmen möchte, und falls hierfür nicht der Gesellschaftsvertrag eindeutige Vorkehrungen getroffen hat, führt nur eine streitige Auseinandersetzung nach § 140 I HGB zum Ziel.

e) Abfindung

Der Ausscheidende erhält zum Ausgleich die Ansprüche des § 738 I 2 BGB, insbesondere also den Abfindungsanspruch. Dieser ist ein Geldanspruch in der Höhe, die dem anteiligen Wert des Gesellschaftsvermögens (nach Abzug der Passiva) entspricht. Der ausscheidende Gesellschafter soll so gestellt werden, wie wenn die Gesellschaft aufgelöst worden wäre (vgl. §§ 738 BGB, 155 HGB), mit dem Unterschied, dass statt eines hypothetischen Liquidationserlöses der (meist höhere) Wert des »lebenden« Unter- **315**

---

275 EBJS/*Lorz* HGB § 131 Rn. 58.
276 Die Aufhebung des § 142 HGB aF hat diese Anwachsungskonstruktion unberührt gelassen, BR-Drs. 340/97, 66, 67; *BayObLG* ZIP 2000, 1214.

nehmens anzusetzen ist (going concern-Betrachtung). Dieser ist zu schätzen (§ 738 II BGB). Maßgeblich ist also nicht einfach der Stand des Kapitalkontos nach der letzten Bilanz, sondern man hat eine sog. Abschichtungsbilanz aufzustellen, in die das Unternehmen mit seinem wahren Wert eingestellt wird.[277] Dabei steht der aktuelle **Ertrags-wert** des Unternehmens im Vordergrund, der sich aus einer Gesamtbewertung des fortbestehenden Unternehmens als Einheit auf der Grundlage einer Zukunftsprognose ergibt.[278] Auf diese Weise partizipiert der Ausscheidende auch, gemäß seiner Gewinn- bzw. Verlustquote, an einem etwaigen Mehrwert (»good-will«, »stille Reserven«) bzw. Minderwert.

316 *Abweichende Vereinbarungen* im Gesellschaftsvertrag sind allerdings auch insoweit möglich und praktisch nahezu die Regel. Zumeist sollen sie die Berechnung verein-fachen und/oder dem Unternehmen die Zahlung erleichtern – inhaltlich schlägt das meistens mehr oder minder ausgeprägt zum Nachteil des Ausscheidenden aus (zB nach der sog. **Buchwertklausel** = Abfindung lediglich nach dem bilanzmäßigen Wert zu einem bestimmten Stichtag; Vermögenswerte, die sich nicht oder nicht hinreichend in der Bilanz niederschlagen, wie etwa der good will oder stille Reserven, werden mit-hin nicht in die Berechnung der Abfindung mit einbezogen). Insgesamt dienen Buch-wertklauseln der Rationalisierung des Abfindungsverfahrens, der Streitvermeidung und der Kapitalsicherung.

317 Jedoch lässt die Rspr. eine solche Benachteiligung des Ausscheidenden nicht un-begrenzt zu. Beim Ausscheiden infolge Kündigung wird vielmehr aus **§ 723 III BGB** abgeleitet, dass die Freiheit des Gesellschafters, sich zu einer Kündigung zu entschlie-ßen, nicht durch wirtschaftliche Knebelung unvertretbar eingeengt werden darf. Daher darf das *Missverhältnis zwischen Buchwert und wirklichem Wert* nicht zu »erheblich« sein; andernfalls soll die Abfindungsklausel durch sog. ergänzende Vertragsauslegung (§§ 157, 242 BGB) oder nach den Regeln der Geschäftsgrundlage (§ 313 BGB) nach oben korrigiert werden.[279] Will der Gesellschaftsvertrag gar noch vom Buchwert wei-tere Abschläge machen, so verstößt dies grundsätzlich gegen § 138 I BGB; ob es aus-nahmsweise sachlich gerechtfertigt sein kann, ist streitig. Ebenfalls sittenwidrig ist eine Reduktion der Abfindung, die nur die Gläubiger des Gesellschafters benachtei-ligen soll, namentlich im Falle der Insolvenz des Gesellschafters (Vertrag zu Lasten Dritter).[280] Auch eine ratenweise Auszahlung der Abfindung ist nicht unbegrenzt (ma-ximal 10 Jahre) und nur gegen angemessene Verzinsung der Restschuld zulässig.[281] Die sich hierin bereits andeutende gerichtliche Kompromisslösung nach Billigkeits-gesichtspunkten gewinnt noch größere Bedeutung, wenn die Interessenlage durch be-sondere »wichtige Gründe« für ein Ausscheiden geprägt ist, s. zur außerordentlichen Kündigung und zum Ausschluss unter 4., → Rn. 330. Ein wieder anderes Gesicht ge-winnt das Problem im Todesfall (→ Rn. 337).

---

277 Näher zum Bilanzwesen → § 20.

278 *Großfeld,* Unternehmens- und Anteilsbewertung im GesellschaftsR, 4. Aufl. 2002; *K. Schmidt* HandelsR § 4 II 2 und GesR, § 50 IV 1; zu den verschiedenen **Ertragswertmethoden** MüKo-GmbHG/*Reichert/Weller* § 14 Rn. 26 ff.

279 BGHZ 123, 281; *BGH* ZIP 1994, 1179; *OLG München* DB 2004, 2207; *Schulte/Hushahn* in MHdB GesR I § 76 Rn. 49 ff.; MüKoBGB/*Schubert* § 242 Rn. 515.

280 MüKoBGB/*Schäfer* § 738 Rn. 64.

281 *BGH* NJW 1989, 2685.

Der Abfindungsanspruch aus § 738 I 2 BGB (iVm § 105 III HGB) ist ein schuldrechtlicher Anspruch gegen die OHG, für den die anderen Gesellschafter nach § 128 HGB haften.

f) (Nach-)Haftung des ausgeschiedenen Gesellschafters

Das Ausscheiden kann den Gesellschafter – ungeachtet seines Befreiungsanspruchs nach § 738 BGB im Innenverhältnis – von seiner Haftung nach § 128 HGB für die *vorher begründeten* Gesellschaftsschulden (**Altverbindlichkeiten**) nicht befreien. Lediglich *eine* Vergünstigung gewährt ihm die Enthaftungsregelung des § 160 HGB: Seine Haftung für Altverbindlichkeiten ist auf einen Zeitraum von fünf Jahren nach seinem Ausscheiden begrenzt. Das ist eine verjährungsähnliche »Nachhaftungsbegrenzung« eigener Art, die Fünfjahresfrist eine Ausschlussfrist. Der Haftungsregress des Ausgeschiedenen, der von Gesellschaftsgläubigern für Altschulden in Anspruch genommen wurde, ist auf § 670 BGB zu stützen.

318

Umgekehrt können die Verbindlichkeiten, die *nach* seinem Ausscheiden begründet werden (**Neuverbindlichkeiten**), den ausgeschiedenen Gesellschafter *nicht* mehr als Mitglied der Haftungsgemeinschaft treffen. Voraussetzung ist freilich, dass die Tatsache des Ausscheidens auch gegenüber dem Gläubiger wirkt, und hierbei kann – im Fall des Unterlassens der Eintragung des Ausscheidens im Handelsregister – der Gutglaubensschutz nach § 15 I HGB eine Rolle spielen. Eintragungspflichtig ist das Ausscheiden gemäß § 143 II HGB. Auch die Fünfjahresfrist des § 160 beginnt erst mit der Eintragung.

Mithin kommt es im Einzelfall entscheidend darauf an, ob eine Gesellschaftsschuld vor oder nach dem Ausscheiden bzw. dessen Eintragung »*begründet*« wurde (§ 160 I 1 HGB). Dabei ist zu beachten, dass auch solche Schulden als *vor* dem Ausscheiden **begründet** zu gelten haben, die *dem Grunde nach* in einem vor Ausscheiden entstandenen Rechtsverhältnis angelegt sind, die aber erst nachher fällig oder bei denen sogar die letzten anspruchsbegründenden Tatsachen erst nachher geschaffen werden; so ist eine Bereicherungsschuld schon vor Ausscheiden im Sinne des § 160 HGB begründet, wenn der von den Parteien angenommene Rechtsgrund Bestand hatte, nicht aber, wenn auf eine vertragliche Schuld ohne besondere Gründe doppelt geleistet wird.[282] Das gilt insbesondere für Ansprüche aus **Dauerschuldverhältnissen**, wenn das Schuldverhältnis als solches vor dem Ausscheiden des Gesellschafters begründet wurde. Doch erfasst die Fünfjahresbegrenzung der Nachhaftung auch diese Ansprüche ohne Rücksicht darauf, wann sie fällig werden.

319

> **Beispiel:** Wurde etwa ein Mietvertrag über die Geschäftsräume vor dem Ausscheiden des Gesellschafters abgeschlossen (§ 535 BGB), haftet dieser auch für Mieten, die erst in den Monaten nach seinem Ausscheiden *fällig* (vgl. § 579 BGB) werden. Die Haftung für die später fällig werdenden Mieten ist jedoch nach § 160 HGB auf 5 Jahre begrenzt.

Die Fünfjahresfrist beginnt nach dem Gesetz mit der Registereintragung des Ausscheidens zu laufen; die Eintragung ist von deklaratorischer Wirkung, so dass die positive Kenntnis des Gläubigers vom Ausscheiden daher richtiger Ansicht nach – wie bei § 15 I HGB – gleichzustellen ist.[283] Ein solches Verständnis schafft einen Gleichlauf

---

282 *BGH* WM 2012, 323.
283 *Altmeppen,* NJW 2000, 2529.

mit den Bestimmungen des BGB-Gesellschaftsrechts (§ 736 II BGB), nach dem ebenfalls die positive Kenntnis des Gesellschaftsgläubigers maßgeblich ist. Für diese fristauslösende Kenntnis des Gläubigers trägt im Streitfall der ausgeschiedene Gesellschafter die Beweislast.

Literatur: *Bitter/Heim* GesR § 5 V 6, § 6 IV 4; *Grunewald*, 1. B., Rn. 58 f., 75 ff.; *Ulmer*, ZHR 161 (1997), 102, 131; *Ulmer*, FS Quack, 1991, S. 477; *Windbichler* GesR § 14 III, § 15.

2. Aufnahme eines neuen Gesellschafters

a) Rechtsgeschäft

320   Die Aufnahme eines neuen Gesellschafters bedeutet eine Schaffung gesellschaftsrechtlicher Beziehungen zwischen allen alten Gesellschaftern und dem neuen und bedarf daher eines *Aufnahmevertrags* – sachlich eine Erweiterung bzw. **Änderung des alten Gesellschaftsvertrags** – unter Mitwirkung aller alten Gesellschafter. Der alte Gesellschaftsvertrag kann aber auch insoweit Abweichendes vorsehen, etwa einen Mehrheitsbeschluss. Stets handelt es sich aber um ein Geschäft *unter den Gesellschaftern,* nicht um ein solches der OHG (keine Geschäftsführungsmaßnahme!).

Der rechtstechnische Vorgang der Aufnahme ist dann dem des Ausscheidens spiegelbildlich. Man spricht demgemäß hier – sit venia verbo – von »Abwachsung«, was besagen will, dass ein neuer Gesellschaftsanteil zu Lasten der ursprünglichen entsteht und mit dessen Erwerb der Neugesellschafter alle gesamthänderischen Rechte am Gesellschaftsvermögen erlangt, ohne dass es irgendwelcher Übertragungsakte bedürfte und ohne dass die Identität der OHG sich änderte.

b) Haftung des eintretenden Gesellschafters

321   Für Verbindlichkeiten der OHG haftet der neue Gesellschafter, sofern sie *nach* seinem Eintritt begründet wurden, nach der allgemeinen Regel des § 128 HGB. Darüber hinaus sieht **§ 130 HGB** aber auch – und zwar zwingend (§ 130 II HGB) – eine *Haftung für Altverbindlichkeiten* vor.

Der **Zweck** dieser Haftungsregelung wird am deutlichsten, wenn man sie zwei ähnlichen Regelungen gegenüberstellt, den **§§ 25 und 28 HGB.** § 25 HGB betrifft die *Haftung des Erwerbers* bei Fortführung eines einzelkaufmännischen Unternehmens, § 28 HGB die personelle »Erweiterung« eines einzelkaufmännischen Unternehmens zu einer OHG oder KG durch Aufnahme einer *zweiten Person als Mitinhaber.* Eine ratio der Haftungserstreckung ist allen drei Vorschriften gleichermaßen immanent: **Gläubigerschutz.** Ob dieser Schutz jedoch geboten ist, kann bei sämtlichen Haftungsüberleitungstatbeständen bezweifelt werden.

Bei § 25 HGB macht die Beibehaltung der alten Firma das Tatbestandselement aus, das erst das Gläubigerinteresse schutzwürdig erscheinen lässt (sog. Grundsatz der Haftungskontinuität). Das fortbestehende Unternehmen in Verbindung mit der alten Firma stellt für den Gläubiger das Identifikationsmerkmal dar, mittels dessen er seinen Schuldner »sucht«, an dem er also seine Erfüllungs- bzw. Haftungserwartung ausrichtet. Unternehmen und Firma zusammen wirken im Handelsverkehr stärker als die bloße Person des Schuldners, der streng juristische Bezugspunkt; in § 25 HGB erkennt die Rechtsordnung mithin eine gewisse, auch historisch begründete Verselbständigung des Unternehmens – trotz fehlender Rechtspersönlichkeit – an.[284]

Bei den §§ 28 und 130 HGB kann auf den Umstand der Firmenfortführung verzichtet werden; denn er wird durch ein anderes Identitätsmerkmal ersetzt. Der alte Inhaber (§ 28 HGB), die alten Gesellschafter (§ 130 HGB) treten weiterhin bei dem Unternehmen (als Mitinhaber = Gesellschafter) in Erscheinung. Bei § 130 HGB bleibt ohnehin die Identität nicht nur des Unternehmens, sondern auch der OHG als solcher (trotz der Änderung im Gesellschafterbestand) gewahrt.

Anders als §§ 25 II, 28 II HGB erlaubt § 130 HGB zugunsten des Neugesellschafters **322** *nicht* die Vereinbarung eines gegenüber den Gläubigern wirkenden **Haftungsausschlusses**. Die Strenge des § 130 HGB lässt sich nicht allein mit *Gläubigerschutz* erklären; denn ein Interesse des Gläubigers, dass seine Position durch Hinzutreten eines weiteren Schuldners zwingend verbessert werde, ist bei § 130 HGB ebenso wenig schutzwürdig wie bei den §§ 25, 28 HGB.

Freilich mag der Gläubiger einen derartigen Haftungsvorteil zum Ausgleich für die abgekürzte Verjährung des § 160 HGB verdienen, wenn gleichzeitig ein Altgesellschafter ausscheidet. Diesen Wertungszusammenhang stellt § 26 I HGB her. Aber § 130 trifft den neu Beitretenden ohne Rücksicht darauf, ob ein Altgesellschafter ausscheidet, und ebenso ist umgekehrt die Vergünstigung für den Ausscheidenden von einem Neubeitritt unabhängig.

Es verbleibt das Bedürfnis nach *Vertrauensschutz;* ihm aber könnte bei § 130 HGB ebenso wie nach §§ 25 II, 28 II HGB durch das Erfordernis der Registereintragung und Bekanntmachung bzw. der speziellen Mitteilung hinreichend Rechnung getragen werden.

Die Besonderheit des § 130 HGB muss also einer *zweiten* ratio zuzuschreiben sein. Dies ist der Wunsch nach **haftungsmäßiger Gleichstellung aller Gesellschafter** der OHG ohne Rücksicht auf die Dauer ihrer Gesellschaftszugehörigkeit, um auf diese Weise eine konsequente Akzessorietät der Gesellschafterhaftung gemäß § 128 HGB – unabhängig auch vom Beitrittszeitpunkt – zu verwirklichen. Bei den §§ 25 und 28 HGB steht eine solche Akzessorietät nicht auf dem Spiel, und zwar bei § 28 HGB deshalb nicht, weil man sich die persönliche Haftung des alten Inhabers als außerhalb des Verbands der neuen Gesellschaft fortbestehend vorstellen muss. Dass derartige Gleichstellungserwägungen zwischen den Gesellschaftern letztlich jedoch eine verbesserte Zugriffssituation der Gläubiger sinnvoll begründen sollen, kann bezweifelt werden.

c) Keine Haftung kraft Rechtsscheins

Beim Beitritt zu einer Scheinhandelsgesellschaft oder scheinbarem Beitritt eines neuen **323** Gesellschafters muss eine Haftungserstreckung gemäß § 130 HGB iVm **Rechtsscheingrundsätzen** ausscheiden, es sei denn, der Gläubiger hätte nach dem Beitritt noch Dispositionen getroffen (zB Stundung).[285] Denn in Bezug auf den scheinbaren Beitritt oder einen anderen, später unter Beteiligung des neuen Gesellschafters gesetzten

---

284 Zur Grundsatzfrage → § 3; im Einzelnen zu den §§ 25, 28 HGB → § 29 Rn. 721 ff.
285 *Canaris,* Vertrauenshaftung, S. 176; aA *Hopt/Hehl,* JuS 1979, 272, 274. Im Ergebnis zutr. *BAG* NJW 1988, 222.

Scheintatbestand fehlt es an einem schutzwürdigen Vertrauen des Gläubigers, und zwar selbst an einem potentiellen Vertrauen, wie es auch für den abstrakten Vertrauensschutz des § 15 HGB noch erforderlich ist. Der Altgläubiger kann bei Geschäftsabschluss auf diesen späteren Rechtsschein noch nicht vertraut haben, er kann im Hinblick darauf übrigens auch weder gut- noch bösgläubig gewesen sein. Sofern man aber die Anwendung von § 130 HGB auf einen bereits früher gesetzten Scheintatbestand zurückführen wollte – etwa auf den Anschein, es handle sich um eine OHG –, so fällt zum einen der spätere Beitritt von Gesellschaftern nicht mehr in den Schutzbereich dieser Rechtsscheinhaftung (der Altgläubiger kann damit nicht gerechnet haben), zum anderen wäre der Rechtsschein dem neuen Gesellschafter nicht zurechenbar.

Ein **fehlerhafter** Beitritt zu einer tatsächlich bestehenden Handelsgesellschaft andererseits vermag nach den Grundsätzen der fehlerhaften Gesellschaft die Anwendung von § 130 HGB zu begründen (str.); denn der hiermit verfolgte Bestandsschutz setzt kein schutzwertes Vertrauen des Dritten voraus (→ Rn. 184 f.).[286]

3. Übertragung von Gesellschaftsanteilen

Fall 27: Die GbR der Gesellschafter A, B, C erwirbt von den Gesellschaftern der X-KG, die eine Strickwarenherstellung betreibt, sämtliche Gesellschaftsanteile. Wem gehört nun das Unternehmen? (Lösungshinweise → Rn. 350).

324 Die **Mitgliedschaft** ist der Inbegriff der Rechte und Pflichten eines Gesellschafters aus dem Gesellschaftsverhältnis. Sie umfasst sowohl **Vermögensrechte** (zB das Recht auf Beteiligung am Gewinn oder am Liquidationserlös sowie den Abfindungsanspruch bei Ausscheiden aus der Gesellschaft) wie auch **Verwaltungsrechte** (zB das Recht auf Teilnahme an der Gesellschafterversammlung, das Stimmrecht und das Kontrollrecht).

Verkörpert wird die **Mitgliedschaft** durch den **Gesellschaftsanteil** (im Aktienrecht: »Aktie«; im GmbH-Recht: »Geschäftsanteil«).[287] Im Aktienrecht und im GmbH-Recht ist die Mitgliedschaft vom Gesetzgeber als prinzipiell frei übertragbar ausgestaltet (vgl. § 15 I GmbHG). Sie kann unmittelbar vom Veräußerer an den Erwerber im Wege dinglicher Verfügung übertragen werden (bei der GmbH durch notarielle Abtretung gemäß §§ 15 III GmbHG iVm 413, 398 BGB). Dagegen stellt sich der **Mitgliedschafts- bzw. Gesellschafterwechsel im Personengesellschaftsrecht** etwas komplizierter dar, da es an einer dem § 15 I, III GmbHG vergleichbaren Regelung fehlt.

325 Nach der Konzeption des Gesetzes sind sowohl der **Anteil am Gesellschaftsvermögen** (§ 719 BGB) als auch einzelne »abgespaltene« Ansprüche aus dem Gesellschaftsverhältnis (§ 717 BGB), zB das Stimmrecht, *nicht übertragbar*. Vor diesem Hintergrund könnte man meinen, dass im Personengesellschaftsrecht auch der *Gesellschaftsanteil insgesamt* – anders als der nach § 15 I GmbHG frei übertragbare GmbH-Geschäftsanteil – *kein eigenes Objekt der Rechtsordnung* ist, über das ein Gesellschafter – etwa durch Abtretung – verfügen und dadurch einen Wechsel des Mitgliederbestandes in der Gesellschaft herbeiführen könnte. Diese Schlussfolgerung aus den §§ 717, 719 BGB wäre indes zu weitreichend. Im Einzelnen:

---

286 BGHZ 44, 235; *BGH* ZIP 1988, 512.
287 Vgl. MüKoGmbHG/*Reichert/Weller* § 14 Rn. 1, 7.

Für die gesamte Mitgliedschaft als solche kann ein Wechsel in der Inhaberschaft (Gesellschafterwechsel) und damit derselbe Effekt wie eine Übertragung des Geschäftsanteils unstreitig durch eine **Kombination** der supra behandelten Gestaltungen »**Ausscheiden**« und »**Aufnahme**« (→ Rn. 310 ff., 320 ff.) erreicht werden. Der im Hinblick auf die Mitgliedschaft übertragungswillige Gesellschafter scheidet aus der Gesellschaft aus; der Neugesellschafter wird aufgenommen und das Auseinandersetzungsguthaben des ersteren mit der Einlagepflicht des letzteren verrechnet. Voraussetzung ist die Zustimmung *aller anderen Gesellschafter* zu dem Vorgang, wenn nicht ausnahmsweise der Gesellschaftsvertrag diesen an mindere Voraussetzungen geknüpft hat. Rechtstechnisch kann das Ausscheiden eines und die Neuaufnahme eines anderen Gesellschafters in Form eines **schuldrechtlichen Vertrages unter allen Beteiligten** (Altgesellschafter, Neugesellschafter *und* alle übrigen Mitgesellschafter) vereinbart werden, der von der Rechtsnatur her dem ursprünglichen Gesellschaftsvertrag entspricht. Auf dasselbe Ergebnis läuft es hinaus, wenn man analog §§ 414 f. BGB eine **Vertragsübernahme** annimmt, die als dreiseitiges Rechtsgeschäft grundsätzlich ebenfalls zwischen allen Beteiligten abgeschlossen wird. **326**

Wenn aber durch Kombination von Ausscheiden und Aufnahme ein Mitgliedschaftswechsel erreicht werden kann, besteht von der Interessenlage her kein vernünftiger Grund, allein diese Konstruktion zuzulassen. Vielmehr kann man ebenso gut als Alternative die **direkte Übertragung des Gesellschaftsanteils vom Alt- auf den Neugesellschafter** zulassen. In der Tat lässt die hM die Übertragung der Mitgliedschaft als *Verfügung über ein Recht iSv §§ 413, 398 BGB* zwischen Alt- und Neu-Gesellschafter zu.[288] Dieser Verfügung (in Gestalt der Abtretung) liegt ein Kausalgeschäft (z.B ein Rechtskauf, §§ 453, 433 BGB) zugrunde. Anders als im GmbH-Recht, wo die Übertragung des Geschäftsanteils nur ausnahmsweise bei entsprechenden Vinkulierungsklauseln im Gesellschaftsvertrag der Zustimmung der Mitgesellschafter bedarf (§ 15 V GmbHG), müssen im Personengesellschaftsrecht – als Ausdruck der hier stärkeren personellen Verbundenheit – regelmäßig *alle* anderen Gesellschafter der Geschäftsanteilsübertragung zustimmen. Solange nicht alle zugestimmt haben, ist die Verfügung über den Gesellschaftsanteil *schwebend unwirksam*.[289] Wie bei der Kombination von Ausscheiden und Aufnahme ist also auch bei der direkten Geschäftsanteilsübertragung die **Zustimmung aller anderen Gesellschafter** notwendig, es sei denn der Gesellschaftsvertrag sieht eine entsprechend abweichende Klausel vor. **327**

Für die Interpretation des **§ 719 I Hs. 1 BGB** bedeutet die Übertragbarkeit der Mitgliedschaft, dass er entweder in seiner ersten Aussage für dispositiv erklärt werden muss oder – so die vorzugswürdige Meinung – die Übertragung der Mitgliedschaft *im Ganzen* überhaupt nicht betrifft, vielmehr nur ein Herausbrechen der *Vermögens*beteiligung aus der Mitgliedschaft verbietet. **328**

Der Wechsel in der Gesellschafterposition vollzieht sich im Wege der **Rechtsnachfolge** in die Mitgliedschaft; das Gesamthandsvermögen als solches bleibt davon unberührt, ist also nicht etwa selbst Gegenstand von Übertragungsakten. Die Identität der OHG bleibt selbst dann erhalten, wenn nacheinander oder gleichzeitig sämtliche Gesellschaftsanteile auf neue Gesellschafter übertragen werden. In Kombination dieser Fallgestaltung mit derjenigen der Übernahme des Unternehmens durch einen Gesellschaf- **329**

---

288 *K. Schmidt*, GesR, § 19 IV 1, 2.
289 BGHZ 13, 179, 185; MüKoGmbHG/*Reichert/Weller* § 15 Rn. 404.

ter (oben 1.) kann schließlich sogar eine außenstehende Einzelperson sämtliche Gesellschaftsanteile einer OHG erwerben und das Unternehmen, das ihr damit im Wege der Gesamtrechtsnachfolge zufällt, als einzelkaufmännisches weiterführen, ohne dass eine Übertragung des Unternehmensvermögens erforderlich wäre. Erwirbt ansonsten ein Mitgesellschafter einen weiteren Anteil hinzu, so vereinigen die beiden Anteile sich zu einem entsprechend größeren.[290] Ebenso kann umgekehrt mit Einverständnis der Mitgesellschafter auch nur ein Teil eines Anteils abgespalten und übertragen werden, der Altgesellschafter also mit verminderter Quote in der Gesellschaft verbleiben.

Literatur: *Flume*, Personengesellschaft, § 17 II; *Huber*, Vermögensanteil, Kapitalanteil und Gesellschaftsanteil, 1970; *Kindler* GK HandelsR § 5 Rn. 10 ff.; *Wiedemann*, Übertragung und Vererbung von Mitgliedschaftsrechten, 1965.

4. Auflösung der OHG, Ausschluss eines Gesellschafters

a) Auflösung und Liquidation

330   Die Auflösung der OHG bezeichnet den Akt, der ihre auf den ursprünglichen Erwerbszweck ausgerichtete Betätigung, die sog. *werbende* Tätigkeit, beendet. Damit ist noch nicht sogleich die Existenz der OHG insgesamt beendet. Vielmehr bedarf es eines gewissen Zeitraums, um die wirtschaftliche Aktivität des Unternehmens zum Stillstand zu bringen. An den Akt der Auflösung schließt sich daher das Stadium der Abwicklung und Auseinandersetzung, in dem die OHG als Abwicklungsgesellschaft, dh mit geänderter Zweckrichtung, fortbesteht. Die gesetzliche Regelform der Auseinandersetzung ist die Liquidation, § 145 HGB. Erst mit Erledigung dieser Angelegenheiten ist die OHG *beendigt*.

Auflösung und Liquidation sind im Gesetz eingehend geregelt. Die **Auflösungsgründe** nennt § 131 I HGB. Den Gang und Zweck der Liquidation geben sehr anschaulich die §§ 149, 155 I HGB wieder. Die Liquidation dient bei der OHG in erster Linie den Gesellschafterinteressen, da die Gläubigerinteressen auch durch die fortdauernde persönliche Haftung geschützt sind. Allerdings gilt die Verjährungsfrist des § 159 HGB. Hierbei handelt es sich um eine echte Verjährung im Unterschied zur Nachhaftungsbegrenzung nach § 160 HGB bei fortbestehender Gesellschaft. Beachten Sie § 159 III HGB im Unterschied zu dem oben (→ Rn. 318 f.) zur nachträglichen Fälligkeit Ausgeführten.

331   Für die **Verteilung des Liquidationserlöses** unter die Gesellschafter erklärt § 155 I HGB die Kapitalanteile aus der Liquidations-Schlussbilanz für maßgeblich. Das bedeutet, dass zunächst die im Unternehmen seit dem letzten Jahresabschluss erzielten Gewinne oder Verluste und sodann die in der Liquidation erzielten Gewinne oder Verluste auf die Kapitalanteile gemäß dem geltenden Verteilungsschlüssel umgelegt werden. Verbleibt danach für einen Gesellschafter ein negativer Kapitalanteil, so hat dieser eine entsprechende Ausgleichszahlung zu erbringen.

---

290 Streitig ist, ob in Sonderfällen die beiden Anteile getrennt bestehen bleiben können – und dann evtl. sogar die OHG selbst mit nur einem Gesellschafter –, so wenn der Mitgesellschafter den verstorbenen Partner als *Vorerbe* beerbt, *Baur/Grunsky*, ZHR 133 (1970), 209; *Marotzke*, AcP 187 (1987), 243; *Kanzleiter*, FS Weichler, 1997, S. 39; *Fett/Brand*, NZG 1999, 45.

Während der **Liquidation** gilt grundsätzlich weiterhin das allgemeine OHG-Recht (§ 156 HGB). Die wichtigsten *Besonderheiten* sind: Es gilt nunmehr grundsätzlich Gesamtvertretungsmacht aller Gesellschafter (§§ 146 I S. 1, 150 I HGB), und die Vertretungsmacht ist sachlich auf den Liquidationszweck beschränkt (§ 149 S. 1, 2 HGB). Die Rechtsprechung schützt allerdings auch darüber hinaus den gutgläubigen Dritten.

Auflösung, Liquidation und Beendigung sind in das Handelsregister einzutragen (§§ 143, 157 I HGB).

b) Auflösung aus wichtigem Grund

Neben der ordentlichen, fristgebundenen Kündigung, die grundsätzlich zum Ausscheiden des Kündigenden führt (§ 131 III HGB, s. o.), gibt es bei Dauerschuldverhältnissen regelmäßig noch eine außerordentliche, fristlose Kündigung aus wichtigem Grund – vgl. beispielsweise §§ 314, 543, 626 BGB.   **332**

Eine solche außerordentliche Kündigung gibt es bei der OHG indes nicht. Vielmehr tritt an ihre Stelle die **Auflösung durch gerichtliche Entscheidung** (§ 131 I Nr. 4 HGB), die in § 133 HGB näher geregelt ist. Dem liegt die Überlegung zugrunde, dass bei der Auflösung einer OHG so gewichtige wirtschaftliche Interessen auf dem Spiel stehen, dass über die Stichhaltigkeit eines geltend gemachten »wichtigen Grundes« keine längere Ungewissheit bestehen darf (was der Fall wäre, wenn sie nur *einseitig* von der kündigenden Partei behauptet würde), diese Stichhaltigkeit vielmehr vorher *gerichtlich* gewürdigt werden soll. Der wichtige Grund ist im Hinblick auf die Möglichkeit und Zumutbarkeit einer Fortführung der Gesellschaft, eines weiteren sinnvollen Zusammenwirkens der Gesellschafter zu beurteilen, dies bedarf einer umfassenden Würdigung der betroffenen Interessen.[291]

Die gerichtliche Entscheidung wird im ordentlichen (streitigen) Verfahren auf Klage des oder der die Auflösung begehrenden Gesellschafter erstritten. Klagegegner sind alle anderen Gesellschafter, sofern sie nicht ihr bindendes Einverständnis mit der Auflösung erklärt haben. Mehrere Gesellschafter auf einer Seite sind notwendige Streitgenossen iSd § 62 ZPO. Die Entscheidung ergeht als **Gestaltungsurteil,** weil ein Rechtsverhältnis, die werbende Gesellschaft, qua Urteil in ein anderes Rechtsverhältnis, die Abwicklungsgesellschaft, umgestaltet wird. Obwohl das Gesetz in § 133 HGB die Formulierung »kann« benutzt, steht dem Gericht bei seiner Entscheidung kein Auflösungsermessen zu, sofern tatsächlich ein wichtiger Grund vorliegt.

Das Recht des § 133 HGB auf gerichtliche Auflösung ist zwingend, vgl. Abs. 3. Allerdings kann der *Gesellschaftsvertrag* die gerichtliche Gestaltung zur **außerordentlichen Kündigung,** also zur privaten Gestaltungserklärung, vereinfachen. Grundsätzlich zulässig ist auch – ebenso wie bei anderen Auflösungsgründen außer der Insolvenz der Gesellschaft –, statt der Auflösung die Fortsetzung der Gesellschaft entsprechend § 131 III HGB vorzusehen (→ Rn. 310 f.); jedoch muss für diesen Fall dem Ausscheidenden die vollwertige Abfindung gewährleistet sein.[292]   **333**

---

291 *BGH ZIP* 1997, 1919.
292 Baumbach/Hopt/*Roth* HGB § 133 Rn. 19, 20.

c) Der Ausschluss eines Gesellschafters

334 Der zwangsweise Ausschluss eines Gesellschafters auf Betreiben der übrigen Gesellschafter ist das Gegenstück zu seinem freiwilligen Ausscheiden. Der Ausschluss eines Gesellschafters ist möglich, wenn *in seiner Person* ein Grund vorliegt, der als wichtiger Grund iS von § 133 HGB ein Auflösungsbegehren rechtfertigte (§ 140 HGB). Es geht dabei um die gleichen Zumutbarkeitserwägungen wie zuvor beschrieben, jetzt bezogen auf persönliche Merkmale – zumeist: Verfehlungen – eines Gesellschafters.[293] Ebenso wie die Auflösung nach § 133 HGB erfolgt auch der Ausschluss durch gerichtliche Entscheidung.

Die Ausschließungsklage ist gegen den oder die auszuschließenden Gesellschafter gerichtet und muss, so der Wortlaut des § 140 HGB, von »den«, dh allen übrigen Gesellschaftern erhoben werden. Wenn ein Ausschlussgrund vorliegt, sind die anderen Gesellschafter grundsätzlich zu dieser Mitwirkung verpflichtet. Sie können sich stattdessen, wie bei der Auflösungsklage, mit dem Klagebegehren verbindlich einverstanden erklären.[294] Die Folgen des Ausschlusses sind für den betroffenen Gesellschafter ebenso wie für die Gesellschaft und die anderen Gesellschafter dieselben wie beim Ausscheiden.

335 Der **Gesellschaftsvertrag** kann auch den Ausschluss in seiner Durchführung vereinfachen, die Ausschlussgründe erweitern und präzisieren. Zulässig ist insbesondere, das gerichtliche Verfahren durch eine Gestaltungserklärung zu ersetzen (über deren Geltung dann im Nachhinein **Feststellungsklage** erhoben werden kann). Allerdings verstieße es gegen § 138 I BGB, den Ausschluss ins *freie Ermessen* von Mitgesellschaftern zu stellen.[295] Noch problematischer als beim freiwilligen Ausscheiden ist im Falle des Ausschlusses eine vertragliche **Auseinandersetzungsregelung,** die den abfindungsberechtigten Gesellschafter benachteiligt. Eventuell hat das Gericht dann die im Einzelfall noch zulässige Verkürzung des Abfindungsanspruchs in Abwägung der beiderseitigen Interessen und insbesondere in Abhängigkeit von den Gründen, auf die der Ausschluss gestützt wird, zu bestimmen.[296]

336 Den besonderen Fall der **zweigliedrigen Gesellschaft** regelt § 140 I S. 2 HGB. Machen – wie in solchen Fällen nicht selten – beide Gesellschafter sich gegenseitig wichtige Gründe in der Person des jeweils anderen zum Vorwurf, so ist das Gewicht der beiderseits vorliegenden Gründe gegeneinander abzuwägen, dem minder schwer belasteten Gesellschafter das Übernahmerecht zu gewähren. Hingegen soll das Verhältnis der Kapitalbeteiligungen grundsätzlich keine Rolle spielen. Zu berücksichtigen ist allerdings die wirtschaftliche Fähigkeit jedes Übernahmewilligen, die Gegenpartei gebührend abzufinden,[297] und hierfür kann mittelbar doch wieder das Verhältnis der Kapitalanteile Bedeutung gewinnen. – Zu den Rechtsfolgen aus § 140 I S. 2 HGB siehe oben 1.

Literatur: *Bitter/Heim* GesR § 5 V 6; *Grunewald,* Ausschluß aus Gesellschaft und Verein, 1987; *Koch* GesR § 20; *Kindler* GK HandelsR § 12.

---

293 S. *BGH* NZG 1998, 101 = NJW 1998, 1225.
294 *BGH* ZIP 1997, 1919.
295 BGHZ 105, 213; *BGH* NJW-RR 1997, 925.
296 S. *BGH* NJW 1979, 104 (zur Sittenwidrigkeit nach § 138 BGB) und *Ulmer,* NJW 1979, 86; *Flume,* NJW 1979, 902; ferner *Esch,* NJW 1979, 1390 (unzulässige Rechtsausübung, § 242 BGB).
297 Zu beiden Gesichtspunkten BGHZ 51, 204.

5. Erbfolge in OHG-Anteile

Fall 28: Die OHG der Gesellschafter A, B, C hat in ihrem Gesellschaftsvertrag eine Nachfolgeklausel, wonach die Gesellschaft beim Tod eines Gesellschafters mit dessen ältestem Sohn fortgesetzt wird; andere Erben sind von der Gesellschaft und auch von jeglicher Abfindung ausgeschlossen. A und B sterben. A hinterlässt einen Sohn S und eine Tochter T, B nur eine Tochter.
Wie stellt sich die Rechtslage für die drei Kinder dar? (Lösungshinweise → Rn. 351).

a) Die Vererblichkeit von OHG-Anteilen

Der Tod eines Gesellschafters lässt die Gesellschaft unter den überlebenden Gesell-   **337**
schaftern **fortbestehen** (§ 131 III Nr. 1 HGB); die Erben rücken aber *nicht von Geset-*
zes wegen in die Gesellschafterstellung ein (wie dies bei GmbH und AG der Fall ist,
vgl. § 15 I GmbHG). Sie kommen nur in den Genuss des Abfindungsanspruchs, der
in den Nachlass fällt. Der Gesellschaftsvertrag kann auch diesen Abfindungsanspruch
zum Vorteil der verbleibenden Gesellschafter verkürzen. Allerdings ist hier kaum vorstellbar, dass den Gesellschaftern das Wohl ihrer Mitgesellschafter (und eventuell des
Unternehmens) mehr am Herzen liegt als das ihrer engsten Familienangehörigen und
sie sich auf eine grob nachteilige Abfindungsklausel einlassen. Vielmehr werden gerade
umgekehrt alle Gesellschafter eher ein Interesse daran haben, dass beim eigenen Tod
ein Rechtsnachfolger nachrückt und beim Tod von Mitgesellschaftern ebenfalls
Rechtsnachfolger den Zusammenschluss aufrechterhalten. Zu diesem Zweck können
sie in den Gesellschaftsvertrag

aa) eine **allgemeine Nachfolgeklausel** (zB »Beim Tod eines Gesellschafters geht des-   **338**
sen Beteiligung auf seine Erben über«) gemäß **§ 139 HGB** aufnehmen. Dann rücken
der oder die Erben in die Gesellschafterposition des Erblassers ein, mehrere Erben teilen sich den Gesellschaftsanteil gemäß ihrer Erbquote. Bereits dies führt bei einer
Mehrheit von Erben aufgrund des Vorliegens einer Erbengemeinschaft (§ 2032 BGB)
zu Kollisionen zwischen gesellschaftsrechtlichen und erbrechtlichen Grundsätzen der
Rechtsnachfolge; weiter kompliziert wird die Situation durch die besonderen Rechte,
die § 139 HGB den Erben gewährt.

bb) Mittels einer **qualifizierten Nachfolgeklausel** bezeichnet der Gesellschaftsvertrag
bestimmte Personen aus dem Kreis der Erben oder auch unabhängig von der Erbenstellung als Nachfolger in den Gesellschaftsanteil. Die Frage ist dann vor allem, welche
Rechte den nicht solchermaßen privilegierten Erben gegen den oder die privilegierten
oder gegen die Gesellschaft zustehen. Sie spitzt sich zu, wenn der Gesellschaftsvertrag
gleichzeitig *Abfindungsansprüche* der nicht privilegierten Erben *verkürzt oder aus-*
schließt (*Fall 28*, vor → Rn. 337) – wird man hier doch sogleich aus erbrechtlicher Sicht
an die Fallgestaltung der »Enterbung« erinnert.

cc) Die dritte Gestaltungsmöglichkeit ist die sog. **Eintrittsklausel:** Dem Erben oder
einem Dritten wird im Gesellschaftsvertrag ein Recht auf Aufnahme vorbehalten, es
erfolgt insbesondere kein automatischer und unmittelbarer Übergang des Gesellschaftsanteils. Das bedeutet, dass zunächst der erstgenannte Fall (der Fortsetzung unter den übrigen Gesellschaftern) eintritt, der Begünstigte aber ein Recht auf Aufnahme
aus Vertrag zugunsten Dritter (§ 328 BGB) hat.[298]

---

298 Hierzu einschränkend BGHZ 68, 225; *Ulmer,* BB 1977, 805, 807.

b) Die Nachfolge durch den Erben

339   Der **Alleinerbe** rückt in die vermögensrechtliche Stellung des Erblassers kraft Universalsukzession ein (§ 1922 I BGB). Enthält der Gesellschaftsvertrag eine Nachfolgeklausel, so ist damit die Grundlage dafür geschaffen, dass auch die gesellschaftsrechtliche Position des Erblassers – und nicht nur der Abfindungsanspruch – in die Erbschaft fallen und mit ihr auf den Erben übergehen kann.

Probleme ergeben sich insofern, als die **Haftungsvergünstigungen des Erbrechts** (beschränkbare Erbenhaftung, §§ 1967 ff., 2059 BGB) sich mit den Haftungsbedürfnissen des Gesellschaftsrechts (unbeschränkte persönliche Gesellschafterhaftung, § 128 HGB) nicht vertragen. Diesen Konflikt löst § 139 HGB. Demnach gelten die Haftungsvergünstigungen des Erbrechts nur im Falle des § 139 IV HGB, dh dann, wenn der Erbe *nicht* in der Position des OHG-Gesellschafters verbleibt, in die er kraft der Nachfolgeklausel mit dem Erbfall eingerückt ist und in der er an sich für die alten wie zukünftigen Verbindlichkeiten unbeschränkt haften müsste.

340   Will der Erbe nicht OHG-Gesellschafter bleiben, so kann er zum einen von der ordentlichen Kündigung Gebrauch machen, soweit diese Möglichkeit nach § 132 HGB und Gesellschaftsvertrag besteht. Dieser Weg erlaubt aber – jedenfalls nach § 132 HGB – kein Ausscheiden bzw. keine Auflösung innerhalb der Dreimonatsfrist des § 139 III HGB und eröffnet damit nicht die Haftungsvergünstigung nach § 139 IV HGB.

341   Zum anderen kann der Erbe von den speziellen Rechten des § 139 I-III HGB Gebrauch machen. Dann muss er zunächst an die Altgesellschafter das Verlangen richten, ihm eine **Kommanditistenstellung** einzuräumen (Abs. 1). Das können die anderen Gesellschafter akzeptieren oder ablehnen. Im ersteren Fall wird er mit der Einlage des Erblassers Kommanditist – die OHG dadurch zur KG –, und lediglich seinen Gewinnanteil kann für diesen Fall der Gesellschaftsvertrag beschneiden (Abs. 5). Zur Hafteinlage und Haftung dieses Kommanditisten → Rn. 356 f. Machen die übrigen Gesellschafter ihn nicht zum Kommanditisten, so kann er sein fristloses **Ausscheiden** erklären (Abs. 2), Rechtsfolgen wie oben 1. beschrieben.

Die Haftung richtet sich aber in beiden Varianten (nach Abs. 1 wie 2), wenn die Dreimonatsfrist des Abs. 3 gewahrt wurde, nach *erbrechtlichen* Grundsätzen, und zwar nicht nur hinsichtlich der bis zum Erbfall, sondern auch hinsichtlich der seither bis zur Umwandlung des Komplementäranteils bzw. bis zum Ausscheiden entstandenen Gesellschaftsschulden (Abs. 4).

Dieser Haftungsvergünstigung gegenüber greift auch kein Schutz gutgläubiger Gläubiger (etwa nach § 15 I HGB) durch. Problematisch ist aber, ob der Erbe, wenn er Kommanditist geworden ist, von da an bis zu seiner Eintragung nach § 15 I oder § 176 II HGB unbeschränkt und unbeschränkbar sowie anschließend als Kommanditist auch noch für die Altschulden nach Maßgabe von § 173 HGB haftet (vgl. → Rn. 399). Letzteres ist uneingeschränkt zu bejahen, ersteres wird nur bei schuldhaft verzögerter Anmeldung bejaht, weil der dem Erben zustehende Haftungsschutz ansonsten unterlaufen würde.[299]

---

299 *Klein/Lindemeier* in MHdB GesR I, § 79 Rn. 14; *BGH* NJW 1983, 2258.

Sein Einrücken in die OHG mit dem Erbfall (und seine damit einhergehende Haftung   342
mit seinem Privatvermögen nach § 128 HGB) kann der Erbe nur ungeschehen machen,
indem er die **Erbschaft ausschlägt.** Dann »gilt der Anfall ... als nicht erfolgt« (§ 1953 I
BGB).

Beerbt in der **Zweimann**gesellschaft der eine Gesellschafter den anderen, so wird die   343
Gesellschaft zum Einzelunternehmen, die Anteile vereinigen sich in einer Hand wie
im Falle des § 140 I S. 2 HGB. Zu möglichen Ausnahmen → Rn. 329.

c) Die Nachfolge mehrerer Erben

Zwischen mehreren Erben entsteht mit dem Erbfall von Gesetzes wegen eine **Erben-**   344
gemeinschaft am Nachlass (§ 2032 BGB). Eine Erbengemeinschaft als solche kann
aber nicht OHG-Gesellschafter werden, und zwar vor allem deswegen, weil die Haftungsregelung der Erbengemeinschaft (§ 2059 BGB) sich einerseits mit dem gesellschaftsrechtlichen Erfordernis unbeschränkter persönlicher Haftung nicht verträgt
(s. auch → Rn. 119) und zum anderen die erbrechtliche gemeinschaftliche Nachlassver-
waltung (§ 2038 BGB) der gesellschaftsrechtlichen Einzelgeschäftsführungsbefugnis
und der Einzelvertretungsmacht gegenübersteht. Die Gesellschafterposition des Erblassers kann daher in diesem Fall nicht in den allgemeinen Nachlass fallen.

Auf der anderen Seite geht § 139 HGB ersichtlich davon aus, dass auch eine Mehrheit
von Erben in die OHG nachrücken kann. Es bleibt daher nur die Auffassung übrig,
die allgemeine erbrechtliche Regelung als durch die Sondervorschriften über die gesellschaftsrechtliche Nachfolge verdrängt anzusehen. Das bedeutet: Es findet ausnahmsweise eine **Sonderrechtsnachfolge** der Erben in die Gesellschafterposition außerhalb
der allgemeinen erbrechtlichen Universalsukzession statt. Der Gesellschaftsanteil des
Erblassers spaltet sich mit dem Erbfall in so viele und so große Anteile auf, wie es der
Zahl und Erbquote der Miterben entspricht. Jeder Erbe rückt dann direkt in die seiner
Erbquote entsprechende Gesellschafterposition ein, und jeder Erbe kann für sich die
Rechte des § 139 HGB ausüben.[300] Streitig ist, wie auf diese Weise sichergestellt wer-
den kann, dass der Vermögenswert des Anteils im Interesse der Nachlassgläubiger
dennoch dem Nachlass zugeordnet wird.[301]

d) Die qualifizierte Nachfolgeklausel

Bezeichnet die gesellschaftsvertragliche Nachfolgeklausel nur *einen oder einige von*   345
mehreren Erben als nachfolgeberechtigt (zB das älteste Kind, nur männliche oder
weibliche Abkömmlinge, nicht der Ehegatte), so rückt der nachfolgeberechtigte Erbe
(mehrere zu entsprechenden Anteilen) in den **gesamten Gesellschaftsanteil** des Erblassers ein, Abfindungsansprüche der nicht nachfolgeberechtigten Erben gegen die
OHG sind ausgeschlossen. In diesem Fall bereitet zwar die juristische Konstruktion
des Einrückens in die volle Gesellschafterposition Kopfzerbrechen – die moderne
Auffassung lässt den gesamten Anteil ohne Rücksicht auf Erbquoten *unmittelbar kraft*
Sonderrechtsnachfolge auf den privilegierten Erben übergehen[302] –, das Hauptproblem
ist aber, ob und wie das **Erbrecht** die gesellschaftsrechtliche Entrechtung der nicht

---

300 BGHZ 22, 186; 68, 225; 108, 192; *BGH* NJW 1983, 2376.
301 Hierzu *Flume,* NJW 1988, 161.
302 BGHZ 68, 225 unter Aufgabe von BGHZ 22, 186.

nachfolgeberechtigten Erben ausgleichen kann. Als Ausgleichspflichtiger kommt nur der privilegierte Erbe in Betracht; als Rechtsgrundlage fand der BGH nur § 242 BGB; überzeugender erscheint es jedoch, den Vorteil des privilegierten Erben unmittelbar bei der Auseinandersetzung der Erbengemeinschaft (also im Rahmen des § 2047 BGB) zu berücksichtigen.[303]

Im *Fall 28* (vor → Rn. 337) ist also bei der *Erbauseinandersetzung* unter den beiden Kindern des Gesellschafters A der Vorteil des Sohnes aus der alleinigen gesellschaftsrechtlichen Nachfolge rechnerisch zu berücksichtigen, und soweit sich danach ein negativer Anteil am Nachlass ergibt, hat der Sohn der Tochter entsprechende Zuzahlungen zu leisten.

Die Benachteiligung der nicht nachfolgeberechtigten Erben wird hier nicht durch letztwillige Verfügung, sondern mit den Mitteln des Gesellschaftsrechts bewirkt, und das Erbrecht muss diese Gestaltung als Gestaltung der Vermögenslage, die es beim Erbfall vorfindet, daher zunächst einmal hinnehmen (Vorrang des Gesellschaftsrechts). Im Ergebnis können aber die Mittel des Erbrechts dennoch den angemessenen Ausgleich herstellen.

Die gesellschaftsrechtliche Regelung kann jedoch auch durch *letztwillige Verfügungen* ergänzt werden. So kann der Erblasser die nicht nachfolgeberechtigten Erben gleichzeitig auf den Pflichtteil setzen oder von der Erbfolge ausschließen. Im ersteren Fall richtet sich dann die Erbauseinandersetzung nach der verminderten Erbquote, im letzteren Fall ist bei der Berechnung des Pflichtteilsanspruchs (§§ 2303 I, 2322 BGB) wiederum der Vorteil des Erben aus der gesellschaftsrechtlichen Nachfolge in Ansatz zu bringen.

346   **Erblasserschulden** sollen demgegenüber allgemeine Nachlassverbindlichkeiten auch dann sein, wenn sie aus dem Gesellschaftsverhältnis herrühren, dh, sie treffen nicht nur den nachfolgeberechtigten, sondern alle Erben nach Maßgabe der erbrechtlichen Haftung.[304] In den Ausgleich zwischen privilegierten und ausgeschlossenen Erben müssen auch diese Passiva eingerechnet werden. Und auf den Vermögenswert des Gesellschaftsanteils müssen die Gläubiger jedenfalls zugreifen können, → Rn. 344.

e) Ausschluss des Abfindungsanspruchs

347   Schwierige Ausgleichsprobleme stellen sich, wenn eine qualifizierte Nachfolgeklausel im konkreten Fall ins Leere geht, zB weil die bestimmte Person nicht existiert (im *Fall 28* (vor → Rn. 337) mit Blick auf Gesellschafter B) oder tatsächlich einmal Nachrücken wie Abfindung der Erben generell ausgeschlossen wurde. Durch den Abfindungsausschluss begünstigt sind dann *die übrigen Gesellschafter*. Ein erbrechtlicher Ansatz für eine **Ausgleichspflicht** käme in Betracht, wenn man diesen Vorteil für die übrigen Gesellschafter als Zuwendung von Todes wegen (§ 2301 BGB) oder als Schenkung unter Lebenden qualifizieren könnte.[305] Jedoch soll es schon an der Unentgeltlichkeit fehlen, wenn alle Gesellschafter sich gleichermaßen dieser Klausel unterwerfen.[306]

---

303 MüKoHGB/*K. Schmidt* § 139 Rn. 20.
304 BGHZ 68, 225, 239.
305 Zu dieser Unterscheidung *Säcker*, JR 1971, 423.
306 BGHZ 22, 194 (str.), siehe auch BFH NJW 1993, 158.

Das ist zumindest dann wenig überzeugend, wenn der qualifizierte Ausschluss die Gesellschafter, je nach Familie, unterschiedlich trifft (so im *Fall 28*). Bejaht man eine unentgeltliche Zuwendung unter Lebenden, vollzogen mit dem Vertragsschluss durch Zuwendung der Anwartschaft, so kann allerdings die Frist des § 2325 III BGB Schwierigkeiten bereiten. Im Ergebnis kann es aber für die Ausgleichspflicht keinen Unterschied machen, ob den Vorteil aus der gesellschaftsvertraglichen Nachfolgeregelung ein qualifizierter Erbe hat, der in den Gesellschaftsanteil nachrückt, oder ein nachrückender Nichterbe oder die übrigen Gesellschafter, denen der Anteil zuwächst. In Ermangelung einer anderen Rechtsgrundlage hat man daher dem BGH auf dem Weg freier Rechtsfindung (gestützt auf § 242 BGB) zu folgen.

Vermieden werden muss jedenfalls, dass die Wertentscheidungen des Erbrechts, insbesondere die im Pflichtteilsrecht der Testierfreiheit wirtschaftlich gesetzten Schranken, durch Ausnutzen gesellschaftsrechtlicher Gestaltungsmöglichkeiten unterlaufen werden.

f) Eintrittsrecht

Umgekehrt kann eine gesellschaftsvertragliche Nachfolgeklausel auch so formuliert **348** sein, dass sie einer bestimmten Person, die nicht Erbe ist, ein Eintrittsrecht einräumt. Das ist dann kein Fall des § 139 HGB, sondern ein solcher des **§ 328 BGB** (→ Rn. 338). Auch in diesem Fall muss der Vorteil des Begünstigten in den wechselseitigen Ausgleich mit einbezogen werden. Ist etwa der Begünstigte ein Abkömmling, der von der Erbfolge ausgeschlossen wurde, und macht er nun gegen die Erben Pflichtteilsansprüche geltend, so ist der Wert des Gesellschaftsanteils darauf anzurechnen. Die Erben umgekehrt können nicht dadurch die Ausgleichsmöglichkeit verlieren, dass der Privilegierte außerhalb der Erbengemeinschaft steht. Als Rechtsgrundlage kommen im einen Fall die §§ 2325–2329 BGB, im anderen § 2315 BGB in Betracht; äußerstenfalls bleibt hier ebenfalls nichts anderes übrig als eine freie Rechtsfindung unter Berufung auf Treu und Glauben.

Literatur: *Grunewald*, 1. B., Rn. 66 ff.; *Ulmer*, JuS 1986, 856; *Wiedemann*, Die Übertragung und Vererbung von Mitgliedschaftsrechten bei Handelsgesellschaften, 1965.

Lösungshinweise zu Fall 26 (vor → Rn. 310; vgl. *BGH* NJW 1989, 2681, *BGH* NJW 1989, 2685):　　**349**

1. Wirksamkeit der Ausschließung, § 140 I 1 HGB
   a) Wirksamkeit der Hinauskündigungsklauseln
      Möglichkeit der Abdingbarkeit (Vorüberlegung): Personengesellschaftsrecht ist vom
      aa) Grundsatz des »in dubio pro libertate« durchzogen, dh zwingender Charakter muss ausdrücklich angeordnet sein, § 140 HGB bietet hierfür aber keine Anhaltspunkte, daher Dispositivität (+).
      bb) Abwägung: **Vertragsfreiheit** steht **Sittenwidrigkeit** gegenüber. Hinauskündigungsklausel ist Ausdruck der Privatautonomie der Parteien, insbesondere kann die Stellung des einzelnen Gesellschafters individualvertraglich unterschiedlich ausgestaltet werden. Aber: Grenze ist dort, wo Verstoß gegen **§ 138 I BGB** vorliegt. Hier: die Ausschließung hängt vom *freien Ermessen* eines Mitgesellschafters ab. Damit können die betroffenen Gesellschafter nicht von ihren Rechten Gebrauch machen, vielmehr besteht das »Damoklesschwert« und die jederzeitige Gefahr der Willkürentscheidung. Daher: sittenwidrig iSd § 138 I BGB (+).
   b) Aber: Das Kündigungsrecht nach freiem Ermessen beinhaltet gleichsam als »Minus« die (rechtlich unbedenklich, weil gesetzlich vorgesehene) Befugnis, den **Ausschluss** bei Vorliegen **eines**

wichtigen Grundes zu erklären. Dieser unbedenkliche Teil bleibt nach § 139 BGB wirksam (geltungserhaltende Reduktion oder aber im Wege der ergänzenden Vertragsauslegung, §§ 133, 157 BGB), vgl. *BGH* ZIP 2007, 1309; EBJS/*Lorz* HGB § 140 Rn. 53f.

c) Das Verhalten des A stellt eine Treuepflichtverletzung und diese wiederum einen »wichtigen Kündigungsgrund« dar.

d) **Ergebnis:** Ausschließung war wirksam, allerdings nicht aufgrund der (unwirksamen) Hinauskündigungsklausel, sondern aufgrund des Vorliegens eines wichtigen Kündigungsgrundes.

2. **Wirksamkeit der Abfindungsregelung**

a) Beurteilung der Wirksamkeit unabhängig von der Wirksamkeit der Hinauskündigungsklausel, § 139 BGB

b) **Nichtigkeit** wegen Verstoßes gegen die guten Sitten, § 138 I BGB
Klausel enthielt übermäßig einschneidende Elemente in zeitlicher und inhaltlicher Hinsicht, zu den Details → Rn. 317.

350 **Lösungshinweise zu Fall 27** (vor → Rn. 324; vgl. *BGH* ZIP 1990, 505):
Das Unternehmen gehört der **OHG**, deren Gesellschafter A, B und C sind:

1. Durch Vereinigung aller KG-Gesellschaftsanteile in der Hand der GbR verwandelt sich die KG in ein einzelkaufmännisches Unternehmen.

2. Übergang des Vermögens der X-KG im Wege der **Gesamtrechtsnachfolge** auf die bis dahin als GbR bestehende Personengesellschaft, ohne dass die KG durch Liquidation beendet wird. Das KG-Vermögen und das Ursprungsvermögen der GbR bilden nun zusammen das neue Gesellschaftsvermögen (**Anwachsungsmodell,** § 738 I 1 BGB).

3. Fortsetzung der Strickwarenherstellung durch die bisherige GbR = Betrieb eines **Handelsgewerbes** iSd § 105 I HGB → aus der GbR wird mit Geschäftsfortführung de iure eine OHG, § 123 II HGB.

351 **Lösungshinweise zu Fall 28** (vor → Rn. 337):

I. **Rechtsnachfolge** in den Gesellschaftsanteil des **A**
Folgen der qualifizierten Nachfolgeklausel:

– Sonderrechtsnachfolge außerhalb der erbrechtlichen Nachfolge: **Übergang des Gesellschaftsanteils** des A in **vollem Umfang** direkt **auf S** (nicht auf die Miterbin T!). Die Vererblichkeitsstellung des Gesellschaftsanteils nur für den einen Erben (S) hat insbesondere keine gegenständliche Begrenzung des Erwerbs hinsichtlich des Gesellschaftsanteils durch die Erbquote ($^1/_2$, vgl. § 1924 I, IV BGB) zur Folge. Eine bloße Teilrechtsnachfolge würde den Testierwillen des Erblassers (Vermeidung von Nachteilen für das Gesellschaftskapital) missachten. Hinweis: Dogmatisch lässt sich die qualifizierte Nachfolgeklausel insoweit als mit dem Erbfall vollzogene Teilungsanordnung (§ 2048 BGB) mit dinglicher Wirkung begreifen.

– Wenn der Nachfolger wie hier mehr als ihm nach seiner Erbquote zusteht erhält, so ist er im Innenverhältnis dem anderen Miterben (T) zum Ausgleich verpflichtet. Denn: Der ausgeschlossene Erbe (hier: T) ist vermögensmäßig zu stellen, wie es der Erbquote entspricht. Aber: T stehen keine **gesellschaftsrechtlichen Abfindungsansprüche gegen die Gesellschaft** gem. § 738 I 2 BGB iVm § 105 II HGB zu.

– **Ausgleich** zwischen S und T vielmehr im Rahmen der Erbenauseinandersetzung, §§ 2050 ff. BGB (→ Rn. 345)

II. **Rechtsnachfolge** in den Gesellschaftsanteil des **B**

– Da B keinen Sohn hat, geht die **qualifizierte Nachfolgeklausel insofern ins Leere;** kein Übergang des Gesellschaftsanteils des B auf dessen Tochter.

– Der Geschäftsanteil kommt vielmehr allein den übrigen Gesellschaftern (hier: dem Sohn des A) durch Anwachsung (§ 738 I 1 BGB) zugute (→ Rn. 313).

– **Ausgleichsanspruch der Tochter** gegen die Gesellschafter (hier: Sohn S des A); Anspruchsgrundlage streitig, da ein Ausgleich im Rahmen der Erbauseinandersetzung zwischen T und S mangels Erbenstellung des S ausscheidet; BGH: **§ 242 BGB,** aA § 2050 BGB analog oder § 812 BGB.

§ 12. Die KG

1. Wesen und Bedeutung

Die KG ist eine Variante der OHG, die sich dieser gegenüber dadurch auszeichnet, dass eine zweite Klasse von **haftungsprivilegierten Gesellschaftern** hinzutritt (§ 161 I HGB). Es gibt bei der KG also mindestens einen Gesellschafter, der nach den Vorschriften des OHG-Rechts (§§ 128 ff. HGB) haftet – den persönlich haftenden Gesellschafter oder **Komplementär** –, und auf der anderen Seite mindestens einen Gesellschafter mit haftungsrechtlichem Sonderstatus – den **Kommanditisten,** von dem die Gesellschaft ihre Bezeichnung herleitet.

Abgesehen von dieser Besonderheit in der Zusammensetzung des Gesellschafterkreises, gilt für die KG dasselbe wie für die OHG, und folgerichtig erklärt § 161 II HGB subsidiär das Recht der OHG für anwendbar. Die eigenständige Regelung der KG in den §§ 162 ff. HGB befasst sich nur mit der Sonderstellung dieser zweiten Klasse von Gesellschaftern, und zwar bedarf es hier einer Sonderregelung in dreifacher Hinsicht: (1) Die in § 161 I HGB beschriebene *Haftungsbeschränkung* muss genauer ausgestaltet werden, außerdem hat sie Rückwirkungen auf die Kapitalbeteiligung des Kommanditisten. (2) Für das Verhältnis zwischen den beiden Klassen von Gesellschaftern in Bezug auf *Geschäftsführung* und *Vertretung* passt der Grundsatz der gleichen Rechte (§§ 115, 125 HGB) nicht mehr. (3) Schließlich ist auch der *personalistische Charakter* der Gesellschaft hinsichtlich der Kommanditisten abgeschwächt.

Die KG kann als Gründung einer neuen Gesellschaft, sie kann aber auch aus einer vorhandenen OHG heraus entstehen – und umgekehrt –, indem durch Änderung des Gesellschaftsvertrags Gesellschafter die Rechtsqualität ihrer Beteiligung wechseln oder Gesellschafter als Kommanditisten neu aufgenommen werden bzw. wegfallen und schließlich wenn die Erben eines nach § 139 HGB für die Kommanditisten-Stellung optieren. Die Identität der Gesellschaft bleibt von dem Wechsel von OHG zu KG und umgekehrt unberührt, dh insbesondere, dass alle Vertragsverhältnisse, welche die OHG abgeschlossen hat, unmittelbar auch für die KG gelten.

In der Praxis macht der Vorteil der Haftungsbeschränkung für die Kommanditisten die große Attraktivität der KG im Vergleich mit der OHG aus. Außerdem bietet sich die Rechtsform der KG für zwei spezielle Ausprägungen an, die *kapitalistische,* insbesondere die Publikums-KG (→ Rn. 384 ff.) und die *GmbH & Co. KG* (→ Rn. 575 ff.). Die erstere hat als sog. Abschreibungs-KG zur Ausnutzung steuerlicher Vorteile eine nicht unerhebliche Bedeutung gewonnen und spezielle Rechtsschutzprobleme geschaffen, und noch weitaus größer sind praktische Bedeutung und grundsätzliche Problematik der GmbH & Co. KG.

Da die Existenz *mindestens eines Komplementärs* für die KG wesensnotwendig ist, muss das Entfallen des einzigen oder letzten Komplementärs zu deren Auflösung führen, und daran vermag auch § 131 III HGB nichts zu ändern;[307] bei Fortführung der Geschäfte droht nun auch den Kommanditisten unbeschränkte Haftung. Im Todesfall muss mindestens ein Erbe als Komplementär einrücken oder ein anderer Komplemen-

352

353

354

355

---

307 *Frey/v. Bredow,* ZIP 1998, 1621.

tär gefunden werden, wenn man die Auflösung vermeiden will. Entsprechendes gilt für die GmbH & Co. bei Wegfall der GmbH.[308]

Ein Gesellschafter kann nicht gleichzeitig Komplementär und Kommanditist sein: Erwirbt der Kommanditist einen Komplementäranteil hinzu (oder umgekehrt), so vereinigen sich beide Anteile zu einem Komplementäranteil. Eine Zweimanngesellschaft wandelt sich zum Einzelunternehmen. Die Haftungsbeschränkung des Kommanditrechts entfällt beide Male.[309]

2. Die Haftung des Kommanditisten

Fall 29: Der Komplementär K stirbt und vererbt seinen Anteil auf L und M je zur Hälfte. L und M wechseln in eine Kommanditistenstellung über. Für L wie auch für M wird die Einlage auf 100.000 EUR festgesetzt. Wie steht es mit der persönlichen Haftung von L und M, wenn

a) der Buchwert des Kapitalanteils von K minus 50.000 EUR betrug, die anteiligen stillen Reserven aber 250.000 EUR deutlich überstiegen,

b) der Buchwert 200.000 EUR betrug, der anteilige objektive Wert aber wesentlich geringer war?

(Lösungshinweise → Rn. 380).

356 Das Prinzip der **Haftungsprivilegierung** bei der KG ist die *betragsmäßige Beschränkung* der persönlichen Haftung in Verbindung mit einem *bedingten Haftungsausschluss.*

Das Haftungsregime regelt insbesondere **§ 171 I HGB,** freilich mit missverständlicher Wortwahl, weil ein und derselbe Begriff – derjenige der »Einlage« – vom Gesetzgeber sowohl für die Haftung im **Außenverhältnis** gegenüber den Gesellschaftsgläubigern *(Einlage = Haftsumme/Hafteinlage)* als auch für die Haftung im **Innenverhältnis** gegenüber der KG gebraucht wird *(Einlage = Pflichteinlage,* → Rn. 367). Die §§ 172 II, III, 174 HGB zeigen, dass zwischen dem Begriff der »Einlage« für das Außenverhältnis (»den Gläubigern gegenüber«) einerseits und für das Innenverhältnis andererseits zu differenzieren ist. Vor diesem Hintergrund ist die doppelte Verwendung des »Einlage«-Begriffes in **§ 171 I HGB** wie folgt zu verstehen:

»Der Kommanditist haftet den Gläubigern der Gesellschaft bis zur Höhe seiner **Einlage** *[= Haftsumme/Außenverhältnis]* unmittelbar; die Haftung ist ausgeschlossen, soweit die **Einlage** *[= Pflichteinlage/Innenverhältnis]* geleistet ist.«

a) Haftsumme

357 Die **Haftsumme im Außenverhältnis** (früher auch *Hafteinlage* genannt) wird im Gesellschaftsvertrag bestimmt, sie ist eintragungspflichtig (§ 162 I HGB), und im Verhältnis zu den Gläubigern ist in deren Interesse die **Handelsregistereintragung maßgeblich** (§ 172 I HGB). Folgerichtig beeinflussen *interne* Vereinbarungen über Erlass oder Stundung der Einlage die Haftung im Außenverhältnis nicht (§ 172 III HGB); für den Fall einer nachträglichen Herabsetzung der Haftsumme schützt § 174 HGB die Gläubiger. Umgekehrt wirkt allerdings auch eine Erhöhung der Haftsumme, solange sie

---

308 *OLG Hamburg* NJW 1987, 1896.
309 *BGH* ZIP 2000, 229.

nicht eingetragen ist, zugunsten der Gläubiger nur unter den engeren Voraussetzungen des § 172 II HGB.

Abgesehen von der Beschränkung der Höhe nach, gelten für die persönliche Haftung **358** des Kommanditisten die Grundsätze des OHG-Rechts, §§ 128 ff. HGB, → § 9. Für den Fall der Gesellschaftsinsolvenz nimmt § 171 II HGB die Regelung vorweg, die nunmehr gemäß § 93 InsO für alle persönlich haftenden Gesellschafter gilt (Geltendmachung der persönlichen Gesellschafterhaftung für alle Gesellschaftsgläubiger durch den Insolvenzverwalter, um einen Gläubigerwettlauf zu vermeiden). Hinsichtlich der **Haftung des eintretenden Kommanditisten** für Altschulden greift § 173 HGB die Regelung des § 130 HGB auf.

Wird allerdings im Falle eines **Gesellschafterwechsels** ein (noch nicht einbezahlter) **359** **Kommanditanteil übertragen,** so würde eine daraus resultierende Verdoppelung der Haftsumme die Gläubiger unverdient begünstigen. Es haften also der alte und der neue Kommanditist zusammen nur bis zur (einfachen) Höhe der Vermögenseinlage, desgleichen befreit die Leistung der Einlage im Innenverhältnis (dazu sogleich) durch einen der Beteiligten beide.[310]

b) Haftungsbefreiung durch Einlageleistung

Die Haftsumme im Außenverhältnis und die (Pflicht-)Einlage im Innenverhältnis werden **360** über § 171 I 2. *Halbsatz* HGB miteinander verknüpft: So kann der Kommanditist seine persönliche Haftung im Außenverhältnis ausschließen und die Gläubiger auf das Gesellschaftsvermögen verweisen, *soweit* er im Innenverhältnis die Einlage tatsächlich in das Vermögen der KG geleistet hat.

Die **haftungsbefreiende Wirkung** nach § 171 I HGB hängt davon ab, in welcher Höhe ein Vermögenswert der KG zufloss, gleichgültig in welcher Weise dies geschah (Kapitalaufbringungsprinzip). Es kommen also zum einen neben Geldzahlungen alle Arten von Sachleistungen *(Sacheinlagen)* in Betracht, ferner auch die Befreiung der KG von einer Verbindlichkeit. Letzteres wiederum kann eine Forderung des Kommanditisten selbst gegen seine KG sein, mit der er gegen seine Einlageschuld aufrechnet,[311] aber auch die Forderung eines anderen Gesellschaftsgläubigers, die der Kommanditist erfüllt. Im letzteren Fall macht es keinen Unterschied, ob man die Befriedigung des Gesellschaftsgläubigers unmittelbar als Leistung der geschuldeten Einlage anerkennt (§ 362 BGB), oder als Leistung an Erfüllungs statt (§ 364 BGB), oder dem Kommanditisten daraus nur den Aufwendungsersatzanspruch zuerkennt (§ 110 HGB), mit dem er dann gegen die Einlageforderung der KG aufrechnen kann.[312] Entscheidend ist, dass in jedem Fall eine tatsächliche Wertzuführung erfolgt.

Gleichzustellen ist die Aufrechnung gegenüber dem Gesellschaftsgläubiger, die **361** zwangsweise Inanspruchnahme des Kommanditisten durch den Gläubiger (also wenn ein Gläubiger die persönliche Haftung nach § 128 HGB ausnutzt und vollstreckt),[313] schließlich auch die Leistung eines Dritten *für* den Kommanditisten (§ 267 BGB), sei es an die KG, sei es an einen Gesellschaftsgläubiger. Letzteres wird dann zum Problem,

---

310 Baumbach/Hopt/*Roth* HGB § 173 Rn. 11. Vgl. auch BGHZ 81, 82 = NJW 1981, 2747.
311 *BGH* WM 1985, 1224.
312 So *BGH* WM 1984, 893; *OLG Hamm* GmbHR 1993, 817; *OLG Köln* BB 1994, 380.
313 *OLG Hamm* NJW-RR 1995, 489.

wenn es der Komplementär ist, der aus seinem Vermögen für Rechnung des Kommanditisten leistet. Denn dann droht sich zum Nachteil der Gläubiger das Haftungsvolumen insgesamt zu verringern. Trotzdem ist auch dies grundsätzlich eine gültige Leistung der Kommanditeinlage,[314] wenn es nicht im Einzelfall nach den Grundsätzen über die mittelbare Rückgewähr der Einlage (dazu sogleich) annulliert werden muss.

Die KG kann auch ihre Einlageforderung an einen ihrer Gläubiger abtreten, und wenn der Kommanditist dann an diesen leistet, tritt ebenfalls die haftungsbefreiende Wirkung ein. Das gilt selbst dann, wenn dieser Gläubiger ihm nun die Schuld erlässt (im Unterschied zum Erlass seitens der KG, → Rn. 357), weil die KG dessen ungeachtet von *ihrer* Schuld gegenüber diesem Gläubiger befreit wurde.[315] – Endlich kann der Kommanditist seine Einlage auch in der Form leisten, dass er Gewinnanteile »stehen lässt«, statt sie zu entnehmen (→ Rn. 369).

c) Haftungshöhe

362 Für die Höhe, in der die haftungsbefreiende Wirkung des § 171 I HGB eintritt, ist aber nicht die freie Bewertung der Leistung durch die Gesellschafter maßgeblich, sondern der **objektive Wert** im Zeitpunkt des Vermögenszuflusses. Das ist vor allem bei *Sacheinlagen* wichtig. Entsprechendes muss aber auch bei Befreiung der KG von einer Verbindlichkeit gelten, wenn diese Forderung in diesem Zeitpunkt nicht mehr wirtschaftlich vollwertig ist (nämlich weil die KG selbst als Schuldnerin nicht mehr »vollwertig«/ solvent ist). Dann ist auch diese Forderung nur mit einem niedrigeren objektiven Wert in Ansatz zu bringen.[316]

Der Orientierung am objektiven Wert liegt der Gedanke zugrunde, dass die Gläubiger der KG gewiss sein dürfen, eine Haftungsgarantie in Höhe der gesamten Kommanditeinlagen werde ihnen insgesamt einmal zur Verfügung gestellt, sei es in Form von Vermögenswerten, die dem Unternehmen zufließen, sei es in Form von persönlicher Haftung der Kommanditisten. Ihre Grenzen erreicht diese Haftungsgarantie freilich bei der persönlichen Haftung, wie stets, in der individuellen Leistungsfähigkeit und Kreditwürdigkeit der Gesellschafter, bei dem Zufluss von Einlagen ins Vermögen der KG andererseits im Risiko der Erhaltung dieser Werte im Unternehmen. Dagegen, dass die einmal erbrachten Einlagen beim Unternehmen in der Folgezeit verwirtschaftet werden, sind die Gläubiger nicht geschützt – das ist das Risiko bei jeder Form der Haftungsbeschränkung auf die geleistete Einlage (auch bei GmbH und AG). Die Rechtsordnung kann lediglich dagegen Vorkehrungen treffen, dass *Vermögensrückflüsse* an die Kommanditisten stattfinden (→ Rn. 364).

d) Bedingter Haftungsausschluss

363 Der bedingte Haftungsausschluss ist in § 171 I 2. Hs. HGB als Einschränkung des Haftungsprinzips aus dem 1. Hs aaO konzipiert; der Kommanditist trägt also hierfür und damit auch für den Wert des Vermögenszuflusses die **Beweislast.** Im Handels-

---

314 *BGH* WM 1984, 893. S. auch *OLG Hamm* NJW-RR 1996, 27: Zahlung der Einlage auf Konto des Komplementärs, später Umschreibung des Kontos auf die KG.
315 *BGH* NJW 1984, 874.
316 *BGH* WM 1985, 1224; *OLG Hamm* GmbHR 1993, 817; *OLG Köln* BB 1994, 380.

register wird nur die Haftsumme verlautbart, nicht aber der Umstand der – haftungs-
befreienden – Einlageleistung nach § 171 I 2. Hs. HGB.[317]

e) Aufleben der Außenhaftung

Einen Schutz gewährt die Rechtsordnung gegen die **Rückerstattung** einmal geleiste- **364**
ter **Einlagen an den Kommanditisten**, § 172 IV S. 1 HGB. Soweit Einlagen an den
Kommanditisten zurückfließen, entfällt die eingetretene Haftungsbefreiung nach
§ 171 I 2. Hs. HGB nachträglich wieder; die **Außenhaftung** nach § 171 I 1. Hs. HGB
lebt wieder auf.

Das Problem sind hier freilich die *verdeckten* Rückerstattungen in Form verschleierter
Zuwendungen. Soweit sie nachweisbar sind, lassen auch sie die persönliche Haftung
wieder aufleben. Das gilt beispielsweise für Rechtsgeschäfte zu besonders günstigen
Bedingungen; hingegen sind marktübliche Bedingungen unschädlich. Eine Einlagen-
rückzahlung stellt auch die Abfindung des ausgeschiedenen Kommanditisten dar, was
dann im Rahmen seiner Haftung nach § 160 HGB relevant wird. Dasselbe gilt für *mittelbare Zuwendungen* der KG, etwa auf dem Weg über das Vermögen des Komplementärs.[318] Verneint wurde das hingegen für ein Geschäftsführergehalt, das ein Kommanditist – bei der GmbH & Co. – als Geschäftsführer der GmbH bezog, wenn dieses
zwar von der KG bezahlt wurde, aber der Höhe nach angemessen war.[319]

Insbesondere darf auch die **Entnahme von Gewinnanteilen** die geleistete Hafteinlage **365**
nicht schmälern bzw. ihre Wiederauffüllung auf den früheren Stand nicht beeinträchtigen (§ 172 IV S. 2 HGB, näher zur Zuschreibung von Gewinnen und Verlusten nachfolgend 3.). Eine Ausnahme zugunsten des Kommanditisten stellt indes § 172 V HGB
dar; zu beachten ist das doppelte Erfordernis der Gutgläubigkeit, wobei maßgeblich
auf § 932 II BGB abzustellen ist.

Beurteilt die Aufbringung der Hafteinlage sich nach dem *objektiven Wert* der erbrachten Leistung, so gilt das sinnentsprechend auch für einen Kapitalabfluss. Verkauft beispielsweise die KG dem Kommanditisten einen Vermögenswert zu unangemessen
niedrigem Preis, so ist in Höhe des Differenzbetrags eine verschleierte Rückerstattung
mit den erwähnten Rechtsfolgen anzunehmen. Im Rahmen von § 172 IV S. 2 HGB
hingegen sind – wiederum im Interesse der Kapitalerhaltung bei der Gesellschaft – die
Buchwerte maßgeblich. Der Kommanditist kann sich hier nicht darauf berufen, die
Hafteinlage sei dank stiller Reserven in Wirklichkeit gar nicht herabgemindert.[320]

Zu einem Sonderproblem gibt § 172 IV HGB bei der **Übertragung eines Komman-** **366**
ditanteils Anlass. Es wurde bereits festgestellt, dass eine Befreiung von der persönlichen Haftung nach § 171 I 2. Hs. HGB durch Leistung des neuen Kommanditisten
auch seinem Vorgänger zugutekommt (→ Rn. 359). Ebenso könnte man nun umgekehrt daran denken, Rückerstattungen an den neuen auch zu Lasten des alten Gesellschafters wirken, also auch dessen Haftung nach § 172 IV HGB wieder aufleben
zu lassen. UE gibt es aber keine Handhabe, solche Vorgänge nach dem Ausscheiden

---

317 Vgl. BGHZ 81, 82, 87; *OLG Köln* BB 1994, 380.
318 Zur mittelbaren Rückgewähr der Einlage BGHZ 47, 149; NJW 1980, 1163; *OLG Hamm* NJW-RR
1995, 489.
319 *BAG* NJW 1983, 1869.
320 *BGH* WM 1990, 233.

des Altkommanditisten diesem noch zuzurechnen; eine spätere Verschlechterung der Haftungslage, so wie sie in diesem Zeitpunkt bestand, sieht das Gesetz nicht vor. Auch dürfte es hierfür keinen Grund geben, da dem Gläubigerschutz mit der Haftung des Neugesellschafters Genüge getan sein dürfte.

3. Pflichteinlage, Gewinn und Verlust

a) Pflichteinlage im Innenverhältnis

367 Von der soeben behandelten für das Außenverhältnis maßgeblichen Haftsumme ist die sog. **Pflichteinlage im Innenverhältnis** (auch schlicht »Einlage« genannt) zu unterscheiden, die zwar meistens mit dem Betrag der Haftsumme übereinstimmt, aber auch niedriger oder höher sein kann. Sie bezeichnet den Beitrag, zu dessen Leistung der Kommanditist sich vertraglich *gegenüber der Gesellschaft* verpflichtet hat. Mit welchem Leistungsinhalt und in welcher Höhe diese Verpflichtung vereinbart wurde, ist für die Haftung im Außenverhältnis grundsätzlich ohne Bedeutung.[321] Eine Ausnahme besteht lediglich in dem (seltenen) Fall, dass die Pflichteinlage höher ist als die Hafteinlage und noch nicht voll erbracht wurde; der noch offene Anspruch der KG kann durch Pfändung bzw. durch den Insolvenzverwalter verwertet werden.

Die erbrachten Beiträge werden dem Kommanditisten als Kapitalanteil gutgeschrieben; dieser kann sich in der Folge durch Gutschrift von *Gewinnanteilen* sowie Lastschrift von *Verlustanteilen* (innerhalb der Grenzen des § 167 II, III HGB) und Entnahmen ändern. Bezüglich einer Sonderregelung zur Gewinn- und Verlustverteilung ist auf § 168 HGB zu verweisen.

368 Das **Entnahmerecht** des Kommanditisten beschränkt § 169 I HGB (unter Ausschluss des weitergehenden Entnahmerechts nach § 122 HGB) in zweifacher Weise: Er darf nur die ihm zukommenden Gewinnanteile entnehmen, und er darf auch Gewinne nicht entnehmen, soweit sie zum Ausgleich früherer Verlustanteile benötigt werden. Mit der letzteren Einschränkung ist Folgendes gemeint: Verluste können den Stand des Kapitalkontos unter den Betrag der ursprünglich geleisteten Einlage herabmindern. Nachfolgende Gewinngutschriften erhöhen den Kontostand wieder; diese Gewinne dürfen aber nur entnommen werden, wenn und insoweit der Betrag der geleisteten Einlage bereits wieder überschritten ist.

369 Die maßgebliche Bezugsgröße ist also nicht die gesamte Pflichteinlage, sondern der hierauf *bislang geleistete Betrag*. Hat der Kommanditist erst einen Teil seiner Einlage erbracht und erzielt das Unternehmen nun Gewinne, so kann er diese entnehmen oder »stehen lassen« und damit seine geleistete Einlage erhöhen. – Dementsprechend orientiert sich auch die *Haftungsregelung* des § 172 IV S. 2 HGB an dem Betrag der geleisteten Einlage, nicht an der festgesetzten Hafteinlage. Eine Gewinnentnahme ist nicht deswegen haftungsschädlich, weil die Hafteinlage noch nicht vollständig eingebracht war; entnimmt in diesem Fall der Kommanditist seinen Gewinnanteil, so lässt dies die nach § 171 I HGB zu errechnende Haftungslage unberührt. Wird der Gewinnanteil stattdessen dem Kapitalanteil zugeschrieben, so bedeutet das wirtschaftlich eine Erhöhung der geleisteten Einlage iS von § 171 I HGB.

---

321 *BGH* ZIP 1994, 1850.

Beispiel: Hafteinlage 100.000 EUR, davon 75.000 EUR eingezahlt. Persönliche Haftung bis zum Betrag von 25.000 EUR (§ 171 I HGB).

Dem Kommanditisten wird nach dem 1. Geschäftsjahr ein Gewinnanteil von 30.000 EUR gutgeschrieben; er entnimmt ihn: Haftung unverändert bis 25.000 EUR. Hätte er den Gewinn dagegen »stehen lassen«, so wäre völlige Haftungsbefreiung eingetreten.

Nach dem 2. Geschäftsjahr Verlustanteil von 20.000 EUR, Stand seines Kapitalkontos also 55.000 EUR: Haftung weiterhin nur bis 25.000 EUR.

Nach dem 3. Geschäftsjahr wieder Gewinnanteil von 30.000 EUR: Gewinnentnahmen über 10.000 EUR erhöhen den Haftungsumfang entsprechend (§ 172 IV 2 HGB).

§ 169 II HGB stellt klar, dass nicht etwa auch – in Umkehrung der bisher behandelten Grundsätze – eine frühere und in diesem Zeitpunkt zulässige Gewinnentnahme von *späteren* Verlusten tangiert wird.

b) Gewinne

Die Gewinne werden dem Kapitalanteil nur bis zur Grenze des § 167 II HGB zu- 370 geschrieben, darüber hinaus sollen sie den vereinbarten Einlagebetrag nicht erhöhen können und stehen zur freien Verfügung des Kommanditisten.

Die Zuschreibung von **Verlusten** beschränkt § 167 III HGB auf die Höhe der Pflichteinlage und scheint damit einen negativen Kommanditanteil jedenfalls dann auszuschließen, wenn die Einlage in voller Höhe geleistet wurde. Die hM legt indessen der Vorschrift abweichend vom Wortlaut lediglich die Aussage bei, dass der Kommanditist über seine Pflichteinlage hinaus zur Verlustdeckung nicht beitragen muss[322] – was grundsätzlich erst in der Liquidation und Insolvenz relevant wird (→ Rn. 330 f.). Der Unterschied gewinnt in handelsrechtlicher Hinsicht dafür praktische Bedeutung, ob der Kommanditist über die Grenze des § 167 III HGB hinaus an den Jahresverlusten *rechnerisch* teilnimmt und spätere Gewinne dann zunächst dagegen verrechnen lassen muss, oder ob solche Verluste allein und endgültig die Komplementäre und allenfalls andere Kommanditisten treffen. Unstreitig ist die Regelung dispositiv (wie die §§ 167–169 HGB insgesamt, siehe § 163 HGB), und daher geht es uE um die Grundsatzfrage, wie unbillig eine gesetzliche Regelung und wie fernliegend privatautonome Selbsthilfe erscheinen muss, um eine »korrigierende Interpretation« dispositiven Rechts zu rechtfertigen. Diese Grenze ist hier nicht erreicht und daher sollte man § 167 III HGB durchaus beim Wort nehmen und es den Parteien überlassen, abweichende Vereinbarungen zu treffen.

c) Haftungsregress

Der Innenausgleich unter mehreren haftenden Gesellschaftern (Komplementären und 371 Kommanditisten) richtet sich auch hier nach dem Verlustanteil bzw. der Verlustdeckungspflicht. Daraus folgt, dass die nach §§ 171, 172 HGB zu bestimmende Außenhaftung insoweit von der Beurteilung nach Maßgabe der Pflichteinlage überlagert wird und auch Auszahlungen, die gegen § 172 IV HGB verstoßen, für die Regresspflicht nicht ins Gewicht fallen, wenn sie im Innenverhältnis durch den Vertrag gedeckt sind.[323]

---

322 Baumbach/Hopt/*Roth* HGB § 167 Rn. 4 f.
323 Vgl. OLG Koblenz NJW-RR 1995, 486.

d) Nachrangiges Eigenkapital

372 Bereits beim Kommanditisten kann – wie bei allen Beteiligungsformen mit Haftungs-beschränkung – der Gedanke eine Rolle spielen, der Gesellschaft weiteres Kapital nicht als Gesellschaftereinlage und damit als in der Insolvenz *nachrangiges Eigenkapital* zu-zuführen, sondern in einer Rechtsform, die in der Insolvenzsituation eine günstigere Rechtsstellung als *Fremdkapitalgeber* gewährt, etwa als **Darlehen** oder auch als »stille« Beteiligung (vgl. § 236 HGB!).[324] Dieses Problem hat seine hauptsächliche Bedeutung im Recht der GmbH (→ Rn. 498); aber auch bei der KG ist die Rspr. um einen vorran-gigen Schutz der Fremdgläubiger bemüht und stellt zu diesem Zweck uU die erwähn-ten Finanzierungsformen rechtlich einer Gesellschaftereinlage gleich, wenn sie sich *wirtschaftlich* als Teil der Eigenkapitalgrundlage des Unternehmens darstellen.[325]

4. Geschäftsführung und Vertretung

373 Der gesetzliche Grundsatz ist denkbar einfach: **Ausschluss des Kommanditisten** von Geschäftsführung und Vertretung (§§ 164, 170 HGB). Hierin kommt die größere Di-stanz dieser zweiten Klasse von Gesellschaftern zum Unternehmen, kommt das bloß »kapitalistische« Element ihrer Beteiligung zum Ausdruck. Bei der Durchführung des Grundsatzes differenziert das Gesetz dann aber in zweifacher Richtung: zum einen hinsichtlich der Dispositivität der Regelung, zum anderen hinsichtlich der Ausgestal-tung im Einzelnen. Denn zwar kann der Ausschluss von der Vertretung absolut sein, schwerlich aber derjenige von der internen Willensbildung.

a) Anwendungsbereich

374 Zunächst einmal ist schon begrifflich klar, dass § 164 HGB die **Grundlagenentschei-dungen** (→ Rn. 270) nicht berührt. An Änderungen des Gesellschaftsvertrags, aber auch an der Feststellung des Jahresabschlusses[326] ist der Kommanditist als Gesellschaf-ter in gleicher Weise beteiligt wie der Komplementär. Allerdings kann der Vertrag inner-halb der bei § 119 HGB gesetzten Grenzen (Bestimmtheit, Kernbereich, → Rn. 284)[327] auch zwischen den beiden Klassen von Gesellschaftern abstufen oder das Stimmgewicht des Kommanditisten in anderer Weise schwächen. Vor allem bei größerer Kommandi-tistenzahl kann das Einstimmigkeitserfordernis zur Belastung werden; nicht selten wer-den Entscheidungskompetenzen auf Beiräte verlagert, Stimmbindungen nach Famili-enstämmen vorgesehen und ähnliches.[328] Andererseits ist es nur eine Konsequenz aus dem Ausschluss von der **gewöhnlichen Geschäftsführung**, dass dann dem Komman-ditisten, wie in § 164 HGB ausdrücklich bestimmt, weder das Widerspruchsrecht des § 115 I HGB noch die Mitsprache in den Prokuraangelegenheiten des § 116 III HGB zustehen.

Wenn demgegenüber § 164 HGB dem Kommanditisten ein Widerspruchsrecht in **au-ßergewöhnlichen Angelegenheiten** belässt, so kommt hierin wie auch in dem *Kon-trollrecht* des § 166 HGB eine Stufenfolge zum Ausdruck: Während **(1)** die geschäfts-

---

324 Zu diesen Gestaltungen Rn. 422f.
325 S. näher *BGH* WM 1985, 258 und 284; NJW 1988, 1841; krit. *Groß*, BB 1991, 2386.
326 *BGH* ZIP 1996, 750.
327 Zu möglichen Aufweichungen bei der Publikums-KG → Rn. 387f.
328 Vgl. *OLG Düsseldorf* ZIP 1994, 1447.

führenden Komplementäre umfassende Entscheidungsbefugnisse und Kontrollmöglichkeiten haben, sind **(2)** dem nicht geschäftsführenden, aber immer noch persönlich haftenden OHG-Gesellschafter das Zustimmungserfordernis bei außergewöhnlichen Geschäften vorbehalten (§ 116 II HGB) und weitreichende Kontrollrechte verliehen (§ 118 HGB). **(3)** Der Kommanditist hat demgegenüber in den Fällen des § 116 II HGB nur ein Widerspruchsrecht und sein Kontrollrecht ist abgeschwächt, siehe § 166 II HGB.[329]

Die hM allerdings wendet § 116 II HGB neben § 164 HGB an, gibt also dem Kom- **375** manditisten in außergewöhnlichen Angelegenheiten nicht nur ein Widerspruchsrecht, sondern verlangt seine **Zustimmung.** Zwar ist der praktische Unterschied nicht allzu groß, wenn man in Betracht zieht, dass einerseits die Zustimmung nach entsprechender Mitteilung auch stillschweigend ausgedrückt werden kann, andererseits zwecks Ermöglichung des Widerspruchs zumindest in problematischen Fällen ebenfalls eine vorherige Mitteilung geboten ist.

> Vgl. immerhin folgendes **Beispiel** (nach RGZ 158, 302): Der Komplementär schließt, während der Kommanditist sich auf Weltreise befindet und kurzfristig nicht erreichbar ist, ungewöhnlich riskante und im Ergebnis verlustreiche Geschäfte für die KG ab. Eine erforderliche Zustimmung hätte eingeholt werden müssen, ein Widerspruch brauchte unter den gegebenen Umständen nicht abgewartet zu werden.[330]

Aber das ändert nichts daran, dass die hM in zweifacher Weise mit dem Wortlaut des **376** § 164 HGB schwerlich vereinbar ist: Zum einen gewährt die Norm (in S. 1 Hs. 2) in diesen Fällen eindeutig ein Widerspruchsrecht, was keinen Sinn ergibt, wenn ohnehin die Zustimmung erforderlich ist. Zum zweiten erlaubt ihr S. 2 den Umkehrschluss, dass § 116 II HGB eben nicht unberührt bleibt. Letztlich geht es hier wieder um die Grundsatzfrage, unter welchen Voraussetzungen die Jurisprudenz aufgerufen ist, dispositives Recht kraft eigener Interessenbewertung zu korrigieren, anstatt dies von Fall zu Fall der Privatautonomie zu überlassen.

b) Grenzen

Zur **Dispositivität** der einschlägigen Normen spricht sich § 163 HGB aus. Demnach **377** kann der Gesellschaftsvertrag die *Geschäftsführung, nicht aber die Vertretungsmacht* dem Kommanditisten übertragen.[331] Im Bereich der **Geschäftsführung** wird auch eine völlige Umkehrung des gesetzlichen Normalverhältnisses für zulässig erachtet. Es kann also dem *Kommanditisten die alleinige Geschäftsführung* vorbehalten und der Komplementär an dessen Weisungen gebunden werden, dh, man kann eine KG auch zu dem Zweck gründen, einen Strohmann als allein haftenden Komplementär vorzuschieben. Sein Haftungsprivileg gefährdet der »aktive« Kommanditist dadurch noch

---

329 Vgl. zum Informationsrecht des Kommanditisten: *BayObLG* DB 1995, 36; *OLG München* und *OLG Düsseldorf* BB 1995, 143; *OLG Hamm* GmbHR 1994, 127. Zu beachten ist, dass nach der Konzeption des § 116 II HGB für den Fall mehrerer Kommanditisten die Zustimmung eines jeden Kommanditisten erforderlich ist. Dem steht gegenüber, dass es sich bei dem Widerspruchsrecht um ein Individualrecht handelt. Häufig wird allerdings in einer KG mit mehreren Kommanditisten eine Mehrheitsklausel im Gesellschaftsvertrag vorgesehen sein, so dass sich eine Lösung über den – speziell für den Fall der Mehrheitsklausel vertretenen – Devolutiveffekt finden lässt (→ Rn. 280).
330 Hierzu *K. Schmidt,* GesR, § 53 III 2b.
331 Das Kontrollrecht des § 166 II HGB kann nicht ohne Weiteres abbedungen werden, *BGH* NJW 1989, 225.

nicht, sondern erst nach den Grundsätzen der Rechtsscheinhaftung, wenn er im Rechtsverkehr auf diese Weise den Eindruck erweckt, Komplementär zu sein (→ Rn. 178 f.).

378 Auf der Ebene der **Vertretungsmacht** besteht lediglich die Möglichkeit, für den Kommanditisten ein Surrogat der originären Gesellschafter-Vertretungsmacht ausfindig zu machen; diese selbst ist ihm verschlossen. Als Ersatzkonstruktion bietet sich jede Form der *rechtsgeschäftlichen* Vertretungsmacht (§ 167 BGB) bis hin zu *Prokura* und Generalvollmacht an. Die Einwände, die – allenfalls – gegen eine Erteilung der Prokura an den von der Geschäftsführung ausgeschlossenen OHG-Gesellschafter sprechen können (→ Rn. 796 f.), entfallen beim Kommanditisten von vornherein. Die Prokura kann bereits im Gesellschaftsvertrag erteilt werden; sie kann dann auch als *unentziehbare* Prokura erteilt werden.[332] Fraglich ist allerdings, ob dies bedeutet, dass die Prokura – außer bei Vorliegen eines wichtigen Grundes, § 127 HGB analog – nicht wirksam widerrufen werden kann oder nur nicht widerrufen werden *darf.*

379 Die originäre Vertretungsmacht zumindest *eines* Komplementärs (§ 125 HGB) muss in jedem Falle unangetastet bleiben. – Daher kann auch dem einzigen Komplementär die Vertretungsmacht nicht gemäß § 127 HGB entzogen werden, wohl aber gemäß § 117 HGB die Geschäftsführungsbefugnis (dann Gesamtgeschäftsführung aller Gesellschafter, BGHZ 51, 199). Ferner stößt die Vertretungsmacht des Komplementärs auf dieselben Grenzen wie diejenige des OHG-Gesellschafters; so bedarf die Veräußerung des gesamten Vermögens der Zustimmung auch der Kommanditisten.

380 **Lösungshinweise zu Fall 29** (vor → Rn. 356; vgl. *BGH* NJW 1987, 3184):

Aufgabe a)

1. Grundsatz, **§ 171 I HGB:**
   - bis zur Leistung der Einlage → unmittelbare, persönliche Haftung bis zur Höhe der eingetragenen Haftsumme, § 171 I Hs. 1 BGB
   - nach Leistung der (Pflicht-)Einlage → Ausschluss der persönlichen Haftung, § 171 I Hs. 2 BGB
2. Hier: keine direkte Leistung der Einlage durch L und M, dh keine direkte neue Kapitalzuführung (Hinweis: ist aber auch nicht erforderlich, denn eine sog. Kapitalerhaltungspflicht besteht nicht; das Gesellschaftervermögen ist dem Gläubigerzugriff immer in dem jeweiligen Bestand ausgesetzt).
3. Aber: Erwerb des Gesellschaftsanteils des K durch L und M (je zu 1/2) im Wege der **Erbfolge,** § 1922 BGB iVm §§ 161 II, 131 III 1 Nr. 1 HGB könnte Haftungsbefreiung rechtfertigen.
4. L und M votieren für die Kommanditistenrolle, **§ 139 I HGB.** Der auf L und M fallende Teil der Einlage des Erblassers wird als **Kommanditeinlage** anerkannt, § 139 I HGB aE; es findet eine Umbuchung statt dergestalt, dass das bisherige Kapitalkonto des persönlich haftenden Gesellschafters K nun als das Kapitalkonto der Kommanditisten L und M weitergeführt wird. Grund für die Haftungsbeschränkung ist die durch § 172 IV HGB angeordnete **Kapitalbindung** des bisher ungebundenen Kapitals.
5. Reichweite der Haftungsbefreiung des § 171 I Hs. 2 iVm § 139 I HGB: Ist der auf L und M jeweils entfallende Vermögenswert nach § 139 I HGB mindestens so hoch wie die eingetragenen Haftsummen (je 100.000 EUR)?
   - Buchwert beträgt minus 50.000 EUR
   - aber: **Einbeziehung der stillen Reserven** (250.000 EUR) in die aktiven Vermögenswerte der Gesellschaft möglich (zumindest bei Einverständnis der Gesellschafter); allerdings nur bei aufgelösten stillen Reserven möglich – nicht aufgelöste stille Reserven dürfen dem Kapitalkonto

---

332 S. BGHZ 17, 392; demnach soll eine vertraglich erteilte Prokura immer unentziehbar sein.

hingegen nicht gutgeschrieben werden. Höhe der **anzuerkennenden Einlage:** (250.000 – 50.000) : 2 = 100.000

6. **Ergebnis:** Ausschluss der persönlichen Haftung nach § 171 I Hs. 2 HGB

Aufgabe b)

Prinzip der **objektiven Wertdeckung** (→ Rn. 359, 362): maßgeblich ist der objektive Wert, der hier geringer ist als die Höhe der Haftsummen.

→ Keine vollständige Anerkennung der Einlage des Erblassers als Kommanditeinlage iSd § 139 I HGB

→ in Höhe der Differenz zwischen anzuerkennender Einlage und Haftsumme **kein Ausschluss der persönlichen Haftung** nach § 171 I Hs. 2 HGB; dh L und M haften jeweils auf die Differenz.

5. Die Zurückdrängung des personalistischen Elements beim Kommanditisten

Nach der gesetzlichen Konzeption ist der Kommanditist der Gesellschaft mehr kapi- **381** talmäßig und weniger mit seiner Person verbunden. Das kommt schon in der Regelung von Haftung, Geschäftsführung und Vertretung zum Ausdruck, ferner formal in § 162 II HGB und am anschaulichsten in der unterschiedlichen Bedeutung, die das Gesetz für den Regelfall dem Tod des Gesellschafters beimisst: Während bei der OHG die Nachfolge der Erben im Gesellschaftsvertrag vereinbart werden muss (§ 139 HGB), folgen die Erben des Kommanditisten von Gesetzes wegen in dessen Gesellschaftsanteil nach (§ 177 HGB).

Umgekehrt kann durch entsprechende Vertragsgestaltung bei der KG der personalistische Charakter im Rahmen des zwingenden Rechts auch akzentuiert werden, kann sie die Funktion einer »**OHG mit Haftungsbeschränkung**« übernehmen, wenn nämlich dem Kommanditisten die Geschäftsführung sowie eine rechtsgeschäftliche Vertretungsbefugnis eingeräumt wird (→ Rn. 377 f.).

Der abgeschwächten personalen Bindung entspricht auch die Freistellung vom Wett- **382** bewerbsverbot in § 165 HGB. Praktisch wird damit einerseits dem Umstand Rechnung getragen, dass der Kommanditist normalerweise anderweitig berufs- bzw. erwerbstätig ist, andererseits der Abschwächung der Kontrollbefugnisse in § 166 HGB. Folgerichtig leitet die hM aus der Treuepflicht dennoch ein Wettbewerbsverbot ab, wenn der Kommanditist Geschäftsführer ist oder sonst maßgeblichen Einfluss auf die Geschäftsführung hat.

§ 723 III BGB (iVm § 132 HGB) gilt auch zugunsten des Kommanditisten.[333] Hin- **383** gegen ist es eine Konsequenz der weniger engen persönlichen Bindung, dass ein Ausschluss des Kommanditisten wegen persönlicher Unverträglichkeit schwerwiegendere Umstände voraussetzt als allgemein bei § 140 HGB.[334]

6. Die Sonderform der »kapitalistischen« KG

Ist es auf der einen Seite durchaus möglich, den personalistischen Charakter einer typi- **384** schen OHG zumindest teilweise auch bei der KG herzustellen, so besteht auf der anderen Seite gelegentlich das Bedürfnis, umgekehrt das kapitalistische Element noch stärker zu akzentuieren. Es geht dabei vor allem um den Zweck, eine wechselnde Viel-

---

333 *BGH* NJW 1985, 192.
334 *BGH* NJW 1995, 597.

zahl »anonymer« Kapitalgeber der Gesellschaft anzugliedern und im Ergebnis die Funktionen einer AG mit den Steuervorteilen der Personengesellschaft zu verbinden. Unter Vernachlässigung der Unterschiede im Detail lassen sich folgende Gesichtspunkte hervorheben:

a) Treuhandstruktur

385 Häufig wird *zwischen* den einzelnen Kapitalbeteiligten (Kommanditisten) und die KG ein Treuhänder geschaltet, der zahlreiche Rechte der Kapitalgeber aus der Kommanditistenstellung für diese treuhänderisch wahrnimmt. Diese Konstruktion erlaubt es einerseits, die Position des Kapitalbeteiligten noch stärker zu »anonymisieren« (vgl. § 162 HGB), erleichtert auch Neuaufnahme, Ausscheiden, Übertragung von Anteilen; andererseits lassen sich auf diese Weise die Rechte der Beteiligten organisatorisch besser zusammenfassen, evtl. freilich auch zugunsten des Treuhänders weiter abschwächen. Die Rspr. bemüht sich allerdings darum, den beteiligten Kapitalgebern die wichtigsten Kommanditistenrechte auch im Rahmen einer solchen Treuhandkonstruktion zu gewährleisten.[335]

b) Abschreibungs-KG

386 Bei der KG kann man sich die *steuerrechtlichen* Vorteile der Personengesellschaft (→ Rn. 142 f.) zunutze machen, um Verlustanteile unmittelbar dem einzelnen Kommanditisten zuzuschreiben. Diese mindern dann seine übrigen Einkünfte (interessant insbesondere bei *freiberuflichen Großverdienern*, etwa Zahnärzten) und damit seine einkommensteuerliche Belastung. Allerdings ist nicht immer gewährleistet, dass dieser kurzfristige Vorteil sich auch lohnt. Handelt es sich nämlich um »künstliche« Verluste, so werden sie in späteren Jahren durch umso höhere (und grundsätzlich steuerpflichtige) Gewinne wieder ausgeglichen; handelt es sich aber um echte Verluste, so können dem Kommanditisten trotz seiner Haftungsbeschränkung wirtschaftliche Nachteile drohen, die den Steuervorteil aufwiegen.

Was aber den Steuervorteil als solchen betrifft, so bereitet die Grenzziehung zwischen einer legitimen Ausnutzung steuerrechtlicher Spielräume und dem Missbrauch rechtlicher Gestaltungsmöglichkeiten zur Erzielung ungerechtfertigter Vorteile auf Kosten der Allgemeinheit Schwierigkeiten. Der springende Punkt ist dabei, ob Verluste auch dann noch steuerlich anerkannt werden, wenn ihre Höhe die Kommanditeinlage übersteigt, also der Kapitalanteil des Kommanditisten (bei voll einbezahlter Einlage) negativ wird. Dies könnte man an sich unmittelbar auf der Grundlage von § 167 III HGB verneinen, doch hat die hM sich diese Schlussfolgerung versagt. So musste schließlich der Gesetzgeber in einem eigenen § 15a EStG die Verrechnung von Verlusten auf die Höhe der Haftsumme des Kommanditisten beschränken. In *handelsrechtlicher* Hinsicht wählt die reine Abschreibungsgesellschaft, die nur den Zweck der Steuerersparnis durch Verlustzuweisungen verfolgt und der man deshalb die Gewerbeeigenschaft absprechen kann, ihre Rechtsform nach § 105 II HGB.

---

335 S. zum fristlosen Ausscheiden des Beteiligten *BGH* NJW 1979, 1503; allgemein *BGH* NJW 1978, 755; 1980, 1162 und 1163; 1988, 1903.

c) Publikums-KG

Diese Form der KG bietet ihre Beteiligung öffentlich einem *breiten Anlegerpublikum* an. Sie ist insofern eine Fortentwicklung der beiden vorgenannten Gestaltungsformen, als dabei zumeist die Steuervorteile der Abschreibungs-KG verfolgt und häufig die Treuhandstrukturen verwandt werden. Deshalb hat sie auch eine beträchtliche wirtschaftliche Bedeutung erlangt, gleichzeitig Missbrauchsgefahren aufgezeigt und das Bedürfnis nach einem **speziellen Anlegerschutzrecht** akzentuiert.

Der Gesellschaftsvertrag kann naturgemäß mit der Masse der Kommanditisten nicht wirklich ausgehandelt werden, sondern wird von den Gründern einseitig vorformuliert. Zumeist treten die Kommanditisten erst später und sukzessive bei, und die Gründer bzw. Komplementäre haben sich im Gesellschaftsvertrag zur Durchführung solcher Neuaufnahmen ermächtigt.[336] Der einzelne Kommanditist befindet sich angesichts dessen in derselben Position wie ein Kunde angesichts allgemeiner Geschäftsbedingungen, und die Rechtsprechung hat daher zu Recht einer auf § 242 BGB gestützten *richterlichen Inhaltskontrolle auch für diese KG-Verträge* Raum gegeben.[337] Damit ist freilich die schwierige Frage nach den Angemessenheitskriterien im Einzelfall noch nicht beantwortet.

In die innere **Verfassung** der KG werden häufig aktienrechtliche Strukturen übernommen, um die Vielzahl von Kommanditisten organisatorisch zu bewältigen. Die Dispositivität und die Flexibilität des KG-Rechts lassen hierfür den erforderlichen Spielraum. In Betracht kommt insbesondere eine organschaftliche Dreiteilung durch Einführung eines *aufsichtsratsähnlichen Beirats,* der die Kontrollrechte der Kommanditisten ausübt. Für die Entscheidungen der Gesellschafterversammlung empfiehlt sich die Einführung eines *Mehrheitsprinzips,* häufig werden auch diese Entscheidungskompetenzen auf andere Organe verlagert. Als Korrelat zum Mehrheitsprinzip gewinnt die Garantie eines *ordentlichen Verfahrens* bei dieser Publikumsgesellschaft eine ebenso große Bedeutung wie im Kapitalgesellschaftsrecht (vgl. paradigmatisch die Formalitäten einer AG-Hauptversammlung), aus dem die wesentlichen Elemente per Analogie übernommen werden können.[338]

Die Rspr. hat andererseits an die besonderen Bedürfnisse der Publikums-KG Zugeständnisse gemacht, indem sie auf die Einhaltung des *Bestimmtheits*grundsatzes (→ Rn. 284) hier verzichtet; am Schutz eines unverfügbaren *Kernbereichs* von Gesellschafterrechten hält sie allerdings fest.[339] Doch wurde zB selbst die Umwandlung einer solchen KG in eine Kapitalgesellschaft durch Mehrheitsbeschluss anerkannt.[340] Auf der anderen Seite wird die *Treuepflicht* des Gesellschafters zwar etwas abgeschwächt gesehen, jedoch im Grundsatz aufrechterhalten.[341] Der Gesellschaftsvertrag ist – anders als bei der personell ausgerichteten und mit den einzelnen Gesellschaftern aus-

387

388

---

336 Zulässigerweise: *BGH* NJW 1978, 1000.
337 BGHZ 64, 238; *BGH* NJW 1988, 1903. Zur objektivierenden Auslegung *OLG Hamburg* BB 1997, 696.
338 *BGH* NJW 1998, 1946; zum Grundsätzlichen bereits → § 10 Rn. 278 ff.
339 *BGH* WM 1985, 256; BGHZ 66, 82; 71, 53 – NJW 78, 1382; vgl. ferner *Hadding*, ZGR 1979, 636.
340 BGHZ 85, 350.
341 *BGH* WM 1985, 245; *OLG Koblenz* WM 1984, 1051.

gehandelten Gesellschaftskonstruktion – nach dem Horizont eines objektiven Empfängers auszulegen und anzuwenden.[342]

389 Durch die großzügigere Zulassung von Mehrheits- oder Ausschussentscheidungen wird der **Schutz der Minderheit** bzw. des einzelnen Kommanditisten erst recht zum Kernproblem der Publikums-KG. Zum einen gewährt man hier in weiterem Umfang *Austrittsrechte,* und zwar insbesondere zum fristlosen Austritt aus wichtigem Grund.[343] Vor allem aber ist der Kommanditist bereits beim *Beitritt* gegen Übervorteilung, Verschleierung der Anlagerisiken etc. zu schützen. Hierbei geht es um Probleme, die allen Arten der Risiko-Kapitalanlage, ungeachtet der Rechtsform, gemein sind, und daher gab der Aufschwung der Publikums-KG den Anlass zur Entwicklung eines allgemeinen *Anlegerschutzes* (Kapitalmarktrechts),[344] der sich hauptsächlich am Aktien- und Börsenrecht orientiert. Zu seinem wichtigsten Instrument – angewandt auf die Publikums-KG – wurde die sog. **Prospekthaftung.** Die *Gründer* bzw. Initiatoren der Gesellschaft und die *Vertreiber* der Kommanditanteile sind verpflichtet, die Anleger zutreffend, umfassend und verständlich über das Projekt und seine Risiken aufzuklären – üblicherweise geschieht das in einem Werbeprospekt –, und sie haften für falsche und lückenhafte Angaben nach den Grundsätzen der culpa in contrahendo (§§ 311 II, 280 BGB), ggf. in Kombination mit der Sachwalterhaftung Dritter (namentlich die Anlagevermittler) für die Inanspruchnahme besonderen Vertrauens (§ 311 III BGB) persönlich auf Schadensersatz.[345]

§ 13. Die KG vor der Registereintragung

1. Die Bedeutung der Registereintragung im Kommanditrecht

390 Bereits aus den Anfangskapiteln zu den §§ 1, 2 HGB ist der Unterschied zwischen konstitutiver und deklaratorischer Bedeutung der Registereintragung vertraut. Demgemäß hängt es auch bei einer Gesellschaft von der Unterscheidung zwischen § 1 und § 2 HGB ab, ob sie erst mit der (konstitutiven) Eintragung zur OHG werden kann oder die Eintragung nur rechtsbekundend (deklaratorisch) wirkt; siehe § 123 II HGB und → Rn. 229 f.

Dasselbe gilt für die KG: Wird ihre Betätigung erst durch Eintragung **nach § 2** zum Handelsgewerbe, so wird auch die Gesellschaft mit der (hierfür konstitutiven) Eintragung zur KG; dasselbe gilt in dem weiteren in **§ 105 II HGB** einbezogenen Fall; vorher findet – jedenfalls im Außenverhältnis – das Recht der GbR Anwendung. Im Zusammenhang des § 176 I HGB, der sich mit der Haftungslage vor Eintragung befasst, stellt S. 2 dies ausdrücklich klar. Die GbR ist hier also die *Vorgesellschaft der KG.*[346]

---

342 *BGH* DStR 2011, 1913.
343 Baumbach/Hopt/*Roth* HGB § 177 a Anh. Rn. 58, 84; weitergehend *Reuter,* AG 1979, 324; AcP 181 (1981), 8.
344 Vgl. *Wagner,* in: Assmann/Schütze/Buck-Heeb, Handbuch des Kapitalanlagerechts, 5. Aufl. 2020, § 23; *Kümpel/Mülbert/Früh/Seyfried,* Bank- und Kapitalmarktrecht, 5. Aufl. 2019; *Langenbucher,* §§ 1, 13 ff.
345 BGHZ 71, 284; BGHZ 72, 382; BGHZ 84, 141; *Assmann,* Prospekthaftung, 1985; Baumbach/Hopt/*Roth* HGB § 177 a Anh. Rn. 59 ff. S. auch *BGH* ZIP 1991, 441: Haftung des einflussstarken Kommanditisten für das Verschulden von Anlagevermittlern.
346 *BayObLG* NJW 1984, 497.

Betreibt demgegenüber die Gesellschaft ein Handelsgewerbe nach **§ 1 II HGB** (mit Er- **391** forderlichkeit kaufmännischer Einrichtung), so macht nicht erst die Eintragung die Gesellschaft zur KG, sie ist also *nicht* etwa vorher OHG (die OHG als Vorgesellschaft der KG), sondern sie ist bereits nach Maßgabe von § 123 HGB eine KG.[347] Das verdient deswegen Hervorhebung, weil einige Vorschriften den gegenteiligen Schluss naheliegen könnten, an erster Stelle die Haftungsregelung des *§ 176 I HGB*, die im Ergebnis dazu führt, dass die Kommanditisten vor Eintragung haftungsrechtlich weitestgehend als OHG-Gesellschafter behandelt werden.

Vielmehr steht **§ 176 I HGB** der Funktion nach auf einer Stufe mit **§ 15 I HGB,** drückt **392** also keine konstitutive Wirkung der Registereintragung aus, sondern versagt lediglich der bereits bestehenden materiellen Rechtslage vor der (deklaratorischen) Eintragung die Wirkung zum Nachteil gutgläubiger Dritter. Man versteht § 176 HGB und den Zusammenhang mit § 15 I HGB, wenn man sich vor Augen hält, dass die KG eine qualifizierte Sonderform der OHG, der Kommanditist die qualifizierte Form eines nach § 128 HGB persönlich haftenden Gesellschafters ist. Das *qualifizierende Merkmal,* die *Beschränkung der Haftung* jedes Kommanditisten auf einen bestimmten Betrag, ist **eintragungspflichtig** (§ 162 I HGB, vgl. auch § 172 I HGB); fehlt es daran, so wird das Merkmal nach dem Grundgedanken des § 15 I HGB als nicht existent behandelt. Ein Dritter, der davon nicht wusste, kann den Kommanditisten als Gesellschafter ohne Haftungsbeschränkung, also nach OHG-Recht in Anspruch nehmen.[348]

In seinem speziellen Regelungsbereich, der Haftungsfrage, verdrängt *§ 176 I HGB als lex specialis* demgemäß § 15 I HGB. Für andere Fragen der Außenwirkung des KG-Rechts gilt hingegen § 15 I HGB (str.). Das bedeutet, dass ganz allgemein schon vor der Eintragung im Innen- wie Außenverhältnis KG-Recht gilt, beispielsweise für die Vertretung § 170 HGB; schließt aber ein Kommanditist dennoch für die Gesellschaft Geschäfte ab, so schützt § 15 I HGB den gutgläubigen Vertragspartner (der den Kommanditisten für einen vertretungsbefugten – § 125 HGB – OHG-Gesellschafter hält) ebenso, wie wenn eine Vertretungsbeschränkung iSv § 125 IV HGB nicht eingetragen ist.

Die **Zweifelsfragen** im Zusammenhang mit der Deutung der Registereintragung resul- **393** tieren weniger aus § 176 HGB, als vielmehr aus den §§ 172, 174 HGB. Bei *§ 174 HGB* wird der Eintragung allgemein eine konstitutive Wirkung beigelegt,[349] dh die Herabsetzung der Haftsumme wird erst mit der Eintragung wirksam, der strikte Wortlaut des § 174 HGB lässt auch schwerlich für eine andere Deutung Raum. In dieselbe Richtung weist auch noch § 172 I HGB, die allgemeine Bestimmung über den Haftungsumfang. Hingegen lässt *§ 172 II HGB* bei einer Erhöhung der Haftsumme bereits im Wortlaut für ein Wirksamwerden vor der Registereintragung Raum. Das mag mit der besonderen Interessenlage erklärbar sein – es geht um eine Vergünstigung für die Gläubiger – und mit dem Bedürfnis, diese Vergünstigung und damit gleichzeitig die erhöhte Kreditwürdigkeit der KG zeitlich vorzuziehen. Aber in ein System *konstitutiver* Wirkung fügt es sich nicht bruchlos ein. Erst recht gilt das für die Aufweichungen, die die hM auch im Rahmen der §§ 172 I, 174 HGB bei Kenntnis des Gläubigers befürwortet. Klar ist zunächst noch, dass bei § 174 HGB (Herabsetzung der Einlage) die Unkennt-

---

347 BGHZ 70, 132.
348 Str., wie hier *K. Schmidt,* GesR, § 55 I 1b.
349 Baumbach/Hopt/*Roth* HGB § 174 Rn. 1.

nis des Gläubigers gemäß § 15 I HGB auch noch nach der Eintragung bis zur Bekanntmachung geschützt wird.[350] Umgekehrt soll aber die Kenntnis des Gläubigers von der Herabsetzung diesem auch schon vor der Eintragung schaden,[351] und ähnlich im Grundfall des § 172 I HGB bei zu hoher Eintragung die Kenntnis des Gläubigers von einer niedrigeren vertraglichen Haftsumme jedenfalls dann, wenn dem Kommanditisten der Eintragungsfehler nicht zurechenbar ist.[352] Systemkonform ließe sich das uU als Versagung eines Rechts mangels schutzwürdiger Interessen,[353] also aus dem Rechtsgedanken des § 242 BGB[354] erklären; manche Autoren beziehen sich aber bei ihrer Aufweichung des § 174 HGB unverblümt auf § 176 I S. 1 HGB, also den Paradefall der *deklaratorischen* Eintragung.[355] Und unauflösbar bleibt der Widerspruch zwischen einer aus dem Wortlaut der §§ 172 I, 174 HGB abgeleiteten konstitutiven Wirkung der Eintragung hinsichtlich des Haftungsumfangs und der Regelung des § 176 I S. 1 HGB zum Eintritt der Haftungsbeschränkung als solcher.[356]

2. Die Haftung des Kommanditisten vor Eintragung der KG

394 Wird die Gesellschaft erst **durch konstitutive Eintragung** nach § 2 bzw. § 105 II HGB zur Handelsgesellschaft, so haftet jeder Gesellschafter gemäß dem Recht der GbR nach § 128 HGB analog. § 176 I S. 1 HGB kommt nicht zur Anwendung (S. 2) – zur Frage einer Haftung kraft Rechtsscheins → Rn. 404 f.

395 Ist die Gesellschaft aber schon vor (der nur deklaratorischen) Eintragung KG, so versagt § 176 I HGB den Kommanditisten unter bestimmten Voraussetzungen das Haftungsprivileg. Versteht man die Vorschrift als Parallelvorschrift zu § 15 I HGB (und nicht als Ausdruck einer konstitutiven Wirkung, → Rn. 390), so muss man allerdings erklären, was das Gesetz mit dieser Sondernorm bezweckt, warum der Gesetzgeber sich hier nicht von vornherein mit der Anwendung des § 15 I HGB (iVm § 162 HGB) begnügte. Erklären lässt sich das nur damit, dass § 176 HGB den Schutz des Dritten offenbar *in zwei Punkten* gegenüber § 15 I HGB verengen, den Kommanditisten im Vergleich zur allgemeinen Regel in zweifacher Weise begünstigen will: Er schützt den Gläubiger nur bis zur Eintragung, nicht bis zur Bekanntmachung, und er macht die Haftung von der Zustimmung zum Geschäftsbeginn abhängig. Dabei ist der erstgenannte Unterschied aber nur von marginaler Bedeutung (und allenfalls mit der gemäß § 162 II HGB eingeschränkten Bekanntmachung betr. die Kommanditisten zu erklären), und der zweite besteht nur scheinbar; denn einen einvernehmlichen Geschäftsbeginn verlangt die hM auch schon unter § 123 II HGB, → § 9.

Ebenso wie bei § 15 HGB ist ein tatsächliches Vertrauen des Dritten auf das Schweigen des Handelsregisters auch bei § 176 nicht erforderlich; so braucht einerseits der Gläubiger nicht zu wissen, dass die Gesellschaft noch nicht eingetragen ist, und andererseits haftet der Kommanditist selbst dann, wenn der Gläubiger vorher von dessen Existenz als Gesellschafter nichts wusste, geschweige denn ihn positiv für einen unbeschränkt

350 Baumbach/Hopt/*Roth* HGB § 174 Rn. 1.
351 *Herchen* in MHdB GesR II, 5. Aufl. 2019, § 30 Rn. 11.
352 Baumbach/Hopt/*Roth* HGB § 174 Rn. 1.
353 MüKoBGB/*Schubert* § 242 Rn. 492.
354 So KKRD/*Kindler* HGB § 174 Rn. 2; vgl. auch Baumbach/Hopt/*Roth* HGB § 172 Rn. 1.
355 Baumbach/Hopt/*Roth* HGB § 174 Rn. 1.
356 Damit begründet *K. Schmidt*, aaO, die erwähnte Aufweichung des § 174 HGB.

haftenden Gesellschafter hielt.[357] Allerdings ist die ratio der Vorschrift schon ein – wenn auch eben abstrakter – Vertrauensschutz im rechtsgeschäftlichen Verkehr, daher keine Anwendung für deliktische Ansprüche.[358] **Wusste** umgekehrt der Gläubiger von der Existenz des betreffenden Gesellschafters *als Kommanditist*, so beraubt ihn diese positive Kenntnis der Vorteile des § 176 HGB.

Im Zusammenhang damit stellen sich schwierige Fragen, wenn der Gläubiger die **Rechtsform der KG** kannte, nicht aber die Person des betreffenden Kommanditisten. Das Wissen um die Rechtsform als solche ist an sich im Rahmen des § 176 HGB gleichgültig; die Frage ist, ob sie nicht Rückschlüsse auf die (allein relevante) Kommanditistenstellung bestimmter Gesellschafter erlaubt. Waren dem Gläubiger ein oder mehrere Komplementäre oder die Firma der KG (in der traditionell die Person zumindest eines Komplementärs zum Ausdruck kommt) bekannt, so liegt an sich der Schluss nahe, dass weitere Gesellschafter höchstwahrscheinlich Kommanditisten sind, aber das ist nicht zwingend. Dieses Wissen genügt also noch nicht als Kenntnis iSv § 176 HGB, sofern der Gläubiger nicht positiv weiß, dass keine weiteren Komplementäre vorhanden sind.[359] Praktisch besonders wichtig ist der Fall der *GmbH & Co. KG*, die dem Gläubiger als solche bekannt ist. Dann ist es ausgeschlossen, dass neben der GmbH auch noch natürliche Personen Komplementäre sind. Insoweit liegt es nahe, die typisierte Verkehrserwartung der positiven Kenntnis iSd § 176 HGB gleichzustellen. Trotzdem hat die höchstrichterliche Rspr. auch dies unter § 176 HGB zunächst nicht als haftungsausschließende Kenntnis genügen lassen, zwischenzeitlich allerdings eine Kehrtwendung angedeutet.[360] **396**

Die unbeschränkte Haftung endet mit der **Eintragung**; für die bis dahin begründeten Verbindlichkeiten dauert sie freilich zunächst einmal fort. Lediglich die zeitliche Haftungsbegrenzung des § 160 HGB – → Rn. 318f. – kommt jetzt zugunsten des Kommanditisten ebenso zum Zuge, wie wenn dieser vorher persönlich haftender Gesellschafter gewesen wäre (§ 160 III HGB). **397**

3. Eintritt in eine bestehende KG

Fall 30: A, B und C sind über den Treuhandkommanditisten T an der KG beteiligt. T gibt die Treuhandfunktion auf und überträgt den Kommanditanteil am 1.4. auf A, B und C. Diese finden einen neuen Treuhandkommanditisten U und übertragen auf ihn den Anteil am 1.8. U wird als unmittelbarer Nachfolger von T eingetragen. Haftung von A, B, C für Schulden

(a) aus der Zeit zwischen 1.4. und 1.8.,

(b) aus der Zeit nach dem 1.8.?

(Lösungshinweise → Rn. 402).

357 BGHZ 82, 209; *BGH* WM 1986, 1280.
358 BGHZ 82, 209.
359 *BGH* WM 1986, 1280.
360 *BGH* NJW 1983, 2258. Dafür *K. Schmidt*, GesR, § 55 V 1b; Baumbach/Hopt/*Roth* HGB § 177a Anh. Rn. 19. Vgl. auch *OLG Frankfurt* NZG 2007, 625, 626 mit expliziter Gleichstellung von Verkehrserwartung und positiver Kenntnis.

a) Beitritt als Kommanditist

398 § 176 II HGB erstreckt die Regelung auf den Fall, dass ein Kommanditist später einer bereits existierenden (und eingetragenen) KG oder OHG beitritt. Die ratio ist dieselbe, doch macht die unterschiedliche Ausgangssituation im Einzelnen einige Abweichungen erforderlich, die in der globalen Verweisung des Abs. 2 auf Abs. 1 nur unzureichend zum Ausdruck kommen.

Zum Ersten kommt es auf eine Zustimmung des Kommanditisten zur Fortführung der Geschäfte nicht an, obwohl § 176 II auf § 176 I 1 BGB verweist. Denn die Veranlassung zur verschärften Haftung liegt schon im Beitritt zur Gesellschaft selbst begründet. Schließlich ist zu beachten, dass die Alternative, eine Unterbrechung der Geschäftstätigkeit für den fraglichen Zeitraum, normalerweise ohnehin nicht in Betracht kommt.[361] Zum Zweiten kann der Beitretende den Haftungsnachteil vermeiden, indem er seinen Beitritt unter die **aufschiebende Bedingung** der Registereintragung stellt.[362] Darüber hinaus können die Gesellschafter vereinbaren, dass der Beitretende im Innenverhältnis so gestellt werden soll, als wäre der Beitritt sofort wirksam. Geschieht das nicht, so hat aber der Gläubiger wiederum den Vorteil aus § 176 HGB, ohne konkret auf die Haftung dieses neuen Gesellschafters vertraut, ohne von dessen Beitritt gewusst haben zu müssen.

Abs. 2 findet nur auf die Verbindlichkeiten Anwendung, die innerhalb der im Wortlaut genannten Zeitspanne begründet wurden. Für Altschulden aus der Zeit vor dem Eintritt gelten die §§ 171–173 HGB, dh, der Kommanditist haftet beschränkt, sobald seine Hafteinlage eingetragen ist. Für Verbindlichkeiten aus dem fraglichen Zeitraum gilt hingegen die unbeschränkte Haftung nach Maßgabe von § 160 HGB fort.

b) Komplementär wird Kommanditist

399 § 176 II betrifft unmittelbar den Fall, dass für die Neuaufnahme eines weiteren Kommanditisten ein **neuer Kommanditanteil** geschaffen wird. Die rechtsähnliche Variante, dass ein *Komplementär* in eine Kommanditistenstellung *überwechselt,* sei es, dass noch ein weiterer Komplementär vorhanden ist, sei es, dass ein neuer Komplementär eintritt, behandelt die hM nicht nach § 176 II, auch nicht in extensiver Anwendung der Vorschrift, weil sie darauf abstellt, dass hier eine fortbestehende Mitgliedschaft lediglich ihre rechtliche Qualität verändert. Doch ist auch diese Veränderung als Erlöschen der Komplementärstellung gleich dem Ausscheiden eines Komplementärs eintragungspflichtig (das lässt sich aus §§ 143 II und 160 III HGB ableiten), und *insoweit* greift *§ 15 I HGB* und verlängert die ursprüngliche Komplementärhaftung bis zur Bekanntmachung des Erlöschens.[363] Der alte Komplementär haftet also bis zum Zeitpunkt dieser Bekanntmachung unbeschränkt, zuerst nach § 128 HGB, dann nach § 15 I HGB. Die zeitliche Haftungsbegrenzung des § 160 HGB gilt aber auch hierfür, so ausdrücklich sein Abs. 3, und zwar für die Haftung aus beiden Zeitabschnitten. Abs. 3 S. 3 stellt gleichzeitig klar, dass hierdurch nur die unbeschränkte Haftung begrenzt wird; die Haftung als Kommanditist nach Maßgabe von § 171 I HGB dauert fort.

---

361 BGHZ 82, 209; *K. Schmidt,* ZHR 144 (1980), 192, 194.
362 BGHZ 82, 209; NJW 1983, 2258.
363 BGHZ 66, 98.

Der praktisch wichtigste Fall eines solchen Wechsels ist die Umwandlung einer »normalen« KG in eine **GmbH & Co. KG,** und dabei bleibt der ehemalige Komplementär – jetzt Kommanditist – häufig als Geschäftsführer der GmbH weiterhin »tonangebend« im Unternehmen. Auf diesen Fall bezieht sich § 160 III S. 2 HGB. Dasselbe besagt § 28 III S. 2 HGB für den Fall, dass ein Einzelkaufmann eine GmbH & Co. KG gründet.

Auf derselben Ebene liegt der Fall, dass der Erbe des Komplementärs nach § 139 HGB Kommanditist wird, weil auch er die bereits vorhandene Mitgliedschaft fortsetzt. Aber hier gilt die Vergünstigung in der Anwendung von § 15 I HGB. Dasselbe gilt schließlich, wenn ein Kommanditist den bisherigen Komplementäranteil hinzuwirbt und dieser dabei zum Kommanditanteil umgewandelt wird. Die für § 15 I HGB relevante Kenntnis des Dritten ist hierbei nicht auf den Wegfall des alten Gesellschafters, sondern auf die Veränderung der haftungsrechtlichen Qualität zu beziehen.

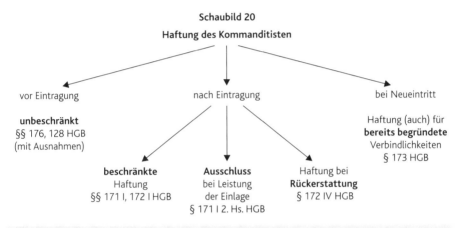

Schaubild 20

Haftung des Kommanditisten

vor Eintragung	nach Eintragung	bei Neueintritt
unbeschränkt §§ 176, 128 HGB (mit Ausnahmen)		Haftung (auch) für **bereits begründete** Verbindlichkeiten § 173 HGB

| **beschränkte** Haftung §§ 171 I, 172 I HGB | **Ausschluss** bei Leistung der Einlage § 171 I 2. Hs. HGB | Haftung bei **Rückerstattung** § 172 IV HGB |

Fall 31: A war einer von mehreren Komplementären der KG; beim Tod eines Komplementärs sollten die Erben Kommanditisten werden. A wurde allein von seiner Ehefrau E beerbt, die bereits Kommanditistin war. Bis zur Eintragung der Veränderungen im Handelsregister vergingen 1 1/2 Jahre; in dieser Zeit entstanden die Zahlungsansprüche des Lieferanten L. Haftet E hierfür unbeschränkt? (Lösungshinweise → Rn. 403).

c) Übertragung von Kommanditanteilen

Die strittigste Frage im Bereich des § 176 II HGB ist, ob die Vorschrift auch einen bloßen Wechsel in der Kommanditistenstellung erfasst, also die Übertragung – nicht: Neubegründung – eines Kommanditanteils. Die Besonderheit ist hier, dass für den betreffenden Kommanditanteil bereits die Haftungsbeschränkung eingetreten war, die nun – in der Person des Rechtsnachfolgers – kurzzeitig ausgesetzt werden soll, um dann endlich wieder einzutreten. Die Rspr. wendet den Abs. 2 wortlautgetreu auch auf diesen Fall an,[364] woran aber ein Dreifaches befremden muss. Zum einen erscheint das in der *dogmatischen* Konzeption als Widerspruch zu den soeben behandelten Fällen von Rechtsnachfolge in den *Komplementär*anteil, wo zwar § 15 I HGB als Auffangtatbestand verfügbar war, aber § 176 II HGB jedenfalls mangels Begründung einer

400

---

364 *BGH* NJW 1983, 2258; anders *österr. OGH* GesRZ 1977, 97; ecolex 1994, 624.

neuen Mitgliedschaft verneint wurde. Zum zweiten ist von der *Interessenlage* her diese kurzfristige Unterbrechung der bereits verwirklichten Haftungsbeschränkung nicht einzusehen. Zum dritten läuft diese Auffassung auf einen puren *Formalismus* hinaus; denn es braucht nur die entsprechende Vertragsformulierung der aufschiebenden Bedingung gewählt zu werden, um dem Ergebnis auszuweichen – wozu der BGH denn auch ausdrücklich einlädt. Wer aber die magische Formel zu gebrauchen versäumt, erleidet den Rechtsnachteil.[365]

Zu welch schwer erträglichen Resultaten die hM führt, zeigt *Fall 30* (nach *BGH* NJW 1983, 2258), in dem A, B und C nicht nur gemäß § 176 II HGB für die Verbindlichkeiten aus dem Viermonatszeitraum, sondern gemäß § 15 I HGB (weil ihr Wiederausscheiden nie eingetragen wurde[366]) auch noch für alle späteren Verbindlichkeiten unbeschränkt persönlich haften sollen!

Ein schutzwürdiges Haftungsinteresse der Gläubiger andererseits könnte allenfalls in der besonderen Konstellation bejaht werden, dass sie vom Beitritt des Anteilserwerbers zur Gesellschaft wissen, nicht aber, ob er Komplementär oder Kommanditist ist. Wissen sie aber – und das dürfte der typische Fall sein – von der Anteilsübertragung und von dem neuen Gesellschafter nichts, dann sollte die wahre Rechtslage insofern maßgeblich sein, als es tatsächlich nicht um einen neu geschaffenen Kommanditanteil geht, sondern um einen alten und bereits eingetragenen.

401 Für die **Erbfolge** in einen (bereits eingetragenen) Kommanditanteil sollte § 176 II HGB jedenfalls nicht gelten.[367] Besteht hingegen für den Rechtsvorgänger mangels Eintragung noch die Haftung nach § 176 I oder II HGB, so wird auch der Erwerber von dieser Haftungslage erfasst, der Erbe wie bei Erbfolge in einen OHG-Anteil.[368]

> **Literatur:** *Kindler* GK HandelsR § 13 Rn. 19f.; *Knobbe-Keuk*, FS Stimpel, 1985, S. 187ff.; *Meyer*, Die rechtsgeschäftliche Übertragung von Kommanditanteilen, 1993; *Saßenrath*, Die Umwandlung von Komplementär- in Kommanditbeteiligungen, 1988.

402   **Lösungshinweise zu Fall 30** (vor → Rn. 398):

(a) Haftung von A, B und C für Schulden aus der Zeit zwischen 1.4. und 1.8. ergibt sich aus **§ 176 II BGB**, die drei Kommanditisten treten nämlich für diesen Zeitraum in eine bereits bestehende KG ein.

(b) Haftung für Schulden aus der Zeit nach 1.8. gem. **§ 15 I HGB**

1. Eintragungspflichtige Tatsache iSd § 15 I HGB:
   Ausscheiden der Kommanditisten A, B, C aus der KG ist gem. §§ 143 II, 161 II HGB eintragungspflichtig.
2. Fehlende Eintragung auch bei **unterlassener (aber gebotener) Voreintragung** vom Regelungsbereich des § 15 I HGB erfasst (→ Rn. 50).
3. Ergebnis: A, B, C haften für Schulden aus der Zeit nach 1.8.

---

365 Krit. *K. Schmidt*, ZHR 144 (1980), 192, 200.
366 Registerrechtlich fehlerhaft: *OLG Hamm* NJW-RR 1993, 807.
367 AA KKRD/*Kindler* HGB § 176 Rn. 10, § 177 Rn. 4; tendenziell wie hier BGHZ 108, 197 = NJW 1989, 3152, 3155.
368 Baumbach/Hopt/*Roth* HGB § 176 Rn. 12; BGHZ 108, 197.

Lösungshinweise zu Fall 31 (vor → Rn. 400; vgl. *BGH* NJW 1976, 848): 403
 I. Unbeschränkte Haftung der E gem. **§ 176 II HGB** (–)
    Kein Eintritt in die KG; E war bereits Gesellschafterin (nach hM soll § 176 II BGB auch nicht analog
    auf Fälle der Erbfolge oder Anteilsübereignung kraft Einzelrechtsnachfolge anwendbar sein).
 II. Unbeschränkte Haftung der E gem. **§§ 15 I, 128, 161 II HGB**
    1. Ausscheiden des A war für E als dessen Erbin eine »in ihren Angelegenheiten **einzutragende
       Tatsache**« (§§ 143 II, 161 II HGB).
    2. **Fehlende Eintragung** dieser Tatsache
    3. E kann die Tatsache den **gutgläubigen** Geschäftspartnern der KG **nicht entgegenhalten**, § 15 I
       HGB.
    4. **Ergebnis:**
       Die unbeschränkte Haftung des A aus § 128 HGB für nach dessen Tod begründete Gesell-
       schaftsverbindlichkeiten betrifft E, allerdings, da sie in seine volle Rechtstellung als persönlich
       haftende Gesellschafterin nicht eingetreten ist, nur als Erbin. Das bedeutet, dass sich die E auf
       eine auf den Nachlass ihres Ehemannes beschränkte Erbenhaftung berufen kann.

4. Haftung kraft Rechtsscheins

Beispiel: Die X-GmbH & Co. KG ist als Holdinggesellschaft mit K und L als Kommanditisten
gegründet und führt bereits die genannte Firma, ist aber noch nicht ins Register eingetragen.
Haften K und L unbeschränkt als Schein-Kommanditisten vor Eintragung? (zur Lösung vgl.
→ Rn. 404).

Wenn eine Gesellschaft den **Rechtsschein einer KG** erweckt, weil sie im Rechtsver- 404
kehr als solche auftritt, insbesondere firmiert, dann fragt sich, ob auf diesem Weg eine
unbeschränkte **Haftung der Schein-Kommanditisten** nach § 176 I HGB begründet
werden kann. Wendet man hierauf die **Rechtsscheingrundsätze** an, so liegt folgender
Schluss nahe: Der Rechtsschein führt zur Anwendung von KG-Recht (zugunsten gutgläubiger Dritter), und dabei kommt § 176 I S. 1 HGB zum Zug, weil die Gesellschaft
nicht als KG eingetragen ist. Der Ausschlusstatbestand der positiven Kenntnis greift
nicht ein, solange dem Gläubiger die Person des (angeblichen) Kommanditisten nicht
bekannt ist. Der BGH lässt hingegen die Schein-Kommanditisten (im *Eingangsbeispiel*) nach KG-Recht nur beschränkt, also nach Maßgabe von § 171 HGB haften,[369]
und begründet das so: Die dem Rechtsschein gemäße Haftung ist diejenige, die eintreten würde, wenn der Rechtsschein Wirklichkeit wäre. Vorgespiegelt wird der Schein
einer *gültigen* KG; dann müsste diese auch *eingetragen* sein. Die Kommanditistenhaftung richtet sich daher nach dem Recht der eingetragenen KG.

Richtig ist, dass es sich hier nicht um die typische Situation des § 176 I HGB handeln
kann; denn der Dritte geht kraft des Rechtsscheins davon aus, dass die Gesellschaft
eine KG ist. Doch kann (→ Rn. 394) die Vorschrift durchaus auch zum Zuge kommen,
wenn der Dritte (bei einer wirklichen KG) weiß, dass es eine KG ist; denn entscheidend ist die Unkenntnis von der Kommanditistenstellung des einzelnen Gesellschafters. Solange also nicht der erweckte Rechtsschein auch die Kommanditistenstellung
eines bestimmten Gesellschafters einbezieht, muss zu dessen Lasten § 176 HGB gelten.

Die typische Ausgangssituation für die soeben behandelte Fragestellung ist diejenige, 405
dass vor Registereintragung nur eine **GbR** besteht, weil kein Handelsgewerbe nach
§ 1 II HGB betrieben wird, mithin § 176 I HGB wegen dessen S. 2 nicht zum Zuge

---

369 BGHZ 61, 59; 69, 95. Im Schrifttum str.

kommt, diese letztere Sperre aber nach Rechtsscheingrundsätzen zu überwinden wäre. Jedoch nimmt hier die praktische Bedeutung einer Rechtsscheinhaftung in demselben Maße ab, in dem man die Anforderungen an eine Haftungsbeschränkung bei der **GbR** höher schraubt (→ Rn. 412 ff.); denn es steht dem Gläubiger frei, sich statt auf den Rechtsschein auf die wahre Rechtslage zu stützen.[370] – Allerdings kann sich die Rechtsscheinfrage auch noch unter anderen Umständen stellen, beispielsweise wenn eine GmbH sich als KG ausgibt oder jemand als Scheinkommanditist einer existierenden KG auftritt.

§ 14. Die Gesellschaft bürgerlichen Rechts

Fall 32: A, B und C sind Gesellschafter der X-GbR. Im Gesellschaftsvertrag wurde Einzelgeschäftsführungsbefugnis vereinbart. A kaufte am 15.3.2010 bei V im Namen der GbR Möbel für die neuen Büroräume. Von wem kann K die Zahlung des Kaufpreises verlangen? Kann K den Kaufpreis von D verlangen, der am 19.4.2010 in die X-GbR eintrat? (Lösungshinweise → Rn. 421)

406   Die GbR ist eine Organisationsform für nichtkaufmännische und nichtgewerbliche Unternehmungen, insbesondere für Angehörige der freien Berufe (zB Anwälte, Mediziner, Architekten), für Gelegenheitsgesellschaften (zB Reisegruppe, Bau-ARGE) und Innengesellschaften (zB Lotto-Tippgemeinschaft, Ehegatteninnengesellschaft), s. bereits → Rn. 192. Seit der BGH-Entscheidung »ARGE Weißes Roß« gilt sie als **(teil-) rechtsfähig** (→ Rn. 135, 214 ff.), allerdings in etwas geringerem Umfang als die OHG. Letzteres zeigt sich etwa bei der **Grundbuchfähigkeit,** bei der für die GbR nach § 47 II GBO nF Besonderheiten gelten (→ Rn. 219).

407   Da die GbR die Grundform auch für die handelsrechtlichen Personengesellschaften ist (§ 105 III HGB), war ihre rechtliche Grundstruktur, namentlich in puncto Gesellschaftsvertrag, Gesellschaftsvermögen und Auftreten im Rechtsverkehr, ebenfalls oben (→ Rn. 200 ff.) zu behandeln. Die verbleibenden Merkmale der GbR sollen nachfolgend vorgestellt werden.

1. Kapital- und Gewinnanteil

408   Die Leistung von Gesellschafterbeiträgen bei der Gründung der Gesellschaft nennt § 705 BGB als wesentliches Element der für die Gesellschaft charakteristischen Förderungspflicht. Der gesetzliche Normalfall soll sein, dass alle Gesellschafter gleiche Beiträge leisten (§ 706 I BGB), was heißen kann: gegenständlich gleich, zumindest aber wertmäßig gleich. Diese Vorstellung von der vermögensrechtlichen Gleichbehandlung aller Gesellschafter setzt sich dann in der Gewinn- und Verlustbeteiligung (§ 722 I BGB) sowie in der Verteilung des Überschusses nach der Liquidation der Gesellschaft (§ 734 BGB) fort.

Es ist aber klar und in § 706 I BGB ausdrücklich vorbehalten, dass die Gesellschafter auch unterschiedliche und unterschiedlich zu bewertende Beiträge vereinbaren können (Vertragsfreiheit), und bereits § 706 II 2 BGB lässt anklingen, dass dann die unter-

---

370 Anders aber BGHZ 69, 95, 100; BGHZ 113, 216 für *eingetragene* Schein-KG (hierzu *v. Gerkan,* ZGR 1992, 109).

schiedliche Bewertung auch auf die Gewinnverteilung durchschlagen wird. Dies bedarf aber ebenfalls der Vereinbarung, die am besten ausdrücklich getroffen wird. Dann werden die einzelnen Beiträge bewertet, nach der Wertrelation bestimmen sich die Kapitalanteile als rechnerischer Ausdruck des relativen Werts der jeweiligen Beteiligung, und nach diesen wiederum die Beteiligung am Gewinn – im Zweifel auch am Verlust (§ 722 II BGB) – und am Liquidationsüberschuss. All dies kann aber auch abweichend vereinbart werden.

2. Geschäftsführung und Vertretung

a) Organschaftliche Funktion

Das BGB spricht in **§ 709 BGB** von der Führung der »Geschäfte der Gesellschaft«,   **409** hingegen in **§ 714 BGB** von der Vertretung »der anderen Gesellschafter Dritten gegenüber«. Nach moderner Betrachtung, welche die GbR als solche als rechtsfähigen Personenverband und damit als organisatorische Einheit anerkennt, stellt sich diese Geschäftsführung und Vertretung ebenfalls bereits als **organschaftliches** Handeln *für die Gesellschaft* (und nicht für die Gesellschaf*ter*) dar.

In der inhaltlichen Ausgestaltung der organschaftlichen Geschäftsführungsbefugnis und Vertretungsmacht bekennt das BGB sich zum Grundsatz der **Gesamtgeschäftsführung** (§ 709 I BGB: »für jedes Geschäft ist die Zustimmung aller Gesellschafter erforderlich«) und **Gesamtvertretung** aller Gesellschafter (vgl. § 714 BGB, der auf die Geschäftsführungsbefugnis Bezug nimmt, die – wie gesehen – nach der Regel des § 709 I BGB die Beteiligung aller voraussetzt). Dies steht im klaren Gegensatz zur OHG, wo Einzelgeschäftsführung (§ 114 HGB) und Einzelvertretung (§ 125 HGB) gelten.

b) Gestaltungsvarianten

Die Regelung der §§ 709, 714 BGB sind in gleicher Weise zur **Disposition des Gesell-**   **410** **schaftsvertrags** gestellt, wie bei der OHG. Das Gesetz führt die wichtigsten Gestaltungsvarianten zur **Geschäftsführungsbefugnis** auf:

- Mehrheitsentscheidung aller Gesellschafter anstelle der Einstimmigkeit, § 709 II BGB,
- Beschränkung auf einen oder einige Gesellschafter, letzterenfalls wiederum mit einstimmiger oder Mehrheitsentscheidung, § 710 BGB,
- Einzelgeschäftsführung einiger oder aller Gesellschafter mit Widerspruchsrecht der anderen (wie nach § 115 HGB), § 711 BGB.
- Möglich ist außerdem vor allem noch die Geschäftsführung durch einen einzigen Gesellschafter sowie die Einzelgeschäftsführung mehrerer ohne Widerspruchsrecht.

Der sachliche Bereich der Geschäftsführung ist in gleicher Weise wie bei der OHG einzugrenzen und von den Grundlagenentscheidungen abzugrenzen; innerhalb der Geschäftsführung können die Befugnisse nach Sachbereichen – wie in § 116 HGB oder auch anders – ausdifferenziert werden. Die Zulässigkeit von **Mehrheitsentscheidungen** erstreckt sich in gleicher Weise wie bei der OHG auch auf **Vertragsänderungen,** allerdings eben auch mit entsprechenden Schranken (Kernbereichslehre, wechselseitige Treuepflichten, → Rn. 284).

c) Vertretungsmacht

411 § 714 BGB ist eine Auslegungsregel und wird so verstanden, dass sie im Zweifel die Vertretungsmacht auch gegenständlich nach der Geschäftsführungsbefugnis bestimmt, mithin ein Gleichlauf gewährleistet wird. Ihre Reichweite ist also nicht von Gesetzes wegen, und schon gar nicht in besonders umfassender Weise, typisiert. Prinzipiell schlagen alle *internen Beschränkungen der Befugnisse auf die Vertretungsmacht* durch, und für die GbR steht auch kein Publizitätsmedium nach Art des Handelsregisters zur Verfügung, das persönliche und evtl. auch sachliche Beschränkungen der Vertretungsmacht verlautbaren und bei dessen Schweigen der Rechtsverkehr geschützt würde. Auf diese Weise wäre der Rechtsverkehr, wenn man insoweit keine Einschränkungen trifft, erheblicher Rechtsunsicherheit ausgesetzt, die die Funktionsfähigkeit der GbR vor allem für unternehmerische Zwecke nachhaltig beeinträchtigen müsste; hierzu sogleich.

Auch Dritten kann rechtsgeschäftliche Vertretungsmacht erteilt werden (vgl. § 167 BGB), zB Generalvollmacht, und zwar sowohl im wie auch außerhalb des Gesellschaftsvertrags. Unzulässig dürfte es allerdings angesichts des Prinzips der Selbstorganschaft sein, Dritte unter Ausschluss der Gesellschafter mit der Geschäftsführung oder Vertretung zu betrauen.

d) Verpflichtungswirkung

412 Die Rechtswirkungen eines Handelns befugter Vertreter sollen nach ursprünglicher, auf den Wortlaut der §§ 714, 715 BGB zurückzuführender Auffassung unmittelbar und ausschließlich die **Gesellschafter** treffen, dh, aus der Geschäftstätigkeit entstehen für sie Ansprüche und Verbindlichkeiten.

Erkennt man demgegenüber bereits in der GbR eine verselbständigte gesellschaftsrechtliche Organisationsform, wie es die ganz hM seit der ARGE-Weißes Roß-Entscheidung des BGH tut, so wird man auch durch rechtsgeschäftliches Handeln **für die Gesellschaft** *Gesellschaftsansprüche* und *Gesellschaftsschulden* begründet sehen. Der Gesellschaft als Gesamthandsgemeinschaft können nach dieser neueren Auffassung auch die Folgen rechtsgeschäftlichen Handelns als Gesamthandsverbindlichkeiten und -rechte zugeordnet werden. Die Gesellschafter haften nunmehr nach dem Akzessorietätsprinzip gemäß § 128 S. 1 HGB analog (s. u.).

3. Haftungsverfassung[371]

a) Traditionelles Haftungsmodell

413 Bei der GbR fehlt – anders als bei der OHG (§§ 128 ff. HGB) – eine ausdrückliche gesetzliche Regelung zur Gesellschafterhaftung. Anerkennt man mit der Gruppenlehre die Rechtsfähigkeit der GbR, zieht dies freilich folgende Konsequenz nach sich: Die Verbindlichkeiten richten sich dann zunächst gegen die GbR als solche. Wenn man darüber hinausgehend die Gesellschafter persönlich neben der GbR haften lassen will, benötigt man einen *besonderen (zweiten) Verpflichtungsgrund*.

---

371 Modifizierter Auszug aus *Weller*, FS Günter H. Roth, 2011, S. 881, 887 ff.

Im Ergebnis bestand schon immer Einigkeit darüber, dass die GbR-Gesellschafter für *vertragliche* Verbindlichkeiten der GbR persönlich einstehen müssen.[372] Die persönliche Gesellschafterhaftung wurde über viele Jahre hinweg entweder mit der **traditionellen Lehre** über die Gesamtschuld (§ 427 BGB) oder aber mit der Gruppenlehre über die **Doppelverpflichtungstheorie** begründet.[373] Nach beiden Theorien hafteten die GbR-Gesellschafter indes nicht für *gesetzliche* Verbindlichkeiten der Gesellschaft. Hierin lag sowohl nach der traditionellen Theorie als auch nach der Doppelverpflichtungslehre ein wesentlicher Unterschied zur Gesellschafterhaftung in der OHG, deren Gesellschafter sowohl für vertragliche als auch gesetzliche Gesellschaftsschulden persönlich haften.

b) Akzessorietätstheorie

Nach der Akzessorietätstheorie wird der vorgenannte Unterschied im Haftungsregime zwischen GbR und OHG nivelliert. Ihr zufolge sind die Haftungsregelungen der §§ 128, 130 HGB entsprechend auch auf die GbR anzuwenden. Die persönliche Haftung der GbR-Gesellschafter ergibt sich hiernach als gesetzliche Rechtsfolge der Gesellschaftsschuld und zwar ungeachtet dessen, ob die Gesellschaftsschuld vertraglicher oder gesetzlicher Art ist.[374]   **413a**

Der BGH hat sich in mehreren Judikaten der Akzessorietätstheorie angeschlossen. In der **ARGE Weißes Ross-Entscheidung** vom 29.1.2001[375] hat er sich nicht nur zur Rechtsfähigkeit der GbR geäußert; er spricht darüber hinaus in Bezug auf vertragliche Gesellschaftsschulden ausdrücklich von einer »akzessorischen« Gesellschafterhaftung: Die Gesellschafterhaftung in der GbR sei »im Sinne einer *akzessorischen* Haftung der Gesellschafter für die Gesellschaftsverbindlichkeiten zu entscheiden. Soweit der Gesellschafter für die Verbindlichkeiten der Gesellschaft auch persönlich haftet (…) ist der jeweilige Bestand der Gesellschaftsschuld also auch für die persönliche Haftung maßgebend. Insoweit entspricht das Verhältnis zwischen Gesellschafts- und Gesellschafterhaftung damit der Rechtslage in den Fällen der akzessorischen Gesellschafterhaftung *gemäß §§ 128 f. HGB* bei der oHG.«[376]

Mit Urteil vom 24.2.2003 hat der BGH die persönliche Gesellschafterhaftung am Beispiel der **Deliktshaftung** auch auf gesetzlich begründete Verbindlichkeiten der GbR erstreckt: »Die Gesellschafter einer Gesellschaft bürgerlichen Rechts haben grundsätzlich auch für *gesetzlich* begründete Verbindlichkeiten ihrer Gesellschaft persönlich und als Gesamtschuldner einzustehen.«[377]

---

372 *U. Huber,* FS Lutter, 2000, S. 107, 114 ff.; *Ulmer,* AcP 198 (1998), 113, 137 ff.

373 Die **Doppelverpflichtungslehre** deutet im Normalfall ein Handeln namens der GbR gleichzeitig als solches im Namen der einzelnen Gesellschafter und sieht eine entsprechende Vertretungsmacht als im Gesellschaftsvertrag erteilt; alle Gesellschafter werden auf diese Weise gleichzeitig mit der GbR auch persönlich verpflichtet. Die doppelte Verpflichtung liegt also in der Verpflichtung der GbR einerseits und zugleich der (Mit-)Gesellschafter andererseits. Problematisch ist die Doppelverpflichtungslehre aber in Bezug auf *einseitige* Haftungsbeschränkungen durch Einschränkung oder gar Ausschluss der Vertretungsmacht im Hinblick auf die Verpflichtung der Mitgesellschafter (§ 164 I BGB: »innerhalb der ihm zustehenden Vertretungsmacht«!) und bezüglich der Haftung der (Mit-) Gesellschafter für *gesetzliche* Verbindlichkeiten, die sie nicht zu begründen vermag.

374 Hierzu *K. Schmidt,* NJW 2003, 1897, 1898.

375 *BGH* NJW 2001, 1056.

376 *BGH* NJW 2001, 1056, 1061 (Hervorhebung durch *Verf.*).

377 *BGH* NJW 2003, 1445 – 2. Leitsatz (Hervorhebung durch *Verf.*).

413b Schließlich hat der BGH in seiner Entscheidung vom 7.4.2003 die **Altschuldenhaftung** für neu eintretende Gesellschafter bejaht: »Der in eine Gesellschaft bürgerlichen Rechts eintretende Gesellschafter hat für *vor* seinem Eintritt begründete Verbindlichkeiten der Gesellschaft grundsätzlich auch persönlich und als Gesamtschuldner mit den Altgesellschaftern einzustehen.«[378]

Ausnahmen von diesem strengen Haftungsregime werden von der Rechtsprechung bislang nur für wenige **Sonderfälle** diskutiert. So sollen Mitglieder von **Bauherrengemeinschaften,** die als Außen-GbR organisiert sind, keiner gesamtschuldnerischen, sondern nur einer anteiligen Gesellschafterhaftung entsprechend ihrer Beteiligung am Gesamtinvestment unterliegen.[379] Ausdrücklich offengelassen hat der BGH, ob in der **Anwalts-GbR** ein Gesellschafter im Hinblick auf berufliche Fehler seiner Sozien persönlich mithaftet oder ob ihm die Haftungsprivilegierung analog § 8 II PartGG in analoger Anwendung zugute kommt.[380]

c) Kritik am uneingeschränkten Akzessorietätsmodell

413c Die mit der uneingeschränkten Anwendung der Akzessorietätstheorie einhergehende Haftungsausweitung ist jedenfalls im Hinblick auf die ideelle (nichtwirtschaftliche) Zwecke verfolgende GbR (»Ideal-GbR«) sowie die Außen-GbR in Gestalt von **Gelegenheitsgesellschaften** und **Zusammenschlüssen Nicht- oder nur Semi-Professioneller** bedenklich[381], werden diese Gesellschaften doch dem für Professionelle geltenden strengen Haftungsregime der OHG unterworfen. Insbesondere Gesellschafter einer Ideal-GbR sollten aufgrund deren Nähe zum nichtrechtsfähigen Verein analog § 54 S. 2 BGB nur haften, wenn sie als »Handelnde« zu qualifizieren sind.[382]

Bezieht man dagegen die vorgenannten Gesellschaften in das »Professionellen-Regime« der §§ 128 ff. HGB mit ein, ignoriert man den legislativen Trennstrich zwischen dem strengen Haftungsregime der §§ 128 ff. HGB einerseits und dem milderen Haftungsregime der GbR andererseits: So läuft das für die OHG konstitutive Erfordernis des »Handelsgewerbes« in § 105 I HGB im Hinblick auf das Haftungsfolgenregime leer, wenn man auch die GbR nach den §§ 128 ff. HGB beurteilt.[383] Vergleichbares gilt für die Wahlmöglichkeit des § 105 II HGB.

Die unterschiedlichen Tatbestandsvoraussetzungen für das Vorliegen einer GbR einerseits (§ 705 BGB) und einer OHG andererseits (§ 105 HGB) machen indes nur Sinn, wenn sie auch mit unterschiedlichen Rechtsfolgen einhergehen. Zu diesen unterschiedlichen Rechtsfolgen zählt insbesondere die Haftungsverfassung als wesentliches Strukturmerkmal einer Gesellschaft. Abgesehen von vertraglich begründeten Gesellschaftsverbindlichkeiten, für die die Gesellschafter auch nach dem Normenbestand des BGB persönlich haften (vgl. §§ 427, 714 BGB: »die anderen Gesellschafter«), lässt das Gesetz bisher keinen Raum für eine richterliche Rechtsfortbildung, welche in die persönliche Gesellschafterhaftung auch gesetzliche Verbindlichkeiten der GbR sowie Altverbindlichkeiten mit einbezieht. *Canaris* vertritt vor diesem Hintergrund denn auch die

---

378 *BGH* NJW 2003, 1803 – 1. Leitsatz (Hervorhebung durch *Verf.*).
379 *BGH* NJW 2002, 1642.
380 *BGH* NJW 2003, 1803, 1805.
381 Ebenso MüKoBGB/*Schäfer* § 714, Rn. 63 f.; *Canaris,* ZGR 2004, 69, 74.
382 MüKoBGB/*Schäfer* § 714 Rn. 61, 64.
383 *Canaris,* ZGR 2004, 69, 73 ff., 77.

nicht unplausible These: »Die Analogie zu § 128 HGB bei Deliktsschulden und die Analogie zu § 130 HGB verstoßen somit mangels einer Gesetzeslücke gegen Art. 20 III GG.«[384]

Den von *Canaris* kritisierten Verfassungsverstoß wird man uE nur dann vermeiden **413d** können, wenn die Rechtsprechung den Grundsatz der akzessorischen Gesellschafterhaftung in der GbR weniger streng ausgestaltet als in der OHG. Nur dadurch wird den unterschiedlichen gesetzlichen *Tatbestands*voraussetzungen der beiden Gesellschaftstypen Rechnung getragen. Denn diesen müssen stringenter Weise auch unterschiedliche *Rechtsfolgen* korrespondieren. Konkret bedeutet dies, dass die Rechtsprechung – über die Bauherrengemeinschaften hinaus – noch weitere Ausnahmen von der persönlichen Gesellschafterhaftung anerkennen muss. Dies gilt namentlich für die **nicht handelnden Gesellschafter** in einer **Ideal-GbR**. In der Literatur wurden bereits Wege gewiesen, wie sich eine solche Haftungsprivilegierung methodisch realisieren ließe.[385] So wird etwa diskutiert, ob § 128 HGB nach seinem Sinn und Zweck überhaupt Deliktsschulden erfasst.[386] Wenn man den Zweck der Norm darin sieht, die Kreditwürdigkeit der Gesellschaft im rechtsgeschäftlichen Verkehr zu stärken, könnte man daran in der Tat zweifeln.

d) Haftungsbeschränkung durch Vertragsgestaltung

In praktischer Hinsicht stellt sich die Frage, ob sich im Recht der GbR ebenso wie im **414** Recht der OHG (in Form der KG) eine Haftungsbeschränkung zugunsten der einzelnen Gesellschafter und ihres persönlichen Vermögens konstruieren lässt. Unproblematisch ist dies durch eine **individualvertragliche Vereinbarung** mit jedem der Gläubiger möglich – eine Vereinbarung, welche die Haftung ausschließlich auf das Gesellschaftsvermögen beschränkt. § 128 S. 2 HGB steht einer solchen Vereinbarung nicht entgegen; er schließt nur eine Haftungsvereinbarung *ohne* Einbeziehung der Gläubiger aus, wie der Wortlaut »Dritten *gegenüber*« zeigt; durch Vereinbarung *mit* den Gläubigern kann jedoch von der persönlichen Haftung der Gesellschafter nach S. 1 abgewichen werden.

e) GbR mbH

Ein weitergehender Lösungsansatz plädierte bis vor Kurzem für die Möglichkeit einer **415** »Gesellschaft bürgerlichen Rechts mit beschränkter Haftung« (»**GbR mbH**«), welche – unabhängig von den vorgenannten individualvertraglichen Vereinbarungen mit jedem einzelnen Gläubiger – eine persönliche Gesellschafterhaftung ausschließen sollte. Solche Gestaltungen waren vielfältig auch bei geschlossenen Immobilienfonds im Rahmen von GbR-Fonds anzutreffen. Die GbR mbH wurde auf dem Boden der *Doppelverpflichtungstheorie* mit einer beschränkten Verpflichtungswirkung des rechtsgeschäftlichen Handelns zu begründen gesucht, namentlich durch eine generelle *Beschränkung der Vertretungsmacht im Gesellschaftsvertrag* oder des Vertreterhandelns in der abgegebenen Willenserklärung dahingehend, dass der Vertreter Verbindlichkeiten nur zu Lasten des Gesellschaftsvermögens eingehen kann bzw. will. Dann soll es in einem sol-

---

384 *Canaris*, ZGR 2004, 69, 118.
385 Eingehend zu den methodischen Möglichkeiten einer Haftungsbeschränkung MüKoBGB/*Schäfer* § 14, Rn. 58 ff., 62 ff.
386 *Altmeppen*, NJW 2003, 1554 f.; *Schäfer*, ZIP 2003, 1225, 1227 f.

chen Fall eben nicht zur persönlichen Verpflichtung der Gesellschafter kommen, weil hierfür dem Handelnden die nach § 164 BGB notwendige Vertretungsmacht fehlt.[387]

Wenn man dieser Konstruktion folgt, stellt sich das weitere Problem, diese Haftungsbeschränkung **dem Dritten erkennbar** zu machen, was im Interesse des Rechtsverkehrs immerhin als Mindesterfordernis verlangt wurde.[388] Freilich ist die Kundmachung einer beschränkten Vertretung weder leicht durchführbar noch in geschäftlicher Hinsicht besonders empfehlenswert. Spezielle Informationen an die Adresse der (potentiellen) Geschäftspartner sind schwerlich praktikabel, und deshalb suchte man das Heil in einer generellen, firmenähnlichen Kennzeichnung der Gesellschaft im Rechtsverkehr als **GbR mbH**. Eine solche Kennzeichnung stößt indes auf firmenrechtliche Bedenken, weil die GbR erstens nicht firmenfähig ist (näher → Rn. 655 f.) und zweitens nicht zur Verwechslung mit einer GmbH oder anderen Handelsgesellschaft Anlass geben darf.[389]

416 Dessen ungeachtet muss die Grundsatzfrage aber lauten, ob bei einer Personengesellschaft die Beschränkung der Haftung auf das Gesellschaftsvermögen durch *einseitige* Erklärung bzw. Kennzeichnung als GbR mbH und ohne gesetzliche Grundlage im Rechtsverkehr überhaupt hinnehmbar ist. Der BGH hat sie in der **Betonbrecher-Entscheidung** zu Recht verneint.[390] Das **Prinzip der unbeschränkten persönlichen Haftung** erweist sich für die unternehmerisch tätige GbR als interessengerecht, wenn man sie den »benachbarten« Unternehmensformen gegenüberstellt. Eine solche Haftung ist für den Einzelunternehmer unabdingbar; das Recht der OHG überträgt dies auf die Personenmehrheit (§ 128 HGB). Richtig ist nun zwar, dass die Rechtsform der KG davon Abstriche erlaubt und entsprechende Möglichkeiten unterhalb der Schwelle zum Vollkaufmann bisher gesetzlich nicht vorgesehen waren. Das rechtfertigt es aber nicht, in diesem Bereich eine noch weitergehende Haftungsbeschränkung (nämlich für sämtliche Gesellschafter und nicht nur, wie bei der KG, für eine bestimmte Gruppe von Gesellschaftern) ohne gesetzliche Grundlage und ohne jedweden ausgeformten Gläubigerschutz zuzulassen und damit der Personenmehrheit eine Vergünstigung zu schaffen, die dem Einzelinhaber verschlossen bleibt.

417 Auf Basis der heute herrschenden **Akzessorietätstheorie** (→ Rn. 413 a) lässt sich eine Haftungsbeschränkung ohnehin nur nach Maßgabe des § 128 HGB erklären, nämlich gemäß S. 2 durch individualvertragliche Vereinbarung mit dem Gläubiger (→ Rn. 414). Die intensive Diskussion um die Zulässigkeit einer GbR mbH ist nach der Betonbrecher-Entscheidung und dem kurz danach folgenden Übergang zur Akzessorietätstheorie abgeebbt.

4. Haftung für außervertragliche Ansprüche

418 Auch bei der GbR kann eine Zurechnung von Verbindlichkeiten aus **deliktischen und anderen gesetzlichen Schuldverhältnissen** auf **§ 31 BGB** gestützt werden,[391] → Rn. 220 f. Die Erstreckung dieser nicht rechtsgeschäftlich begründeten Haftung auf die einzelnen Gesellschafter war unter dem Regime der – nur rechtsgeschäftliche Ver-

---

387 Vgl. *Ulmer,* ZIP 1999, 509, 514.
388 *BGH* WM 1990, 1035 und 1113.
389 *Ulmer,* ZIP 1999, 509.
390 BGHZ 142, 315 = ZIP 1999, 1755.
391 *BGH* NJW 2003, 1445; *BGH* NJW 2003, 2984.

pflichtungen erfassenden – Doppelverpflichtungstheorie nicht stringent begründbar.[392] Dabei sind gesetzliche Gläubiger sogar noch schutzwürdiger als Vertragsgläubiger, weil sie bei unzureichendem Gesellschaftsvermögen keine Sicherheiten vereinbaren können.[393] In dogmatischer Hinsicht erweist sich hierin letztlich die Überlegenheit der Akzessorietätstheorie, weil sie die persönliche Haftung der Gesellschafter ungeachtet der Anspruchsgrundlage erklären kann.

Literatur: *Altmeppen,* NJW 2004, 1563; *Ulmer,* ZIP 2003, 1113; *Kindler* GK HandelsR § 10 IV; *Windbichler* GesR § 8 Rn. 10.

Schaubild 21: Haftungsbegründung bei der GbR

Haftung der Begründung der Haftung für	Gesellschaft		Gesellschafter
	für Handlungen des **vertretungsberechtigten** Gesellschafters (Organs)	für Handlungen **sonstiger** Hilfspersonen	
primäre Ansprüche	§ 714 BGB	§ 164 BGB	§ 128 HGB analog
sekundäre Ansprüche	§ 31 BGB analog	§ 278 BGB	§ 128 HGB analog
deliktische Ansprüche	§§ 823, 31 BGB analog	§§ 831, 31 BGB analog	§ 128 HGB analog Handelnder Gesellschafter haftet zusätzlich gem. § 823 BGB!

5. Gesellschafterwechsel, Auflösung der Gesellschaft

a) Auflösungsgründe, Ausschluss

Für den Tod eines Gesellschafters ist die gesetzliche Grundsatzregelung, anders als bei der OHG, dass die Gesellschaft aufgelöst wird (§ 727 BGB). Dasselbe gilt für die Kündigung, die als ordentliche Kündigung jedem Gesellschafter zwingend vorbehalten ist (§ 723 III BGB). Sehr schön veranschaulicht § 723 I das Verhältnis von ordentlicher und außerordentlicher Kündigung: Die letztere – aus wichtigem Grund, § 723 I S. 2 – ist als fristlose auch dann möglich, wenn die ordentliche Kündigung befristet ist (dass das möglich ist, ergibt sich aus § 723 I 2) oder wenn die Dauer der Gesellschaft als solcher befristet ist (dann keine ordentliche Kündigung, § 723 I 1). **419**

Auch die außerordentliche Auflösung erfolgt durch Kündigungserklärung, vgl. demgegenüber § 133 HGB (Auflösungsklage). Entsprechendes gilt für den Ausschluss eines Gesellschafters, der möglich ist, wenn in seiner Person ein wichtiger Grund eintritt (§ 737 BGB).

---

392 Bejaht wurde eine persönliche Gesellschafterhaftung nur bei vertragsähnlicher Anspruchsgrundlage wie z. B. Leistungskondiktion, *BGH* NJW 1985, 1828.

393 In diesem Sinne auch *K. Schmidt,* GesR, § 60 III.

b) Abweichende Vereinbarungen

420 All diese Rechtsfolgen stehen zur Disposition des Gesellschaftsvertrags; es kann also insbesondere statt der Auflösung der Gesellschaft das Ausscheiden des betreffenden Gesellschafters vorgesehen werden, § 736 BGB, im Todesfall auch die Fortsetzung mit den Erben. Die vermögensrechtliche Auseinandersetzung mit dem Ausscheidenden richtet sich nach § 738 BGB, der auch für die OHG maßgeblich ist. Der Anteilsübergang auf die Erben wird ebenfalls wie bei der OHG gesehen (→ Rn. 337f.); freilich gibt es keinen dem § 139 HGB vergleichbaren Wechsel in eine Kommanditistenstellung, sofern nicht die Gesellschafter gleichzeitig eine Optionsmöglichkeit nach § 105 II HGB ausnutzen.

Gesellschaftsanteile können für **übertragbar** erklärt oder ansonsten mit Zustimmung aller Mitgesellschafter übertragen werden; auch insoweit gilt dasselbe wie bei der OHG.

Erwirbt ein Mitgesellschafter einen weiteren Anteil hinzu, so verschmelzen diese zu einem Anteil; erwirbt ein Gesellschafter alle Anteile, so wird ebenso, wie bei der OHG behandelt, die Gesellschaft durch Anwachsung zum Einzelunternehmen.

6. Verbleibende Unterschiede zwischen GbR und OHG[394]

420a Ungeachtet der Angleichung von GbR und OHG in puncto Rechtsfähigkeit und Haftungsverfassung verbleiben gewisse Unterschiede zwischen beiden Gesellschaftsformen:

a) Publizität

Im Unterschied zur OHG kann die GbR nicht in das Handelsregister eingetragen werden. Die fehlende Publizität der GbR führt zu Rechtsunsicherheit. Für Grundstücksgeschäfte wird der fehlende gesellschaftsrechtliche Publizitätsakt neuerdings jedoch im Interesse des Rechtsverkehrs durch eine komplizierte Sonderregelung kompensiert. So ist ein gutgläubiger Grundstückserwerb vom Nichtberechtigten nach § 899a BGB auch von einer GbR möglich (→ Rn. 219c).

b) Firma

Die Bezeichnung der OHG muss den firmenrechtlichen Grundsätzen des Handelsrechts entsprechen. Hiernach braucht die Firma zwar keine Personal- oder Sachfirma zu sein, sondern kann auch in einer Phantasiefirma bestehen. Sie muss jedoch Kennzeichnungs- und Unterscheidungskraft besitzen, darf nicht irreführend sein und muss einen Rechtsformzusatz enthalten (§ 18 HGB). Dagegen gelten für die Bezeichnung einer GbR größere Freiheiten; das Firmenrecht findet keine Anwendung. Ihre Grenzen findet die Bezeichnung einer GbR lediglich im Namens- und Markenschutz anderer Personen.[395]

---

394 Modifizierter Auszug aus *Weller,* FS Günter H. Roth, 2011, S. 881, 890ff.; siehe ferner *Schäfer,* S. 108f.

395 *K. Schmidt,* GesR, § 60 I 3b).

c) Geschäftsführung und Vertretung

Während für die GbR das Prinzip der Gesamtgeschäftsführung und -vertretung gilt 420b
(§§ 709, 714 BGB), ist die OHG vom Prinzip der Einzelgeschäftsführung und -vertretung beherrscht (§§ 114, 125 HGB). Ein weiterer Unterschied offenbart sich im Hinblick auf die **Reichweite der Vertretungsmacht:** Bei der OHG gilt nach § 126 HGB das Prinzip der unbeschränkten und unbeschränkbaren Vertretungsmacht; demgegenüber richtet sich die Reichweite der Vertretungsmacht in der GbR nach vorzugswürdiger Ansicht[396] nach dem Umfang der internen Geschäftsführungsbefugnis (§ 714 iVm § 709 BGB). Die Gegenansicht[397], welche auf die GbR § 126 HGB analog anwenden möchte, überzeugt deshalb nicht, weil die Verkehrsschutzvorschrift des § 126 HGB im Zusammenhang mit dem Publizitätsprinzip zu sehen ist (vgl. §§ 106 II Nr. 4, 107 HGB). Da jedoch die GbR nicht im Handelsregister einzutragen ist und dort auch nicht freiwillig eingetragen werden kann, mangelt es an der Vergleichbarkeit der Rahmenbedingungen mit der Folge, dass dem Rückgriff auf § 126 HGB die legitimierende Grundlage fehlt. Auch der Hinweis darauf, dass der Rechtsverkehr vielfach die genaue Zusammensetzung der GbR-Gesellschafter nicht wird überblicken können, rechtfertigt keinen weitergehenden Gläubigerschutz, da diese Lücke hinreichend mit den Schutzkonstrukten des Stellvertretungsrechts (insbesondere der Duldungs- und Anscheinsvollmacht) geschlossen ist.

d) Mitgliederwechsel

Schließlich offenbaren sich auch Unterschiede zwischen den beiden Rechtsformen 420c
beim Mitgliederwechsel: Während der Tod oder das Ausscheiden eines Gesellschafters zur Auflösung der GbR führen (§§ 723, 727 BGB), bleibt der Fortbestand der OHG davon unberührt (§ 131 III HGB).

e) Privatautonome Gestaltungsfreiheit

Die vorgenannten Differenzen schwinden jedoch weitgehend – bis auf den Publizitätsunterschied – in der Praxis wegen der für beide Gesellschaftsformen eröffneten privatautonomen Gestaltungsfreiheit. So kann im Gesellschaftsvertrag der GbR etwa eine Einzelgeschäftsführung und -vertretung vereinbart werden, vgl. § 710 BGB. Ferner kann eine Fortsetzungsklausel das Dilemma der Auflösung im Fall des Ausscheidens eines Gesellschafters überbrücken, vgl. § 727 I letzter Hs. BGB.

Lösungshinweise zu Fall 32 (vor → Rn. 406):   421

I. Anspruch des K **gegen die X-GbR** aus § 433 II BGB iVm **§ 124 HGB analog**
   1. Wirksamer Kaufvertrag zwischen K und der X-GbR, § 433 I BGB
      a) Verpflichtungsfähigkeit: Ist die GbR überhaupt taugliche Vertragspartei?
         Ja, (Teil-)**Rechtsfähigkeit** der GbR (heute ganz hM)
      b) Wirksame Stellvertretung, §§ 164 I 1, 714 BGB: Grundsatz: Prinzip der Gesamtvertretung, aber: hier gesellschaftsvertragliche Vereinbarung der Einzelvertretung in Abweichung vom Prinzip der Gesamtvertretung (Art und Umfang der Vertretung richten sich nach § 714 BGB nach der internen Geschäftsführungsregelung, die hier abweichend von § 709 I BGB als Einzelgeschäftsführung ausgeformt ist, § 710 BGB). Mangels entgegenstehender bzw. abwei-

---

396 *Armbrüster*, ZGR 2005, 34, 38 f.; *Canaris*, ZGR 2004, 69, 72 f., 80 f., 88 ff.
397 *Schäfer*, ZIP 2003, 1225, 1233 f.; *K. Schmidt*, GesR, § 58 V 2 a); einschränkend *Wiedemann*, JZ 2001, 661, 663, der eine strenge Analogie mangels Registereintragung ablehnt.

chender vertraglicher Regelung ist die Auslegungsregel des § 714 BGB anwendbar, hierdurch: Gleichlauf, so dass auch Einzelvertretungsmacht vorliegt.

   2. **Ergebnis:** die GbR haftet für vertragliche Primäransprüche/Kaufpreiszahlung, da sie wirksam verpflichtet wurde.

  II. Anspruch des K **gegen A, B und C** aus § 433 II BGB iVm **§ 128 HGB analog**

  III. Anspruch des K **gegen D** aus § 433 II BGB iVm **§ 130 HGB analog**

§ 15. Stille Gesellschaft

Fall 33: Der Beklagte hat sich als stiller Gesellschafter mit einer Einlage von 20.000 EUR an der A-KG beteiligt. Die KG nahm Kommanditisten und stille Gesellschafter auf, wobei laut Vertrag die stillen Gesellschafter in gleicher Weise wie die Kommanditisten an den Gesellschaftsversammlungen teilnehmen durften. Sie waren am Gewinn, nicht aber an einem Verlust beteiligt.

Nach einiger Zeit wurde die KG insolvent. Der Beklagte hatte bis dahin nur 300 EUR auf seine Einlage geleistet. Der Insolvenzverwalter verlangt von ihm nun weitere Zahlungen. Zu Recht? (Lösungshinweise → Rn. 430).

1. Begriff und Wesen

a) Ausgestaltung

422   Der »stille« Gesellschafter beteiligt sich mit einer Kapitaleinlage an einem kaufmännischen Unternehmen, ohne nach außen als Gesellschafter in Erscheinung zu treten. Die stille Gesellschaft ist eine reine **Innengesellschaft.** Auf diese Weise setzt sich die Entwicklungslinie von der OHG zur KG in der stillen Gesellschaft noch weiter fort, wird der Grenzbereich zwischen gesellschaftsrechtlicher Beteiligung und Darlehensgewährung, zwischen Eigenkapital- und Fremdkapitalfinanzierung betreten. Der stille Gesellschafter ist dem Unternehmen noch weniger verbunden als der typische Kommanditist. Der stillen Gesellschaft fehlen die beiden Wesensmerkmale einer Handelsgesellschaft, das gemeinschaftliche (Gesamthands-)Vermögen und das gemeinsame Auftreten im Rechtsverkehr, das in der Rechtsfähigkeit der Gesellschaft selbst gipfelt (§ 124 HGB). Das **Vermögen steht allein dem Inhaber** zu, auch der Kapitalbeitrag des stillen Gesellschafters geht also in das Vermögen des Inhabers über (§ 230 I HGB), und Rechte und Verbindlichkeiten werden allein in seiner Person begründet (§ 230 II HGB).

Dennoch ist das für jede gesellschaftsrechtliche Verbindung essentielle Element der Verfolgung eines **gemeinschaftlichen Zwecks** (§ 705 BGB) vorhanden; es manifestiert sich in der *Gewinn-* und grundsätzlich auch *Verlustbeteiligung* des stillen Gesellschafters (§§ 231 f. HGB) und seinem *Kontrollrecht* (§ 233 HGB). Es bestehen wechselseitige Treuepflichten; der Inhaber hat den Gesellschaftszweck zum gemeinsamen Nutzen zu verfolgen und wird dem stillen Gesellschafter gegebenenfalls schadensersatzpflichtig.[398]

---

[398] *BGH* NJW 1988, 413.

b) Wesensmerkmale

Im System der Personengesellschaften wird die stille Gesellschaft des HGB gemeinhin **423** als Unterfall der **BGB-Innengesellschaft** angesehen.[399] Die beiden qualifizierenden Merkmale sind gemäß § 230 I HGB die Beteiligung an einem Handelsgewerbe und die Beteiligung in Form einer Kapitaleinlage. Diese beiden Merkmale begründen die Anwendbarkeit der §§ 230 ff. HGB anstelle der Vorschriften des BGB. »Inhaber« iSv § 230 HGB kann ein Einzelkaufmann wie auch jede Art von Handelsgesellschaft sein; vorausgesetzt ist lediglich eine kaufmännische Qualifikation iSd §§ 1–6 HGB.[400] Ein im Wirtschaftsleben verbreiteter Anwendungsfall ist die **GmbH & Still** mit einer GmbH als Unternehmensträger.[401]

Das Gegenstück zur stillen Gesellschaft des HGB ist die stille Gesellschaft bürgerlichen Rechts, bei der ein stiller Gesellschafter sich mit einer Kapitaleinlage an einem Unternehmen beteiligt, das nicht als Gewerbe oder nicht als kaufmännisch zu qualifizieren ist. Die hM wendet darauf die §§ 230 ff. HGB weitgehend analog an. Davon zu unterscheiden sind die BGB-Innengesellschaften, die nicht die Strukturmerkmale einer »stillen« Kapitalbeteiligung aufweisen und daher nicht den §§ 230 ff. HGB unterliegen, zB die Ehegatten-Innengesellschaft (→ Rn. 201). Diese Abgrenzung ist verhältnismäßig klar.

Problematischer vermag jedoch die Einordnung *atypischer Zwischenformen* zu werden. So kann man für die stille Gesellschaft im Geltungsbereich ihrer dispositiven Normen mehr oder minder weitgehend abweichende Vertragsregelungen treffen – vor allem hinsichtlich der Beteiligung am Verlust einerseits, am Vermögenswert andererseits (»atypische stille Gesellschaft«, nachfolgend → Rn. 427) –; man bleibt dann aber im Übrigen weiterhin den §§ 230 ff. HGB und vor allem dem zwingenden § 136 InsO unterworfen, sofern nur die beiden vorerwähnten Qualifikationsmerkmale erhalten bleiben. Für praktische Zwecke kommt erschwerend hinzu, dass alle in diesem Zusammenhang relevanten Abreden formfrei und auch konkludent getroffen werden können.

c) Unterbeteiligung am Anteil

Eine Folge der Beschränkung auf das Innenverhältnis ist, dass die Gesellschaft nur **424** jeweils zwischen *einem* stillen Gesellschafter und dem Inhaber besteht. Sind mehrere Personen in dieser Art an demselben Unternehmen beteiligt, so handelt es sich um ebenso viele eigene stille Gesellschaften (str.).[402]

Eine Sonderform stiller Beteiligung, die der stillen Gesellschaft zumindest rechtsähnlich ist, ist die **Unterbeteiligung am Anteil** des Gesellschafters einer Handelsgesellschaft (OHG etc.). Sie wird grundsätzlich für zulässig erachtet ohne Rücksicht darauf, ob die Veräußerung des betreffenden Anteils möglich wäre.[403]

---

399 Hierzu und zum Folgenden MüKoBGB/*Schäfer* § 705 Rn. 286 ff.
400 *OLG Köln* WM 1995, 1881.
401 Die GmbH braucht als Formkaufmann nicht unbedingt selbst ein Handelsgewerbe zu betreiben, *BGH* NJW 1994, 1156.
402 Anders für Publikums-GmbH & Still *BGH* NJW 1994, 1156; 1995, 1353.
403 BGHZ 50, 320; Baumbach/Hopt/*Roth* HGB § 105 Rn. 38 ff.; ausführlich zur Unterbeteiligung MüKoGmbHG/*Reichert*/*Weller* § 15 Rn. 242 ff.

2. Stille Gesellschaft – partiarisches Darlehen

425   Ist die hauptsächliche Reminiszenz echter *gesellschaftsrechtlicher* Beteiligung, die auch bei der stillen Gesellschaft noch erhalten bleibt, die *Erfolgs*beteiligung (§ 231 HGB), so wird die Abgrenzung zum bloßen Darlehen dann besonders problematisch, wenn auch dieses gegen *Gewinnbeteiligung* anstelle fester Verzinsung gewährt wird (sog. partiarisches Darlehen). Am *Verlust* freilich ist ein Darlehensgeber niemals beteiligt, aber auch für den stillen Gesellschafter ist die Verlustbeteiligung zwar typisch, aber nicht unabdingbar (§ 231 II HGB).

Der wesensmäßige **Unterschied** zwischen den beiden Finanzierungsformen ist in der erwähnten Zweckgemeinschaft begründet. Für praktische Zwecke freilich bedarf es, wenn der Parteiwille nicht eindeutig zum Ausdruck kommt, greifbarer Abgrenzungs- bzw. Auslegungskriterien. Man orientiert sich dabei in erster Linie an der **Verlust-** **beteiligung,** sofern darüber eindeutige Vereinbarungen getroffen werden.[404] Freilich hilft auch dieser Ansatz nicht weiter, wenn gerade diese Punkte als Rechtsfolge erst bestimmt werden sollen, wenn es also etwa um die Frage geht, ob ein Geldgeber in Ermangelung ausdrücklicher Vereinbarung die Verluste nach §§ 231 f. HGB mit zu tragen hat oder die Kontrollrechte des § 233 HGB ausüben darf.

426   Dann kommt es auf die *weiteren Unterschiede* an. Zu den maßgeblichen Besonderheiten der Rechtsstellung des stillen Gesellschafters zählen die *Erfolgsbeteiligung,* die *Kontrollrechte* und die eigentümliche »*Zwitterstellung*« in der Insolvenz. Das Kontrollrecht (§ 233 HGB) ist mit demjenigen des Kommanditisten (§ 166 HGB) identisch. In den beiden anderen Punkten beschreiten HGB und InsO hingegen auch gegenüber dem Recht der KG teilweise eigene Wege, wie nachfolgend zu zeigen ist.

3. Die Erfolgsbeteiligung

427   Die Beteiligung am Verlust entspricht, solange es bei der gesetzlichen Regelung bleibt (§§ 231 I, 232 II HGB), derjenigen des Kommanditisten. Sie kann aber abbedungen werden (§ 231 II HGB). Hinsichtlich der Gewinnbeteiligung geht § 232 I HGB offensichtlich davon aus, dass der Anteil des Stillen sich nach dem (betriebswirtschaftlich richtigen) Bilanzgewinn berechnet, was insbesondere bedeutet, dass nicht realisierte *stille Reserven nicht* berücksichtigt werden (zB Werterhöhungen von Grundstücken und sonstigem Anlagevermögen). Fraglich ist aber, ob solcher Wertzuwachs ihm anteilig zugutekommt, wenn er (durch Veräußerung) realisiert wird und sich dann auch im Bilanzgewinn niederschlägt, und dementsprechend, ob bei der Liquidation des Unternehmens derartige Mehrerlöse sich im Auszahlungsguthaben des Stillen niederschlagen. Die Antwort sucht man überwiegend in einer Orientierung am Einzelfall und dem dort zum Ausdruck kommenden (oder unterstellten) Parteiwillen. Insbesondere können die Parteien eine sog. **atypische stille Gesellschaft** vereinbaren, was besagt, dass das Gesellschaftsvermögen schuldrechtlich als gemeinschaftliches Vermögen von Inhaber und stillem Gesellschafter behandelt wird, dieser uneingeschränkt an jedem Wertzuwachs teilnimmt und sein Auszahlungsanspruch ebenso wie das Auseinandersetzungsguthaben eines OHG-Gesellschafters nach dem wahren Wert des Vermögens

---

404 *BFH* WM 1984, 1207. Krit. *Schön,* ZGR 1993, 210. Differenziert *BGH* NJW 1995, 192.

berechnet wird, der sich aus einer tatsächlich durchgeführten Liquidation ergibt oder zu schätzen ist.[405]

4. Der Auszahlungsanspruch des »Stillen«, insbesondere in der Insolvenz

Nach Auflösung der Gesellschaft kann der stille Gesellschafter die Auszahlung des **428** Guthabens verlangen, das sich aus der Auseinandersetzung mit ihm ergibt (§ 235 HGB). Das Guthaben errechnet sich aus seiner Einlage, vermehrt um die nicht entnommenen Gewinnanteile und vermindert um etwaige Verlustanteile. Um eine umfassende wirtschaftliche Beteiligung am Gesellschaftsvermögen, dessen Wert dann evtl. durch Schätzung zu ermitteln wäre (§ 738 II m. § 734 BGB bzw. § 155 HGB), handelt es sich aber nicht, sofern nicht eine atypische stille Gesellschaft in dem vorerwähnten Sinn vereinbart wurde.

In der **Insolvenz** des Inhabers tritt der stille Gesellschafter mit diesem Auszahlungs- **429** anspruch als *allgemeiner Insolvenzgläubiger* auf (§ 236 I HGB); er ist also gleichrangig mit den Darlehensgläubigern – dies im klaren Unterschied zu den OHG- und KG-Gesellschaftern, die stets erst im Range nach den Darlehensgläubigern zum Zuge kommen (s. § 155 HGB) und im Insolvenzverfahren regelmäßig leer ausgehen. Hat der stille Gesellschafter seine Einlage noch nicht vollständig geleistet, so schuldet er den Restbetrag zur Masse (anders als der Kommanditist, s. § 171 II HGB) nur insoweit, als dies zur Deckung seines Verlustanteils erforderlich ist, § 236 II HGB. Eine Ausnahme macht die Rspr. jedoch, wenn die Beteiligung funktionell »Teil der Eigenkapitalgrundlage« des Unternehmens, so insbesondere wenn der Stille gleichzeitig Kommanditist ist; → Rn. 372.

Ein Unterschied zum normalen Darlehensgläubiger ergibt sich andererseits aus der *erweiterten Insolvenzanfechtung* des § 136 InsO, deren hauptsächliche Bedeutung darin besteht, auf die subjektiven Merkmale der allgemeinen Insolvenzanfechtungstatbestände zu verzichten und einige Fristen zu verlängern.

Literatur: *Grunewald*, 1. Teil D; *K. Schmidt*, GesR, § 62; *Windbichler* GesR § 18.

Lösungshinweise zu Fall 33 (vor → Rn. 422; vgl. *BGH* WM 1985, 258): **430**
Der Insolvenzverwalter könnte gegen den Bekl. einen Anspruch auf Zahlung der rückständigen Einlage aus §§ 230 I, 236 II HGB haben.

1. Ausgangspunkt: § 236 II HGB, der die **Verlustdeckungspflicht** unter der doppelten Voraussetzung der Beteiligung am Verlust und der Rückständigkeit der Einlage anordnet. Der stille Gesellschafter muss die rückständige Einlage hierbei nur in der Höhe seines Verlustanteils erbringen, im Übrigen wird er von der Zahlungspflicht befreit.
   a) Pflicht zur Einzahlung des Betrages, welcher zur Deckung des Anteils des Bekl. am Verlust erforderlich ist, (+).
   b) Hier: **Keine Beteiligung des Bekl. am Verlust** → grds. keine Pflicht nach § 236 II HGB
2. Aber: Sonderstellung des Bekl. im **Innenverhältnis**: Laut Gesellschaftsvertrag ist der stille Gesellschafter wie ein **Kommanditist** teilnahmebefugt; **Rechtsfolge**: Aufgrund der unternehmerischen Gestaltungsbefugnisse des stillen Gesellschafters liegt eine funktionale Qualifikation der Einlage als **Eigenkapital** vor → die rückständige Einlage ist in voller Höhe zur Befriedigung der Insolvenz-

---

405 Vgl. *BGH* NJW 1992, 2696; *OLG Bremen* NZG 1999, 1155.

gläubiger aufzubringen (wie dies auch bei einem Kommanditisten in einer KG der Fall wäre, vgl. § 171 II HGB).

3. Ergebnis: Anspruch auf Zahlung der Einlage (+).

3. Abschnitt. Die Kapitalgesellschaften

§ 16. Strukturmerkmale der Kapitalgesellschaft

1. Die Kapitalgesellschaft als Körperschaft und jur. Person

431 Neben den zuvor erörterten Personengesellschaften kennt das deutsche Recht auch sog. Kapitalgesellschaften. Kapitalgesellschaften sind Gesellschaften mit eigener Rechtspersönlichkeit, die aus einem oder mehreren Gesellschaftern bestehen, über ein in Geschäftsanteile zerlegtes Stammkapital verfügen und zu jedem gesetzlich zulässigen Zweck errichtet werden können.[406] Rechtsdogmatisch handelt es sich bei Kapitalgesellschaften um Körperschaften des Privatrechts und damit in aller Regel um juristische Personen.

a) Körperschaft

aa) Wesen

432 Neben den klassischen Kapitalgesellschaften wie der AG und der GmbH zählen auch die Kommanditgesellschaft auf Aktien (KGaA, §§ 278ff. AktG), die eingetragene Genossenschaft (eG), der Versicherungsverein auf Gegenseitigkeit (VVaG) und vor allem auch der eingetragene Verein (e. V.) des BGB zu den Körperschaften des Privatrechts.

Eine Körperschaft zeichnet sich im Gegensatz zu der Personengesellschaft dadurch aus, dass ihre Zielverwirklichung unabhängig von den Gründern oder anderen Personen gedacht ist. Diese Charakteristik wird insbesondere dadurch verdeutlicht, dass zum einen das Mehrheitsprinzip bei den innerhalb der Körperschaft zu treffenden Entscheidungen gilt (vgl. § 32 I 3 BGB, § 47 I GmbHG, § 133 I AktG) und zum anderen, dass ihr Fortbestand grundsätzlich unabhängig vom Tod oder Austritt einzelner Mitglieder/Gesellschafter ist. Darüber hinaus hat der Gesetzgeber bei fast allen Körperschaften (Ausnahme: gem. § 9 II 1 GenG nicht bei der e.G.) im Gegensatz zu den Personengesellschaften, bei welchen das Prinzip der Selbstorganschaft gilt, das Prinzip der Fremdorganschaft (vgl. § 26 BGB, § 35 GmbHG, § 76 AktG) zugelassen.[407] Bei ihnen besteht folglich die Möglichkeit, auch einen körperschaftsfremden Dritten zum Leitungsorgan zu bestellen.

bb) Erwerb der Rechtsfähigkeit

433 Körperschaften erlangen ihre Rechtsfähigkeit entweder durch die Eintragung in ein staatliches Register (zB Vereins- oder Handelsregister) oder durch staatliche Verleihung. Das System der Eintragung in ein staatliches Register bezeichnet man als sog. Normativsystem; das System der staatlichen Verleihung als Konzessionssystem. Das

---

406 *Schäfer* GesR § 31 Rn. 1.
407 *Hirte,* KapGesR, § 1 I 2.

Normativsystem ist im geltenden Recht die Regel; das Konzessionssystem die Ausnahme (nur in §§ 22, 23, 80 BGB, § 15 VAG für den VVaG). Die staatliche Verleihung ist rechtlich als Verwaltungsakt im Sinne des § 35 VwVfG zu qualifizieren.

b) Juristische Person

Körperschaften sind juristische Personen. Für die klassischen Kapitalgesellschaften **434** wie die AG und die GmbH wird dies in den § 1 I 1, § 41 AktG und § 13 I GmbHG ausdrücklich geregelt.

Eine juristische Person zeichnet sich dadurch aus, dass sie eine Zusammenfassung von Personen oder Sachen zu einer rechtlich geregelten und zweckgebundenen Organisation darstellt, der von der Rechtsordnung Rechtsfähigkeit verliehen wurde.[408] Kennzeichnend ist also, dass sie eigene Rechts- und Parteifähigkeit besitzt. Sie ist damit selbst Trägerin von Rechten und Pflichten und kann im Prozess klagen und verklagt werden.

c) Das Haftungsprivileg der Kapitalgesellschaften

Aufgrund der Tatsache, dass das Gesetz die Kapitalgesellschaft zu einem eigenen **435** Rechts- und Haftungssubjekt (mit eigenem Vermögen) verselbständigt, eröffnet es den wirtschaftlichen Eigentümern, den Gesellschaftern, die Möglichkeit, ihr Risiko auf einen bestimmten Beitrag zu dieser Vermögensmasse zu begrenzen, ihre eigene Person und ihr sonstiges Vermögen aber gegenüber der Unternehmenstätigkeit der Kapitalgesellschaft und den daraus resultierenden Verbindlichkeiten zu isolieren. Zwar ist dieser Zusammenhang zwischen eigener Rechtspersönlichkeit der Gesellschaft und Haftungsschutz der Gesellschafter nicht denknotwendig und zwangsläufig; es gibt sowohl persönliche Gesellschafterhaftung bei juristischen Personen (der Komplementär der KGaA) wie Haftungsbeschränkung ohne Rechtssubjektivität (der Kommanditist der KG). Aber die rechtliche Konstruktion, die die Abschichtung des unternehmensgewidmeten Sondervermögens zur juristischen Person fortentwickelt, eignet sich in besonderem Maße dazu, den wirtschaftlichen Eigentümer gegen persönliche Haftung abzuschirmen. Es ist daher auch verständlich, dass der Gesetzgeber die vorhandene Rechtsform der Kapitalgesellschaft dazu benutzt hat, dem Einzelunternehmer ebenfalls dieses Haftungsprivileg zu eröffnen (durch Gründung einer *Einpersonen-GmbH oder -AG*, §§ 1 GmbHG, 2 AktG), wenngleich dieser Vorgang eigentlich die Grundidee des Gesellschaftsrechts, die Vereinigung *mehrerer* zur Verfolgung eines gemeinschaftlichen Zwecks (§ 705 BGB), konterkariert.

Erklären und rechtspolitisch rechtfertigen lässt sich die damit gewährte **Risikobegren-** **436** **zung** von der Situation der großen AG mit einer Vielzahl relativ einflussloser und passiver Aktionäre her. Anders wären diese Aktionäre nicht in großer Zahl für eine Beteiligung am unternehmerischen Wagnis zu gewinnen, und der Begrenztheit des unternehmerischen Einflusses darf (muss?) eine ebensolche Beschränkung des Risikos entsprechen. In Gestalt der AG vermochte sich diese Verschiebung des Interessengleichgewichts zu Lasten der Gläubiger auch ziemlich problemlos im Wirtschaftsleben durchzusetzen. Zunehmend wird aber anerkannt, dass auch der aktive Mitunternehmer und selbst der Einzelunternehmer eine solche Beschränkung seines unternehmeri-

---

408 BeckOK BGB/*Schöpflin* § 21 Rn. 1.

schen Risikos legitimerweise anstreben darf, und zunehmend hat auch die wirtschaftliche Realität dies akzeptiert, hat sie insbesondere die GmbH als Unternehmensträger und Geschäftspartner akzeptiert.

Freilich erzwingt hier die Praxis immer noch häufig genug eine hinzutretende persönliche Haftung des Gesellschafters – zB als **Bürge** (§ 765 BGB) für Kredite, die an die Gesellschaft ausgereicht werden – und macht damit das von Rechts wegen gewährte Haftungsprivileg wieder teilweise zu Nichte. Nicht selten wird der Interessenkompromiss auch in vagen Zusicherungen »unterhalb« der eindeutigen Bürgschaft, Garantie oder Schuldbeitritts gesucht, die dann Auslegungsschwierigkeiten bereiten. Wachsende Bedeutung gewinnen namentlich die sog. **Patronatserklärungen,** bei denen zwischen »harten« und »weichen« unterschieden wird.[409] Eine Patronatserklärung ist eine Erklärung einer Person (des sog. Patrons), in der dieser die Erklärung abgibt, dass er die Gesellschaft finanziell unterstützen wird.[410] Die harte Patronatserklärung unterscheidet sich von der weichen dadurch, dass der Patron hier eine Verpflichtung (§ 241 I BGB) eingeht, wohingegen mit der weichen gerade keine rechtliche verfolgbare Verbindlichkeit begründet wird.[411] Bei der weichen Patronatserklärung handelt es sich daher um eine Art Absichtserklärung.

437 Außerdem hängt die Möglichkeit zum rechtsgeschäftlichen Selbstschutz des Gläubigers maßgeblich von dessen (Macht-)Position gegenüber dem Schuldner ab; in einer schlechteren Ausgangslage befinden sich einerseits »schwache« Vertragsgläubiger, die keine individuellen Sicherungen auszuhandeln vermögen (beispielsweise Arbeitnehmer), andererseits deliktische und andere gesetzliche Gläubiger. Damit wird die Gleichbehandlung der Gläubiger zum zentralen Problem der Haftungsbeschränkung wie des Insolvenzrechts.

Im Hinblick darauf stellt sich denn auch immer dort, wo die Rechtsordnung das Haftungsprivileg offeriert, sogleich die Frage, ob sie es nicht unter bestimmten Voraussetzungen im Gläubigerinteresse wieder einschränken bzw. durchbrechen muss. Dies ist das Thema des **Haftungsdurchgriffs** auf die Gesellschafter, und es wird an sich unabhängig von der Rechtsform überall dort aktuell, wo eine Haftungsbeschränkung ermöglicht ist. Praktisch liegt seine Hauptbedeutung aber bei der GmbH (einschließlich der GmbH & Co. KG), weil zum einen diese Rechtsform zahlenmäßig im Vordergrund des Wirtschaftslebens steht, weil sie zum anderen krisen-(konkurs-)anfälliger ist als die AG und im Unterschied zur KG keinen persönlich-unbeschränkt haftenden Gesellschafter mehr aufweist. Daher soll das Thema Haftungsdurchgriff hier speziell für die GmbH erörtert werden, → § 21 Rn. 542 ff.

In einem weiteren Sinn kann sich die Frage des »Durchgriffs«, nämlich ob die rechtliche Trennung zwischen Gesellschaft und Gesellschafter durchbrochen oder »ausgeblendet«[412] werden darf, auch noch in anderen Zusammenhängen und auch *zugunsten* des Gesellschafters stellen, nämlich bei der wechselseitigen Zurechnung von subjektiven Merkmalen (Kenntnis, Gutgläubigkeit) oder bestimmten Handlungen (Pflicht- bzw. Obliegenheitsverletzungen), Ausschließungsgründen, Wettbewerbsverboten oder an-

---

409 S. *BGH* ZIP 1992, 338 einerseits, *OLG Karlsruhe* ZIP 1992, 1394 andererseits; ferner *Michalski,* WM 1994, 1229; *Habersack,* ZIP 1996, 257.
410 HK-GmbHG/*Kessler* Anh. zu § 13: Konzernrecht Rn. 276.
411 HK-GmbHG/*Kessler* Anh. zu § 13: Konzernrecht Rn. 277f.
412 *K. Schmidt,* GesR, § 9 IV.

deren Unterlassungsverpflichtungen, eingetretenen Schäden etc. (**Zurechnungsdurch-griff**).[413] Letzteres bedeutet beispielsweise, dass bei Schadensersatzansprüchen des Gesellschafters (zB aus Körperverletzung gegen den Schädiger) diesem ein Vermögensschaden der Gesellschaft (zB entgangener Gewinn) unter Umständen als eigener ersatzfähiger Schaden zugerechnet werden kann, und umgekehrt.[414]

2. Der eingetragene Verein als Grundform der Körperschaft

Grundform der Körperschaft ist sowohl aus rechtshistorischer als auch in rechtssystematischer Sicht der in den §§ 21 ff. BGB normierte eingetragene Verein (e. V.).[415] Das hat zur Folge, dass die Regelungen in den §§ 21 ff., 55 ff. BGB eine Art »Allgemeinen Teil« des Körperschafts- und damit eben auch des Kapitalgesellschaftsrechts bilden.[416] Aus diesem Grund findet beispielsweise § 31 BGB auch bei der AG und der GmbH analog Anwendung, so dass die jeweilige Gesellschaft ohne Entlastungsmöglichkeit (anders als in § 831 BGB) für Schäden, die durch ihre Organe verursacht worden sind, mit diesen gesamtschuldnerisch haftet, wenn der Schaden in Ausführung der dem Organ obliegenden Verrichtungen verursacht worden ist.

438

a) Die unterschiedlichen Vereine der §§ 21 ff. BGB

Das BGB normiert in den §§ 21 ff. aber nicht nur den eingetragenen (rechtsfähigen), sondern in § 54 BGB auch den sog. nichtrechtsfähigen Verein. Auf letzteren wird im Rahmen eines Exkurses gesondert eingegangen. Neben der Unterscheidung zwischen eingetragenem und nicht eingetragenem Verein differenziert das BGB auch nach dem Gegenstand. So wird zwischen dem nichtwirtschaftlichen Verein, dem sog. Idealverein (§ 21 BGB), und dem wirtschaftlichen Verein (§ 22 BGB) unterschieden. Diese nach dem (Vereins-) Gegenstand vorgenommene Differenzierung spielt vor allem im Rahmen der Gründung eine entscheidende Rolle, da die §§ 21 und 22 BGB zum Erwerb der Rechtsfähigkeit unterschiedliche Voraussetzungen vorsehen. So setzt § 21 BGB für den Idealverein lediglich die Eintragung in das Vereinsregister des zuständigen Amtsgerichts voraus (damit folgt § 21 BGB dem Normativsystem), wohingegen die Rechtsfähigkeit bei dem wirtschaftlichen Verein gemäß § 22 BGB von der staatlichen Verleihung (Konzessionssystem) abhängig ist. Der staatlichen Verleihung zur Erlangung der Rechtsfähigkeit bedarf es nach der Vorschrift aber dann nicht, wenn Bundesgesetze etwas anderes bestimmen. Dann genügt in aller Regel die Eintragung in das dafür vorgesehene Register. An dieser Stelle sei angemerkt, dass es sich bei der GmbH und der AG rechtsdogmatisch zwar um Sonderfälle des wirtschaftlichen Vereins handelt, sie zur Erlangung der Rechtsfähigkeit gleichwohl aber keiner staatlichen Verleihung bedürfen, da für beide »etwas anderes« durch bundesgesetzliche Bestimmungen bestimmt wird (vgl. § 1 I und § 41 I AktG und § 13 I GmbHG). Trotz der Tatsache, dass das BGB eine derartige Differenzierung der verschiedenen Arten von Vereinen vornimmt, wird der Begriff des »Vereins«, was nahe liegen würde, jedoch nicht definiert. Nach heute allgM ist ein Verein ein auf Dauer angelegter, körperschaftlich orga-

439

---

413 Vgl. *BGH* ZIP 2010, 324; *BGH* DB 1988, 701.
414 *BGH* ZIP 2000, 1159.
415 *K Schmidt*, GesR, § 23 I 1b.
416 *Hirte*, KapGesR, § 1 I 2.

nisierter Zusammenschluss von mehreren Personen mit einem gemeinsamen Zweck.[417] Die dabei vorausgesetzte körperschaftliche Organisation liegt in der Regel dann vor, wenn der Verein durch einen Vorstand vertreten wird, er Mehrheitsentscheidungen unterliegt (vgl. zB § 32 BGB) und unabhängig von der Person der Mitglieder ist. Schwierigkeiten bereitet der Vereinsbegriff gleichwohl in der Regel nur bei der Abgrenzung zwischen einem nichtrechtsfähigen Verein (§ 54 BGB) und einer Personengesellschaft, da in der Praxis kaum ein Fall denkbar ist, in dem ein Personenverband zwar die vereinsrechtlichen Normativbestimmungen erfüllt, die Eintragung ins Vereinsregister jedoch mit der Begründung abgelehnt wird, dass mangels körperschaftlicher Organisation kein Verein, sondern eine Personengesellschaft vorliege.[418] Die Abgrenzung zwischen einem nichtrechtsfähigen Verein und einer Personengesellschaft anhand des Vereinsbegriffs hat stets anhand des konkreten Einzelfalls zu erfolgen.

b) Exkurs: Anwendbares Recht beim nichtrechtsfähigen Verein

440 Bevor im Folgenden auf den eingetragenen Verein als Grundform der Körperschaft eingegangen wird, sollen die allein den nichtrechtsfähigen Verein betreffende Regelung des § 54 BGB und die damit verbundenen Schwierigkeiten näher betrachtet werden.

§ 54 S. 1 BGB bestimmt, dass auf Vereine, die nicht rechtsfähig sind, die Vorschriften über die Gesellschaft (bürgerlichen Rechts), dh die §§ 705 ff. BGB, Anwendung finden. Terminologisch sollte der nicht rechtsfähige Verein heutzutage besser als »nicht eingetragener Verein« bezeichnet werden, da der BGH zwischenzeitlich im Wege der richterrechtlichen Rechtsfortbildung klargestellt hat, dass auch der »nichtrechtsfähige Verein« Rechtsfähigkeit besitzt.[419] Daher kann auch der »nichtrechtsfähige Verein« selbst Träger von Rechten und Pflichten sein. Damit ist er selbst Inhaber seines Vereinsvermögens. Darüber hinaus ist er partei- (§ 50 II ZPO) und insolvenzrechtsfähig (§ 11 I 2 InsO).

Ein nichtrechtsfähiger bzw. besser nichteingetragener Verein im Sinne des § 54 S. 1 BGB liegt bei allen Zusammenschlüssen von Personen vor, die zwar den allg. anerkannten Vereinsbegriff erfüllen, dh insbesondere körperschaftlich organisiert sind, die aber entweder nicht im Vereinsregister eingetragen sind (so bei Idealvereinen, § 21 BGB) oder denen die staatliche Verleihung (der Rechtsfähigkeit) fehlt (so bei wirtschaftlichen Vereinen, § 22 BGB). Daher kann es sich beispielsweise auch beim eigenen Golf-Club oder Tennisverein um einen nichtrechtsfähigen Verein handeln, sofern eine Eintragung ins Vereinsregister (noch) nicht erfolgt ist.

441 Hintergrund der in § 54 S. 1 BGB vorgesehenen Verweisung auf die »Vorschriften über die Gesellschaft« war vor allem das Misstrauen des historischen Gesetzgebers gegenüber politischen Parteien und Gewerkschaften.[420] Der Verweis auf das unpassende Gesellschaftsrecht sollte diese zu der Eintragung veranlassen, um sie so staatlicher Kontrolle zu unterwerfen.[421]

---

417 *K. Schmidt*, GesR, § 23 I 1 a.
418 *K. Schmidt*, GesR, § 23 I 1 a.
419 Vgl. *BGH* NJW 2008, 69, 74; ohne Grund in Zweifel gezogen durch *BGH* BeckRS 2016, 08883. Hierzu *Prütting*, EWiR 2016, 361.
420 Jauernig/*Mansel* BGB § 54 Rn. 2.
421 Jauernig/*Mansel* BGB § 54 Rn. 2.

Führt man die in § 54 S. 1 BGB vorgesehene Verweisung auf die »Vorschriften über die Gesellschaft« weiter, so wird offensichtlich, welche weitreichenden Konsequenzen für die Mitglieder damit verbunden sein können. Nach hM haften die Gesellschafter einer GbR den Gesellschaftsgläubigern analog §§ 128 ff. HGB mit der Gesellschaft akzessorisch und gesamtschuldnerisch (§§ 421 ff. BGB).[422] Verweist nun § 54 S.1 BGB auf die »Vorschriften über die Gesellschaft« führt dies zwangsläufig dazu, dass damit auch die persönliche Haftung der Mitglieder des nichtrechtsfähigen Vereins analog § 128 HGB für die Verbindlichkeiten des Vereins angeordnet wird. Das kann allerdings zu unbilligen Ergebnissen führen, wenn die Mitglieder danach persönlich in Anspruch genommen werden. Oftmals wissen die Mitglieder eines nichtrechtsfähigen Vereins nicht, dass sie Mitglied eines solchen Vereins sind und welche Folgen damit verbunden sein können. Wer erkundigt sich schon vor Eintritt in einen Schach-Club, ob dieser das Kürzel e. V. führt. Das hat auch der BGH erkannt und infolgedessen eine persönliche Haftung der Mitglieder analog § 128 HGB verneint, wenn es sich bei dem nicht eingetragenen Verein dem Gegenstand nach um einen Idealverein handelt, da dieser dann zumindest eintragungsfähig ist.[423]

Liegt demgegenüber aber dem Gegenstand nach ein wirtschaftlicher Verein vor, so wird die Haftung der Mitglieder analog § 128 HGB überwiegend bejaht.[424] Das zeigt, dass die Abgrenzung zwischen Ideal- und wirtschaftlichem Verein auch hier eine entscheidende Rolle spielt.

Die Regelung des § 54 S. 1 BGB wird durch § 54 S. 2 BGB ergänzt. Danach haftet derjenige, der im Namen eines »nichtrechtsfähigen Vereins« ein Rechtsgeschäft mit einem Dritten vorgenommen hat, persönlich neben dem vertretenen Verein. **442**

Das gilt unabhängig vom Gegenstand des »nichtrechtsfähigen« Vereins und unabhängig von der Frage, ob der Handelnde mit Vertretungsmacht gehandelt hat (anders dagegen in § 179 BGB, wonach es gerade Voraussetzung ist, dass der Handelnde ohne Vertretungsmacht gehandelt hat).

Auch das im Innenverhältnis anzuwendende Recht wird trotz des eindeutigen Verweises in § 54 S. 1 BGB auf die §§ 705 ff. BGB nach Maßgabe der Abgrenzung zwischen Ideal- und wirtschaftlichem Verein bestimmt. Daher ist für das Innenverhältnis des »nichtrechtsfähigen« Idealvereins grundsätzlich nicht das Recht der GbR, sondern das Recht des eingetragenen Vereins aus den §§ 21 ff. BGB anzuwenden. Das gilt jedoch nicht, sofern die betreffende Regelung gerade die Eintragung in das Vereinsregister oder die staatliche Verleihung voraussetzt.[425] Für den nichtrechtsfähigen, wirtschaftlichen Verein verbleibt es dagegen auch für das im Innenverhältnis anzuwendende Recht bei dem Verweis auf die §§ 705 ff. BGB.

Bei der Eintragung des nichtrechtsfähigen Vereins lehnt sich der BGH an § 47 Abs. 2 GBO an, was mit Recht beinahe als Fall der Rechtsverweigerung eingestuft wird.[426]

---

422 BGHZ 146, 341.
423 BGHZ 50, 326, 329; *BGH* NJW-RR 03, 1265. Unklar sind die Ausführungen bei *BGH* ZIP 2016, 1163.
424 Strittig; siehe zum Diskussionsstand: MüKoBGB/*Leuschner* § 54 Rn. 45–49.
425 So z. B. die Publizitätsvorschriften der §§ 68 ff. BGB, da diese gerade an die Eintragung anknüpfen.
426 *BGH* ZIP 2016, 1163 und hierzu *Prütting*, EWiR 2016, 361.

c) Gründung

443   Die Gründung des (rechtsfähigen) eingetragenen Vereins vollzieht sich in zwei Schritten. Zunächst muss der Verein durch die Gründer errichtet werden und sodann als Rechtsträger entstehen.

aa) Errichtung des Vereins

Die Errichtung eines rechtsfähigen Vereins setzt voraus, dass mindestens sieben Gründungsmitglieder (vgl. § 56 BGB) einen Gründungsvertrag über die Schaffung eines Vereinsgebildes schließen und eine Vereinssatzung feststellen. Die Satzung soll gemäß § 59 III BGB zwar von den Gründungsmitgliedern unterschrieben werden, allerdings folgt daraus kein zwingendes Formerfordernis. Mit der Feststellung der Vereinssatzung wird diese als Verfassung des Vereins in Kraft gesetzt. Sie bestimmt gemäß § 25 BGB die Verfassung des Vereins und bildet damit dessen rechtliches Fundament. Der Mindestinhalt der Satzung ist gesetzlich in den §§ 57 ff. BGB festgelegt. Gemäß § 57 BGB muss sie wenigstens den Zweck, den Namen und den Sitz des Vereins enthalten.

Nach § 58 BGB soll sie zudem Bestimmungen über den Eintritt und Austritt von Mitgliedern, die Erhebung von Beiträgen, die Bildung des Vorstands sowie Angaben zu den Voraussetzungen für die Einberufung einer Mitgliederversammlung umfassen.

bb) Entstehung des Vereins

444   Ist der Verein danach durch die Gründungsmitglieder errichtet, aber noch nicht im Vereinsregister eingetragen bzw. fehlt noch die staatliche Verleihung, entsteht ein sog. Vor-Verein. Auf diesen ist das Recht seiner Satzung sowie das Recht des e.V. aus den §§ 21 ff. BGB anzuwenden, sofern dieses gerade nicht auch die Eintragung voraussetzt. Ein Vor-Verein kann sogar, vertreten durch den Vorstand (§ 26 BGB), am Rechtsverkehr teilnehmen. Die für den Vor-Verein im Rechtsverkehr Handelnden unterliegen dann jedoch der persönlichen Haftung aus § 54 S. 2 BGB, da es sich beim Vor-Verein der Sache nach um einen nichtrechtsfähigen Verein iSd § 54 BGB handelt. Der rechtsfähige, eingetragene Verein entsteht dagegen erst mit der Erlangung der Rechtsfähigkeit. Rechte und Pflichten, die der Vor-Verein erworben hat, sind nach Entstehung aber ohne Weiteres solche des eingetragenen Vereins, da beide identisch sind.[427]

Für die Frage, wann und wie der errichtete Vor-Verein Rechtsfähigkeit erlangt und damit als Verein entsteht, ist es maßgeblich, ob es sich bei dem errichteten Vor-Verein dem Gegenstand nach um einen Idealverein (§ 21 BGB) oder um einen wirtschaftlichen Verein (§ 22 BGB) handelt.

Der Idealverein erlangt Rechtsfähigkeit und entsteht damit, indem er in das Vereinsregister des zuständigen Amtsgerichts eingetragen wird. Die Eintragung wirkt also konstitutiv. Demgegenüber bedarf der wirtschaftliche Verein zur Erlangung der Rechtsfähigkeit einer Konzession, einer staatlichen Verleihung.

Die hier maßgebliche Abgrenzung zwischen Ideal- und wirtschaftlichem Verein erfolgt anhand des (tatsächlichen) Vereinszwecks. Ein Idealverein (§ 21 BGB) ist im Gegensatz zu einem wirtschaftlichen Verein (§ 22 BGB) gerade nicht auf den Betrieb eines

---

427 BGHZ 80, 129, 133 ff.; Jauernig/*Mansel* BGB § 21 Rn. 7.

wirtschaftlichen Geschäftsbetriebs gerichtet, sondern auf die Förderung seines ideellen Zwecks gerichtet. Ein wirtschaftlicher Geschäftsbetrieb liegt vor, wenn der Verein »objektiv eine planmäßige, auf Dauer angelegte und nach außen gerichtete geschäftliche Tätigkeit entfaltet, die subjektiv auf den Erwerb wirtschaftlicher Vorteile für den Verein selbst oder seiner Mitglieder gerichtet ist«.[428] Der BGH hat zB eine Funktaxizentrale als wirtschaftlichen Verein iSd § 22 BGB eingeordnet.[429] Verfolgt der Idealverein mit der wirtschaftlichen Betätigung lediglich einen wirtschaftlichen Nebenzweck, so macht ihn das nicht zum wirtschaftlichen Verein. Idealvereinen soll es möglich sein, ihren ideellen Zweck durch untergeordnete wirtschaftliche Betätigung finanziell selbst besonders fördern zu können (sog. Nebenzweckprivileg). Naturgemäß bestehen hier immer Grenzfragen, bei denen eine Abgrenzung nicht ganz eindeutig möglich ist. Beispielsweise ist die Einordnung von Fußball-Bundesligavereinen als Idealverein aufgrund der enorm hohen Umsätze umstritten.[430] Für den ADAC hat der BGH klargestellt, dass dieser auch dann als Idealverein anzusehen ist, wenn er als Alleinaktionär eine Aktiengesellschaft betreibt, die Rechtsschutzversicherungen am Markt gegen Entgelt anbietet.[431] Begründet wurde diese Auffassung damit, dass die organisatorische und rechtliche Trennung zwischen Verein und AG genüge, um eine Zurechnung der wirtschaftlichen Tätigkeit der AG zum Verein auszuschließen. In jüngerer Zeit trat jedoch die wirtschaftliche Tätigkeit des ADAC derart in den Mittelpunkt – man spricht auch vom »gelben Riesen« –, dass eine Einordnung als Idealverein mit gewichtigen Gründen bestritten worden ist. Bei der VG Wort oder der GEMA handelt es sich demgegenüber beispielsweise um »rechtsfähige Vereine kraft Verleihung«, also um wirtschaftliche Vereine im Sinne des § 22 BGB.

d) Mitgliedschaft und Organe

aa) Die Mitgliedschaft

Die Mitgliedschaft im rechtsfähigen Verein ist gemäß § 38 S. 1 BGB grundsätzlich weder übertragbar noch vererblich. Darüber hinaus bestimmt § 38 S. 2 BGB, dass nicht einmal die Ausübung der Mitgliedschaftsrechte einem anderen überlassen werden kann. Aus dem Zusammenspiel von § 38 S. 1 und § 38 S. 2 BGB folgt, dass die Mitgliedschaft ein höchstpersönliches und unteilbares Recht darstellt.[432] Zu beachten ist jedoch, dass mit § 38 BGB lediglich ein Grundsatz normiert wird, von dem gemäß § 40 S. 1 BGB durch die Satzung abgewichen werden kann. Gleichwohl würde eine Abweichung nichts an der dogmatischen Einordnung der Mitgliedschaft als höchstpersönlichem Recht ändern.

Eine Mitgliedschaft in einem Verein kann entweder durch Beteiligung an der Gründung (die Mitglieder sind geborene Mitglieder des Vereins) oder durch Vertrag mit dem Verein (dieser wird gemeinhin auch als »Beitritt« bezeichnet – gekorene Mitglieder) erworben werden. Bestimmungen über den Eintritt und den Austritt soll die Satzung gemäß § 58 Nr. 1 BGB enthalten. Ein Aufnahmezwang besteht grundsätzlich

445

---

428 Vgl. BGHZ 45, 395; BVerwGE 105, 316; HK-BGB/*Dörner*, 10. Aufl. 2019, § 21 Rn. 4.
429 BGHZ 45, 395
430 Vgl. Jauernig/*Mansel* BGB § 21 Rn. 5.
431 BGHZ 85, 84.
432 *K. Schmidt*, GesR, § 24 IV 2a.

nicht. Grenze bildet jedoch eine Selbstbindung[433] des Vereins sowie die vorsätzlich sittenwidrige Schädigung im Sinne des § 826 BGB zB im Rahmen von Monopolen.[434] Ein Aufnahmeanspruch kann daher ausnahmsweise zB bei Gewerkschaften bestehen.[435]

Wie sich bereits aus § 38 S. 1 BGB und § 39 BGB ergibt, endet die Mitgliedschaft durch Tod oder Austritt. Darüber hinaus ist jedoch auch ein Ausschluss aus »wichtigem Grund« seitens des Vereins denkbar.[436]

Die Summe aller vorgesehenen Rechte und Pflichten des Mitglieds bildet den Inhalt einer (Vereins-) Mitgliedschaft. Wichtigste Verpflichtung ist die Leistung von Beiträgen, sofern dies gemäß § 58 Nr. 2 BGB in der Satzung vorgesehen ist. Mitgliedschaftsrechte sind demgegenüber vor allem das Recht auf Teilnahme an den Mitgliederversammlungen, Stimm- und Wahlrechte (soweit diese zB nach § 34 BGB nicht ausgeschlossen sind) sowie ggf. verschiedene Benutzungsrechte der Einrichtungen des Vereins. Daneben steht jedem Mitglied gemäß § 39 I BGB in jedem Fall ein Austrittsrecht zu.

bb) Die Organe

446 Aufgrund der Tatsache, dass es sich bei dem rechtsfähigen Verein um eine juristische Person handelt und diese zwar rechts-, nicht jedoch auch selbst handlungsfähig ist, benötigt der rechtsfähige Verein zur Überwindung der fehlenden Handlungsfähigkeit sog. Organe.[437] Der Begriff »Organ« leitet sich dabei vom lateinischen »organum« ab, was so viel wie »Werkzeug« bedeutet. »Werkzeuge« oder auch Organe des Vereins sind die Mitgliederversammlung, der Vorstand oder auch der in § 30 BGB normierte »besondere Vertreter«.

(1) Mitgliederversammlung

447 Die Mitgliederversammlung ist das Willensbildungsorgan und als solches das oberste Organ eines Vereins.[438] Gemäß § 32 I 1 BGB werden grundsätzlich alle Angelegenheiten des Vereins durch sie geordnet, soweit diese nicht dem Vorstand oder einem anderen Vereinsorgan ausdrücklich zugewiesen sind. Ihre Stellung als oberstes Organ wird zudem dadurch bekräftigt, dass sie, wie sich aus dem Verweis des § 27 III 1 BGB auf das Auftragsrecht der §§ 664–670 BGB und damit auf § 665 BGB ergibt, dem Vorstand Weisungen erteilen kann.

Die Mitgliederversammlung setzt sich in der Regel aus dem gesamten Mitgliederbestand zusammen und entscheidet durch Beschluss. Ihre Beschlüsse fasst sie, wie es für eine Körperschaft typisch ist, gemäß § 32 I 3 BGB mit der Mehrheit der abgegebenen Stimmen, dh mit einfacher Mehrheit. Mitglieder, die sich bei Abstimmungen enthalten, sind so zu behandeln, als wären sie nicht erst erschienen.[439] Aufgabe der Mitgliederversammlung ist gemäß § 27 I und II BGB insbesondere die Bestellung und Abberufung des Vorstands. Darüber hinaus ist sie gemäß § 33 I BGB für Satzungs-

---

433 BGHZ 101, 193, 200.
434 BGHZ 21, 1, 7; *BGH* II ZR 23/14, WM 2015, 2107 ff. zur Monopolstellung des DOSB und seiner Nominierungspraxis für die olympischen Spiele.
435 Vgl. BGHZ 93, 151, 153 ff.
436 *BGH* NJW 1990, 40, 41; Der Ausschluss aus politischen Parteien ist dagegen in den §§ 10, 14 PartG abschließend geregelt.
437 Vgl. Henssler/Strohn/*Verse* GmbHG § 13 Rn. 9.
438 *K. Schmidt*, GesR, § 24 III 3 a.
439 BGHZ 83, 35, 37.

änderungen und gemäß § 41 BGB für einen eventuellen Auflösungsbeschluss zuständig. Sowohl für Satzungsänderungen als auch für einen etwaigen Auflösungsbeschluss bedarf es abweichend von § 32 I 3 BGB nicht der einfachen, sondern einer ¾ Mehrheit der abgebebenen Stimmen. Für Änderungen des Vereinszwecks müssen gemäß § 33 I 2 BGB gar alle Mitglieder, hier sogar die abwesenden, zustimmen. Fehlerhafte Beschlüsse der Mitgliederversammlung sind nach hM ipse iure nichtig.[440]

(2) Vorstand

Daneben benötigt jeder Verein gemäß § 26 I 1 BGB einen Vorstand. Er ist gemäß **448** § 26 I 2 BGB Leitungs-, Geschäftsführungs- und Vertretungsorgan.[441] Ohne ihn ist der Verein im Rechtsverkehr handlungsunfähig. Daher kann das Amtsgericht gemäß § 29 BGB vorübergehend einen sog. Notvorstand bestellen, wenn ein erforderliches Mitglied des Vorstands fehlt.

Für die Besetzung des Vorstands gilt das für Körperschaften typische Prinzip der Fremdorganschaft, so dass auch Dritte zum Vorstand bestellt werden können, es sei denn, die Satzung enthält davon abweichende Bestimmungen. Besteht der Vorstand aus mehreren Personen, so erfolgt seine Beschlussfassung gemäß § 28 BGB grundsätzlich wie die der Mitgliederversammlung, dh nach §§ 32 und 34 BGB mit einfacher Mehrheit. Aber auch von diesem Grundsatz kann die Satzung gemäß § 40 S. 1 BGB abweichende Regelungen treffen; insbesondere kann sie daher auch andere Mehrheitserfordernisse vorsehen.

Die aus § 26 I 2 BGB folgende Vertretungsmacht des Vorstandes gegenüber Dritten ist nicht auf solche Geschäfte beschränkt, die dem Vereinszweck entsprechen.[442] Allerdings kann sie gemäß der Norm, im Gegensatz zu der eines AG-Vorstandes oder eines GmbH-Geschäftsführers (§ 82 I AktG, § 37 II 1 GmbHG), durch Satzung mit Wirkung gegenüber Dritten beschränkt werden. Die Beschränkung kann dem Dritten gem. §§ 70, 68 BGB jedoch nur dann entgegengehalten werden, wenn er sie kennt oder sie im Vereinsregister eingetragen ist. Grenze der Beschränkung der Vertretungsmacht durch die Satzung bildet deren vollständige Entziehung.[443] Besteht der Vorstand aus mehreren Personen so gilt für die Vertretung bei der Abgabe von Willenserklärungen gemäß § 26 II 2 BGB das Mehrheitsprinzip und für die Entgegennahme von Willenserklärungen gem. § 26 II 2 BGB der Grundsatz der Einzelvertretungsmacht.

Das Innenverhältnis von Vorstand zu Verein wird im Wesentlichen durch den Verweis des § 27 III BGB auf die §§ 664–670 BGB bestimmt. Daher ist der Vorstand zB gemäß § 666 BGB zur Auskunft/Rechenschaft und gemäß § 667 BGB zur Herausgabe von allem aus seiner Tätigkeit Erlangtem verpflichtet. Gleichermaßen hat er gemäß § 670 BGB aber auch einen Anspruch gegen den Verein auf Ersatz notwendiger Aufwendungen und analog § 110 HGB auf Ersatz von »risikotypischen Begleitschäden«.[444]

---

440 BGHZ 59, 369, 372; *BGH* NJW 2008, 69; aA *K. Schmidt*, GesR, § 24 III 3f., wonach die Anwendung der §§ 241 ff. AktG analog vorzugswürdig sei.
441 *K. Schmidt*, GesR, § 24 III 2a.
442 *K. Schmidt*, GesR, § 24 III 2c.
443 BayObLGZ 1971, 266, 271.
444 BGHZ 38, 270, 277; NK-BGB/*Schwab* § 670 Rn. 11.

(3) Besondere Vertreter

449 Neben der Mitgliederversammlung und dem Vorstand kann die Satzung gemäß § 30 S. 1 BGB ein weiteres Organ, den sog. besonderen Vertreter, für die Durchführung bestimmter Geschäfte bestellen und ihm dafür Vertretungsmacht einräumen. Die Norm soll eine bessere, nach Expertise differenzierende Vereinsorganisation ermöglichen.[445]

e) Haftungsmodalitäten beim eingetragenen Verein

aa) Allgemeines

450 Nachdem zuvor bereits ein Blick auf die Haftungsmodalitäten beim »nichtrechtsfähigen« Verein (§ 54 BGB) geworfen wurde, sollen diese nun auch hinsichtlich des rechtsfähigen Vereins beleuchtet werden.

Der rechtsfähige Verein ist eine juristische Person. Als solche ist der e. V. aufgrund des bei jur. Personen geltenden »Trennungsgrundsatzes« gegenüber seinen Mitgliedern rechtlich verselbständigt.[446] Das hat zur Folge, dass zum einen das Vereinsvermögen unabhängig von den Mitgliedern ist und zum anderen, dass Verbindlichkeiten des Vereins grundsätzlich ausschließlich solche des Vereins sind. Wenn das Vermögen des Vereins danach aber unabhängig von den Mitgliedern ist und Verbindlichkeiten in der Regel alleine dem Verein zuzurechnen sind, dann kann aber auch nur das Vereinsvermögen für solche Verbindlichkeiten haften.[447] Folglich ist hier ein Durchgriff der Gläubiger des Vereins auf die Mitglieder desselbigen grundsätzlich ausgeschlossen.[448] Etwas anderes gilt nur bei der sog. Durchgriffshaftung.[449] Ein Durchgriff auf die Mitglieder des Vereins ist ausnahmsweise zulässig, »wenn die Ausnutzung der rechtlichen Verschiedenheit zwischen der jur. Person und den hinter ihr stehenden natürlichen Personen rechtsmissbräuchlich ist«.[450] Das wird beispielsweise angenommen, wenn das Vermögen der Mitglieder und des Vereins vermischt[451] wird oder ein Verein von Anfang an vermögenslos war und keine Aussicht darauf hatte, jemals Vermögen zu erwerben, für seine Tätigkeit jedoch offenkundig Vermögenswerte benötigte.[452]

Dagegen wird ein Durchgriff beispielsweise dann abgelehnt, wenn die Mitglieder eines eingetragenen Idealvereins diesen zu einer nicht vom Nebenzweckprivileg gedeckten, wirtschaftlichen Tätigkeit nutzen.[453]

bb) Haftung für Handlungen des Vorstands

451 Gemäß § 31 BGB ist der Verein auch für die Schäden verantwortlich, die der Vorstand oder ein »anderer verfassungsmäßig berufener Vertreter« einem Dritten in Rahmen der ihnen zustehenden Tätigkeit durch eine zum Schadensersatz verpflichtende Handlung zufügt. Dogmatisch handelt es sich bei § 31 BGB nicht um eine haftungsbegründende,

---

445 *K. Schmidt,* GesR, § 24 III 2 e.
446 NK-BGB/*Heidel/Lochner* Vorb. zu §§ 21 ff. Rn. 7.
447 NK-BGB/*Heidel/Lochner* Vorb. zu §§ 21 ff. Rn. 7.
448 BGHZ 175, 12 – »*Kolpingwerk*«.
449 BGHZ 175, 12 – »*Kolpingwerk*«.
450 BGHZ 54, 222; BGHZ 175, 12 – »*Kolpingwerk*«.
451 BGHZ 125, 366; BGHZ 68, 312.
452 BGHZ 54, 222.
453 BGHZ 175, 12 – »*Kolpingwerk*«; aA: *OLG Dresden* ZIP 2005, 1680.

sondern um eine haftungszuweisende Norm[454], so dass eine Haftung des Vereins immer auch die Verwirklichung eines zum Schadensersatz verpflichtenden Tatbestandes voraussetzt. Der Grund für die angeordnete Zurechnung besteht darin, dass Handlungen des Vorstands nach der herrschenden Organtheorie als solche des Vereins anzusehen sind.[455] Daher besteht hier, anders als im Rahmen des § 831 BGB, nicht die Möglichkeit der Exkulpation, da der Verein gerade nicht für fremde, sondern für eigene Handlungen haftet.

§ 17. Die GmbH – Grundlagen

1. Wesen und Entwicklung

Die Gesellschaft mit beschränkter Haftung ist als Kapitalgesellschaft eine Körperschaft des Privatrechts und als solche jur. Person (§ 13 I GmbHG). Zugleich ist sie Handelsgesellschaft und damit auch Formkaufmann (§ 13 III GmbHG i.V.m § 6 II HGB). **452**

Bei der GmbH handelt es sich dem Wesen nach um eine moderne Adaption bestimmter Grundgedanken des Aktienrechts an die speziellen Zwecke eines kleineren Unternehmens. Diese Annäherung des GmbH-Rechts an das Aktienrecht liegt darin begründet, dass die AG die klassische Grundform der Kapitalgesellschaft (nicht der Körperschaft!) darstellt. In der AG stellt sich die kapitalgesellschaftliche Konzeption am klarsten als Gegenstück zu derjenigen der Personengesellschaft dar, die GmbH bringt demgegenüber gewisse personalgesellschaftliche Momente wieder ein. Die AG und ihr Recht haben sich im 19. Jh. praktisch weltweit aus den wirtschaftlichen Bedürfnissen heraus entwickelt; sie war (und ist) insbesondere das prädestinierte privatrechtliche Instrument, um bei einem breiten Anlegerpublikum Kapital für Großprojekte einzusammeln, etwa für den Eisenbahnbau. Die Kodifikationen – in Deutschland: ADHGB von 1861 – lassen sich dabei auch als Reaktion auf eingetretene Missstände, als Schutzgesetze zugunsten gefährdeter Interessen erklären.

Das GmbHG stammt demgegenüber vom grünen Tisch der Ministerialbürokratie, mit ihm betrat der deutsche Gesetzgeber im Jahre 1892 Neuland, und es dauerte sogar einige Jahrzehnte, bis die Wirtschaft diese Kunstschöpfung »annahm«. In der Folgezeit haben zahlreiche weitere Länder das Modell der GmbH übernommen, flächendeckend in Europa, aber auch weit darüber hinaus. In solchen Ländern aber, in denen dies nicht der Fall ist, muss (und kann) die AG auch weitgehend die Rolle der GmbH vertreten, und in den USA etwa hat sie zu diesem Zweck eine eigene Spielart, die sog. »close corporation«, ausgebildet. **453**

Die GmbH eröffnet quasi-aktienrechtliche Haftungsprivilegien einem Unternehmenstypus, auf den eigentlich der Größe und der Art des Gesellschafterzusammenschlusses nach die Rechtsform der Personengesellschaft eher zugeschnitten wäre. Die Zahl der Gesellschafter ist regelmäßig kleiner, ihre Bindung untereinander und an das Unternehmen enger, die beliebige Veräußerbarkeit des Gesellschaftsanteils tritt demgemäß stärker in den Hintergrund (dementsprechend verlangt § 15 III GmbHG für die Übertragung von GmbH-Anteilen anders als bei der AG einen *notariellen* Abtretungsver-

454 BGHZ 99, 298, 302; Palandt/*Ellenberger* BGB § 31 Rn. 2.
455 BGHZ 99, 298, 302; BeckOK BGB/*Schöpflin* § 31 Rn. 1.

trag). Im Einzelnen allerdings deckt die GmbH ein breites Spektrum unterschiedlicher Ausgangssituationen ab, und das in stärkerem Maße dispositive GmbH-Recht (vgl. § 45 GmbHG) erlaubt durch eine entsprechende Gestaltung im Gesellschaftsvertrag die Ausprägung sowohl einer mehr kapitalistischen wie auch einer mehr personalistischen Organisationsform.[456]

Könnte man demgemäß die GmbH, jedenfalls in der personalistischen Spielart, auch als eine Art von KG mit allseits beschränkter Haftung apostrophieren, so bleibt jedoch rechtlich die Grundstruktur der AG erhalten.

Literatur: *Goette*, DStR 2009, 51; *Hirte*, NJW 2010, 2177; *Hirte*, NJW 2009, 415; *Roth* (Hrsg.), Das System der Kapitalgesellschaften im Umbruch, 1990.

2. Hauptunterschiede zur AG

454   Die GmbH unterscheidet sich von der AG hauptsächlich dadurch, dass sie ihre Gesellschafter weit weniger in ein Korsett zwingender Rahmenbedingungen drängt. Beispielsweise ist die im Aktienrecht geltende sog. »Satzungsstrenge« (§ 23 V AktG) bei der GmbH zugunsten von mehr **Privatautonomie** aufgelockert (vgl. § 45 II GmbHG). Die GmbH ist in der Gründung wie auch im »Betrieb« einfacher und billiger. Der Grund dafür besteht darin, dass der Betrieb einer AG aufgrund der im Aktienrecht bestehenden hohen Regelungsdichte und der damit verbundenen Komplexität relativ kompliziert und aufwendig ist, was regelmäßig mit mehr Aufwand und dementsprechend mit höheren Kosten verbunden ist. Damit erklärt sich auch, weshalb die AG in Deutschland im Wesentlichen auf Großunternehmen beschränkt und ihre Anzahl gering blieb. Heutzutage ist die GmbH in Deutschland die mit Abstand am häufigsten eingesetzte Rechtsform.[457] Nach Angaben des Statistischen Bundesamtes gab es im Jahr 2014 ca. 550.000 steuerpflichtige Kapitalgesellschaften. Alleine auf die Rechtsform der GmbH entfallen dabei 520.000 steuerpflichtige Gesellschaften. Insgesamt wird ihre Zahl gar auf über eine Million geschätzt. Darüber hinaus existierten ca. 20.000 steuerpflichtige Unternehmergesellschaften (haftungsbeschränkt), die ebenfalls der GmbH zuzuordnen sind. Im Vergleich dazu wirkt die Zahl der Aktiengesellschaften mit ca. 7700 steuerpflichtigen Gesellschaften eher zurückhaltend.

Ein weiterer maßgeblicher Unterschied besteht darin, dass der GmbH der Zugang zum Kapitalmarkt im Vergleich zur AG wesentlich erschwert ist. Anders als Aktien sind GmbH-Anteile nicht börsenfähig und auch nur beschränkt verkehrsfähig. Beispielsweise setzt die Übertragung von GmbH-Anteilen gem. § 15 III GmbHG nicht nur die notarielle Beurkundung voraus, sondern kann sie gem. § 15 IV GmbHG sogar durch das Erfordernis der Zustimmung der Mitgesellschafter (sog. Vinkulierung) abhängig gemacht werden.

Darüber hinaus beträgt das Mindeststammkapital bei der GmbH lediglich 25.000 EUR (bei der AG sind es 50.000 EUR). Schließlich muss die GmbH, die nicht der Mitbestimmung (zB nach DrittelbG oder MitbestG) unterliegt, anders als die AG, grund-

---

456 Grundlegend *Immenga*, Die personalistische Kapitalgesellschaft, 1970.
457 *Kornblum*, GmbHR 2018, 669.

sätzlich keinen Aufsichtsrat bilden. Den Gesellschaftern bleibt die freie Wahl, ob sie einen fakultativen Aufsichtsrat (§ 52 GmbHG) in der Satzung vorsehen möchten.

3. Spezialfall: Die UG (haftungsbeschränkt)

Einen Spezialfall im GmbH-Recht stellt die Unternehmergesellschaft (haftungs- **455** beschränkt) dar. Auch sie ist eine gesetzgeberische Kunstschöpfung und gilt als deutsche Antwort auf die britische Limited, die sich im Zuge der Rechtsprechung des EuGH[458] zur europäischen Niederlassungsfreiheit (Art. 49 AEUV) und dem damit verbundenen Wettbewerb der europäischen Gesellschaftsformen immer größerer Beliebtheit erfreute. Eingeführt wurde sie 2008 in § 5a GmbHG durch das »Gesetz zur Modernisierung des GmbH-Rechts und zur Bekämpfung von Missbräuchen« (MoMiG). Mittlerweile hat die UG (haftungsbeschränkt) die Limited in Deutschland weitgehend abgelöst.[459] Bei der UG (haftungsbeschränkt) handelt es sich rechtsdogmatisch nicht um eine eigene Rechtsform, sondern um eine Sonderform der GmbH. Daher findet auf sie das GmbH-Recht Anwendung, soweit § 5a GmbHG nicht etwas anderes bestimmt.[460] Folglich ist sie, genau wie die GmbH auch, jur. Person und Formkaufmann. Im Unterschied zur »echten« GmbH kann sie schon mit einem Stammkapital von nur 1 EUR gegründet werden. Das hat zur Folge, dass sie insbesondere für Kleinunternehmer und Existenzgründer sehr attraktiv ist. Sie kann jedoch nur im Wege der Neugründung entstehen, da eine Zurückstufung einer GmbH im Wege der Kapitalherabsetzung wegen § 58 II GmbHG ausgeschlossen ist.[461] Darüber hinaus kann das Stammkapital anders als bei der GmbH nicht im Wege der Sacheinlage aufgebracht werden, da diese bei der UG (haftungsbeschränkt) gem. § 5a II 2 GmbHG ausgeschlossen sind. Wird gegen dieses Verbot verstoßen, so ist nicht etwa die Regelung des § 19 IV GmbHG anwendbar, wonach die erbrachten Sacheinlagen zumindest anzurechnen wären, sondern es bleiben die Gesellschafter trotz der Sacheinlage vielmehr verpflichtet, die vereinbarte Bareinlage zu entrichten.[462] Das Sacheinlageverbot gilt jedoch nicht, wenn aufgrund der Höhe des Wertes der Sacheinlage (dh wenn diese einen Wert von mind. 25.000 EUR hat) auch gleich eine GmbH gegründet werden könnte.[463] Ferner darf die Anmeldung der Gesellschaft zum Handelsregister abweichend von § 7 II GmbHG gem. § 5a II 1 GmbHG erst erfolgen, wenn das Stammkapital in voller Höhe eingezahlt ist.

Zum Schutz des Rechtsverkehrs und der Gläubiger darf sich die UG (haftungsbeschränkt) nicht als GmbH, GmbH i.G. oder ähnlich bezeichnen, sondern muss als Firmenzusatz »UG (haftungsbeschränkt)« tragen. Auch eine Abkürzung des Wortes »haftungsbeschränkt« ist nicht zulässig.[464] Mit der in § 5a GmbHG vorgesehenen Bezeichnung soll das Fehlen eines Stammkapitals kompensiert werden.[465] Firmiert die Gesellschaft nicht unter der in § 5a I GmbHG vorgesehenen korrekten Bezeichnung,

---

458 *EuGH* C-212/97 = ZIP 1999, 438 – »Centros«; *EuGH* C-167/01 = NJW 2003, 3331 – »Inspire Art«.
459 *Kornblum*, GmbHR 2012, 728.
460 Baumbach/Hueck/*Servatius* GmbHG § 5a Rn. 7.
461 *Saenger*, GesR, § 17 Rn. 822.
462 Strittig, vgl. zum Streitstand: *Saenger*, GesR, § 17 Rn. 822.
463 BGHZ 189, 254.
464 Baumbach/Hueck/*Servatius* GmbHG § 5a Rn. 9.
465 Baumbach/Hueck/*Servatius* GmbHG § 5a Rn. 9.

so ist der für die Gesellschaft im Rechtsverkehr Handelnde analog § 179 BGB dem Vertragspartner gegenüber persönlich verantwortlich.[466]

Darüber hinaus besteht bei der UG (haftungsbeschränkt) gem. § 5 a III 1 GmbHG die Pflicht, in der Bilanz eine gesetzliche Rücklage zu bilden, in die ein Viertel des um einen Verlustvortrag aus dem Vorjahr geminderten Jahresüberschusses einzustellen ist. Diese gesetzliche Rücklage darf nur für die § 5 a III 2 Nr. 1–3 GmbHG festgelegten Zwecke verwendet werden. Damit soll sichergestellt werden, dass die UG (haftungsbeschränkt) kontinuierlich mit höherem Eigenkapital ausgestattet wird und zu einer »echten« GmbH heranwächst. Erreicht die UG (haftungsbeschränkt) das für die GmbH vorgesehene Mindeststammkapital von 25.000 EUR, so fallen die Beschränkungen des § 5 a GmbHG gem. § 5 a V GmbHG weg. Dann kann nicht nur die gesetzliche Rücklage aufgelöst werden, sondern haben die Gesellschafter auch die Wahl, ob sie weiterhin als »UG (haftungsbeschränkt)« firmieren oder ob sie den Firmenzusatz in »GmbH« ändern wollen.

Zur Sicherstellung des kontinuierlichen Wachstums des Eigenkapitals ist eine Ausschüttung der Rücklage vor dem Wegfall der Beschränkungen nach § 5 a V GmbHG an die Gesellschafter unzulässig und führt zu einem Erstattungsanspruch der Gesellschaft gegenüber ihren Gesellschaftern, der (wohl) aufgrund der sachlichen Nähe zum Kapitalerhaltungsrecht auf § 31 GmbHG zu stützen ist.[467] Wird die Rücklage stattdessen nicht gebildet, so hat dies in entsprechender Anwendung des § 256 I Nr. 4 AktG die Nichtigkeit der Feststellung des Jahresabschlusses und damit die Nichtigkeit eines ggf. getroffenen Gewinnverwendungsbeschlusses analog § 253 AktG zur Folge.[468] Haben die Gesellschafter aufgrund eines nichtigen Gewinnverwendungsbeschlusses Gewinne bezogen, so steht der Gesellschaft gemäß § 812 BGB ein Rückzahlungsanspruch gegen die Gesellschafter zu.[469]

§ 18. Die GmbH – Gründung, Kapitalstruktur

456   **Fall 34:** A, Alleininhaber eines kleineren überschuldeten Baugeschäfts, sucht nach einem Weg, sein unternehmerisches Haftungsrisiko zu verringern, und macht hierzu seinem Freund F folgenden Vorschlag: Sie sollten zusammen eine GmbH mit einem Stammkapital von 25.000 EUR gründen. F brauche nur einen Geschäftsanteil von 1.000 EUR zu übernehmen und darauf nur 250 EUR einzuzahlen. Die restlichen 24.000 EUR würde A zeichnen und darauf sein Bauunternehmen einbringen. Dessen Wert setze er großzügig mit 20.000 EUR an. Nach einem halben Jahr werde dann A dem F seinen Anteil für 750 EUR abkaufen.
Wird A seinen Zweck erreichen? Ginge es auch einfacher? Was riskiert F? (Lösungshinweise → Rn. 476).

1. Allgemeines

457   Eine GmbH entsteht in der Regel im Wege der Neugründung. Daneben ist es aber auch denkbar, dass eine bestehende Gesellschaft einer anderen Rechtsform in eine GmbH umgewandelt wird. Gemäß § 1 GmbHG kann die GmbH zu jedem beliebigen, mit

---

466   *BGH* NZG 2012, 989.
467   *Neideck,* GmbHR 2010, 624.
468   Begr. RegE, BT-Drs. 16/6140, 32; *Saenger,* GesR, § 17 Rn. 823.
469   *Saenger,* GesR, § 17 Rn. 823.

dem Gesetz vereinbaren Zweck errichtet werden.[470] Bei der Neugründung sind in der Regel 5 Gründungsschritte zu vollziehen. Zunächst muss (1) ein Gesellschaftsvertrag geschlossen werden, der später (2) gem. § 2 I GmbHG vom Notar notariell zu beurkunden ist (§ 128 BGB). Eine Auflistung über zwingende Angaben im Gesellschaftsvertrag enthält § 3 I GmbHG. Leidet der Gesellschaftsvertrag an einem Formmangel, ist derselbe gem. § 125 BGB nichtig, was gem. § 9c GmbHG dazu führt, dass die Gesellschaft nicht in das Handelsregister eingetragen wird. Daraufhin müssen die (3) Organe der GmbH bestellt werden. Dabei ist zu beachten, dass die GmbH zumindest einen Geschäftsführer haben *muss* (vgl. § 6 I GmbHG). Im weiteren Verlauf ist (4) von den Gesellschaftern das im Gesellschaftsvertrag vereinbarte Stammkapital zu erbringen. Ist dies erfolgt oder ist gem. § 7 II GmbHG zumindest ein Viertel des Nennbetrags, in der Gesamtsumme mindestens jedoch 12.500 EUR (also die Hälfte des gesetzlichen Grundstocks von 25.000 EUR) eingezahlt, ist die Gesellschaft (5) zum Handelsregister anzumelden. Der Inhalt der Anmeldung ist in § 8 GmbHG vorgeschrieben. Das von den Gesellschaftern zu erbringende Stammkapital muss gemäß § 5 I GmbHG mindestens 25.000 EUR betragen. Dieses Stammkapital in Verbindung mit den durch das Gesetz verstreuten Kapitalaufbringungs- und Erhaltungsgrundsätzen sowie Schutzmomenten durch Publizität und strafrechtlicher Absicherung stellen die Rechtfertigung für die in § 13 II GmbHG vorgesehene, haftungsrechtliche Privilegierung der Gesellschafter dar.

a) Kapitalschutz

Sowohl bei der AG als auch bei der GmbH dient die zwingende gesetzliche Regelung über die Kapitalstruktur im Allgemeinen und die Kapitalaufbringung im Gründungsstadium im Besonderen in erster Linie dem Schutz der **Gläubiger,** denen nur das Gesellschaftsvermögen haftet. Es müssen daher die Einlagepflichten der Gesellschafter, die der Gesellschaft gegenüber bestehen, und deren effektive Erfüllung besonders wirksam abgesichert sein. **458**

Der **Grundgedanke** der gesetzlichen Regelung ist die Ausstattung der juristischen Person mit einem Eigenvermögen, welches sie kreditwürdig macht und die Interessen der Gläubiger hinreichend zu schützen verspricht (der sog. *Haftungsfonds*) – ebenso wie auch bei der natürlichen Person als Einzelunternehmer, hinter der kein weiteres Haftungssubjekt steht, ihr Vermögen und ihre Kreditwürdigkeit für die Gläubigerinteressen den Maßstab setzen. Nun bestimmt sich freilich die Kreditwürdigkeit einer Kapitalgesellschaft im Laufe ihrer Existenz hauptsächlich nach ihrem wirtschaftlichen Erfolg, und dafür kann das Gesetz wenig tun. Es kann sich lediglich darum bemühen, eine gute Startposition zu garantieren, der Gesellschaft eine angemessene Kapital-»Aussteuer« mit auf den Weg zu geben. Demgemäß ruht das Haftungsfondsprinzip auf *drei Pfeilern:* dem gesetzlichen Erfordernis eines bestimmten **Mindesteigenkapitals** sowie den beiden Schutzprinzipien der **Kapitalaufbringung** und **Kapitalerhaltung,** nämlich der Gewähr, dass dieses gesetzliche Mindestkapital oder ein höheres satzungsmäßig festgelegtes Eigenkapital effektiv aufgebracht und in der Folgezeit dem Unternehmen nicht wieder entzogen wird. Für die Aufbringung und Erhaltung des Eigenkapitals haben die Gesellschafter einzustehen; diese Pflicht besteht gegenüber der Gesellschaft (Innenhaftung) und ist von deren Geschäftsführern oder jedenfalls dem Insolvenzverwalter zu realisieren. Die Gläubiger können sich nur an die Gesell- **459**

---

470 *Saenger,* GesR, § 17 Rn. 725.

schaft halten und allenfalls in deren Forderungen gegen die Gesellschafter die Zwangsvollstreckung betreiben.

460 Am schärfsten ausgeprägt ist diese Konzeption wiederum im Aktienrecht; das
GmbHG erlaubt sich formelle Vereinfachungen und materielle Erleichterungen, die
Gesetz und Rspr. dann wieder auf andere Weise zu kompensieren suchen.

b) Das Kapital bei der Gründung

461 Die Abschwächung der Schutzvorkehrungen bei der GmbH fängt schon beim Mindestkapital an: Es beträgt nur 25.000 EUR (§ 5 I GmbHG), bei der Variante Unternehmergesellschaft nach § 5a GmbHG gibt es ein theoretisches Mindestkapital von einem
Euro (§ 5a I iVm § 5 II GmbHG). Das bei der AG sog. Grundkapital wird bei der
GmbH als **Stammkapital** bezeichnet. Das Stammkapital setzt sich aus **Geschäftsanteilen** zusammen, die verschieden ausgestaltet werden können, § 5 III GmbHG. Auf jeden
Geschäftsanteil ist eine Einlage (»Stammeinlage«, vgl. § 3 I Nr. 4 GmbHG) entspre-
chend der Höhe des Nennbetrages des Geschäftsanteils zu leisten, § 14 GmbHG. Die
Erfüllung der Einzahlungspflicht sollen die Kautelen in § 19 GmbHG sicherstellen.

462 Ebenso wie bei der AG muss vor der Eintragung mindestens ein Viertel jedes Geschäftsanteils eingezahlt sein (§ 7 II 1 GmbHG). Allerdings müssen bei bloßer Teilein-
zahlung die Geschäftsanteile zusammen genommen mindestens den Gegenwert von
12.500 EUR erreichen, § 7 II 2 GmbHG. Sacheinlagen sind in vollem Umfang und zur
endgültig freien Verfügbarkeit des Geschäftsführers vor der Eintragung einzubringen,
vgl. § 7 II, III sowie § 8 I Nr. 5 GmbHG.

Der Eintreibung der noch ausstehenden Geschäftsanteile und damit der Sicherung der
Kapitalaufbringung dient das **Kaduzierungsverfahren** (§ 21 GmbHG); bei einer zwischenzeitlichen Übertragung des Geschäftsanteils entspricht die Haftung des Rechts-
vorgängers (§ 22 GmbHG) in den Grundzügen der aktienrechtlichen Regelung. Eine
dem GmbH-Recht eigentümliche Erweiterung der **Haftung** jedes Gesellschafters
bringt § 24 GmbHG: Demnach haften die übrigen Gesellschafter auch für die unein-
bringlichen Außenstände auf die Stammeinlage eines Mitgesellschafters (sog. **Ausfallhaftung**). Im Extremfall hätte ein zahlungskräftiger Gesellschafter für die Einlagepflichten aller übrigen Gesellschafter bis zur Höhe des gesamten Stammkapitals
einzustehen! Das Haftungsrisiko eines GmbH-Gesellschafters ist also nicht schlechthin auf die Höhe seines Geschäftsanteils beschränkt und reicht insofern weiter als bei
KG und AG.

463 Eine Erweiterung der Einlagepflicht und damit des Haftungsrisikos kann auch daraus
resultieren, dass die Gesellschafter (mit einfacher Mehrheit der abgegebenen Stimmen:
§ 47 I GmbHG) die Einforderung von **Nachschüssen** beschließen. Allerdings muss
dies im Gesellschaftsvertrag vorgesehen sein, wobei die Nachschusspflicht auf einen
bestimmten Betrag beschränkt oder auch als unbeschränkt ausgestaltet sein kann (§ 26
GmbHG). Im letzteren Fall räumt zwar § 27 GmbHG dem einzelnen (Minderheits-)
Gesellschafter das Recht zur Preisgabe seines Geschäftsanteils ein, doch wird damit
die Entlastung von dem zusätzlichen Risiko teuer erkauft.

Eine Nachschussklausel kann auch im Wege der nachträglichen Abänderung in den
Gesellschaftsvertrag Eingang finden, doch räumt hierbei § 53 III GmbHG jedem einzelnen betroffenen Gesellschafter ein Vetorecht ein.

Gegen die Gefahren aus einer Einbringung von **Sacheinlagen** schützt einerseits § 5 IV   **464**
GmbHG, der sicherstellt, dass dieser Leistungsgegenstand präzise im Gesellschaftsvertrag festgelegt ist. Andererseits sind gegen das Hauptproblem einer drohenden
Überbewertung noch weitere Vorkehrungen getroffen. Ein Sachgründungsbericht hat
darzulegen, dass der Gegenstand angemessen bewertet wurde; das Registergericht hat
dies zu überprüfen und ggf. die Eintragung abzulehnen (§ 5 IV 2 sowie § 9c GmbHG).
Eine dem Aktienrecht gleichwertig strenge Gründungsprüfung ist allerdings nicht vorgeschrieben. Schließlich ist die zur Sicherung der realen Aufbringung des Stammkapitals erforderliche *Differenzhaftung* hier in § 9 GmbHG gesetzlich festgelegt, die zum
Zuge kommt, wenn später (allerdings nur innerhalb von zehn Jahren seit Registereintragung) festgestellt wird, dass eine Sacheinlage objektiv den für sie angesetzten und
damit tatsächlichen Wert nicht erreicht.

Der praktisch besonders wichtige Fall der Sacheinlage ist die Einbringung eines existierenden Unternehmens, wenn dieses schon länger betrieben wurde und nun in die
Rechtsform einer GmbH übergeführt werden soll.

Die Differenzhaftung kann mit der vorerwähnten Ausfallhaftung (§ 24 GmbHG)
kombiniert werden und so auch den Mitgesellschafter treffen, beispielsweise in *Fall 34*
(→ Rn. 456) dem Strohmanngesellschafter drohen, solange er nicht wieder ausgeschieden ist.

Die Anforderungen an eine Sacheinlage sind strenger als diejenigen an eine Geldeinlage.   **465**
In der Praxis versuchen Gesellschafter daher immer wieder, die Sacheinlagebestimmun-
gen zu umgehen, indem sie formal eine Geldeinlage versprechen. Dabei wird das Geld
zwar zunächst an die GmbH geleistet; allerdings verbleibt es dort nicht lange. Vielmehr
wird mit dem eingezahlten Geld auf Basis einer entsprechenden (auch formlos möglichen) Abrede mit dem Gesellschafter von diesem ein Gegenstand erworben. Bei wirtschaftlicher Betrachtung stellt sich der Gesamtvorgang als Sacheinlage dar, weil von Anfang an klar ist, dass letztlich nicht das Geld, sondern der Gegenstand als Einlage
erbracht werden soll. Der durch das MoMiG 2008 eingefügte **§ 19 IV 1 GmbHG** definiert dieses Phänomen als **verdeckte Sacheinlage**.[471] Zu beachten ist, dass eine verdeckte Sacheinlage voraussetzt, dass der die Bareinlage substituierende Gegenstand
sacheinlagefähig ist.[472] Abzugrenzen ist der Tatbestand des § 19 IV GmbHG insoweit
von dem Tatbestand des »Hin- und Herzahlens« in § 19 V GmbHG.[473] Nicht sacheinlagefähig sind hierbei nach hM insbesondere Verpflichtungen zu Dienstleistungen (zB
Geschäftsführung), einfache schuldrechtliche Ansprüche gegen den Einlageschuldner
sowie künftige Forderungen. Ist § 19 IV GmbHG anwendbar, so hat diese Regelung
zur Rechtsfolge, dass die Geldeinlageverpflichtung trotz formaler Einzahlung des Gel-
des nicht nach § 362 BGB erlischt, weil bei materieller Betrachtung nicht das Geld, sondern der Gegenstand und damit keine erfüllungstaugliche Leistung erbracht wurde. Das
Geld muss also nochmals einbezahlt werden. Allerdings wird auf die fortbestehende
Geldeinzahlungsverpflichtung der objektive Wert des Gegenstandes zugunsten des Ge-

---

471 Zur Entwicklungsgeschichte und den tatbestandlichen Voraussetzungen der verdeckten Sacheinlage
s. MüKoGmbHG/*Schwandtner* § 19 Rn. 166ff.; *Veil/Wildhirth,* BB 2010, 1035.
472 Zur Sacheinlagefähigkeit von Dienstleistungen s. *BGH* NZG 2009, 463 – *Qivive* und *BGH* NJW
2010, 1747 – *Eurobike.*
473 Zur Abgrenzung zwischen verdeckter Sacheinlage und Hin-und-Her-Zahlen im Rahmen eines
Cash-Pools s. *BGH* NJW 2009, 3091 – *Cash Pool II.*

sellschafters **angerechnet**, § 19 IV 3 GmbHG. Die konkrete Rechtsnatur der Anrechnung ist hierbei umstritten: Annahme an Erfüllung statt (§ 364 I BGB), Aufrechnung (§ 389 BGB), Verrechnung der Einlageforderung oder eine Reduktion der Einlageforderung sui generis. Darlegungs- und beweisbelastet für die Werthaltigkeit des Einlagegegenstandes ist jedoch der Einlageverpflichtete, was vielfach die Anrechnungsmöglichkeit faktisch entwertet.

c) Der GmbH – Anteil

aa) Geschäftsanteile

466 Die Höhe der zu leistenden Einlage eines GmbH-Gesellschafters richtet sich nach dem bei der Errichtung der Gesellschaft im Gesellschaftsvertrag festgesetzten Nennbetrag des Geschäftsanteils (§ 14 S. 2 GmbHG). Die **Geschäftsanteile** der GmbH können unterschiedlich hoch ausfallen, da sie im Unterschied zu Aktien nicht standardisiert und nicht als Wertpapiere verbrieft sind, § 5 III 1 GmbHG.

bb) Übertragbarkeit

467 Die in § 15 I GmbHG grundsätzlich gewährleistete **Übertragbarkeit** ist praktisch schon dadurch erschwert, dass die Übertragung sich nach den allgemeinen Regeln über die Übertragung von Rechten (§§ 413, 398 BGB) durch **Abtretungsvertrag** vollziehen muss und überdies an die **notarielle Form** gebunden ist (und zwar sowohl Verpflichtungs- *als auch* Verfügungsgeschäft: § 15 III, IV GmbHG). Dadurch soll der spekulative Handel mit GmbH-Anteilen unterbunden werden; es fehlt daher an einer Börse für GmbH-Anteile.

468 Schließlich kann die in § 15 I GmbHG angesprochene Übertragbarkeit der Geschäftsanteile durch sog. **Vinkulierungsklauseln** eingeschränkt werden. Wie § 15 V GmbHG ausdrücklich besagt, kann der Gesellschaftsvertrag insbesondere eine *Genehmigung* seitens der *Gesellschaft* für erforderlich erklären. (Im Aktienrecht ist eine solche Vinkulierung nur bei Namensaktien möglich, § 68 II S. 1 AktG). Diese Genehmigung auszusprechen ist, wie bei anderen Willenserklärungen für die Gesellschaft, Sache der Geschäftsführer (§ 35 GmbHG; str.).[474] Die Willensbildung ist jedoch im Zweifel der Gesellschafterversammlung vorbehalten. Stattdessen kann der Gesellschaftsvertrag auch eine Genehmigung unmittelbar durch die *Gesellschafterversammlung* oder durch eine andere Instanz vorsehen, er kann des Weiteren für den Gesellschafterbeschluss eine qualifizierte Mehrheit bis hin zur Einstimmigkeit vorschreiben (vgl. § 47 I mit § 45 II GmbHG), auch für den potentiellen Erwerber bestimmte Qualifikationen aufstellen.

469 Allerdings kann die Gesellschaft verpflichtet sein, der Übertragung zuzustimmen, bzw. mangels legitimer Interessen rechtsmissbräuchlich handeln, wenn sie die Zustimmung verweigert.[475] Doch will man überwiegend auch eine Satzungsbestimmung zulassen, die die Abtretbarkeit schlechthin ausschließt und dann ad hoc nur mit satzungsändernder Mehrheit beseitigt werden könnte; und insgesamt ist jedenfalls der GmbH-Gesellschafter grundsätzlich stärker an die Gesellschaft gefesselt als bei OHG einer-

---

474 Roth/Altmeppen/*Altmeppen* GmbHG § 15 Rn. 47 f., 101 f.
475 Vgl. *BGH* NJW 1987, 1019.

seits (§§ 131 ff. HGB), börsengängiger AG andererseits. Deshalb mussten rechtsfortbildend zumindest für Extremfälle auch Austritts- wie Ausschlussmöglichkeiten (aus wichtigem Grund, gegen angemessene Abfindung) geschaffen werden. Hierbei gilt es jedoch insbesondere zu beachten, dass eine Bestimmung in der Satzung der GmbH, nach der im Fall einer Verletzung der Interessen der Gesellschaft oder Verletzung von Pflichten des Gesellschafters die Zahlung einer Abfindung ausgeschlossen, gemäß § 138 BGB sittenwidrig und damit nichtig ist.[476] Ein solcher Ausschluss ist grundsätzlich auch nicht als Vertragsstrafe zulässig.[477]

Auch sind ggf. zwischen der GmbH und einem Gesellschafter anlässlich des Ausscheidens aus der Gesellschaft vereinbarte Kundenschutzklauseln gemäß § 138 BGB nichtig, wenn sie in zeitlicher Hinsicht das notwendige Maß von in der Regel 2 Jahren übersteigen.[478]

cc) Gutgläubiger Erwerb von GmbH-Anteilen

GmbH-Geschäftsanteile werden nach § 15 I und III GmbHG ohne Benachrichtigung oder gar Beteiligung der GmbH übertragen. Damit wäre an sich ein Gesellschafterwechsel möglich, ohne dass die Gesellschaft etwas davon erfährt. Dies würde freilich zu einer erheblichen Rechtsunsicherheit im Hinblick auf die *Rechtsverhältnisse zwischen der Gesellschaft und ihren Gesellschaftern* (zB Stimmrecht, Gewinnbeteiligungsrecht, Ausfallhaftung) führen. Um eine solche Rechtsunsicherheit zu vermeiden, bestimmt **§ 16 I 1 GmbHG** in Anlehnung an § 67 II AktG, dass im Fall einer Veränderung in der Person eines Gesellschafters oder des Umfangs seiner Beteiligung *nur* derjenige im Verhältnis zur Gesellschaft als Inhaber eines Geschäftsanteils gilt, wer als solcher in der **Gesellschafterliste** (§ 40 GmbHG) eingetragen ist. Erst ab diesem Moment kann der Gesellschafter seine Rechte gegenüber der GmbH wirksam ausüben. Im Normalfall der rechtsgeschäftlichen Anteilsübertragung wird der die Abtretung beurkundende *Notar* die geänderte Gesellschafterliste zum Handelsregister einreichen (§ 40 II 1 GmbHG).

470

§ 16 I GmbHG liegt mithin das Konzept der **relativen Rechtsstellung des Gesellschafters** zugrunde, wonach zwischen der Inhaberschaft am Geschäftsanteil im Verhältnis erga omnes (dh gegenüber dem Veräußerer und Dritten) einerseits und im Verhältnis zur GmbH andererseits zu unterscheiden ist. Da § 16 I GmbH lediglich die Rechtsstellung des Gesellschafters gegenüber der GmbH regelt, werden *Mängel des Abtretungsvertrages* im Verhältnis Erwerber – Veräußerer durch die Eintragung des Gesellschafters in die Gesellschafterliste *nicht geheilt*. Umgekehrt berühren Mängel des Abtretungsvertrages die durch die Eintragung in die Gesellschafterliste bedingte Legitimation im Verhältnis Erwerber – Gesellschaft nicht.[479]

Mit dem MoMiG wurde die Möglichkeit des **gutgläubigen Erwerbs von GmbH-Geschäftsanteilen** vom Nichtberechtigten eingeführt. Dies ist insbesondere ein Fortschritt für die M&A-Praxis, der es bislang erhebliche Mühe bereitete festzustellen, ob der Veräußerer eines Geschäftsanteils der berechtigte Inhaber ist.

471

---

476 BGHZ 201, 65.
477 BGHZ 201, 65.
478 *BGH* NJW 2015, 1012.
479 *Wicke*, GmbHG, 4. Aufl. 2020, § 16 Rn. 4.

Als Anknüpfungspunkt für den gutgläubigen Erwerb von Geschäftsanteilen dient nunmehr die durch das MoMiG zur *Legitimations- und Rechtscheingrundlage* aufgewertete *Gesellschafterliste*, die nach § 9 HGB für jedermann elektronisch frei einsehbar ist. Allerdings werden die Gesellschafter *nicht im Handelsregister selbst* eingetragen (vgl. § 10 GmbHG), sondern eben nur in die Gesellschafterliste, welche beim Handelsregister geführt wird. Dieser Unterschied hat zur Konsequenz, dass die Rechtsscheingrundsätze des § 15 HGB im Hinblick auf die Gesellschafterstellung nicht zur Anwendung gelangen.[480] Gutgläubige Erwerber eines Geschäftsanteils können sich also nicht auf § 15 III HGB berufen, wenn der Veräußerer fälschlicher Weise in der Gesellschafterliste eingetragen ist.

Diese Schutzlücke schließt nunmehr **§ 16 III GmbHG.** Ein gutgläubiger Erwerb ist hiernach möglich, sofern (1) der Veräußerer als Inhaber des in Frage stehenden Geschäftsanteils in der im Handelsregister aufgenommenen Gesellschafterliste eingetragen ist, (2) die Liste zum Zeitpunkt des Erwerbs drei Jahre oder länger unrichtig ist *und* (3) der Erwerber in gutem Glauben ist. Liegen diese Voraussetzungen vor, wird der Erwerber im Moment des Wirksamwerdens der Übertragung des Geschäftsanteils zum neuen *berechtigten* Inhaber des Geschäftsanteils. Beim wahren Berechtigten tritt in diesem Moment ein Rechtsverlust im Hinblick auf den Geschäftsanteil ein. Als Ausgleich bleiben ihm regelmäßig nur bereicherungsrechtliche Ausgleichsansprüche nach §§ 816, 822 BGB.[481]

Literatur: *Reichert/Weller,* Der GmbH-Geschäftsanteil – Übertragung und Vinkulierung, 2006; *Reichert/Weller,* Übertragung und gutgläubiger Erwerb von GmbH-Geschäftsanteilen nach dem MoMiG, in: Goette/Habersack (Hrsg.), Das MoMiG in Wissenschaft und Praxis, 2009, S. 79 ff.; *Schäfer* GesR § 36 Rn. 24 ff., § 43 Rn. 2 ff.; *Veil/Wildhirth,* BB 2010, 1035.

2. Die Gründungsphasen der GmbH

472 Im Rahmen einer Neugründung einer GmbH werden in der Regel 3 Gründungsphasen durchlaufen.

Terminologisch werden dabei folgende Stadien unterschieden:

(1) Durch den Zusammenschluss mehrerer zu dem Zweck, eine Kapitalgesellschaft zu gründen und daran mitzuwirken, entsteht eine sog. **Vorgründungsgesellschaft.** Ihr Zweck, die Gründung einer Kapitalgesellschaft, ist nichtgewerblicher und vorübergehender Art (Gelegenheitsgesellschaft). Von ihrer Rechtsnatur her handelt es sich somit um eine GbR, nicht um eine OHG. Je nach Art, Dauer und Umfang der Tätigkeit der Vorgründungsgesellschaft ist jedoch eine andere Einstufung im Einzelfall denkbar.

(2) Den Moment des gültigen Abschlusses des GmbH-Vertrags (einschließlich Beurkundung) nennt man die **Errichtung** der Gesellschaft. Hierdurch entsteht die **Vorgesellschaft** (Vor-GmbH).

(3) Mit Eintragung im Handelsregister kommt es gem. § 11 I GmbHG schließlich zur **Entstehung** der **juristischen Person** GmbH »als solcher«.

---

480 *Wicke,* GmbHG, 4. Aufl. 2020, § 40 Rn. 1 ff.
481 *Wicke,* GmbHG, 4. Aufl. 2020, § 16 Rn. 28.

Schaubild 22: Stadien der GmbH-Gründung

Formlose Vereinbarung der Gründer, eine GmbH zu gründen (= nichtgewerblicher Zweck i S d § 705 BGB)
Vorgründungsgesellschaft (GbR) §§ 705 ff. BGB
Notarieller **Gesellschaftsvertrag**, §§ 2, 3 GmbHG (= »**Errichtung**« der Gesellschaft)
Vor-GmbH (Rechtsform eigener Art) § 11 GmbHG
Stammkapital/Bestimmung der Höhe der einzelnen Geschäftsanteile §§ 5, 5a GmbHG
Bestellung des **Geschäftsführers**, § 6 GmbHG
Anmeldung beim Handelsregister, §§ 7, 8 GmbHG
Eintragung im Handelsregister, § 10 GmbHG
GmbH (juristische Person) § 13 i V m § 11 I GmbHG

Gerade bei der Errichtung der Gesellschaft, dh bei Abschluss des Gesellschaftsvertra- **473** ges (einschließlich dessen Beurkundung) kann es aber häufig zu Mängeln kommen, die an sich zu der Unwirksamkeit des Vertrages führen würden. Beispielsweise ist es denkbar, dass der Vertrag nach den §§ 119 ff. BGB anfechtbar ist und daher bei wirksamer Anfechtung an sich gemäß § 142 I BGB als von Anfang an nichtig anzusehen wäre. Um daraus folgende enorme Rückabwicklungsschwierigkeiten zu vermeiden, wird der Gesellschaftsvertrag und damit die Gesellschaft nach den Grundsätzen über die fehlerhafte Gesellschaft aber zumindest für die Vergangenheit immer dann als wirksam angesehen, wenn der Vertrag in Vollzug gesetzt worden ist und keine höherrangigen Interessen (ggf. der Minderjährigenschutz) entgegenstehen. Vor Entstehung der GmbH, dh vor Eintragung im Handelsregister können Gründungsmängel dagegen uneingeschränkt geltend gemacht werden.[482]

3. Die Einpersonen-Gesellschaft

Während die unmittelbare Einpersonen*gründung*, also die Gründung mit nur einem **474** Gesellschafter, einer eigenen gesetzlichen Zulassung bedurfte, kann sich die *Existenz* einer Einpersonengesellschaft in deren späterem Leben einfach dadurch ergeben, dass alle Anteile sich in einer Hand vereinigen – sei es durch rechtsgeschäftlichen Erwerb, sei es durch Erbfolge. Der Eintritt einer solchen Entwicklung hat das Recht der Kapitalgesellschaften schon längst hingenommen – im Gegensatz zur Personengesellschaft, bei der klar ist, dass sie mit nur einem Gesellschafter nicht existieren kann, dass etwa die OHG, wenn der vorletzte Gesellschafter ausscheidet, sich ipso iure in ein einzelkaufmännisches Unternehmen umwandelt (→ Rn. 314). Damit stand bei der Kapitalgesellschaft auch einer gezielten Strohmanngründung nichts im Wege (vgl. *Fall 34*, → Rn. 456), und insofern war es nur konsequent, als der Gesetzgeber im Jahr 1980

---

482 *Saenger*, GesR, § 17 Rn. 737.

schließlich sogleich die Einpersonengründung zugelassen hat, um Strohmann-Kon-struktionen überflüssig zu machen. Dahinter steht aber vor allem die Erkenntnis, dass Begrenzungen des unternehmerischen Risikos eben auch für den Einzelinhaber legitim sind und dass das Bedürfnis nach Risikobeschränkung sachlich mit dem Tatbestand eines Zusammenschlusses mehrerer nicht unmittelbar zusammenhängt. Der Gesell-schafts-«Vertrag», der per definitionem eigentlich mindestens zwei Vertragspartner voraussetzt, kommt bei der Einpersonengründung im Wege einer *einseitigen Erklä-rung* des einzigen Gründers zustande. Als weitere Erleichterung erlaubt das UmwG die »Ausgliederung« eines Einzelunternehmens auf eine Kapitalgesellschaft, §§ 152 ff. UmwG (hierzu → Rn. 717 f.).

475 Der Alleingesellschafter kann auch – speziell in der Rechtsform der GmbH – sein Un-ternehmen praktisch wie ein Einzelinhaber führen, ohne durch den organisatorischen Rahmen des Gesellschaftsrechts allzu sehr eingeengt zu sein; er kann sich ohne Wei-teres zum (alleinigen) Geschäftsführer bestellen. Im letztgenannten Fall muss er frei-lich bei Geschäften mit der GmbH § 181 BGB beachten und durch eine »Gestattungs-klausel« im Gesellschaftsvertrag Vorsorge treffen, weil § 35 III GmbHG ausdrücklich auch in diesem Fall die formale Konstellation für maßgeblich erklärt und hier keinen »Durchgriff« auf die materielle Interessenlage, die nicht von kollidierenden Interessen geprägt ist, erlaubt.

In zugespitzter Form muss sich allerdings bei der Einpersonengesellschaft die Frage stellen, ob nicht fallweise die juristische Verselbständigung der Gesellschaft im Wege des **Haftungsdurchgriffs durchbrochen** werden kann oder umgekehrt die juristische Selbständigkeit zum Vorteil des Gesellschafters vernachlässigt werden darf, wie oben → Rn. 437 skizziert.

476   **Lösungshinweise zu Fall 34** (→ Rn. 456):

1. Zweck: Verringerung des unternehmerischen Haftungsrisikos durch Gründung einer GmbH
   a) Gründung der GmbH richtet sich nach §§ 1 ff. GmbHG; hier: Vorliegen einer **Strohmanngrün-dung**: Von den Gründungspersonen wirken alle bis auf einen nur als Treuhänder an der Grün-dung mit, nach erfolgter Eintragung der Gesellschaft übertragen sie ihre Anteile an den »wah-ren« Gründer (hier: A); gezielte Strohmanngründung ist zulässig, wenngleich sie in der Praxis aufgrund der direkten Einpersonengründung kaum noch praktiziert wird.
   b) Einbringung einer **Sacheinlage** (Bauunternehmen) ist möglich, § 7 III GmbHG. Allerdings muss der Wert der Sacheinlage (mindestens) dem Wert der übernommenen Geschäftsanteile ent-sprechen, vgl. § 8 I Nr. 5 GmbHG.
   c) Wurde die Sacheinlage – wie hier – **überbewertet**, besteht in Höhe der Differenz eine Geldein-lagepflicht des A, § 9 I GmbHG **(Differenzhaftung)**.
   d) Bei erheblicher Überbewertung kann die Eintragung vom Registergericht abgelehnt werden, § 9c I 2 GmbHG. Hinweis: Von einer nicht unwesentlichen Überbewertung ist dann aus-zugehen, wenn die übliche Bandbreite der Bewertungsdifferenzen überschritten ist. Der Diffe-renzhaftungsanspruch aus § 9 I GmbHG ist dabei als Ausgleich nicht zu berücksichtigen.
   e) Gelingt der Gründungsvorgang, haftet A nach Eintragung der GmbH im Handelsregister nur noch **beschränkt** für Gesellschaftsschulden, **§ 13 I, II GmbHG**. Die vorgenannte Differenzhaf-tung nach § 9 GmbHG besteht aber weiter.
2. Einfachere Gestaltungsmöglichkeiten: Unmittelbare Gründung einer **Einpersonen-GmbH** (§ 1 GmbHG) oder einer **Unternehmergesellschaft** (§ 5a GmbHG).
3. Risiko des F: **Ausfallhaftung** nach § 24 GmbHG für die Differenz nach § 9 GmbHG. Die Ausfallhaf-tung bleibt bestehen, auch wenn F den Geschäftsanteil nach einem halben Jahr an A veräußert, § 16 II GmbHG.

4. Die Probleme der Vorgesellschaft

Fall 35: Nach dem Tod des Bauunternehmers B errichten seine Erben (Frau F und Kinder K) eine GmbH zur Fortführung des Unternehmens. Noch vor Eintragung der GmbH beauftragt ein handlungsbevollmächtigter Angestellter (A) des Bauunternehmens die Firma K mit der Herstellung von Stahlkonstruktionen. Einige Zeit später wurde die GmbH eingetragen. Wer haftet der Firma K auf Zahlung des Rechnungsbetrags? (Lösungshinweise → Rn. 494).

477

a) Grundlagen der Vorgesellschaft

Die Rechtsfragen der Vorgesellschaft stellen sich immer dann, wenn die Entstehung der beabsichtigten Gesellschaftsform außer dem Abschluss des Gesellschaftsvertrags noch eines Formalakts bedarf und es daher vorkommen kann, dass bereits vor diesem letzten Akt die Geschäfte für das Unternehmen im gegenseitigen Einvernehmen der Gesellschafter aufgenommen werden. Die Situation stellt sich theoretisch auch bei der OHG und KG ein, deren Unternehmen erst durch Eintragung ins Handelsregister zum kaufmännischen Unternehmen wird (hierzu → Rn. 152); besondere praktische Bedeutung hat das Problem aber bei AG und GmbH, wo die Gesellschaft als juristische Person erst mit der **Eintragung** entsteht (§§ 41 I S. 1 AktG, 11 I GmbHG), die Vorgesellschaft also im Unterschied dazu noch keine juristische Person sein kann.[483] Hier trifft die Beurteilung des *Verhältnisses zwischen Vorgesellschaft und Gesellschaft nach Eintragung* daher auch auf besondere Schwierigkeiten; denn es fällt angesichts der für die volle Rechtspersönlichkeit konstitutiven Wirkung der Eintragung manchem Juristen schwer, von einer Identität zwischen Vorgesellschaft und Gesellschaft zu sprechen.

478

Die schlichte Anwendung des Gesetzes würde im Falle der Vorgesellschaft dazu führen, für das Stadium vor der Eintragung dieselben Regeln anzuwenden wie bei der **OHG** (→ Rn. 229 f.). Das hieße: Ist das Unternehmen ein *Handelsgewerbe* nach § 1 II HGB, so *ist* die Gesellschaft OHG nach § 105 HGB. Denn darauf, dass die Gesellschafter eine andere Gesellschaftsform beabsichtigen, kommt es bei § 105 I nicht an, und die Haftungsbeschränkung greift eben bei der Gründung einer AG oder GmbH vor der Eintragung von Gesetzes wegen nicht ein (siehe §§ 13 II mit 11 I GmbHG). Vielmehr hätte für die Haftung vor Eintragung § 128 HGB zu gelten.

479

Für die **Haftung** in der Vorgesellschaft ist gesetzlich nur *eine* Besonderheit geregelt: die persönliche Haftung **der Handelnden** nach §§ 41 I S. 2 AktG, 11 II GmbHG. Sie greift aber nur ein, wenn im Namen der *zukünftigen* Gesellschaft gehandelt wird, nicht bei Handeln für die Vorgesellschaft unter Offenlegung von deren Existenz (im Schrifttum str.). Häufige Firmierung: »i. G.« = im Gründungsstadium. Und als Handelnder gilt nur der *Geschäftsführer,* der das Rechtsgeschäft abschließt oder abschließen lässt, nicht schon jeder Gesellschafter, der dem Geschäftsbeginn zugestimmt hat.

480

Indessen lassen sich noch **weitere Besonderheiten** für die Vorgesellschaft indirekt aus dem GmbH- und Aktienrecht ableiten oder von der Interessenlage her begründen, so dass am Ende selbst von den zwingenden Vorschriften des OHG-Außenrechts nicht

481

---

483 *K. Schmidt,* GesR, § 34 III 3.

mehr allzu viel übrig bliebe, und wo das OHG-Recht dispositiv ist, also vor allem im Innenverhältnis (§ 109 HGB), entspricht man im Zweifel dem Willen der Gründer, wenn man möglichst weitgehend bereits das Recht der *angestrebten* Gesellschaftsform, mithin der GmbH oder AG, anwendet. Deshalb richten sich die Geschäftsführungsbefugnisse im Zweifel schon nach Aktien- bzw. GmbH-Recht, Gesellschafterbeschlüsse werden wie bei der Kapitalgesellschaft gefasst (Mehrheitsprinzip); Satzungsänderungen, Neuaufnahmen weiterer Gesellschafter, die Aufnahme der Geschäftstätigkeit allerdings bedürfen noch der Einstimmigkeit.

482 Die heute hM geht noch einen Schritt weiter und sieht in der Vorgesellschaft zur GmbH eine **Rechtsform sui generis** (eigener Art – Durchbrechung des numerus clausus der Gesellschaftsrechte!), die »werdende GmbH«. Die Regeln der OHG bzw. GbR sollten nicht ohne Weiteres auf die Vorgesellschaft einer Kapitalgesellschaft angewendet werden, da diese Gesellschaftsformen als an sich fertige, *endgültige* Rechtsformen konzipiert sind, hingegen ein wichtiges Charakteristikum der GmbH-Vorgesellschaft deren »Unfertigkeit« ist.

b) Unechte Vorgesellschaft

483 Lediglich für den Fall, dass die Vorgesellschaft trotz *Aufgabe* der Absicht, eine GmbH zu gründen und dementsprechend den Gründungsprozess voranzutreiben, *weitergeführt* wird, dh weiterhin als »GmbH i. G.« im Rechtsverkehr auftritt (sog. **unechte Vorgesellschaft**), wird sie von der hM als OHG bzw. GbR angesehen mit der Folge, dass die Gesellschafter persönlich für alle Gesellschaftsverbindlichkeiten haften (§ 128 HGB), auch für diejenigen, die entstanden waren, bevor die Gründungsabsicht aufgegeben wurde (§ 130 HGB).

c) Echte Vorgesellschaft

484 Nach hM gilt für die **echte Vorgesellschaft,** die sich dadurch auszeichnet, dass die Eintragung noch betrieben wird, Folgendes:

Sie ist **rechtsfähig.** Dies ergibt sich indirekt aus § 7 II, III GmbHG, wonach Einlagen schon *vor* der Anmeldung zum Handelsregister an die Vorgesellschaft zu bewirken sind. Dies setzt freilich voraus, dass der Vorgesellschaft eine eigene Rechtsfähigkeit zukommt, da ihr andernfalls die Einlagen gar nicht zugeordnet werden könnten. Die Vor-GmbH ist nach allg. Meinung auch **partei- und insolvenzfähig.**[484]

485 Die **Vertretung** der Vorgesellschaft richtet sich bereits nach dem Recht der späteren Kapitalgesellschaft (Aufgabe der ultra-vires-Doktrin in BGHZ 80, 129); es sind also die GmbH-Geschäftsführer bereits im Vorstadium vertretungsbefugt und nicht jeder Gesellschafter (wie im Recht der OHG, § 125 HGB). Dies ergibt sich daraus, dass die zu leistenden Einlagen *zur freien Verfügung der Geschäftsführer* stehen (§§ 7 III, 8 II GmbHG, 36 II, 37 I AktG). Das gilt insbesondere, wenn ein bestehendes Unternehmen als Sacheinlage eingebracht wird, und das ist gleichzeitig der wichtigste Fall, in dem eine Vorgesellschaft praktisch nicht umhin kann, schon vor Eintragung die Geschäfte zu betreiben.

---

484 *BGH* ZIP 2003, 2123.

Firma: Dem Informationsbedürfnis des Rechtsverkehrs ist am besten gedient, wenn   **486**
die Vorgesellschaft sich als Vorstufe der angestrebten GmbH/AG zu erkennen gibt,
dh deren Firma mit einem auf das Gründungsstadium verweisenden Zusatz führt (zB
GmbH i. G.).

Gesellschafterhaftung: Die umstrittenste Frage ist, ob auch die unbeschränkte per-   **487**
sönliche Haftung des OHG-Rechts unter Vorgriff auf GmbH-rechtliche Grundsätze
abgemildert werden kann. Nicht maßgeblich ist freilich, dass die Gesellschafter mit ihrer GmbH-Gründung eine unbeschränkte Haftung gerade vermeiden wollen; ins Gewicht fällt hingegen, dass der Rechtsverkehr nicht unbegrenzt schutzwürdig erscheint,
wenn die Vorgesellschaft sich als solche zu erkennen gibt (vgl. die Wertung des
§ 176 I 1 aE HGB bei der »Vor-KG«). Daher wurde lange Zeit eine Beschränkung der
Haftung auf die Höhe des Geschäftsanteils befürwortet.[485] Jedoch muss das Haftungs-
problem im Zusammenhang mit dem Übergang der Schulden auf die spätere GmbH
gesehen werden. Im Einzelnen:

d) Rechtsnachfolge der GmbH nach Eintragung

Die *Aktiva* der Vorgesellschaft müssen mit Eintragung der GmbH ipso iure auf diese   **488**
übergehen; denn das ist der Sinn des gesetzlichen Erfordernisses, bestimmte Einlagen
bereits der Vorgesellschaft zu erbringen (§ 7 II, III GmbHG). Problematisch ist hingegen der Übergang der *Verbindlichkeiten;* denn dieselben Gründungsvorschriften
wollen gewährleisten, dass das gesetzliche Startkapital der Gesellschaft ungeschmälert
und *unbelastet* zur Verfügung steht. Dennoch lässt sich die uneingeschränkte Rechtsnachfolge der GmbH auch in die Verbindlichkeiten der Vorgesellschaft bejahen, seit
der BGH[486] den Gründern zum Ausgleich dafür eine *Differenzhaftung* auferlegt, die
der GmbH und ihren Gläubigern das *volle Startkapital im Zeitpunkt der Registereintragung* gewährleistet. Die Gesellschafter müssen Schulden und Vermögensabflüsse,
die in der Gründungsphase eingetreten sind (sog. Vorbelastungen) ausgleichen, soweit
diese zu Lasten des Stammkapitals gehen – mit Ausnahme des notwendigen Grün-
dungsaufwands.

Mit der uneingeschränkten Rechtsnachfolge in Aktiva wie Passiva ist in dogmatischer   **489**
Sicht der Weg für eine Deutung freigemacht, die das Verhältnis von Vorgesellschaft
und GmbH als **Identität** begreift – dass die Vorgesellschaft noch keine juristische Person ist, muss nicht entgegenstehen – und damit weder eine Gesamtrechts*nachfolge* anzunehmen noch auf den inhaltsleeren Begriff der Kontinuität zurückzugreifen braucht.
Diese besondere und *ungeschriebene* Differenzhaftung, zur Unterscheidung von derjenigen nach § 9 GmbHG auch **Unterbilanz-** oder **Vorbelastungshaftung** genannt,
besteht *gegenüber der GmbH* (Innenhaftung) und ist der Höhe nach *unbeschränkt* (soweit eben die Schulden der Vorgesellschaft bzw. der GmbH zum Zeitpunkt ihrer Ent-
stehung/Eintragung reichen); allerdings haften mehrere solvente Gesellschafter nur anteilig.

Andererseits entfällt **mit Eintragung der GmbH** automatisch auch die Handelnden-   **490**
haftung des § 11 II GmbHG. Das bedeutet: Wenn die GmbH zur Entstehung gelangt,
sind die Gläubiger der Vorgesellschaft allein auf die GmbH verwiesen, und ihre Kre-

---

485 BGHZ 65, 378; 72, 45; 80, 129.
486 Seit BGHZ 80, 129 = NJW 1981, 1373.

ditwürdigkeit wird durch die erwähnte Unterbilanz- bzw. Vorbelastungshaftung der Gesellschafter abgesichert. Für eine unmittelbare persönliche Außenhaftung der Gesellschafter gegenüber den Gläubigern besteht daher kein Bedürfnis mehr.[487]

Zuzugeben ist allerdings, dass der Gesetzgeber bei *§ 11 II GmbHG* offensichtlich noch keine Nachfolge in die Schulden von Rechts wegen vor Augen hatte, wenn er hier eine rechtsgeschäftliche Schuldübernahme eigens erleichterte. Vor dem Hintergrund der heutigen Konzeption reduziert sich die Bedeutung dieser Vorschrift auf die Handelndenhaftung (§ 11 II GmbHG), und hier wieder auf die Fälle, in denen der Handelnde die Vorgesellschaft nicht wirksam vertreten hat.[488]

e) Gesellschafterhaftung vor Eintragung

491 Falls die Gründung der GmbH *scheitert* oder sich länger hinzieht, legt die soeben beschriebene Differenzhaftung ebenfalls Schlussfolgerungen hinsichtlich der Haftung für die Gesellschaftsschulden nahe. Einleuchtend erscheint, dass die Gesellschafter hierfür aufkommen müssen, und zwar wiederum in *unbeschränkter* Höhe; denn es darf ihnen nicht zum Vorteil ausschlagen, dass die GmbH (noch) nicht zur Entstehung gelangt ist. Damit ist allerdings nicht auch schon die unmittelbare Außenhaftung jedes Gesellschafters gegenüber den Gläubigern begründet; und in der Tat hat der BGH sich für die Alternativlösung entschieden:[489] auch im Stadium der Vorgesellschaft bloße Differenzhaftung als Verlustdeckungspflicht gegenüber dieser (**Verlustdeckungshaftung** als unbeschränkte Innenhaftung), und die Gläubiger müssen ihre Befriedigung aus dem Vermögen der Vorgesellschaft suchen. Der Anspruch der Vorgesellschaft gegen die Gesellschafter kann dann bei Bedarf im Wege von Pfändung und Überweisung nach den §§ 829, 835 ZPO durch die Gläubiger verwertet werden.

492 Ihrer Natur nach ist diese Differenzhaftung **Kapitalaufbringung** gleich der ursprünglichen Einlageverpflichtung und besteht in Geld, richtet sich also nicht etwa auf die dem Gläubiger geschuldete Primärleistung. Auf diese Weise wird die an sich unbeschränkte Gesellschafterhaftung etwas »schonender« ausgestaltet, andererseits für mehr Chancengleichheit auch unter den Gläubigern gesorgt. Trotzdem entspräche eine OHG-ähnliche **Direkthaftung** (= Außenhaftung) analog § 128 HGB besser der gesetzlichen Konzeption der Vorgesellschaft. Die hM bejaht eine solche nur ausnahmsweise: (1) wenn wegen Vermögenslosigkeit kein Insolvenzverfahren oder (2) mangels einer Mehrheit von Gläubigern oder Gesellschaftern keine Abwicklungsschwierigkeiten zu erwarten sind oder (3) wenn die Gesellschaft keinen Geschäftsführer mehr hat. Diese Außenhaftung soll nur anteilig *(= teilschuldnerisch)* sein.[490] Eine gesamtschuldnerische Außenhaftung entsteht schließlich (4) im Fall der unechten Vorgesellschaft (siehe bereits → Rn. 483), wenn also die Gesellschaft unter Aufgabe der GmbH-Absicht unter dem Deckmantel »GmbH i. G.« weitergeführt wird; bei Lichte besehen handelt es sich hier um eine OHG oder GbR, für die § 128 HGB (analog) gilt.

---

487 Näher Roth/Altmeppen/*Altmeppen* GmbHG § 11 Rn. 59f.
488 Hüffer/Koch/*Koch* AktG § 41 Rn. 28.
489 BGHZ 134, 333 = ZIP 1997, 679; ZIP 1996, 590. Anders danach noch *LSG Baden-Württemberg* ZIP 1997, 1651 m. zust. Anm. *Altmeppen; LAG Köln* ZIP 1997, 1921.
490 BGHZ 134, 333; *BSG* ZIP 2000, 494; *BAG* ZIP 2000, 1546.

f) Einpersonen-Gesellschaft

Besondere Probleme wirft die **Einpersonen-Gesellschaft** im Gründungsstadium auf; 493
denn von einer Vorgesellschaft ieS kann hier (vor Eintragung) nicht die Rede sein, eine
gewisse Vermögensabschichtung machen die Gründungsvorschriften aber auch in diesem Fall erforderlich.[491]

Schaubild 23: Verbindlichkeiten der Vor-GmbH

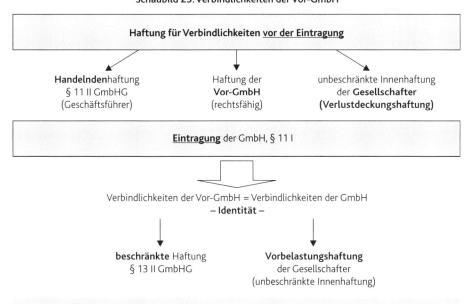

Literatur: *Altmeppen,* NJW 1997, 3272; *Bitter/Heim* GesR § 4 II 3; *Flume,* Juristische Person, § 5; *Kers-
ting,* Vorgesellschaft, 2000; *Schäfer* GesR § 32 Rn. 2 f.; *K. Schmidt,* ZIP 1996, 353; *Ulmer,* ZIP 1996,
733; *Windbichler* GesR § 21 II.

Lösungshinweise zu Fall 35 (vor → Rn. 477; vgl. *BGH* NJW 1981, 1373): 494

I. Anspruch K **gegen die GmbH** aus § 631 I BGB iVm **§ 13 GmbHG**
  1. GmbH als ursprüngliche Vertragspartei (–)
     Entstehung der GmbH »als solche« erst nach Eintragung im Handelsregister, § 11 I GmbHG.
  2. Aber: Werkvertrag mit der **Vor-GmbH:**
     a) Vorliegen einer Vor-GmbH (+), schon notarieller Abschluss des Gesellschaftsvertrages (§ 2
        GmbHG), aber Eintragung steht noch aus; **Rechtsfähigkeit** der Vor-GmbH (→ Rn. 482, 484)
        (+), insbesondere aufgrund des praktischen Bedürfnisses der Teilnahme am Rechtsverkehr
     b) Wirksame **Vertretung** durch A gem. § 164 I BGB? (+)
  3. Rechtsfolge:
     Anders als im Verhältnis von Vor-GmbH und Vorgründungsgesellschaft (keine Identität!) gilt in
     diesem Fall: Die **Vor-GmbH** ist **identisch** mit der späteren GmbH (Grundsatz der Identität);
     Verbindlichkeiten der Vor-GmbH sind eo ipso Verbindlichkeiten der GmbH. Dies folgt aus der
     gesetzlichen Systematik, wonach Einlagen an die Vor-GmbH zugleich Einlagen an die (spätere)
     GmbH darstellen.
  4. Ergebnis: Anspruch (+)

---

491 Zu Einzelheiten vgl. Roth/Altmeppen/*Altmeppen* GmbHG § 11 Rn. 108 ff.; Lutter/Hommelhoff/
   Bayer, § 11 Rn. 31; Baumbach/Hueck/*Fastrich* GmbHG § 11 Rn. 40 ff.

II. Anspruch K gegen F und K als Gesellschafter der GmbH aus § 631 I BGB iVm § 128 S. 1 HGB analog (–), da GmbH inzwischen eingetragen ist und damit das haftungsrechtliche Trennungsprinzip aus § 13 II GmbHG unmittelbar greift.

Hinweis: **Vor** der Eintragung wäre die Frage der Gesellschafterhaftung (vgl. oben) kurz zu diskutieren. Neben einer unbeschränkt persönlichen Haftung nach § 128 S. 1 HGB analog kommt auch die Verneinung einer persönlichen Haftung iS einer Vorwegnahme des § 13 II GmbHG sowie eine Außenhaftung in der Höhe der noch nicht geleisteten Einlage analog § 171 HGB in Betracht. Mit Rspr. des BGH wird im Grundsatz nur eine Innenhaftung iS einer **Verlustdeckungshaftung** angenommen, um einen Gleichlauf mit dem Haftungsregime nach erfolgter Eintragung zu gewährleisten.

Nach Eintragung: Vor-GmbH ist mit Eintragung erloschen, insoweit muss keine Auseinandersetzung mehr mit der Haftungstheorie der Gesellschafter bei der Vor-GmbH erfolgen, da allgemein anerkannt ist, dass eine Einstandspflicht spätestens mit der Eintragung der GmbH erlischt. Verlustdeckungshaftung (–). Aber: Mit Eintragung der Gesellschaft entsteht **Vorbelastungshaftung** für Verbindlichkeiten aus der Zeit der Vor-GmbH (Innenhaftung der Gesellschafter), allerdings nur soweit sie im Eintragungszeitpunkt zu einer **Unterbilanz** geführt haben (daher auch **Unterbilanzhaftung** genannt). Diesbezüglich keine Sachverhaltsangaben.

III. Anspruch K **gegen A** aus § 631 I BGB iVm § **11 II GmbHG** (–)
Erlöschen der Handelndenhaftung mit der Entstehung der GmbH, weil die mit § 11 II GmbHG bezweckte Sicherung der Gläubiger erreicht ist, wenn ein Übergang der Verbindlichkeiten der Vor-GmbH auf die GmbH stattfindet.

IV. **Gesamtergebnis:** Allein die GmbH haftet mit ihrem Gesellschaftsvermögen der Firma K auf Zahlung des Rechnungsbetrags; eine persönliche Inanspruchnahme der Gesellschafter F und K ist hingegen ausgeschlossen, sofern nicht eine Unterbilanz vorliegt, welche im Innenverhältnis zu einer Unterbilanzhaftung von F und K führen würde.

§ 19. Die GmbH – Finanzverfassung

495 Aufgrund der Tatsache, dass das bei Gründung der GmbH durch die Gesellschafter einzuzahlende Stammkapital erst die Rechtfertigung für die Haftungsprivilegierung derselben darstellt, ist dieses durch das Gesetz ganz besonders geschützt.

Hinsichtlich einer **Rückerstattung von Einlagen** und des Erwerbs *eigener Geschäftsanteile* durch die GmbH liefern die §§ 30–33 GmbHG die Parallele zur aktienrechtlichen Regelung des § 57 AktG. Allerdings ist das **Auszahlungsverbot des § 30 I 1 GmbHG** gegenüber § 57 AktG, welcher nur die Verteilung des Bilanzgewinns erlaubt, etwas abgeschwächt. Die Aktiva sind nach § 30 I 1 GmbHG insoweit in der Gesellschaft gebunden, als sie zur Deckung der echten Passiva (= Fremdkapital einschließlich der Rückstellungen) und des Stammkapitals erforderlich sind.[492] Insofern besteht eine **Ausschüttungssperre.** Sofern jedoch die iS von § 30 I 1 GmbHG gebundene Vermögensmasse nicht tangiert wird, kommt auch eine über den Bilanzgewinn hinausgehende Rückzahlung von Einlagen in Betracht. Anders ausgedrückt: Die Vorschrift will das Entstehen einer sog. **Unterbilanz verhindern.** Eine Unterbilanz entsteht, sobald die Aktiva der Gesellschaft geringer sind als die Summe aus Stammkapital und Fremdkapital.

496 Eine weitere Ausnahme vom Auszahlungsverbot des § 30 I 1 GmbHG erlaubt dessen S. 2, sofern die ausgezahlte Leistung durch einen *vollwertigen Rückgewähranspruch gegen den Gesellschafter* gedeckt sind. Hauptanwendungsfall sind sog. Upstream-Dar-

---

492 Roth/Altmeppen/*Altmeppen* GmbHG § 30 Rn. 9.

lehen der Tochtergesellschaften an die Muttergesellschaft im Rahmen eines heute üblichen konzernweiten **Cash Pooling.**[493]

Die Gesellschaft hat gegen den Gesellschafter, der entgegen § 30 I 1 GmbHG Zahlungen erhalten hat, einen **Rückerstattungsanspruch aus § 31 I GmbHG.** Dieser ist auf die Rückgabe des verbotswidrig weggegebenen Vermögensgegenstandes gerichtet.[494] Neben der Rückgabe hat der Gesellschafter auch eine etwaige Wertminderung in Geld auszugleichen, wenn nach Weggabe des Vermögensgegenstandes bei diesem eine Wertminderung eingetreten ist.[495]

Die Haftung des Empfängers verbotener Rückerstattungen ist auch hier wieder durch die *Ausfallhaftung der Mitgesellschafter* abgesichert (§ 31 III GmbHG). Dieser Anwendungsfall schafft für den einzelnen Gesellschafter ein besonders schwer kalkulierbares Haftungsrisiko, weil verbotene Auszahlungen hinter seinem Rücken erfolgen und den Stammkapitalbetrag sogar überschreiten können. Im letzten Fall geht dann die Haftung des Empfängers (und die Verschuldenshaftung der Geschäftsführer nach § 43 GmbHG) über den Stammkapitalbetrag hinaus; die Ausfallhaftung der Mitgesellschafter allerdings ist nach hM auf den Betrag des Stammkapitals begrenzt.

> **Beispiel:** Stammkapital 25.000 EUR, Fremdkapital 75.000 EUR, Vermögen 110.000 EUR. Lässt der Gesellschafter A sich – offen oder verschleiert – 40.000 EUR zuwenden, so ist zu differenzieren: (1) (a) In Höhe von 10.000 EUR entsteht keine Unterbilanz, so dass die Auszahlung unter dem Gesichtspunkt des Kapitalerhaltungsprinzips nach § 30 I 1 GmbHG unerheblich ist. (b) Allerdings könnte es sich um eine unzulässige Vergünstigung im Verhältnis zu den Mitgesellschaftern handeln (Verletzung der Treuepflicht bzw. des Gleichbehandlungsgebotes), so dass insofern eine Rückerstattung geboten ist. (2) In Höhe von 30.000 EUR entsteht eine Unterbilanz. Insofern haftet A nach § 31 I GmbHG auf Rückerstattung. (3) Wenn A die 30.000 EUR nicht erstatten kann, haften die Mitgesellschafter nach Maßgabe des § 31 III GmbHG (Ausfallhaftung). Die hM begrenzt allerdings die maximale Höhe der Ausfallhaftung auf den Betrag des Stammkapitals, hier also auf 25.000 EUR.

War bereits vor der verbotenen Zuwendung das Stammkapital nicht mehr zur Gänze (= Unterbilanz) oder überhaupt nicht mehr (= Überschuldung) gedeckt, so beeinflusst das die Haftung nach § 31 GmbHG nicht: Der Empfänger haftet wieder auf Rückerstattung in Höhe des verbotenen Vermögenszuflusses, die Mitgesellschafter trifft die Ausfallhaftung bis zum Stammkapitalbetrag.

Bei der GmbH & Co. KG ist eine Zahlung aus dem Vermögen der **Kommanditgesellschaft** an einen Gesellschafter der Komplementär-GmbH oder an einen Kommanditisten dann eine nach § 30 I GmbHG verbotene Auszahlung, wenn dadurch das Vermögen der GmbH unter die Stammkapitalziffer sinkt oder eine bilanzielle Überschuldung vertieft wird.[496]

Über § 30 GmbHG hinausgehend hat das MoMiG die Kapitalbindung insofern verschärft, als auch **Gesellschafterdarlehen** und bestimmte gleichwertige Finanzierungsformen in der Insolvenz wie Eigenkapital behandelt werden.[497] Forderungen auf

---

493 Näher *Habersack,* NZG 2010, 361; 2010, 401; *Roth,* NJW 2009, 3397; *Veil/Wildhirth,* BB 2010, 1035; *Vetter,* in: Goette/Habersack, S. 111 ff.
494 BGHZ 176, 62.
495 BGHZ 176, 62.
496 *BGH* GmbHR 2015, 248.
497 Zu Gesellschafterdarlehen nach dem MoMiG *Habersack,* in: Goette/Habersack, S. 159 ff.

Rückgewähr eines Gesellschafterdarlehens sind nach § 39 I Nr. 5 InsO **nachrangig** – also erst nach den normalen Insolvenzforderungen – zu befriedigen. Dabei ist es seit dem MoMiG unerheblich, ob diese Gesellschafterdarlehen wirtschaftlich die Funktion von Eigenkapital erfüllen (Eigenkapitalersatz) oder nicht.[498] Sie sind in jedem Fall nachrangig. Die Neuregelung ist mit einem Gewinn an Rechtssicherheit verbunden, verzichtet sie doch auf die früher erforderliche (aufwendige) Prüfung, ob ein Darlehen in der Krise der Gesellschaft gewährt oder stehen gelassen wurde (und insofern als eigenkapitalersetzend zu qualifizieren war). Flankiert wird die Nachrang-Regelung durch Anfechtungsbestimmungen für den Fall, dass das Darlehen kurz vor der Insolvenz zum Nachteil der Gläubiger an den Gesellschafter zurückgezahlt wird, vgl. §§ 6, 6a AnfG, 44a, 135, 143 InsO.

499   (entfallen)

§ 20. Die GmbH – Unternehmensverfassung

1. Die Organe – Überblick

500   Charakteristisch für Kapitalgesellschaften ist die Notwendigkeit sogenannter Organe und die klare Zweiteilung dieser in *Geschäftsführung*sorgan und *Gesellschafter*organ. Akzentuiert wird diese Charakteristik zudem durch das Prinzip der **Drittorganschaft**. Das Prinzip der Drittorganschaft steht bei der GmbH allerdings zur Disposition des Gesellschaftsvertrags. So können nicht nur bereits im Gesellschaftsvertrag auch Gesellschafter zu Geschäftsführern bestellt werden (§ 6 III GmbHG), sondern der Gesellschaftsvertrag kann darüber hinausgehend auch einzelnen Gesellschaftern ein nur aus wichtigem Grund entziehbares Recht auf das Geschäftsführeramt vorbehalten.

Mitglied im Geschäftsführungsorgan wird man durch Bestellungsakt, und hierfür ist es unerheblich, ob man Gesellschafter des Unternehmens ist (siehe § 6 III GmbHG). Die Bestellung erfolgt entweder bereits im Rahmen der Gründung durch den Gesellschaftsvertrag oder gem. § 46 Nr. 5 GmbHG durch Beschluss der Gesellschafterversammlung. Allerdings kann die Zuständigkeit für die Bestellung auch auf ein anderes Gremium, zB einen Bei- oder Aufsichtsrat, übertragen werden. Bei der Bestellung handelt es sich um einen körperschaftlichen Akt, der als solcher auch an (rechtsgeschäftlichen) Wirksamkeitsmängeln leiden kann. Beispielsweise ist die Bestellung nichtig, wenn eine Person zum Geschäftsführer bestellt wird, die nach § 6 II GmbHG amtsunfähig ist. Wird der danach nicht wirksam bestellte Geschäftsführer dann aber dennoch als solcher tätig, so handelt er als sog. fehlerhaft bestellter Geschäftsführer. Nach hM finden hier in Parallele zur Lehre zum fehlerhaften Arbeitsvertrag die Grundsätze über das fehlerhafte Bestellungsverhältnis Anwendung. Daher treffen den fehlerhaft bestellten Geschäftsführer sämtliche Rechte und Pflichten eines wirksam bestellten Geschäftsführers, wenn das Bestellungsverhältnis in Vollzug gesetzt worden ist und wenn keine höherrangigen Interessen entgegenstehen. Darüber hinaus ist auch der Fall denkbar, dass eine Person gar nicht erst bestellt wurde, aber dennoch wie ein Geschäftsführer agiert. Um Haftungslücken zu vermeiden und um einen effektiven Gläu-

---

498 Zum Eigenkapitalersatzcharakter einer Finanzierungshilfe bei Beteiligung des Gesellschafters an darlehensnehmender sowie an darlehensgebender Gesellschaft s. *BGH* NZG 2012, 545.

bigerschutz zu gewährleisten behandelt der BGH diesen sog. faktischen Geschäftsführer unter bestimmten Voraussetzungen wie einen wirksam bestellten.[499] Sämtliche Fragestellungen, wie beispielsweise schon die Voraussetzungen für die Inanspruchnahme einer Person als faktischer Geschäftsführer, sind jedoch höchst umstritten und ungeklärt.[500]

Anders als im **Aktienrecht, das noch** einen Schritt weitergeht, indem es dem Geschäftsführungsorgan **(Vorstand)** eine *originäre* Geschäftsführungskompetenz zuerkennt, die nicht von dem Gesellschafterorgan abgeleitet ist und daher von Weisungen oder sonstigen Einmischungen durch die Aktionäre *unabhängig* ist, besteht für Geschäftsführer in der GmbH grundsätzlich eine Weisungsfolgepflicht (vgl. § 37 I GmbHG). `501`

Eine weitere grundsätzlich der AG vorbehaltene Besonderheit ist schließlich, dass zwischen Geschäftsführung und Gesellschaftergesamtheit ein drittes Organ, der **Aufsichtsrat**, eingeschoben ist, welches den ursprünglichen und hauptsächlichen Zweck hat, die **Kontrolle** der Gesellschafter über die Geschäftsführung zu aktualisieren.

Bei der **GmbH** kann sich ebenfalls ein Aufsichtsrat zwischen Geschäftsführer und Gesellschafterversammlung schieben (§ 52 GmbHG); obligatorisch ist dies aber nur bei denjenigen (großen) Gesellschaften, die der Arbeitnehmer-Mitbestimmung unterliegen (§§ 6 mit 1 I MitbestG, § 1 I Nr. 3 DrittelbG). Auch ist die Rechtsstellung dieses Aufsichtsrats schwächer als bei der AG, und dies gilt selbst (und trotz § 31 MitbestG) bei der mitbestimmten GmbH.

Das **Geschäftsführungsorgan** kann aus einer oder mehreren Personen bestehen (§ 6 I GmbHG), wobei terminologisch zu beachten ist, dass man bei der AG vom Vorstand als dem Organ und den einzelnen Vorstandsmitgliedern spricht, während bei der GmbH der oder die Geschäftsführer gleichzeitig das Organ bezeichnen. `502`

Für das Funktionieren der einzelnen Organe ist zu beachten, dass ihnen ihre Kompetenzen grundsätzlich als organschaftliche zugewiesen sind. Setzt sich also ein Organ aus mehreren Personen zusammen – was praktisch auch bei den Geschäftsführungsorganen die Regel ist –, so stehen die Befugnisse dem *Gremium als solchem* (beispielsweise dem Vorstand, dem Aufsichtsrat), nicht den einzelnen Mitgliedern zu. Im Geschäftsführungsorgan gilt grundsätzlich **Gesamtvertretung und Gesamtgeschäftsführung** (§ 35 II 1 GmbHG). In der Praxis wird allerdings intern häufig eine Ressortverteilung auf die einzelnen Mitglieder vorgenommen, die im Wege der **Unterermächtigung** (vgl. § 78 IV AktG, der entsprechend auch im GmbH-Recht gilt[501]) auch ins Außenverhältnis ausstrahlen kann. Durch die Unterermächtigung erhält das einzelne Vorstandsmitglied bzw. der einzelne Geschäftsführer für bestimmte Geschäfte *Einzelvertretungsmacht* (mehr zur Gesamtvertretung und ihren Ausnahmen → Rn. 768 f.).

---

499 BGHZ 150, 61.
500 Vgl. zum Streitstand: *Strohn*, DB 2011, 158; *Fleischer*, GmbHR 2011, 337.
501 Baumbach/Hueck/*Beurskens* GmbHG § 35 Rn. 39.

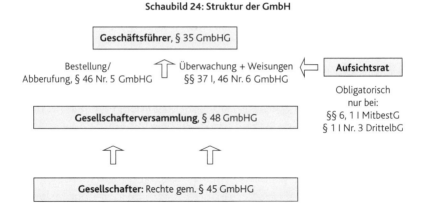

Schaubild 24: Struktur der GmbH

2. Die Personalkompetenz

503 Das Prinzip der Personalhoheit im Verhältnis der Organe zueinander ist einfach: Es besetzt jeweils das untere oder allgemeinere Organ das höhere oder speziellere. So bestellt die Gesellschafterversammlung die GmbH-Geschäftsführer (§ 46 Nr. 5 GmbHG). Lediglich der Aufsichtsrat bei der GmbH wird zwar ebenfalls von der Gesellschafterversammlung gewählt, hat aber seinerseits keine Personalkompetenz über die Geschäftsführer (§ 52 I GmbHG) – anders bei entsprechender Satzungsregelung sowie in Teilbereichen der Mitbestimmung (§§ 31 I MitbestG, 12 MontanMitbestG).

Die **Wahl** erfolgt für jedes einzelne zu bestellende Mitglied mit der einfachen oder einer im Gesetz (*Beispiel:* § 31 II MitbestG) oder Gesellschaftsvertrag vorgesehenen qualifizierten Mehrheit der Stimmen. Auf diese Weise hat das Gesetz darauf verzichtet, einer (qualifizierten) Minderheit von Gesellschaftern eine Repräsentanz im Aufsichtsrat oder im Kreis der Geschäftsführer zu gewährleisten. Zulässig ist es allerdings auch, Gesellschaftern Entsendungsprivilegien einzuräumen (§ 101 II AktG).

504 Etwas komplizierter ist die Rechtslage hinsichtlich der **Abberufung** von Organmitgliedern. Bei der *GmbH*, bei der die Amtszeit der Geschäftsführer jedenfalls von Gesetzes wegen nicht terminiert ist, kann die Gesellschafterversammlung einen Geschäftsführer *jederzeit nach freiem Belieben* abberufen (§ 38 I mit § 46 Nr. 5 GmbHG). Demgegenüber kann bei der *AG* der Aufsichtsrat Vorstandsmitglieder nur abberufen, wenn ein *wichtiger Grund* vorliegt (§ 84 III AktG). Dasselbe kann bei der GmbH der Gesellschaftsvertrag anordnen (§ 38 II GmbHG). Aufsichtsratsmitglieder wiederum können ohne Rücksicht auf einen wichtigen Grund, aber nur mit Dreiviertelmehrheit vorzeitig abberufen werden (§ 103 I AktG mit Sonderregelung für entsandte Mitglieder und Arbeitnehmervertreter in Abs. 2, 4).

505 Als *wichtigen Grund* nennt das Gesetz jeweils grobe Pflichtverletzung und Unfähigkeit zu ordnungsmäßiger Geschäftsführung.

Aufsichtsratsmitglieder können auch durch Gerichtsentscheidung abberufen werden, wenn ein wichtiger Grund vorliegt; zu den Einzelheiten s. § 103 III AktG, zur gerichtlichen Bestellung von Aufsichtsrats- und Vorstandsmitgliedern §§ 85, 104 AktG. – Bei der GmbH wird demgegenüber die Absetzung des unfähigen oder pflichtvergessenen

Geschäftsführers, der sich selbst auf eine Stimmenmehrheit der Gesellschafter stützen kann, zum Problem, welchem die hM auf dem Weg über den Stimmrechtsausschluss beizukommen sucht.

3. Die Sachkompetenzen bei der GmbH

Die **Vertretungsmacht** der GmbH-**Geschäftsführer**[502] ist ebenso wie diejenige des Vorstands allumfassend und im Außenverhältnis unbeschränkbar (§§ 35, 37 II GmbHG).   506

Im Innenverhältnis zur **Gesellschafterversammlung** sind die Grenzen aber anders gezogen als bei der AG. Den Gesellschaftern steht die originäre und allumfassende Sachkompetenz zu, diejenige der Geschäftsführer leitet sich davon ab. Eine sachliche Abgrenzung der Kompetenzen zwischen den beiden Organen hat also zunächst einmal nur für die Geschäftsführer Bedeutung, indem sie einerseits deren Befugnisse limitiert, andererseits ihnen in dem so gezogenen Rahmen vorläufig, nämlich bis zu einer Einmischung der Gesellschafterversammlung, freie Hand gibt. Solche Grenzbestimmung liefert (in dispositiver Regelung) das GmbHG mit dem Katalog des § 46. Nicht aber sind damit auch den Befugnissen der Gesellschafter Schranken gesetzt – dies im klaren Kontrast zum Aktienrecht, wo es einmal auch für die Hauptversammlung einer ausdrücklichen Kompetenzzuweisung durch Gesetz oder Satzung bedarf (§ 119 I AktG) und zum anderen der Satzung insoweit unverrückbare Grenzen gesetzt sind (zB § 119 II AktG). GmbH-Gesellschafter können also jederzeit die Geschäftsführungsbefugnisse nach Belieben weiter eingrenzen, und zwar nicht nur im Gesellschaftsvertrag, sondern auch durch ad hoc-Beschlüsse (§ 37 I GmbHG), und sie können darüber hinaus von Fall zu Fall jede beliebige Geschäftsführungsangelegenheit an sich ziehen mit der Folge, dass die **Geschäftsführer** an ihre Entscheidung gebunden, dh **weisungsgebunden** sind.

Die **Prärogativen der Gesellschafterversammlung** stehen allerdings zur Disposition   507
des Gesellschaftsvertrags (§§ 37 I, 45 GmbHG), es kann also auf diesem Wege den Geschäftsführern ein nur per Vertragsänderung antastbares Reservat eingeräumt werden; und unabhängig davon beschränkt sich in der Praxis auch bei der GmbH, jedenfalls in der mehr kapitalistisch ausgerichteten Spielart, die Gesellschafterversammlung im normalen Lauf der Dinge auf die ihr von Rechts wegen vorbehaltenen Entscheidungen. Deren Kreis ist allerdings schon in der gesetzlichen Aufzählung des § 46 GmbHG weiter gesteckt als im Aktienrecht. In einigen Punkten erklärt sich dies damit, dass die Gesellschafter im gesetzlichen Normalfall gleichzeitig auch die Funktionen des Aufsichtsrats wahrnehmen (§ 46 Nr. 6, 8 GmbHG), in anderen Punkten zeigt sich aber auch hier eine Verschiebung der Grenzlinie zur Geschäftsführung (§ 46 Nr. 7 GmbHG). Letzteres ist dahingehend zu verallgemeinern, dass die Geschäftsführer in *außergewöhnlichen Angelegenheiten* (iSv § 116 II HGB) grundsätzlich nicht eigenmächtig entscheiden dürfen (str.).

Erst recht sind den Gesellschaftern die »echten« **Grundlagenentscheidungen** der Ver-   508
tragsänderung (§ 53 GmbHG) und der Auflösung (§ 60 I Nr. 2 GmbHG) vorbehalten,

---

502 Zur GmbH-rechtlichen Verantwortlichkeit des faktischen Geschäftsführers s. *Fleischer*, GmbHR 2011, 337.

und dies ist zwingendes Recht. Hierzu gehört auch die Kapitalerhöhung, bei der auch dem GmbH-Gesellschafter ein grundsätzliches *Bezugsrecht* – ohne eigene Gesetzesgrundlage – zuerkannt wird.[503]

4. Funktionsweise von Gesellschafterversammlung

a) Beschlussfassung

509   Die GmbH-Gesellschafter treffen ihre Entscheidungen durch **Beschlüsse** auf *Versammlungen* (§§ 47 I, 48 I GmbHG). § 48 II GmbHG eröffnet auch die Alternative der schriftlichen Stimmabgabe. Für den Aufsichtsrat gilt im Prinzip dasselbe, auch wenn ihm im Einzelnen in der Verfahrensgestaltung größere Freiheit gelassen ist (§ 108 AktG). Insbesondere gibt es auch beim Aufsichtsrat keine »konkludenten« Entscheidungen.[504]

510   Die Entscheidungen werden grundsätzlich mit der *einfachen Mehrheit* der abgegebenen Stimmen getroffen (§ 47 I GmbHG). Für Satzungsänderungen, sonstige Grundlagenentscheidungen und bestimmte andere Angelegenheiten sieht jedoch das Gesetz *qualifizierte Mehrheiten* (3/4) oder auch die Zustimmung aller bzw. bestimmter Gesellschafter vor (53 II, III GmbHG, § 128 UmwG). Der Gesellschaftsvertrag kann diesen Kreis noch erweitern und noch strengere Erfordernisse aufstellen. Von den soeben erwähnten Sonderfällen abgesehen, ist eine Zustimmung oder auch nur Beteiligung eines bestimmten Anteils *aller* Gesellschafter (iS eines Quorums) nicht vorgeschrieben. Das Stimmengewicht der GmbH-Gesellschafter bestimmt sich nach dem Nennwert ihres Kapitalanteils (§ 47 II GmbHG).

511   Zur **Teilnahme** an der Versammlung ist jeder Gesellschafter bzw. jedes Aufsichtsratsmitglied berechtigt, desgleichen zur Äußerung seiner Meinung, Stellung von Anträgen und zum Verlangen von Auskünften (§ 131 AktG) im Rahmen der Tagesordnung. Missbräuchliche Ausübung dieser Rechte berechtigt allerdings den Leiter der Versammlung zum Eingreifen bis hin zum Ausschluss von der Versammlung.

512   Das **Stimmrecht** ist bei Interessenkonflikten in den in § 47 IV GmbHG genannten Fällen ausgeschlossen.[505] Ob darin ein allgemeines und der erweiterten Anwendung fähiges Prinzip zum Ausdruck kommt, wonach bei einer Kollision mit *privaten Eigeninteressen* die Mitwirkung in der kollektiven Willensbildung suspendiert sein soll, ist streitig.[506]

513   Vorzugswürdig scheint folgende Differenzierung zu sein: (1) Zum einen ist die Verfolgung *eigener Mitgliedschaftsinteressen* – im Unterschied zu unternehmens*externen Partikularinteressen* – im Rahmen der Unternehmensverfassung durchaus legitim. Ein Gesellschafter ist also beispielsweise keineswegs gehindert, sich mit seiner eigenen Stimme zum Aufsichtsratsmitglied oder Geschäftsführer zu wählen. (2) Zum anderen fällt die Stimme des *Kleingesellschafters,* sofern bei ihm je eine derartige Interessenkollision eintreten sollte, ohnehin nicht ins Gewicht. (3) Dagegen müsste beispielsweise

---

503 Roth/Altmeppen/*Roth* GmbHG § 55 Rn. 20.

504 BGHZ 41, 282.

505 Nach hM auch im Falle von § 51a II S. 2 GmbHG.

506 Gegen eine generelle Erweiterung und analoge Anwendung der § 136 I AktG und § 47 IV GmbHG MüKoAktG/*Arnold* § 136 Rn. 18; Hüffer/Koch/*Koch* AktG § 136 Rn. 18.

bei einem Vertrag zwischen dem Unternehmen und einem einzelnen Gesellschafter die Mitwirkung des GmbH-Gesellschafters an einer (geschäftsführenden) Entscheidung der Gesellschafterversammlung ausgeschlossen sein.

Die hM unterbindet stattdessen die schädliche Verfolgung von Eigeninteressen mittels der **Treuepflicht** (hierzu bereits → Rn. 288), die sie im Prinzip mit der doppelten Stoßrichtung *gegenüber der Gesellschaft* und *gegenüber den Mitgesellschaftern* auferlegt.[507] Allerdings ist sie als Folge seiner größeren Distanz zum Unternehmen generell abgeschwächt. Im Einzelnen dürfte gelten, dass ihre Intensität mit dem relativen Stimmgewicht des jeweiligen Gesellschafters wächst; mehrere verbündete Gesellschafter sind ggf. zusammenzurechnen.[508]   **514**

Der Gesellschafter ist daher nicht ohne Weiteres gehalten, im Konfliktfall den Unternehmensinteressen den Vorrang einzuräumen oder stets auf die Interessen von Minderheitsaktionären Rücksicht zu nehmen; doch ist es der Mehrheit verboten, schrankenlos ihre Interessen zu Lasten der Minderheit zu verfolgen, insbesondere sich auf Kosten der Gesellschaft oder Minderheit *Sondervorteile* zu verschaffen (Beschlussmangel gemäß § 243 II AktG). Auf diese Weise kann die Treuepflicht zu einem wichtigen Instrument des **Minderheitsschutzes** werden. Dieser ist zwar ein vorrangiges Problem vor allem bei der GmbH, weil sich hier die schwer auflösbare Bindung des Gesellschafters an die Gesellschaft (→ Rn. 468) in gefährlicher Weise mit dem Mehrheitsprinzip verbindet.[509] Allerdings finden die Treuepflichten auch bei der AG zunehmend Beachtung.[510]

Jedoch findet die *Schrankenfunktion der Treuepflicht* ebenso wie das *Stimmverbot wegen Interessenkollision* dort ihre **Grenze,** wo das Gesetz typisierte Strukturveränderungen zwar an eine qualifizierte Mehrheit knüpft, unter dieser Voraussetzung dann aber als legitime Ausübung des Gestaltungswillens der Mehrheit anerkennt, auch wenn diese sich dabei von ihren eigenen Vorstellungen und ihrem eigenen Interesse leiten lässt.   **515**

Umgekehrt obliegt auch dem **Minderheitsgesellschafter** eine Treuepflicht gegenüber seinen Mitgesellschaftern, die ihm gebieten kann, zumutbare Sanierungsmaßnahmen zum Wohle oder gar zur Rettung der Gesellschaft zu unterstützen.[511]

Bei der Einpersonen-Gesellschaft ist die Existenz einer **Treuepflicht des Alleingesellschafters** gegenüber seiner Gesellschaft umstritten. Eine Kontrolle durch andere Gesellschafter fehlt in einer solchen Konstellation, so dass eine gesteigerte Schutzbedürftigkeit der Gesellschaft angenommen werden kann. Zum Teil wird gleichwohl vertreten, dass der Gesellschaft gegenüber ihrem einzigen Gesellschafter kein eigenes Interesse zukommen könne,[512] während nach neuerer Rechtsprechung[513] der werben-   **516**

---

507 Allg. *Lutter,* AcP 180 (1980), 105; *Lutter,* ZHR 153 (1989), 446; *Lutter,* ZHR 162 (1998), 164.
508 BGHZ 129, 136 = NJW 1995, 1739; hierzu Anm. *Altmeppen.*
509 Vgl. BGHZ 65, 15; 98, 276 = NJW 1987, 189; *OLG Düsseldorf* GmbHR 1994, 172; *Immenga,* FS 100 Jahre GmbHG, 1992, S. 189ff.; *Reichert/Winter,* FS 100 Jahre GmbHG, 1992, S. 209ff.
510 Zur Treuepflicht des Aktionärs BGHZ 103, 184 = ZIP 1988, 301; 129, 136 = NJW 1995, 1739; ZIP 1999, 1444; *Flume,* ZIP 1996, 161; *Hennrichs,* AcP 195 (1995), 221; *Henze,* BB 1996, 489; *Kort,* ZIP 1990, 294.
511 BGHZ 129, 136; *Lutter,* JZ 1995, 1053.
512 Baumbach/Hueck/*Fastrich* GmbHG § 13 Rn. 26; Roth/Altmeppen/*Altmeppen* GmbHG § 13 Rn. 58f.; *Wicke,* GmbHG, 4. Aufl. 2020, § 13 Rn. 20.
513 BGHZ 173, 246 = NJW 2007, 2689, 2692; *BGH* NZG 2009, 545, 548 = ZIP 2009, 802, 806.

den Gesellschaft grundsätzlich ein von dem Interesse ihrer Gesellschafter unabhängiges **eigenes Vermögensinteresse** zugesprochen wird, welches sie vor *existenzvernichtenden Eingriffen* der Gesellschafter schützt. Allerdings konstruiert die Rechtsprechung den Schutz dieses Vermögensinteresses nicht – obwohl dies möglich gewesen wäre – über die Treuepflicht,[514] sondern über § 826 BGB (näher zur *Existenzvernichtung* → Rn. 553). UE ist ein abstraktes Gesellschaftsinteresse nicht anzuerkennen. Es muss dabei immer zugleich um andere schutzwürdige Belange gehen (Stakeholderinteressen etc.). Das Gesellschaftskonstrukt ist im Übrigen nur konstruktives Mittel zum Zweck, welches kein eigenständiges Bestandsinteresse beanspruchen kann.

517 Ein besonderes Problem ist in diesem Zusammenhang die **Abberufung eines Gesellschafter-Geschäftsführers** bei der GmbH. Wenn dabei nach dem soeben dargestellten Grundsatz dessen eigenes Stimmrecht nicht ausgeschlossen ist, so kann er sich mit seiner eigenen Stimme im Amt halten, kann insbesondere der zu 50 % beteiligte Gesellschafter nie abberufen werden. Doch davon ist eine Ausnahme für den Fall der Abberufung aus wichtigem Grund (§ 38 II GmbHG) zu machen (hM); denn wenn ein solcher in der Person des betreffenden Gesellschafters geltend gemacht wird, wäre seine Mitentscheidung darüber kein bona fide-Beitrag zur Bestimmung des Gesellschaftsinteresses mehr. In diesem Fall wird der Beschluss also ohne seine Stimme getroffen, er kann dann aber das Gericht zur Entscheidung darüber anrufen, ob wirklich ein wichtiger Grund vorlag.[515]

b) Einberufung, Tagesordnung

518 Der Initiative des einzelnen Gesellschafters sind in den Regelungen über Einberufung und Tagesordnung der Versammlung Schranken auferlegt. Die Hauptversammlung beruft der Vorstand, unter besonderen Umständen der Aufsichtsrat ein (§§ 121 II, 111 II AktG), bei der GmbH haben die Geschäftsführer die entsprechende Kompetenz (§ 49 I GmbHG). Dieselben Organe setzen auch die Tagesordnung fest, machen sie den Gesellschaftern vorher bekannt und unterbreiten Vorschläge zur Beschlussfassung (§§ 124 I, III AktG, 51 I, IV GmbHG). Die Einberufung zu einer Gesellschafterversammlung bzw. einer Hauptversammlung kann grundsätzlich von dem Organ wieder zurückgenommen werden, das die Versammlung auch einberufen hat.[516] Für Hauptversammlung einer AG hat der BGH jedoch entschieden, dass diese dann nicht vom einberufenden Organ mehr wirksam abgesagt werden kann, wenn sich die am Versammlungsort eingefundenen Aktionäre nach dem in der Einberufung für den Beginn der Hauptversammlung angegebenen Zeitpunkt im Versammlungsraum eingefunden haben.[517] Dies wird gleichermaßen aber auch für die Gesellschafterversammlung einer GmbH zu gelten haben.[518]

Höchstrichterlich geklärt ist mittlerweile auch, dass durch die Satzung unter bestimmten Voraussetzungen ein Hauptversammlungsort im Ausland bestimmt werden kann.[519]

---

514 Hierfür etwa *Ulmer*, ZIP 2001, 2021, 2026; *M. Winter*, ZGR 1994, 570.
515 Näher Roth/Altmeppen/*Altmeppen* GmbHG § 38 Rn. 34 ff., § 47 Rn. 91.
516 BGHZ 206, 143.
517 BGHZ 206, 143.
518 BeckOK GmbHG/*Schindler* § 51 Rn. 68.
519 BGHZ 203, 68.

Das Ausschlaggebende ist nun, dass die Versammlung nur über ordnungsgemäß bekannt gemachte **Tagesordnungspunkte** Beschlüsse fassen darf (§ 51 III, IV GmbHG). Jeder Gesellschafter ist also frei, im Rahmen der vorgegebenen Tagesordnung Gegen- und Zusatzanträge zu stellen; will er aber die Versammlung mit anderen Angelegenheiten befassen, so muss er im Vorhinein eine entsprechende Erweiterung der Tagesordnung veranlassen. Das Gesetz eröffnet einen Weg hierzu, doch bedarf es der qualifizierten Minderheit von 10% des Stammkapitals (§ 50 II GmbHG). Auf demselben Weg kann eine Minderheit auch die *Einberufung* einer Versammlung als solche durchsetzen (§§ 122 I AktG, 50 I GmbHG).

c) Nichtigkeit und Anfechtbarkeit von Beschlüssen der Gesellschafterversammlung

Auch für Beschlussmängel in der GmbH gelten nach hM die besonderen Vorschriften der §§ 241 ff. AktG zumindest analog, die in den beiden Kategorien der Nichtigkeit und Anfechtbarkeit, auf einen gemeinsamen Nenner gebracht, einen **Bestandsschutz** für Gesellschafterbeschlüsse gewährleisten. Dies wird dadurch erreicht, dass bestimmte Mängel, die nach der allgemeinen Rechtsgeschäftslehre den Beschluss nichtig oder durch Gestaltungserklärung vernichtbar machen müssten (zB nach §§ 142 I, 143 I BGB), nur *inhaltlich eingeschränkt* und innerhalb *kurzer Frist* geltend gemacht werden können und notwendigerweise *im Klagewege* geltend gemacht werden müssen; andererseits erhält das Urteil um der Rechtssicherheit willen eine erweiterte Rechtskraft- bzw. Gestaltungswirkung. In einigen speziellen Punkten erweitern oder präzisieren die zitierten Vorschriften aber auch die Individualrechte des Aktionärs/Gesellschafters und die Rechte des Vorstands gegenüber der Hauptversammlung (vgl. §§ 243 II und IV sowie 245 Nr. 4 AktG). **519**

In jüngerer Zeit haben vor allem Anfechtungsklagen von »**räuberischen Aktionären**« Aufsehen erregt, mit denen diese Fusionen, Kapitalerhöhungen u. ä. zu verhindern oder zu behindern versuchten – möglicherweise mit dem Ziel, sich ihr Klagerecht durch Abfindungs- oder Vergleichszahlungen »abkaufen« zu lassen. Die Problematik rechtsmissbräuchlicher Aktionärsklagen haben sowohl die Rechtsprechung als auch der Gesetzgeber – zuletzt mit dem ARUG 2009[520] – zu lösen versucht. So soll eine Anfechtungsklage wegen Rechtsmissbrauchs als unbegründet abzuweisen sein, wenn der Aktionär die Anfechtungsklage mit dem Ziel erhebt, die Gesellschaft in grob eigennütziger Weise zu einer Leistung zu veranlassen, auf die er keinen Anspruch hat und billigerweise auch nicht haben kann.[521] Teilweise wird auch eine Schadensersatzpflicht des räuberischen Aktionärs gegenüber der Gesellschaft erwogen.[522] **520**

d) Individualrechte

Sind also die Mitspracherechte der Gesellschafter organschaftlich ausgestaltet, so bleibt als wichtigstes Individualrecht der bereits erwähnte **Auskunftsanspruch.** Das GmbH- **521**

---

520 Der Gesetzgeber reagierte bereits mit dem UMAG 2005 auf das Problem der »räuberischen Aktionäre«. Das damals eingeführte **Freigabeverfahren** im Aktien- und Umwandlungsrecht (§§ 246a, 319 AktG, § 16 UmwG) wird vom Gesetz zur Umsetzung der Aktionärsrechte-RL (ARUG) fortentwickelt und präzisiert, vgl. § 246a AktG nF.

521 BGHZ 107, 296 = NJW 1989, 2689.

522 *OLG Frankfurt* ZIP 2009, 271.

Recht räumt dem Gesellschafter in § 51 a GmbHG ein weitergehendes allgemeines Auskunftsrecht in Angelegenheiten der Gesellschaft sowie Recht auf Einsicht in die Bücher und Schriften der Gesellschaft ein. Beide Gesetze begrenzen dann allerdings die genannten Rechte mit einer »Nachteilsklausel«: § 51 a II GmbHG, § 131 III AktG – mit Unterschieden im Detail.

522 Adressat des Auskunftsverlangens sind die Geschäftsführer; zur Verweigerung der Auskunft allerdings bedarf es nach § 51 a GmbHG eines Gesellschafterbeschlusses. Letzteres steht jedoch wiederum zur Disposition des Gesellschaftsvertrags. Gegen die Verweigerung kann das Gericht angerufen werden (§ 51 b GmbHG).

Literatur: *Grunewald,* S. 240 ff., 334 ff.; *Hüffer/Koch/Koch* AktG §§ 118 ff.; *Kindler* GK HandelsR § 14; *Reichert/Weller,* ZRP 2002, 49 ff.; *Schäfer* GesR §§ 34, 41; *Windbichler* GesR §§ 22, 29.

5. Die Geschäftsführer-Haftung

523 Mit den umfassenden Rechten des GmbH- Geschäftsführers als für die Gesellschaft nach außen exekutivisch handelndem Organ korrespondiert die für ihn angeordnete Haftung. So ist der Geschäftsführer gemäß § 43 II GmbHG persönlich verantwortlich, wenn er dadurch einen Schaden verursacht, dass er seine der Gesellschaft gegenüber bestehenden »Obliegenheiten«, bzw. besser *Pflichten* verletzt.

Die dort angeordnete **Haftung,** die ggf. auch die Mitglieder des Aufsichtsrates trifft, besteht grundsätzlich nur der Gesellschaft gegenüber (§§ 43 GmbHG, 93, 116 AktG – Innenhaftung).

Daher kann in der Regel auch nur die Gesellschafterversammlung über die Geltendmachung von Schadensersatzansprüchen beschließen, §§ 46 Nr. 8 GmbHG. Ein Gesellschafterbeschluss, wonach Ersatzansprüche geltend gemacht werden sollen, kann sogar formlos durch entsprechende Absprache bei einem Zusammentreffen der Gesellschafter gefasst werden.[523] Dem einzelnen GmbH-Gesellschafter billigt die hM unter bestimmten Voraussetzungen eine actio pro socio (→ Rn. 262 f.) zu.[524]

524 Eine Haftung nach § 43 II GmbHG setzt voraus, dass (1) der Anspruchsgegner Geschäftsführer ist, (2) dieser seine Pflichten gegenüber der Gesellschaft verletzt hat, (3) er die Pflichtverletzung zu verschulden hat und dass daraus (4) ein kausaler Schaden entstanden ist.

Die Hauptproblematik der in § 43 II GmbHG normierten Geschäftsführerhaftung wegen Sorgfaltspflichtverletzungen liegt aber in der Abgrenzung von bloßen Fehlschlägen und Irrtümern. Letztere rechtfertigen zwar personalpolitische Konsequenzen (zB die Abberufung), begründen aber wegen des unverzichtbaren weiten unternehmerischen Ermessensspielraums noch keine Haftung. Dies gilt erst recht seit Statuierung der aus dem US-amerikanischen Recht übernommenen **business judgement rule** in § 93 I 2 AktG, welche im Rahmen des § 43 II GmbHG analog auch zugunsten der GmbH-Geschäftsführer gilt. Hiernach ist eine unternehmerische Entscheidung des Managers einer nachträglichen gerichtlichen Prüfung (im Haftungsprozess) entzogen,

---

523 BGHZ 142, 92.
524 Roth/Altmeppen/*Altmeppen* GmbHG § 13 Rn. 15 ff.

so dass eine Haftung gemäß § 43 II GmbHG ausscheidet, sofern folgende Voraussetzungen erfüllt sind:[525] (1) Es muss eine unternehmerische Entscheidung vorliegen. (2) Der Vorstand muss frei von Sonderinteressen und sachfremden Einflüssen entschieden und (3) dem Wohle der Gesellschaft gedient haben. (4) Die Entscheidung muss auf angemessener Information basieren. Hinsichtlich der Voraussetzungen (2) bis (4) ist (5) Gutgläubigkeit der Geschäftsführung erforderlich, aber auch ausreichend.[526]

Darüber hinaus entfällt die Haftung, wenn der Geschäftsführer lediglich die Weisungen der Gesellschafter umgesetzt oder die Gesellschafterversammlung eine Maßnahme des Geschäftsführers im Nachhinein gebilligt hat.[527] Der Grund für die Haftungsfreistellung besteht darin, dass in der Regel schon keine »Obliegenheits«- bzw. Pflichtverletzung vorliegt, wenn die Maßnahme dem Willen der Gesellschaft, der regelmäßig durch den der Gesellschafter gebildet wird, entspricht.[528] **525**

Unabhängig[529] von der sog. business judgement rule und dem Willen der Gesellschaft ist die persönliche Haftung des Geschäftsführers in § 43 III GmbHG. Damit wird angeordnet, dass derjenige Geschäftsführer, der entgegen der Bestimmungen des § 30 GmbHG Zahlungen aus dem zur Erhaltung des Stammkapitals erforderlichen Vermögens gemacht hat, persönlich verantwortlich ist. **526**

Darüber hinaus sind die Geschäftsführer der Gesellschaft gem. § 64 S. 1 GmbHG zum Ersatz derjenigen Zahlungen verpflichtet, die nach Eintritt der Zahlungsunfähigkeit oder nach Feststellung der Überschuldung geleistet werden. Ergänzt wird die in S. 1 angeordnete Haftung durch § 64 S. 3 GmbHG, wonach die Geschäftsführer der Gesellschaft auch für solche Zahlungen persönlich haften, die an Gesellschafter geleistet wurden und zur Zahlungsunfähigkeit der Gesellschaft führen mussten. Die Haftung nach § 64 S. 3 GmbHG wird auch als sog. *Insolvenzverursachungshaftung* bezeichnet.[530] Auch hier begründen beide Haftungstatbestände eine reine Innenhaftung. Beide Regelungen dienen dem Schutz der Gläubiger der Gesellschaft, indem sie versuchen, Massekürzungen im Vorfeld eines Insolvenzverfahrens zu verhindern. **527**

Ist die Gesellschaft bereits zahlungsunfähig, scheidet eine Haftung der Geschäftsführer gem. § 64 S. 3 GmbHG aber auch dann aus, wenn danach noch Zahlungen an die Gesellschafter geleistet werden, da die Zahlungsunfähigkeit in diesem Fall gerade nicht durch diese Zahlung verursacht, sondern allenfalls vertieft wird.[531] Allerdings kann der Geschäftsführer dann trotzdem noch gem. § 64 S. 1 GmbHG verantwortlich sein.[532] **528**

Würde im Falle einer Zahlung an einen Gesellschafter ein Fall des § 64 S. 3 GmbHG eintreten, so ist die Gesellschaft bzw. der Geschäftsführer trotz des grundsätzlich geltenden Weisungsrechts und der damit verbundenen Weisungspflicht berechtigt, die Zahlung an den Gesellschafter zu verweigern.[533] **529**

---

525 Vgl. *Hüffer*/Koch/*Koch* AktG § 93 Rn. 15.
526 Zur Sondererwägung einer legal judgement rule bei unsicherer Rechtslage *Verse*, ZGR 2017, 174.
527 BGHZ 31, 258 (278).
528 *Saenger*, GesR, § 17 Rn. 777.
529 HK-GmbHG/*Lücke/Simon* § 43 Rn. 69.
530 *Saenger*, GesR, § 17 Rn. 777.
531 BGHZ 195, 42.
532 BGHZ 195, 42.
533 BGHZ 195, 42.

530 Im sog. »DOBERLUG«-Urteil hat der BGH zudem klargestellt, dass die Mitglieder eines fakultativen Aufsichtsrates einer GmbH bei einer Verletzung ihrer Überwachungspflicht hinsichtlich der Beachtung des Zahlungsverbots aus § 64 S. 1 GmbHG der GmbH gegenüber nur dann gem. §§ 93 II, 116 AktG, 52 GmbHG ersatzpflichtig sind, wenn die Gesellschaft durch die regelwidrigen Zahlungen in ihrem Vermögen iSd §§ 249 ff. BGB geschädigt worden ist.[534] Dagegen soll eine Haftung der Aufsichtsratmitglieder ausscheiden, wenn die Zahlung nur zu einer Verminderung der Insolvenzmasse und damit allein zu einem Schaden der Insolvenzgläubiger geführt hat.[535]

531 Zu beachten ist darüber hinaus, dass es sich bei dem Einzug von einer an die Bank zur Sicherheit abgetretenen Forderungen auf einem debitorischen Konto der GmbH und die anschließende Verrechnung mit dem Sollsaldo grundsätzlich nicht um eine vom Geschäftsführer veranlasste masseschmälernde »Zahlung« iSd § 64 S. 1 GmbHG handelt, wenn die Sicherungsabtretung vor Insolvenzreife vereinbart und die Forderung der Gesellschaft entstanden und werthaltig geworden ist.[536]

532 Freilich kann die Gesellschafter-(Haupt-)versammlung über die Geltendmachung von Schadensersatzansprüchen beschließen, §§ 46 Nr. 8 GmbHG, 147 I AktG, und Aktionäre können immerhin in Ausübung eines Minderheitsrechts (grundsätzlich 1 % oder Anteil von 100.000 EUR) verlangen, dass eine Sonderprüfung eingeleitet wird (§ 142 AktG) und Ersatzansprüche geltend gemacht werden (§ 148 AktG – **Klageerzwingungsverfahren,** allerdings mit Kostenrisiko, Abs. 6).

Den Gläubigern der Gesellschaft gibt das Gesetz unter bestimmten Umständen ein Klagerecht an die Hand (§ 93 V AktG). Dem GmbH-Gesellschafter billigt die hM unter bestimmten Voraussetzungen eine actio pro socio (→ Rn. 262 f.) zu.[537]

Eine mit der Haftung von Geschäftsführern und auch Vorstandsmitgliedern korrespondierende Frage ist, ob die GmbH bzw. Aktiengesellschaft auch Geldstrafen, Geldbußen oder Geldauflagen übernehmen darf, deren Adressat nicht die Gesellschaft, sondern der Geschäftsführer oder das Vorstandsmitglied selbst ist. Der BGH hat die Möglichkeit der Übernahme im Grundsatz bejaht. (BGHZ 202, 26) Verletzt der Vorstand mit der Handlung, die zu der strafrechtlichen Sanktion geführt hat, jedoch gleichzeitig auch seine Pflichten gegenüber der Gesellschaft, muss die Hauptversammlung der Übernahme zustimmen.

Literatur: *Grunewald,* S. 240 ff., 334 ff.; Hüffer/Koch/*Koch* AktG § 93; *Kindler* GK HandelsR § 14; *Reichert/Weller,* ZRP 2002, 49 ff.; *Schäfer* GesR §§ 34, 41; *Windbichler* GesR §§ 22, 29.

6. Die Arbeitnehmer-Mitbestimmung

533 Kennzeichnend für die gegenwärtige Rechtslage der Arbeitnehmer-Mitbestimmung als Kompromisslösung ist ihre sachliche Zersplitterung. Man muss **vier Bereiche** unterscheiden:

---

534 BGHZ 187, 60 – »Doberlug«.
535 BGHZ 187, 60 – »Doberlug«.
536 BGHZ 206, 52.
537 *BGH* NZG 1998, 430; NJW 1985, 2830.

(1) den **Montanbereich** (Montan-MitbestG von 1951, MitbestimmungsergänzungsG von 1956),

(2) den Bereich der Großunternehmen mit mehr als 2000 Arbeitnehmern – **paritätische Unternehmensmitbestimmung** (MitbestG von 1976),

(3) denjenigen der mittleren Unternehmen (zwischen 501 und 2000 Beschäftigte – **Drittelparität** (§ 1 Nr. 1, 3 DrittelbG 2004) und schließlich

(4) den **mitbestimmungsfreien** Bereich. Wichtigstes Kriterium: weniger als 501 Arbeitnehmer – sowie solche in der Rechtsform des einzelkaufmännischen Unternehmens und der Personengesellschaft. Umgekehrt formuliert, ist der hauptsächliche Anwendungsbereich der Mitbestimmung (in allen drei Formen) die AG und die große GmbH.

Gemeinsam ist allen drei Formen die Grundkonzeption, die Mitbestimmung auf der Ebene des **Aufsichtsrats** anzusiedeln. Das bedeutet einmal, dass die Mitbestimmung die *Grundlagenkompetenz der Kapitalseite* in der Gesellschafterversammlung nicht antastet. Zum anderen soll die Mitbestimmung nicht die *unmittelbare Leitung* der Gesellschaft (Geschäftsführung) betreffen. Andererseits ist der Aufsichtsrat ein zentrales Organ: Kraft seiner Personalkompetenz über den Geschäftsführer kann man in ihm die Schaltstelle unternehmerischer Macht sehen; in einer bloßen Teilhabe an der Überwachung (iS des § 111 I AktG) erschöpft sich die Idee der Mitbestimmung jedenfalls nicht. Bei der GmbH erfüllt der Aufsichtsrat nach der gesetzlichen Organkonzeption solche Erwartungen freilich weniger, weil die Geschäftsführer, auch wenn vom Aufsichtsrat bestellt, gegenüber der Gesellschafterversammlung weisungsgebunden sind (→ Rn. 506 f., hier str.).   **534**

Die erste Konsequenz dieser Ausrichtung auf den Aufsichtsrat ist, dass die Mitbestimmungsgesetzgebung die Regelung des AktG über die *Größe* des Aufsichtsrats überlagert. Wird dort in § 95 AktG eine Untergrenze von 3 und eine Obergrenze in Abhängigkeit vom Grundkapital, maximal 21, normiert, so ist dem mitbestimmten Aufsichtsrat für bestimmte Bereiche eine Zahl zwischen 11 und 21 – teilweise in Abhängigkeit von der Zahl der Arbeitnehmer – vorgeschrieben (§§ 7 MitbestG, 4, 9 Montan-MitbestG, 5 MitbestErgG).   **535**

Die wesentlichen Unterschiede zwischen den drei gesetzlichen Formen der Mitbestimmung treten dann in der *zahlenmäßigen Gewichtung* der **Arbeitnehmervertreter** im Aufsichtsrat einerseits, in deren *Ernennungsmodus* andererseits zutage.   **536**

(1) In den Aufsichtsräten der Montanindustrie sind Gesellschafter und Arbeitnehmer paritätisch vertreten, das Zünglein an der Waage bildet ein sog. »weiteres« und präsumtiv *neutrales* Mitglied (§§ 4, 8 Montan-MitbestG).

(2) Paritätische *Zusammensetzung* konnten die Arbeitnehmer sich auch im MitbestG 1976 erkämpfen, nicht aber die totale Parität in der *Entscheidungsgewalt*. Den **Stichentscheid hat der Aufsichtsratsvorsitzende**, und ihn können letztlich die Aktionärsvertreter stellen – wenn sie untereinander solidarisch sind (vgl. §§ 27, 29 MitBestG).

(3) Im Modell des DrittelbG stellen die Arbeitnehmer ein Drittel der Aufsichtsratsmitglieder.

In der *Nominierung der Arbeitnehmervertreter* folgt das DrittelbG dem Grundsatz der »allgemeinen, geheimen, gleichen und unmittelbaren Wahl« durch alle Arbeitnehmer aus den Betrieben des Unternehmens (§ 5 I DrittelbG). Komplizierter die Montan-Regelung: Die Wahl durch die Belegschaft findet nicht als unmittelbare statt, sondern ist durch Einschaltung entweder des Betriebsrats oder eines Wahlmännergremiums mediatisiert, und die *gewerkschaftlichen* Spitzenorganisationen haben hinsichtlich der Mandatare teilweise ein Vorschlags-, teilweise ein Einspruchsrecht (§§ 6 Montan-MitbestG, 6, 7 MitbestErgG). Das MitbestG schließlich stellt die Wahl durch Wahlmänner und die unmittelbare Wahl alternativ zur Verfügung; gleichzeitig sieht es ebenfalls eine Beteiligung von (unternehmensfremden) *Gewerkschaftsvertretern* vor (§§ 9 ff. MitbestG).

537 Eine große Rolle spielt in der Praxis des Aufsichtsrats schlechthin, eine besondere Rolle aber im Zeichen der Mitbestimmung die Bildung von **Ausschüssen.** § 107 III AktG lässt die Delegation von Aufsichtsratsaufgaben auf sie, und zwar auch zur abschließenden Erledigung, mit bestimmten Ausnahmen zu. Eine Repräsentanz von Aufsichtsratsminderheiten in diesen Ausschüssen gewährleistet das Gesetz nicht, desgleichen kein unbedingtes Teilnahmerecht von Nicht-Ausschussmitgliedern an den Ausschusssitzungen (§ 109 II AktG). Für rechtswidrig erachtet wird allerdings der systematische Ausschluss bestimmter Gruppen im Aufsichtsrat von derartigen Ausschüssen, desgleichen muss sich wohl auch das quasi-individuelle Informationsrecht des § 90 III 2 AktG auch gegenüber einer Verlagerung von Angelegenheiten auf Ausschüsse durchsetzen können.

538 Die gesetzliche **Verschwiegenheits**pflicht der Aufsichtsratsmitglieder (§§ 116 mit 93 I S. 3 AktG), von der nur § 394 AktG für einen Sonderfall eine Ausnahme macht, gilt auch für die Arbeitnehmervertreter. Ihre faktische Einhaltung gegenüber dem Betriebsrat dürfte ebenso fragwürdig sein wie bei einem Aufsichtsratsmitglied der Kapitalseite im Verhältnis zu seinem Großaktionär. Freilich sind auch dem Betriebsrat gewisse Informationen bereits betriebsverfassungsrechtlich gewährleistet.

539 Über den Aufsichtsrat hinaus kann die Repräsentation der Arbeitnehmerinteressen uU auch in den Vorstand hineinreichen, nämlich in Gestalt des **Arbeitsdirektors,** der in einigen Mitbestimmungsbereichen als Vorstandsmitglied für Personal- und Sozialangelegenheiten vorgeschrieben ist.[538]

540 (entfallen)

Literatur: *Grunewald*, 2. Teil, C V 1.; *Kübler/Assmann*, § 32; *Lutter*, Information und Vertraulichkeit im Aufsichtsrat, 3. Aufl. 2006; *Windbichler* GesR § 22 Rn. 18 f., § 25 Rn. 32, § 28.

---

538 Siehe §§ 33 MitbestG, 13 Montan-MitbestG; allerdings macht nur das letztere Gesetz den Arbeitsdirektor effektiv zum Vertrauensmann der Arbeitnehmervertreter.

§ 21. Die GmbH – Haftungsverfassung

> **Fall 36:** Der Bekl. war Alleingesellschafter und Geschäftsführer der F-GmbH und bezog für diese bei   541
> Kaufmann K von Oktober bis Dezember 2009 Weihnachtsbäume. Hieraus steht eine Forderung von
> 200.000 EUR offen. Wie der Bekl. wusste, war die GmbH schon seit Mai 2009 zahlungsunfähig und
> überschuldet; die Eröffnung des Insolvenzverfahrens wurde im April 2010 mangels Masse abgelehnt.
> K nimmt den Bekl. persönlich auf Schadensersatz in Höhe des Forderungsausfalls in Anspruch. Mit Er-
> folg? (Lösungshinweise → Rn. 573).

1. Die beschränkte Haftung der Gesellschafter und ihre Ausnahmen

a) Trennungsprinzip

§ 13 II GmbHG normiert den Grundsatz, wonach den Gläubigern einer GmbH aus-   542
schließlich das Gesellschaftsvermögen haftet und bringt damit die Trennung zwischen
dem Vermögen der Gesellschaft einerseits und dem ihrer Gesellschafter andererseits
zum Ausdruck **(Trennungsprinzip)**. Es zielt auf die Förderung der unternehmerischen Freiheit und damit letztlich auf eine volkswirtschaftliche Effizienzsteigerung, indem es Gesellschaftern ermöglicht, mit einem begrenzten wirtschaftlichen Risiko und
einem vergleichsweise niedrigen Kapitaleinsatz, (innovative, aber riskante) Geschäfte
zu tätigen, die sie bei unbeschränkter Haftung nicht vorgenommen hätten.

Die Gläubiger der GmbH können nicht auf das Privatvermögen der Gesellschafter,   543
sondern allein auf das **Gesellschaftsvermögen** zugreifen. Letzteres wird durch **Ausschüttungssperren,** namentlich durch die Regelungen zur Kapitalerhaltung (§§ 30, 31
GmbHG) sowie dem Verbot existenzvernichtender Eingriffe vor dem ungerechtfertig-
ten Zugriff der Gesellschafter gesichert. Werden diese Ausschüttungssperren beachtet,
haften die Gesellschafter nicht persönlich **(Haftungsprivileg)**. Selbst wenn sie entgegen § 30 I 1 GmbHG Vermögenswerte entnehmen, haften sie nur im Innenverhältnis zur GmbH (vgl. §§ 19, 24, 26, 31), nicht jedoch im Außenverhältnis unmittelbar gegenüber ihren Gläubigern (sog. **Innenhaftungskonzept**). Die Gesellschaftsgläubiger
können die Gesellschafter allerdings mittelbar in die Haftung nehmen, indem sie die
Ansprüche der GmbH gegen deren Gesellschafter, etwa auf Einzahlung der übernommenen Stammeinlage oder aus der Ausfallhaftung, pfänden und sich zur Einziehung
überweisen lassen (§§ 829, 835 ZPO).

b) Außenhaftung

Eine unmittelbare **persönliche Haftung eines Gesellschafters** gegenüber dem Gläubi-   544
ger **(Außenhaftung)** kommt hingegen dann in Betracht, wenn es in der Person des
Gesellschafters einen **selbständigen** (rechtsgeschäftlichen oder gesetzlichen) **Verpflichtungsgrund** gibt.

aa) Persönliche Haftungsgründe

Dies ist zB der Fall, wenn sich der Gesellschafter persönlich für die Verbindlichkeiten   545
der Gesellschaft verbürgt (§ 765 BGB), deren Schuld übernommen hat, ihr beigetreten
ist oder eine Garantie abgegeben hat. Des Weiteren kann der Gesellschafter nach
Rechtsscheingrundsätzen haften. Dies ist zu erwägen, wenn der Gesellschafter beim

Auftreten im Rechtsverkehr den Rechtsformzusatz »GmbH« nicht verwendet und dadurch den Eindruck persönlicher Haftung als Einzelkaufmann, OHG-Gesellschafter oder Komplementär einer KG erweckt.[539]

bb) Culpa in contrahendo

546 Der Gesellschafter kann ferner nach den Grundsätzen der **culpa in contrahendo** als *Sachwalter* persönlich haften. Dies ist gemäß § 311 III BGB der Fall, wenn der Gesellschafter für sich in ganz besonderem Maße persönliches Vertrauen in Anspruch nimmt und dadurch die Vertragsverhandlungen oder den Vertragsschluss erheblich beeinflusst. Hinzukommen muss nach neuerer Rechtsprechung, dass er gleichsam im Vorfeld einer Garantiezusage ein zusätzliches, von ihm ausgehendes Vertrauen auf die Vollständigkeit und Richtigkeit seiner Erklärungen hervorgerufen hat, während es nicht ausreicht, dass er lediglich vorvertragliche Aufklärungspflichten der Gesellschaft verletzt hat.[540]

Allerdings darf eine Haftung des *Alleingesellschafters* nicht – wie es früher vertreten wurde – schon dann angenommen werden, wenn der Gesellschafter ein erhebliches **wirtschaftliches Eigeninteresse** am Abschluss eines bestimmten Vertrages durch »seine« GmbH hat. Denn mit der Anerkennung der Einpersonen-GmbH durch den Gesetzgeber im Zuge der GmbH-Novelle von 1980 (siehe § 1: »durch *einen* oder mehrere Gesellschafter«) ist dieser c. i. c.-Fallgruppe für das GmbH-Recht der Boden entzogen worden. Bei einem Alleingesellschafter wird nämlich regelmäßig ein gesteigertes wirtschaftliches Eigeninteresse an den Geschäften seiner GmbH vorliegen. Wollte man hier jeweils eine persönliche Haftung des Gesellschafters aus c. i. c. bejahen, konterkarierte man das auch dem Alleingesellschafter zustehende Haftungsprivileg des § 13 II GmbHG.

cc) Delikt

547 Aus **unerlaubter Handlung** kann sich eine persönliche Haftung des Gesellschafters ebenfalls ergeben, wenn der Gesellschafter selbst den Deliktstatbestand erfüllt hat. Insbesondere kommen hier §§ 823 II BGB iVm 266, 263 StGB in Betracht sowie die vorsätzliche sittenwidrige Schädigung nach § 826 BGB.

Keine Außenhaftung sind jedoch die im Rahmen des § 826 BGB angesiedelten Fallgruppen der Existenzvernichtung (→ Rn. 553 f.) und der Schädigung im Liquidationsstadium (→ Rn. 566 f.), die beide vom BGH als Innenhaftung konzipiert sind.

c) Durchgriffshaftung

aa) Ausgangspunkt

548 Die Rechtsprechung stellt unmissverständlich klar, dass es grundsätzlich legitim ist, eine juristische Person für Zwecke der Haftungsbeschränkung einzuschalten oder »vorzuschieben«, dass also allein die wirtschaftliche Beherrschung der Gesellschaft – auch im Extremfall der Einpersonengesellschaft – keineswegs den Haftungsdurchgriff auf den oder die Gesellschafter rechtfertigen kann.[541]

---

539 Roth/Altmeppen/*Altmeppen* GmbHG § 13 Rn. 72.
540 BGHZ 126, 181, 189 f. = NJW 1994, 2020.
541 ZB BGHZ 61, 380.

Doch es ist schwierig, die **legitime Risikobegrenzung** von der unzulässigen Ausnutzung haftungsbeschränkender Rechtsgestaltungen abzuheben. Ein vieldiskutiertes Beispiel stammt aus den USA: Dort hatten Taxiunternehmer für jedes einzelne Taxi eine eigene Gesellschaft gegründet, was im Haftungsfall (speziell bei Unfällen) die Gläubiger weitgehend rechtlos stellte. Immerhin kehrte hierzulande das Taximodell der Haftungssegmentierung in Gestalt von Autokränen wieder: Ein Autokranunternehmer hatte seine Autokräne auf insgesamt sieben von ihm beherrschte GmbHs verteilt.[542] In ähnlicher Weise gründen Reedereien häufig für jedes Schiff eine eigene Kapitalgesellschaft, Bauunternehmen zunehmend für jedes größere Bauprojekt eine eigene Ausführungsgesellschaft. Der BGH hat dies im Autokranfall nicht als Rechtsmissbrauch geahndet.[543]

Andererseits betont die Rechtsprechung auch, dass die Haftungsbeschränkung **Grenzen** haben kann: »Über die juristische Person darf nicht leichtfertig und schrankenlos hinweggegangen werden, dies ist aber in **Ausnahmefällen** möglich und auch erforderlich, wenn die Wirklichkeit des Lebens und die Macht der Tatsachen ein solches Hinweggehen gebietet.«[544] Der BGH bereitet hier den Boden für die das Trennungsprinzip durchbrechende Durchgriffshaftung, die als Institut im Ergebnis grundsätzlich anerkannt, in der dogmatischen Begründung jedoch umstritten ist. Unter dem Begriff der Durchgriffshaftung werden insbesondere die **Fallgruppen** der *Vermögensvermischung*, der *materiellen Unterkapitalisierung* und der *Existenzvernichtungshaftung* diskutiert.

bb) Vermögensvermischung

Allgemein anerkannt ist die persönliche Gesellschafterhaftung im Fall der Vermögensvermischung.[545] Das Trennungsprinzip des § 13 II kann dort nicht mehr zugunsten des Gesellschafters zum Tragen kommen, wo eine klare Trennung zwischen dem Vermögen der Gesellschaft und der Gesellschafter nicht möglich ist. Denn dann lässt sich der die Haftungsbeschränkung rechtfertigende Haftungsfonds, der eigentlich ungeschmälert den Gesellschaftsgläubigern zur Verfügung stehen soll, nicht mehr hinreichend klar bestimmen.

Von einer Vermögensvermischung ist insbesondere auszugehen, wenn das Gesellschafts- und das Privatvermögen eines Gesellschafters aufgrund mangelnder oder **undurchsichtiger Buchführung** oder unsauberer Kontentrennung vermischt und dadurch die Einhaltung der Kapitalerhaltungsvorschriften **unkontrollierbar** wird.[546] Eine Haftung wegen Vermögensvermischung setzt einen gewissen *Einfluss des Gesellschafters* auf die Herbeiführung oder Aufrechterhaltung einer Vermögensvermischung voraus. Daher kommt sie regelmäßig nur für Allein- oder Mehrheitsgesellschafter, aber nicht für Minderheitsgesellschafter in Frage.[547] Die Haftung ist *verschuldensunabhängig* und ergibt sich aus einer analogen Anwendung von § 128 HGB.[548]

549

---

542 BGHZ 95, 330 – *Autokran*.
543 BGHZ 95, 330.
544 BGHZ 20, 4, 11; BGHZ 26, 31, 37; BGHZ 61, 380, 383; BGHZ 78, 318, 333.
545 Roth/*Altmeppen* GmbHG § 13 Rn. 136.
546 *BGH* NJW 2006, 1344, 1346; *BGH* NJW 2007, 2689, 2691f.; *BGH* NZG 2008, 187f.
547 BGHZ 125, 366, 368f. = NJW 1994, 1801.
548 BGHZ 173, 246 = NJW 2007, 2689, 2691.

550 Von der Vermögensvermischung zu unterscheiden ist die sog. **Sphärenvermischung.** In dieser Fallkonstellation trennt der Gesellschafter bei seinem Auftreten im Rechtsverkehr nicht hinreichend zwischen der Gesellschaft, als vertretenem Rechtssubjekt, und seiner eigenen Sphäre. Der Gesellschafter muss sich dann die getätigten Geschäfte selbst zurechnen lassen. Hierin wird kein Fall der Durchgriffshaftung gesehen, sondern ein Fall der *Rechtsscheinhaftung.*[549]

cc) Materielle Unterkapitalisierung

551 Mit der Durchgriffshaftung wegen materieller Unterkapitalisierung soll sanktioniert werden, dass das Eigenkapital der Gesellschaft nicht in angemessenem Verhältnis zu ihrer tatsächlichen Geschäftstätigkeit steht. Ein Extrembeispiel wäre eine Fluggesellschaft, die lediglich mit einem Stammkapital von 25.000 EUR operiert. Freilich werden hohe Anforderungen an den *Tatbestand* der materiellen Unterkapitalisierung gestellt, weshalb nur eine sog. **»qualifizierte materielle Unterkapitalisierung«** den Durchgriff begründen soll.[550] Diese wird umschrieben als eine »eindeutig und für Insider klar erkennbar unzureichenden Eigenkapitalausstattung der Gesellschaft, die einen Misserfolg der Geschäftstätigkeit der Gesellschaft zu Lasten der Gläubiger bei normalem Geschäftsverlauf mit hoher, das gewöhnliche Geschäftsrisiko deutlich übersteigender Wahrscheinlichkeit erwarten lässt« *(Ulmer).*

552 Der **BGH** hat sich jüngst *gegen* eine Haftung der Gesellschafter aufgrund materieller Unterkapitalisierung ihrer GmbH ausgesprochen und damit einer Rechtsfortbildung in dieser Hinsicht eine Absage erteilt.[551] Der GmbH-Gesellschafter ist hiernach grundsätzlich nicht verpflichtet, der GmbH ein – ggf. »mitwachsendes« – Finanzpolster zur Verfügung zu stellen, falls sich herausstellt, dass die Gesellschaft, hinsichtlich ihres finanziellen Bedarfs, gemessen am Geschäftsumfang, zu niedrig ausgestattet ist. In der Tat spricht der Umstand, dass § 5 GmbHG bis auf den Mindestbetrag von 25.000 EUR keine näheren Angaben zur Bestimmung des Stammkapitals macht, sondern der Vertragsfreiheit der Gesellschafter überlässt (§ 3 I Nr. 3 GmbHG) gegen eine Überprüfung der gewählten Stammkapitalhöhe auf ihre Sinnhaftigkeit in Relation zum Unternehmensgegenstand.

Literatur: *Bitter,* Konzernrechtliche Durchgriffshaftung bei Personengesellschaften, 2000; *Habersack/ Zickgraf,* ZHR 182 (2018), 252; *Roth,* ZGR 1993, 170; *Windbichler* GesR § 24 V.

d) Existenzvernichtungshaftung

aa) Ausgangspunkt

553 Es herrscht weitgehende Einigkeit darüber, dass die Kapitalerhaltungsvorschriften des GmbHG (§§ 30, 31) keinen lückenlosen Gläubigerschutz gewährleisten. So schützen die genannten Vorschriften nicht vor einem Verlust des haftenden Kapitals im Rahmen *wirtschaftlicher Fehlentwicklungen* der Gesellschaft, sondern verbieten lediglich in gewissem Umfang den Zugriff der Gesellschafter auf das Gesellschaftsvermögen. Hinzu kommt, dass den §§ 30, 31 GmbHG eine *bilanzielle* Betrachtungsweise zugrunde liegt.

---

549 *BGH* NJW 2001, 2716.
550 Grundlegend Hachenburg/*Ulmer,* GmbHG, 8. Aufl. 1992, Anh. § 30 Rn. 55.
551 BGHZ 176, 204 = NZG 2008, 547.

Diese läuft naturgemäß für Vermögensgegenstände und Entnahmevorgänge leer, die nicht bilanzierungsfähig sind. Dieser Problematik versuchen Rechtsprechung und Lehre neuerdings mit dem Institut des sog. **existenzvernichtenden Eingriffs** zu begegnen.

bb) Qualifiziert-faktischer Konzern

Ursprünglich hat der BGH »existenzvernichtende Sachverhalte« über die Haftungs- **554** figur im sog. **qualifiziert-faktischen Konzern** zu fassen gesucht.[552] Das Problem der Vernichtung einer GmbH durch ihre eigenen Gesellschafter erachtete der BGH zunächst als spezifisch für den Unternehmensverbund. In diesem besteht in der Tat die Gefahr, dass Unternehmer-Gesellschafter noch anderweitige unternehmerische Interessen verfolgen mit der Konsequenz, dass der Interessengleichlauf zwischen ihnen und der in Frage stehenden GmbH nicht mehr gegeben ist **(Konzerngefahr)**. Begründet wurde die Haftung über eine Analogie zu den §§ 302, 303 AktG, da im qualifiziert-faktischen Konzern die gleiche Gefährdungslage wie bei einem Vertragskonzern gegeben sei. So heißt es in der letzten großen Entscheidung zu dieser Haftungskonstruktion (»TBB«[553]), der beherrschende Unternehmergesellschafter hafte **analog §§ 302, 303 AktG,** wenn er bei Ausübung seiner Konzernleitungsmacht keine angemessene Rücksicht auf die eigenen Belange der abhängigen Gesellschaft nehme und sich der ihr zugefügte Nachteil nicht durch Einzelausgleichsmaßnahmen kompensieren lasse. Der abhängigen GmbH muss es infolge der Beeinträchtigung ihrer Interessen durch das herrschende Unternehmen unmöglich geworden sein, ihren Verbindlichkeiten nachzukommen (näher → Rn. 596 ff.).

cc) Existenzvernichtungshaftung als Außenhaftung

Mit der Entscheidung »**Bremer Vulkan**«[554] hat sich der BGH jedoch von der Haftung **555** im qualifiziert-faktischen Konzern abgewandt. In der **KBV-Entscheidung**[555] wurde sodann der **existenzvernichtende Eingriff als selbständiges Rechtsinstitut** mit eigener Anspruchsgrundlage ausgestaltet. Hiernach sollen Eingriffe in das Gesellschaftsvermögen, welche es »in einem ins Gewicht fallenden Maße« an Rücksichtnahme auf den Erhalt der Zahlungsfähigkeit der Gesellschaft mangeln lassen, einen Rechtsformmissbrauch darstellen, der zum Verlust der Haftungsbeschränkung führt, wenn der Nachteil nicht durch die §§ 30, 31 GmbHG ausgeglichen werden kann. Die Haftung aus Existenzvernichtung war damit gegenüber den §§ 30, 31 **subsidiär.** Des Weiteren waren die Ansprüche aus Existenzvernichtung als sog. **Außenhaftung** ausgestaltet, dh, die Gesellschaftsgläubiger selbst konnten sich unmittelbar an die Gesellschafter halten.

dd) Existenzvernichtungshaftung als Innenhaftung

Mit der Entscheidung »**Trihotel**«[556] hat der BGH erneut eine Kehrtwende im Konzept **556** der Existenzvernichtungshaftung vollzogen. Die Existenzvernichtungshaftung wurde

---

552 *BGH* NJW 1985, 188 ff. – *Autokran.*
553 *BGH* NJW 1993, 1200 – *TBB.*
554 BGHZ 149, 10 = ZIP 2001, 1874.
555 *BGH* NJW 2002, 3024 ff.
556 *BGH* ZIP 2007, 1552 – *Trihotel.* Hierzu *Prütting*, JuS 2018, 409.

darin auf eine **deliktische Grundlage (§ 826 BGB)** gestellt. Statt als Durchgriffsaußenhaftung analog §§ 128 HGB hat sie der BGH nunmehr in einem Akt richterrechtlicher **Rechtsfortbildung** als **Schadensersatzhaftung** ausgestaltet, die von der Gesellschaft selbst bzw. deren Insolvenzverwalter gegenüber den Gesellschaftern geltend zu machen ist **(Innenhaftungskonzept).** Der BGH hat ferner das Subsidiaritätskriterium aufgegeben: Die Ansprüche aus §§ 30, 31 GmbHG sind nicht mehr vorrangig zur Existenzvernichtungshaftung zu prüfen, sondern stehen nunmehr in freier Anspruchsgrundlagenkonkurrenz zueinander.

ee) Voraussetzungen

557 Nach der Trihotel-Entscheidung setzt die Existenzvernichtungshaftung aus § 826 BGB folgende Tatbestandsmerkmale voraus:

(1) Der oder die Gesellschafter müssen der GmbH **Gesellschaftsvermögen entzogen** haben. Unter den Begriff des geschützten Gesellschaftsvermögens fällt nicht nur das bilanzielle Vermögen der GmbH; vielmehr zählen dazu auch **Geschäftschancen und -ressourcen.** Es geht darum, alle Positionen zu erfassen, die es der Gesellschaft ermöglichen, ihre wirtschaftliche Tätigkeit planmäßig fortzusetzen und Umsatzerlöse zu generieren.[557] Beispiele für den Entzug von Gesellschaftsvermögen sind der Abfluss liquider Mittel, die Verlagerung von Arbeitskräften (Know-how), Geschäftsverbindungen, betriebsnotwendigen Ressourcen (zB wesentliche Maschinen) oder des Kundenstamms auf den Gesellschafter selbst oder auf eine von ihm beherrschte andere Gesellschaft.[558]

558 Dagegen liegt **kein Entzug von Gesellschaftsvermögen** vor, wenn der der GmbH zugefügte vermögensrelevante Nachteil durch eine marktgerechte Gegenleistung *kompensiert* wird.[559] Nicht unter den Tatbestand des Vermögensentzuges lassen sich ferner die Fälle der *materiellen Unterkapitalisierung* und der Vermögensminderung durch *Managementfehler*[560] subsumieren. Auch die sog. *Aschenputtel-Konstellationen,* in denen der Aschenputtel-Gesellschaft alle Risiken zugewiesen werden, während die Schwestergesellschaft das Betriebsvermögen hält und von den Geschäftschancen profitiert, begründen keine Existenzvernichtungshaftung (möglicherweise aber eine andere Fallgruppe des § 826 BGB, → Rn. 553 f.). In allen vorgenannten Konstellationen wird der Gesellschaft (noch nicht vorhandenes) betriebsnotwendiges Vermögen lediglich *passiv vorenthalten,* nicht jedoch bereits vorhandenes Vermögen der Gesellschaft wieder *entzogen.* Ein passives Vorenthalten könnte nur dann sanktioniert werden, wenn eine Pflicht der Gesellschafter bestünde, für eine unternehmensgegenstandsadäquate Kapitalausstattung der GmbH zu sorgen. Eine solche Pflicht besteht jedoch nicht. In dem bloßen Unterlassen einer geeigneten Kapitalausstattung hat der BGH in der **Gamma-Entscheidung** daher zu Recht keinen Fall des existenzvernichtenden Eingriffs gesehen.[561]

---

557 *Strohn,* ZInsO 2008, 706, 708.
558 *Dauner-Lieb,* DStR 2006, 2034, 2038.
559 BGHZ 173, 246, 266.
560 *BGH* NZG 2005, 214.
561 *BGH* NZG 2008, 547 – *Gamma.*

(2) Insolvenzverursachung: Der Entzug des Gesellschaftsvermögens muss die Insol- 559
venz der Gesellschaft *kausal hervorgerufen* oder vertieft haben.[562] Eine bloße Insol-
venzgefährdung begründet dagegen noch keine Haftung wegen Existenzvernichtung.

(3) Sittenwidrigkeit des Gesellschafterverhaltens: Die Sittenwidrigkeit kann mit dem 560
BGH bejaht werden, wenn der Gesellschafter der Gesellschaft das Vermögen planmäßig entzogen und *in seine (unmittelbare oder mittelbare) Vermögenssphäre* überführt hat,[563] mithin wenn sich die Zugriffsmasse der Gläubiger zum Vorteil des Gesellschafters verringert.[564] Es genügt, wenn der Zweck des Gesellschafterhandelns primär
egoistisch motiviert und die Verringerung der Schuldendeckungsfähigkeit der Gesellschaft zu Lasten der Gläubiger die bloße *Folge der Selbstbedienung* ist.

(4) Vorsatz des Gesellschafters: Dem Vorsatzerfordernis ist genügt, wenn dem han- 561
delnden Gesellschafter bewusst ist, dass durch von ihm selbst oder mit seiner Zustimmung veranlasste Maßnahmen das Gesellschaftsvermögen sittenwidrig geschädigt
wird; *Eventualvorsatz* reicht aus.

(5) Schaden der Gesellschaft: Der Schaden wird anhand der Differenzhypothese er- 562
mittelt. Verglichen wird der tatsächliche Vermögenszustand der insolventen GmbH
mit dem hypothetischen Vermögenszustand, der ohne den existenzvernichtenden Eingriff bestünde. Neben dem entgangenen Gewinn (§ 252 BGB) zählen zum Schaden
auch die Kosten des vorläufigen und des eröffneten Insolvenzverfahrens, sofern die
Gesellschaft ohne den Eingriff nicht insolvent geworden wäre. Der Schaden umfasst
ferner sog. *Kollateralschäden,* die etwa durch *insolvenzbedingte Zerschlagungsverluste*
entstehen.[565]

(6) Haftungsbegrenzung: Der Schadensersatzanspruch ist begrenzt auf den Betrag, 563
der zur **Befriedigung der Gesellschaftsgläubiger** oder für den Ausgleich der Kosten
des Insolvenzverfahrens notwendig ist.[566] Die Gesellschaft muss dagegen nicht als
»werbendes Unternehmen« wieder hergestellt werden. Es soll allein (aber immerhin)
der Betrag ersetzt werden, um den die Schuldendeckungsfähigkeit der GmbH geschmälert wurde.

(7) Schuldner (Adressaten) der Existenzvernichtungshaftung können neben den Ge- 564
sellschaftern auch Nicht-Gesellschafter als **Teilnehmer** (§ 830 II BGB) des existenzvernichtenden Eingriffs sein, sofern sie durch ihren Beitrag die Existenzvernichtung
durch den Gesellschafter bewusst fördern oder erleichtern. Gesellschafter und Teilnehmer haften dann als Gesamtschuldner, § 840 BGB. Als Teilnehmer kommen insbesondere Anwälte, Banken und sonstige Berater in Betracht. Die Teilnehmerhaftung
setzt allerdings einen »doppelten Vorsatz« (bezogen auf die eigene Förderungshand-
lung und auf die Haupttat des Gesellschafters) voraus.

(8) Zur **Geltendmachung** der Ansprüche aus Existenzvernichtungshaftung ist nun- 565
mehr ausschließlich die Gesellschaft bzw. der **Insolvenzverwalter** zuständig. Die Gesellschaftsgläubiger ihrerseits müssen den prozessualen Umweg gehen, zuerst einen
Titel gegen die Gesellschaft zu erwirken, um sodann die Ansprüche der Gesellschaft

---

562 *BGH* NJW-RR 2008, 629.
563 *Weller,* Rechtsformwahlfreiheit, S. 158 f.
564 *BGH* ZIP 2007, 1552 Rz. 22, 30.
565 *BGH* ZIP 2007, 1552 Rz. 39; *Goette,* ZIP 2005, 1481, 1487; *Röhricht,* ZIP 2005, 505, 515.
566 *BGH* ZIP 2007, 1552 Rz. 55 ff.

gegen die Gesellschafter pfänden und sich überweisen lassen zu können (§§ 829, 835 ZPO).

Beispielsweise kann es sich dann um einen existenzvernichtenden Eingriff handeln, wenn die Gesellschafter-Geschäftsführer einer in der Liquidation befindlichen GmbH das Gesellschaftsvermögen an eine andere, von ihnen abhängige Gesellschaft unter Wert der Vermögensgegenstände veräußern.[567]

Literatur: *Weller,* Rechtsformwahlfreiheit, S. 123 ff.; *Weller,* ZIP 2007, 1681 ff.

2. Schädigung im Liquidationsstadium

566 In seinem Urteil vom 9.2.2009 (»**Sanitary**«)[568] hat der BGH eine neue Fallgruppe der Deliktshaftung aus **§ 826 BGB** ins Leben gerufen, die an der vorsätzlichen sittenwidrigen Schädigung der GmbH **durch Missachtung der Liquidationsvorschriften** anknüpft. Danach haftet ein Gesellschafter seiner Gesellschaft (**Innenhaftung**) aus § 826 BGB, wenn er unter Verstoß gegen § 73 I GmbHG in sittenwidriger Weise das im Interesse der Gesellschaftsgläubiger zweckgebundene Gesellschaftsvermögen schädigt. Anders als bei der Existenzvernichtungshaftung kommt es dabei nicht auf eine Insolvenzverursachung oder -vertiefung an. Der Anspruch kann also auch schon dann geltend gemacht werden, wenn die Gesellschaft eigentlich ausreichend vermögend ist, um alle ihre Gläubiger zu befriedigen.

Im Unterschied zur Haftung aus §§ 73 III iVm 43 IV GmbHG wird der Verjährungsbeginn bei der Konstruktion über § 826 BGB subjektiv an die Kenntnis des Geschädigten von Schaden und Schädiger angeknüpft (§§ 195, 199 BGB), während sich der Verjährungsbeginn bei §§ 73 III iVm 43 IV GmbHG objektiv an der Entstehung des Anspruchs orientiert.

3. Gesellschafterfreundlicher Durchgriff, Reflexschaden, Umgekehrter Durchgriff

567 Eine Durchbrechung des Trennungsprinzips resultiert auch aus dem sog. gesellschafterfreundlichen Durchgriff. Die Rechtsprechung bejaht einen solchen Durchgriff in Konstellationen, in denen der **Gesellschaftergeschäftsführer geschädigt** wird und diese Schädigung mittelbar auch die Gesellschaft trifft, zB durch Ausfall der Geschäftsführertätigkeit.[569] Der Schaden der Gesellschaft kann etwa darin liegen, dass sie die Geschäftsführervergütung weiterbezahlen muss oder ihr Gewinne wegen verpasster lukrativer Aufträge entgehen. Ein solcher Schaden ist durch den Gesellschafter *für die Gesellschaft* geltend zu machen *(Drittschadensliquidation).*

568 Entsprechendes gilt für den sog. »**Doppelschaden**« oder »**Reflexschaden**«.[570] Ein Doppelschaden liegt vor, wenn Gesellschaft und Gesellschafter nebeneinander geschädigt werden, zB durch die Verletzung der Treuepflicht durch einen Mitgesellschafter,

---

567 BGHZ 193, 96.
568 *BGH* ZIP 2009, 802; hierzu *Weller,* LMK 2009, 284, 304.
569 BGHZ 61, 983; *BGH* NJW 1992, 368, 369; *BGH* GmbHR 1995, 666.
570 Vgl. auch Roth/Altmeppen/*Altmeppen* GmbHG § 13 Rn. 153 ff.

die sich in einer Wertminderung des Geschäftsanteils niederschlägt. Auch diesen Schaden kann der Gesellschafter *zugunsten der Gesellschaft* geltend machen. Schadensersatzleistungen an den Gesellschafter selbst kommen nur insoweit in Betracht, als ihm ein zusätzlicher eigener Schaden entstanden ist.[571]

Hingegen wird der sog. **umgekehrte Durchgriff**, dh der Zugriff von Privatgläubigern eines Gesellschafters auf das Vermögen der GmbH für private Gesellschafterschulden, allgemein abgelehnt.[572] Ausnahmen kommen selbst bei Schulden eines Alleingesellschafters nicht in Betracht.[573] Der Privatgläubiger kann allein den **Geschäftsanteil**, den der Gesellschafter an der GmbH hält, pfänden und verwerten.[574]   569

4. Zurechnungsdurchgriff

Problematisch ist, inwieweit sich die Gesellschaft *Kenntnisse, Verhaltensweisen und*   570
Eigenschaften ihrer Gesellschafter im Rechtsverkehr *zurechnen* lassen muss. Unter den Begriff des sog. **Zurechnungsdurchgriffs** fallen zB die **Anfechtung** nach § 119 II BGB durch einen Geschäftspartner der GmbH wegen Irrtums über Person oder Eigenschaft ihres Gesellschaftergeschäftsführers.[575] Ebenso wird der Alleingesellschafter gegenüber der GmbH **nicht als Dritter** iSd § 123 II BGB angesehen, so dass eine Anfechtung nach den weniger strengen Bedingungen des § 123 I BGB möglich ist.[576] Eine Zurechnung der Kenntnisse und auch des Kennenmüssens des Gesellschafters gegenüber seiner GmbH erfolgt gemäß **§ 166 II BGB**.

Der an einer GmbH maßgeblich beteiligte **Makler** kann sich bei einem Geschäft der GmbH mit einem Dritten keine Maklerprovision verdienen, weil dies der ratio des § 652 BGB widerspräche.[577] Entsprechendes gilt für die Gesellschaft als Maklerin.[578] Die Vorschriften über den **gutgläubigen Erwerb vom Nichtberechtigten** sind auf Geschäfte zwischen der Gesellschaft und ihrem Gesellschafter mangels Verkehrsgeschäft nicht anwendbar.[579]

5. Haftung nach Insolvenzreife

Die entscheidende Schwäche der gesetzlichen Konzeption der Kapitalgesellschaften,   571
also des Mindeststamm(-grund-)kapitalerfordernisses in Verbindung mit dem Instrumentarium der Kapitalaufbringung und -erhaltung, ist, dass sie das Haftungspolster nicht dagegen schützt, durch *unternehmerische Verluste* aufgezehrt zu werden. In diesem Punkt müsste eigentlich das Insolvenzrecht eingreifen; denn von Rechts wegen haben die verantwortlichen Leiter der Kapitalgesellschaft bei Eintritt der **Überschuldung** (§ 19 InsO; zum Überschuldungsbegriff → Rn. 620 ff.) – also in einem Stadium,

571 Scholz/*Bitter*, § 13 Rn. 141.
572 *BGH* BB 1990, 730; *KG NZG* 2003, 333.
573 *BGH* NJW 2004, 217, 218.
574 *Reichert/Weller*, § 15 Rn. 516 ff.
575 RGZ 143, 431: Irrtum über die Zuverlässigkeit des Gesellschafters.
576 *BGH* NJW 1990, 1915.
577 *BGH* NJW 1975, 1215.
578 *BGH* NJW 1974, 1130.
579 RGZ 126, 46.

in dem die Fremdforderungen nicht mehr zu 100 % durch Aktivvermögen gedeckt sind – die Eröffnung des Insolvenzverfahrens zu beantragen und dadurch das weitere Verwirtschaften von Aktivvermögen zu stoppen (§ 15a InsO – **Insolvenzantragspflicht**). Dieser spezielle Eröffnungsgrund der Überschuldung ist bei Kapitalgesellschaften dem allgemeinen Grund der Zahlungsunfähigkeit (§ 17 InsO) hinzugefügt, um der besonderen Haftungssituation Rechnung zu tragen – als gewissermaßen letzte Absicherung des Haftungsfondsprinzips. In der Praxis funktioniert das jedoch nicht in diesem Sinne: Nahezu drei Viertel aller Anträge auf Eröffnung des Insolvenzverfahrens werden viel zu spät gestellt mit der Folge, dass kein hinreichendes Vermögen mehr vorhanden und ein Insolvenzverfahren mangels Masse abzulehnen ist. Bei den durchgeführten Verfahren beträgt die Befriedigungsquote im Durchschnitt weniger als 10 %.

572 Angesichts dessen bemüht sich die Rechtsprechung, die **Haftung wegen Insolvenzverschleppung** möglichst wirkungsvoll auszugestalten. Die *Geschäftsführer* haften hierfür den Gläubigern von Gesetzes wegen nach § 15a InsO iVm § 823 II BGB. Dabei ist zu differenzieren:

(1) Die sog. **Neugläubiger,** die noch nach Insolvenzreife (dh nach dem Moment des Eintritts der Überschuldung) mit der GmbH kontrahierten, weil sie erst verspätet »aus dem Verkehr gezogen« wurde, können ihren *vollen Forderungsausfall* als Schaden liquidieren.[580]

(2) Demgegenüber erhalten die **Altgläubiger,** deren Forderungen gegen die GmbH schon vor dem Moment der Insolvenzreife entstanden waren, nur ihren sog. *Quotenschaden* ersetzt; das ist die Verschlechterung der Insolvenzquote, die auf die pflichtwidrige Verzögerung der Verfahrenseröffnung und die damit einhergehende Masseschmälerung zurückgeführt werden kann. Der Quotenschaden wird für alle Altgläubiger vom Insolvenzverwalter geltend gemacht.[581]

Ein die Haftung des Geschäftsführers der GmbH auslösender innerer Zusammenhang zwischen der Verletzung der Insolvenzantragspflicht durch den Geschäftsführer und dem Vermögensschaden des Vertragspartners der GmbH besteht für den eingetretenen Schaden aber nur unter Berücksichtigung des Schutzzwecks der Insolvenzantragspflicht. Dementsprechend entfällt eine Haftung wegen Insolvenzverschleppung, wenn eine insolvenzreife GmbH die von ihr geschuldete vertragliche Leistung nicht ordnungsgemäß erbracht hat und dadurch lediglich die Schädigung des Vermögens des Vertragspartners durch deliktisches Handeln eines Dritten begünstigt worden ist.[582]

Literatur: Scholz/*K. Schmidt,* Anh. § 64 (Insolvenzverschleppungshaftung).

573 Lösungshinweise zu Fall 36 (→ Rn. 541; vgl. *BGH* NJW 1995, 398):

    I. Anspruch des K gegen den Bekl. gem. **§§ 280 I, 241 II, 311 II BGB** (−) (c. i. c. nur als Ausnahmefall, vgl. → Rn. 546)

    II. Anspruch des K gegen den Bekl. auf Schadensersatz gem. **§ 823 II BGB iVm § 15a InsO (Insolvenzverschleppungshaftung) (+)**

        1. § 15a InsO ist **Schutzgesetz** iSd § 823 II BGB

---

580 BGHZ 126, 181; *BGH* NJW 1995, 398.
581 *BGH* ZIP 1998, 776.
582 *BGH* WM 2015, 288.

2. Voraussetzungen des § 15 InsO (+)
3. **Schaden**/Umfang des Schadens (§§ 249 ff. BGB): Hier ist K **Neugläubiger** (da Vertragsschluss nach Mai 2009 und damit nach Eintritt der Insolvenzantragspflicht erfolgte); Problem: Reichweite und Schadensumfang?
   a) Grundsatz: Quotenschaden, dh der Unterschiedsbetrag, der sich aus dem Vergleich der bei tatsächlicher gegenüber der rechtzeitigen, pflichtgemäßen Antragstellung erzielbaren verringerten Insolvenzquote ergibt (zunächst sowohl für Alt- als auch für Neugläubiger).
   b) Aber bei **Neugläubigern** (*BGH* ZIP 2009, 1220, 1221): Bei verzögerter Insolvenzantragstellung besteht den Neugläubigern gegenüber eine auf das **volle negative Interesse**, nicht mehr nur auf die »Quote« beschränkte Haftung (Vertrauensschaden).
   Hinweis: Differenzierung lässt sich mit einer Unterscheidung beim Schutzzweck des § 15 a I InsO (§ 64 I GmbHG aF) begründen: Altgläubiger sollen vor einer Verringerung der Insolvenzmasse ab Eintritt der Insolvenzreife geschützt werden, Neugläubiger hingegen **weitergehend** vor sämtlichen Schäden, die ihnen aus dem Geschäft mit einer insolvenzreifen Gesellschaft entstehen; hätten sie von Insolvenzreife ihres Vertragspartners ex ante gewusst, hätten sie typischerweise von einem Vertragsschluss abgesehen.
4. **Ergebnis:** Schadensersatzanspruch wegen Insolvenzverschleppung i. H. v. 200.000 EUR.

6. Die Haftung externer Einflussnehmer auf die GmbH[583]

Darüber hinaus wird auch die Frage nach der Haftung *externer Einflussnehmer* auf **574** eine GmbH immer (praxis-)relevanter. Oftmals verfügen diese gesellschaftsrechtlich nicht oder nicht alleine über Verwaltungsrechte, besitzen aufgrund faktischer Positionen aber doch bedeutsame Möglichkeiten der Einflussnahme.[584] Zu denken ist etwa an Ehegatten von Verwaltungspersonen der Gesellschaft, die auf Basis heimischer Einflussnahme eine Entscheidung des Geschäftsführers bewirken, durch welche der Gesellschaft ein Schaden entsteht. Im Aktienrecht ordnet § 117 I 1 AktG die Haftung desjenigen an, der Einfluss auf ein Verwaltungsmitglied der Gesellschaft besitzt und diese Machtposition vorsätzlich nutzt, um das Verwaltungsmitglied zu einem Verhalten zu bestimmen, das kausal zu einem Schaden der Gesellschaft führt. Eine vergleichbare Regelung im GmbH-Recht existiert nicht. Die Inexistenz einer solchen Regelung im GmbH-Recht basiert jedoch nicht auf den Unterschieden zwischen AG und GmbH, sondern erweist sich vielmehr als planwidrige Regelungslücke.[585] Zu berücksichtigen ist weiterhin, dass § 117 I AktG den allgemeinen Rechtsgedanken aufweist, wonach externe Einwirkungen auf Basis besonderer Möglichkeiten der Einflussnahme zB kraft Rechtsgeschäfts oder kraft faktischer Positionen nicht vorsätzlich genutzt werden dürfen, um der Gesellschaft Schaden zuzufügen.[586] § 117 I AktG ist daher auf die GmbH sowohl nach seinem Normzweck als auch in Bezug auf die personellen und sachlichen Voraussetzungen übertragbar und infolge der im GmbH-Recht bestehenden planwidrigen Regelungslücke auf die GmbH auch analog anzuwenden.[587] Folglich haften auch solche Personen nach § 117 I AktG, die nicht die Verwaltungsperson einer AG, sondern eine solche einer GmbH aufgrund einer Machtposition zu einem Verhalten bestimmt, durch das der Gesellschaft ein Schaden entsteht.[588]

---

583 Ausführlich dazu: *Prütting*, ZGR 2015, 849 ff.
584 *Prütting*, ZGR 2015, 849 (850).
585 *Prütting*, ZGR 2015, 849 ff.
586 *Prütting*, ZGR 2015, 849 (886).
587 *Prütting*, ZGR 2015, 849 ff.
588 *Prütting*, ZGR 2015, 849 ff.

§ 22. Die GmbH & Co KG

1. Grundstruktur

575 Die GmbH & Co. KG[589] ist eine **KG,** deren (normalerweise einziger) persönlich haftender Gesellschafter eine **GmbH** ist. Die Struktur ist also einigermaßen kompliziert, und demgemäß auch der *Gründungsvorgang:* Es sind zwei Gesellschaften zu gründen, zuerst eine GmbH und dann mit dieser eine KG. (Oder, wie im Eingangsbeispiel, zuerst eine »normale« KG, und dann tritt eine GmbH an die Stelle des ersten Komplementärs.) Unternehmensträger ist die KG, geschäftsführungs- und vertretungsbefugt die GmbH, diese wiederum handelnd durch ihre(n) Geschäftsführer.[590] Sie unterliegt dem Recht des OHG-Gesellschafters wie jeder Komplementär, kann beispielsweise von den Kommanditisten nach §§ 117, 127, 140 HGB belangt werden.[591]

576 Noch enger geknüpft sind die Zusammenhänge, wenn die Gesellschafter der GmbH mit den Kommanditisten der KG identisch sind – sog. GmbH & Co. KG *im engeren Sinne.* Schließlich kann sogar um eine *Einpersonen*-GmbH eine GmbH & Co. KG mit einem Kommanditisten errichtet werden, bei der insgesamt also nur eine einzige natürliche Person im Spiele ist.

577 Wenn eine solchermaßen komplizierte Gesellschaftsstruktur im Wirtschaftsleben so großen Anklang findet, so muss sie besondere **Vorteile** versprechen. In der Tat tut sie dies in verschiedener Hinsicht. Gegenüber der KG bietet sie das allseitige Haftungsprivileg, da die GmbH als persönlich haftender KG-Gesellschafter zwar mit ihrem ganzen Vermögen haftet, aber ihre Gesellschafter nach GmbH-Recht abschirmt. Der Haftungsvorteil erklärt aber noch nicht die Bevorzugung gegenüber der reinen GmbH. Insoweit stand lange Zeit der *steuerrechtliche* Aspekt ganz im Vordergrund. Die GmbH & Co. KG insgesamt (als Trägerin des Unternehmens) ist Personengesellschaft und wird als solche auch steuerrechtlich behandelt. Sie vermeidet damit die steuerlichen Nachteile der GmbH, die aber heute nur noch in geringerem Umfang bestehen (vgl. → Rn. 142 f.).

578 *Firmenrechtliche* Vorteile sind ebenfalls schon lange entfallen; die GmbH & Co. muss in der Firma über den KG-Hinweis hinaus ihre besondere Rechtsformenkombination verlautbaren, sofern – das ist der Regelfall – neben der GmbH keine natürliche Person mehr unbeschränkt haftet (§ 19 II HGB). Einzelheiten → § 27 Rn. 653 ff.

579 Schließlich sind auch die *Publizitätspflichten* nach dem BilanzrichtlinieG (insbesondere der Jahresabschluss, → § 25) europarechtskonform auf die GmbH & Co. erstreckt worden, vgl. §§ 264a–c HGB, dh, dass die GmbH & Co. KG demselben strengen Recht wie Kapitalgesellschaften (§ 264 HGB) unterworfen wird.

580 Weiter können für die GmbH & Co. KG *gesellschaftsrechtliche* Gründe sprechen: im Verhältnis zur GmbH eine unter Umständen weniger strikte Bindung der Kapitaleinlagen, keine Ausfallhaftung und größere Freiheit in der Gestaltung des Gesellschaftsvertrags, im Verhältnis zur KG die Möglichkeit, den Gesellschaftern trotz beschränk-

---

589 *Binz/Sorg,* GmbHR 2011, 281, 282 zu den Vorteilen der GmbH & Co. KG.
590 Zur Haftung des Geschäftsführers einer Komplementär-GmbH ggü. der KG s. *KG* NZG 2011, 429.
591 *BGH* NJW-RR 1993, 1123.

ter Haftung die Geschäftsführung und Vertretung (als Geschäftsführer der GmbH) zu übertragen oder auch Nichtgesellschafter zu Geschäftsführern zu bestellen sowie Geschäftsführer leichter wieder auszuwechseln oder allgemein die Gesellschaft von einer bestimmten natürlichen Person (als Komplementär) unabhängig zu machen.

Gewisse **Schwierigkeiten** wirft die Rechtsformenvermengung andererseits allerdings 581 auch auf. GmbH- und KG-Recht lassen sich nicht immer leicht synchronisieren. *Beispiel:* Wechsel in der Gesellschafterstellung – der GmbH-Anteil ist von Gesetzes wegen unter anderen Voraussetzungen übertragbar als der KG-Anteil. Gesellschafterbeschlüsse unterliegen unterschiedlichen Regeln.[592] Diese Schwierigkeiten will eine höchst komplizierte und auch nicht unumstrittene Verfeinerung der Konstruktion ausräumen. Die GmbH-Gesellschafter übertragen ihre Anteile auf die KG, die KG ist dann also die alleinige Gesellschafterin ihres einzigen Komplementärs! (sog. **Einheitsgesellschaft**). § 172 VI HGB erkennt dies als zulässig an; er schließt lediglich aus, dass die Kommanditisten auf diesem Weg – durch Einbringung ihrer GmbH-Anteile – auch noch mit haftungsbefreiender Wirkung ihre Kommanditeinlage leisten können.

Ein weiteres Problem ist die Ordnung der *Gewinn-* und *Geschäftsführerbezüge.* An 582 sich steht der GmbH als KG-Gesellschafterin ein Gewinnanteil zu, und aus diesem hat sie ggf. die Geschäftsführer zu besolden. Man kann aber auch die Geschäftsführerbezüge unmittelbar zu Lasten der KG verrechnen[593] und andererseits die Gewinnbeteiligung der GmbH in gewissen Grenzen nach Belieben festlegen. Auch bei alledem stehen zumeist wieder steuerliche Überlegungen im Mittelpunkt. – Eine andere Frage in diesem Zusammenhang ist, ob die Personalkompetenz über die Geschäftsführer unmittelbar den Kommanditisten zugewiesen werden kann.[594]

2. Rechtsschutzprobleme

Die (in der Variante der Einheitsgesellschaft auf die Spitze getriebene) *Verschachtelung* 583 *zweier Gesellschaftsformen* (**Typenmischung**) zum Betrieb eines Unternehmens zeugt zwar von dem hohen Erfindungsreichtum der Vertragsjuristen, entspricht aber weder dem Sinn des Gesellschaftsrechts noch dem Interesse an *Rechtsformklarheit;* ihre Ablehnung unter dem Gesichtspunkt eines Missbrauchs rechtlicher Gestaltungsmöglichkeiten bietet sich an. Die gesetzgeberische Entscheidung, die Gewährung des Haftungsprivilegs (bei GmbH und AG) mit bestimmten Auflagen und Nachteilen zu versehen, tritt klar zutage; diese Zusammenhänge will die GmbH & Co. KG unterlaufen.

Rechtsprechung und Gesetzgeber[595] haben sich über diese Bedenken hinweggesetzt, 584 die rechtliche Anerkennung der GmbH & Co. KG ist gefestigt.

Von den betroffenen Privatinteressen, insbesondere des Rechtsverkehrs her, ist dann lediglich darauf zu dringen, dass die Konstruktion der GmbH & Co. KG nicht die **Gläubigerschutz**bestimmungen des GmbH- und des Kommanditrechts aushebelt. Dem dient hauptsächlich das Firmenrecht, die GmbH & Co. KG muss in jedem Fall

---

592 Zum Ausschluss des Stimmrechts der GmbH bei Beschlüssen in der KG *BGH* NJW 1993, 2100.
593 S. *BAG* NJW 1983, 1869.
594 S. *Hopt,* ZGR 1979, 1.
595 Bereits vor der GmbH-Reform von 1980 haben die §§ 130 a und b HGB die Existenz der GmbH & Co. KG anerkannt.

»Flagge zeigen«. Außerdem neigt die Rechtsprechung bei der GmbH & Co. KG fallweise zu einem strengeren Haftungsdurchgriff auf die Gesellschafter, s. BGHZ 60, 324. Bezieht ein Kommanditist als GmbH-Geschäftsführer überhöhte Bezüge, so kann dies die Sanktionen des § 172 IV HGB auslösen.[596] Darüber hinaus wendet die Rspr. bei Leistungen aus dem Unternehmens-(KG-)Vermögen an die Gesellschafter die §§ 30, 31 GmbHG an, wenn dadurch mittelbar (auf dem Weg über die Komplementärbeteiligung) das Vermögen der GmbH iSv § 30 geschmälert wird; *BGH* WM 1990, 548 tut dies selbst zu Lasten des Kommanditisten, der nicht gleichzeitig GmbH-Gesellschafter ist. So lassen sich im pragmatischen Vorgehen die Missbrauchsgefahren der GmbH & Co. KG auf interessengerechte Weise eindämmen.

Umgekehrt kann es auch im Interesse der Gesellschafter selbst geboten sein, der besonderen Verflechtung der beiden Rechtsformen Rechnung zu tragen. So hat die Rspr. die **dienstvertragliche Haftung der GmbH-Geschäftsführer,** die an sich gegenüber der GmbH besteht, auf die KG erstreckt und dieser Schadensersatzansprüche unmittelbar gegen den GmbH-Geschäftsführer zugebilligt.[597]

3. Vorgesellschaft

585 Das Problem der Vorgesellschaft stellt sich bei der GmbH & Co. KG in doppelter Gestalt. Die GmbH entsteht als solche erst mit ihrer Eintragung, vorher besteht die oben behandelte Vorgesellschaft (→ Rn. 472 ff.; und die KG erwirbt diese Rechtsform ebenfalls erst mit Eintragung, wenn sie kein Handelsgewerbe nach § 1 II HGB betreibt (→ Rn. 390 f.). Das bedeutet: Ist die GmbH bereits eingetragen, so stellt das Problem sich nicht komplizierter dar als allgemein nach KG-Recht, die Personengesellschaft ist je nach Unternehmensgegenstand und -größe bis zu ihrer Eintragung Gesellschaft bürgerlichen Rechts oder schon KG.[598] Im letzteren Fall bleibt § 176 HGB zu beachten. Schwieriger ist die Rechtslage vor Eintragung der GmbH, solange bezweifelt wird, ob eine bürgerlich-rechtliche Gesellschaft Komplementärin einer KG sein kann. Denn diese Vorgesellschaft betreibt selbst kein Handelsgewerbe. Richtiger Ansicht nach greifen jedoch die erwähnten Bedenken zumindest gegenüber der Vorgesellschaft der GmbH nicht durch, es existiert also ggf. bereits eine KG mit der GmbH-Vorgesellschaft als Komplementärin.[599] Dasselbe gilt, wenn die KG schon eingetragen ist, etwa weil sie vorher mit einer natürlichen Person als Komplementärin bestand. Ist hingegen die unternehmensbetreibende Gesellschaft mangels Eintragung noch GbR, so besteht sie – problemlos – mit der GmbH-Vorgesellschaft als Mitgesellschafterin.[600]

586 Str. ist, ob auch für die GmbH & Co. KG-Vorgesellschaft die Handelndenhaftung des § 11 II GmbHG gilt, klar hingegen, dass – wie stets bei Personengesellschaften (→ Rn. 210) – die eingetragene KG mit ihrer Vorgesellschaft identisch ist und auch keine Vermögensübertragungen stattfinden.[601]

---

596 *BAG* NJW 1983, 1869.
597 BGHZ 75, 321; 76, 326.
598 *BGH* NJW 1983, 1905.
599 *BGH* NJW 1981, 1373; offengelassen in BGHZ 70, 132.
600 S. näher BGHZ 69, 95.
601 BGHZ 69, 95.

§ 23. Konzernrecht (Überblick)[602]

1. Begriffe, Bedeutung

Große und mittelständische Unternehmen stellen sich rechtlich typischerweise als **587** **Konzern** dar, dh als *Zusammenfassung mehrerer rechtlich selbständiger Unternehmen unter einheitlicher Leitung,* zumeist unter Leitung eines »herrschenden« Unternehmens (§ 18 I AktG: Unterordnungskonzern, im Unterschied zu II: Gleichordnungskonzern). Die beteiligten Unternehmen bleiben dabei als rechtliche Einheiten (regelmäßig in Rechtsform einer Handelsgesellschaft) erhalten; der Konzern ist *selbst nicht Unternehmensträger* im Rechtssinne, ist nicht Handelsgesellschaft oder gar juristische Person, sondern eben nur »Unternehmens*verbindung*«, eine bloß **wirtschaftliche Einheit,** gegründet auf kapitalmäßige Verflechtung oder vertragliche Bindung zwischen den zugehörigen Unternehmen und repräsentiert durch das herrschende Unternehmen.[603] Das *Konzernrecht* des AktG befasst sich hauptsächlich mit dem **Schutz der beherrschten Unternehmen,** ihrer Aktionäre und Gläubiger.

Terminologisch unterscheiden die §§ 15 ff. AktG unter dem Oberbegriff der **verbun- 588 denen Unternehmen** drei Fälle: die *Mehrheitsbeteiligung* (§ 16 AktG), die *Abhängigkeit* (§ 17 AktG), den *Konzern* (§ 18 AktG). Dabei besteht zwischen den drei Tatbeständen einerseits eine Stufenfolge ansteigender rechtlicher Qualifikation. (1) Der Konzern ist die engste Unternehmensverbindung: einheitliche Leitung. (2) Abhängigkeit verlangt weniger: die Möglichkeit eines beherrschenden Einflusses. (3) Und § 16 schließlich stellt schlicht auf die Beteiligungsverhältnisse ab. Andererseits sieht das Gesetz jeweils den Tatbestand der unteren Stufe als den typischen, aber nicht ausschließlichen Ausgangspunkt für die nächsthöhere Form an und verknüpft demgemäß die drei Stufen durch eine zweifache (widerlegliche) Vermutung, §§ 17 II, 18 I S. 3 AktG.

Die **Funktion des Konzerns** besteht darin, *wirtschaftliche Konzentration* mit *gesell-* **589** *schaftsrechtlich-organisatorischer Dezentralisierung* zu verbinden. So ballt sich im Konzern das wirtschaftliche Gewicht (und die Macht) mehrerer Unternehmen zusammen, ihr Potential kann unter einheitlicher Leitung koordiniert und dadurch im Wettbewerb effektiver zur Geltung gebracht werden; gleichzeitig bleiben aber die Vorteile der kleineren unternehmerischen Einheiten in Form der einzelnen *Konzerngesellschaften* weitgehend erhalten, flexibleres Management, bessere Kommunikation, weniger Bürokratie. Auch erlaubt der Konzern mehr fachliche Diversifikation (»Mischkonzern«) bei fortbestehender Spezialisierung der einzelnen Untereinheiten. Vor allem jedoch erlaubt er eine breitere Streuung des unternehmerischen (Haftungs-)Risikos einschließlich des Insolvenzrisikos, welches sich innerhalb der größeren wirtschaftlichen Einheit »Konzern« auf kleinere Segmente, nämlich jeweils auf *eine* rechtlich selbständige Konzern*gesellschaft,* beschränkt **(Haftungssegmentierung).** Bei grenzüberschreitenden Aktivitäten schließlich entstehen nahezu zwangsläufig Konzerne, weil es sich aus vielfältigen Gründen empfiehlt, in den einzelnen Ländern jeweils eigene Tochtergesellschaften zu betreiben. Auf diese Weise gewinnt der Konzern im Zuge der nationalen und internationalen Expansions- und Konzentrationsprozesse zunehmend größere Bedeutung, und die Aufgabe der Rechtsordnung ist es, den damit verbunde-

---

602 Ausführlich zum Folgenden Bork/Schäfer/*Weller*/*Discher* GmbHG Anh. zu § 13 Rn. 1 ff.
603 Daher auch keine Konzernfirma, vgl. *Schneider,* BB 1989, 1985.

nen **Missbrauchsgefahren** entgegenzutreten, von der Ausschaltung des Wettbewerbs (die Bildung marktmächtiger Konzerne ist zumeist gleichzeitig ein wettbewerbsrechtlicher Problemfall, dem ua mit dem Instrument der Fusionskontrolle entgegengewirkt werden soll) bis zur Verwässerung gesellschaftsrechtlicher Schutzmechanismen.

590 **Konzerne entstehen** entweder durch Neugründung von Tochtergesellschaften, die in neue Unternehmensbereiche expandieren oder in denen bisherige Teilbereiche verselbständigt werden, oder durch den Zusammenschluss von bereits bestehenden und bislang auch wirtschaftlich selbständigen Unternehmen über die Bildung von Mehrheitsbeteiligungen. Letzteres vollzieht sich zumeist in der Weise, dass ein Unternehmen die Beteiligung an dem oder den anderen erwirbt; möglich ist aber auch die einvernehmliche Gründung einer gemeinsamen Holding-Gesellschaft.

591 Konzerne können sich für die zugehörigen Unternehmen theoretisch sämtlicher **Gesellschaftsformen** bedienen, die Konzernleitung kann auch die öffentliche Hand oder ein Einzelunternehmer innehaben, eine Einzelperson selbst dann, wenn sie ihre unternehmerischen Aktivitäten nur kraft ihrer Beteiligung in den von ihr beherrschten Gesellschaften ausübt.[604] Praktisch stehen aber für die herrschenden wie die beherrschten Unternehmen die kapitalgesellschaftlichen Rechtsformen ganz im Vordergrund. Hierbei ist in rechtlicher Hinsicht zu unterscheiden: Die Regelung des AktG (§§ 291 ff.) greift ein, sofern zumindest das beherrschte Unternehmen eine AG oder KGaA ist, und gilt dann zum Teil auch für das herrschende Unternehmen in Rechtsform einer AG oder KGaA (zB §§ 293 II, 319 AktG). Hingegen gibt es noch *kein geschriebenes GmbH-Konzernrecht,* wohl aber höchstrichterliche Rspr. und umfangreiches Schrifttum, und vor allem lassen sich aus dem AktG gewisse allgemeingültige Regelungsprinzipien entnehmen.

2. Die sachliche Regelung des AktG

592 Der sachliche Regelungsgehalt des Aktienrechts beinhaltet zum einen die Mitteilungspflichten der §§ 20 ff. AktG, die die Beteiligungsverhältnisse durchsichtig machen und die betroffenen Unternehmen vor Überraschungen schützen sollen. Insbesondere soll verhindert werden, dass sich ein Investor durch Aufkauf von Aktien an der Börse unerkannt »anschleicht« **(Konzerneingangsschutz durch Transparenz).** Das Gesetz hat zwei Schwellen eingebaut, deren Überschreitung (in beiden Richtungen!) die Mitteilungspflicht auslöst: bei 25 % und bei 50 %. Die Pflicht besteht dem betroffenen Unternehmen gegenüber; ist dieses eine AG, so hat es seinerseits die Mitteilung zu veröffentlichen (§ 20 VI AktG). Sanktion der Mitteilungspflicht: §§ 20 VII, 21 IV AktG. Zusätzliche Mitteilungsschwellen (5 %, 10 %, 75 %) statuieren die §§ 21 ff. WpHG bei börsennotierten Gesellschaften.

Die 25 %-Schwelle ist rechtlich und wirtschaftlich deswegen von Interesse, weil mit ihrem Überschreiten der Aktionär die sog. Sperrminorität besitzt, mit der er jene qualifizierten Grundlagenentscheidungen blockieren kann, für die das Gesetz eine Dreiviertelmehrheit verlangt.

---

604 *BGH* NJW 1994, 446; 1997, 943; *BAG* NJW 1994, 3244. Körperschaft öffentlichen Rechts: BGHZ 69, 334; *BGH* NJW 1997, 1855.

Zum anderen enthält das Aktiengesetz in seinem 3. Buch einen eigenen Komplex von **593** Vorschriften für verbundene Unternehmen. Dabei geht es um die Beherrschung eines Unternehmens durch ein anderes, dh um **Leitungsmacht und Verantwortlichkeit** in diesem Verhältnis. Das Hauptproblem der Beherrschung ist, dass der ausgeübte Einfluss für das beherrschte Unternehmen nachteilig sein kann. Insoweit ist zu unterscheiden, ob die Einflussnahme in einem *Beherrschungsvertrag* formalisiert ist (§§ 308–310 AktG: sog. **Vertragskonzern**) oder nicht (§§ 311–318 AktG: zumeist **faktischer Konzern**). Das Gesetz ist bestrebt, die Beherrschung in solchen Verträgen zu kanalisieren, und unterwirft daher Abhängigkeitsverhältnisse ohne Beherrschungsvertrag (jedenfalls theoretisch) schärferen Restriktionen. Der Abschluss des Vertrags soll erstens für das Abhängigkeitsverhältnis eine eindeutige und offenkundige Grundlage (§§ 293 III, 293 f und g, 294 AktG), zweitens durch Hauptversammlungsbeschluss mit qualifizierter Mehrheit eine breite Legitimationsbasis (§ 293 I AktG) und drittens einen wirkungsvollen Schutz der Gläubiger und außenstehenden Aktionäre des beherrschten Unternehmens gewährleisten (§§ 300–307 AktG).

Aus dem Arsenal des Aktionärs-Minderheitenschutzes ist in der Praxis vor allem der **594** **Abfindungsanspruch** der außenstehenden Aktionäre (§ 305 AktG) sowohl von großer Bedeutung als auch mit erheblichen Schwierigkeiten befrachtet. Denn hierbei muss die Beteiligung des abzufindenden Aktionärs und, bei Abfindung mit Aktien des herrschenden Unternehmens, dessen Aktie »angemessen« bewertet werden. Die Erfahrung zeigt, dass dies ohne größere Streitigkeiten und weit auseinander klaffende Sachverständigengutachten selten abgeht.[605]

Dem **Gläubigerschutz** dient in erster Linie die Verpflichtung, dem abhängigen Unternehmen entstehende *Verluste auszugleichen* (§ 302 AktG). Das gilt indirekt auch bei einer Beherrschung ohne Beherrschungsvertrag, §§ 311, 317 AktG (**Nachteilsausgleichspflicht**); allerdings scheint die praktische Effektivität dieser Vorschriften sich nicht gut zu bewähren. Inhaber bzw. gesetzliche Vertreter des herrschenden Unternehmens sind auch der abhängigen Gesellschaft verantwortlich, §§ 309, 317 III AktG.

Dem Beherrschungsvertrag stellt das Gesetz den *Gewinnabführungsvertrag* und einige weitere Vertragsarten unter dem Oberbegriff der *Unternehmensverträge* an die Seite (§§ 291 f. AktG). **595**

Die soeben skizzierte Regelung des AktG wird durch die **Publizitätspflichten** ergänzt, die das HGB auf die Konzernebene erstreckt (§§ 290 ff. HGB). Eine ebensolche Erstreckung ist auch für die Arbeitnehmer-**Mitbestimmung** angeordnet (§§ 5 MitbestG, 2 I DrittelbG, 1 MitbestErgG). Adressat der Regelung ist jeweils die herrschende Gesellschaft: Sie hat über den gesamten Konzern Rechnung zu legen, bei ihr werden auch die Arbeitnehmer der übrigen Unternehmen repräsentiert. Die für Mitbestimmung maßgebliche Größenschwelle (500 Arbeitnehmer) wird unter den Voraussetzungen des § 2 II DrittelbG ebenfalls auf den gesamten Konzern bezogen.

Besondere Vorschriften enthalten schließlich die §§ 319–327 AktG für die engste Form der Konzernierung, die *Eingliederung*.

---

605 Anschauliche Beispiele bei *Emmerich/Habersack* KonzernR § 22 III.

3. Haftung im qualifiziert-faktischen GmbH-Konzern

596 Das GmbHG enthält kein eigenes Konzernrecht, die hM wendet daher manche der aktienrechtlichen Regelungen sinngemäß an. Bedeutung hatte dabei vor allem eine Entwicklung in der BGH-Rechtsprechung der 1980/90er Jahre gewonnen, die unter bestimmten engeren Voraussetzungen den faktischen Konzern bestimmten Rechtsfolgen aus dem Vertragskonzernrecht des AktG unterwarf. Dieser Haftungsansatz erlaubte, weil zunächst extensiv gehandhabt, eine sehr weitgehende persönliche Haftung des beherrschenden GmbH-Gesellschafters für den Ausfall der Gläubiger in der Insolvenz der GmbH. Die diesbezüglichen Leitentscheidungen »Autokran«, »Tiefbau« und »Video«[606] wurden denn auch als Aushöhlung der gesetzlichen Haftungsbeschränkung heftig kritisiert. Mit seinem Urteil »TBB« von 1993 nahm deshalb der BGH die Reichweite dieser Haftung deutlich zurück.[607]

597 Der Leitgedanke der Konzernhaftung war, dass bei **qualifizierten faktischen** Konzernverhältnissen, die durch eine »andauernde und breitflächige« Einflussnahme zwecks Unterordnung der Interessen des abhängigen Unternehmens unter diejenigen des herrschenden charakterisiert sein sollen, die Interessen von Gläubigern und evtl. Minderheitsgesellschaftern der abhängigen Gesellschaft in besonderer Weise bedroht sind, weil der typische Interessengleichlauf nicht mehr gewährleistet ist. Da sich aber bei so enger Verflechtung einzelne schädigende Eingriffe nicht mehr isolieren ließen, sei eine *Verlustausgleichspflicht nach dem Vorbild der §§ 302, 303 AktG* angebracht. Die Rspr. ist aber nie so weit gegangen, allein die Wahl der Konzernstruktur zwecks Haftungssegmentierung zu einem durchgriffsbegründenden Tatbestand zu erklären, sondern hat am Ausgangspunkt einer Haftung für nachteilige Einflussnahme festgehalten. Die im Vergleich zur allgemeinen Schadensersatzhaftung praktisch entscheidende Frage ist dann, welche *Verhaltens-, Kausalitäts- und Verschuldensmerkmale* im Einzelnen verlangt werden und wie die Beweislast hierfür verteilt wird. Denn es macht im Ergebnis einen großen Unterschied, ob man eine Haftung nur für eine nachweislich und evtl. schuldhaft schädliche Leitung der Tochter-GmbH (Verhaltenshaftung) oder bereits für deren wirtschaftlichen Misserfolg im Konzern als solchen (Strukturhaftung) anerkennt. Der BGH schien zunächst bereit, allein aus der qualifizierten Konzernverflechtung eine sehr weitgehende und schwer zu widerlegende Strukturhaftung abzuleiten. Im TBB-Urteil hat er diese Entwicklung bereits entschärft. Schließlich **aufgegeben** und ersetzt wurde die Figur der qualifiziert-faktischen Konzernhaftung schließlich im Jahr 2001 durch das neue, *konzernunabhängige* Konzept der **Existenzvernichtungshaftung** (ausführlich hierzu → Rn. 553 ff.).

4. Konzernbildung und Verschmelzung

598 Von der Konzernbildung, die auch in der Form der Eingliederung noch die rechtliche Selbständigkeit der beteiligten Unternehmen erhält, ist die Verschmelzung (Fusion) zu unterscheiden. Hierbei vereinigen sich zwei (auch: mehrere) Unternehmen im Wege der Gesamtrechtsnachfolge, wobei mindestens eines von ihnen erlischt – evtl. auch beide, wenn nämlich eine neue, dritte Gesellschaft gebildet wird (§§ 2 ff. UmwG). Die

---

606 BGHZ 95, 330; BGHZ 107, 7; BGHZ 115, 187.
607 BGHZ 122, 123.

Probleme lauten auch hier wiederum Gläubigerschutz – Aktionärsschutz. Die Aktionäre erhalten durchwegs Aktien der Gesellschaft, die bei der Fusion neu entsteht oder übrig bleibt, lediglich der Spitzenausgleich erfolgt in bar. Das Hauptproblem ist wieder die Bewertung. Ansonsten folgt das Gesetz im Wesentlichen demselben Regelungsmuster wie bei den verbundenen Unternehmen. Möglich ist auch eine Fusion von GmbHs untereinander oder mit AGs sowie unter Beteiligung anderer Rechtsträger, s. hierzu die §§ 3, 46 ff. UmwG und → Rn. 686 ff.

In der Praxis vollzieht sich zwischen bislang selbständigen Unternehmen eine **Kon-** **599** **zernbildung** oder Fusion üblicherweise in den folgenden Schritten: Zunächst versucht ein Unternehmen eine möglichst große Aktienbeteiligung an seinem Zielunternehmen zu erwerben, sei es allmählich über die Börse, sei es durch den Erwerb eines »Pakets« von einem Großaktionär. Dabei kann eine Mitteilungspflicht nach § 20 AktG oder nach WpHG ausgelöst werden. Dann kann das Unternehmen entweder versuchen, einen Unternehmens- bzw. Fusionsvertrag mit dem Vorstand des Zielunternehmens abzuschließen und bei diesem mit seinen eigenen Stimmen und den Stimmen anderer Aktionäre billigen zu lassen. Der Vertrag enthält notwendigerweise ein Umtausch- bzw. Abfindungsangebot für die anderen Aktionäre des Zielunternehmens (vgl. §§ 305 I AktG, 5, 29 UmwG). Oder das Unternehmen verbessert seine Ausgangsposition hierfür dadurch, dass es den Aktionären des Zielunternehmens zuerst ein attraktives **Übernahmeangebot** macht und so seine Aktienbasis erweitert.

Unter einem Übernahmeangebot versteht man ein an die Aktionäre einer Zielgesell- **600** schaft gerichtetes Angebot, ihre Aktien gegen Bargeld (Kaufangebot) oder gegen andere Aktien, zumeist eigene Aktien der bietenden Gesellschaft (Tauschangebot) zu erwerben. Mit der Erstellung eines förmlichen, öffentlichen und an alle Aktionäre der Zielgesellschaft gerichteten Angebots dieser Art soll der zuvor beschriebene Vorgang des Erwerbs der aktienmäßigen Herrschaft über die Zielgesellschaft zum **Schutze der Zielaktionäre** in geordnete Bahnen gelenkt werden; denn ihnen können auch Nachteile drohen. Diese sind hauptsächlich von zweifacher Art: Wenn ein Interessent die gewünschten Aktien bis zur Erlangung einer bestimmten Mehrheit allmählich am Markt oder individuell von ausgewählten Großaktionären aufkauft, werden im Zuge dieser Entwicklung viele Aktionäre in Unkenntnis der Situation zu sehr unterschiedlichen Kursen verkaufen oder überhaupt nicht in den Genus dieser Möglichkeit kommen und sich dann plötzlich mit einem neuen Mehrheitsaktionär konfrontiert sehen. Dieser Problematik will das Wertpapiererwerbs- und Übernahmegesetz (**WpÜG**) entgegenwirken. Es verfolgt das doppelte Rechtsschutzziel, allen Aktionären der Zielgesellschaft eine annähernde *Gleichbehandlung* und jedem Aktionär angesichts eines neuen beherrschenden Aktionärs die *Ausstiegsmöglichkeit gegen angemessenes Entgelt* zu sichern.

Auf Seiten des übernehmenden bzw. konzernbildenden Unternehmens bedarf, wenn **601** dieses eine **AG** ist, zwar der Abschluss eines Beherrschungs-, Gewinnabführungs- oder Fusionsvertrags der Billigung seiner Hauptversammlung (§§ 293 II AktG, 65 UmwG), ebenso eine für Umtauschzwecke ggf. erforderliche Kapitalerhöhung (mit Bezugsrechtsausschluss), der Erwerb von Beteiligungen an anderen Gesellschaften ebenso wie die Ausübung der Mitgliedschaftsrechte bei ihnen ist aber der Sache nach eine *Geschäftsführungsangelegenheit*. Auf diese Weise kann bei den Tochtergesellschaften der Vorstand der herrschenden AG sich Machtbefugnisse verschaffen, die bei der Muttergesellschaft in die Kompetenz der Hauptversammlung fallen, und andererseits Managementverantwortung auf den Vorstand des beherrschten Unternehmens abwälzen; deshalb verlangt die **»Holzmüller und Gelatine«**-Rechtsprechung[608] dass er unter bestimmten Umständen auch in diesen Fällen seine Hauptversammlung befassen muss, für deren nähere Erörterung auf Werke des Aktien- und Konzernrechts verwiesen wird.

Literatur: *Emmerich/Habersack,* Konzernrecht, 11. Aufl. 2020.

4. Abschnitt. Die kaufmännische Rechnungslegung

§ 24. Handelsbücher

1. Überblick

602 Den folgenden Abschnitt können Sie bei erstmaliger Lektüre überspringen, wenn gewünscht. Jedoch ist es dringend zu empfehlen, noch vor dem ersten juristischen Staatsexamen ein paar Grundbegriffe von Buchführung und Bilanzierung in Ihr Repertoire aufzunehmen. Die Bedeutung für das Verständnis handelsrechtlicher Zusammenhänge und praktischer Handhabung im Rechts- und Wirtschaftsverkehr wird von Studenten regelmäßig erheblich unterbewertet.

Das Gesetz erlegt den kaufmännischen Unternehmen bestimmte Pflichten betreffend die Handelsbücher auf. Dabei geht es im Kern um zwei Anforderungen: (1) die *fortlaufende ordnungsgemäße Aufzeichnung* der Geschäftsvorfälle und der Vermögensentwicklung und (2) eine *Abrechnung* über die wirtschaftliche Lage und den wirtschaftlichen Erfolg *in regelmäßigen Zeitabständen.* Ersteres ist die **Buchführung** einschließlich der kaufmännischen Korrespondenz. Die Verpflichtung hierzu regelt das HGB in den §§ 238, 239; die Pflicht zur Aufbewahrung der Unterlagen folgt in § 257 HGB nach. Die zweite Anforderung wird in § 242 HGB als Erstellung des **Jahresabschlusses** für den Schluss eines jeden Geschäftsjahres bezeichnet. Jahresabschluss ist die Gesamtbezeichnung für die Bilanz und die Gewinn- und Verlust-(G. & V.-) Rechnung. Der alljährlichen Bilanz geht bei Aufnahme des Geschäftsbetriebs die Eröffnungsbilanz voraus (§ 242 I HGB).

Im Vorfeld der Bilanzerstellung ist ein Verzeichnis aller Vermögensgegenstände und Schulden aufzustellen, das sog. **Inventar;** den Vorgang als solchen bezeichnet man auch als *Inventur* (§§ 240, 241 HGB). In einem weiteren Sinne bezeichnet man die Gesamtheit der Anforderungen, die das HGB unter dem Stichwort »Handelsbücher« formuliert, auch als **»Rechnungslegung«**.[609]

603 Die handelsrechtlichen Anforderungen an die Rechnungslegung sind zum einen *Selbstzweck,* dh ein ordnungsgemäßes Rechnungswesen wird als Bestandteil eines ordentlich geführten kaufmännischen Unternehmens angesehen. Dem Kaufmann wird dies auch in seinem *eigenen Interesse* zur Pflicht gemacht; denn die zuverlässige Selbstinformation über die wirtschaftliche Lage des Unternehmens ist eine notwendige Vor-

---

608 BGHZ 83, 122 = NJW 1982, 1870 – Holzmüller; *BGH* NJW 2004, 1860 – Gelatine.
609 *K. Schmidt* HandelsR § 15 I 1.

aussetzung unternehmerischer Tätigkeit. Folgerichtig ist auch *insoweit* die Verletzung dieser Pflichten nicht mit Sanktionen belegt, weil Interessen Dritter noch nicht betroffen sind; erst im Insolvenzfalle kommen die §§ 283–283b StGB zum Zuge.

Zum zweiten verfolgen die Vorschriften über die Handelsbücher den Zweck, die Grundlage für die **Publizität** zu liefern, dh für die Offenlegung der wirtschaftlichen Verhältnisse des Unternehmens zum Schutze der Interessen von Personen, die mit dem Unternehmen zu tun haben. Eine solche Publizität kann auf den Schutz unterschiedlicher Interessen abzielen, unterschiedliche Personenkreise betreffen und demgemäß sehr verschiedenartig abgestuft sein. Einen ganz speziellen Fall der Offenlegung, der jedes kaufmännische Unternehmen treffen kann, behandeln die §§ 258 ff. HGB: In gerichtlichen Verfahren können die Handelsbücher zum Beweismittel gemacht werden, und zwar eben auch auf Verlangen und zugunsten der Gegenpartei. Im Insolvenzverfahren gewinnen die Handelsbücher zentrale Bedeutung, s. §§ 22 III S. 2, 36 II Nr. 1 InsO.   604

Eine allgemeinere Bedeutung gewinnt die Offenlegung im Interesse von Miteigentümern oder Gläubigern bzw. sonstigen Dritten im Rechtsverkehr bei Unternehmen bestimmter Rechtsform, bei denen diese Interessen besonders schutzbedürftig erscheinen. Das beginnt schon bei den **Personenhandelsgesellschaften** zugunsten der *nicht geschäftsführenden Gesellschafter,* denen die Information über die Handelsbücher »ihres« Unternehmens gewährleistet sein muss, was etwa im Hinblick auf die Gewinnausschüttung von Interesse ist: § 118 HGB für die OHG, § 166 HGB für den Kommanditisten; entsprechend § 233 HGB für den stillen Gesellschafter.   605

Von Publizität ieS spricht man dann aber bei den **Kapitalgesellschaften** und speziell der großen AG, wo es einerseits um die Information der *Aktionäre* und die Wahrung von deren Rechten gegenüber dem Management, andererseits um die *Information der Gläubiger* bzw. Geschäftspartner des Unternehmens als Gegengewicht zu den besonderen Haftungsrisiken der Kapitalgesellschaft, und drittens um die Information der *Kapitalanleger* im Handel mit Anteilen des Unternehmens geht. Demgemäß ist hier die Publizität grundsätzlich an die breite Öffentlichkeit adressiert und sie hat sich zu einem eigenständigen und wichtigen Schutzinstrumentarium im Regelungsarsenal des Gesetzgebers entwickelt – zu einem Instrument im Übrigen, das gleichzeitig – zumindest reflexweise – der Information der Arbeitnehmer und ihrer Organisationen und allgemein der öffentlichen Kontrolle von Großunternehmen dient.[610]

Zum dritten schließlich dienen die Handelsbücher als Anknüpfungspunkt für andere staatliche Zwecke, so insbesondere im **Steuerrecht.** § 140 AO macht die Handelsbücher zum Gegenstand steuerrechtlicher Pflichten. Ansonsten allerdings ist zwischen den handels- und den steuerrechtlichen Anforderungen zu unterscheiden; die letzteren sind in den §§ 141–148 AO eigenständig geregelt. Demgemäß hat man auch zwischen *Handelsbilanz* und *Steuerbilanz* zu trennen. Beide folgen, der verschiedenen Aufgabenstellung entsprechend, in einigen wichtigen Punkten abweichenden Grundsätzen und Vorschriften.   606

Die **Steuerbilanz** soll den Finanzbehörden zutreffende Informationen über die Besteuerungsgrundlage liefern. Demgemäß verfolgen die steuerrechtlichen Bilanzierungs- und Bewertungs- (insbesondere Abschreibungs-)Vorschriften den Zweck, den in einem

---

610 *Wiedemann,* § 10 V 1; *Kübler/Assmann,* § 18 II.

Besteuerungszeitraum erzielten Gewinn unverkürzt zum Ausdruck zu bringen. Das Hauptanliegen der Steuerbilanz ist daher, eine (gewinnschmälernde) Unterbewertung zu verhindern; es sei denn, bestimmte Gesetze erlauben aus sozial- oder wirtschaftspolitischen Gründen gerade eine Steuerersparnis im Wege erhöhter Abschreibungen.

Dagegen zielt die Handelsbilanz auf eine möglichst objektive Darstellung der Vermögenslage (**true and fair view-Prinzip,** vgl. 264 II 1 HGB), die insbesondere unbeeinflusst von der Motivation einer Steuerersparnis-Optimierung ist. Hierin drückt sich der Zielkonflikt zwischen einer möglichst weitgehenden *Einheit* von Handels- und Steuerbilanz einerseits und unterschiedlichen *Zielrichtungen und Zwecken* der beiden Bilanzen andererseits aus.

607   Die *allgemeinen Vorschriften* über die Handelsbücher gelten prinzipiell für alle kaufmännischen Unternehmen.[611] Für die Kaufleute kraft Gesetzes (§ 1 II HGB) bedeutet das, dass sie buchführungspflichtig sind, weil sie nach wirtschaftlicher Beurteilung eine kaufmännische Einrichtung benötigen. Das ist kein Zirkelschluss (→ Rn. 96 f.). In gleicher Weise erfasst sind freilich die Optionskaufleute nach § 2 HGB. *Qualifizierte* Vorschriften gelten dann für bestimmte Gruppen von Unternehmen, die nach Rechtsform und Größenkriterien eingegrenzt sind (s. vorerst §§ 264, 267 HGB).

Die *steuerrechtliche Buchführungspflicht* ist an exakte Messzahlen betreffend den Umsatz, das Betriebsvermögen, den Gewinn geknüpft (§ 141 AO) und greift deshalb in den meisten Fällen auch schon unterhalb der handelsrechtlichen Schwelle der Erforderlichkeit kaufmännischer Einrichtung ein. Den davon erfassten Kleinunternehmern nützt dann die Befreiung von der handelsrechtlichen Buchführungspflicht wenig; andererseits ist dies ein Indiz dafür, dass das Handelsrecht die Erforderlichkeitsschwelle zu hoch ansetzt.

2. EU-weit harmonisiertes Bilanzrecht

a) Gesellschaftsrechtliche Richtlinien

608   Das Rechnungslegungsrecht des 3. Buchs des HGB setzt **drei EU-Richtlinien** in innerstaatliches Recht um, nämlich die 4., 7. und 8. Richtlinie zur Koordinierung des Gesellschaftsrechts (die als sog. *»gesellschaftsrechtliche Richtlinien«* durchnummeriert sind). Die EU-Richtlinien zum Bilanzrecht beziehen sich auf alle **Kapitalgesellschaften** sowie auf die GmbH & Co KG. Von zentraler Bedeutung sind die 4. Richtlinie über den **Jahresabschluss,** auch Bilanzrichtlinie[612] genannt, sowie die 7. Richtlinie über den **Konzernabschluss.**[613] Beide werden durch die jüngst erlassene **Abschlussprüferrichtlinie**[614] flankiert, welche die bisherige 8. Richtlinie[615] über die Befähigung und Unabhängigkeit der Abschlussprüfer abgelöst hat.

---

611 Seit dem Bilanzrechtsmodernisierungsgesetz gibt es gewisse Ausnahmen für Einzelkaufleute, die bestimmte Größenkriterien nicht erreichen. Der neu eingeführte § 241a HGB befreit Einzelkaufleute von der handelsrechtlichen Buchführungspflicht, wenn an den Stichtagen zweier aufeinander folgender Geschäftsjahre der Umsatzerlös nicht mehr als 500.000 EUR und der Jahresüberschuss nicht mehr als 50.000 EUR beträgt.

612 4. RL 78/660/EWG v. 25. Juli 1978.

613 7. RL 83/349/EWG v. 13. Juni 1983.

614 RL 2006/43/EG v. 17. Mai 2006.

615 8. RL 84/253/EWG v. 10. April 1984.

b) Anforderungen

Die **Jahresabschlussrichtlinie** (4. RL) stellt nach *Unternehmensgröße* differenzierende **609** Anforderungen an die Bilanzierung. Die rechtsform*un*abhängigen Kriterien für die Einteilung in kleine, mittlere und große Gesellschaften sind die *Bilanzsumme*, die *Netto-Umsatzerlöse* sowie die *Beschäftigtenzahl* (näher → Rn. 639f.). Zugunsten der **kleinen Gesellschaften** hat der deutsche Gesetzgeber von den in der 4. Richtlinie vorgesehenen Erleichterungen Gebrauch gemacht und sie von der sog. tiefen Gliederungspflicht sowie der Pflicht zur kostenträchtigen Abschlussprüfung befreit. Ferner muss der Jahresabschluss im Handelsregister zur Einsichtnahme nur hinterlegt, nicht jedoch bekannt gemacht werden.[616] **Große Unternehmen** unterfallen dagegen uneingeschränkt der aktienrechtlichen Bilanzierungs- und Publizitätspflicht. **Mittlere Gesellschaften** unterliegen wie die großen auch der obligatorischen Abschlussprüfung, unterscheiden sich allerdings insofern, als ihr Jahresabschluss für die Offenlegung verkürzt werden darf.

c) Weitere Voraussetzungen

Gesellschaften, die einem **Konzern** angehören, haben als rechtlich selbständige Einheiten jeweils einen Jahresabschluss aufzustellen, der sich an der Jahresabschlussrichtlinie (4. RL) zu orientieren hat. Dem Konzern als solchem fehlt hingegen diese Rechtssubjektivität; er wird folglich nicht von der 4. RL erfasst. Gleichwohl besteht ein Informationsbedürfnis des Rechtsverkehrs hinsichtlich der Vermögens-, Ertrags- und Finanzlage des Konzerns. Vor diesem Hintergrund flankiert die **Richtlinie über den konsolidierten Abschluss**[617] (7. RL) die Jahresabschlussrichtlinie. Die rechtliche Selbständigkeit der einzelnen Konzerngesellschaften tritt zurück; bei der Erstellung des konsolidierten Abschlusses ist vielmehr nach Art. 26 der 7. RL so zu verfahren, *»als ob sie ein einziges Unternehmen wären«*. Dieser Grundsatz der **Vollkonsolidierung** wurde in den §§ 300ff. HGB umgesetzt. Der konsolidierte Abschluss wird – wie der Jahresabschluss – vom Grundsatz des true and fair view beherrscht (Art. 16 III bis V der 7. RL), der ggf. das Vorsichtsprinzip überlagert.[618]

Die **IAS-Verordnung**[619] sieht in ihrem Art. 4 vor, dass **börsennotierte Gesellschaften** für die ab dem 1.1.2005 beginnenden Geschäftsjahre ihre konsolidierten Abschlüsse nach Maßgabe der **International Accounting Standards** zu erstellen haben, die damit insoweit die 7. Richtlinie verdrängen werden.[620]

Obwohl die EG-Richtlinie nur Unternehmen in der Rechtsform der AG, KGaA und **611** GmbH einbezieht, wollte der deutsche Gesetzgeber am Grundsatz eines **rechtsformunabhängigen Rechts** der Handelsbücher festhalten und schuf daher im HGB zunächst eine Art von »Allgemeinem Teil der Rechnungslegung« (vgl. §§ 238ff. HGB), der *für alle kaufmännischen Unternehmen* gilt (siehe die Überschrift zu § 238 HGB: »Vorschriften für *alle* Kaufleute«). Daran schließen sich in einem zweiten Abschnitt

---

616 *Krause,* EuZW 2003, 747, 748.
617 7. RL 83/349/EWG v. 13. Juni 1983.
618 Zum Vorrang des true-and-fair-view-Prinzips → Rn. 624, 634ff.
619 Verordnung (EG) Nr. 1606/2002 des Europäischen Parlaments und des Rates betreffend die Anwendung internationaler Rechnungslegungsstandards v. 19.7.2002 (ABl. L 243 v. 11.9.2002, S. 1). Ausführlicher zur IAS-Verordnung *Wöhe/Mock* Handelsbilanz §§ 21–23.
620 *Habersack/Verse* EuGesR § 8 Rn. 57ff.

die speziellen Vorschriften für die *Kapitalgesellschaften* an (§§ 264 ff. HGB), die die weitergehenden Anforderungen der EU-Bilanzrichtlinie ausschließlich für den davon angesprochenen Kreis von Unternehmen (einschließlich der Kapitalgesellschaft und Co., § 264 a HGB) in Geltung setzen. Ein kurzer dritter Abschnitt enthält Sondervorschriften für Genossenschaften (§§ 336 f. HGB), spezifische Regelungen für den Sektor Banken und Versicherungen der vierte Abschnitt (§§ 340 f. HGB).

612 Materiell setzen die speziellen Vorschriften für **Kapitalgesellschaften** gegenüber dem »Allgemeinen Teil« *drei Schwerpunkte:* (1) Die inhaltlichen Anforderungen an den Jahresabschluss werden präzisiert (erst hier findet sich eine verbindliche Detailgliederung von Bilanz und G. & V.-Rechnung) und spezialisiert sowie um den sog. *Anhang und Lagebericht* erweitert. (2) *Pflicht*prüfung und Publizitäts*pflicht* gibt es überhaupt nur hier. (3) Und die *Konzernrechnungslegung* betrifft ebenfalls nur die Kapitalgesellschaft als »Mutterunternehmen«.

In den gesellschaftsrechtlichen Spezialgesetzen (AktG, GmbHG) finden sich dann nur noch wenige substantielle Regelungen zur Rechnungslegung, zB die §§ 150–161 AktG, ferner Kompetenzzuweisungen betreffend die Erstellung des Jahresabschlusses (§§ 170–176 AktG, §§ 41, 42 a, 46 Nr. 1 GmbHG).

3. Die handelsrechtliche Buchführung

613 Die Buchführungspflicht statuiert § 238 I S. 1 HGB. Wie die kaufmännische Buchführung auszusehen hat, ist im HGB nicht im Einzelnen geregelt, sondern das Gesetz verweist in allgemeiner Form auf die **Grundsätze ordnungsmäßiger Buchführung,** wie sie in der kaufmännischen Praxis und den Wirtschaftswissenschaften entwickelt wurden. Lediglich gewisse Grundgebote formuliert das Gesetz: Die Aufzeichnungen müssen »vollständig, richtig, zeitgerecht und geordnet« vorgenommen werden (§ 239 II HGB). Sie müssen allgemein verständlich sein (§ 239 I HGB) und dem sachverständigen Leser ein klares Bild der Geschäftsvorfälle und der wirtschaftlichen Lage des Unternehmens vermitteln (§ 238 I S. 2, 3 HGB). Die Währungseinheit ist der EUR (§ 244 HGB). Zur technischen Abwicklung der Buchführung s. § 239 IV HGB.

614 Eingebürgert hat sich die **doppelte Buchführung,** bei der mehrere Konten eingerichtet und alle Geschäftsvorfälle dann als Vorgänge zwischen zweien dieser Konten gebucht werden. Die Konten sind entweder Bestandskonten, dh, sie erfassen bestimmte Vermögens- oder Kapitalpositionen wie zB Waren, Kasse, Kundenforderungen, Lieferantenverbindlichkeiten, oder Erfolgskonten, dh, sie erfassen Aufwands- oder Ertragspositionen wie zB Löhne, Abschreibungen, Umsatzerlöse. Jedes Konto hat zwei Seiten, **Soll** (links) und **Haben** (rechts). Jeder Geschäftsvorgang berührt, wie gesagt, zwei Konten und wird dabei einmal auf der Soll-, einmal auf der Habenseite gebucht. Auf den Erfolgskonten erscheinen Aufwendungen im Soll, Erträge im Haben, auf den Bestandskonten Vermögenszuwächse im Soll, Vermögensabflüsse bzw. Schuldenzuwachs im Haben.

Beispiel: 1. Der Kauf von Waren zum Preis von 4.000 EUR auf Kredit erscheint auf dem Warenkonto mit 4.000 EUR im Soll, auf dem Lieferantenkonto mit 4.000 EUR im Haben.
2. Die Barauszahlung von Löhnen in Höhe von 5.000 EUR erscheint mit diesem Betrag auf dem Lohnkonto auf der Sollseite, auf dem Kassenkonto im Haben.

Zum Ende des Geschäftsjahres werden die Konten saldiert, dh, es wird die Differenz **615** zwischen Soll- und Habenseite errechnet. Die Salden der Erfolgskonten gehen sodann in die *Gewinn- und Verlustrechnung* ein, aus deren Endsaldo sich der *Jahresüberschuss bzw. -fehlbetrag* ergibt. Dieser stellt bilanzmäßig eine Vermehrung oder Verminderung des Eigenkapitals dar und wird als solche in die Jahresbilanz übernommen. Die Salden der Bestandskonten werden, evtl. berichtigt im Wege einer tatsächlichen Ermittlung des Bestandes zum Stichtag (= Inventur, § 240 HGB), direkt in die entsprechenden Bilanzpositionen übertragen. Die Bestandskonten sind, maW, nichts anderes als kontenmäßig verselbständigte Bilanzpositionen. Das Geheimnis dieser Rechnungsmethode ist, dass die *Aktiv- und die Passivsumme der Bilanz* (unter Einrechnung der Gewinn- bzw. Verlustposition) einander auf Heller und Pfennig *gleichen* müssen. Mehr als diese kursorische Einführung in die doppelte Buchführung kann hier nicht gegeben werden; der besseren Veranschaulichung mag das auf der nächsten Seite folgende Beispiel einer Jahresbilanz sowie Gewinn- und Verlustrechnung dienen.

Zur Vertiefung: *Hottmann,* in: Beck'sches Steuer- und Bilanzrechtslexikon, 51. Ed. 2020, Stichwort: Buchführung.

4. Der Jahresabschluss

Die **Bilanz** ist laut § 242 I HGB ein »Abschluss« auf einen bestimmten *Stichtag,* der **616** das Verhältnis des Vermögens und der Schulden des Kaufmanns in seinem Unternehmen (dh praktisch: des Unternehmens) darstellt. Die **G. & V.-Rechnung** definiert § 242 II HGB als »Gegenüberstellung der Aufwendungen und Erträge« für einen bestimmten Zeitraum. Normalerweise wird diese Erfolgsrechnung für ein Geschäftsjahr erstellt, die Bilanz für den Schluss des Geschäftsjahrs. Doch kann der Abschluss sich auch auf einen anderen Termin beziehen: Eröffnungsbilanz, Zwischenbilanz, Liquidationsbilanz etc.

a) Inhalt und Aufstellung

Zum Inhalt und zur Aufstellung von Bilanz und G. & V.-Rechnung sagt das Gesetz in **617** seinen allgemeinen Vorschriften nur wenig; wesentlich detaillierter wird es dann in den speziellen Vorschriften für Kapitalgesellschaften. Allgemein lässt sich immerhin so viel entnehmen, dass die Bilanz aus zwei Teilen besteht, dem Ausweis des Vermögens (die einzelnen Vermögenspositionen) oder der Aktivposten und demjenigen der Zusammensetzung respektive der Herkunft/Finanzierung des Vermögens bzw. Passivposten. Außerdem gibt § 247 HGB eine Mindest-Untergliederung vor und verlangt eine weitere Aufgliederung (in Verbindung mit § 243 I und II HGB), ohne diese aber zu spezifizieren. Noch weniger ergiebig sind die allgemeinen Vorschriften zur G. & V.-Rechnung. Doch eingebürgert hat sich eine Darstellungsweise, die sich an den detaillierten Vorgaben für die Kapitalgesellschaften orientiert. Dementsprechend setzen die §§ 266, 275 HGB auf dem Weg über § 243 I HGB (Grundsätze ordnungsmäßiger Buchführung) ebenso für den Einzelkaufmann und die Personengesellschaften die Richtschnur – zumindest in der verkürzten Form, die für kleine Kapitalgesellschaften zugelassen ist (§§ 266 I S. 3, 276 m. 267 I HGB).

Schaubild 25: Bilanz der Daimler AG zum 31. Dezember 2009

in Millionen EUR		in Millionen EUR	
AKTIVA		PASSIVA	
Anlagevermögen		**Eigenkapital**	
– Immaterielle Vermögensgegenstände	231	– Gezeichnetes Kapital	3.045
– Sachanlagen	7.430	(Bedingtes Kapital 415 Mio. EUR)	
– Finanzanlagen	37.787	– Kapitalrücklage	11.123
	45.448	– Gewinnrücklagen	5.721
		– Bilanzgewinn	–
			19.889
Umlaufvermögen		**Rückstellungen**	
– Vorräte	4.872	– Rückstellungen für Pensionen und	
– Forderungen aus Lieferungen		ähnliche Verpflichtungen	12.981
und Leistungen	1.449	– Übrige Rückstellungen	11.204
– Forderungen gegen verbundene			
Unternehmen	13.095		**24.185**
– Übrige Forderungen und			
sonstige Vermögensgegenstände	1.543	**Verbindlichkeiten**	
– Wertpapiere	4.754		
– Zahlungsmittel	2.251	– Verbindlichkeiten aus Lieferungen	
	27.964	und Leistungen	3.118
		– Verbindlichkeiten gegenüber	
		verbundenen Unternehmen	18.576
		– Übrige Verbindlichkeiten	5.885
			27.579
Rechnungsabgrenzungsposten	53	**Rechnungsabgrenzungsposten**	1.812
	73.465		**73.465**

Gewinn- und Verlustrechnung der Daimler AG für das Geschäftsjahr 2009

	in Millionen EUR
Umsatzerlöse	47.177
Umsatzkosten	– 44.503
Bruttoergebnis vom Umsatz	**2.674**
Vertriebskosten	– 4.389
Allgemeine Verwaltungskosten	– 2.178
Sonstige betriebliche Erträge	1.118
Sonstige betriebliche Aufwendungen	– 1.186
Beteiligungsergebnis	955
Zinsergebnis	– 467
Übriges Finanzergebnis	– 891
Ergebnis der gewöhnlichen Geschäftstätigkeit	**– 4.364**
Steuern vom Einkommen und vom Ertrag	– 401
Jahresfehlbetrag	**– 4.765**
Gewinnvortrag	–
Entnahme aus Gewinnrücklagen	–
Entnahme aus Kapitalrücklage	4.765
Bilanzgewinn	–

Danach wird die **Bilanz** in Kontoform aufgestellt. Die linke Seite addiert die Aktiva, 618
die Vermögenswerte, beginnend mit dem Anlagevermögen (also insbesondere Grundstücke und Gebäude, Maschinen) und endend mit den liquidesten Teilen des Umlauf-
vermögens, Bankguthaben und Kassenbeständen. Die rechte Seite verzeichnet die
Schulden sowie Rückstellungen (lesen Sie § 249 HGB!) und als Differenz zwischen
Aktiva und Schulden das Eigenkapital. Dieses letztere (das sich wieder aus verschiedenen Positionen zusammensetzen kann, zB Rücklagen) ist insgesamt eine bewegliche
Größe und gleicht auf diese Weise die Summe der linken und der rechten Bilanzseite
aus (Bilanzsumme). Es wäre also ein Missverständnis, die Passivseite mit Schulden
gleichzusetzen. Vielmehr weist nur der Fremdkapitalanteil Schulden aus, während das
Eigenkapital auf eigenes Vermögen des Unternehmens hinweist.

Die **G. & V.-Rechnung** wird in Staffelform erstellt und könnte in ihrer einfachsten 619
Gestalt Ausgaben gegen Einnahmen über den maßgeblichen Zeitraum hinweg verrechnen. Bei der kaufmännischen Erfolgsrechnung geht es jedoch statt dessen um Aufwendungen und Erträge, und dieser Unterschied bedeutet, stark verkürzt ausgedrückt,
dass die Ausgaben und Einnahmen im zeitlichen Ablauf nach wirtschaftlichen Gesichtspunkten verteilt werden (s. auch § 252 I Nr. 5 HGB).

> **Beispiel:** Wurde 2009 eine Maschine für 50.000 EUR angeschafft, dann ist für die Erfolgsrech-
> nung nicht diese einmalige Ausgabe im Jahre 2009 maßgeblich, sondern die Kosten werden (als
> »Abschreibungen«) anteilig auf die mutmaßliche Nutzungsdauer der Maschine verteilt, also
> etwa jährlich 10.000 EUR auf 5 Jahre. Umgekehrt werden Pensionszahlungen für Arbeitneh-
> mer nicht erst dann angerechnet, wenn sie tatsächlich erbracht werden, sondern die Verpflich-
> tung wird schon im Voraus (während der Betriebszugehörigkeit des Berechtigten) berücksich-
> tigt, indem **Rückstellungen** gebildet und die hierfür erforderlichen Beträge als Aufwendungen
> angesetzt werden.[621]

Demgemäß stehen am Anfang der Staffelrechnung die Umsatz-(Verkaufs-)Erlöse, gegen die zunächst die Materialaufwendungen oder allgemein die Herstellungskosten
verrechnet werden, dann folgen weitere Erträge und Aufwendungen (Kosten), und
am Ende steht der **Saldo,** der gemeinhin als Gewinn oder Verlust bezeichnet wird.
(Hingegen § 275 HGB: »*Jahresüberschuss/Jahresfehlbetrag*«, vgl. → Rn. 627.)

Für die Bilanz gilt der Grundsatz der *Bilanzkontinuität* (§ 252 I Nr. 1, 6 HGB), dh, die 620
Bilanz des Folgejahres schließt nahtlos an die des abgelaufenen Geschäftsjahres an. Da
andererseits die G. & V.-Rechnung die Entwicklung (und damit: die Veränderungen)
während des Geschäftsjahrs dokumentiert, ergibt sich ein **Zusammenhang** zwischen
Bilanz und G. & V.-Rechnung in zweifacher Hinsicht: Wertveränderungen der in der
Bilanz verzeichneten Güter und Passivpositionen schlagen sich in der G. & V.-Rech-
nung als Aufwendungen und Erträge nieder.

Aus dem obigen **Beispiel:** In dem Umfang, in dem für die Maschine in einem Geschäftsjahr Abschreibungen verrechnet werden, sinkt deren Bilanzwert zwischen Anfang und Ende des Geschäftsjahrs – entsprechend umgekehrt bei den Pensionsrück-
stellungen.

Und der Saldo am Ende der G. & V.-Rechnung wird als Gewinn bzw. Verlust (Jahres-
überschuss/Fehlbetrag) in die Eigenkapitalposition der Bilanz zurückgeführt. Wenn
Verluste das Eigenkapital aufgezehrt haben, beginnen die Passiva die Aktiva zu über-

---

621 Vgl. *Großfeld*, NJW 1986, 955, 957.

steigen, und es erscheint folgerichtig auf der Aktivseite ein Fehlbetrag, der mit einem Verlustposten im EK als nicht durch dasselbe gedeckte Kapital ausgewiesen wird (§ 268 III HGB; bilanzmäßige *Überschuldung*).

b) Bilanzwahrheit, Bewertungsprobleme

621 Die zentrale Frage des Jahresabschlusses ist, inwieweit er ein zutreffendes Bild von der wirtschaftlichen Lage des Unternehmens vermitteln kann und muss, und dh insbesondere, inwieweit seine Wertansätze den tatsächlichen wirtschaftlichen Werten entsprechen. Eine hundertprozentige Deckung von wirtschaftlichem und Buchwert ist hierbei freilich nie erzielbar, und zwar schon deswegen, weil der wirtschaftliche Wert eine schwankende, von vielfältigen Umständen und vor allem auch von der jeweiligen Verwendungsfähigkeit und Zweckbestimmung der Vermögensgegenstände und des Unternehmens insgesamt abhängige Größe ist. Deswegen macht es normalerweise auch einen so großen Unterschied, ob man »*Fortführungswerte*« oder *Liquidationswerte* ansetzt. Das Gesetz bekennt sich zum ersteren (lesen Sie § 252 I Nr. 2 HGB), und das ist auch allein richtig, wenn es sich um ein »lebendes« und lebensfähiges Unternehmen handelt. Dementsprechend werden die Gegenstände des Aktivvermögens grundsätzlich mit den Anschaffungs- bzw. Herstellungskosten angesetzt und davon werden dann planmäßige Abschreibungen nach Maßgabe der voraussichtlichen Nutzungsdauer abgezogen (beim Anlagevermögen) bzw. Wertberichtigungen nach Maßgabe von Marktpreisentwicklungen etc. vorgenommen (beim Umlaufvermögen), § 253 HGB.

622 Ein Problem ist, dass diese Ansätze für den Fall der **Unternehmenskrise** wenig aussagekräftig sind. Denn in einer Liquidation wären zumeist – jedenfalls wenn sie zur Zerschlagung des Unternehmens führt – nur wesentlich geringere Erlöse zu erzielen, speziell für gebrauchte Maschinen etc. Deshalb müssten viele Unternehmen bei Ansatz von mutmaßlichen Liquidationswerten schon am zweiten Tag ihrer Existenz *überschuldet* erscheinen; deshalb lassen sich zumeist im Insolvenzverfahren bei weitem nicht die Wertansätze der Bilanz realisieren und sind daher die Gläubigerforderungen zu einem geringeren Teil durch Aktiva gedeckt, als es nach der Bilanz den Anschein haben konnte. In den meisten Fällen ist der unternehmerische Misserfolg mit einer falschen unternehmerischen Entscheidung vorprogrammiert, mit einer Festlegung von Investitionen auf die falschen Produkte, die falschen Märkte, den falschen Zeitpunkt. Wenn sich das herausstellt, lässt sich die Investition schon nicht mehr rückgängig machen und je nachdem, wie spezifisch sie auf den konkreten Zweck zugeschnitten ist (asset specificity in der Sprache der Wirtschaft), ist von ihrem Wert nicht mehr viel zu retten. Gegen dieses Unternehmensrisiko lässt sich von Rechts wegen nicht viel ausrichten, und unter anderem deshalb kann auch der **Insolvenzgrund der Überschuldung** bei Kapitalgesellschaften nicht den gewünschten Erfolg als Absicherung der Haftungsfondsgarantie zeitigen; vgl. oben § 18. Denn auch dieser Beurteilung sind Fortführungswerte zugrunde zu legen, solange das Unternehmen überlebensfähig erscheint (vgl. § 19 II InsO).[622]

---

[622] Gemäß der Legaldefinition in **§ 19 II 1 InsO** liegt **Überschuldung** vor, wenn das Vermögen des Schuldners die bestehenden Verbindlichkeiten nicht mehr deckt, *es sei denn*, die Fortführung des Unternehmens ist nach den Umständen überwiegend wahrscheinlich. Der durch das MoMiG am 1.11.2008 eingefügte Satz 2 besagt außerdem, dass Forderungen auf Rückgewähr von Gesellschafterdarlehen oder aus Rechtshandlungen, die einem solchen Darlehen wirtschaftlich entsprechen,

Beispiel: Ein Unternehmen wird mit Investitionen von 1 Mill. EUR gegründet; die Finanzierung erfolgt in Höhe von 700.000 EUR mit Fremdkapital. Ausgehend von einer Bilanzierung zu Anschaffungskosten, besteht also bei gleichbleibendem Schuldstand ein Spielraum oder »Sicherheitspolster« von 300.000 EUR, bis der Tatbestand der Überschuldung droht. Müsste aber das Unternehmensvermögen liquidiert werden, so wäre beispielsweise für gebrauchte Maschinen, spezifische Einrichtungsgegenstände von vornherein nur ein Erlös von vielleicht 50% des Neupreises erzielbar, das Unternehmen also zu Liquidationswerten schon überschuldet und eine volle Befriedigung der Gläubiger nicht mehr möglich.

Auf der anderen Seite verlangt das Gesetz eine »vorsichtige« Bewertung **(Vorsichtsprinzip),** damit nicht selbst innerhalb des durch die Fortführungsprämisse gesteckten Rahmens noch ein zu optimistisches Bild gezeichnet wird (§ 252 I Nr. 4 HGB). Das bedeutet insbesondere: Wertsteigerungen über die Anschaffungskosten hinaus (zB bei Grundstücken) sowie bestimmte Werte als solche (zB der sog. Firmenwert, »good will« und »know how«, s. § 248 HGB mit Einschränkung in Abs. 2) sind nicht »aktivierbar«, dh bleiben als Aktiva unberücksichtigt.[623] Dies kann nun umgekehrt dazu führen, dass der Bilanzwert weit hinter dem wirtschaftlichen Wert – selbst hinter einem mutmaßlichen Liquidationserlös! – zurückbleibt. Es sind sog. **»stille« Rücklagen (Reserven)** entstanden.[624] 623

Die Bildung solcher stillen Rücklagen lässt das HGB in seinen allgemeinen Vorschriften, also für Einzelkaufleute und Personengesellschaften, in etwas weiterreichenderem Umfang zu als in seinem besonderen Teil für Kapitalgesellschaften. Dementsprechend steht auch die Grundnorm des § 264 II HGB, die das **Prinzip des »true and fair view«** (näher → Rn. 635 ff.) verlautbart, erst im 2. Abschnitt, weil sie eben für die anderen Unternehmen nur mit der genannten Einschränkung gilt. 624

Das Bilanzrechtsmodernisierungsgesetz **(BilMoG)** will das Prinzip des »true and fair view« weiter stärken: So wurden *Ansatzwahlrechte* geschaffen, die dem bilanzerstellenden Unternehmen eine **Aktivierung** auch **immaterieller Vermögenswerte** möglich machen.[625] Weitere wichtige Änderungen des Bilanzrechts durch das BilMoG enthält der neu gefasste **§ 253 III und IV HGB:** Künftig sind nur noch (1) *planmäßige* Abschreibungen auf das Anlagevermögen, (2) am *Marktpreis* orientierte Abschreibungen auf das Umlaufvermögen sowie (3) *außerplanmäßige* Abschreibungen bei voraussichtlich *dauernder* Wertminderung erlaubt. 625

c) Ergänzende Vorschriften für Kapitalgesellschaften

Das *strengere* Bilanzierungsrecht für Kapitalgesellschaften, das in seinen Grundnormen soeben angesprochen wurde, dient einem weiter ausgreifenden Schutzzweck. 626

---

nicht bei den Verbindlichkeiten nach Satz 1 zu berücksichtigen sind, vgl. dazu *Bitter,* ZInsO 2008, 1097 ff.; *Hirte,* ZInsO 2008, 689 ff.; *Uhlenbruck/Mock,* InsO, 15. Aufl. 2019, § 19 Rn. 176 ff.

623 In Einzelabschlüssen »aktivierbar« sind aber nach der Finanzmarktstabilisierungsreform entgeltlich erworbene »good wills« (s. BT-Drs. 16/10600, 1). Zu weiteren Ausnahmen → Rn. 625.

624 Allerdings wurde die Möglichkeit zur **Bildung stiller Reserven** insgesamt durch das **BilMoG** erheblich *eingeschränkt.* Weder § 243 HGB noch das Vorsichtsprinzip ermächtigen als solche zur Bildung stiller Reserven. Das Wahlrecht zur Abschreibung nach vernünftiger kaufmännischer Beurteilung beim Umlaufvermögen (§ 253 IV HGB aF) wurde gestrichen, ebenso das zum Ausgleich von Wertschwankungen bei Anlagevermögen (§ 253 III 3 HGB), Baumbach/Hopt/*Merkt* HGB § 252 Rn. 17, § 253 Rn. 30.

625 Einführung eines Ansatzwahlrechts für selbst geschaffene immaterielle Vermögensgegenstände, § 248 II 1 HGB.

Während der bewertungsrechtliche Akzent bei den anderen Unternehmen hauptsächlich auf der Verhinderung einer *Überbewertung* liegt, soll bei den Kapitalgesellschaften auch einer *Unterbewertung* gegengesteuert werden und soll überhaupt die Bilanz- und damit auch die Finanzpolitik des Unternehmens für den Außenstehenden durchsichtig gemacht werden. Das Bilanzrecht ist insofern auf die **Publizitätspflicht** ausgerichtet und diese bezweckt *gleichzeitig Gläubigerschutz und Schutz der Gesellschafter,* späterer Erwerber von Gesellschaftsanteilen etc. Die letzteren Interessen fordern eine möglichst zutreffende Bewertung »nach unten« wie »nach oben«; vor allem kleine bzw. Minderheitsgesellschafter können durch eine Strategie der künstlichen Gewinnverkürzung (des »Aushungerns«) geschädigt werden. Die Einschränkung einer Unterbewertung steht darüber hinaus aber auch im Gläubigerinteresse; denn zwar schadet die Unterbewertung als solche für die Zwecke der Gläubigerinformation nicht, doch eignet sie sich dazu, einen eintretenden wirtschaftlichen Rückschlag zunächst einmal zu verschleiern, indem Verluste zu Lasten der stillen Reserven aufgefangen werden.

627 Aus den detaillierten Bestimmungen über Bilanz und G. & V.-Rechnung sowie deren Einzelpositionen (§§ 266–278 HGB) sollen hier nur einige wenige Einzelpunkte herausgegriffen werden. Die **Passivseite der Bilanz** beginnt mit dem *Eigenkapital,* innerhalb dessen das »gezeichnete Kapital« *(Grund- bzw. Stammkapital)* als erster Posten gesondert auszuweisen ist. Anschließend werden als Kapitalrücklage die Beträge verzeichnet, die die Gesellschafter evtl. über den Nennbetrag ihrer Einlage hinaus eingezahlt haben, als Gewinnrücklage die Teile des Jahresüberschusses (»Gewinns«), die nicht an die Gesellschafter ausgeschüttet, sondern im Unternehmen »thesauriert« wurden, § 272 HGB.

Die AG ist von Gesetzes wegen zur Bildung einer Gewinnrücklage *(»gesetzlichen Rücklage«)* bis zur Höhe von – grundsätzlich – 10 % des Grundkapitals verpflichtet (§ 150 AktG). Dies bezweckt eine weitere – bescheidene – Anreicherung des Haftungsfonds, eine wirtschaftliche Stabilisierung der Unternehmensexistenz und eine zusätzliche Sicherung der Gläubiger. Außerdem wird in Bilanz und G. & V.-Rechnung die Entwicklung über die Position *Jahresüberschuss/Fehlbetrag* hinaus bis zur Position *Bilanzgewinn/Verlust* fortgeführt (§ 158 AktG); dies trägt der besonderen Kompetenzverteilung in der AG hinsichtlich der Gewinnverwendung Rechnung. Bei anderen Unternehmen ist diese Fortschreibung fakultativ (§ 268 I HGB).

628 In der **G. & V.-Rechnung** ist im Hinblick auf die Publizitätspflicht der Ausweis des Gesamtbetrags der Umsatzerlöse *(»Bruttoausweis«)* besonders interessant, weil Kaufleute üblicherweise diese Angabe gern geheim halten möchten. Die §§ 275, 277 I HGB bekennen sich zu diesem Bruttoausweis und lassen nur den Abzug von »Erlösschmälerungen« (zB Preisnachlässen) und Umsatzsteuer zu, nicht aber eine Saldierung mit dem Materialaufwand bzw. den Herstellungskosten (»Rohergebnis«); für die Zwecke der Publizität trifft die Bruttoausweispflicht dann aber innerhalb der für die Publizitätspflicht maßgeblichen Abstufung (vgl. → Rn. 639 ff.) nur die oberste Größenklasse (§ 276 HGB). Im Übrigen gibt § 275 HGB für die Darstellung der G. & V.-Rechnung zwei verschiedene Methoden zur Wahl, das Gesamtkosten- und das Umsatzkostenverfahren, die sich im Wesentlichen nach der Art und Weise unterscheiden, wie die Aufwendungen den Erträgen zugeordnet werden (vgl. Nr. 2–7 in Abs. 2 mit Nr. 2–6 in Abs. 3).

Schließlich erweitern die Sondervorschriften für Kapitalgesellschaften den Jahres- 629
abschluss inhaltlich um einen **Anhang** und verlangen außerdem einen **Lagebericht**
(§ 264 HGB). Beides steht wiederum im Dienste der (internen und externen) Publizität. Der Anhang hat bestimmte Erläuterungen zur Bilanz und G. & V.-Rechnung
sowie weitere Informationen zu liefern (§§ 284, 285 HGB), der Lagebericht darüber
hinaus den Geschäftsverlauf und die Lage des Unternehmens unter Einbeziehung
von Zukunftsprognosen in Worten und allgemeinverständlich zu schildern (§ 289
HGB).

Im **Konzern** (→ Rn. 587f.) ist, wenn das Mutterunternehmen eine Kapitalgesellschaft 630
ist, grundsätzlich für den gesamten Konzern ein Abschluss (konsolidierter Abschluss)
nebst Lagebericht zu erstellen (§§ 290, 315 HGB). Besonders wichtig ist in diesem Zusammenhang die Vereinheitlichung der Rechnungslegung innerhalb der EU für internationale Konzerne (s. auch §§ 291, 315a HGB) und deren Kontrolle.

d) Bilanzanalyse

Selbst auf die Gefahr hin, dem betriebswirtschaftlichen Laien falsche Vorstellungen 631
über den Schwierigkeitsgrad einer fundierten Bilanzanalyse zu vermitteln, sollen hier
doch einige Stichworte gegeben werden. Zunächst einmal hat man die statische Betrachtung der Bilanz zu einem bestimmten Zeitpunkt mit einer dynamischen Beurteilung der Entwicklung im letzten Geschäftsjahr (G. & V.-Rechnung) und vorher (zeitlicher Bilanzvergleich) zu verbinden, um daraus nach Möglichkeit den Trend in die
Zukunft zu extrapolieren. Außerdem hilft ein branchenbezogener Bilanzvergleich, die
relative Situation des Unternehmens zu bestimmen.

Im Kern geht es um zwei Aspekte: die **Überlebensfähigkeit** des Unternehmens, zu be- 632
urteilen nach Liquidität und Verschuldung, ist das Mindesterfordernis, die **Ertragslage** spiegelt den unternehmerischen Erfolg wider. Zu diesen Zwecken interessieren in
der Beurteilung des Jahresabschlusses wohl an erster Stelle das *Ergebnis* (Jahresüberschuss) des letzten Geschäftsjahres und das *Eigenkapital* als die Differenz (bzw. das
Sicherheitspolster) zwischen Aktiven und Schulden. Darüber hinaus sind aber auch
die Zusammensetzung von Aktiven und Schulden, nämlich einmal die unmittelbare
Liquidität (Kassenbestand, liquide Bankguthaben, sichere und fällige Forderungen anderer Art), zum anderen die Zusammensetzung des *Fremdkapitals* nach Lang- bzw.
Kurzfristigkeit und sein *Verhältnis* zum Eigenkapital einerseits, zu den verschiedenen
Arten des Aktivvermögens (Anlagevermögen – Umlaufvermögen) andererseits von
Bedeutung. Faustregel: Das Eigenkapital soll in einem »gesunden« Verhältnis zum
Fremdkapital stehen (das kann allerdings je nach Branche und Rentabilität zwischen
1:1 und 1:25 – bei Banken – schwanken) und Eigenkapital plus langfristiges Fremdkapital das Anlagevermögen plus langfristig gebundenes Umlaufvermögen deutlich
übersteigen. Aus der G. & V.-Rechnung sind hauptsächlich noch die *Umsatzerlöse*
und ihr Verhältnis zum Jahresüberschuss bzw. zu dem diesem vorausgehenden Be-
triebsergebnis (= Umsatzrentabilität), ferner die Entwicklung dieser Größen im mehr-
jährigen Vergleich von Interesse.

Schließlich interessiert die Relation des Jahresergebnisses zum Eigenkapital (= Kapital- 633
rentabilität), wobei für diese Zwecke allerdings häufig der Erfolg nach dem sog. »Cash
flow« gemessen wird. Dieser Begriff erfasst die reinen Geldflüsse, »periodisiert« sie
zwar nicht hinsichtlich der zeitlichen Dimension auf die oben (a) beschriebene Weise,

verfälscht sie aber auch nicht durch Bewertungsregeln und -spielräume und wird daher für manche Zwecke als aussagekräftiger angesehen. Eine diesbezügliche *Kapitalflussrechnung* verlangt das HGB (nur) in § 297 I S. 2 für den Konzernanhang bei börsennotierten Mutterunternehmen.

e) Vertiefung

634 **Spannungsverhältnis zwischen true-and-fair-view-Grundsatz und Vorsichtsprinzip.** Bei der Erstellung einer Bilanz sind Vermögensgegenstände und Schulden nach bestimmten *Bewertungsgrundsätzen* anzusetzen. Im deutschen Recht geben die Bewertungsvorschriften in den §§ 252 bis 256 HGB darüber Auskunft, in welcher Höhe die in die Bilanz einzustellenden Aktiv- und Passivposten jeweils auszuweisen sind. Eine die Bilanzerstellung in vielerlei Hinsicht prägende Bewertungsmaxime des deutschen Rechts ist das **Vorsichtsprinzip** (§ 252 I Nr. 4 1. Hs. HGB). Ausfluss dieses Vorsichtsprinzips ist das auch beim Problem der phasengleichen Bilanzierung virulent werdende *Realisationsprinzip*, das seinen Niederschlag in § 252 I Nr. 4 2. Hs. HGB gefunden hat: »Gewinne sind nur zu berücksichtigen, wenn sie am Abschlussstichtag realisiert sind.«

635 Das Vorsichts- und das Realisationsprinzip, die zu den sog. Grundsätzen ordnungsgemäßer Buchführung gehören, können jedoch manchmal in ein **Spannungsverhältnis** zu dem in Art. 2 III bis 6 Jahresabschlussrichtlinie (4. RL) verankerten Prinzip der Bilanzwahrheit treten. Letzteres bezeichnet man auch als **true-and-fair-view-Grundsatz.**[626] Er verlangt eine möglichst authentische Wertfeststellung (»ein den tatsächlichen Verhältnissen entsprechendes Bild«), die bei der Aktivierung von Vermögenswerten – anders als beim Vorsichtsprinzip – oftmals zu *höheren* Wertansätzen führt.

Aus dem systematischen Standort des Grundsatzes der Bilanzwahrheit (in »Abschnitt I – Allgemeine Vorschriften«) und dem Duktus der Formulierung, insbesondere des Art. 2 III der Jahresabschlussrichtlinie wird deutlich, dass der dem angloamerikanischen Rechtskreis entstammende true-and-fair-view-Grundsatz ein »**overriding principle**« der Jahresabschlussrichtlinie ist, mit dem die anderen Bewertungsgrundsätze in Einklang zu bringen sind.[627]

636 Dieser Vorrang ist auch bei der gebotenen **richtlinienkonformen Auslegung** des § 264 II HGB zu beachten, der den dort niedergelegten Grundsatz der Bilanzwahrheit – im Gegensatz zur Jahresabschlussrichtlinie – *unter den Vorbehalt der Grundsätze ordnungsgemäßer Buchführung* und damit unter den Vorbehalt des Vorsichts- und des Realisationsprinzips stellt.

§ 264 II 1 HGB bestimmt:

»Der Jahresabschluß der Kapitalgesellschaft hat *unter Beachtung der Grundsätze ordnungsgemäßer Buchführung* [!] ein den *tatsächlichen Verhältnissen* entsprechendes Bild der Vermögens-, Finanz- und Ertragslage der Kapitalgesellschaft zu vermitteln.«

637 Bei der Bewertung auftretende Spannungen zwischen Bilanzwahrheit und Vorsichtsprinzip sollen hiernach offenbar nicht *in der Bilanz* als solcher zugunsten des Ersteren aufgelöst, sondern erst **im Anhang** erläutert werden. Zwar besteht der Jahres-

---

626 Näher zum true-and-fair-view-Grundsatz *Wöhe/Mock* Handelsbilanz S. 83 ff.
627 *Habersack/Verse,* § 8 Rn. 29 ff.; aA *Wöhe/Mock* Handelsbilanz S. 84.

abschluss nach Art. 2 I der Bilanzrichtlinie »aus der Bilanz, der Gewinn- und Verlust-rechnung *und* dem Anhang zum Jahresabschluss«, die »eine **Einheit**« bilden, so dass hinsichtlich § 264 II HGB mit der sog. **Abkopplungsthese** argumentiert werden könnte, es genüge dem Grundsatz der Bilanzwahrheit, wenn Letzterer zwar nicht in der vom Vorsichtsprinzip beherrschten *Bilanz*, sondern abgekoppelt hiervon *im Anhang* (und damit aufgrund des Einheitsgedankens eo ipso *im Jahresabschluss*) zum Ausdruck komme.[628]

Diese Argumentation greift jedoch zu kurz, strahlt doch der Grundsatz des true and fair view, wie Art. 2 III Jahresabschlussrichtlinie jedenfalls indirekt zeigt, *auf alle drei Elemente des Jahresabschlusses und damit auch auf die bei der Bilanzerstellung zu beachtenden Bewertungsgrundsätze* aus.[629] Der **EuGH** hat in der **Tomberger**-Entscheidung die Beachtung des Vorrangs des true-and-fair-view-Prinzips daher gerade auch bei der *Bilanz*erstellung eingefordert.[630]   638

> **Literatur:** *Coenenberg/Haller/Schultze*, Jahresabschluss und Jahresabschlussanalyse, 25. Aufl. 2018; *Wöhe/Mock*, Die Handels- und Steuerbilanz, 7. Aufl. 2020, §§ 3–11, 15–27. Zur Auslegung der HGB-Bestimmungen im Licht der EU-Bilanzrichtlinien *Weller*, in: Gebauer/Wiedmann, Zivilrecht unter europäischem Einfluss, 2. Aufl. 2010, Kapitel 21.

§ 25. Publizität

1. Gesetzliche Regelung, Abstufungen

Die *Pflicht* zur Publizität des Jahresabschlusses (nebst Lagebericht) ist nun für die **Kapitalgesellschaften** einschließlich ihrer Konzerne (und einschließlich ihrer »& Co. KG/OHG«-Verbindungen, → Rn. 575 f.) zusammengefasst im 3. Buch des HGB geregelt. Hinzu kommt die Publizitätspflicht nach dem **Publizitätsgesetz** (PublG von 1969, zuletzt geändert 2009), nunmehr beschränkt auf Unternehmen in der Rechtsform einer Personenhandelsgesellschaft und eines Einzelkaufmanns sowie auf bestimmte andere Unternehmen (§ 3 PublG). Aber das PublG erfasst nur die größten Unternehmen (nach Maßgabe von § 1 PublG), und das HGB stuft die Intensität der Publizitätspflicht nach drei Größenklassen ab.   639

Die **Klassifizierung** verbindet drei Kriterien in der Weise, dass mindestens zwei der drei Grenzlinien überschritten sein müssen: *Bilanzsumme, Jahresumsatz,* durchschnittliche *Arbeitnehmerzahl* (§§ 267 HGB, 1 I PublG):   640

(1) Die *untere Grenzlinie* des § 267 HGB trennt die **kleinen** von den **mittelgroßen** Kapitalgesellschaften: 4,84 Mio. EUR Bilanzsumme, 9,68 Mio. EUR Umsatz, 50 Arbeitnehmer.

(2) Die obere Trennungslinie von 19,25 Mio. EUR Bilanzsumme, 38,5 Mio. EUR Umsatz, 250 Arbeitnehmer – also rund das 4- bis 5fache der unteren Grenze – grenzt die **großen Kapitalgesellschaften** aus. In die letztere Kategorie fällt eine Kapitalgesellschaft außerdem immer dann, wenn ihre Aktien oder sonstige Wertpapiere am öffent-

---

628 Vgl. hierzu *Habersack/Verse* EuGesR § 8 Rn. 32.
629 So *Habersack/Verse* EuGesR § 8 Rn. 33.
630 *EuGH* ZIP 1996, 1168, Tz. 17 ff. – *Tomberger*.

lichen Kapitalmarkt gehandelt werden oder zugelassen sind (§ 267 III S. 2 HGB), ferner Kreditinstitute und Versicherungsunternehmen nach Maßgabe der §§ 340a, 341a HGB.

Die für die anderen Unternehmen iS des PublG maßgebliche Untergrenze liegt nochmals wesentlich höher: 65 Mio. EUR Bilanzsumme, 130 Mio. EUR Umsatz, 5000 Arbeitnehmer.

2. Inhalt der Publizitätspflicht

641 Für den Inhalt der Publizitätspflicht ist nach den vorgenannten Kriterien (→ Rn. 640) zwischen *kleinen, mittelgroßen* und *großen Kapitalgesellschaften* zu unterscheiden. So gibt es gemäß §§ 326, 327 HGB insbesondere für die kleinen und mittelgroßen Gesellschaften **größenabhängige Erleichterungen** bei der Offenlegung:

(1) Kleine Kapitalgesellschaften reichen nur die Bilanz nebst Erläuterungen und Angaben über die Verwendung des Ergebnisses (»Gewinnverwendung«) beim Betreiber des elektronischen Bundesanzeigers ein, nicht die G. & V.-Rechnung (§ 325 HGB). Inhaltlich ist die Bilanz nach Maßgabe von § 266 I S. 3 HGB verkürzt.

(2) Mittelgroße Kapitalgesellschaften reichen eine nicht ganz so verkürzte Bilanz ein, ferner die G. & V.-Rechnung, die aber nur das Rohergebnis (→ Rn. 626ff.) auszuweisen braucht (§ 276 HGB), sowie Anhang und Lagebericht (§ 327 HGB).

(3) Große Kapitalgesellschaften müssen den kompletten Jahresabschluss mit Lagebericht beim elektronischen Bundesanzeiger einreichen und bekannt machen lassen. Die Verwendung des Ergebnisses muss ebenfalls eingeschlossen sein (§ 325 I 3 HGB).

642 Die *vom PublG erfassten Unternehmen* sind den großen Kapitalgesellschaften gleichgestellt, jedoch mit der *einen* Erleichterung für Einzelkaufleute und Personengesellschaften, dass die Daten der G. & V.-Rechnung (Umsatz!) und über die Verwendung des Ergebnisses nicht offen gelegt werden müssen, sondern nur gewisse sozial relevante Angaben hieraus (§ 9 PublG).

Unabhängig von dieser Publizität haben die Gesellschafter der Kapitalgesellschaft ein Einsichtsrecht in den Jahresabschluss, Lagebericht und einige andere Unterlagen gemäß § 175 II AktG (und im GmbH-Recht entsprechend für die Zwecke des § 46 Nr. 1 GmbHG).

643 Die **Durchsetzung** der Publizitätspflicht obliegt dem Betreiber des elektronischen Bundesanzeigers auf mehrfache Weise. Die eingereichten Unterlagen sind gemäß § 329 HGB zu prüfen. Missachtet ein Unternehmen die Publizitätspflicht, so kann das Bundesamt für Justiz gemäß § 335 HGB, § 21 PublG **Ordnungsgelder** verhängen.

3. Abschlussprüfung

644 Im Vorfeld der Offenlegung ist eine Abschlussprüfung durchzuführen (§§ 316ff. HGB). Diese hat durch **sachkundige** und **unabhängige** Prüfer (idR *Wirtschaftsprüfer*, § 319 I HGB) zu erfolgen, wodurch die Richtigkeit von Jahresabschluss und Lagebericht gewährleistet werden soll. Diese Kontrolle dient in erster Linie dem Publizitäts-

interesse. Der *Pflicht*prüfung unterliegen alle publizitätspflichtigen Unternehmen und Konzerne mit Ausnahme der *kleinen* Kapitalgesellschaften (§§ 316 I HGB, 6 PublG).

Ein Hauptproblem der **Unabhängigkeit** besteht darin, dass die Abschlussprüfer meist auch darüber hinaus – und im sachlichen Zusammenhang mit der Aufstellung des Jahresabschlusses – für das Unternehmen bereits als Wirtschafts- und Steuer*berater* tätig sind und insofern »befangen« sein können. In welchen Fällen solche Berater für ein bestimmtes Unternehmen nicht (mehr) als Abschlussprüfer tätig werden können, regeln die Ausschlussgründe in §§ 319ff. HGB (**Inkompatibilitäten**).

4. Geheimhaltungsinteresse

Der Komplex der Publizitätspflichten steht im *Spannungsfeld* zwischen dem Informationsinteresse der genannten Personengruppen bzw. der Öffentlichkeit und dem Geheimhaltungsinteresse des Unternehmens. Im Hinblick darauf versucht das neue Publizitätsrecht den soeben skizzierten, differenzierten und komplizierten Kompromiss. **645**

Was die Problematik des Geheimhaltungsinteresses generell betrifft, so ist die Publizität von Jahresabschluss und evtl. Lagebericht nur ein kleiner Ausschnitt hiervon. Die Paradebeispiele **legitimer Geheimhaltung** sind von anderer Art: Produktionsmodelle, Pläne, Projekte, Geschäftsverbindungen, Kalkulationsgrundlagen etc. Hier sind die Nachteile, die der Gesellschaft aus einer Verbreitung der betreffenden Tatsachen drohen, objektiv greifbar, ist mithin ein *objektives* Geheimhaltungsinteresse der Gesellschaft angesprochen. Hier gewinnen auch die *gesetzlich statuierten Geheimhaltungspflichten,* beispielsweise für Vorstands- und Aufsichtsratsmitglieder, Abschlussprüfer (§§ 93 I S. 2, 116 AktG, 323 I HGB), ihren selbstverständlichen Sinn; hier entfaltet sich die hauptsächliche Problematik der *Verschwiegenheitspflicht* der Arbeitnehmer-Vertreter im Aufsichtsrat. Freilich ist gerade im Verhältnis zu den Arbeitnehmern unverkennbar, dass manches Unternehmen beispielsweise seine Gewinnsituation gern unter Verschluss halten würde, weil es ungünstige Auswirkungen auf Tarifverhandlungen befürchten muss. Ähnlich steht es im Verhältnis zu Konkurrenzunternehmen mit den absoluten Umsatzzahlen. Beides ist aber für das große bzw. oligopolistische Unternehmen viel bedeutsamer als für ein Kleinunternehmen, und gerade ihm hat der Gesetzgeber dennoch diese Transparenz zugemutet.

Die **Abstufungen der Publizität nach Größe und Rechtsform** lassen sich angesichts dessen zwar zum Teil mit der unterschiedlichen gesamtwirtschaftlichen Bedeutung und der unterschiedlichen Haftungslage rechtfertigen. Aber andererseits tut sich der Geschäftspartner bei einem kleineren, personalistischen Unternehmen eher noch schwerer, sich ein zutreffendes Bild von der Kreditwürdigkeit zu verschaffen, und auch die persönliche Haftung bietet dafür keinen Ausgleich. Demgegenüber lässt sich das geradezu eifersüchtige Wachen mancher Unternehmer über das Geheimnis ihrer Bilanzdaten weitgehend nicht mit nachweisbaren Nachteilen einer eventuellen Publikation, sondern nur als Relikt eines überholten kaufmännischen Selbstverständnisses erklären. Freilich ist im Grundsatz auch schon der persönliche Wille zur Wahrung einer Geheimsphäre als *subjektives* Geheimhaltungsinteresse beachtlich, aber in der Abwägung mit gegenläufigen Interessen von geringerem Gewicht, und in dieser Abwägung kann die Information der Öffentlichkeit als Pendant zur Inanspruchnahme **646** des Marktes und seiner Funktionen, ja als notwendiger Preis für die Gewährleistung privatwirtschaftlicher Autonomie Vorrang beanspruchen. Der Markt setzt Information über entscheidungsrelevante Daten voraus und unternehmerische Privatautonomie bedarf sozialer Kontrolle. Unter diesen Gesichtspunkten wird das **Recht auf »informationelle Selbstbestimmung«** (BVerfGE 65, 1) in der Unternehmenssphäre eingeschränkt.[631] Auch die wirtschaftlichen Krisen der vergangenen Jahre haben wiederholt gezeigt, dass Transparenz und Kontrolle für eine funktionierende Marktwirtschaft von unschätzbarem Wert sind.

Literatur: *Wöhe/Mock,* Handels- und Steuerbilanz, 7. Aufl. 2020, §§ 5, 15–18.

5. Abschnitt. Das kaufmännische Personal

§ 26. Handlungsgehilfe, Handelsvertreter

Fall 37: Jakob besucht im Auftrag der Kaffeerösterei Braun Lebensmittelgeschäfte und vertreibt die Braunschen Erzeugnisse. Er erhält ein monatliches »Gehalt« von 1.000 EUR sowie eine Provision von 5% der von ihm getätigten Geschäfte. Nach einiger Zeit versucht Jakob, sein Einkommen dadurch zu erhöhen, dass er gleichzeitig – auf Provisionsbasis – auch noch Tee-Erzeugnisse der Fa. Schwarz vertreibt. Braun untersagt ihm das.
Muss Jakob sich danach richten? Kann Braun widrigenfalls kündigen?
Jakob nimmt eine solche von Braun ausgesprochene Kündigung an, verlangt aber angemessenen Ausgleich für langjährige »Pflege des Kundenkreises«. Zu Recht? (Lösungshinweise → Rn. 652).

1. Handlungsgehilfe

647 Der Begriff des Handlungsgehilfen bezeichnet eine Art von Arbeitnehmern, die in kaufmännischen Unternehmen angestellt sind. Maßgebliches Kennzeichen ist zunächst einmal, dass ein Arbeitsverhältnis besteht, mit den dafür typischen Konsequenzen der Abhängigkeit und Weisungsgebundenheit. Soweit die §§ 59 ff. HGB nicht Sonderregelungen enthalten, gelten daher die allgemeinen arbeits-(dienstvertrags-) rechtlichen Vorschriften und Grundsätze.

Innerhalb der Belegschaft des Unternehmens heben sich als Handlungsgehilfen diejenigen Arbeitnehmer ab, die kaufmännische Tätigkeiten (im Unterschied zu technischen) zu verrichten haben (§ 59 S. 1 HGB). Die heute allgemein übliche Bezeichnung ist **»kaufmännischer Angestellter«.** Bezweckt die Anstellung erst die Ausbildung zu kaufmännischer Tätigkeit, so handelt es sich demgegenüber (in der Terminologie der früheren §§ 76–82 HGB) um einen Handlungslehrling, dessen Rechtsverhältnis nunmehr im Berufsbildungsgesetz[632] geregelt ist. Volontäre (§ 82a HGB) und Praktikanten verrichten kaufmännische Tätigkeiten ebenfalls zum Zwecke der Ausbildung, aber unentgeltlich und nicht in dem strengeren Rahmen eines Lehrverhältnisses. Sie unterlie-

---

631 Hierzu auch *Canaris,* § 4 Rn. 4.
632 BGBl. I 1969, 1112.

gen zumindest teilweise ebenfalls dem BerufsbildungsG; § 82 a HGB ist daneben gegenstandslos geworden.

Besonderer Hinweis für Kündigungen zu Lasten Auszubildender: Will sich der Auszubildende gegen eine Kündigung wehren, muss er den häufig übersehenen § 111 II ArbGG beachten, wonach zunächst eine Schlichtungsstelle anzurufen ist, wenn eine solche für das Ausbildungsverhältnis im örtlichen Einzugsbereich existiert, was mittlerweile an vielen Stellen in Deutschland der Fall ist. Die 3-Wochenfrist der §§ 4, 7 KSchG läuft in diesen Fällen ausnahmsweise nicht sofort, jedoch muss auch das Anrufen der Schlichtungsstelle zügig erfolgen und sich an dieser typischen Frist orientieren. Nach Schlichtungsspruch ist sodann die Anrufung des Arbeitsgerichts möglich.

Der Vertrieb von Waren ist ein typischer Fall von kaufmännischer Tätigkeit und auch eine Vertriebstätigkeit außerhalb der Geschäftsräume, wie sie im Eingangsbeispiel von Jakob wahrgenommen wird, kann einem Handlungsgehilfen obliegen.

Soweit der Handlungsgehilfe damit betraut ist, Geschäfte mit Wirkung für und gegen **648** das Unternehmen abzuschließen, bedarf er der **Vertretungsmacht**, § 164 BGB. Er kann *Handlungsbevollmächtigter* (§ 54 HGB) oder *Prokurist* (§ 48 HGB) sein; für reisende Handlungsgehilfen gibt es außerdem die Sonderregelung des § 55 HGB, die wiederum durch § 75 h HGB erweitert wird. Die Frage der Vertretung des Unternehmens im Rechtsverkehr (hierzu §§ 26–28) ist jedoch zu unterscheiden von den hier zu behandelnden **Tätigkeitsfunktionen** im Unternehmen.

Die §§ 62–65 HGB enthalten für das Rechtsverhältnis des Handlungsgehilfen einen Komplex von Vorschriften, die ihrem Gegenstand nach arbeitsrechtlicher Natur sind **(kaufmännisches Sonderarbeitsrecht).** Insbesondere § 62 HGB regelt wichtige Teilausschnitte der allgemeinen arbeitsrechtlichen Fürsorgepflicht des Arbeitgebers. Zu Gehalts- und Provisionsansprüchen s. §§ 64, 65 HGB; § 109 GewO regelt den Anspruch des Handlungsgehilfen auf ein Zeugnis.

Literatur: zum Arbeitsrecht des Handlungsgehilfen: Baumbach/Hopt/*Roth* HGB § 59 Rn. 23–31.

2. Das Wettbewerbsverbot für Handlungsgehilfen

Der Handlungsgehilfe schuldet, wie es arbeitsrechtlichen Grundsätzen entspricht, sei- **649** nem Arbeitgeber den vollen Einsatz seiner Arbeitskraft (Tätigkeits- und Sorgfaltspflicht) und eine ungeteilte Wahrnehmung von dessen Interessen (Treuepflicht)[633] – daher die Regelung des **§ 60 HGB.** Die Rechte des Arbeitgebers bei Verstößen gegen dieses Wettbewerbsverbot regelt § 61 HGB: Er kann Schadensersatz verlangen oder die Vorteile der Konkurrenztätigkeit an sich ziehen, letzteres wiederum in unterschiedlicher Form, je nachdem ob der Handlungsgehilfe die konkurrierenden Geschäfte für eigene oder für dritte Rechnung gemacht hat.

Für die Zeit nach Beendigung des Vertragsverhältnisses (auf die Dauer von längstens zwei Jahren) kann ein Wettbewerbsverbot vertraglich vereinbart werden. Das Gesetz schränkt diese Möglichkeit allerdings in mehrfacher Hinsicht ein, um den wirtschaft-

---

633 Die Parallele für mitgesellschafterliche Treuepflicht hat BGH WM 2014, 560 verdeutlicht.

lich Schwächeren vor Übervorteilung und wirtschaftlicher Knebelung zu schützen (§§ 74–75 d HGB).

Kündigt der Angestellte wegen schuldhaften Verhaltens des Prinzipals, so kann er sich von dem Wettbewerbsverbot lösen, darüber hinaus auch noch unter den weiteren Voraussetzungen des § 75 II HGB. Umgekehrt kann der Arbeitgeber auf das Wettbewerbsverbot verzichten und wird dann von der Entschädigungspflicht teilweise frei. Die Schutzbestimmungen sind zugunsten des Handlungsgehilfen zwingendes Recht (§ 75 d HGB).

3. Handelsvertreter

650 Im Unterschied zum Handlungsgehilfen betreibt der Handelsvertreter *selbst ein Unternehmen*, welches als *Hilfsunternehmen* des Handelsverkehrs damit befasst ist, für ein anderes Unternehmen Geschäfte zu *vermitteln* oder *in dessen Namen abzuschließen* (§ 84 I S. 1 HGB). Der Handelsvertreter ist ständig mit dieser Tätigkeit betraut, ist aber dennoch **selbständig.** »Selbständig ist, wer im Wesentlichen frei seine Tätigkeit gestalten und seine Arbeitszeit bestimmen kann« (§ 84 I S. 2 HGB). Sofern der Handelsvertreter Nichtkaufmann ist, greift § 84 IV HGB ein; hierzu → Rn. 96 f.

Das charakteristische Entgelt des Handelsvertreters ist die **Provision** (§§ 87–87 c HGB). Doch kann das Entgelt auch anders vereinbart werden, kann insbesondere ein »gemischtes« Entgelt von der Art des im Eingangsbeispiel (Fall 37, vor → Rn. 647) geschilderten sowohl auf einen Handelsvertreter wie auch auf einen Handlungsgehilfen zutreffen. Das entscheidende Abgrenzungskriterium bleibt die Selbständigkeit und da gerät man in Fällen wie demjenigen des Eingangsbeispiels zwangsläufig in Schwierigkeiten, wenn die Selbständigkeit des J bzw. das Direktionsrecht des B ihrerseits im Streit sind.[634] Im Übrigen ist Selbständigkeit *nicht* schlechthin mit *Weisungsfreiheit* gleichzusetzen, vielmehr kann auch ein selbständiger Unternehmer in Bezug auf die Ausführung der aufgetragenen Geschäfte Weisungen unterworfen sein (vgl. §§ 384 I, 418 I HGB), und speziell für den Handelsvertreter ist dies auf der Grundlage der §§ 665, 675 BGB anerkannt.

651 Als selbständiger Unternehmer gehört der Handelsvertreter nicht zum »Personal« eines anderen Unternehmens, sondern seiner Funktion nach zusammen mit Kommissionär, Handelsmakler und Eigen- bzw. Vertragshändler zu den Hilfsunternehmen des Warenvertriebs; er soll daher in diesem funktionellen Zusammenhang unten im Anschluss an den Kommissionär behandelt werden (§ 37). Jedoch ist der Handelsvertreter innerhalb der Gruppe der selbständigen Unternehmer typischerweise am stärksten in wirtschaftliche Abhängigkeit von seinem Auftraggeber gebracht, steht insofern – bei fließenden Übergängen, wie das Eingangsbeispiel zeigt – dem Handlungsgehilfen am nächsten und wird deswegen vom Gesetz in vergleichbarer, wenn auch etwas abgeschwächter Weise gegen vertragliche Wettbewerbsverbote geschützt: § 90 a HGB. Andererseits gewährt ihm **§ 89 b HGB** unter bestimmten Voraussetzungen einen **Ausgleichsanspruch** für fortdauernde Vorteile des Auftraggebers. Noch weitergehend kann der Handelsvertreter, wenn er sich in arbeitnehmerähnlicher Abhängigkeit befindet, in den Genuss arbeitsrechtlicher Schutzvorschriften kommen, s. auch § 92 a HGB.

---

634 Vgl. *BGH* NJW-RR 1991, 1053.

Ein gesetzliches **Wettbewerbsverbot** während des bestehenden Vertragsverhältnisses gilt für den Handelsvertreter *nicht.* Auch wird § 60 HGB nicht etwa analog angewandt; denn der Handelsvertreter ist dem Unternehmer nicht gleichermaßen eng verbunden wie der Angestellte seinem Arbeitgeber. Dennoch hat die Rechtsprechung, was die Interessenwahrung betrifft, auch an den Handelsvertreter zunehmend strengere Anforderungen gestellt. Er darf mangels abweichender Vereinbarung nicht gleichzeitig Konkurrenzerzeugnisse vertreiben. Hingegen ist eine ausschließliche Tätigkeit für nur einen Unternehmer grundsätzlich nicht von ihm gefordert; im Einzelnen ist das eine Frage seiner »Bemühungspflicht« (§ 86 I, III HGB) und nach dem Vertrag und den Umständen des jeweiligen Falles zu beurteilen. – Verstöße des Handelsvertreters gegen diese Beschränkungen lösen nicht die Sanktionen des § 61 HGB aus, sie machen lediglich (unter dem Gesichtspunkt der positiven Vertragsverletzung, §§ 280 I, 241 II BGB) schadensersatzpflichtig.

Zur Durchsetzung der verschiedenen Ausgleichsansprüche hat die Rspr. sehr weitreichende wechselseitige *Auskunftspflichten* anerkannt.[635]

> **Lösungshinweise zu Fall 37** (vor → Rn. 647): **652**
>
> I. **Rechtmäßigkeit der Untersagung**
>   1. Reichweite des **Direktionsrechts** von B?
>   a) Abgrenzung **Handlungsgehilfe**, §§ 59 ff. HGB **Handelsvertreter**, §§ 84 ff. HGB: Grad der *Selbständigkeit* des J, § 84 I 1, 2 HGB; Hier: **Handelsvertreter** (aA vertretbar)
>   b) Grundsatz: eingeschränktes Direktionsrecht (vgl. → Rn. 650)
>   c) Aber: **Weisungsrecht** des B bei Verstoß des J gegen das (ungeschriebene) **Wettbewerbsverbot**
>   2. **Ergebnis:** Untersagung war rechtmäßig.
> II. **Kündigungsmöglichkeit**
>   Verstoß gegen das Wettbewerbsverbot als wichtiger Kündigungsgrund iSd **§ 89a** I HGB.
> III. Angemessener **Ausgleichsanspruch**, § 89b HGB (näher → Rn. 651)

---

635 *BGH* NJW 1996, 2097 und 2100.

3. Teil. Das Unternehmen im Rechtsverkehr

1. Abschnitt. Unternehmen und Firma

§ 27. Die Firma

Fall 38: Der Beklagte betreibt ein Maklerunternehmen unter der Firma »Dr. S. & Co.«, und zwar seit dem Tod des Mitgesellschafters Dr. S. als Alleininhaber. Ein anderer Makler klagt auf Unterlassung, diese Firma im Geschäftsverkehr zu benutzen. Wird die Klage Erfolg haben? (Lösungshinweise → Rn. 685).

1. Begriff der Firma

653 § 17 I HGB definiert die Firma als den Namen **des Kaufmanns,** unter dem er seine Geschäfte und damit sein Unternehmen betreibt. Rückt man das Unternehmen in den Mittelpunkt der Betrachtung, so ergibt es mehr Sinn, die Firma als den Namen **des Unternehmens** zu verstehen, so wie es das Gesetz selbst auch gelegentlich formuliert (siehe § 2 HGB). Darin kommt der enge Zusammenhang zwischen Firma und Unternehmen zum Ausdruck, den § 23 HGB ausdrücklich festlegt und der sich in der Praxis zumeist darin bestätigt, dass bei einem Inhaberwechsel (durch rechtsgeschäftlichen Erwerb des Unternehmens oder Erwerb von Todes wegen) die alte Firma des Unternehmens diesem verhaftet bleibt, dh vom Erwerber übernommen und fortgeführt wird. Das Gesetz lässt dies in § 22 HGB unter bestimmten Voraussetzungen zu, knüpft daran allerdings Haftungsfolgen (§§ 25, 27, 28 HGB). Für den Fall der Personenhandelsgesellschaft (OHG, KG) macht § 24 I HGB deutlich, dass die Firma als Bezeichnung des gemeinschaftlich betriebenen Unternehmens (siehe § 105 I HGB) vom jeweiligen Gesellschafterbestand unabhängig ist.

654 Versteht man die Firma als den *Namen des Unternehmens,* der (beim einzelkaufmännischen Unternehmen) vom *bürgerlichen Namen* des Inhabers abweichen kann, so muss man allerdings stets im Auge behalten, dass eine eigene Rechtspersönlichkeit dem Unternehmen deswegen noch nicht zukommt. So kann beispielsweise im Prozess in Geschäftsangelegenheiten die Firma des Unternehmens (§ 17 II HGB) *oder* der bürgerliche Name des Inhabers verwandt werden, doch handelt es sich stets um ein und dieselbe Partei.[636] Wird eine Klage gegen den Kaufmann erstens unter seiner Firma, zweitens unter seinem bürgerlichen Namen erhoben, so gibt es doch nur einen Beklagten, nicht etwa eine Streitgenossenschaft. Auch wenn ein Einzelkaufmann mehrere Unternehmen unter verschiedenen Firmen betreibt, ist dies zwar durchaus zulässig oder sogar notwendig, bezeichnet aber rechtlich immer dieselbe Person. Durch den Gebrauch einer Firma tritt auch keine rechtliche Verselbständigung oder Beschränkung in Bezug auf das betreffende Unternehmen ein. So kann der Vertragspartner eines Rechtsgeschäfts, welches der Kaufmann in seinem Unternehmen A abgeschlossen hat, diesen unter dessen Firma auf Erfüllung oder Schadensersatz verklagen und dann aus einem in dieser Form erstrittenen Urteil ohne Weiteres in Vermögenswerte

---

636 Vgl. *BGH* NJW 1990, 908; *OLG Köln* NJW-RR 1996, 292.

des Unternehmens B (oder auch des Privatvermögens des Inhabers) vollstrecken (*s. Fall 11* vor → Rn. 116 und Lösung → Rn. 128).

655 Berechtigt zur Firmenführung ist nur das *kaufmännische* Unternehmen in jeder Rechtsform, das ergibt sich für die Personenhandelsgesellschaften aus §§ 6 I, 105 I HGB (und bestätigt sich in § 19 HGB), für AG und GmbH aus § 4 AktG, § 4 GmbHG. Die kleinen Gewerbetreibenden können eine Firma erlangen, indem sie gemäß § 2 HGB für die Registereintragung optieren. Hingegen sind die dem Handelsrecht nur eingeschränkt unterliegenden Handelsvertreter, Kommissionäre etc. allein damit nicht bereits firmenfähig. Das Namensrecht der Partnerschaftsgesellschaft ist eigenständig in § 2 PartGG geregelt.

656 Von der Firma iS des § 17 HGB ist jedoch die **Geschäfts- oder Etablissementsbezeichnung** zu unterscheiden, die einerseits dem Nichtkaufmann offen steht und gerade bei ihm gebräuchlich ist, andererseits auch vom firmenfähigen Unternehmer als vereinfachtes und einprägsames Schlagwort statt der Firma in der Werbung, in Aufschriften etc. außerhalb des rechtsgeschäftlichen Verkehrs verwendet werden darf.[637] *Beispiel:* die üblichen Hotel- und Gaststätten-Namen (»Schwarzer Adler«, »Alte Post«). Sie kann der Kaufmann auch zusätzlich zur Firma oder unterschiedlich für einzelne Betriebsstätten des Unternehmens führen, zB wenn eine Hotelgesellschaft mehrere Häuser betreibt.

Allerdings darf eine solche Geschäftsbezeichnung ihrem Inhalt wie der Art ihres Gebrauchs nach *nicht zur Verwechslung mit einer Firma* Anlass geben, ansonsten zieht sie die Sanktionen des § 37 HGB auf sich (→ Rn. 683 f.). Darüber hinaus können Geschäftsbezeichnungen auch aus *wettbewerbsrechtlichen* Gründen zu beanstanden sein, wenn sie irreführend sind (vgl. § 5 Nr. 3 UWG). Schließlich stellen diese Bezeichnungen oder Schlagworte ggf. gleichzeitig *Marken* dar bzw. sind markenrechtlich geschützt (§§ 5, 14, 15 MarkenG) oder haben namensrechtliche Bezüge, §§ 12, 823 I, 1004 analog BGB.

657 In ihrer **rechtlichen Bedeutung** gewinnt die Firma ein mehrfaches Gesicht, einerseits als *Recht* des Unternehmers und *Vermögenswert* des Unternehmens, andererseits als *Schutzinstrument* der Rechtsordnung zugunsten des Rechtsverkehrs: Für den Unternehmer verkörpert sich in der Firma ein Immaterialgüterrecht, das Status-, Erkennungs- und Wettbewerbsfunktionen entfaltet und erheblichen wirtschaftlichen Wert erreichen kann. Für den Rechtsverkehr ist die Informationsaussage der Firma über das Unternehmen wichtig, und die Rechtsordnung trachtet danach, diesen Informationsgehalt zu gewährleisten.

2. Die Bildung der Firma

a) Die Firmenwahrheit

658 Der wichtigste Grundsatz bei der Firmenbildung ist der der **Firmenwahrheit.** Ihm zufolge soll die Firma dem Rechtsverkehr zutreffende Informationen über das Unternehmen und seinen Inhaber liefern (Gebot der richtigen Angaben).

---

637 Zu den Grenzen *BGH* NJW 1991, 2023.

Allerdings hat die HGB-Reform von 1998 das Firmenrecht insofern dereguliert, als die *Gestaltungsfreiheit* des Unternehmers bei der Firmenbildung erweitert wurde (→ Rn. 661). Reduziert wurden vor allem die Anforderungen an die *namentliche Identifikation des Inhabers* und die *sachliche Identifikation der Unternehmenstätigkeit*, weil beides im Zeitablauf ohnehin unvermeidlichen Veränderungen unterworfen ist, die Firma um des erwähnten wirtschaftlichen Werts willen aber einen Bestandsschutz verdient.

Das heute geltende Firmenrecht hält zwar am Ziel fest, dass die Firma abstrakte sowie konkrete **Unterscheidungskraft** und **Kennzeichnungswirkung** hinsichtlich des Kaufmanns gewährleisten müsse (§ 18 I HGB),[638] reduziert das aber im Wesentlichen auf das *negative* Erfordernis des § 18 II HGB, das grundlegende *Irreführungsverbot* (→ Rn. 662). Denn nach der Gesetzesbegründung muss die Firma weder die Namensangabe von Inhabern noch auch nur unternehmensbeschreibender Sachaussagen enthalten. Vielmehr sind selbst Phantasiebezeichnungen zulässig (→ Rn. 661).[639] Über die *Inhaberverhältnisse* kann und muss sich der Geschäftspartner vielmehr selbst aus dem Handels- bzw. Unternehmensregister informieren (vgl. dementsprechend das Einsichtsrecht für jedermann gemäß § 9 HGB). Des Weiteren müssen Informationen zum Inhaber auf allen Geschäftsbriefen angegeben werden, § 37 a HGB, aber eben nicht in der Firma selbst.

Zwingend in der Firma anzugeben sind dagegen nach § 19 HGB (sowie für die Kapitalgesellschaften in den §§ 4 AktG, 4 GmbHG) die *Unternehmensform/Rechtsform* (zB OHG) sowie die *Haftungsverhältnisse*.[640]

§ 18 I HGB umschreibt allgemein die Vorgabe, die undifferenziert für alle Firmen gilt. **659** Es ist dies die soeben erwähnte **Eignung zur »Kennzeichnung des Kaufmanns«** und **Entfaltung von Unterscheidungskraft.** Ersteres ist im Zusammenhang mit dem vorangehenden § 17 HGB zu sehen (Firma als Name des Kaufmanns …), und da § 18 HGB nicht nur die Firma des Einzelkaufmanns betrifft, sondern generell für alle Firmen gelten will, hat die Kennzeichnung sich allgemein auf das Rechtssubjekt bzw. den Rechtsträger des Unternehmens zu beziehen. Die Kennzeichnungswirkung verlangt aber, weder Namensangaben noch zutreffende Sachhinweise; das Erfordernis reduziert sich daher im Wesentlichen auf die Feststellung, dass die Firma *sprachlich* (nicht bildhaft, keine reinen Zahlenkombinationen oder fremde Schriftzeichen (str.)) ausgedrückt wird und dem Ausdruck ein sprachlicher Bedeutungsgehalt zukommen muss (keine unverständlichen Abkürzungen oder Buchstabenverbindungen).

---

638 *BGH* NJW-RR 2009, 327, wonach die Aneinanderreihung einer Buchstabenkombination neben der Unterscheidungskraft auch die erforderliche Kennzeichnungskraft begründen kann, wenn diese im Rechts- und im Wirtschaftsverkehr zur Identifikation der dahinter stehenden Gesellschaft ohne Schwierigkeiten geeignet ist.

639 BR-Drs. 340/97, 52.

640 Damit wird, was den Inhalt oder Wortlaut der Firma betrifft, die grundsätzliche Unterscheidung zwischen **Firmenkern** und Firmen**zusätzen** aufgegriffen. Der Firmenkern ist der im vorerwähnten Sinne *kennzeichnende* Teil; mit ihm beschäftigt sich § 18 HGB. Die wichtigsten Zusätze sind diejenigen hinsichtlich der Rechtsform sowie die in § 19 II HGB vorgeschriebenen Zusätze; andere – freiwillige – Zusätze können ein Nachfolgeverhältnis oder eine Zweigniederlassung betreffen, siehe §§ 22, 50 III HGB. Gemäß § 30 II, III HGB kann ein unterscheidungskräftiger Firmenzusatz notwendig werden. Zum Firmenrecht und seiner Stellung zwischen Bürgerlichem Recht und Handelsrecht vgl. *Petersen*, § 54 I.

660 **Unterscheidungskraft** besagt (weitergehend als die bloße Kennzeichnungswirkung) zunächst einmal dasselbe wie das Gebot der *Firmenausschließlichkeit* (§ 30 HGB), wonach sich eine Firma von anderen Firmen in einer Gemeinde unterscheiden muss. Freilich soll eine kaufmännische Firma sich auch von nichtkaufmännischen Geschäftsbezeichnungen unterscheiden, aber diese Aufgabe können die nunmehr in § 19 I HGB vorgeschriebenen Rechtsformzusätze ausreichend bewältigen, so dass der in § 18 I HGB angesprochene Firmeninhalt hiervon nicht weiter betroffen wird. Allerdings wird aus dem Gebot der Unterscheidungskraft auch abgeleitet, dass bloße *Allerweltsnamen und Allgemeinbezeichnungen* (zB »Video-Rent«, »Schwarzwald-Sprudel«)[641] nicht ausreichen sollen,[642] was allenfalls dann zutreffend erscheint, wenn die Firmenbildungsinteressen anderer Unternehmen dadurch zu weitgehend blockiert werden.[643] Solche Bezeichnungen können jedoch ausnahmsweise unter dem Gesichtspunkt des Markenschutzes nach den §§ 14, 15 MarkenG oder mit Blick auf geschützte Herkunftsangaben nach den §§ 126 ff. MarkenG relevant sein.

661 Die **Gestaltungsfreiheit bei der Firmenbildung** äußert sich seit 1998 darin, dass alle Kategorien von Unternehmensträgern ihre Firma nach Belieben aus den **Namen von Personen** (beliebt sind zB die Namen der Gründer: »Daimler AG«, »Siemens AG«, »Robert Bosch GmbH«) *oder* aus **Sachbezeichnungen** hinsichtlich des Unternehmens, seiner Produkte etc. (zB »Volkswagen AG«) *oder* aus einer **Kombination** von beidem bilden können (zB »Müller Milch«).[644]

Darüber hinaus sind auch Phantasiebezeichnungen (zB »Eon«) zulässig, so dass grundsätzlich weder ein verwendeter Name auf den tatsächlichen Inhaber bzw. die Gesellschafter oder die unbeschränkt haftenden Gesellschafter verweisen noch eine Sachbezeichnung das Unternehmen zutreffend beschreiben muss.[645] Allerdings setzt hierfür das Irreführungsverbot des § 18 II HGB Grenzen (→ Rn. 662), der Verwendung fremder Namen auch das Namensrecht des Namensträgers (§ 12 BGB) sowie die speziellen Ausprägungen des Verbots unlauteren Wettbewerbs (§§ 1, 3 UWG) etc.[646] Außerdem stellen die §§ 22, 24 HGB bei der echten, dh nach dem tatsächlichen Namen des Inhabers oder von Gesellschaftern gebildeten Personenfirma für den Fall der Firmenfortführung spezielle Erfordernisse auf.

b) Das Irreführungsverbot

662 Dieses Verbot enthält in § 18 II HGB den ihm zukommenden Rang als allgemeiner Grundsatz der Firmenbildung, ohne Unterschied zwischen Personen- und Sachfirma, Firmenkern und -zusätzen.[647] Er besagt, dass eine Firma nichts aussagen darf, was eine Täuschung im Rechtsverkehr hervorzurufen geeignet ist, und zwar, wie die Norm es

---

641 *BGH* NJW 1987, 438; *BGH* NJW-RR 1994, 1255. Wie die in Streit stehenden Fälle zeigen, ist aber auch der BGH stets sehr zurückhaltend mit schutzunwürdigen Bezeichnungen gewesen.

642 KKRD/*Roth* HGB § 18 Rn. 4.

643 Siehe auch *BGH* NJW 2008, 2923 Rn. 13.

644 Vor 1998 hatten Einzelkaufleute und Personengesellschaften eine Personenfirma zu bilden und konnten allenfalls Sachzusätze beifügen (»Josef Müller Weinhandlung«).

645 *Lutter/Welp*, ZIP 1999, 1073, 1081; Baumbach/Hueck/*Fastrich* GmbHG § 4 Rn. 12; aA für Namensverwendung Baumbach/Hopt/*Hopt* HGB § 19 Rn. 6, 13, 16, 17, 33; *Canaris*, § 11 Rn. 4.

646 *Priester*, DNotZ 1998, 691, 698; *Jung*, ZIP 1998, 677, 681; Beispiele bei Lutter/Hommelhoff/*Bayer*, § 4 Rn. 8 ff.

647 Zum Irreführungsverbot *OLG München* DB 2010, 1284.

präzisiert, »über geschäftliche Verhältnisse, die für die angesprochenen Verkehrskreise wesentlich sind«. Damit ist eine gewisse Verengung des Irreführungsverbots ausgedrückt, und umgekehrt ist von vornherein klar, dass die Firma in ihren Sachaussagen nicht positiv einen objektiven Sinnzusammenhang mit dem Unternehmensgegenstand herstellen muss. Dennoch resultieren für die Praxis aus dem Irreführungsverbot empfindliche Einschränkungen, wobei wiederum firmen- und wettbewerbsrechtliche Gesichtspunkte zusammentreffen und die letzteren (namentlich §§ 4, 5 UWG) die beabsichtigte firmenrechtliche Liberalisierung im praktischen Ergebnis uU wieder zunichtemachen können.[648]

Um hieraus nur einige anschauliche Beispiele zu nennen: *Geographische Hinweise* **663** müssen sachlich zutreffen, außerdem suggerieren sie zumeist eine gewisse Größe oder Bedeutung des Unternehmens. So müsste eine »Essener Genossenschaftsbank« im Stadtgebiet repräsentativ vertreten sein und eine führende Stellung einnehmen,[649] ähnlich entschieden für »Hamburger Volksbank«, »Bayerische Bank«. Auch die Abkürzung »EG-Bank« ist für die Essener Genossenschaftsbank wegen der damit verbundenen europäischen Assoziation unzulässig. Allgemein verlangt die Bezugnahme auf Europa eine Präsenz am europäischen Markt, s. *BGH* NJW 1994, 196 (»Euroconsult«), NJW 1997, 2817 (»Euromint«).[650] Entsprechendes gilt für eine »Internationale Spedition«.

Auch die Verwendung des Wortes »*Haus*« setzt im Allgemeinen eine entsprechende Bedeutung des Unternehmens voraus (eingebürgerte Ausnahmen: »Reformhaus«, »Zigarrenhaus« und natürlich »Gasthaus«). Unzulässig »Kaufhof« für ein Schuhgeschäft, unzulässig auch die Bezeichnung »Treuhand«, wenn qualifizierte Treuhandaufgaben gerade nicht wahrgenommen werden.[651] Die Bezeichnung als »Institut« lässt uU eine öffentliche oder wissenschaftliche Einrichtung vermuten.[652] »*Vereinigte* Spediteure«, »*Vereinigte* Werkstätten« müssen tatsächlich aus einer Vereinigung hervorgegangen sein. Verständliche *Abkürzungen* sind zulässig, unverständliche ebenso wie ganz allgemeine *Phantasie*bezeichnungen zusammen mit einem Sachhinweis oder einer entsprechenden Produktmarke (»Phoenix Reifenfabriken«, »Pro Videntia Rechtsanwalts-AG«).[653]

Die Verwendung **fremder Namen**, die also nicht auf Inhaber oder Gesellschafter ver- **664** weisen, kann unter Irreführungsgesichtspunkten relevant werden, wenn der Rechtsverkehr mit der betreffenden Person eine besondere Wertschätzung verbindet, die als eine Art von Gütesiegel für die Geschäftstätigkeit des Unternehmens verstanden werden könnte oder soll. *Beispiel:* Der Name des berühmten Spitzensportlers oder Musikers in der Firma eines Sportartikel- bzw. Musikgeräteherstellers, derjenige des ehemaligen Notenbankpräsidenten in der Firma eines Finanzdienstleisters. Dann muss man – über das namensrechtlich relevante Einverständnis des Namensträgers hinaus – eine aktive Mitwirkung oder Mitverantwortung im Unternehmen verlangen.[654]

---

648 *Priester*, DNotZ 1998, 691, 699; KKRD/*Roth* HGB § 18 Rn. 9.
649 *OLG Hamm* WM 1991, 1953; vgl. ferner *BayObLG* NJW-RR 1993, 103; *OLG Frankfurt* OLGZ 1993, 162; *OLG Zweibrücken* GmbHR 1991, 317.
650 Großzügiger *OLG Hamm* GmbHR 1999, 1254.
651 *BayObLG* ZIP 1989, 1127.
652 *BayObLG* MDR 1990, 824; *OLG Köln* RPfleger 1992, 111.
653 *BayObLG* ZIP 2000, 835.
654 Noch weitergehend *K. Schmidt* HandelsR § 12 III 1 b bb.

Grundsätzlich *nicht* als irreführend kann aber die Namensverwendung allein unter *Haftungsgesichtspunkten* angesehen werden, etwa in Verbindung mit einem KG-Zusatz, wenn die in der Firma genannte Person nicht Komplementär ist. Ein Personenname sagt über die Haftungsverhältnisse nichts mehr aus[655] – dies übrigens auch wegen der Möglichkeit, eine alte Firma nach § 22 HGB fortzuführen (→ Rn. 674f.).

665 Die Verwendung **akademischer Grade** ist nur zulässig, wenn sie dem Kaufmann bzw. Gesellschafter tatsächlich zustehen und ein Fachgebiet betreffen, das mit der Unternehmenstätigkeit in sachlichem Zusammenhang steht. Fraglich ist, ob darüber hinaus (etwa bei Fortführung einer Firma nach § 22 I HGB) die Mitwirkung eines entsprechenden Akademikers im Unternehmen gewährleistet sein muss *(Fall 40).*[656] Ebenso setzt die Verwendung eines fremden Namens mit (für diese Person zutreffendem) Titel voraus, dass sie in sachlich einschlägiger und verantwortlicher Stellung im Unternehmen mitwirkt.[657]

666 § 18 II 2 HGB versucht, die Tragweite des Irreführungsverbots durch eine *verfahrensrechtliche* Regelung weiter zu präzisieren und einzugrenzen, die allerdings ihrerseits von zweifelhafter Tragweite und Tragfähigkeit ist. Sie soll, wie es scheint, eine Art von Deregulierung des Registerverfahrens ausdrücken – das Vorbild ist eine entsprechende Regelung des MarkenG. Die Formulierung in S. 2 ist jedoch wenig hilfreich (»ersichtlich« = »offensichtlich«?).[658] Diese vergröberte Prüfung betrifft die registergerichtlichen Verfahren der Eintragung (§§ 29, 31 HGB) sowie der Missbrauchsaufsicht (§ 37 I HGB). Der verfeinerte Rechtsschutz soll den firmen- und wettbewerbsrechtlichen Privatklagen (→ Rn. 683f. sowie §§ 4, 5 UWG) überlassen bleiben.

c) Firmenausschließlichkeit

667 Weitere Einschränkungen und zugleich Überschneidungen mit dem Irreführungsgebot resultieren aus dem Gebot der Firmenausschließlichkeit, das bei Firmenneubildungen als zweiter Grundsatz neben denjenigen der Firmenwahrheit tritt: § 30 HGB. Die regional klar begrenzte Einschränkung des § 30 HGB (vgl. dessen Abs. 1 und 4) wird im Ergebnis durch den Gewerblichen Rechtsschutz (§ 15 MarkenG) und § 12 BGB (→ Rn. 683) erweitert auf das gesamte Wirtschaftsgebiet, in dem das dank der älteren Firma privilegierte Unternehmen sich betätigt. Bei Namensgleichheit muss ein geeigneter Zusatz für Unterscheidbarkeit sorgen (§ 30 II HGB). *BGH* NJW 1993, 2236 akzeptiert »Eugen Decker Holzindustrie« in Konkurrenz mit »Decker Holz GmbH«. Zur Firma einer Zweigniederlassung siehe § 30 III HGB. Auch Sachfirmen dürfen sich nicht so ähnlich sein, dass Verwechslungsgefahr besteht. *Beispiel:* zwischen »Grundcommerz«, »Bodencommerz«, »Variocommerz«, »Commerzbau« und »Commerzbank«,[659] zwischen »Deutsche Bank« und »Deutsche Direktbank«.[660] Die von der Fir-

---

655 AA wohl Baumbach/Hopt/*Hopt* HGB § 19 Rn. 6, 13, 16, 17, 21, 33.

656 Vgl. *OLG Koblenz* ZIP 1988, 942; auch *BGH* ZIP 1987, 1284; NJW 1998, 1150 (zur wettbewerbsrechtlichen Unzulässigkeit); *BGH* WM 1992, 504.

657 Baumbach/Hopt/*Hopt* HGB § 18 Rn. 35.

658 Vgl BR-Drs. 340/97, 54: Gemeint ist eine vergröberte Prüfung ohne umfangreichere Tatsachenermittlungen.

659 *BGH* WM 1988, 429; 1989, 1584; NJW 1993, 459; *OLG Hamburg* WM 1991, 648; *OLG Frankfurt* WM 1991, 651.

660 *OLG Frankfurt* WRP 1994, 118.

menausschließlichkeit her gebotenen Konsequenzen dürfen aber nicht auf Kosten der Firmenwahrheit gehen.

d) Der Rechtsformzusatz

Eindeutige spezifische Rechtsformzusätze wurden schon bisher von den Kapitalgesell- **668** schaften verlangt. Sie hatten und haben ihre *Gesellschaftsform* im Firmenzusatz genau anzugeben (§ 4 AktG, § 4 GmbHG) und erfüllen auf diese Weise eine Publizitäts- bzw. Warnfunktion für den Rechtsverkehr, dem die besondere Haftungssituation nicht verborgen bleiben soll. § 19 HGB erstreckt dies in Abs. 1 nicht nur auf die Personenhandelsgesellschaften, die vor 1998 lediglich das Vorhandensein einer Gesellschaft unspezifisch erkennbar zu machen hatten (»A & B«, »A und Söhne«, »A & Co.«), sondern auch auf den Einzelkaufmann.

Konkret wird vorgeschrieben:

- für Einzelkaufleute »eingetragener Kaufmann (Kauffrau)«,
- für die OHG und KG die jeweilige Gesellschaftsbezeichnung, unspezifische Gesellschaftsformhinweise genügen nicht mehr.

Wer Kaufmann(-frau) gemäß § 1 II HGB ist, kann sich bis zum Abschluss des Registerverfahrens, genau genommen, noch nicht als »eingetragener« Kaufmann bezeichnen; vorgeschlagen wird »einzutragender Kaufmann«.[661] Hinsichtlich der geschlechtsspezifischen Abwandlungen wird vorgeschlagen, dass Frauen sich auch als Kauf*mann* bezeichnen können, nicht aber umgekehrt.[662] Gestattet sind jeweils allgemein verständliche Abkürzungen, wofür beim Einzelkaufmann »e. K.« bzw. »e. Kfm.«, »e. Kfr.« empfohlen werden, bei den Gesellschaften nur »OHG« und »KG« in Betracht kommen dürften.

Bei der Gesellschaftsformenverbindung in der **GmbH & Co.** ergibt sich für die Fir- **669** menneubildung zwangsläufig die Konsequenz, dass die KG als unternehmenstragende Gesellschaft im Rechtsformzusatz in Erscheinung tritt, hingegen die GmbH zunächst nur in ihrer eigenen Firma mit dem entsprechenden Zusatz und in der für das Unternehmen relevanten KG-Firma nur dann, wenn die KG ihren Firmenkern aus dem vollständigen Namen (der Firma) ihrer Komplementärgesellschafterin bildet, was sie kann, aber nach allgemeinem Firmenrecht nicht muss. Da aber die vorerwähnte Publizitäts- und Warnfunktion hinsichtlich der besonderen Haftungssituation hier ebenso wichtig ist wie bei der »einfachen« Kapitalgesellschaft, wenn keine natürliche Person als weiterer Komplementär haftet, stellt **§ 19 II HGB** hierfür ausdrücklich ein spezielles, den Rechtsformzusätzen bei der einfachen Gesellschaftsstruktur entsprechendes Erfordernis auf. Dem genügt der Firmenzusatz »**GmbH & Co. KG**«, nicht jedoch der bloße Zusatz »GmbH & Co.« (Verstoß gegen § 19 I Nr. 3, II HGB). Ebenso unzulässig wäre das einfache »GmbH KG«, weil ungebräuchlich und daher gegen den Grundsatz der Firmenklarheit verstoßend.

Für die *GmbH & Co. KG* resultiert ein weiteres spezielles Problem aus dem Aus- **670** schließlichkeitsgebot des § 30 HGB. Bildet diese ihre Firma nach der Firma ihrer Komplementärin, der GmbH, und bestehen beide Gesellschaften am selben Ort, so ge-

---

661 *Zimmer*, ZIP 1998, 2052.
662 KKRD/*Roth* HGB § 19 Rn. 2.

nügt allein der Zusatz »& Co. KG« zur Unterscheidbarkeit nicht, und demgemäß verlangt die Rspr. einen weiteren, unterscheidungskräftigen Zusatz oder eine sonstige Abwandlung in einer der beiden Firmen.[663]

671 Alle Anforderungen des § 19 HGB gelten ausdrücklich sowohl für die **Firmenneubildung** als auch bei Fortführung der **alten Firma** eines bisher in anderer Rechtsform betriebenen Unternehmens. Ein dadurch unrichtig gewordener alter Rechtsformzusatz ist auszutauschen.

Das Gesetz verstärkt den Publizitätseffekt der Firma und namentlich des Rechtsformzusatzes noch durch den Zwang, die Rechtsform und einige andere Angaben über den Unternehmensträger auf den *Geschäftsbriefen* zu verlautbaren (§§ 37a, 125a HGB, 80 AktG, 35a GmbHG).

e) Firma und Geschäftsbezeichnung

672 Das eingangs genannte Gebot, dass die *Geschäftsbezeichnung eines Nicht-Kaufmanns* im Geschäftsverkehr den täuschenden Eindruck einer kaufmännischen Firma zu vermeiden hat, ist als allgemeiner Grundsatz unschwer einsichtig, weniger klar ist jedoch seine praktische Umsetzung. Zwar versteht sich, dass der Nichtkaufmann das Wort »Firma« und erst recht den Zusatz des § 19 I Nr. 1 HGB nicht benutzen darf, ebenso wenig die Gesellschaft bürgerlichen Rechts Gesellschaftsformzusätze der Handelsgesellschaften, wohl auch nicht solche, die sich früher als spezifisch für eine Handelsgesellschaft eingebürgert haben (»& Co.«, »& Cie.«), und auch nicht den Zusatz »mit beschränkter Haftung« (→ Rn. 415).

673 Im Übrigen aber kann auch der nicht Firmenberechtigte aufgrund der Dienstleistungs-Informationspflichten-Verordnung[664] schwerlich umhin, in erster Linie seinen vollen Namen als Geschäftsbezeichnung zu führen.[665]

Zusätzlich hat man auch ihm einen Hinweis auf den Unternehmensgegenstand zu gestatten, und das sind gerade die beiden Elemente, die traditionell die Grundform der kaufmännischen Firma ausmachen. Allerdings ist das Problem durch die für alle Arten kaufmännischer Unternehmen zwingend vorgeschriebenen Rechtsformzusätze gemäß § 19 I HGB entschärft. Solange eine Bezeichnung diese Zusätze *nicht* verwendet, ist sie grundsätzlich *nicht* wegen Firmenähnlichkeit unzulässig.[666]

Für die dem Nichtkaufmann drohende gravierendste **Sanktion einer unzulässigen Firmierung,**[667] dass er dann nach Rechtsscheingrundsätzen (als Scheinkaufmann, → Rn. 170f.) haften kann, ist daraus die entsprechende Konsequenz zu ziehen: Auch diese Haftung sollte nur noch unter den eindeutigen Umständen eines handelsrechtlichen Rechtsformzusatzes bejaht werden.

---

663 BGHZ 46, 7; *BayObLG* NJW 1980, 129.

664 Die Dienstleistungs-Informationspflichten-Verordnung wurde aufgrund der Ermächtigung des § 6c iVm § 146 II Nr. 1 der GewO erlassen und dient der Umsetzung der EU-Dienstleistungsrichtlinie. Gemäß dieser Verordnung müssen die Dienstleistungserbringer dem Dienstleistungsempfänger bestimmte Informationen (wie z. B. Familien- und Vornamen, Firma mit Rechtsform, Anschrift der Niederlassung, AGB) mitteilen.

665 Vgl. auch *Jahn*, GewArch 2009, 230ff.

666 *Bokelmann*, GmbHR 1998, 58; *Canaris*, § 11 Rn. 48.

667 Im Übrigen kann auch hiergegen das Registergericht einschreiten: *BayObLG* NJW 1999, 297.

3. Die Firmenkontinuität

Der dritte firmenrechtliche Grundsatz der Firmenkontinuität gewinnt Bedeutung, **674** wenn die ursprüngliche Firma eines Unternehmens unter veränderten Umständen fortgeführt werden soll. Hierunter verbergen sich *zwei* verschiedene Rechtsprobleme: Zum einen geht es um die *Übertragbarkeit* des Firmenrechts auf einen anderen Inhaber, zum zweiten um die *Beibehaltung einer Firma*, die inhaltlich auf die früheren Verhältnisse zugeschnitten war. Freilich können beide Fallgestaltungen zusammenfallen, so im wichtigsten Anwendungsfall, der Veräußerung eines Unternehmens mit Personalfirma (= den Namen des bisherigen Geschäftsinhabers enthaltend, § 22 HGB). Hingegen geht es nur um die Übertragung einer Firma, die weiterhin inhaltlich zutrifft, bei der Veräußerung des Unternehmens mit Sachfirma, einerseits und nur um das Problem der unrichtig gewordenen Firma andererseits bei einer Sachfirma im Fall der Änderung des Geschäftsgegenstands, auf den die Firma verweist.

Der **Leitgedanke** der gesetzlichen Regelung ist, dass einer *eingebürgerten Firma* als Bezeichnung des Unternehmens für dessen Identifikation im Rechtsverkehr große Bedeutung und außerdem für das Unternehmen hoher wirtschaftlicher Wert zukommen kann und daher ein legitimes Interesse daran besteht, die Firma dem Unternehmen zu erhalten. Hier kommt ganz deutlich die eingangs getroffene Feststellung zum Ausdruck, dass die Firma für praktische Zwecke enger mit dem Unternehmen als mit der Person verknüpft ist, deren Namen sie nachgebildet wurde.

Die Firma kann daher *zusammen mit dem Unternehmen* durch Rechtsgeschäft wie **675** auch im Wege der erbrechtlichen Nachfolge den Inhaber wechseln **(§ 22 HGB)**. Demgegenüber ist die Übertragung der (isolierten) Firma *ohne* das Unternehmen oder ohne zumindest die wesentlichen, die Geschäftstradition repräsentierenden Teile hiervon[668] nicht möglich (§ 23 HGB). Insoweit gilt mithin das Verbot der »Leerübertragung«. Eine Ausnahme ist allerdings für den Fall der Insolvenz zu beachten. Hier wird regelmäßig eine Realisierung des in der Firma steckenden Firmenwertes (»good will«) zugunsten der Gläubiger angestrebt. Deshalb gilt die Firma in der Insolvenz nach hM als Immaterialgüterrecht. Umgekehrt ist aber die Übertragung des Unternehmens ohne Firma (die damit grundsätzlich erlischt) möglich. Rechtskonstruktiv handelt es sich im erstgenannten Fall des § 22 HGB um eine derivative[669] **Übertragung des Firmenrechts** gemäß §§ 413, 398 BGB, die, wenn sie rechtsgeschäftlich erfolgt, wie jede andere Rechtsübertragung auch stillschweigend erfolgen kann. Irreführend ist insoweit der Wortlaut des § 22 HGB, dessen Beharren auf einer »ausdrücklichen Einwilligung« die hM zu Recht ignoriert. Umgekehrt enthält nicht schon jede Unternehmensveräußerung quasi automatisch die Einwilligung des Altinhabers in die Firmenfortführung.[670] Wenn die Firma auch den Namen des Veräußerers beinhaltet, wird typischerweise davon auszugehen sein, dass dem Erwerber seitens des Namensgebers insoweit ein Benutzungsrecht eingeräumt worden ist, wobei es sich um eine vertragliche Gestattung des Namensgebrauchs handelt.

---

668 *BGH* NJW 1991, 1353; großzügiger *BGH* ZIP 2000, 2021. Zum Sinn dieses Erfordernisses → Rn. 653 f.

669 Dies ist insbesondere wichtig für die Frage der Priorität, vgl. § 30 HGB.

670 *BGH* NJW 1994, 2025.

676 Im Sonderfall des § 24 HGB, demjenigen des **Gesellschafterwechsels,** tritt die rechtliche Zwitterstellung der Firma vielleicht am deutlichsten zutage. Während sich in § 24 I HGB zeigt, dass die Firma dem gemeinschaftlich betriebenen Unternehmen ohne Rücksicht auf den jeweiligen Gesellschafterbestand verhaftet bleibt, und auch die Firma als Vermögenswert dem Gesamthandsvermögen der Gesellschaft zugehört, verlangt § 24 II HGB die Einwilligung des Namensträgers, aus dessen Namen die Firma gebildet wurde, wenn nach dessen Ausscheiden die Firma fortgeführt werden soll.[671] Hier handelt es sich, streng genommen, anders als bei § 22 HGB nicht um eine Übertragung des Firmenrechts – denn dieses stand und steht weiterhin der Gesellschaft zu –,[672] sondern um ein Hinüberwirken des Namensrechts (§ 12 BGB) auf das Gebiet des Firmenrechts. § 24 II HGB gilt nicht bei Kapitalgesellschaften.[673] Umgekehrt enthält bei § 22 HGB die Firmenübertragung ebenfalls (und nur dann) einen namensrechtlichen Aspekt, wenn es sich um die Personenfirma des Altinhabers handelt.

677 Der zweite Aspekt, die **Beibehaltung der Firma** trotz **Änderung der Verhältnisse,** auf die ihr Inhalt verweist, hat durch die Liberalisierung des Rechts der Firmenneubildung an Bedeutung verloren. Da auch die neu gebildete Firma als Namensfirma nicht zwingend die Person des Inhabers bezeichnen, als Sachfirma nicht das Unternehmen zutreffend beschreiben muss, ist den entsprechenden Problemen bei der Firmenfortführung unter geänderten Umständen die Schärfe genommen. Das alte Beispiel der »Donau-Dampfschifffahrtsgesellschaft m. b. H.«, die sich der lukrativeren Veranstaltung von Charterflügen ans Schwarze Meer zugewandt hat, veranschaulicht jetzt nicht mehr nur die Tragweite der Firmenkontinuität, sondern ebenso könnte in Anlehnung hieran die neue Firmenliberalität ganz allgemein illustriert werden. Das Irreführungsverbot des § 18 II HGB andererseits bestimmt auch hier die Grenze des Zulässigen.[674]

678 **Nachfolgezusätze** sind **bei Inhaberwechsel** zwar stets **zulässig** (§ 22 HGB), jedoch **nicht erforderlich.** Ein Nachfolgezusatz kann aus dem schlichten Hinweis »Nachfolger« bestehen oder aus der Nennung des jetzigen Inhabers: »Anton Ach Nachf. Berthold Brech«, »Anton Ach Inh. Berthold Brech«, »Berthold Brech vorm. Anton Ach« hervorgehen.

679 Allerdings ist der Vorrang der Firmenkontinuität nicht total, darf die alte Firma nicht in jedem Fall mit all ihren Bestandteilen beibehalten werden. Vielmehr gilt **§ 19 HGB** ausdrücklich auch hier, dh unrichtig gewordene Bezeichnungen der **Rechtsform** müssen richtig gestellt werden; die Haftungssituation der GmbH & Co. KG ist gemäß § 19 II HGB zu verlautbaren. Scheidet umgekehrt aus einer GmbH & Co. KG die GmbH aus, so ist der Firmenbestandteil »GmbH & Co.« zu streichen.[675]

Auf die Fälle des UmwG werden diese Grundsätze durch die spezielle Regelung der §§ 18, 200 UmwG erstreckt.

---

671 Hierzu *BGH* ZIP 1987, 778; 1989, 368.
672 Zur Identität der Gesellschaft bei Gesellschafterwechsel bereits → Rn. 310 ff.
673 BGHZ 58, 322.
674 KKRD/*Roth* HGB § 22 Rn. 1.
675 BGHZ 44, 286.

4. Rechtsscheinhaftung aus fehlerhafter Firma

Der Gebrauch einer irreführenden Firma im Rechtsverkehr ist der wohl offensicht- 680
lichste Fall eines Rechtsscheintatbestands außerhalb der Registerpublizität (→ Rn. 63 f.).
Wenn auch die weiteren Voraussetzungen einer allgemeinen Rechtsscheinhaftung gegeben sind, kann der getäuschte Dritte einen Vertrauensschutz in der Form in Anspruch
nehmen, dass er die Haftungsfolgen von dem ihm günstigeren Scheintatbestand herleitet. Praktische Bedeutung hat das in erster Linie bei den **Gesellschaftsformen mit Haftungsbeschränkung,** denen ein hierauf hinweisender Gesellschaftsformzusatz zwingend vorgeschrieben ist, beginnend mit der KG. Die Problematik kann insbesondere
dann entstehen, wenn die Rechtsform eines bereits existierenden Unternehmens ohne
Haftungsbeschränkung (Einzelkaufmann, OHG) und mit Personenfirma zu einer KG
oder GmbH verändert, aber dessen ungeachtet die **alte Firma ohne neuen Rechtsformzusatz** im Geschäftsverkehr weiterverwendet wird und die namentlich genannte Person, mittlerweile Kommanditist bzw. GmbH-Gesellschafter, weiterhin als *Geschäftsführer* in Erscheinung tritt. Da der **neue Rechtsformzusatz** gerade auch bei einer
abgeleiteten Firma vorgeschrieben ist, wird durch die beschriebene Verhaltensweise der
Eindruck einer Personengesellschaft oder eines einzelkaufmännischen Unternehmens
mit dem Geschäftsführer als persönlich haftendem Gesellschafter bzw. Inhaber erweckt,
und dementsprechend muss er sich dann auch eine unbeschränkte persönliche Haftung
nach Rechtsscheingrundsätzen gefallen lassen (sofern er nicht als scheinbarer Einzelinhaber ohnehin schon gemäß § 164 II BGB haftet, hierzu → Rn. 762 f.).

Darüber hinaus riskiert aber, Zurechenbarkeit der falschen Firmierung vorausgesetzt, 681
auch der *Gesellschafter* die persönliche Haftung, dessen Name in der Firma enthalten
ist, der aber nicht geschäftsführend auftritt,[676] ebenso umgekehrt: der für die Gesellschaft unter der irreführenden Firma agiert, *ohne* dass sein Name in der Firma zutage
tritt, und schließlich sogar der *Geschäftsführer* oder Angestellte, der nicht selbst Gesellschafter ist, aber durch die Verwendung der falschen Firma den Anschein erweckt,
irgendjemand hafte persönlich.[677] Dabei lässt sich die Haftung des Vertreters ggf. auf
die Grundsätze der culpa in contrahendo (§ 311 III BGB) stützen (→ Rn. 697). Er-
wägenswert wäre auch die Heranziehung des Gedankens einer Haftung als **falsus procurator** nach § 179 BGB.[678]

Da die Veränderung der Rechtsform immer eintragungspflichtig ist, im Falle der Umwandlung in eine GmbH erst die Eintragung die Änderung herbeiführt, steht der auf-
rechterhaltene Rechtsschein normalerweise mit der Registereintragung im Widerspruch, er kann sich aber nach den bereits behandelten Grundsätzen auch gegenüber
der positiven Publizität des § 15 II HGB durchsetzen (→ Rn. 63 ff.). Fehlt es ausnahmsweise an einer deklaratorischen Eintragung des Rechtsformwechsels, kommt dem
Dritten ohnehin § 15 I HGB zugute.

Wird eine Firmierung **ohne jeglichen Rechtsformzusatz** verwendet, verweist dieser 682
Rechtsschein (im Umkehrschluss aus § 19 I HGB) auf eine *nichtkaufmännische* Quali-

---

676 Insoweit allerdings einschr. *BGH* ZIP 1996, 1511.
677 Zur Rechtsscheinhaftung bei Verstoß gegen § 4 GmbHG BGHZ 64, 11; WM 1990, 600.
678 Erwogen von *BGH* NJW 1981, 2569, 2570; *BGH* NJW 1991, 2627; aA *Haas,* NJW 1997, 2854, wo-
     nach die Problematik nicht über Rechtsscheingrundsätze sondern über die Verletzung von Infor-
     mationspflichten zu suchen sei. Zu diesem Ansatz *Prütting/Schirrmacher,* Jura 2016, 1156.

tät (Einzelinhaber, GbR) was freilich ebenso wie bei einer kaufmännischen Qualität (Kaufmann, OHG) zur persönlichen unbeschränkten Haftung der Beteiligten führt (analog § 128 HGB).

Ein allgemeinerer Aspekt der Firmierung ohne Rechtsformzusatz ist, dass damit der Rechtsschein eines nicht dem Handelsrecht unterliegenden Unternehmens (Geschäftsbezeichnung, → Rn. 656, 672) erzeugt wird, der Dritte, dem dies zum Vorteil gereicht (beispielsweise als Käufer bei § 377 HGB), seinen Vertragspartner also als **Nichtkaufmann kraft Rechtsscheins** behandeln kann. Zur Anwendbarkeit des § 15 I, II HGB gilt in dieser Konstellation wiederum dasselbe wie soeben.

5. Firmenschutz

683 Die Firma des Unternehmens ist gegen unzulässigen Gebrauch durch andere zunächst gemäß **§ 37 II HGB** geschützt. Als Rechtsbehelf stellt diese Vorschrift einen klagbaren **firmenrechtlichen Unterlassungsanspruch** zur Verfügung. Verschulden ist nicht erforderlich, nur Widerrechtlichkeit des Firmengebrauchs, die sich aus firmenrechtlichen (§§ 18 ff. HGB) oder anderen (str.), etwa wettbewerbsrechtlichen Normen (§ 3, 5, 8 UWG) ergeben kann. Daneben kommen konkurrierende Unterlassungsansprüche aus §§ 1004 I, 823 I analog, aus § 15 IV MarkenG, § 12 S. 2 BGB und ein wettbewerbsrechtlicher Unterlassungsanspruch aus § 8 iVm §§ 3, 5 UWG in Betracht.

Außerdem ist die Firma des Unternehmens als Name iS des § 12 BGB anerkannt; die Vorschrift gewährt Beseitigungs- und Unterlassungsansprüche, wobei zu beachten ist, dass § 12 BGB außerhalb des geschäftlichen Verkehrs greift und somit subsidiär ist. Die Vorschrift des § 15 (mit § 5) MarkenG schützt die Firma als geschäftliche Bezeichnung (Unternehmenskennzeichen).

Bei schuldhaften Verletzungen der Firma kommt ein **Schadensersatzanspruch** nach *§ 823 I BGB* in Betracht, da die Firma ein »sonstiges Recht« ist, ferner nach *§ 823 II mit den entsprechenden Schutznormen über Firmengebrauch* und Wettbewerb, evtl. auch nach §§ 826 BGB, § 9 iVm §§ 3, 5 UWG, § 15 MarkenG.

684 Das soeben angesprochene **UWG** schützt nicht nur die Firma, sondern das Unternehmen schlechthin gegen Rechtsverstöße im kaufmännischen Wettbewerb. Die entscheidende Frage ist hier stets, ob das Wettbewerbshandeln *unlauter* ist und außerdem dazu geeignet, den Wettbewerb zum Nachteil der Mitbewerber, der Verbraucher oder der sonstigen Marktteilnehmer nicht nur unerheblich zu beeinträchtigen (§ 3 UWG); denn die Benachteiligung des Konkurrenten als solche ist die normale und durchaus beabsichtigte Folge jedes Wettbewerbs. Wettbewerb ist aber nicht schlechthin unzulässig, sondern im Gegenteil eine Funktionsbedingung des marktwirtschaftlichen Systems.

Der Erhaltung dieses (erwünschten) Wettbewerbs dient vor allem das Kartellrecht, und auch hier finden sich unternehmensschützende Vorschriften, nämlich solche, die der Abwehr gegen wettbewerbsbeschränkende Maßnahmen anderer Unternehmen dienen (vgl. etwa §§ 1, 19, 20 und 21 GWB).

Schaubild 26: Firmenprinzipien

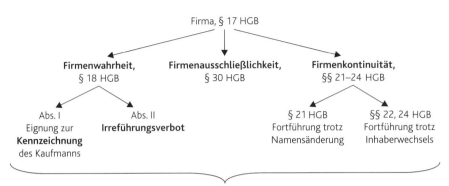

Lösungshinweise zu Fall 38 (vor → Rn. 653; vgl. *BGH* NJW 1970, 704): **685**

Zulässige Klage auf **Unterlassung des unbefugten Firmengebrauchs** hat Erfolg, wenn der Kläger einen Anspruch aus **§ 37 II 1 HGB** hat.

1. § 37 II 1 HGB verlangt eine **unmittelbare Verletzung rechtlicher Interessen wirtschaftlicher** Art des Klägers aufgrund des unbefugten Gebrauchs der Firma. Als solche Rechte kommen zB Firmen-, Namens- oder Immaterialgüterrechte in Betracht. Ein eigenes wirtschaftliches Interesse ist gegeben, wenn der Kläger durch den unbefugten Firmengebrauch **materiell betroffen** ist. Dies wird schon dann angenommen, wenn Kläger und Beklagter **Konkurrenten** sind. (*BGH* NJW 1991, 2023).
2. »Dr. S. & Co.« ist **Firma** iSd **§ 17 I HGB**.
3. Grundsätzliche Möglichkeit der **Fortführung** der Firma **nach dem Tod** des Inhabers, **§ 22 I HGB**.
4. Aber auch dabei ist das **Irreführungsverbot** des **§ 18 II HGB** zu beachten: Zulässigkeit der Verwendung akademischer Grade nur bei Mitwirkung des entsprechenden Akademikers im Unternehmen. Verstoß gegen den Grundsatz der Firmenwahrheit, (+) wird vom Firmenfortführungsrecht des § 22 I HGB nicht gedeckt.

   Ausnahme: durch einen in den Firmennamen aufzunehmenden Nachfolgezusatz wird klargestellt, dass das Publikum des Maklers mit einer akademischen Vorbildung des jetzigen Geschäftsinhabers (Beklagten) nicht rechnen kann.
5. Hier: Der Gebrauch des Namens »Dr. S. & Co.« stellt einen Verstoß gegen das Firmenrecht (§ 18 II 1 HGB) dar, auch besteht kein Nachfolgezusatz.

   Der Kläger ist als Konkurrent des Beklagten durch den unbefugten Firmengebrauch materiell betroffen.
6. **Ergebnis:** Unbefugter Firmengebrauch iSd § 37 II HGB → Unterlassungsanspruch (+).

§ 28. Veräußerung, Vererbung, Umwandlung

1. Unternehmenskauf

Fall 39: Die fünf Aktionäre A, B, C, D, E der Anton Altmann Baustoff-AG wollen das Unternehmen an den Kaufmann Kohl veräußern. Kohl möchte das Unternehmen unter der alten Firma weiterführen. Wie kann das Geschäft durchgeführt werden? (Lösungshinweis → Rn. 713).

Fall 40: K erwarb von V sämtliche Geschäftsanteile an einer GmbH, die sich hauptsächlich mit der Herstellung und dem Vertrieb polygraphischer Maschinen befasst. Die Produktion der Maschinen erfolgt in einer Werkshalle, an die noch ein Bürotrakt und weitere Gebäudeteile angegliedert sind. Der gesamte Gebäudekomplex ist mit einem 30 Jahre alten Flachdach versehen. Kurze Zeit nach Übergabe des Unternehmens an den Käufer kam es zu einem Wassereinbruch an einem Teil der Dachfläche des Gebäudekomplexes. K fragt, welche Rechte er hat. (Lösungshinweis → Rn. 702).

a) Trennungsprinzip

686 Ein Unternehmen gilt als *»Inbegriff von Sachen, Rechten und sonstigen Vermögenswerten«,*[679] zu denen etwa der good will und das know how, aber auch die Einweisung in die Unternehmensorganisation, die Mitteilung von Geschäfts- und Betriebsgeheimnissen, die Einführung in den Kundenkreis sowie gewerbliche Konzessionen zählen. Spricht man vom Unternehmenskauf bzw. der Veräußerung eines Unternehmens, so denkt man dabei an diesen »Inbegriff«, also an die Sach-, Rechts- und Vermögensgesamtheit (→ Rn. 74). Die Veräußerung des Unternehmens stellt sich aus dieser Sicht nicht anders dar als jede andere Veräußerung einer *Mehrheit* von Vermögensgegenständen. Dabei ist wie üblich zwischen dem *Verpflichtungsgeschäft* und dem *Verfügungsgeschäft* (verfügungsrechtlicher Bestimmtheitsgrundsatz!) zu trennen.

b) Der Kaufvertrag

687 Das schuldrechtliche Grundgeschäft – der **Kaufvertrag** – kann sich auf das *Unternehmen als solches* (und nicht nur auf seine Einzelteile) beziehen. Zwar sind die §§ 433 ff. BGB, die sich auf den Kauf einer *Sache* beziehen, *nicht unmittelbar* einschlägig, wenn es um den Kauf eines Unternehmens geht. Allerdings finden gemäß **§ 453 BGB auf den** Kauf von »Rechten« und »sonstigen Gegenständen« die Vorschriften über den Kauf von Sachen *entsprechende* Anwendung. Unter den Begriff der »sonstigen Gegenstände« ist auch der Kauf eines Unternehmens zu subsumieren.[680] Dies bedeutet, dass *ein* Kaufvertrag (§§ 453, 433 BGB) über die Gesamtheit der zum Unternehmen gehörenden Gegenstände geschlossen werden kann. Man spricht beim Kauf der Sach-, Rechts- und Vermögensgesamtheit »Unternehmen« auch von einem **asset deal**. Gehören Grundstücke zum Unternehmensvermögen, so ist für den Kaufvertrag die **Form des § 311b I BGB** zu beachten. Hierbei ist zu bemerken, dass die Formvorschrift des § 311b I BGB nicht nur die Grundstücksübertragung, sondern darüber hinaus alle Vertragsbestimmungen, die nach dem Willen der Vertragsparteien von der Grundstücksveräußerung abhängig sein sollen bzw. mit ihr ein untrennbares, einheitliches Geschäft bilden, erfasst.

Gemäß **§ 311b III BGB** ist die Verpflichtung zur Übertragung des gesamten gegenwärtigen Vermögens ebenfalls beurkundungsbedürftig. Die hM wendet die Formvorschrift des § 311b III BGB jedoch nicht an, wenn Vertragsgegenstand ein **Sondervermögen** ist.[681] Folglich ist der Kaufvertrag, durch den sich ein Einzelkaufmann verpflichtet, sein Unternehmen zu übertragen, auch wenn es sich hierbei um das gesamte gegenwärtige Vermögen des Verkäufers handelt, nicht beurkundungsbedürftig.

---

679 *BGH* NJW 2002, 1042, 1043.
680 BT-Drs. 14/6040, 242; ferner Roth/Altmeppen/*Altmeppen* GmbHG § 15 Rn. 6.
681 Palandt/*Grüneberg* BGB § 311b, Rn. 66.

c) Sachmängelhaftung beim Unternehmenskauf

Die für den Kauf einer mangelhaften Sache einschlägigen Gewährleistungsvorschriften der §§ 434 ff. BGB gelangen beim asset deal über den Umweg des § 453 BGB zur Anwendung.   **688**

Eine Hürde für die **Anwendung der §§ 453, 434 ff.** BGB ist zu nehmen, wenn nicht das Unternehmen als solches, dh als Sach-, Rechts- und Vermögens*gesamtheit*, den Kaufgegenstand bildet (**asset deal**), sondern wenn unmittelbares Kaufobjekt die **Gesellschaftsanteile** an der unternehmenstragenden Gesellschaft sind (**share deal**).[682] Das Unternehmen wird beim share deal lediglich *mittelbar* über die gesellschaftsrechtliche Beteiligung erworben.   **689**

Der Kauf von Gesellschaftsanteilen oder Mitgliedschaftsrechten ist ein Rechtskauf. Der share deal wird indes als Kauf *des Unternehmens* behandelt und damit dem asset deal **gewährleistungsrechtlich gleichgestellt**, sofern Geschäftsanteile in einem Umfang erworben werden, der so erheblich ist, dass *wirtschaftlich* betrachtet vom Kauf des Unternehmens selbst ausgegangen werden kann.[683] Konkret bedeutet das: Gewährleistungsrechte bestehen auch aufgrund von Mängeln des Gesellschaftsvermögens, wenn sämtliche Anteile einer Gesellschaft verkauft werden, da dieser Anteilskauf de facto dem Kauf des ganzen Gesellschaftsvermögens gleichkommt. Dieses Verständnis wird auf Fälle erstreckt, in denen zwar nicht alle Anteile den Kaufgegenstand bilden, aber die beim Verkäufer oder Dritten verbleibenden Anteile so gering sind, dass sie die Verfügungsbefugnis des Erwerbers über das Unternehmen nicht erheblich beeinträchtigen. Im Einzelnen ist freilich umstritten, wie hoch die zu erwerbende Beteiligungsquote sein muss, um den share deal dem asset deal gleichzustellen und ihn damit den **Sach**mängelvorschriften zu unterwerfen. Manche verlangen den Erwerb von 95 % der Anteile,[684] andere den Erwerb der satzungsändernden Mehrheit.[685] Mitunter wird die einfache Mehrheit für ausreichend erachtet, sofern diese dem Käufer einen beherrschenden Einfluss auf das Unternehmen ermöglicht.[686] Nach der BGH-Rechtsprechung liegt ein zur Anwendbarkeit der §§ 434 ff. BGB führender Unternehmenskauf bei einem share deal nur vor, »wenn der Käufer sämtliche oder nahezu sämtliche Anteile an einem Unternehmen erwirbt.«[687] Letztlich wird man die Frage nach der erforderlichen Höhe der zu erwerbenden Beteiligungsquote nicht schematisch entscheiden können, sondern auf die Umstände des Einzelfalles unter besonderer Berücksichtigung des Parteiwillens abzustellen haben.[688]   **690**

---

682 *Bitter/Laspeyres*, ZIP 2010, 1157.

683 BGHZ 65, 246, 249 = NJW 1976, 236 f.; *Grunewald*, NZG 2003, 372 f.

684 MüKoBGB/*Westermann* § 453 Rn. 22, hält bei einer AG den Erwerb von 95 % der Anteile für erforderlich, da erst dann ein Squeeze-Out möglich sei.

685 Staudinger/*Beckmann*, § 453 Rn. 33; *Hommelhoff*, ZHR 140 (1976), 271, 283 ff.; *Schröcker*, ZGR 2005, 63, 68 f.; *Weitnauer*, NJW 2002, 2511, 2514.

686 *Triebel/Hölzle*, BB 2002, 2511, 2515.

687 *BGH* NJW 2001, 2163, 2164.

688 *Grunewald*, NZG 2003, 372 f.

d) Einzelfragen

691 Die Sachmängelhaftung beim Unternehmenskauf ist ein weites Feld, für das es Spezialliteratur gibt (siehe infra die Literaturhinweise). Zwei prüfungsrelevante Fragestellungen sollen hier jedoch näher beleuchtet werden:

(1) Führt beim Kauf einer Rechts- und Sach*gesamtheit* (Unternehmen) der Mangel *einzelner* zum Unternehmen gehörender *Gegenstände (Fall 40:* undichtes Firmendach, vor → Rn. 686) zu einer Sachmängelhaftung des Verkäufers nach §§ 434 ff. BGB?

(2) Sind Ansprüche aus culpa in contrahendo (§§ 280 I, 311 II BGB) *neben* dem Sachmängelgewährleistungsrecht der §§ 434 ff. BGB anwendbar?

aa) Einzelgegenstandsbetrachtung

692 Welche gewährleistungsrechtlichen Konsequenzen die Mangelhaftigkeit eines **Einzelgegenstandes** nach sich zieht, wird unterschiedlich beantwortet.[689] *Vor der Schuldrechtsmodernisierung* wurde die zurückhaltende Anwendung des Sachmängelgewährleistungsrechts auf den Unternehmenskauf durch eine restriktive Interpretation des Fehlerbegriffs in § 459 BGB aF erreicht. Dies war dem seinerzeit geltenden *Rechtsfolgen*system der Sachmängelgewährleistung geschuldet, das für den Unternehmenskauf unpassend war und das man daher vermeiden wollte. Dem Käufer stand bei einem Mangel nämlich unmittelbar der Rechtsbehelf der *Wandelung* der Kaufsache zu, § 462 aF BGB. Dass die Rückabwicklung eines Unternehmenskaufs angesichts des sich ständig fortentwickelnden Unternehmensorganismus nicht interessengerecht und praktisch kaum handhabbar ist, liegt auf der Hand. Folglich lag der Schwerpunkt des Gewährleistungsrechts nach Ansicht des BGH im Bereich der culpa in contrahendo.

693 Nach dem seit 1.1.2002 geltenden **neuen Schuldrecht** ist der Rechtsbehelf der *Nacherfüllung* der *primäre* Rechtsbehelf unter den Gewährleistungsrechten, §§ 437 Nr. 1, 439 BGB. Zu beachten ist hierbei, dass der primäre und zentrale Rechtsbehelf der Nacherfüllung auch auf den Unternehmenskauf passt[690]: so zB in Form der Freistellung des Käufers beim Auftreten unbekannter Verbindlichkeiten oder bei Substanzmängeln. Eine Rückabwicklung des Vertrages aufgrund eines Rücktritts kommt dagegen erst in Frage, wenn dem Verkäufer zuvor via Nachfristsetzung (§§ 437 Nr. 2 1. Alt., 323 I BGB) eine *Chance zur zweiten Andienung* eingeräumt wurde. Hinzu kommt, dass *unerhebliche* Mängel überhaupt nicht mehr zum Rücktritt, sondern nur noch zur Minderung berechtigen, §§ 323 V 2, 441 I 2 BGB. Beide Neuerungen zielen auf die Aufrechterhaltung des Vertrages und auf dessen Erfüllung in natura ab; sie stärken damit die Vertragstreue.[691]

694 Man könnte vor dem Hintergrund dieses *verkäuferfreundlicheren* und die Vertrags*durchführung* fördernden Rechtsfolgenregimes Gewährleistungsrechte schon dann bejahen, wenn lediglich ein zum Unternehmen gehörender **Einzelgegenstand** mangelbehaftet wäre, ohne Gefahr zu laufen, dass damit sogleich der für den Unternehmenskauf praxisferne Rechtsbehelf der Rückabwicklung ausgelöst würde. Die **Lehre von der Einzelgegenstandsbetrachtung** befürwortet denn nun auch die Anwendung der

---

689 Überblick bei *Picot,* DB 2009, 2587, 2590.
690 AA *Gaul,* ZHR 166 (2002), 35, 54 f.; *Huber,* AcP 202 (2002), 179, 232.
691 *Weller,* Die Vertragstreue, 2009, S. 493 ff.

Gewährleistungsvorschriften auf einen mangelbehafteten Einzelgegenstand, und zwar auch dann, wenn der Mangel des Einzelgegenstandes nicht zugleich einen Mangel des Unternehmens als Ganzes darstellt.[692]

Dogmatisch überzeugt die Einzelgegenstandsbetrachtung jedoch nicht. Vielmehr ist **695** richtigerweise darauf abzustellen, ob dem **Unternehmen als Ganzes** ein Mangel anhaftet. Dies ist bei einem defekten Einzelgegenstand nur dann der Fall, wenn der Einzeldefekt so erheblich ist, dass er auf das Unternehmen insgesamt durchschlägt (sog. **Gesamterheblichkeitstheorie**).[693] Kaufgegenstand ist das Unternehmen als Ganzes und eben nicht jede einzelne Sache. Einzelne Gegenstände im Unternehmen, wie Computer, Büromöbel, Maschinen oder Gebäude, sind als untrennbarer Bestandteil der Sach- und Rechts*gesamtheit* »Unternehmen« mitverkauft und dürfen aus dieser Verknüpfung nicht einzeln herausgelöst werden. Dementsprechend setzt sich auch der Kaufpreis für die Rechts- und Sachgesamtheit »Unternehmen« nicht – wie wenn man Lebensmittel im Supermarkt einkaufte – aus aufaddierten Einzelpreisen zusammen.[694] Der Kaufpreis wird vielmehr als Zukunftserfolgswert – losgelöst von den Einzelgegenständen des Unternehmens – im Wege einer der verschiedenen Ertragswertmethoden bezogen auf das Unternehmensganze ermittelt.[695]

Diese »Paketbetrachtung« bei der Vereinbarung von Leistung und Gegenleistung **696** muss sich bei der späteren Vertragsdurchführung und dementsprechend auch bei Art und Umfang der Gewährleistung fortsetzen. Andernfalls würde die privatautonome Entscheidung der Parteien missachtet. Würde man nämlich die Gewährleistung auf einzelne fehlerhafte Gegenstände beziehen, lüde man dem Verkäufer ex post eine Verantwortlichkeit auf, die nicht mehr von seiner autonomen Vertragserklärung gedeckt ist. Er müsste für jeden mangelhaften Bürostuhl und jede einredebehaftete Forderung haften. Er sähe sich bei einer Vielzahl kleinerer Mängel schnell höheren Forderungen ausgesetzt als ursprünglich bei den Vertragsverhandlungen einkalkuliert. Eine solche Sichtweise liefe der das deutsche Vertragsrecht beherrschenden Privatautonomie zuwider und ist daher abzulehnen.

bb) Gesamterheblichkeitstheorie

Vor der Schuldrechtsmodernisierung wurde auf Mängel beim Unternehmenskauf üb- **697** licherweise die **culpa in contrahendo** angewendet, die interessengerechtere Ergebnisse versprach als das damalige Sachmängelgewährleistungsrecht.[696] Letzteres sah nämlich eine Verjährungsfrist von nur 6 Monaten vor (§ 477 BGB aF), für fahrlässig verursachte Mängel gab es keinen Anspruch auf Ersatz des Mangelschadens (Umkehrschluss aus § 463 BGB aF), schließlich konnte der Käufer bei einem Fehler des Unter-

---

692 Baumbach/Hueck/*Fastrich* GmbHG § 15 Rn. 7; Erman/*Grunewald*, BGB, 15. Aufl. 2017, § 434 Rn. 44; *Hönig*, ZGS 2010, 302, 307; *Knott*, NZG 2002, 249, 251; *Picot*, DB 2009, 2587, 2591; Staudinger/*Matusche-Beckmann*, BGB, 2004, § 434 Rn. 144 f.

693 BeckOK BGB/*Faust* § 453 Rn. 29; Baumbach/Hopt/*Hopt* HGB Einl. vor § 1 Rn. 46. *OLG Köln* ZIP 2009, 2063: Eine Gesamterheblichkeit kann beispielsweise angenommen werden, wenn durch den fehlerhaften Einzelgegenstand der Betriebsablauf gestört und die weitere Verfolgung der wirtschaftlichen Zielsetzung des Unternehmens beeinträchtigt wird.

694 *Weller*, EWiR 2010, 15 f.

695 Vgl. *BGH* NJW 2001, 2163, 2164; näher zu den Methoden der Unternehmensbewertung *Reichert/Weller*, Der GmbH-Geschäftsanteil, 2006, § 14 Rn. 21–34.

696 Vgl. *BGH* NJW 1970, 653, 655; *BGH* NJW 1999, 1404, 1405.

nehmens sofort die Wandelung verlangen (§ 462 BGB aF). Um den Anwendungsbereich des Sachmängelgewährleistungsrechts zu begrenzen (und um sich dadurch den Zugang zur culpa in contrahendo zu eröffnen), legte die Rechtsprechung den Begriff des Fehlers in § 459 BGB aF restriktiv aus. Falsche Angaben über Umsätze, Verbindlichkeiten und die Ertragskraft des Unternehmens sowie charakterliche Mängel von Mitarbeitern stellten hiernach keine Fehler des Unternehmens dar.[697] Die stattdessen herangezogene Haftung aus culpa in contrahendo verhalf den Käufern bei Aufklärungspflichtverletzungen und fehlerhaften Angaben zu Schadensersatzansprüchen gegen den Verkäufer.[698]

698 In der **Kautelarpraxis** entging man den Unwägbarkeiten dieses mehrspurigen und damit unübersichtlichen gesetzlichen Haftungsregimes, indem man im Unternehmenskaufvertrag das gesetzliche Haftungssystem ausschloss und stattdessen umfangreiche **Garantienkataloge** nebst detaillierten Rechtsfolgen für den Garantiefall vereinbarte.

699 Mit der **Schuldrechtsmodernisierung** wollte der Gesetzgeber die Problematik des »unpassenden« Gewährleistungsrechts einerseits und der Diskrepanz zwischen der Haftung aus culpa in contrahendo und aus Kaufgewährleistungsrecht (§§ 459 ff. BGB aF) andererseits gerade auch für Unternehmenskaufverträge entschärfen.[699] Dies ist in wesentlichen Punkten gelungen: So wurden die Verjährungsfristen der beiden Institute einander angenähert: Die Verjährungsfrist für die Sachmängelhaftung an beweglichen Sachen wurde auf 2 Jahre verlängert (§ 438 I Nr. 3 BGB), während die für Ansprüche aus culpa in contrahendo geltende regelmäßige Verjährungsfrist von 30 auf 3 Jahre reduziert wurde (§§ 195, 199 BGB). Die gewährleistungsrechtlichen Schadensersatzansprüche greifen nunmehr wie auch die culpa in contrahendo bei fahrlässigem Handeln (vgl. §§ 437 Nr. 3, 280 ff. BGB). Darüber hinaus wurde das Damoklesschwert der Vertragsstornierung (durch Wandlung) durch das vorrangige Nachfristsetzungserfordernis (§ 323 I BGB) und die Unerheblichkeitsschwelle (§ 323 V 2 BGB) »abgestumpft«. Das Gewährleistungsrecht ist somit besser »gerüstet«, um auch den Unternehmenskauf interessengerecht abzuwickeln. Vor diesem Hintergrund besteht für die Anwendung der culpa in contrahendo (§§ 311 II, 241 II, 280 I BGB) neben dem Kaufgewährleistungsrecht *nicht mehr dieselbe Notwendigkeit* wie vor der Schuldrechtsmodernisierung. Allerdings kann die kenntnisunabhängige Verjährungsfrist nach § 438 I Nr. 3 BGB nach wie vor als zu kurz eingestuft werden (str.), was erneut zum Rückgriff auf die culpa in contrahendo nötigen würde, wenn man sich diesen Bedenken anschließt. Die Bedenken basieren insbesondere darauf, dass Mängel an Unternehmen vielfach erst nach mehreren Geschäftsjahren nach der Übertragung auffallen, da hierfür bilanzielle Analysen und Strukturverläufe der Transaktionen geboten sind.

700 Die **§§ 434 ff. BGB** stellen nach der gesetzgeberischen Idee aber nunmehr ein **sachgerechtes Haftungsregime** für Käufer *und* Verkäufer dar. In methodischer Hinsicht verdrängen die §§ 434 ff. BGB als speziellere Regelung die allgemeinen schuldrechtlichen Haftungsbestimmungen, §§ 280 ff. BGB *(lex specialis derogat legi generali)*. Die Balance zwischen Verkäufer- und Käuferinteressen, die das kaufrechtliche Gewährleistungsregime herstellt, würde einseitig zu Lasten des Verkäufers verschoben, wenn man

---

697 Vgl. *BGH* NJW 1990, 1658, 1659; *BGH* NJW 1995, 1547, 1548
698 So z. B. bei der Unterlassung gebotener Rückstellungen, der unvollständigen Passivierung von Unternehmensschulden und falschen Umsatz- und Ertragsangaben.
699 BT-Drs. 14/6040, 209.

die culpa in contrahendo neben den §§ 434 ff. BGB anwendete.[700] Es spricht daher einiges dafür, die genutzte gesetzgeberische Einschätzungsprärogative zu respektieren.

Die **lex specialis-Wirkung** entfalten die §§ 434 ff. BGB freilich nur, soweit ihr durch den Mangelbegriff in § 434 BGB abgesteckter *Anwendungsbereich* reicht. Dabei besteht anders als früher kein Bedürfnis mehr für eine bewusst restriktive Handhabung des Mangelbegriffs, um den Anwendungsbereich der kaufrechtlichen Gewährleistungsvorschriften einzuschränken. Die **culpa in contrahendo** kann folglich nur bei Pflichtverletzungen zur Anwendung kommen, die keinen Bezug zur Sachmängelhaftung haben.[701] Zu denken ist an vorvertragliche Pflichtverletzungen, die nicht zugleich von Relevanz für die Beschaffenheit des Unternehmens sind, beispielsweise beim *Abbruch von Vertragsverhandlungen* oder der Verletzung von *Geheimhaltungspflichten.* **701**

In **Fall 40** kommt es nach der vorzugswürdigen Gesamterheblichkeitstheorie darauf an, ob Art und Ausmaß des undichten Firmendachs zugleich einen Mangel des Unternehmens insgesamt darstellen. Falls ja, finden die §§ 453, 434 ff. BGB Anwendung; falls nein, hat K keine Rechte – Ansprüche aus §§ 311 II, 280 I BGB greifen nicht, da das undichte Firmendach potentiell eine Beschaffenheit des Unternehmens darstellen kann, wodurch die culpa in contrahendo verdrängt wird. **702**

Literatur: *Bitter/Laspeyres,* ZIP 2010, 1157; *Dauner-Lieb* (Hrsg.), Unternehmenskauf und Schuldrechtsmodernisierung, 2002; *Holzapfel/Pöllath,* Unternehmenskauf in Recht und Praxis, 15. Aufl. 2017; *Hommelhoff,* Die Sachmängelhaftung beim Unternehmenskauf, 1975; Baumbach/Hopt/*Hopt* HGB Einl. v. § 1 Rn. 46 ff.; *Knott,* Unternehmenskauf nach der Schuldrechtsreform, NZG 2002, 249; *Lorenz,* Der Unternehmenskauf nach der Schuldrechtsreform, FS Heldrich, 2006, S. 305; *Picot,* Unternehmenskauf und Sachmängelhaftung, DB 2009, 2587; *Weller,* Sachmängelhaftung beim Unternehmenskauf, FS Maier-Reimer, 2010, S. 839 ff.

e) Das Verfügungsgeschäft

Im Unterschied zum Kausalgeschäft kann das Verfügungsgeschäft bei einem **asset deal** nicht über das Unternehmen als Ganzes abgeschlossen werden; denn das Unternehmen ist kein eigener Rechtsgegenstand (zum Verfügungsgeschäft beim **share deal** → Rn. 713 ff.). Vielmehr ist die Verpflichtung unter Beachtung des verfügungsrechtlichen Bestimmtheitsgrundsatzes durch *Einzelverfügungen* über die zu dem Unternehmen gehörenden Sachen und Rechte zu erfüllen. Danach können zwar gemäß § 929 BGB ausnahmsweise auch klar definierte Sachgesamtheiten übereignet werden (zB »das Warenlager XY«, »der gesamte Fahrzeugpark des Unternehmens«); ebenso können nach § 398 BGB größere Bestände an Forderungen auf einmal abgetreten werde, sofern nur jede dazugehörige Einzelforderung bestimmbar ist (»alle am Stichtag bestehenden Kundenforderungen«); die Verfügung über *Immobilien* nach §§ 873, 925 BGB aber muss zwingend für jeden einzelnen Gegenstand individuell erfolgen. **703**

Die **Schulden** des Veräußerers gehen in diesem Grundfall (also außerhalb von § 25 HGB) nicht automatisch mit über. Dies ist nur der Fall, wenn eine Schuldübernahme (§§ 414 ff. BGB) oder ein Schuldbeitritt vereinbart wurde. Wenn der Erwerber in Vertragsverhältnisse einrücken soll, die mit dem alten Inhaber bestanden, bedarf es einer **704**

---

700 *Schröcker,* ZGR 2005, 63, 89.
701 *Roth,* JZ 2009, 1174.

Vertragsübernahme unter Mitwirkung oder mit Zustimmung des Vertragspartners (Sonderfälle §§ 566, 613 a BGB, → Rn. 732).

705 Auf diese (aufwendige) Weise kann also ein Einzelkaufmann sein Unternehmen (Aktiva und Passiva) auf eine andere Person übertragen. Hierdurch wechselt das Rechtssubjekt, der Rechtsträger des Unternehmens.

f) Verpflichtung zur Übertragung des ganzen Gesellschaftsvermögens

706 Nicht nur eine natürliche Person, auch eine Handelsgesellschaft kann ihr gesamtes Unternehmen, mit oder ohne Firma, iS eines asset deals veräußern. Das Aktienrecht enthält hierüber eine eigene Vorschrift: § 179 a AktG. Geht die Firma mit über, so bleibt dem alten Unternehmensträger nicht einmal mehr der Name (die Gesellschaft muss eine neue Firma annehmen, sofern sie noch Handelsgesellschaft bleibt). Ebenso kann eine Gesellschaft ihr Unternehmen als Einlage in eine andere Gesellschaft gegen Gewährung einer Beteiligung einbringen.

2. Einbringung des Unternehmens in eine Gesellschaft

707 Veräußert der Einzelinhaber sein Unternehmen an eine (Personen- oder Kapital-) Gesellschaft, an der er nicht beteiligt ist, so handelt es sich um den Normalfall einer Unternehmensveräußerung, die mit einem Wechsel des Rechtsträgers des Unternehmens einhergeht (→ Rn. 686 ff.). Dasselbe gilt aber auch, wenn er das Unternehmen an eine *Kapitalgesellschaft*, an der er beteiligt ist, veräußert oder in diese als Einlage einbringt. Und schließlich handelt es sich ebenso um einen vollständigen **Wechsel der Unternehmensträgerschaft** und Vermögenszuordnung (nämlich auf die Gesamthandsgemeinschaft), wenn der Inhaber das Unternehmen als Gesellschafter in eine *Personengesellschaft* einbringt oder an seine Gesellschaft veräußert. Das gilt insbesondere auch, wenn der Inhaber zusammen mit anderen eine OHG oder KG gründet, um in dieser Rechtsform das Unternehmen fortzuführen – der Fall, an den *§ 28 HGB* anknüpft.

708 Das heißt, dass die Übertragung des Unternehmens als solche ebenso zu beurteilen ist wie das Verfügungsgeschäft im Normalfall einer Veräußerung. Auffällig ist immerhin, dass der Vorgang des § 28 HGB sich als »actus contrarius« zu dem des *§ 140 I S. 2 HGB* (Übergang des OHG-Unternehmens auf den letzten verbliebenen Gesellschafter, der dadurch zum Einzelkaufmann wird) darstellt, und nur im zweitgenannten Fall erlaubt die hM, nunmehr ohne ausdrückliche gesetzliche Grundlage, eine Gesamtrechtsnachfolge der Einzelperson in das Gesellschaftsvermögen (→ Rn. 314). Erst recht bedarf es bei der Aufnahme eines neuen Gesellschafters in eine bestehende OHG/KG keiner Übertragung des Unternehmensvermögens, sondern der Beitretende erwirbt einen Anteil am Gesamthandsvermögen, was die rechtliche Identität der Gesamthandsgemeinschaft unberührt lässt. Deshalb macht es beispielsweise bei der Zweipersonen-OHG einen Unterschied, ob man einen Gesellschafterwechsel als Übertragung des Anteils (der Mitgliedschaft) zulässt (→ Rn. 324 ff.) oder als Ausscheiden des Altgesellschafters mit nachfolgendem Eintritt des neuen konstruiert. Denn das erstere vollzieht sich als Rechtsnachfolge in den Gesellschaftsanteil, ohne in die rechtliche Zuordnung des Unternehmens zur Gesamthandsgemeinschaft einzugreifen; letzterer Weg hingegen verlangt die Neugründung der OHG und folglich eine Übertragung des Unternehmens durch rechtsgeschäftliche Einzelverfügungen auf sie seitens des

verbleibenden Gesellschafters, der zwischendurch Einzelinhaber wurde. In diesem Fall wäre zu beachten, dass es wenigstens für eine juristische Sekunde zur Vollbeendigung der Gesellschaft und somit konsequent auch zur Realisation aller stillen Reserven käme, was jedenfalls steuerrechtlich zu ernsten Problemen dieses Geschäftsjahres führen könnte.

Das Umwandlungsrecht ermöglicht als Alternative die »Ausgliederung« im Wege der Gesamtrechtsnachfolge (§§ 152 ff. UmwG, hierzu → Rn. 717 f.), dies zum Zwecke der Neugründung aber nur bei Kapitalgesellschaften.

3. Erbfolge in ein Unternehmen

Von Erbfolge in ein Unternehmen kann man nur sprechen, wenn dieses von einem *Einzelinhaber*(-kaufmann) betrieben wird. Demgegenüber sind bei der Vererbung von *Gesellschaftsanteilen* die Probleme anders gelagert. Zur OHG (§ 139 HGB) siehe oben (→ Rn. 337 f.). Geschäftsanteile an Kapitalgesellschaften sind frei vererblich (vgl. § 15 I GmbHG) und fallen bei mehreren Erben in die Miterbengemeinschaft; zum Problem kann dann allenfalls die Aufteilung unter den Erben werden. **709**

Die schwierigeren Probleme stellen sich, wenn der Einzelkaufmann von mehreren Personen beerbt wird. Dann geht mit dem Erbfall das Unternehmen zunächst im Wege der Gesamtrechtsnachfolge auf die **Erbengemeinschaft** über. Die Erbengemeinschaft ist zwar nicht fähig, ein Unternehmen zu errichten oder rechtsgeschäftlich zu erwerben und zu betreiben, aber im Falle der Erbfolge bleibt keine andere Wahl, als ihr diese Fähigkeit – zumindest für eine gewisse Zeitdauer, etwa die Dreimonatsfrist des § 27 II HGB – zuzuerkennen, auch wenn sie von ihrer rechtlichen Struktur (vor allem der Haftungslage) her nicht die geeignete Organisationsform für ein kaufmännisches Unternehmen ist. **710**

Die entscheidende Frage ist nun aber, ob dieser Zustand auf unbestimmte Zeit fortbestehen kann, oder ob nicht die das (kaufmännische) Unternehmen betreibenden Erben eine **OHG** errichten (entsprechend bei nichtkaufmännischem Unternehmen eine GbR). Denn der hierzu erforderliche **Gesellschaftsvertrag** kann auch stillschweigend geschlossen werden, und dieser Wille kann bereits in der gemeinsamen Fortführung zum Ausdruck kommen. Wenn dann der Rechtsformzwang des § 105 HGB eingreift, könnte für das Zustandekommen einer OHG die gewollte Mitunternehmerschaft genügen[702] und die OHG mithin mit dem gemeinsamen Antritt der Erbschaft oder allenfalls dem Verstreichen der einschlägigen Fristen (§§ 1944 BGB, 27 II HGB) entstehen.

Jedoch liegen die Dinge schon bei der Beurteilung eines konkludenten Vertragsschlusses komplizierter (→ Rn. 200), so dass es für dessen Bejahung weiterer, konkreter Anhaltspunkte bedarf; und die noch größere Schwierigkeit liegt darin begründet, dass dann das **Unternehmensvermögen** von der Erbengemeinschaft auf die OHG *übertragen* werden muss. Denn hierbei handelt es sich um eine unterschiedliche Rechtszuordnung; Erbengemeinschaft und OHG sind zwei verschiedene Rechtsträger, zwischen denen die Brücke nicht im Wege einer Umwandlung (Rechtsformwechsel) oder Gesamtrechtsnachfolge geschlagen werden kann. Vielmehr bedarf es ebenso wie bei je- **711**

---

702 *K. Schmidt,* NJW 1985, 2785, 2787.

der anderen Einbringung eines Unternehmens in eine OHG rechtsgeschäftlicher Verfügungen und zuvor einer Auseinandersetzung der Erbengemeinschaft, zumindest einer Teilauseinandersetzung hinsichtlich des sonstigen Nachlassvermögens, die dann den Weg freimacht für eine Einbringung der verbleibenden Erbteile in die Gesellschaft, es sei denn, man erkennt die Erbengemeinschaft als umfassend rechtsfähig an (von der ganz hM abgelehnt, aber str.). Beides sind nicht etwa nur Formalismen ohne materielle Bedeutung; sondern beide Rechtsakte müssen manifest werden und nach Zeitpunkt und Gegenstand bestimmbar sein, weil es neben dem Unternehmensvermögen regelmäßig noch anderes Nachlassvermögen gibt und weil möglicherweise nicht alle Erben der OHG beigetreten sind. Das schließt freilich ihren konkludenten Vollzug bei Mobiliarvermögen nicht aus, aber irgendwelcher Anhaltspunkte dafür bedarf es; und Immobilien oder auch GmbH-Anteile[703] erfordern das förmliche Rechtsgeschäft.

712 Die (ebenfalls nicht voll befriedigende) **Lösung** wird daher darin gefunden, die Erbengemeinschaft zwar das Unternehmen auf unbegrenzte Zeit fortführen zu lassen, sie aber – zumindest *im Außenverhältnis,* dh zum Schutze des Rechtsverkehrs – weitgehend *dem OHG-Recht zu unterwerfen,* sobald sie sich zur längerfristigen Unternehmensträgerin verfestigt hat (wofür das ungenutzte Verstreichen der in § 27 II HGB gesetzten Fristen eine Richtschnur abgeben kann). An sich bestehen zwischen dem Recht der Erbengemeinschaft und demjenigen der OHG zahlreiche und auch praktisch wichtige Unterschiede, so hinsichtlich Vertretungsmacht und persönlicher Haftung, Prozessführung und Zwangsvollstreckung, aber auch beispielsweise in der Frage, ob ein Erbe für seine Geschäftsführungstätigkeit eine Vergütung verlangen kann (vgl. §§ 2038 II, 748 BGB und hierzu BGHZ 17, 299).

Die angesichts dessen befürwortete Anwendung von OHG-Recht auf die »unternehmerische« Erbengemeinschaft betrifft vor allem die Haftung (§ 128 HGB), aber auch die Vertretung (§§ 125 f. HGB) – selbst die Erteilung einer Prokura muss jetzt möglich sein –, und im Handelsregister ist gemäß § 31 HGB ebenfalls die Erbengemeinschaft (Firma, Rechtsformbezeichnung?) einzutragen. Auch im Übrigen unterliegt die ein Handelsgewerbe betreibende Erbengemeinschaft (§ 1 I HGB!) wie jeder andere Kaufmann dem Handelsrecht, vgl. → Rn. 122, 709 f. Vor dem Hintergrund dieser weitreichenden Rechtsunsicherheiten erscheint es uE vorzugswürdig, die Erbengemeinschaft selbst nicht als geschäftsführendes Konstrukt anzuerkennen, sondern sofort von einer Rechtsnachfolge aller Erben in die Gesellschaft mit allen Rechten und Pflichten auszugehen, sofern vorab gesellschaftsrechtlich hierfür der Weg bereitet worden ist (Nachfolgeklausel). Eine gesetzgeberische Regelung im HGB, die eben jenen Konflikt präzise regelt, wäre wünschenswert.

Rechtsprechung: BGHZ 92, 259; *BFH* NJW 1988, 1343.

Literatur: *K. Schmidt,* NJW 1985, 2785; *Hüffer,* ZGR 1986, 603; *Beisel/Klumpp,* Der Unternehmenskauf, 7. Aufl. 2016, 4. Kap.

---

[703] *OLG Karlsruhe* NJW-RR 1995, 1189.

4. Veräußerung von Beteiligungen (share deal)

a) Rechtliche Konstruktion

Im Eingangsbeispiel (*Fall 39,* vor → Rn. 686) bietet sich eine einfachere Alternative zur **713** Unternehmensveräußerung an, in der ein grundsätzlicher Unterschied im Hinblick auf die Rechtspersönlichkeit zutage tritt. Die Aktionäre A bis E veräußern einfach ihre *Aktien* an Kohl **(share deal).** Das Unternehmen einschließlich Firma bleibt von diesem Vorgang rechtlich wie wirtschaftlich-organisatorisch unberührt; erst in der zukünftigen Unternehmenspolitik macht sich möglicherweise die personelle Veränderung des Aktionärskreises bemerkbar.

Ermöglicht wird all das dadurch, dass die AG **juristische Person** und damit als Rechtssubjekt ihren Aktionären gegenüber verselbständigt ist. Diese treffen keine Verfügungen über das Unternehmensvermögen, sondern über ihren Gesellschaftsanteil. Beim einzelkaufmännischen Unternehmen lässt sich ein solcher bloßer Wechsel in der Kapitalbeteiligung rechtsgeschäftlich nicht bewerkstelligen.

Hingegen kann man bei **Personengesellschaften** ebenfalls die Gesellschaftsanteile un- **714** ter Bewahrung der Identität der Gesellschaft veräußern. Man versteht dies als Rechtsnachfolge des Erwerbers in den jeweiligen Anteil am Gesamthandsvermögen. Das gilt sogar dann, wenn der Vorgang *alle Gesellschaftsanteile* in einer Hand vereinigt und dies, obwohl man in einem solchen Fall, anders als bei der Kapitalgesellschaft, nicht mehr von Identität der Gesellschaft sprechen kann, da es eine Einmann-OHG im Unterschied zur Einmann-AG und -GmbH nicht gibt, die Personenhandelsgesellschaft damit vielmehr ipso iure zum einzelkaufmännischen Unternehmen wird. Auf diese Weise kann also der letzte verbleibende Gesellschafter das Unternehmen im Wege der Gesamtrechtsnachfolge übernehmen, und ebenso ein Dritter das Unternehmen einer Personenhandelsgesellschaft durch Erwerb aller Gesellschaftsanteile (dazu bereits → Rn. 324f.).

b) Schuldrechtlicher Vertrag

Bei einem share deal handelt es sich **schuldrechtlich** um einen Kaufvertrag über die in **715** den Gesellschaftsanteilen verkörperten Mitgliedschafts*rechte* (§§ 433, 453 BGB). Der share deal ist – ab dem Erwerb einer bestimmten Beteiligungsquote – dem asset deal *gewährleistungsrechtlich* gleichzusetzen (→ Rn. 690).

c) Dingliche Übertragung

Die **dingliche Übertragung** der Gesellschaftsanteile erfolgt nach §§ 413, 398 BGB **716** durch **Abtretung.** Dabei sind ggf. Formvorschriften zu beachten, vgl. § 15 III GmbHG. Lediglich im Falle der *Aktie* folgt die Übertragung den wertpapierrechtlichen Regeln, die auf die Verkörperung des Rechts in einer beweglichen Sache, der Urkunde, abstellen.

5. Verschmelzung, Spaltung, Umwandlung

a) Verschmelzung

717 Für einen besonderen Fall der Unternehmensübertragung stellt das UmwG die vereinfachte Form der Verschmelzung zur Verfügung (vgl. bereits → Rn. 598). Zweck ist die Vereinigung des Vermögens einer Gesellschaft mit demjenigen einer anderen, wobei diese andere als übernehmende Gesellschaft fortbesteht (Verschmelzung *durch Aufnahme*) oder eine neue Gesellschaft gegründet wird (Verschmelzung *durch Neugründung*). Durchgeführt wird der Vorgang im Wege der **Gesamtrechtsnachfolge** (§ 20 I Nr. 1 UmwG). Übertragende Gesellschaften erlöschen ohne Liquidation (§§ 2, 20 I Nr. 2 UmwG); ihre Gesellschafter erhalten stattdessen Anteile an der übernehmenden Gesellschaft. Diese Wirkungen werden von den Möglichkeiten des Umwandlungssteuergesetzes flankiert, wonach eine Übertragung ohne Aufdeckung der bestehenden stillen Reserven möglich ist.

Unterscheiden Sie davon die Einbringung des Unternehmens als *Einlage* gegen Gewährung von Anteilen: Hier wird ein Teil des Vermögens des Gesellschafters durch einzelne Verfügungsakte übertragen, und die Anteile erhält der einbringende Gesellschafter (auch »Inferent« genannt).

Übertragen kann eine Gesellschaft ihr Vermögen im Wege der Verschmelzung auch auf eine natürliche Person, wenn diese ihr Alleingesellschafter ist; er führt das Unternehmen dann als Einzelkaufmann fort.

b) Spaltung, Ausgliederung

718 Der actus contrarius zur Verschmelzung ist die Spaltung, mittels derer ein Unternehmensträger sein Vermögen auf mehrere neue bzw. andere Gesellschaften aufteilen (sog. *Aufspaltung*) oder einen Teil seines Vermögens auf eine andere bzw. neue Gesellschaft übertragen kann (sog. *Abspaltung*), §§ 123 ff. UmwG.

Unter der Bezeichnung *Ausgliederung* ist es in gleicher Weise auch einem Einzelkaufmann ermöglicht, sein Unternehmen oder Teile hiervon ohne rechtsgeschäftliche Einzelverfügungen in eine Gesellschaft einzubringen. Dafür erhalten bei einer Auf- oder Abspaltung die Gesellschafter der übertragenden Gesellschaft Anteile an der übernehmenden Gesellschaft, bei einer Ausgliederung fließen diese Anteile dem bisherigen Inhaber (Einzelkaufmann etc.) zu.

Verschmelzung und Spaltung bzw. Ausgliederung sind also Vorgänge der **Umstrukturierung,** nicht der Veräußerung des Unternehmens. Die wirtschaftliche Beteiligung als solche bleibt erhalten, lediglich die rechtliche Struktur, in der diese vermittelt wird, ändert sich – und damit je nach Fallgestaltung allerdings auch das Beteiligungsvermögen und -verhältnis. Im Sonderfall der nicht verhältniswahrenden Spaltung werden die bisherigen Gesellschafter an den neuen bzw. übernehmenden Gesellschaften in unterschiedlicher Weise beteiligt.

c) Formwechsel

719 Per Umwandlung können die Gesellschafter ihrer Gesellschaft eine *andere Rechtsform* geben. Das UmwG von 1994 lässt dies zwischen praktisch allen Handelsgesellschafts-

formen zu, sofern nicht ein gesetzlicher Rechtsformzwang entgegensteht, und zwar auf der Grundlage *fortbestehender Identität des Rechtsträgers* (§§ 190 f. UmwG; zur Identität → Rn. 209 f.). Es geht hierbei also um einen von den Gesellschaftern gewünschten Formwechsel, im Unterschied zu demjenigen, der bei Änderung zwingender Voraussetzungen von Rechts wegen eintritt (hierzu → Rn. 210 f.). Deshalb ist eine Umwandlung zwischen Personenhandelsgesellschaft und GbR nur insoweit möglich, als die Voraussetzungen gemäß § 105 II HGB zur Disposition der Gesellschafter stehen oder das maßgebliche Tatbestandsmerkmal (Handelsgewerbe!) sich auf andere Weise ändert.

d) Strukturänderungen

Bei der betroffenen Gesellschaft sind alle hier behandelten **Strukturänderungen** klarerweise Änderungen des Grundlagenverhältnisses und bedürfen einer Gesellschafterentscheidung mit entsprechend qualifizierter Mehrheit oder sogar der Zustimmung aller Gesellschafter (vgl. §§ 43, 50, 128 UmwG ua). Darüber hinaus können überstimmte Gesellschafter unter bestimmten Voraussetzungen gegen **Barabfindung** ausscheiden (vgl. § 29 UmwG). Über die hierfür wie auch für einen Anteilstausch maßgeblichen Bewertungen hat auf Antrag ein Gericht in einem speziellen und für die Gesellschafter kostengünstigen **Spruchverfahren** der freiwilligen Gerichtsbarkeit zu entscheiden (vgl. §§ 1 ff. Spruchverfahrensgesetz). 720

§ 29. Die Nachfolgeregelung der §§ 25–28 HGB

> **Fall 41:** Alfred S. ist Inhaber der Firma »Elektro-S., Alfred S.«. Nun möchte Alfred sein Unternehmen veräußern, um mit dem Verkaufserlös seinen Lebensabend im Ausland genießen zu können. Alfred's Söhne wollen dem Vater bei der Verwirklichung seines Traums helfen und gründen die »Elektro-S. GmbH«, die das Unternehmen von Alfred erwirbt und dessen Geschäfte fortführt.
>
> a) Haftet die GmbH für die Altschulden?
> b) Haftet der beratende Rechtsanwalt deswegen ggf. auf Schadensersatz?
>
> (Lösungshinweise → Rn. 740).

1. § 25 HGB

a) Die Einheit von Unternehmen und Firma

§ 25 HGB betrifft – im Gegensatz zu § 27 HGB – den **Erwerb eines Handelsgeschäfts unter Lebenden.** Hierbei unterscheidet das Gesetz zwei Fälle: Während **Abs. 1** von einer Geschäftsführung unter **Beibehaltung der bisherigen Firma** ausgeht, ordnet Abs. 3 die Rechtsfolgen im Falle einer fehlenden Firmenfortführung an. Im ersten Fall haftet der Erwerber nach Abs. 1 S. 1 für frühere Geschäftsverbindlichkeiten, nach Abs. 1 S. 2 wird weiterhin vermutet, dass ein Übergang von Geschäftsforderungen des bisherigen Inhabers gegen Altschuldner auf den Erwerber stattgefunden hat, sofern eine Einwilligung in die Fortführung der Firma erfolgt ist. § 25 II HGB schließlich ordnet an, dass eine abweichende und privatautonome Vereinbarung Dritten gegenüber nur dann wirksam ist, wenn eine Eintragung in das Handelsregister mitsamt Bekanntmachung vorliegt oder eine Mitteilung an den Dritten erfolgt ist. Sowohl die 721

Haftung für Geschäftsverbindlichkeiten als auch die Vermutung des Übergangs von Geschäftsforderungen kann hierbei nicht nur durch privatautonome Vereinbarung nach Maßgabe des Abs. 2 abbedungen werden, sondern schlichtweg dadurch vermieden werden, dass der Erwerber die bisherige Firma nicht fortführt.

§ 25 HGB befasst sich mithin mit dem besonderen Fall der Unternehmensveräußerung, dass die Firma mit »verkauft« (§ 22 HGB) und vom Erwerber fortgeführt wird. Das dürfte aus wirtschaftlichen Gründen dort, wo eine Firma existiert (also bei einem kaufmännischen Unternehmen), der Regelfall sein, sofern nicht der Erwerber das Unternehmen einem bereits vorhandenen eingliedert. Das Gesetz erkennt hier der *Einheit von Unternehmen und Firma eine eigenständige Identität* zu und *verselbständigt* sie bis zu einem gewissen Grad gegenüber dem Unternehmensträger.[704] Das betrifft allerdings nicht das Unternehmen als Vermögensobjekt; für die Verfügungsgeschäfte hat sich am allgemeinen Grundsatz nichts geändert, insbesondere müssen die einzelnen absoluten (dinglichen) Rechte nach den jeweils maßgeblichen Regeln des Sukzessionstatbestandes gesondert übertragen, also die Grundstücke des Unternehmensvermögens eigens aufgelassen werden. Hingegen wird für relative Rechte und Rechtsverhältnisse, die zwischen dem Inhaber des Unternehmens und Dritten bestanden, nun das Unternehmen als Bezugspunkt anerkannt, diese Rechte und Pflichten bleiben – mit gewissen Einschränkungen – dem Unternehmen verhaftet, folgen in einer noch näher zu erörternden Weise dem übertragenen Unternehmen nach. Das ist ein gesetzlicher Ansatz zu einer *Grenzverwischung zwischen Unternehmen und Rechtsträger* (Rechtssubjekt), eine *ansatzweise* juristische Verselbständigung des Unternehmens in Richung auf eigene Rechtssubjektivität.

722 Die **ratio** dieser Regelung ist als Zugeständnis der juristisch-begrifflichen Konstruktion gegenüber der praktisch-wirtschaftlichen Anschauung zu verstehen (sog. pragmatische Zweckmäßigkeitserwägung). Die Geschäftspartner, die Dritten im Rechtsverkehr finden eben regelmäßig im Unternehmen als der wirtschaftlich-räumlichen Einheit, und nicht in dem dahinter stehenden (ihnen häufig unbekannten und gleichgültigen) Rechtssubjekt, den maßgeblichen Orientierungspunkt und das relevante Identitätsmerkmal; hiernach bestimmen sie ihren Vertragspartner, auch wenn der juristische Inhaber des Unternehmens wechselt. § 25 HGB trägt diesen Gegebenheiten Rechnung und erkennt sie als rechtlich relevant jedenfalls dann an, wenn diese Identifikationswirkung noch durch die Beibehaltung der Firma (die hier auch als Name *des Unternehmens* zutage tritt) verfestigt wird.

723 Hingegen beruht § 25 HGB **nicht auf Rechtsscheingedanken** (str.).[705] Ein Anschein, dass der neue Inhaber des Unternehmens auf spezieller Rechtsgrundlage die Forderungen bzw. Schulden übernehme, da infolge der Fortführung der Firma entweder der Eindruck der unveränderten Unternehmensinhaberschaft oder der Eindruck zur bereitwilligen Übernahme der Verbindlichkeiten des früheren Inhabers entstehe, wird normalerweise nicht erweckt. Zum einen ist ein solches Verständnis mit der Unerheblichkeit des Nachfolgezusatzes unvereinbar, zum anderen wird es regelmäßig an den Voraussetzungen (insbesondere der Kausalität) der Rechtsscheinhaftung fehlen. Ebenso wenig spielt ein etwaiger guter Glaube des Dritten eine Rolle. Einerseits braucht

---

704 S. *BGH* NJW 1992, 911.

705 Zum Meinungsstand *BGH* NJW 1992, 911; *Canaris,* Vertrauenshaftung, S. 183 ff.; Baumbach/ Hopt/*Hopt* HGB § 25 Rn. 1 ff.; *K. Schmidt* HandelsR § 8 I.

er nicht einmal von dem Inhaberwechsel zu wissen. Andererseits kann man aber auch nicht etwa das Vertrauen als geschützt ansehen, dass hinter dem Unternehmen unverändert der alte Inhaber stehe (wenn beispielsweise der Schuldner »an das Unternehmen« und damit unwissentlich zugunsten des neuen Inhabers zahlt), weil der Wechsel gemäß § 31 HGB und mit der Wirkung des § 15 II HGB im Handelsregister verlautbart wird. Richtig ist freilich, dass durch die Fortführung des Unternehmens mit der bisherigen Firma bei den Vertragspartnern die Erwartung geweckt wird, in diesem Unternehmen weiterhin ihren Schuldner bzw. Gläubiger zu finden (Gedanke der Haftungskontinuität). Dies ist jedoch kein Vertrauen auf einen in Wirklichkeit nicht vorhandenen Tatbestand der Rechtsnachfolge. Vielmehr macht die Vorschrift des § 25 HGB dies zu einem rechtlich relevanten Tatbestand und erkennt damit die Erwartung als schutzwürdig an.

b) Vertrauensschutz

Tatsächlich ins Spiel kommt der Gesichtspunkt des Vertrauensschutzes dann allerdings in **§ 25 II HGB**.[706] Die Regelung des § 25 I HGB kann durch *abweichende Vereinbarung* zwischen Veräußerer und Erwerber ausgeschlossen werden, die vorgenannte Identitätswirkung von Unternehmen und Firma steht also zur Disposition der Parteien, und die Geschäftspartner können keine unentziehbare Erwartung auf sie gründen. Sie haben auch kein schutzwürdiges Interesse daran, dass ihre Rechtsposition zwingend dadurch verbessert oder erleichtert wird, dass die Rechte und Pflichten dem Unternehmen verhaftet sind; denn wenn sie abweichend hiervon weiterhin auf den alten Inhaber verwiesen bleiben, so ist dies doch eben das Rechtssubjekt, mit dem sie sich ursprünglich eingelassen haben. Schutzwürdig ist indessen ihr Vertrauen darauf, dass im Regelfall die Rechtsverhältnisse dem Unternehmen und dessen Identitätswirkung folgen – folgerichtig die Regelung des Abs. 2, die den Ausnahmefall publizitätspflichtig macht. **724**

In ihren Grundzügen entspricht diese spezielle Regelung dem allgemeinen Modell des § 15 I HGB. Auffällig ist allerdings der Unterschied, dass (als Alternative zur Registereintragung und Bekanntmachung) anstelle positiver Kenntnis eine spezielle Mitteilung verlangt wird. Wusste freilich der Gläubiger von der abweichenden Vereinbarung, ohne dass sie ihm speziell mitgeteilt wurde, und will er nun den Erwerber in Anspruch nehmen, so muss man immer eine unzulässige Rechtsausübung mangels schutzwürdiger Interessen[707] in Erwägung ziehen. **725**

Die Möglichkeiten des Abs. 2 – können die Parteien nur in unmittelbarem Zusammenhang mit der Unternehmensveräußerung (spätestens unverzüglich danach) ausnutzen,[708] ferner nur mit Bezug auf die gesamte Identitätswirkung als solche, nicht selektiv nur für bestimmte Forderungen und Verbindlichkeiten (letzteres str.). Nicht möglich ist jedenfalls die bloße Nennung eines Höchstbetrags, weil dann für die Gläubiger nicht erkennbar ist, welche Schulden ausgeschlossen werden. **726**

---

706 Zur Eintragung eines Haftungsausschlusses nach § 25 II im Handelsregister *OLG Stuttgart* NZG 2010, 628.
707 MüKoBGB/*Roth* § 242 Rn. 492 ff.
708 *BayObLG* WM 1984, 1533. Zum Inhalt der Vereinbarung nach Abs. 2 *BGH* ZIP 1989, 1193.

c) Rechtsfolgen

727 § 25 I HGB beinhaltet nach herrschender Meinung **zwei Rechtsfolgen:** die *Haftungs-erstreckung* in S. 1 und der *Forderungsübergang* in S. 2.

aa) Schulden

§ 25 I S. 1 HGB besagt, dass der *Erwerber* von Gesetzes wegen für alle alten Geschäfts-verbindlichkeiten haftet, und zwar *persönlich und unbeschränkt.* Das gilt beispiels-weise auch für Unterlassungsverpflichtungen und Vertragsstrafen.[709]

Die Haftung des *ursprünglichen Schuldners* (des bisherigen Inhabers) besteht aller-dings fort, es handelt sich also um eine gesetzliche Schuldmitübernahme (**Schuldbei-tritt**) des Erwerbers.[710] Doch ist die Haftung des Altschuldners nach dem Modell des § 160 HGB (→ Rn. 318) zeitlich auf eine Frist von 5 Jahren begrenzt, wenn die Nach-folgerhaftung nicht abbedungen wird (§ 26 HGB).

728 Für die Beurteilung der Haftungslage ist demgemäß dieselbe *zeitliche Zäsur* wichtig wie beim Ausscheiden und Eintritt von Gesellschaftern (→ Rn. 310 f.). Maßgeblich ist der Zeitpunkt, in dem der Inhaberwechsel wirksam wird. *Vorher* begründete Verbind-lichkeiten verpflichteten den alten Inhaber als Rechtssubjekt, *danach* begründete ver-pflichten den Neuen. Für die ersteren Verbindlichkeiten gilt § 25 I S. 1 HGB; für die letzteren haftet an sich der neue Inhaber allein, doch kann den *alten Inhaber* unter Umständen eine *Rechtsscheinhaftung* treffen, und zwar vor allem nach § 15 I HGB, wenn der Inhaberwechsel noch nicht eingetragen und bekannt gemacht ist (§ 31 HGB). Dann haften auch insoweit beide als Gesamtschuldner (→ Rn. 61).

bb) Forderungen

729 Die im Unternehmen begründeten Forderungen bleiben nach *§ 25 I S. 2* HGB an das Unternehmen gebunden. Dies wird gemeinhin nicht als Legalzession gedeutet, sondern nur als **Fiktion der Abtretung;** denn die Norm legt sich ausdrücklich eine nur *relative* Wirkung (»den Schuldnern gegenüber«) bei. Beabsichtigt ist in erster Linie ein *Schutz des Schuldners* durch Beseitigung der Unsicherheiten, die infolge des Inhaberwechsels im Verkehr entstanden sind. Der historische Gesetzgeber hat mithin den Schuldner, der sich auf die vorgenannte Identifikationswirkung verlässt, als schutzwürdig erachtet. In-folgedessen kann der Schuldner mit befreiender Wirkung (§ 362 BGB) an den neuen In-haber leisten, gleichgültig ob die Forderung tatsächlich übertragen wurde.

Die Fiktion kann sich aber auch zu seinen Ungunsten auswirken (str.): Leistet er in Unkenntnis einer erfolgten Abtretung an den Altgläubiger, so kann er sich nicht mehr auf § 407 BGB berufen, wenn er vom Inhaberwechsel weiß oder dieser ins Handels-register eingetragen und bekannt gemacht wurde. Wurde allerdings die Forderung nicht mit dem Unternehmen abgetreten, soll sie vielmehr nach dem Willen der Ver-äußerungsparteien dem alten Inhaber verbleiben, so kann der Schuldner auch noch an diesen mit befreiender Wirkung leisten; denn er leistet an den wahren Gläubiger. Inso-

---

709 *BGH* NJW 1996, 2866.
710 Z. T. wird § 25 I S. 1 HGB bereits de lege lata als gesetzliche Vertragsüberleitungsregelung an-gesehen, wonach der Erwerber in die Rechtstellung des Veräußerers eintritt, der allerdings in den Grenzen des § 26 HGB weiterhin neben dem Erwerber mithaften soll (so zB *Börner*, FS Möhring, 1975, S. 45 ff.).

fern ist die Fiktion widerlegbar.[711] Der Schuldner kann aber auch in diesem Fall die Leistung an den Altinhaber verweigern, sofern die Parteien nicht nach Abs. 2 verfuhren.[712]

Hingegen **gilt § 25 I S. 2 HGB nicht** im Verhältnis zu anderen Personen, was Bedeutung vor allem für die Gläubiger des alten und des neuen Inhabers gewinnt. Wenn keine rechtsgeschäftliche Zession stattfand, gehören die Forderungen noch zum Haftungsvermögen des alten Inhabers und unterliegen dem Zugriff von dessen Gläubigern.[713] Ferner ersetzt S. 2 nach überwiegender Meinung nicht andere Abtretungserfordernisse, zB Formerfordernisse, er gilt auch nicht bei unabtretbaren Forderungen und ebenfalls nicht bei anderen Rechten (keine Anwendung von § 413 BGB!). 730

Die letztgenannten Einschränkungen erweisen sich als problematisch, wenn man an den Fall denkt, dass der Schuldner sich einfach auf den jeweiligen Unternehmensinhaber hin orientiert, ohne vom Inhaberwechsel zu wissen und eine Zession in Betracht zu ziehen.[714] Ebenso problematisch ist andererseits, dass § 25 I S. 2 HGB die Identifikationswirkung zusätzlich vom Einverständnis des Altinhabers mit der Firmenfortführung abhängig macht; denn hierüber wissen die Schuldner nichts.[715] 731

Wegen dieser in § 25 I HGB angelegten Beschränkungen erscheint es auch nicht möglich, auf die Vorschrift einen gesetzlichen Vertragsübergang, also den Übergang des **gesamten Rechtsverhältnisses** (zB Dauerschuldverhältnis) auf den Erwerber mit fortdauernder Schuldenhaftung des alten Vertragspartners, zu stützen, obwohl dies dem unternehmensorientierten Zweckverständnis der Regelung optimal entspräche – str.[716] 732

Einen speziellen Fall dieser Art regelt **§ 613 a BGB**, er ordnet den Übergang der gesamten Arbeitsverhältnisse mit dem Unternehmen an, macht dies im Übrigen nicht von der Firmenfortführung abhängig und lässt auch schon den Übergang von Unternehmensteilen genügen. Ähnlich für Vermietungen, Verpachtungen, Versicherungsverhältnisse die §§ 566, 581 II BGB, 95 VVG. Ansonsten müssen Vertragsübernahmen eigens und unter Mitwirkung aller drei Beteiligten vereinbart werden.[717]

d) Rechtsgeschäftliche Übernahme/Übertragung

Beide Regelungen des § 25 I HGB müssen im Zusammenhang mit den rechtsgeschäftlichen Dispositionen gesehen werden, die die Parteien anlässlich der Unternehmensveräußerung über die betreffenden Forderungen und Verbindlichkeiten treffen. Üblicher- und vernünftigerweise werden sie sich hierüber einigen, also etwa eine Übernahme des Unternehmens »mit allen Aktiva und Passiva« vereinbaren oder dies näher spezifizieren, das Entgelt danach berechnen und die entsprechenden Verfügungen treffen. Die Fiktion des *§ 25 I S. 2* HGB ist dann in erster Linie für den Fall bedeutsam, dass die betreffende Forderung nicht abgetreten wurde, doch entfaltet sie nach der 733

---

711 Baumbach/Hopt/*Hopt* HGB § 25 Rn. 26; *Canaris*, § 7 Rn. 74.

712 *BGH* ZIP 1992, 763. Weitergehend (Legalzession) *K. Schmidt*, AcP 198 (1998), 516.

713 Großkomm/*Burgard*, § 25 Rn. 110ff.; *Jung* HandelsR § 19 I Rn. 12.

714 Krit. daher *Canaris*, § 7 Rn. 74f.

715 Vom Boden einer Rechtsscheintheorie aus allerdings als Zurechenbarkeitskriterium zu rechtfertigen, so *Canaris*, § 7 Rn. 74f.

716 Dafür *K. Schmidt* HandelsR § 8 I 4, 6; *K. Schmidt*, FS Medicus, 1999, S. 555; *Nitsche*, ZIP 1994, 1919, 1923; dagegen *Beuthien*, NJW 1993, 1737.

717 MüKoBGB/*Roth*/*Kieninger* § 398 Rn. 185ff.; aA *K. Schmidt*, FS Medicus, 1999, S. 555.

hier vertretenen Meinung auch im umgekehrten Fall bestimmte und soeben beschriebene Wirkungen.

734 Eine rechtsgeschäftliche Schuldmitübernahme oder (befreiende) Schuldübernahme konkurriert in ihrer Rechtsfolge mit *§ 25 I S. 1 HGB.* Praktische Bedeutung gewinnt dies vor allem, wenn die Voraussetzungen für § 25 HGB fehlen oder dieser gemäß Abs. 2 ausgeschlossen wird (vgl. Abs. 3). Die befreiende Schuldübernahme bedarf allerdings der Zustimmung des Gläubigers. Dasselbe gilt für die Übertragung ganzer Rechtsverhältnisse (Vertragsübernahme, s. oben). Die in § 25 III HGB speziell erwähnte *Bekanntmachung* kann als einseitiges Rechtsgeschäft einen eigenen Verpflichtungsgrund darstellen;[718] zumeist wird ihr aber einer der anderen vorgenannten Verpflichtungstatbestände zugrunde liegen.

735 Sollen umgekehrt die Forderungen und Schulden generell dem alten Inhaber verbleiben, so werden die Parteien sinnvollerweise auch eine Vereinbarung gemäß § 25 II HGB treffen. Dennoch können aus § 25 HGB wirtschaftliche Folgen resultieren, die der Vereinbarung der Parteien widersprechen; die Zahlung des Schuldners kann dem »falschen« Empfänger zufließen, der Gläubiger den »falschen« Schuldner in Anspruch nehmen. Der Ausgleich hat dann im Innenverhältnis stattzufinden. Zu beachten ist hierbei, dass für eventuelle Regressansprüche primär die schuldrechtlichen Vereinbarungen zwischen Veräußerer und Erwerber maßgeblich sind; sie schließen Rückgriffsansprüche des Erwerbers dann aus, wenn – wie in der Regel – zwischen den Parteien eine *Erfüllungsübernahme* vereinbart worden ist, vgl. § 329 BGB. Ansonsten bestimmt sich der Ausgleich – zB des noch in Anspruch genommenen Veräußerers gegenüber dem Erwerber – nach den allgemeinen Vorschriften, sei es nach Bereicherungsrecht, auf der Grundlage des Kaufvertrags oder aber gemäß § 426 BGB.

e) Anwendungsfälle und -voraussetzungen

736 Die **Veräußerung** des Unternehmens ist der praktisch wichtigste Anwendungsfall des § 25 HGB; er gilt aber darüber hinaus bei *jeder Übernahme* des Unternehmens *durch Rechtsgeschäft unter Lebenden,* auch bei unentgeltlichem Erwerb, selbst bei nur tatsächlicher Übernahme auf Grund ungültigen Rechtsgeschäfts.[719] Es genügt die Übernahme der *wesentlichen Unternehmensteile.*[720] Unerheblich ist, ob der Erwerber bereits ein Unternehmen betreibt, ob weitere Unternehmensteile angliedert etc.

§ 25 HGB wird desgleichen auf verselbständigte Zweigniederlassungen angewandt[721] sowie auf die nur zeitweilige Unternehmensüberlassung. Allerdings beschränkt sich in diesen Fällen die Haftung des Erwerbers auf diejenigen Verbindlichkeiten, die in dem jeweiligen Geschäftsbereich (der Niederlassung) selbst begründet worden sind. Bei der Unternehmenspacht haftet dann der neue Pächter sowohl für Schulden des *Ver*pächters (wenn dieser Vorinhaber war) wie auch für diejenigen des *Vor*pächters (beim Pächterwechsel).[722] Der letztere Fall ist deswegen besonders gelagert, weil hier zwischen altem und neuem Inhaber keine vertragliche Beziehung besteht; daher ge-

---

718 *Canaris,* § 7 Rn. 32.
719 Nicht bei Neugründung: *OLG Dresden* OLG-NL 1994, 230.
720 *BGH* NJW 1992, 911; *OLG Hamm* NJW-RR 1995, 734; *Rohnke,* WM 1991, 1405; vgl. auch → Rn. 675.
721 *BGH* NJW 1979, 2245.
722 *BGH* NJW 1984, 1186. Vgl. auch RGZ 149, 25.

nügt für die Zwecke des Abs. 2 eine einseitige Erklärung.[723] Auch im Fall der Einräumung eines Nießbrauchs am Unternehmen ist – die Firmenfortführung unterstellt – die Regelung des § 25 HGB anwendbar.

Eine Ausnahme gilt allerdings für den Erwerb des Unternehmens vom Insolvenzverwalter – in diesen Fällen ist die Haftung infolge einer teleologischen Reduktion des § 25 I 1 HGB ausgeschlossen. Hintergrund ist, dass anderenfalls die Veräußerung des Unternehmens im **Insolvenzfall** praktisch unmöglich wäre; außerdem kommt immerhin der Veräußerungserlös den Gläubigern zugute, so dass sie nicht schutzbedürftig sind. Schließlich stellt sich die Frage, ob die Altgläubiger schutzwürdig sind, da ihre Forderungen durch die Insolvenz ohnehin bereits entwertet waren.[724]

Stets ist aber vorausgesetzt, dass die **Firma beibehalten** wird, mit oder ohne Nachfolgezusatz. Auch ein neuer Gesellschaftsformzusatz und sonstige unwesentliche Veränderungen schaden nicht (*Fall 41*, vor → Rn. 721); auch eine unkorrekte oder nach Maßgabe von § 22 HGB unberechtigte Firmenführung genügt für die Haftungserstreckung des § 25 I S. 1 HGB.[725] Daraus folgt weiter, dass § 25 HGB nur auf *kaufmännische* Unternehmen Anwendung finden kann.[726] Allenfalls mögen bei unberechtigter Führung einer kaufmännischen Firma Rechtsscheingrundsätze zum Tragen kommen. Dann kann beispielsweise der Schuldner, der auf den Anschein eines kaufmännischen Unternehmens vertraut – und wenn dieser Schein dem alten Inhaber zurechenbar ist –, mit befreiender Wirkung an den neuen Inhaber leisten. | **737**

Beide Einschränkungen des § 25 HGB werden kritisiert.[727] Immerhin ist aber zu berücksichtigen, dass die Firmenkontinuität die Identitätswirkung sicher entscheidend verstärkt (die Firma als Name des Unternehmens!). Deshalb sollte man auf die Fortführung der Firma nicht verzichten, womit freilich noch nicht ausgeschlossen wäre, die **Geschäftsbezeichnungen** von Nichtkaufleuten oder selbst von Kaufleuten (→ Rn. 668f.),[728] wenn sie beibehalten werden, für die Zwecke des § 25 HGB einer echten Firma gleichzustellen.[729] Allerdings kommt auch der Registerpublizität im Rahmen des § 25 HGB in mehrfacher Hinsicht eine schwer ersetzbare Funktion zu. | **738**

Beide Regelungen des § 25 I HGB gelten nur für Forderungen und Verbindlichkeiten aus der Unternehmenssphäre: §§ 343, 344 HGB.

Im Übrigen ist die **Rechtsform** des Unternehmensträgers vor und nach dem Inhaberwechsel gleichgültig, er muss nur kaufmännisch sein. § 25 HGB gilt also auch, wenn eine GmbH oder OHG ihr Unternehmen oder wesentliche Teile veräußert oder verpachtet, zB eine KG an eine Tochter-GmbH als Fall der Ausgliederung oder Betriebsaufspaltung, auch beim Übergang von einer Personengesellschaft auf eine andere, allerdings *nicht* bei Gesellschafterwechsel in der OHG/KG (kein Inhaberwechsel, sondern §§ 130, 173 HGB) oder bei Rechtsformwechsel einer Gesellschaft unter Beibehaltung ihrer Identität (→ Rn. 209). | **739**

---

723 KKRD/*Roth* HGB § 25 Rn. 8.
724 *BGH* NJW 1988, 1912; *Canaris*, § 7 Rn. 25.
725 *BGH* NJW 1992, 911; ZIP 2001, 567.
726 *BGH* NJW 1992, 112
727 *K. Schmidt* HandelsR § 8 und ZHR 145 (1981), 2.
728 *K. Schmidt*, JuS 1997, 1069, 1071.
729 *Roth*, Anm. zu *BGH* LM § 419 BGB Nr. 51.

Schaubild 27: Nachfolgeregelung des § 25 HGB

Klausurrelevante Fragen und Fallkonstellationen:
▸ Erwerb des Unternehmens durch Rechtsgeschäft mit anschließender Firmenfortführung
▸ Frage nach **Haftung des Erwerbers** bei Firmenfortführung

Tatbestandsvoraussetzungen
▸ **Handelsgeschäft** (Unternehmen eines Kaufmanns, §§ 1 ff. HGB)
▸ Übernahme des Unternehmens durch **Rechtsgeschäft unter Lebenden**
▸ **Fortführung** des Handelsgeschäfts und der **Firma**
▸ **kein Ausschluss** gem. § 25 II HGB

Rechtsfolge
▸ *Zugunsten der Schuldner* gelten die **Forderungen** als auf den **Erwerber** übergegangen **(Fiktion der Abtretung).** Sie können schuldbefreiend (§ 362 BGB) an den Erwerber leisten.
▸ **Haftung des Erwerbers** für betriebliche (Alt-)**Verbindlichkeiten** ⎫ als **Gesamtschuldner,** § 421 BGB
▸ Haftung des Veräußerers bleibt bestehen ⎭

Literatur: *Bitter/Schumacher* HandelsR § 5; *Canaris,* ZIP 1989, 1161; *Jung* HandelsR § 19; *Kindler* GK HandelsR § 5 III; *K. Schmidt* HandelsR § 8; aus der Rspr.: *BGH* NZG 2012, 916 (GmbH-Haftung bei namensgleicher Einzelfirma); *BGH* ZIP 2010, 83 (zum wesentlichen Kernbereich des Unternehmens); *BGH* NZG 2009, 1396 (zur zwischenzeitlichen Umfirmierung).

740 **Lösungshinweise zu Fall 41** (vor → Rn. 721):

    a) Haftung der GmbH für die Altschulden

        aa) gem. § 28 I HGB: (–)

           1. Vorliegen eines kaufmännischen Handelsgewerbes (+)

           2. Verbindlichkeit aus dem Gewerbe (Altverbindlichkeit) (+)

           3. **Problem:** Einbringung des Unternehmens in eine Handelsgesellschaft? 1. Problem: Einbringung in eine **bereits bestehende** Gesellschaft und 2. Problem: Einbringung in eine **Kapitalgesellschaft**: e. A.: § 28 HGB analog in beiden Konstellationen anwendbar (+), weil es für die Schutzbedürftigkeit der Gläubiger des früheren Inhabers nicht darauf ankommen kann, ob es sich um Kapital- oder Personengesellschaft handelt bzw. ob die Gesellschaft bereits existiert oder erst entsteht (zB MüKoHGB/*Thiessen* § 28 Rn. 6, 10ff.), nach hM: analoge Anwendung des § 28 HGB (–), denn: klarer Wortlaut steht entsprechender Anwendung entgegen, außerdem: gegen Erstreckung auf Kapitalgesellschaft spricht, dass die vollstreckungsrechtlichen Ausgangslagen unterschiedlich sind, da ein beim früheren Inhaber gepfändeter GmbH-Anteil – im Gegensatz zu einem OHG-Anteil – grundsätzlich frei übertragbar und damit verwertbar ist, so dass die Altgläubiger hierdurch hinreichend geschützt sind (zB Baumbach/Hopt/*Hopt* HGB § 28 Rn. 3f.).

        bb) gem. § 25 I HGB: (+)

           1. Rechtsgeschäftliche **Übertragung** des Handelsgeschäfts iSd § 25 I 1 HGB, insbesondere ist zu beachten, dass die GmbH als juristische Person im Rechtsverkehr losgelöst von dem dahinter stehenden Anteilseigener ist.

           2. **Fortführung der Firma** gem. § 25 I 1 HGB (unwesentliche Änderungen – wie hier – sind unschädlich, auch eine Namensähnlichkeit genügt und lässt im Interesse der Firmenkontinuität die Firmenfortführung nicht scheitern).

           3. **Rechtsfolge:** Haftung für die Altschulden, § 25 I 1 HGB

    b) Haftung des Anwalts aus §§ 611 I, 675, 280 I BGB

Unterlassener Hinweis auf die Möglichkeit des **Haftungsausschlusses gemäß § 25 II HGB** stellt eine Verletzung der anwaltlichen Beratungspflicht dar.

2. § 28 HGB

Fall 42: In einer Zweimann-KG scheidet der Komplementär mit Wirkung zum 30.12.2009 aus; der Kommanditist P bringt das Unternehmen mit Wirkung vom 1.1.2010 in eine GmbH & Co. KG ein, in der er wiederum einziger Kommanditist ist. Später wird diese GmbH & Co. KG insolvent; ein früherer Arbeitnehmer A, der seit 2008 eine Betriebsrente bezog, will sich an P persönlich halten. Zu Recht? (Lösungshinweise → Rn. 746).

a) Tatbestand und Leitgedanke

Der in **§ 28 HGB** als der Unternehmensübertragung nach § 25 HGB gleichwertig geregelte »Eintritt als Gesellschafter in das Geschäft eines Einzelkaufmanns« betrifft den Fall, dass der alte Inhaber des Unternehmens mit einem anderen eine **OHG oder KG** gründet und sein Unternehmen in diese Gesellschaft einbringt. Das Unternehmen wird also ebenfalls übertragen (auf die nach § 124 HGB teilrechtsfähige Gesamthandsgemeinschaft, → Rn. 205). Es können auch mehr als zwei Personen die Gesellschaft gründen; wichtig ist nur, dass der alte Inhaber sich an der Gesellschaft beteiligt und die Gesellschaft sein Unternehmen fortführt. **741**

Bringen mehrere Gründer Unternehmen ein, so hängt es vom Kriterium der Unternehmensidentität ab, auf welches Unternehmen man § 28 HGB anwenden kann. Hierfür spielt dann auch die Firmierung eine Rolle, die ansonsten bei § 28 HGB unbeachtlich ist. Unter Umständen wird man auf zwei eingebrachte Unternehmen gleichermaßen § 28 HGB anwenden dürfen.

Ansonsten entspricht § 28 HGB in Tatbestand und Rechtsfolgen dem § 25 HGB – mit der einen Ausnahme, dass es hier auf die **Firmenfortführung nicht** ankommt. Daraus wird weiter gefolgert, dass das eingebrachte Unternehmen nicht kaufmännischer Natur zu sein braucht.[730] Freilich muss aus der Gesellschaftsgründung die Qualifikation als OHG bzw. KG erwachsen, aber die kaufmännische Art und Größe (iSv § 1 II HGB) kann sich auch erst aus dem Beitritt und Beitrag des neuen Mitinhabers ergeben, oder die Gesellschaft kann kraft Option nach § 105 II HGB zur OHG/KG werden. Wenn jedoch nur eine GbR entsteht, kommt § 28 HGB nicht zum Zuge.[731] **742**

Im Verzicht auf die Firmenfortführung entspricht § 28 HGB der Regelung des **§ 130 HGB,** und das dürfte sich mit derselben Überlegung erklären lassen, dass der alte Inhaber, dessen Person das Unternehmen rechtlich identifizierte, als Gesellschafter einer Personengesellschaft weiterhin in Erscheinung tritt und so in seiner Person als Identitätsmerkmal die Firma ersetzt. Deshalb erlauben die §§ 28, 130 HGB keinen Rückschluss auf eine generelle Verzichtbarkeit des Firmenkriteriums für jene ansatzweise rechtliche Verselbständigung des Unternehmens. Hingegen verläuft zwischen diesen drei funktionsverwandten Vorschriften (§§ 25, 28, 130 HGB) eine zweite Trennungslinie anders: Die **Abdingbarkeit** *(Abs. 2)* unterscheidet die §§ 25 und 28 HGB von § 130 HGB. Zur Erklärung dieses gesetzgeberischen Wertungsunterschieds → Rn. 321 f. **743**

---

730 *BGH* NJW 1966, 1917.
731 *BGH* ZIP 2000, 411.

744 Eine *Haftungsvergünstigung* nach Art von § 26 HGB für den Altinhaber entfällt, weil er als Gesellschafter der übernehmenden Gesellschaft weiter haftet. Wird er Kommanditist und haftet die Gesellschaft, so gilt dasselbe, wie wenn ein Komplementär Kommanditist wird (§ 28 III HGB, vgl. § 160 III HGB).

b) Anwendungsfälle, Abgrenzungen

745 Wird das Unternehmen in eine *Kapitalgesellschaft* eingebracht oder auf eine Personengesellschaft übertragen, an der der alte Inhaber sich *nicht beteiligt,* so ist dies kein Fall von § 28 HGB, sondern von § 25 HGB.[732] Das betrifft auch die Sachgründung einer GmbH, wenngleich dieser Fall komplizierter gelagert ist, weil das Unternehmen hier schon als Sacheinlage in die Vorgesellschaft eingebracht werden muss (§ 7 III GmbHG) und diese ihrer Struktur nach der OHG nahe steht (→ Rn. 472). Aber das ist nur ein Übergangsstadium auf dem Weg zur GmbH als Unternehmensträger, und auf diese trifft die ratio des § 28 HGB und seines Verzichts auf die Firmenfortführung nicht mehr zu. Und solange die GmbH noch nicht eingetragen ist, muss den Ausschlag geben, dass die Vorgesellschaft bereits gleich einer GmbH im Rechtsverkehr auftritt.[733]

Hingegen gilt wieder § 28 HGB, wenn der Inhaber eine *GmbH & Co.* gründet und dort Kommanditist wird. Dieser Anwendungsfall des § 28 HGB kommt übrigens ohne einen zweiten Beteiligten aus, wenn der Inhaber die GmbH als Einmanngesellschaft gründet. Tritt schließlich der alte Inhaber einer bereits bestehenden Personengesellschaft bei, so sollte – über den Wortlaut der Norm hinaus – ebenfalls § 28 HGB gelten, sofern das eingebrachte Unternehmen nunmehr die Unternehmenstätigkeit der Gesellschaft prägt, weil die Identifikationswirkung der Person sich in gleicher Weise entfaltet.[734]

746 Lösungshinweise zu Fall 42 (vor → Rn. 741; vgl. *BAG* NJW 1991, 1972):
Anspruch des A gegen P auf Zahlung der Betriebsrente gem. §§ 1 ff. BetrAVG
1. Ursprünglich Anspruch **gegen die KG** (als Arbeitgeber iSd BetrAVG)
2. **Übergang** der Verbindlichkeiten der KG nach dem Ausscheiden des Komplementärs **auf P** im Wege **der Gesamtrechtsnachfolge** → persönliche Haftung des P
3. **Übergang** der Verbindlichkeit des P **auf die GmbH & Co. KG?**
   a) Kein Übergang nach § 613a BGB, da Ausscheiden des A bereits vor der Gründung der GmbH & Co. KG.
   b) Übergang nach **§ 28 I 1 HGB**
      Eintritt in das Geschäft des **Einzelkaufmanns** (P bringt sein Unternehmen in die neue KG
      aa) ein)
      bb) **Verbindlichkeit** des **früheren** Geschäftsinhabers P gegenüber A
      cc) **Übergang** der Verbindlichkeit auf die GmbH & Co. **KG**
   c) Grundsatz des **§ 7 I 1** BetrAVG: Übergang der Verbindlichkeit auf den Träger der Insolvenzsicherung im Falle der Insolvenz des (letzten) Arbeitgebers; GmbH & Co. KG ist insolvent, war aber nie Arbeitgeber des A.
   d) A muss sich an seinen **ursprünglichen** Versorgungsschuldner (KG und später P als Gesamtrechtsnachfolger) halten; Keine Befreiung von der persönlichen Schuld des P nach Übergang gem. § 28 HGB.
4. **Ergebnis:** Anspruch des A gegen P auf Zahlung der Betriebsrente (+)

---

732 *BGH* WM 1985, 1475.
733 *BGH* ZIP 2000, 411.
734 MüKoHGB/*Thiessen* § 28 Rn. 21; str.

3. § 27 HGB

Fall 43: Der einzige Kommanditist K einer KG beerbt den verstorbenen einzigen Komplementär und führt das Unternehmen fort. Haftet er für die Altschulden weiterhin beschränkt nach § 171 HGB? (Lösungshinweise → Rn. 751).

Bei der Nachfolge eines **Alleinerben** in das Unternehmen tritt *neben* die allgemeine – und beschränkbare – Erbenhaftung (§§ 1967 ff. BGB) die Haftung nach § 27 HGB, der auf § 25 HGB verweist (keine Anwendung auf Kapitalgesellschafts- und Personengesellschaftsanteile im Nachlass).[735] Das bedeutet, dass die Haftung wiederum an die Fortführung des Unternehmens und die Beibehaltung der Firma geknüpft ist. Allerdings hat der Erbe die Bedenkzeit des § 27 II HGB, in der er das Unternehmen einstellen oder die Firma ändern kann.   **747**

Fraglich und streitig ist, ob und in welchem Sinne die Verweisung auf § 25 HGB auch dessen Abs. 2, also die Möglichkeit des **Haftungsausschlusses**, ergreift. Sinngemäß müsste dann der Erbe durch einseitige Erklärung (wohl innerhalb der Dreimonatsfrist des § 27 II HGB) und deren Verlautbarung die Haftung aus § 27 HGB ausschließen können.[736] Merkwürdig ist freilich schon, dass dann ein Rechtsvorteil an den rechtzeitigen Gebrauch der richtigen Formel geknüpft, der Rechtsunkundige aber diskriminiert würde.   **748**

§ 27 HGB betrifft in Abs. 1 wie 2 nur die Altschulden; für die *nach dem Erbfall begründeten* Verbindlichkeiten haftet der Erbe an sich auch dann als neuer Inhaber, wenn er noch innerhalb der Bedenkzeit das Unternehmen einstellt. Doch kommt er unter Umständen in den Genuss der Vergünstigung für Nachlasserbenschulden, § 1967 II BGB. Der Einstellung des Unternehmens wird man dessen Veräußerung gleichstellen können (str.); führt allerdings der Erwerber dann das Unternehmen unter alter Firma weiter, so muss er § 25 HGB (mit Wirkung auch für die Erblasserschulden) unterfallen.

Die **erbrechtliche Haftung** und diejenige nach § 27 HGB bestehen jeweils unabhängig voneinander; Beschränkung bzw. Ausschluss der einen Haftung lässt die andere unberührt.   **749**

Bei Übergang auf eine **Erbengemeinschaft**[737] gilt § 27 HGB für den einzelnen Miterben. Str. ist, ob auch diejenigen haften, die mit der Unternehmensfortführung vor Auseinandersetzung der Erbengemeinschaft nicht einverstanden sind.[738]   **750**

Wird das Unternehmen später von der Erbengemeinschaft in eine Handelsgesellschaft übergeführt, so gilt hierfür § 25 HGB;[739] gründen die Erben noch unter Ausnutzung von § 27 II HGB eine Gesellschaft, so greift § 25 HGB im Verhältnis zwischen dieser und dem Erblasser Platz.

---

735 EBJS/*Reuschle* HGB § 27 Rn. 1.
736 Bejahend Baumbach/Hopt/*Hopt* HGB § 27 Rn. 8; KKRD/*Roth* HGB § 27 Rn. 8; verneinend *K. Schmidt* HandelsR § 8 IV 3 a.
737 S. BGHZ 30, 391, 395; 32, 60, 67.
738 Vgl. BGHZ 30, 391 einerseits, *K. Schmidt* HandelsR § 8 IV 2 c bb andererseits.
739 *K. Schmidt* HandelsR § 8 IV 3 b: bei OHG/KG wieder § 28, aber u. E. fehlt es hierfür an der Kontinuität in der Person des Erblassers.

Literatur: *K. Schmidt*, NJW 1985, 2785; *K. Schmidt*, ZHR 145 (1981), 2; 157 (1993), 600; *M. Wolf*, AcP 181 (1981), 488.

Schaubild 28: § 27 HGB

Voraussetzungen

- ▸ Handelsgeschäft ist Teil des Nachlasses
  - ● Nicht erfasst: Kapitalgesellschafts- und Personengesellschaftsanteile
- ▸ Handelsgeschäft fortgeführt vom Erben
- ▸ Firma fortgeführt vom Erben
- ▸ Kein Ausschluss nach § 27 II HGB
  - ● **Problem:** Ist die Veräußerung eines Unternehmens der Einstellung gleichzustellen? (→ Rn. 748)
- ▸ Kein Ausschluss nach § 25 II HGB
  - ● **Problem:** Ist das vom Verweis auf § 25 HGB umfasst? (→ Rn. 748)

Rechtsfolge

- ▸ Haftung des Erben für die zum Geschäft gehörenden Altverbindlichkeiten
- ▸ Die erbrechtliche Haftung bleibt unberührt

---

751   **Lösungshinweise zu Fall 43** (vor → Rn. 747; vgl. *BGH* NJW 1991, 844):

Wenn in einer zweigliedrigen Gesellschaft einer der beiden Gesellschafter stirbt (hier: Komplementär) und wird er vom anderen (hier: einziger Kommanditist) allein beerbt, dann wird hierdurch die KG nicht nur aufgelöst, sondern gleichzeitig beendet; der verbleibende Gesellschafter wird Alleininhaber des Unternehmens, wobei das Gesellschaftsvermögen wie im Fall der Geschäftsübernahme auf den Kommanditisten übergeht.

1. Grundsatz: beschränkte Haftung des Kommanditisten nach **§ 171 HGB**
2. Aber: entsprechende Anwendung der Haftungsregeln des **§ 25 HGB** im Falle der Fortführung des Handelsgeschäfts durch den Erben, **§ 27 I HGB**
3. **Folge:** **unbeschränkte** Haftung des K für die Altschulden.

2. Abschnitt. Die kaufmännische Stellvertretung

§ 30. Gemeinsame Regeln der handelsrechtlichen Vertretung

Fall 44: G war Prokurist des Bankhauses X. Y hatte G in den Geschäftsräumen der Bank beauftragt, bestimmte Wertpapiere zu erwerben. G hatte dies getan und die Papiere Y auch ausgeliefert, nicht aber die dazu gehörenden Zinsscheine. Diese hatte G unterschlagen und zum eigenen Vorteil eingelöst. G starb während des gegen ihn durchgeführten Strafverfahrens. Y will die fraglichen Zinsen von der X-Bank erstattet haben. Die Bank meint, dass G das Geschäft nicht namens der Bank abgeschlossen habe. Wer hat Recht? (Lösungshinweise → Rn. 767).

1. Organschaftliche und gewillkürte Vertretung

a) Wesen

Rechtliche Stellvertretung (§ 164 BGB) ist für kaufmännische Unternehmen, jedenfalls **752** von einer gewissen Größenordnung an, praktisch unerlässlich, weil das Unternehmen nur unter Einschaltung rechtsgeschäftlicher Hilfspersonen sich ein weiteres wirtschaftliches Betätigungsfeld erschließen kann. Insofern ist der **Vertreter** das *rechtsgeschäftliche* Gegenstück zum **Gehilfen,** dem *tatsächliche* Verrichtungen obliegen und dessen Einschaltung ebenfalls (und schon auf viel früherer Stufe) für das Unternehmen zur Ausweitung und Ausdifferenzierung seiner Betätigung unerlässlich ist. Demgemäß ist auch bei der rechtlichen Zurechnung zum Inhaber des Unternehmens zu unterscheiden zwischen der Zurechnung **rechtsgeschäftlichen Handelns** nach Maßgabe des Stellvertretungsrechts **(§ 164 BGB)** und der Zurechnung **tatsächlicher (schadensverursachender) Handlungen** gemäß den **§§ 278, 831, 31 BGB.**

Für die Handelsgesellschaften schließlich ist das Auftreten **organschaftlicher Vertre- 753 ter** eine schlichte Notwendigkeit, weil sie jedenfalls nur durch natürliche Personen handeln können. Demgemäß muss jede Handelsgesellschaft als Bestandteil ihrer rechtlichen Struktur (Unternehmensverfassung) ein Organ haben, dessen Handeln als »*eigenes« Handeln der Gesellschaft* erscheint, im Prinzip gewissermaßen dem *Selbsthandeln* des Einzelkaufmanns gleichwertig ist.

Demgegenüber ist die Benutzung anderer Vertretungsformen ins Belieben des Unter- **754** nehmers gestellt; diese Vertreter leiten ihre Vertretungsmacht vom Inhaber bzw. dem Vertretungsorgan ab und erhalten sie durch einen *rechtsgeschäftlichen* Akt der **Bevollmächtigung** (derivative, **gewillkürte** Stellvertretung, § 166 II BGB). Eine solche Vertretungsmacht können – nach ihrem Gutdünken – sowohl der Einzelkaufmann wie auch die Handelsgesellschaft (handelnd durch ihr Vertretungsorgan) erteilen; unter Umständen können dann auch solchermaßen bestellte Vertreter weitere Vertretungsmacht (einer niedrigeren Stufe) erteilen.

Im Unterschied hierzu wird die **organschaftliche Vertretungsmacht** als **originäre 755** bezeichnet; denn sie kommt dem Organ von vornherein zu und ist von keiner anderen Instanz abgeleitet. Demgemäß steht sie der *gesetzlichen* Vertretung (der Eltern, des Vormunds) nahe und kann entweder als deren Unterfall oder als eigenständiger dritter Typus der Vertretung verstanden werden.

Freilich müssen auch bei der organschaftlichen Vertretung der **Kapitalgesellschaften 756** *natürliche* Personen als **Organmitglieder** bestellt werden (ebenso wie bei der gesetzlichen Vertretungsmacht der Vormund), aber dies ist qualitativ etwas anderes als die Bevollmächtigung. Die Bestellung bewirkt das Einrücken in die Organposition in einem umfassenden Sinn, mit allen Rechten und Pflichten, die Bevollmächtigung verleiht lediglich die Vertretungsmacht als Rechtsmacht. Demgemäß wird die Bestellung als zweiseitiges, die Bevollmächtigung als einseitiges Rechtsgeschäft verstanden.[740] Auch widerrufen lässt sich die Bestellung zum Organmitglied zumeist nicht ebenso ohne Weiteres wie die Vollmacht, doch ist das nicht begriffsnotwendig (vgl. § 38 GmbHG mit § 84 III AktG).

---

740 Zum GmbH-Geschäftsführer Roth/Altmeppen/*Altmeppen* GmbHG § 46 Rn. 46.

757 Bei den **Personengesellschaften** schließlich nehmen die **Gesellschafter** (als »geborene« im Unterschied zu »gekorenen« Organmitgliedern) die Organposition kraft ihrer Gesellschafterstellung, ohne Bestellungsakt, ein; sie können allerdings hiervon ausgeschlossen sein bzw. werden (§§ 125, 127 HGB). Der soeben getroffene Unterschied ist gleichbedeutend mit demjenigen zwischen *Selbstorganschaft* (bei Personengesellschaften) und *Drittorganschaft* (bei Kapitalgesellschaften).

758 Das Gesellschaftsrecht sieht im Übrigen jeweils *dasselbe Organ* für **Geschäftsführung** und **Vertretung** vor, was nicht logisch zwingend,[741] sondern lediglich praktisch sinnvoll ist, was auch gesetzlich nur teilweise zwingend vorgegeben ist (vgl. § 163 mit §§ 164, 170 HGB). Außerdem macht schon das Gesetz wichtige Unterschiede in der sachlichen Reichweite (vgl. §§ 116, 126 HGB).

b) Umfang

759 In der **gegenständlichen Reichweite der Vertretungsmacht** besteht auch ein bezeichnender Unterschied zwischen *organschaftlicher* und gewillkürter Stellvertretung. Der Umfang der ersteren ist von Gesetzes wegen vorgegeben, und zwar in einem *allumfassenden* Sinn, bezogen auf die Geschäftstätigkeit der Gesellschaft. Die Grenze setzt dabei nicht die konkrete Zweckwidmung, sondern jede denkbare Geschäftstätigkeit ist inbegriffen (vgl. zB § 126 I, II HGB). Das bedeutet, negativ formuliert, dass lediglich *gesellschaftsrechtliche Organisationsakte* ausgeklammert bleiben: Änderung der Firma, Aufnahme von Gesellschaftern, Auflösung der Gesellschaft etc. Diese verändern die Grundstruktur des Gesellschaftsverhältnisses, während die Aufgabe der Organe darin besteht, auf der vorgegebenen Grundstruktur die gesellschaftliche Existenz zur Entfaltung zu bringen.

Die Reichweite einer *gewillkürten* Vertretungsmacht kann demgegenüber der Vollmachtgeber grundsätzlich – im bürgerlichen Recht – nach seinem Belieben durch entsprechende Formulierung seiner rechtsgeschäftlichen Erklärung eingrenzen (vgl. § 164 I 1 BGB: »innerhalb der ihm zustehenden Vertretungsmacht« iVm § 166 II 1 BGB: »Weisungen des Vollmachtgebers«). Die Vollmacht ist von Fall zu Fall unterschiedlich umschreibbar (sie kann zB auf einen bestimmten Höchstbetrag, zu dem ein Geschäft noch abgeschlossen werden kann, beschränkt werden), und ein Vertrauensschutz hinsichtlich eines bestimmten Umfangs der Vertretungsmacht wird nicht gewährt, solange nicht ein spezieller Rechtsscheinatbestand hinzutritt.

760 **Im Handelsrecht** wäre dies nun allerdings mit dem hier als vorrangig anerkannten Schutz des Verkehrsinteresses nicht vereinbar, und zudem würde eine solche rechtliche Bevorzugung des Vollmachtgebers letztlich auf diesen selbst zurückschlagen, weil sie die Funktionsfähigkeit der Stellvertretung in einer für die wirtschaftliche Betätigung des Unternehmens unverträglichen Weise beeinträchtigte. Daher ist im Handelsrecht der *Umfang* nicht nur der organschaftlichen, sondern auch der gewillkürten Vertretungsmacht von Gesetzes wegen *typisiert*, wobei allerdings dem Vollmachtgeber verschiedene Rechtsformen angeboten werden, deren Umfang unterschiedlich weit abgesteckt und deren Eingrenzung in unterschiedlichem Grade zwingend ist. Und selbst die am weitesten ausgreifende und am striktesten determinierte Form, die Prokura, ist

---

741 Siehe aber *Wiedemann*, § 10 II 1 a.

graduell etwas enger und punktuell etwas flexibler als die organschaftliche Vertretungsmacht.

Insoweit die Grenzen der Vertretungsmacht nicht zur Disposition stehen, gewinnt die **761** Unterscheidung zwischen **Innen- und Außenverhältnis,** zwischen »dürfen« und »können« des Vertreters grundlegende Bedeutung. Denn im Innenverhältnis sind die Befugnisse (die Geschäftsführungsbefugnisse) grundsätzlich beschränkbar, teilweise schlechthin nach Belieben des Vollmachtgebers, teilweise nur nach Maßgabe des Gesetzes (zB §§ 82 II, 111 IV AktG).

Solche Beschränkungen im Innenverhältnis schlagen aber – wiederum grundsätzlich – nicht auf die Vertretungsmacht im Außenverhältnis durch, sondern ihre Missachtung setzt den Vertreter Sanktionen im Innenverhältnis aus (zB Schadensersatzansprüchen). *Ausnahmsweise* allerdings wird diese Trennung durchbrochen, nämlich erstens, wenn (bei Handelsgesellschaften) Gesellschafter Vertragspartner sind (sie bedürfen keines Verkehrsschutzes), und zweitens im Falle eines *Missbrauchs der Vertretungsmacht;* hierzu unten 4. (→ Rn. 775 f.). Ferner kann der Vertreter eine im Innenverhältnis vorgeschriebene Zustimmung anderer Organe als Vorbehalt in den Vertrag einführen.[742]

Außerdem können die Rechtsmacht des einzelnen Vertreters und die damit für den Geschäftsherrn verbundenen Missbrauchsgefahren durch Anordnung einer *Gesamtvertretung* mehrerer Vertreter abgeschwächt werden; teilweise sieht sie bereits das Gesetz als Regelfall vor. Hierzu unten 3. (→ Rn. 768 f.).

2. Allgemeine Grundsätze der Stellvertretung

Wirksame Stellvertretung setzt nach **§ 164 I BGB** folgende **Tatbestandsmerkmale 762** voraus:[743]

(1) rechtsgeschäftliches Handeln *im fremden Namen* (im Namen des zu Vertretenden),

(2) gültige *Vertretungsmacht,* die das fragliche Rechtsgeschäft gegenständlich abdeckt.

Die **Rechtsfolge** ist dann, dass das Rechtsgeschäft mit *unmittelbarer* Wirkung *für und gegen* den Vertretenen zustande kommt (§ 164 I 1 BGB).

Der Vertreter muss erkennbar in fremdem Namen handeln, ansonsten treffen die **763** Rechtswirkungen ihn selbst (§ 164 II BGB). Ob dies der Fall ist, ist durch **Auslegung** der Willenserklärung nach allgemeinen Grundsätzen und Handelsbrauch (§ 346 HGB) zu ermitteln; es kann sich also auch aus den Umständen ergeben (§ 164 I 2 BGB). Im Handelsrecht ist der Fall klar, wenn unter der Firma des Unternehmens gehandelt wird. Doch genügt zumeist auch ein Handeln im räumlichen Bereich des Unternehmens, im Rahmen einer bestehenden Geschäftsbeziehung etc. Vielfach macht schon der Gegenstand des Rechtsgeschäfts hinreichend deutlich, dass nur ein Auftreten für das Unternehmen beabsichtigt sein kann, sog. **unternehmensbezogenes Geschäft** (s. *Fall 44,* vor → Rn. 752).[744] Dann wird der tatsächliche Unternehmensträger ver-

---

742 Vgl. *BGH* ZIP 1997, 1419; *BGH* ZIP 2001, 416.
743 Das dritte Merkmal der »eigenen Willenserklärung« (als Abgrenzung zum Boten) wird hier ausgeblendet.
744 *BGH* NJW 1984, 1347; WM 1985, 1364; NJW 1986, 1675; 1990, 2678; 1991, 2627.

pflichtet, und es schadet auch eine falsche Bezeichnung des Vertretenen nicht,[745] sofern nicht damit eine falsche Haftungssituation vorgespiegelt wird (→ Rn. 680).

764 Die **Vertretungsmacht** erteilt im Falle gewillkürter Stellvertretung, wie bereits erwähnt, der zu Vertretende oder ein hierzu für ihn Vertretungsbefugter durch einseitiges Rechtsgeschäft namens **Vollmacht** (§ 167 BGB). Für dieses gelten wiederum die allgemeinen Auslegungsgrundsätze, und so kann sich die Erteilung einer Handlungsvollmacht auch aus den Umständen ergeben (anders bei der Prokura, → Rn. 790f.). Zur Duldungsvollmacht → Rn. 785.

Fehlt es an einer gültig erteilten Vertretungsmacht, so hat man wie folgt weiter zu prüfen:

(1) Vertretungsmacht kraft *Rechtsscheins?* (→ Rn. 783 f.).

(2) *Genehmigung* des Geschäfts durch den Vertretenen? – § 177 BGB.

Andernfalls – und nur dann[746] – kommt (3) die Eigenhaftung des Vertreters als *falsus procurator* gemäß § 179 BGB unter den dort in Abs. 2 und 3 aufgeführten Voraussetzungen in Betracht.

765 Als Grundnorm der **Interessenkollision** hat **§ 181 BGB** speziell im Handelsrecht große Bedeutung.[747] Er verbietet dem organschaftlichen Vertreter der Handelsgesellschaften wie dem Prokuristen etc., in einem Geschäft zwischen dem Unternehmensträger und sich selbst – **Insichgeschäft** (oder zwischen dem Unternehmensträger und einem von ihm vertretenen Vertragspartner – **Mehrfachvertretung**) den ersteren zu vertreten, wenn nicht eine der beiden in der Vorschrift genannten Ausnahmen vorliegt. § 181 BGB ist eine formale Ordnungsvorschrift, die einerseits auf jeden Fall Anwendung verlangt, in dem die formale Konstellation gegeben ist, ohne Rücksicht darauf, ob materiell tatsächlich ein Interessenkonflikt droht (str., bestätigt für den Alleingesellschafter-Geschäftsführer der GmbH durch § 35 III GmbHG), die andererseits aber nicht der Erstreckung auf andere Fälle eines materiellen Interessenkonflikts fähig ist, in denen die formale Konstellation nicht erfüllt ist (ebenfalls str.).

> **Beispiel:** Der Vertreter bestellt seinem Gläubiger für die eigene Schuld eine Bürgschaft des Vertretenen. Der Bürgschaftsvertrag kommt zwischen diesem und dem Gläubiger zustande, der Vertreter tritt nur auf Seiten des ersteren auf.

766 § 181 BGB wird ergänzt durch Spezialnormen wie § 112 AktG. Auch in Kombination mit diesen vermag § 181 BGB aber nicht das zentrale Problem des Interessenkonflikts zu bewältigen, das in der Beteiligung des eigeninteressierten Organmitglieds, leitenden Angestellten etc. an der *Willensbildung* für das Unternehmen, nicht im rechtsgeschäftlichen Handeln besteht.[748] Vielmehr bedarf es hierzu einer Rechtsfortbildung, ausgehend von den verstreuten Einzelregelungen des Stimmrechtsausschlusses wie § 47 IV GmbHG und ergänzt durch eine sachgerechte Anwendung der Wettbewerbsverbote (§ 88 AktG ua); → Rn. 295, 512.

---

745 *BGH* ZIP 1996, 459. Aber Haftung des Vertreters, wenn das angeblich vertretene Unternehmen überhaupt nicht existiert: *OLG Köln* NJW-RR 1997, 670.
746 *BGH* NJW 1983, 1308; BGHZ 61, 59; aA *Canaris*, Vertrauenshaftung, S. 520.
747 *Petersen*, § 40.
748 Vgl. *Roth*, Das Treuhandmodell des Investmentrechts, 1972.

Lösungshinweise zu Fall 44 (vor → Rn. 752; vgl. *BGH* NJW 1984, 1347): **767**
Anspruch des Y gegen die X-Bank auf Erstattung der Zinsen (Schadensersatz) aus **§§ 433, 435, 437 Nr. 3, 280 I, III, 283 BGB**

1. Vertrag zwischen Y und der **X-Bank?** (Schuldverhältnis)
   a) eigene WE des G
   b) im Namen der Bank?
      Auslegungsregel des **§ 164 I 2, II BGB** → Abschluss eines **unternehmensbezogenen Geschäfts** im Zweifel mit dem Inhaber des jeweiligen Unternehmens: Für den Geschäftspartner muss nur der Wille des Angestellten hinreichend erkennbar sein, für den Unternehmensinhaber handeln zu wollen → Das ist regelmäßig anzunehmen, wenn das Unternehmen erkennbar nach außen aufgetreten ist und das Rechtsgeschäft den Belangen des Inhabers dient.
   c) Vertretungsmacht, **§§ 48 ff. HGB**
2. Vorliegen der sonstigen Schadensersatzvoraussetzungen wird unterstellt, insbesondere muss sich die X-Bank die Pflichtverletzung (fehlende Auslieferung der dazugehörigen Zinsscheine) ihres Prokuristen G zurechnen lassen.
3. **Ergebnis:** Y hat gegen die X-Bank einen Anspruch auf Schadensersatz, §§ 280 I, III, 283 BGB.

3. Gesamtvertretung

a) Grundsatz

Sind mehrere Vertreter vorhanden, so hat sie teilweise schon *das Gesetz* (in dispositiver **768** Regelung) zur Gesamtvertretung verbunden, nämlich die organschaftlichen Vertreter der **Kapitalgesellschaften** in den §§ 78 II AktG, 35 II GmbHG.

Bei den **Personengesellschaften** kann *der Gesellschaftsvertrag* (§ 125 II HGB), bei Prokura (§ 48 II HGB) und Handlungsvollmacht der die Vollmacht Erteilende Gesamtvertretung anordnen. Stattdessen kann man bei mehr als zwei Vertretern auch kleinere Gruppen zu einer Gesamtvertretung zusammenschließen, auch differenzierte Gruppierungen und Kombinationen bilden; s. bereits oben zur OHG → Rn. 239, 240.

Gesamtvertretung bedeutet, dass die solchermaßen verbundenen Vertreter *nur ge-* **769** *meinsam* Vertretungsmacht haben. Ausgeübt werden kann sie dann durch gemeinsame Abgabe der Willenserklärung seitens *aller* Vertreter, zB die gemeinschaftliche Unterzeichnung einer Vertragsurkunde, oder auch durch mehrere getrennte Teilerklärungen, zB mehrere Briefe. Es genügt aber auch, dass der eine Vertreter die Erklärung abgibt und der zweite – auch formlos, auch konkludent – zustimmt.

Anerkannt ist ferner, dass der eine den anderen zur alleinigen Vornahme bestimmter **770** Geschäfte **ermächtigen** bzw. bevollmächtigen kann, allerdings nicht generell für den gesamten Bereich der Vertretungsmacht (für die OHG-Gesellschafter ausdrücklich in **§ 125 II 2 HGB** geregelt, für die Vorstandsmitglieder der AG in § 78 IV AktG; für die Ermächtigung in der GmbH gelten diese Bestimmungen sinngemäß). Genau genommen handelt es sich dabei um die Erteilung einer Untervollmacht durch beide an den einen von ihnen, wobei für diesen eine Situation des § 181 BGB eintritt, aber aus der Interessenlage eine »Gestattung« iS dieser Vorschrift abgeleitet werden kann.

Gibt einer von mehreren Gesamtvertretern ansonsten *allein* eine Willenserklärung ab, **771** so gelten die §§ 177 ff. BGB über die *Vertretung ohne Vertretungsmacht*. Ein Vertrag ist also zunächst schwebend unwirksam.

Zur wirksamen *Entgegennahme* von Willenserklärungen (§ 164 III BGB) ist auch bei Gesamtvertretungsmacht *jeder einzeln* befugt; das wird iS des Verkehrsschutzes aus § 125 II 3 HGB verallgemeinernd gefolgert.

b) Sonderfragen

772　Schwierigkeiten kann im Falle der Gesamtvertretung die Anwendung des § 166 I BGB bereiten: Müssen **Willensmängel, Kenntnis,** Kennenmüssen in der Person **nur eines** oder aller Mitwirkenden vorliegen? Richtig ist ersteres, und zwar ergibt sich das für Willensmängel daraus, dass Gesamtvertretung eben eine mangelfreie Willensbildung jedes einzelnen der notwendig Beteiligten verlangt. Umgekehrt ist aber auch in der Frage der Gutgläubigkeit auf jeden einzelnen abzustellen, so dass bei Gesamtvertretung schon Kenntnis bzw. Kennenmüssen eines einzigen Beteiligten der Gesellschaft schadet. In diesem Sinne lässt sich auch die in § 125 II 3 HGB ausgedrückte Interessenwertung verallgemeinern.

773　Darüber hinaus wird für die Organe der Handelsgesellschaften die Meinung vertreten, dass der **böse Glaube** eines Organmitglieds schon dann schadet, wenn **Einzelvertretung** besteht und ein anderes Organmitglied (oder ein sonstiger Vertreter) gehandelt hat. Der Leitgedanke der sog. **Wissenszurechnung** ist,[749] dass einem Unternehmen kein Vorteil daraus erwachsen darf, dass durch die Aufspaltung von Funktionen innerhalb einer Organisationsstruktur »die rechte Hand nicht weiß, was die linke tut«. Unter bestimmten engeren Voraussetzungen rechnet der BGH selbst unterhalb der Organebene die Kenntnis vertretungsbefugter Angestellter dem Unternehmen zu, wenn ein anderer Vertreter gehandelt hat. Aber die informierte Person muss unternehmensintern irgendwie mit der Angelegenheit befasst und die mangelnde Transparenz im Unternehmen ein Organisationsmangel sein.[750] Und schließlich werden auch Informationen als bekannt zugerechnet, die im Unternehmen *aktenkundig* und den Organmitgliedern verfügbar sind. Das gilt selbst dann, wenn der eigentliche »Wissensvertreter« mittlerweile verstorben oder ausgeschieden ist.[751]

774　Möglich ist schließlich auch eine sog. **gemischte oder unechte Gesamtvertretung,** bei der Vertreter unterschiedlicher Kategorien zusammengekoppelt werden, zB ein *organschaftlicher Vertreter mit einem Prokuristen* oder Handlungsbevollmächtigten, ein Prokurist mit einem Handlungsbevollmächtigten. Die unechte Gesamtvertretung kann dann wieder mit einer echten kombiniert werden. Allerdings muss bei Handelsgesellschaften wegen des Prinzips der Selbstorganschaft stets mindestens eine Form *reiner organschaftlicher Besetzung* übrig bleiben. Gesetzlich vorgesehen ist die gemischte Gesamtvertretung mit Prokuristen in § 125 III HGB, § 78 III AktG, die Zulässigkeit solcher Kombinationen wird aber verallgemeinert. Allerdings dürfte nur bei der Verbindung organschaftlicher Vertreter mit Prokuristen der Effekt eintreten, dass dann der Umfang der Vertretungsmacht sich nach Maßgabe der organschaftlichen,

---

749　Zu den Grundsätzen ausführlich *Grigoleit*, ZHR 181 (2017), 160 ff. S. a. *Petersen*, § 41 II zu den Erweiterungen der Wissenszurechnung.

750　*BGH* NJW 1989, 2879 und 2881 für Filialleiter einer Bank; *BGH* NJW 1993, 1066 für befassten Sachbearbeiter der Bank; *BGH* ZIP 1998, 2162 für GbR-Gesellschafter; vgl. auch *BGH* NJW 1994, 1150.

751　*BGH* NJW 1995, 2159; 1996, 1205 und 1339; *Schultz*, NJW 1996, 1392; 1997, 2093: krit. *Altmeppen*, BB 1999, 749.

also der höheren Stufe bestimmt. Unzulässig ist bei der GmbH & Co. KG die Gesamt-vertretung zwischen Geschäftsführern der GmbH und Prokuristen der KG.[752]

4. Missbrauch der Vertretungsmacht

Fall 45: G und X wie im Fall 44 (vor → Rn. 752, → Rn. 767). G hatte namens der Bank zugunsten eines zweifelhaften Kunden K Garantieerklärungen in Millionenhöhe abgegeben. Garantiegläubiger Z will daraus die Bank in Anspruch nehmen, weil er seine Lieferantenforderungen bei K nicht eintreiben kann. Die Bank wendet ein, G habe grob pflichtwidrig gehandelt, und Z hätte dies erkennen können. Wird Z mit seinem Anspruch durchdringen? (Lösungshinweise → Rn. 782).

a) Interessenlage

Ist bei den handelsrechtlichen Vertretungsformen die zwingende *Typisierung ihres Umfangs* mit den Bedürfnissen der *Rechtssicherheit, Rechtsklarheit, Funktionsfähigkeit* zu erklären, also mit einer wiederum typisierten Schutzwürdigkeit der Interessen im Verhältnis unter den Beteiligten, so muss diese gesetzliche Grundsatzregelung dort ihre Grenze finden, wo im Einzelfall die Schutzwürdigkeit der Parteien gerade umgekehrt zu beurteilen ist. Diese Überlegung wirkt *in zweifache Richtung:* Auf der einen Seite erlaubt sie Einschränkungen der Vertretungsmacht entgegen den vorgenannten Grundsätzen, wenn der Dritte nicht schutzwürdig und der Vertretene schutzbedürftig ist, auf der anderen Seite eine Anerkennung von Vertretungswirkungen auch dort, wo keine Vertretungsmacht gültig erteilt wurde (sei es, dass sie nicht wirksam, sei es, dass sie mit engerem Umfang erteilt wurde), wenn der Dritte schutzbedürftig und der Vertretene nicht schutzwürdig ist. Ersteres richtet sich nach den Grundsätzen über den *Missbrauch der Vertretungsmacht,* letzteres nach *Rechtsschein-grundsätzen* (unten 5., → Rn. 783 f.). Das eine ist das Spiegelbild des anderen. 775

Die Schutzwürdigkeit der Beteiligten beurteilt sich dabei maßgeblich nach subjektiven Kriterien, dh nach dem, was sie wussten oder evtl. auch hätten wissen müssen. Im Extrem hätte das dann allerdings wiederum zu bedeuten, dass eine Vertretungsmacht im Einzelfall so weit reicht, wie der Vertretene das bestimmte oder wollte und der Geschäftspartner es erkannte bzw. erkennen konnte. Die strikte Fixierung handelsrechtlicher Vertretungsmacht wäre damit praktisch wieder zur Disposition des Einzelfalls gestellt, ein Element der Beliebigkeit und Ungewissheit ins Spiel gebracht, welches sich mit dem generellen Rechtssicherheitsbedürfnis des Handelsverkehrs nicht verträgt. Die geschilderte Aufweichung der Rechtsgrundsätze (nach beiden Seiten) muss sich daher auf Fälle einer vom Normalfall in grobem Maße abweichenden Interessenbewertung beschränken. 776

b) Tatbestand

Der klarste Fall und gleichzeitig, entwicklungsgeschichtlich gesehen, der Ausgangspunkt der **Lehre vom Missbrauch der Vertretungsmacht** ist derjenige der **Kollusion,** dh des arglistigen Zusammenwirkens zwischen Vertreter und Drittem zum Nachteil des Vertretenen. Es leuchtet ein, dass hier die Interessen des Dritten am Bestand der Vertretungsmacht nicht schutzwürdig sind. Dogmatisch ableitbar ist die Rechtsfolge 777

---

752 *BayObLG* NJW 1994, 2965; Roth/Altmeppen/*Altmeppen* GmbHG § 35 Rn. 75.

bei der Kollusion als besonderem Fall des Rechtsmissbrauchs aus § 242 BGB, sofern nicht bereits § 138 BGB das Rechtsgeschäft nichtig macht. Wenn dabei, wie häufig im Geschäftsverkehr zwischen Unternehmen, auch auf Seiten des Dritten ein Stellvertreter handelt, so ist dem Dritten das kollusive Verhalten seines Vertreters zuzurechnen (§ 166 I BGB).[753]

Die Schutzwürdigkeit des Dritten wurde in der Folgezeit enger eingegrenzt, wobei jedoch über die genaue Grenzziehung noch nicht letzte Klarheit besteht. Weniger problematisch ist dabei der *objektive* Tatbestand; er ist durch ein Handeln des Vertreters charakterisiert, das zwar an sich vom Umfang seiner Vertretungsmacht gedeckt ist, das er aber nach seiner Pflichtbindung im Innenverhältnis nicht hätte ausüben dürfen. Klar ist, dass das besondere Unwerturteil eines Missbrauchs der Vertretungsmacht aus den hinzutretenden *subjektiven* Komponenten resultiert, die Frage aber, in welcher Hinsicht diese gegenüber dem Ausgangsfall der Kollusion abgeschwächt werden können.

778 Im Vordergrund steht dabei die Person des **Dritten**; denn um dessen Schutzinteresse (in Abwägung mit den Interessen des Vertretenen) geht es.[754] Eine Orientierungshilfe gibt § 54 III HGB, der Beschränkungen der Vertretungsmacht bereits bei fahrlässiger Unkenntnis des Dritten wirksam werden lässt. Außerhalb des Anwendungsbereichs von § 54 III schützt das Gesetz das Vertrauen des Rechtsverkehrs auf die Unbeschränkbarkeit der Vertretungsmacht in höherem Maße, und daraus lässt sich folgern, dass der Missbrauchstatbestand bei der handelsrechtlichen Vertretungsmacht jedenfalls im Vergleich zu § 54 III HGB verengt werden muss. Also kann dem Dritten nur positive Kenntnis vom Fehlverhalten des Vertreters schaden oder – wenn man davor aus Beweisgründen oder aus anderen Gründen zurückscheut – doch jedenfalls nicht bereits jede Fahrlässigkeit. Er muss vor allem keine eigenen Nachforschungen über die Befugnisse des Vertreters anstellen. Das neuere Schrifttum verlangt demgemäß irgendeine Art von **Offensichtlichkeit des weisungs- oder interessenswidrigen Verhaltens** des Vertreters, wobei diese Offensichtlichkeit mehr objektiv (im Sinne einer allgemeinen Evidenz) oder mehr aus der Sicht des Dritten (im Sinne von grober Fahrlässigkeit) verstanden werden kann. Der BGH hat sich dem in der Formel »wenn der Dritte weiß oder es sich ihm geradezu aufdrängen muss« angeschlossen[755] und dies zuletzt als »objektive Evidenz« interpretiert.[756]

779 Andererseits hat der BGH in der Person des Prokuristen oder organschaftlichen **Vertreters** höhere subjektive Anforderungen gestellt und verlangt, dass dieser bewusst zum Nachteil des Inhabers gehandelt habe.[757] Das überwiegende Schrifttum will hingegen eine rein objektive Pflichtwidrigkeit des Vertreters genügen lassen, und tatsächlich mag es wenig einleuchtend erscheinen, der Willensrichtung des Vertreters entscheidende Bedeutung beizumessen, wenn es doch um eine Interessenkollision zwischen dem Dritten und dem Vertretenen geht. Trotzdem können die subjektiven Merkmale im Verhalten des Vertreters auch hierfür Bedeutung gewinnen; denn auch sie spiegeln sich in der Kenntnis oder Fahrlässigkeit des Dritten wider, diese muss das gesamte Ver-

753 *OLG Hamm* NJW-RR 1997, 737.
754 *Canaris*, § 12 Rn. 34 f.
755 *BGH* NJW 1984, 1461; *BGH* NJW 1988, 2241 für GmbH-Geschäftsführer.
756 BGHZ 127, 239 = NJW 1994, 2082.
757 BGHZ 50, 112. Anders für den Bevollmächtigten bürgerlichen Rechts: *BGH* NJW 1988, 3012.

halten des Vertreters einschließlich etwaiger subjektiver Elemente umfassen.[758] Und dann macht es einen Unterschied, ob dem Dritten nur die objektive Pflichtwidrigkeit des Vertreters oder dessen vorsätzlicher Missbrauch der Vertretungsmacht bekannt bzw. evident ist.

Bemüht man sich um eine exakte Interessenbewertung, so muss man uE nach Maßgabe der **objektiven Pflichtverletzung** zwischen mehreren **Fallgruppen** unterscheiden. (1) Sind dem Vertreter im Innenverhältnis konkrete Handlungsgebote oder -schranken vorgegeben, beispielsweise durch Weisungen, Gesellschafterbeschlüsse oder auch unmittelbar aus dem Gesetz (§ 116 II u. III HGB), so genügt die Bösgläubigkeit des Dritten in Bezug auf die objektive Pflichtverletzung, um seine Schutzwürdigkeit entfallen zu lassen. Ob der Vertreter seinerseits vorsätzlich oder fahrlässig handelt, ist unerheblich.[759] (2) Hält hingegen der Vertreter sich innerhalb des ihm an sich zustehenden Ermessensspielraums, so ist immer noch möglich, dass er im Einzelfall zum Nachteil oder gegen den Willen des Geschäftsherrn handelt und damit dessen Interesse verletzt. In diesen Fällen ist das objektive Verhalten des Vertreters für sich allein zu farblos, um dem Dritten zum Nachteil zu gereichen. Dieser braucht sich nicht darum zu kümmern, ob der Vertreter in allgemeiner Weise dem Interesse des Geschäftsherrn entspricht. Erst wenn der Vertreter **vorsätzlich** diese Pflichten verletzt, wird sein Verhalten auch für den Dritten beachtlich, und erst wenn die vorsätzliche Pflichtverletzung dem Dritten bekannt oder evident war, wird daraus ein Missbrauch der Vertretungsmacht.

780

c) Rechtsfolge

Die **Rechtsfolge** ist, dass der Dritte sich so behandeln lassen muss, als hätte der *Vertreter ohne Vertretungsmacht* gehandelt. Dieser selbst allerdings haftet als falsus procurator wegen § 179 III BGB nicht. Dem Dritten stehen also aus dem Rechtsgeschäft keine Ansprüche – jedenfalls keine Erfüllungsansprüche – gegen den Vertretenen zu.

781

Es kann allerdings sein, dass der Dritte über das ihm entgehende Erfüllungsinteresse hinaus eine Einbuße erleidet, weil er im Vertrauen auf die gültige Vertretungsmacht Dispositionen getroffen hat. So im *Fall 45* (vor → Rn. 775), wo es im Endeffekt darum geht, einen Schaden zu verteilen, der als solcher nicht mehr ungeschehen zu machen ist, weil den korrespondierenden Vorteil ein anderer davontrug. Hier muss man unter dem Gesichtspunkt einer Verletzung vertraglicher oder vorvertraglicher Schutzpflichten das Verschulden beider Parteien – des Dritten und des Geschäftsherrn – gegeneinander abwägen (§ 254 BGB) und nach dieser Maßgabe den Geschäftsherrn ggf. schadensersatzpflichtig machen. Dabei wird dem Geschäftsherrn auch das Verschulden des seine Vertretungsmacht missbrauchenden Stellvertreters nach den allgemeinen Grundsätzen der Gehilfenhaftung (§ 278 BGB) ebenso zugerechnet[760] wie auf der Gegenseite dem Dritten ein Verschulden des evtl. für ihn auftretenden Vertreters. Die Folge kann sein, dass uU das überwiegende Verschulden auf seiner Seite anzusiedeln und nur der geringere Teil des Schadens dem Dritten anzulasten ist.[761] Das gilt aber nicht, wenn der Dritte per Saldo gar keinen Nachteil erlitten hat.

---

758 *OLG Hamm* WM 1984, 1445.
759 In diesem Sinn auch *BGH* ZIP 1997, 1419 bei positiver Kenntnis des Dritten von der Beschränkung.
760 Zur Reichweite des § 278 BGB bei Veruntreuung uÄ s. *BGH* NJW 1991, 3210.
761 Vgl. *BGH* ZIP 1997, 1144; aber auch 1999, 1303.

Literatur: *Flume*, Rechtsgeschäft, § 45 II 3; *Roth*, ZGR 1985, 265 und ZSR 104 (1985), 287; *Vedder*, JZ 2008, 1077; *Wiedemann*, § 10 II.

782 **Lösungshinweise zu Fall 45** (vor → Rn. 775; vgl. *BGH* NJW 1968, 1379):
Anspruch des Z gegen die Bank aus der Garantie:
1. Wirksame **Stellvertretung** der Bank durch G, **§§ 164 ff. BGB?**
   a) **Eigene Willenserklärung** des G **im Namen der Bank**
   b) Im Rahmen der **Vertretungsmacht, §§ 48 ff. HGB?**
      aa) Wirksame Erteilung der Prokura, **§ 48 HGB**
      bb) Das getätigte Geschäft vom **Umfang der Prokura** gedeckt, **§ 49 HGB**
      cc) aber: ausnahmsweise keine Bindung der Bank an die WE des G wegen **Missbrauchs der Vertretungsmacht?** Ausnahme vom Grundsatz des unbeschränkbaren Umfangs der Prokura.
      → Fall **objektiver Evidenz** (→ Rn. 778): G handelte **ersichtlich** und **objektiv** zum Nachteil der Bank (nach aA soll bereits bloße Pflichtwidrigkeit genügen, allerdings wirkt sich der Unterschied im praktischen Ergebnis nicht aus, weil der Kaufmann pflichtwidrige, aber nicht nachteilige Geschäfte regelmäßig nach § 177 I BGB genehmigen wird). Nach hM ist weiterhin nicht erforderlich, dass dem Prokuristen (G) die Nachteiligkeit bewusst war; hierfür spricht insbesondere, dass subjektive Umstände auf Seiten des Vertreters keinen Einfluss auf die Schutzwürdigkeit oder -unwürdigkeit des Geschäftspartners haben dürfen.
2. **Rechtsfolge:** (hM) Anwendung der **§§ 177 ff. BGB analog**
3. **Ergebnis:** Kein Erfüllungsanspruch des Z gegen die Bank

(Aber: Haftung des G ggü. Z gem. **§ 179 I BGB**; evtl. nach Maßgabe des wechselseitigen Verschuldens, **§ 254 BGB)**

5. Vertretungsmacht kraft Rechtsscheins

783 Wie bei anderen wichtigen handelsrechtlichen Tatbeständen können auch die Rechtswirkungen einer Vertretungsmacht kraft Rechtsscheins eintreten, ohne dass in Wirklichkeit eine solche Vertretungsmacht wirksam begründet wurde. Zu unterscheiden ist dabei, wie stets (s. bereits § 2), zwischen den Rechtsscheinwirkungen, die an die **Publizität des Handelsregisters** anknüpfen, also an eine unzutreffende Eintragung und Bekanntmachung oder eine unterbliebene Löschung (§ 15 I und III HGB), und den **Wirkungen kraft allgemeiner Rechtsscheingrundsätze.**

784 Eine Vollmacht kraft allgemeiner Rechtsscheinwirkung ist bereits im bürgerlichen Recht bekannt, in den speziellen Fällen der §§ 170–173 BGB sogar gesetzlich geregelt. Vorweg hat man hier aber zwischen **Duldungsvollmacht** und **Anscheinsvollmacht** zu unterscheiden. Bei der ersteren weiß der Vertretene positiv, dass jemand ohne Vollmacht für ihn als Vertreter auftritt, und unternimmt nichts dagegen, obwohl ihm dies möglich wäre. Die **Anscheinsvollmacht** bezeichnet demgegenüber diejenigen Fälle, in denen in einer dem Vertretenen zurechenbaren Weise der Rechtsschein einer bestehenden Vollmacht gesetzt wird, ohne dass der Vertretene das Auftreten des Vertreters geradezu duldet. Der gutgläubige Dritte wird dann geschützt. (Maßstab der Gutgläubigkeit: § 173 mit § 122 II BGB.)

785 Die **Duldungsvollmacht** interpretiert man zumeist als *stillschweigende Vollmacht*, dh als rechtsgeschäftlich wirksam erteilte Vollmacht. Der Vertretene bekundet sein Einverständnis mit dem Vertretungshandeln durch Unterlassen, indem er nicht dagegen

einschreitet. Unproblematisch ist das, solange er damit tatsächlich einverstanden, die Vertretung also von seinem Willen gedeckt ist. Im gegenteiligen Fall, und selbst wenn dem Betreffenden bei seinem Untätigbleiben der Erklärungswille (das Erklärungsbewusstsein/Rechtsbindungswille) fehlt, erlaubt die Rechtsgeschäftslehre aber unter bestimmten Umständen immer noch eine Zurechnung als konkludente Willenserklärung. Wir treffen hier auf den Schnittpunkt zwischen rechtsgeschäftlicher Auslegung und Zurechnung kraft Vertrauensschutzes, der allgemein bei der Rechtsscheinhaftung eine Rolle spielt (→ Rn. 63 f.) – jetzt in der speziellen Ausprägung des unbewussten Unterlassens oder Schweigens. Ob dieses als Einverständnis oder als Anknüpfungspunkt für eine Rechtsscheinhaftung gedeutet wird, ist im Grenzbereich zwischen Duldungs- und Anscheinsvollmacht nach ähnlichen Gesichtspunkten zu beurteilen.[762] Doch bleibt der Unterschied zu beachten, dass die Auslegung einer Vollmacht kraft Duldung sich primär vom Empfängerhorizont *des Vertreters* her bestimmt und diesem wirkliche Befugnisse (im Außen- wie im Innenverhältnis) verleiht, während die Anscheinsvollmacht nur im Verhältnis zum *Dritten dessen Gutgläubigkeit* schützt. Deshalb ist die konkludente Vollmacht an engere Voraussetzungen zu knüpfen, wozu eben auch die positive Kenntnis des Vertretenen vom Vertreterhandeln gehört. Wenn auch die Anscheinsvollmacht von der höchstrichterlichen Rechtsprechung als Fall echter rechtsgeschäftlicher Vollmacht angesehen wird,[763] verbleiben uE durchschlagende Bedenken vor dem Hintergrund einer in sich schlüssigen Rechtsgeschäftslehre. Die Anscheinsvollmacht als unterstelltes Rechtsgeschäft ist letztlich nichts anderes als eine partielle Rückkehr zur Lehre vom faktischen Vertrag, den der BGH mit Recht verworfen hat[764].

Dementsprechend kann auch im Handelsrecht etwa eine *Handlungsvollmacht* als stillschweigend erteilt angesehen werden, wenn der Geschäftsherr das Auftreten des Vertreters als Handlungsbevollmächtigten »duldet«, beispielsweise nichts unternimmt, wenn ein Angestellter wiederholt Ein- oder Verkaufsgeschäfte abschließt, ein Verkäufer Zahlungen entgegennimmt etc. Bei der *Prokura* allerdings scheidet dies wegen des gesetzlichen Erfordernisses »ausdrücklicher« Erteilung in § 48 HGB aus. **786**

An **§ 15 HGB** kann eine handelsrechtliche Vertretungsmacht kraft Rechtsscheins überall dort anknüpfen, wo die Vertretungsbefugnis einzutragen und bekanntzumachen ist, also zB bei der Prokura, den Geschäftsführern der GmbH. Besonders wichtig wird die **negative Publizität des § 15 I HGB** dort, wo *Abweichungen von einer dispositiven gesetzlichen Vertretungsregelung* eintragungspflichtig sind, so vor allem in den Fällen des § 125 II, III HGB, wenn also **statt der Einzelvertretung eine Gesamtvertretung** gelten soll. Letztere ist nach §§ 106 II Nr. 4, 107 HGB eintragungspflichtig und kann dementsprechend Dritten nur entgegengehalten werden, wenn sie im Handelsregister eingetragen und bekanntgemacht wurde, § 15 I HGB. **787**

Ansonsten kann jede handelsrechtliche Vertretungsmacht auf beliebige andere Rechtsscheintatbestände gegründet werden, nicht nur die Scheinhandlungsvollmacht als handelsrechtliches Gegenstück zur bürgerlichen Anscheinsvollmacht, sondern auch eine organschaftliche Vertretungsmacht: beispielsweise des Kommanditisten, der wie ein **788**

---

762 Rechtsscheingrundsätze wendet z. B. *BGH* NJW 1997, 319 an.
763 *BGH* NJW 2011, 2421 f.
764 *BGH* NJW 1965, 387 f.

Komplementär auftritt (aber Problem des § 15 II HGB!), oder des GmbH-Geschäftsführers, dessen Bestellung unwirksam ist (aber dann meistens § 15 III HGB!).

Besondere Beachtung verlangt jedoch stets das Tatbestandsmerkmal der **Zurechenbarkeit** des Rechtsscheins; es muss in Bezug auf den Geschäftsherrn geprüft werden, den die Rechtsfolgen wirksamer Vertretung treffen sollen, nicht in Bezug auf den (Schein-)Vertreter, der zumeist durch eigenes Handeln den Rechtsschein hervorruft. Typischerweise wird die Zurechnung damit begründet, dass der Geschäftsherr das Handeln des Scheinvertreters (zwar nicht kannte, aber) bei pflichtgemäßer Sorgfalt hätte erkennen und verhindern können. Voraussetzen muss man allerdings in der Regel ein Verhalten von einer gewissen Häufigkeit und Dauer.[765] Auf diese Weise kann eine Rechtsscheinhaftung auch an das Handeln eines selbst nicht verantwortlichen Scheinvertreters anknüpfen, wenn nur der Geschäftsherr verantwortlich ist (vgl. *Fall 4,* vor → Rn. 46 und → Rn. 62).

Ein gesetzlich geregelter Fall von Scheinhandlungsvollmacht ist *§ 56 HGB* (→ Rn. 831 f.). Besondere Probleme wirft die Anerkennung einer *Prokura kraft Rechtsscheins* auf, und zwar wiederum wegen des Erfordernisses ausdrücklicher Erteilung (hierzu → Rn. 814).

789 Die **Rechtswirkungen** einer Scheinvertretungsmacht sind im Handelsrecht stets, dass zugunsten des gutgläubigen Dritten **die gültige Vertretungsmacht fingiert,** also »positiver Vertrauensschutz« und nicht nur Ersatz des negativen Interesses gewährt wird[766] – auch dies wieder in Übereinstimmung mit dem Parallelfall einer rechtsgeschäftlichen Zurechnung. Nimmt allerdings der Dritte den Rechtsschein für sich in Anspruch, so kann auch die Gegenpartei die Vorteile aus dem Rechtsgeschäft zu ihren Gunsten geltend machen (str.).

Literatur: *Canaris*, Vertrauenshaftung, §§ 5, 18; *Canaris*, Handelsrecht, §§ 12–14; *Honsell*, JA 1984, 17; *Petersen*, Jura 2012, 683; MüKoBGB/*Schubert* § 167 Rn. 46 ff.

§ 31. Die Prokura

1. Begriff und Wesen

790 Die **Prokura** bezeichnet die wichtigste Form der handelsrechtlichen **Stellvertretung.** Sie ist der Rechtsnatur nach *Vollmacht iS von § 166 II BGB*, aber mit der Besonderheit, dass der **Umfang** der Vollmacht von Gesetzes wegen *fixiert* und der **Bestand** der Vollmacht durch Registereintragung in Verbindung mit der Regelung des § 15 HGB (Abs. 1 und 3, → § 2) gesichert ist. Ratio dieser Ausgestaltung ist wiederum der vorrangige Schutz der Interessen des Rechtsverkehrs, die Konsequenz hiervon andererseits ein erhebliches Risiko für denjenigen, der eine Prokura erteilt. Deshalb gibt es diese institutionalisierte Form von Stellvertretung nur im Kaufmannsrecht, und wirksam erteilen kann die Prokura *nur der Inhaber* selbst durch *ausdrückliche* Erklärung (§ 48 I HGB). Demgemäß scheidet eine »Duldungs«-Prokura aus, → Rn. 784 ff. Die Prokura ist auch nicht übertragbar (§ 52 II HGB) und jederzeit frei widerrufbar (§ 52 I HGB),

---

765 *BGH* NJW 1998, 1854; *BGH* NJW-RR 1986, 1169.
766 *Canaris*, Vertrauenshaftung, § 18.

letzteres selbst dann, wenn sie ausdrücklich als »unwiderrufliche« Prokura erteilt worden sein sollte.

Für das **Auftreten** des Prokuristen im Rechtsverkehr (namens des Vollmachtgebers) **791** bestimmt § 51 HGB, dass er im Schriftverkehr der Firma des Unternehmens seine Namensunterschrift und dieser einen »die Prokura andeutenden Zusatz« beizufügen hat. Üblich ist der Zusatz **»ppa«** (per procura) vor der Unterschrift. § 51 HGB statuiert aber keine Wirksamkeitsvoraussetzung für prokurarechtliche Stellvertretung, hierfür genügt vielmehr, dass (gemäß § 164 BGB) das Handeln im Namen des Geschäftsinhabers irgendwie zutage tritt.

2. Erteilung und Erlöschen der Prokura

a) Rechtsgeschäft

Wirksam erteilen kann die Prokura nur der Kaufmann selbst bzw. für ihn sein gesetz- **792** licher Vertreter – mit vormundschaftsgerichtlicher Genehmigung gemäß § 1822 Nr. 11 BGB – oder für Handelsgesellschaften ein organschaftlicher Vertreter nach Maßgabe seiner Vertretungsmacht (vgl. zB § 126 I mit § 125 HGB).

Das Erfordernis **ausdrücklicher Erteilung** ist iS von »unzweideutig« zu verstehen, dh, es ist zwar eine konkludente Erteilung ausgeschlossen, aber es muss nicht geradezu das Wort »Prokura« gebraucht werden. Im Übrigen gelten die allgemeinen Grundsätze über die Erteilung einer Vollmacht, dh, sie stellt ein einseitiges empfangsbedürftiges Rechtsgeschäft des Inhabers bzw. der Handelsgesellschaft gegenüber dem zu Bestellenden dar, und die §§ 167 I, 171 I BGB sind anwendbar. Auch die Anmeldung der Prokura zum Handelsregister (mit nachfolgender Bekanntmachung) erfüllt als Erklärung an die Öffentlichkeit das Erfordernis der ausdrücklichen Erteilung.[767]

Wie stets bei der Vertretungsmacht, ist auch bei der Prokura zu unterscheiden zwi- **793** schen der durch sie geschaffenen Vertretungsmacht im *Außenverhältnis* (dem rechtlichen »Können«) und den Bindungen und Rechtsbeziehungen im *Innenverhältnis* (dem rechtlichen »Dürfen«). Im Innenverhältnis liegt der Prokura regelmäßig ein **Arbeitsvertrag** zugrunde; der Prokurist ist Handlungsgehilfe (kaufmännischer Angestellter) iS von § 59 HGB (→ Rn. 647). Die Erteilung der Prokura ist aber unabhängig von diesem Vertragsverhältnis. Ebenso gilt für den Widerruf der Prokura § 52 I HGB, während sich die Frage, ob und zu welchem Zeitpunkt das zugrunde liegende Arbeitsverhältnis gekündigt werden kann, unabhängig davon nach arbeitsrechtlichen Grundsätzen bestimmt. So kann die missliche Situation entstehen, dass ein Prokurist zwar als Prokurist nicht mehr auftreten kann, aber weiter zu beschäftigen ist und sich »niedrigere« Arbeiten auch nicht zumuten lassen muss. Es kann auch sein, dass der Widerruf der Prokura irgendwelche Rechtspflichten aus dem Grundverhältnis verletzt, doch bringt er dessen ungeachtet die Prokura zum Erlöschen. Umgekehrt, bei Beendigung des Grundverhältnisses ohne (ausdrücklichen) Widerruf, soll nach hM allerdings § 168 S. 1 BGB anwendbar sein, dh, die Prokura erlischt ebenfalls (im Außenverhältnis ist der Rechtsverkehr allerdings bis zur Eintragung des Erlöschens gemäß § 15 I HGB geschützt, dh, er kann auf den Fortbestand der Prokura vertrauen).

---

767 MüKoBGB/*Schubert* § 167 Rn. 12; *Petersen,* § 43; *Petersen,* Jura 2012, 196.

351

794   Für den **Widerruf** gelten im Übrigen ebenfalls die allgemeinen Regeln des BGB, §§ 168 S. 3, 167 I. Auch er kann also zB gegenüber dem Registergericht mit nachfolgender Bekanntmachung erfolgen – wichtig, wenn ein nicht getreuer Prokurist »verschwunden« ist! Jedoch braucht andererseits der Widerruf, im Gegensatz zur Erteilung, nicht unbedingt ausdrücklich erklärt zu werden, str.[768] Denn man muss sich vor Augen halten, dass die Interessen des Rechtsverkehrs durch die Registereintragung (iVm § 15 I HGB) geschützt werden, das Erfordernis der Ausdrücklichkeit mithin in erster Linie dem Schutze des Geschäftsherrn dient, dessen Interesse aber im Falle des Widerrufs gerade umgekehrt zu sehen ist. Dann lässt sich beispielsweise eine Kündigung des Anstellungsverhältnisses auch als konkludenter Widerruf der Prokura deuten.

795   Erteilung und Erlöschen sind, wie erwähnt, in das **Handelsregister** einzutragen. § 53 I, III HGB statuiert die Eintragungspflicht, an welche dann die Rechtsfolgen des § 15 I, III anknüpfen können. Die Eintragung hat aber *nur deklaratorische* Bedeutung, wirksam erteilt bzw. entzogen ist die Prokura bereits mit der entsprechenden (formlosen) Willenserklärung. Die Prokura setzt beim Kaufmann kraft § 1 II HGB auch nicht voraus, dass *er* eingetragen ist. Umgekehrt kann auch der § 5-Kaufmann wirksam Prokura erteilen.

b) Person des Prokuristen

796   Der Prokurist muss eine natürliche Person sein. Wenngleich die Erteilung einer Prokura auch an eine juristische Person gelegentlich wünschenswert ist (zB in Konzernen), ist sie nach ganz hM ausgeschlossen. Hintergrund ist, dass die Erteilung einer solchen Prokura nicht mit der besonderen Vertrauensstellung des Prokuristen, die das Gesetz zugrunde legt (vgl. § 52 II HGB), vereinbar ist. Die Prokura als Fall der Vertretungsmacht kann der Inhaber nicht sich selbst erteilen; denn niemand kann sein eigener Bevollmächtigter sein. Diese Feststellung erscheint selbstverständlich und ohne praktischen Sinn, und sie ist das auch beim einzelkaufmännischen Unternehmen. Komplizierter wird die Situation aber schon bei den Handelsgesellschaften. Einsichtig ist, dass für organschaftliche Vertreter der Gesellschaft, also die vertretungsbefugten OHG- und KG-Gesellschafter, die Geschäftsführer einer GmbH, Vorstandsmitglieder einer AG, dasselbe gilt wie für den Einzelkaufmann.

797   Fraglich ist aber, ob der nach § 125 HGB von der *organschaftlichen* Vertretung ausgeschlossene **Gesellschafter** auf Basis einer *rechtsgeschäftlichen* Vollmacht Prokurist sein kann. Die hM bejaht dies; das Gegenargument lautet, es fehle am praktischen Bedürfnis, denn dem Gesellschafter könne ja die organschaftliche Vertretungsmacht belassen werden. Zu berücksichtigen ist jedoch, dass der Umfang der Prokura in einigen wichtigen Punkten etwas enger abgesteckt ist als derjenige der Vertretungsmacht nach § 126 HGB (s. sogleich) und dass die letztere nur unter erheblich erschwerten Voraussetzungen entzogen werden kann (vgl. § 127 HGB gegenüber § 52 I mit §§ 116 III S. 2, 126 I HGB). Insofern kann also durchaus ein vernünftiges Interesse bestehen, einem OHG-Gesellschafter die organschaftliche Vertretungsmacht vorzuenthalten und ihm stattdessen nur Prokura zu erteilen.[769] Erst recht kann dem Kommanditisten Prokura erteilt werden. Schließlich kann die Prokura im Gesellschaftsvertrag selbst eingeräumt

---

768   Die Gegenansicht (z. B. Großkomm/*Joost*, § 52 Rn. 13) stützt sich auf § 168 S. 3 BGB.

769   Weitergehend will *K. Schmidt* HandelsR § 16 III 2 auch organschaftlichen Vertretern, die in Gesamtvertretung verbunden sind, daneben Einzelprokura erteilen lassen.

werden und *darf* dann nur aus wichtigem Grund entzogen werden; *wirksam* ist ein Widerruf aber in jedem Fall.

Komplikationen können ferner im Falle der **Erbfolge** eintreten. Die Prokura bleibt **798** über den Tod des Inhabers hinaus gültig (§ 52 HGB). Sie erlischt aber aus dem genannten Grund, wenn der Prokurist selbst Erbe wird. Hingegen sollte man im Widerspruch zur hM, wenn der Prokurist nur Miterbe wird, ein Fortbestehen der Prokura ebenso anerkennen, wie man die Prokura eines Gesellschafters zulässt. Desgleichen müssten dann die Miterben – wenn man die Fortführung eines Unternehmens durch die Erbengemeinschaft als solche zulässt (→ Rn. 709 f.) – einen der ihren zum Prokuristen bestellen können.[770]

c) Erlöschen

Die vom verstorbenen Inhaber erteilte Prokura erlischt, wenn die mehreren Erben das **799** Unternehmen in Rechtsform der OHG, KG fortführen (hierzu → Rn. 712). Sie erlischt bei anderen Formen des **Inhaberwechsels** als dem Todesfall, also etwa bei der Veräußerung des Unternehmens. Eine Analogie zu § 52 III HGB verbietet sich; denn die ratio dieser Vorschrift ist es, die rechtsgeschäftliche Handlungsfähigkeit des Unternehmens auch in der Übergangsperiode zwischen dem Tod des alten Inhabers und der tatsächlichen Fortführung durch den bzw. die Erben sicherzustellen. Ein solches Bedürfnis besteht im Fall des § 25 HGB nicht. Dasselbe gilt im Falle des § 28 HGB. Hingegen lässt ein Gesellschafterwechsel bei der OHG die Identität der Gesellschaft und damit auch den Fortbestand einer Prokura unberührt.

Der Rechtsverkehr bleibt allerdings auch bei einem **Inhaberwechsel,** der die Prokura zum Erlöschen bringt, durch *§ 15 I HGB* geschützt. Wird freilich die Prokura nicht im Handelsregister gelöscht, wohl aber der Inhaberwechsel eingetragen, so muss ein Dritter den letzteren nach § 15 II HGB gegen sich gelten lassen und wird dann auch nicht in der Annahme geschützt, die Prokura sei durch den neuen Inhaber »bestätigt« worden; denn auch letzteres bedürfte eines Vermerks im Handelsregister gemäß § 53 I HGB.[771]

Die Prokura erlischt als unternehmensbezogene Vollmacht mit der **Einstellung** des **800** Unternehmens, desgleichen mit der Eröffnung des Insolvenzverfahrens; bei der Auflösung von Handelsgesellschaften wird die Frage unterschiedlich beurteilt, ebenso die Neuerteilung einer Prokura in Liquidation und Insolvenz.[772]

Die Prokura erlischt schließlich auch, wenn das kaufmännische Unternehmen seine kaufmännische Qualifikation verliert, sei es durch Löschung im Handelsregister nach § 2 S. 3 HGB, sei es, dass die Erforderlichkeit kaufmännischer Einrichtung (§ 1 II HGB) entfällt und das Unternehmen auch nicht im Handelsregister eingetragen ist und bleibt (ansonsten gilt § 5 HGB). In diesen Fällen kommt allerdings ein *Fortbestand als Vollmacht bürgerlichen Rechts* in Betracht.

---

770 *K. Schmidt* HandelsR § 16 III 2 c, gegen BGHZ 30, 391.
771 Vgl. Baumbach/Hopt/*Hopt* HGB § 52 Rn. 5.
772 S. *K. Schmidt,* BB 1989, 229.

3. Umfang und Beschränkungen der Prokura

a) Umfang

801 Der **Umfang** der Prokura ist *von Gesetzes wegen festgelegt,* und zwar in klarer Form und mit weitem Inhalt (§ 49 I HGB). Beschränkungen wirken im Außenverhältnis nicht (§ 50 I, II HGB), mit einer gesetzlichen Ausnahme, der Beschränkung auf eine von mehreren Zweigniederlassungen, § 50 III HGB (zB kann einem Filialleiter Prokura beschränkt auf »seine« Filiale erteilt werden). In einem bestimmten Punkt schließlich, demjenigen der Grundstücksgeschäfte nach § 49 II HGB, hat der Vollmachtgeber die Wahl zwischen zwei alternativen Ausgestaltungen der Prokura.

802 Im Innenverhältnis zum Inhaber des Handelsgeschäfts freilich ist der Prokurist verpflichtet, Beschränkungen einzuhalten, und eine Pflichtverletzung setzt ihn Sanktionen aus (Schadensersatz, fristlose Kündigung). Hieran knüpft eine weitere Ausnahme, die Außenwirkung nach den Grundsätzen über den Missbrauch der Vertretungsmacht (→ Rn. 775, 781).

b) Reichweite

803 Die Prokura deckt **gegenständlich** alle Arten von Rechtshandlungen – einschließlich der gerichtlichen Rechtsverfolgung – außerhalb des Bereichs der Grundstücksgeschäfte ab, die im Betrieb eines Handelsgewerbes vorkommen können, § 49 I HGB. Wichtig ist die Bezugnahme auf den Betrieb *eines* (beliebigen) Handelsgewerbes, nicht etwa nur des speziellen Unternehmens, auch nicht eines *derartigen* Handelsgewerbes, wie in § 54 HGB. Ausgenommen sind damit also nur Geschäfte, die im Handelsverkehr überhaupt nicht vorkommen, zB familien- und erbrechtliche Angelegenheiten.

Eine zweite Ausnahme resultiert allerdings aus der Einschränkung auf den *Betrieb* eines Handelsgewerbes; der Prokurist kann also nicht das Unternehmen einstellen, verpachten oder insgesamt veräußern, die Eröffnung des Insolvenzverfahrens beantragen etc. Verwehrt sind ihm auch andere die *Grundlagen* des Unternehmens berührende Maßnahmen wie die Aufnahme von Teilhabern, die Änderung der Firma. Er kann Zweigniederlassungen errichten, aber nicht den Sitz verlegen (str.);[773] er sollte nicht den Unternehmensgegenstand verändern können (str.),[774] aber branchenfremde Geschäfte sind dessen ungeachtet auch in größerem Umfang gültig. Dass er seinerseits keine Prokura erteilen kann, folgt aus § 48 I HGB.

Auch **Anmeldungen zum Handelsregister** sind in diesem Umfang von der Vertretungsmacht des Prokuristen gedeckt, dh, er kann sie vornehmen, soweit die Angelegenheit zum Betrieb des Handelsgewerbes gehört. Das gilt beispielsweise für Handlungen, die Zweigniederlassungen oder Tochtergesellschaften betreffen; hingegen werden Anmeldungen in Sachen des eigenen Unternehmens meist dessen Grundlagen berühren.[775]

---

773 Dies gilt nach hM ebenfalls für rechtsgeschäftliche Erklärungen über eine Sitzverlegung, die für den Gerichtsstand von Bedeutung sein können. Verkehrsgeschäfte im Zuge der Verlegung sind hingegen von der Vertretungsmacht erfasst.

774 Zu den problematischen Fällen insgesamt s. MüKoHGB/*Krebs* § 49 Rn. 26 ff.

775 *BGH* NJW 1992, 975; *Joost,* ZIP 1992, 463.

c) Grundstücksvorbehalt

Der **Grundstücksvorbehalt** des § 49 II HGB betrifft nur die *Veräußerung* und Belastung, nicht dagegen den Erwerb von Grundstücken. Dem liegt die Vorstellung zugrunde, dass die Erhaltung von Grundvermögen besonderen Schutzes bedarf. Die Einschränkung muss, dem Schutzzweck entsprechend, bereits für das Verpflichtungsgeschäft (zB Kaufvertrag) gelten.

Nicht unter den Vorbehalt des § 49 II fallen der Erwerb eines *belasteten* Grundstücks, und auch nicht die Aufnahme von Belastungen, die aus Anlass des Erwerbs begründet wurden *(Restkaufgeldhypotheken!).*

Die Erweiterung der Prokura auf Grundstücksveräußerungen und Grundstücksbelastungen ist wiederum eine generelle Erweiterung und wird als solche in das Handelsregister eingetragen; sie kann also nicht auf bestimmte Fälle oder bestimmte Grundstücke beschränkt werden (letzteres str.). Davon zu unterscheiden ist die allgemeine (bürgerlich-rechtliche) Vollmacht für den Abschluss eines bestimmten oder auch einer Vielzahl von Grundstücksgeschäften, die auch einem Prokuristen (*zusätzlich* zu seiner Prokura) erteilt werden kann, keine Erweiterung seiner Prokura darstellt und nicht ins Handelsregister eingetragen wird.

d) Niederlassungsprokura

Als einzige gegenständliche Beschränkung ist in § 50 III HGB (unter den dort genannten Voraussetzungen) diejenige auf eine (Zweig-)Niederlassung anerkannt. Dementsprechend wird die Prokura dann auch in das Handelsregister eingetragen. Andere Beschränkungen sind nicht eintragungsfähig und machen den Prokuristen, wenn er sie verletzt, lediglich im Innenverhältnis wegen Nichtbeachtung von Weisungen regresspflichtig.

Die Beschränkung nach § 50 III hat die praktische Bedeutung, dass der Prokurist nicht mit Vertretungswirkung unter der Firma einer anderen Niederlassung auftreten kann; zu beachten bleibt aber andererseits, dass ihm auch unter der Prokura »seiner« Niederlassung die umfassende Rechtsmacht des § 49 HGB verbleibt, um mit Wirkung für und gegen den Inhaber zu handeln.

Betreibt ein Kaufmann **mehrere Unternehmen** (nicht: mehrere Niederlassungen *eines* Unternehmens), so betrifft bereits die Erteilung der Prokura nach §§ 48 I, 53 HGB immer nur ein bestimmtes Unternehmen. Das ist kein Fall des § 50 III HGB. Allerdings kann auch hier der Prokurist des einen Unternehmens gegenständlich durchaus in die Sphäre des anderen Unternehmens übergreifen; denn das dahinter stehende Rechtssubjekt, auf welches sich seine Vertretungsmacht bezieht, ist dasselbe, und der Umfang der Prokura ist nach § 49 I HGB nicht auf den jeweiligen Unternehmensgegenstand begrenzt.

e) Unternehmensbereich

Die Regelung des § 49 I HGB, die den Umfang der Prokura nicht vom Gegenstand des jeweiligen Unternehmens abhängig macht, sowie die in § 50 III HGB vorgesehene Beschränkung der Prokura und die soeben genannte Fallgestaltung, dass derselbe Kaufmann mehrere Unternehmen betreibt, werfen in dreifacher Form das Problem einer

804

805

806

807

Unterscheidung nach Zuordnungsbereichen oder »Sphären« auf. Im Falle des § 50 III HGB geht es um die Abgrenzung mehrerer Niederlassungssphären, bei mehreren Unternehmen desselben Inhabers um die jeweiligen Unternehmenssphären und ganz allgemein schließlich um die Trennung zwischen Unternehmenssphäre und **Privatsphäre des Inhabers**. Das Rechtssubjekt, das von dem Prokuristen vertreten werden soll, ist in all diesen Bereichen dasselbe, nämlich der (einzelkaufmännische) Inhaber des Unternehmens; und dennoch ist die Prokura auf die Sphäre des Unternehmens bzw. der Niederlassung bzw. eines der Unternehmen beschränkt. Der Prokurist kann also weder über Vermögensgegenstände aus der anderen Sphäre wirksam verfügen noch den Inhaber mit Wirkung für diesen Bereich verpflichten oder Rechte für ihn erwerben.

808 Dass eine solche Beschränkung grundsätzlich möglich ist, folgt aus § 50 III HGB. Für mehrere selbständige Unternehmen, die nebeneinander bestehen, muss das hier für Zweigniederlassungen Angeordnete erst recht gelten, und für die *Ausgrenzung der Privatsphäre* ist die gesetzgeberische Wertung in *§ 343 HGB* vorgegeben. Was dort für die Anwendbarkeit der handelsrechtlichen Vorschriften des Vierten Buches vorgeschrieben ist, hat auch für die Reichweite der Prokura zu gelten. Allerdings ist auch § 344 HGB mit den dort zur Einschränkung des Gegenbeweises entwickelten Grundsätzen zu berücksichtigen (→ Rn. 838 ff.), was bedeutet, dass ein gutgläubiger Dritter in seinem Vertrauen darauf geschützt wird, ein bestimmtes Rechtsgeschäft gehöre in die Unternehmenssphäre und könne daher von dem Prokuristen wirksam abgeschlossen werden.[776]

809 Im **Ergebnis** folgt daraus, dass jedes Rechtsgeschäft daraufhin zu beurteilen ist, ob es sich nach seiner Natur – aus der Sicht des Rechtsverkehrs – als der *Privatsphäre* zugehörig erweist. In manchen Fällen ist diese Einordnung unschwer vorzunehmen, so insbesondere bei Rechtshandlungen im Rahmen bereits bestehender Rechtsverhältnisse. Der Prokurist kann nicht dem im Haushalt seines Prinzipals angestellten Kindermädchen die Kündigung aussprechen. Aber auch bei der Neuanstellung eines solchen Kindermädchens ist die Zuordnung des Geschäfts zur Privatsphäre regelmäßig klar und für einen Gutglaubensschutz kein Raum. In anderen Fällen, so insbesondere bei Veräußerungs- und Erwerbsgeschäften (zB Verkauf von Mobiliar), kommt es demgegenüber ganz auf die Umstände des Einzelfalls an (Babymöbel, Büromöbel etc.).

810 Bei der Unterscheidung zwischen den Sphären **mehrerer Unternehmen** oder **mehrerer Niederlassungen** hat man im Ansatz ähnlich zu verfahren. Ein bestimmtes Rechtsgeschäft wird von der Prokura nicht mehr erfasst, wenn es seiner Natur nach einer anderen Sphäre zuzuordnen ist und ein schutzwürdiges Vertrauen der Gegenpartei nicht besteht. Allerdings dürften die Fälle einer eindeutigen Zuordnung dieser Art seltener sein als bei der Privatsphäre. Im Rahmen des § 50 III HGB kommen vor allem bereits bestehende Rechtsbeziehungen einer anderen Niederlassung in Betracht, in die der fremde Prokurist sich nicht wirksam einmischen kann. Ferner ist an die Beispiele der Anmietung eines Geschäftslokals im örtlichen Bereich der anderen Niederlassung oder der Einstellung eines Arbeitnehmers zur Tätigkeit in der anderen Niederlassung zu denken.

---

776 Baumbach/Hopt/*Hopt* HGB § 49 Rn. 2; Heymann/*Emmerich,* § 49 Rn. 13 und für das Verhältnis mehrerer Unternehmen § 50 Rn. 21.

Ebenso wenig kann übrigens der Prokurist einer Handelsgesellschaft die **Gesellschafter** in ihren persönlichen Rechtsverhältnissen vertreten, etwa namens eines Gesellschafters eine Bürgschaftserklärung abgeben.

4. Gesamtprokura

Ein Kaufmann kann für sein Unternehmen mehrere Prokuristen bestellen. Das ist an sich nichts Besonderes; jeder der Prokuristen hat dann die geschilderte umfassende Vertretungsmacht. Eine ressortmäßige Aufteilung der Aufgaben unter den mehreren Prokuristen bindet nur im Innenverhältnis.   811

Gemäß § 48 II HGB kann den mehreren Prokuristen aber auch *Gesamtprokura* erteilt werden, mit den Gestaltungsmöglichkeiten und Rechtsfolgen, wie oben Rn. 768 f. allgemein für die Gesamtvertretung behandelt. Der Inhaber des Unternehmens kann auf diese Weise die mit der Erteilung einer Prokura verbundenen Risiken verringern, und daher ist zB bei Banken die Gesamtvertretung durch zwei Personen die Regel – sog. **Vieraugenprinzip.** Die Gesamtprokura muss ebenfalls ins Handelsregister eingetragen werden (§ 53 I 2 HGB); andernfalls können gutgläubige Dritte sich auf § 15 I HGB stützen.

Möglich ist ferner eine **unechte oder gemischte Gesamtvertretung,** insbesondere eines organschaftlichen Vertreters mit einem Prokuristen; auch hierzu bereits → Rn. 774. Wie dort erwähnt, bestimmt sich hierbei die Vertretungsmacht auch des Prokuristen in ihrem Umfang nach dem Rahmen der betreffenden organschaftlichen Vertretungsmacht. Zumeist findet sich die unechte Gesamtvertretung zwischen einem Organmitglied und einem Prokuristen eingebunden in eine echte Gesamtvertretung auf beiden Stufen, dh als dritte Variante zwischen organschaftlicher Gesamtvertretung und Gesamtprokura. Es existieren dann also sowohl zwei oder mehrere Organmitglieder als auch Prokuristen, und es besteht keine Form von Einzelvertretung. Jedoch kann man daneben auch die Einzelprokura (eines einzigen oder mehrerer Prokuristen) bestehen lassen; der Prokurist vermag dann im gegenständlichen Rahmen seiner Prokura allein zu handeln. Ebenfalls zulässig ist aber, den Prokuristen ausschließlich für die Zwecke der gemischten Gesamtvertretung zu bestellen, so dass er weder in Gesamtvertretung mit anderen Prokuristen noch als Einzelprokurist Befugnisse hat. Der Registervermerk muss dann dementsprechend lauten.   812

Weitere Abwandlungen, die die Rspr. darüber hinaus zulässt, führen zu unnötigen Komplikationen und dienen keinem vernünftigen Interesse. So soll außer der bisher behandelten gemischten Vertretung eines Prokuristen mit einem Organmitglied, die den ersteren auf die organschaftliche Stufe emporhebt und einer entsprechenden statutarischen Grundlage bedarf (vgl. §§ 125 III HGB, 78 III AktG), auch die bloß prokuramäßige Erteilung einer solchen Vertretungsmacht möglich sein (BGHZ 99, 76), desgleichen eine unechte Gesamtvertretung zwischen einem Prokuristen und einem (evtl. dem einzigen vorhandenen) organschaftlichen Vertreter oder dem Einzelkaufmann selbst, bei welcher diesem letzteren seine Einzelvertretungsmacht verbleibt, er also ebenso gut allein wie zusammen mit dem Prokuristen handeln kann (BGHZ 62, 166).[777]   813

---

[777] Für Einzelkaufmann verneint von *BayObLG* NJW 1998, 1161; dagegen *Barwaldt/Hadding,* NJW 1998, 1103.

5. Prokura kraft Rechtsscheins

a) Registerpublizität

814 Kraft Rechtsscheins können die Vertretungswirkungen einer Prokura zum einen auf Grund der **Registerpublizität** eintreten. So ist das **Fortwirken** einer erloschenen, aber *noch nicht* im Handelsregister *gelöschten* Prokura eines der Paradebeispiele für die negative Publizität des **§ 15 I HGB** (→ Rn. 46 f.).

Eine nicht rechtsgültig erteilte Prokura kann über § 15 III HGB Wirkungen entfalten. Steht allerdings die kaufmännische Qualität des Unternehmens als Voraussetzung für die Erteilung einer gültigen Prokura in Frage, so ist zu beachten: Ist das gewerbliche Unternehmen selbst im Register eingetragen, so kommt § 2 oder § 5 HGB zum Zuge, dh, auch für die Zwecke einer Prokuraerteilung ist die Kaufmannseigenschaft kraft der Registereintragung gegeben, die Prokura ist gültig erteilt (und zwar ohne Rücksicht darauf, ob sie selbst ebenfalls eingetragen wurde).

b) Allgemeiner Rechtsscheingedanke

815 Die zweite mögliche Grundlage für eine Scheinprokura, der **allgemeine Rechtsscheingedanke,** begegnet hier allerdings dem speziellen Problem, dass § 48 HGB die *»ausdrückliche«* Erteilung der Prokura verlangt. Ist damit schon eine stillschweigend erteilte Prokura ausgeschlossen, so wird vielfach gefolgert, dass dies »erst recht« für eine Rechtsscheinprokura gelten müsse.[778] Die Scheinprokura ist aber *kein minus* gegenüber der stillschweigenden (auch der Duldungs-)Prokura, sondern ein *aliud*. Richtig ist sicher, dass § 48 HGB Rechtsklarheit im Innenverhältnis schaffen und die Interessen des Inhabers gegen die Risiken einer Prokura in besonderem Maße schützen will. Doch genügt dies noch nicht, um von dem Vorrang des Verkehrsinteresses, der das Handelsrecht ganz allgemein beherrscht und den Kaufmann in anderen Fällen noch viel härter treffen kann als bei der Prokura, für den Fall der Prokura abzugehen.

816 Hauptsächlich **zwei Fallgestaltungen** sind in diesem Zusammenhang zu unterscheiden: (1) Es *fehlt* an der *kaufmännischen Qualifikation* für die Erteilung (ein Nichtkaufmann will einen Prokuristen bestellen), oder (2) es fehlt an einer der speziell für die Prokura aufgestellten *Erteilungsmodalitäten* (ausdrücklich, durch den Inhaber persönlich).

Für den ersteren Fall wird zunehmend anerkannt, dass der Nichtkaufmann durch das Erteilen einer Prokura (als Scheintatbestand gleich dem der Führung einer kaufmännischen Firma etc.) zum Schein-Kaufmann (→ Rn. 164 f.) werden kann, und auf diesem Umweg wirkt dann auch die Prokura kraft des Rechtsscheins.[779]

Die Interessenlage ist aber nicht anders, wenn es an Gültigkeitsvoraussetzungen der zweitgenannten Art fehlt. Freilich genügt es in den meisten Fällen für praktische Zwecke, dem Vertreter undifferenziert eine *Scheinvollmacht* – wenn nicht sogar durch *Umdeutung* des Erteilungsakts in eine gültige Handlungsvollmacht, dazu sogleich – zuzuerkennen und auf deren Grundlage dann das fragliche Rechtsgeschäft aufrechtzu-

---

778 Großkomm/*Joost*, § 48 Rn. 72; dagegen zutr. Baumbach/Hopt/*Hopt* HGB § 48 Rn. 3.
779 So Baumbach/Hopt/*Hopt* HGB § 48 Rn. 1; KKRD/*Roth* HGB § 48 Rn. 23 f.; aA *Canaris*, § 6 Rn. 7 f.

erhalten. Man braucht aber das Beispiel nur so zu bilden, dass der angebliche Prokurist ein Geschäft tätigt, das gegenständlich nicht mehr von einer Handlungsvollmacht gedeckt wird, etwa ein branchenfremdes Geschäft, und muss zur Frage der Scheinprokura Farbe bekennen.

Zu überlegen bleibt allerdings, ob die besondere Situation bei der Prokura in der Beurteilung der **Zurechenbarkeit** des Rechtsscheins einen Niederschlag finden kann. Bejaht werden kann die Zurechenbarkeit grundsätzlich unter den Voraussetzungen der Duldungsvollmacht, also wenn der Inhaber das Auftreten des Scheinprokuristen in der Sphäre des Unternehmens *positiv kennt* und ein Einschreiten dagegen ihm möglich und zumutbar und aus der Sicht des Rechtsverkehrs von ihm zu erwarten wäre. Fraglich ist hingegen, ob auch eine Unkenntnis auf Grund grober oder gar nur einfacher Fahrlässigkeit genügt, wie es das folgende **Beispiel** veranschaulicht:

> Der Buchhalter des Unternehmens tritt wiederholt unter Verwendung von Firmenbriefpapier und mit der Zeichnung »ppa« als Prokurist des Unternehmens auf. Der Inhaber weiß davon nichts, weil er die Geschäftskorrespondenz nicht hinreichend überwacht. Der Scheinprokurist schließt nunmehr ein Geschäft ab, das aus dem üblichen gegenständlichen Rahmen des betreffenden Unternehmens fällt, also nur unter den Voraussetzungen des § 49 I HGB aufrechterhalten werden kann.
> UE gebührt bei grober Vernachlässigung der unternehmerischen Aufsichtspflicht auch in den Fällen der Prokura dem Verkehrsinteresse der Vorrang gegenüber dem Individualinteresse des Inhabers. Im Beispiel wäre das Geschäft mithin wirksam.

c) Umdeutungsmöglichkeit

Fehlt es an den spezifischen Voraussetzungen für die Erteilung einer Prokura (kaufmännisches Unternehmen, Erteilung durch den Inhaber persönlich und ausdrücklich), so kommt auch eine **Umdeutung** (§ 140 BGB) in eine *Handlungsvollmacht* oder *Vollmacht bürgerlichen Rechts* (als minus zur Prokura) in Betracht, die zwar gegenüber einer Prokura, auch einer solchen kraft Rechtsscheins, in der gegenständlichen Reichweite zurückbleibt, aber im Unterschied zur Rechtsscheinsprokura dann als solche auch wirklich besteht, nicht nur das Vertrauen gutgläubiger Dritter schützt. In der praktischen Arbeit ist daher grundsätzlich die wirksame Erteilung einer Vollmacht vor der Rechtsscheinsprokura (oder sonstiger Anscheinsvollmacht) zu prüfen.

Dabei setzt freilich auch die Handlungsvollmacht ein Handelsgewerbe voraus, so dass dem **nichtkaufmännischen Unternehmen** nur die Vollmacht nach BGB verbleibt. Wenn ein Unternehmen seine Kaufmannseigenschaft verliert, so fehlt es für die Umdeutung einer früher erteilten Prokura in eine bürgerliche Vollmacht, genau genommen, in diesem Zeitpunkt an einem umzudeutenden (nichtigen) Rechtsgeschäft; denn die Prokura wurde zuerst gültig erteilt und ist später von Rechts wegen erloschen. Doch kann eine »nahtlose« Fortsetzung der Prokura als Vollmacht jedenfalls dann angenommen werden, wenn der Inhaber das weitere Auftreten des Vertreters konkludent billigt.

817

818

§ 32. Handlungsvollmacht, Ladenvollmacht

Fall 46: Die X-Bank betreibt als Teilzahlungsbank vornehmlich Kreditgeschäfte. Mit (Spar-)Einlagengeschäften hat sie sich kaum, und in ihrer Filiale in W, die von D geleitet wurde, überhaupt nicht befasst. Dennoch nahm D von A Festgeldeinlagen in Höhe von 65.000 EUR entgegen; A erhielt darüber Quittungen mit dem Firmenaufdruck der X-Bank. Die Gelder flossen der X-Bank aber nicht zu, ein Konto für A wurde nicht errichtet. A verklagt die X-Bank auf Rückzahlung der Einlage nebst den mit D vereinbarten Zinsen. Die Bekl. hält entgegen, D habe ohne Vollmacht gehandelt. Wird die Klage Erfolg haben? (Lösungshinweise → Rn. 837).

1. Handlungsvollmacht – Überblick

819   Die Handlungsvollmacht des § 54 HGB ist die zweite und im Vergleich zur Prokura in jeder Hinsicht *abgeschwächte Form* handelsrechtlicher Vollmacht. *Jede* handelsrechtliche, dh *in Bezug auf ein kaufmännisches Unternehmen* und als Bestandteil von dessen Organisation erteilte Vollmacht **ist Handlungsvollmacht,** sofern sie nicht als Prokura erteilt wurde. Gegenüber der Prokura ist der Umfang der Vertretungsmacht hier von Gesetzes wegen weniger starr und insgesamt weniger weit ausgreifend fixiert, ein handelsregisterlicher Bestandsschutz findet nicht statt. Demgemäß ist auch die Erteilung der Handlungsvollmacht an geringere Voraussetzungen gebunden: die besonderen Einschränkungen des § 48 I HGB entfallen, die Handlungsvollmacht ist übertragbar, wenngleich nur mit Zustimmung des Vertretenen (§ 58 HGB) oder eines »höherrangigen« Stellvertreters. Letzterer kann auch seinerseits eine Handlungsvollmacht niedrigeren Grades erteilen.

Aus dieser im Vergleich zur Prokura schwächeren Ausbildung der Handlungsvollmacht wie auch aus dem Wortlaut des § 54 I HGB folgt, dass im Einzelfall stets zunächst die Erteilung einer Prokura zu prüfen ist. Wer nur zum Handlungsbevollmächtigten ernannt wurde, hat in seinem Auftreten jeden Anschein einer Prokura zu vermeiden (s. § 57 HGB) – dies nicht zuletzt auch deswegen, weil ansonsten eine Prokura kraft Rechtsscheins in Betracht kommen könnte (→ Rn. 814f.).

820   Sollte umgekehrt eine Prokura erteilt werden, fehlt es aber an einer der speziellen Voraussetzungen für deren Gültigkeit, so ist stets die **Umdeutung** (§ 140 BGB) in eine Handlungsvollmacht in Erwägung zu ziehen (→ Rn. 818). Das gilt beispielsweise, wenn ein Prokurist seinerseits »Prokura« zu erteilen versuchte.

Die Handlungsvollmacht ihrerseits wird nicht als ein besonderer Typus von Vertretungsmacht erteilt, sondern sie **ist Vollmacht,** erteilt unter den besonderen Umständen des § 54 HGB und deshalb besonderen Regeln hinsichtlich des **Umfanges** unterworfen.[780] Deshalb bedarf es, wenn das Tatbestandsmerkmal des Handelsgewerbes fehlt oder entfällt, keiner Umdeutung in eine BGB-Vollmacht, sondern es *besteht* dann eben eine Vollmacht ohne die besondere Qualifikation des § 54 HGB.

---

780 KKRD/*Roth* HGB § 54 Rn. 1; *Petersen,* § 44 S. 366ff.

2. Der Umfang der Handlungsvollmacht

a) Gesetzliche Typisierung

§ 54 I HGB unterscheidet dem Umfang nach *drei Abstufungen* der Handlungsvollmacht, die gewählt werden können:

(1) die *General*handlungsvollmacht (»Betrieb eines Handelsgewerbes«),
(2) die *Art*handlungsvollmacht (»bestimmte Art von Rechtsgeschäften«, zB Einkauf, Verkauf, Beschränkung auf bestimmte Warengattungen etc.) und
(3) die *Spezial*handlungsvollmacht (»einzelne Geschäfte«).

Selbst die weiteste von ihnen, die Generalhandlungsvollmacht, trennt von der Prokura noch der grundlegende Unterschied, den das Gesetz mit den Begriffen »derartig« und »gewöhnlich« ausdrückt. Das bedeutet, dass der Umfang der Handlungsvollmacht am Gegenstand des *jeweiligen* Unternehmens ausgerichtet ist. Allerdings scheidet ein Geschäftsvorfall nicht schon deswegen als ungewöhnlich aus, weil er nur selten vorkommt. *Beispiel:* Filialleiter lässt die Heizungsanlage des Betriebsgebäudes reparieren.

Diese Eingrenzung der Vertretungsmacht ist praktisch gleichlautend mit der in § 116 HGB für die OHG-Geschäftsführung getroffenen Unterscheidung und dürfte auch inhaltlich übereinstimmend zu interpretieren sein (→ Rn. 272 f.).

Im *Register* sind die Handlungsvollmachten **nicht eintragungspflichtig** und gleichzeitig auch nicht eintragungsfähig. Da die Handlungsvollmacht auch *konkludent* erteilt werden kann, ist dies praktisch immer dann der Fall, wenn ein Angestellter mit Funktionen betraut wird, die rechtsgeschäftliche Tätigkeiten mit sich bringen (zB Kassierer, zum Verkäufer, vgl. → Rn. 831). Der jeweilige Umfang ist dann im Wege der Auslegung nach der zugewiesenen Funktion zu bestimmen.

Außerdem zählt **§ 54 II HGB** ganz allgemein, dh unabhängig vom jeweiligen Unternehmensgegenstand, eine Reihe von Punkten auf, die von einer Handlungsvollmacht grundsätzlich *nicht* erfasst werden. Systematisch entspricht dieser Katalog der Regelung des § 49 II HGB bei der Prokura, inhaltlich tritt auch hierin der Unterschied zwischen den beiden Vertretungsformen deutlich zutage. Bei anderen Geschäften, die **ähnlich riskant** sind, aber eben nicht ausdrücklich unter die Aufzählung des § 54 II HGB fallen (zB Bürgschaft, Gewährung von Darlehen), kommt es demgegenüber darauf an, ob man sie als ungewöhnlich iSv § 54 I HGB klassifizieren kann; eine unmittelbare Einordnung unter Abs. 2 im Wege der extensiven Auslegung oder Analogie wird abgelehnt. Die in Abs. 2 aufgezählten Erweiterungen der Handlungsvollmacht können in beliebiger Auswahl und Kombination und ebenfalls wiederum konkludent getroffen werden; das Erfordernis »besonderer« Erteilung schließt das nicht aus.

b) Privatautonome Festlegung

Ins Belieben des Vollmachtgebers gestellt ist damit, was den Umfang der Vertretungsmacht betrifft, bei der Handlungsvollmacht einerseits die Wahl zwischen den drei in § 54 I HGB vorgesehenen **Abstufungen,** andererseits die Erweiterung um die in Abs. 2 aufgeführten Punkte. Doch ist dies nicht alles: So steht einer noch großzügigeren Erweiterung der Vollmacht, etwa einer sog. »Generalbevollmächtigung«, die selbst über den Umfang einer Prokura hinausgehen kann, nichts entgegen; insoweit sind der Privatautonomie keine Grenzen gesetzt.

821

822

823

824

Im Einzelnen ist auch der Umfang solcher Erweiterungen wieder ins Belieben des Vollmachtgebers gestellt, so kann er etwa enger eingegrenzte Teilbereiche »ungewöhnlicher« Geschäfte einbeziehen. Andererseits ergibt sich aus § 54 III HGB, dass auch, wie bei der Vollmacht des bürgerlichen Rechts, ==Einschränkungen des Umfangs== möglich sind, und wiederum grundsätzlich in jeder beliebigen Weise. Schließlich ist zu berücksichtigen, dass zwei der in § 54 I HGB aufgeführten Abstufungen, die Art- und die Spezialhandlungsvollmacht, ihrerseits konkretisierungsbedürftig sind. Sie sind in ihrer Reichweite nicht schon vom Gesetz vorgegeben, sondern der die Vollmacht Erteilende hat die Art der Geschäfte oder die einzelnen Geschäfte näher zu bestimmen. Hier können die Übergänge zwischen einer detaillierten Artbeschreibung und sonstigen Beschränkungen iSv Abs. 3 fließend werden.

> **Beispiel:** In einer Bank ist die Bestellung zum Leiter der Kreditabteilung ein typischer Fall von Arthandlungsvollmacht. Doch kann die maßgebliche Art von Geschäften auch enger eingegrenzt werden, etwa wenn der Angestellte nur mit der Vergabe von Hypothekarkrediten betraut ist. Ebenso kann ein Autohändler die Verkaufsvollmacht seines Angestellten auf Neuwagen oder Gebrauchtwagen, Pkw oder Lkw eingrenzen.
> Hingegen dürfte es keine Bestimmung der Artvollmacht mehr sein, sondern eine sonstige Beschränkung, wenn die Abschlussvollmacht des Kreditsachbearbeiters betragsmäßig limitiert, dem Autoverkäufer die Inzahlungnahme von Gebrauchtwagen untersagt wird.

825 Es ist also zum einen die Festlegung auf eine der **drei Abstufungen** des Abs. 1 nicht so eindeutig, wie es auf den ersten Blick den Anschein hat, und zum anderen ist jede beliebige Abstufung zwischen bzw. außerhalb der drei gesetzlich unterschiedenen Formen möglich. Das bedeutet im Ergebnis, dass der Privatautonomie des Vollmachtgebers hinsichtlich des Umfangs der zu erteilenden Vertretungsmacht, anders als bei der Prokura gemäß § 50 I HGB, keine Schranken gesetzt sind. Freilich will auch § 54 HGB der Rechtssicherheit und damit dem Interesse des Rechtsverkehrs dienen, aber dies nur in der Weise, dass er gesetzliche Typisierungen anbietet (in Abs. 1 und 2) und bei Abweichungen hiervon nach Abs. 3 **Gutglaubensschutz** gewährt. Schon dieser Schutz außenstehender Geschäftspartner gegen sonstige Beschränkungen, die der Kaufmann seinem Vertreter auferlegt, wirkt wesentlich schwächer als bei der Prokura: Wird er dort im Außenverhältnis nur unter den Voraussetzungen eines Missbrauchs der Vertretungsmacht (→ Rn. 777 f.) durchbrochen, so bei der Handlungsvollmacht bereits im Falle der Bösgläubigkeit des Dritten nach dem strengen Maßstab des § 122 II BGB.

826 Vor allem aber ist die Eingrenzung auf »sonstige« **Beschränkungen** zu beachten, die § 54 III HGB dem Gutglaubensschutz setzt. Nimmt der Dritte Erweiterungen der Vollmacht gegenüber der Typisierung in I und II an, so tut er dies auf eigenes Risiko; und vor allem wird sein guter Glaube daran, dass überhaupt eine bestimmte Art von Handlungsvollmacht besteht, durch § 54 nicht geschützt, also weder die irrtümliche Annahme, der Arthandlungsbevollmächtigte habe Generalhandlungsvollmacht, noch diejenige, dass ein Angestellter eine bestimmte Art, zB Verkaufsvollmacht, habe. Hier helfen, sofern nicht eine entsprechende Vollmacht als konkludent erteilt oder »hochgestuft« – zB durch Duldung (→ Rn. 785) – gelten kann, nur noch die Grundsätze der Anscheinsvollmacht.

827 Zu einem speziellen Problem im Hinblick auf den Vertrauensschutz wird damit die vorgenannte Unterscheidung zwischen einer **Konkretisierung** der Art- (und allenfalls auch der Spezial-)Handlungsvollmacht iSv Abs. 1 und sonstigen Beschränkungen iSv

Abs. 3, weil es eben nur im letzteren Bereich den gesetzlichen Gutglaubensschutz gibt. Im Interesse des auch hierbei gebotenen Verkehrsschutzes wird man Eingrenzungen nur insoweit als Artbezeichnung iSv Abs. 1 anerkennen, als sie in **typisierter Form** getroffen werden und auch in der Organisation des Unternehmens irgendwie zutage treten.[781] Ferner kommt eine Haftung des Geschäftsherrn aus culpa in contrahendo (§ 311 II BGB) in Betracht, wenn er insoweit Anlass zu Missverständnissen gibt.[782]

c) Umgedeutete Prokura

Soll eine ungültige Prokura gemäß § 140 BGB in eine Handlungsvollmacht umgedeutet werden (→ Rn. 814 f.), so ist deren Umfang in einer Weise zu bestimmen, dass er einerseits der gewünschten Prokura möglichst nahe kommt, andererseits der Schutzzweck nicht unterlaufen wird, an dem im konkreten Fall die Prokura scheiterte. Daraus folgt, dass man grundsätzlich eine Generalhandlungsvollmacht annehmen kann und dass die Erweiterung nach § 54 II HGB auf Grundstücksgeschäfte nur in Betracht kommt, wenn auch die Prokura iSv § 49 II HGB erweitert sein sollte. Zweifelhaft ist hingegen, ob die anderen Erweiterungen des § 54 II HGB ohne Weiteres in der Umdeutung enthalten sind.

828

3. Handelsvertreter und Handlungsgehilfen im Außendienst

Handelsvertreter und Handlungsgehilfen im Außendienst können entweder mit dem **Abschluss** oder nur mit der *Vermittlung* von Geschäften betraut sein. Im ersteren Fall sind sie Handlungsbevollmächtigte iSv § 54 HGB **(§ 55 I HGB)**, und zwar gilt dies beim Handelsvertreter auch dann, wenn sein Auftraggeber nicht Kaufmann ist (§ 91 I HGB). § 55 II–IV HGB enthalten eine ausdrückliche Regelung für einige spezielle Punkte, wobei eine Einschränkung des Abs. 4 wiederum unter den Voraussetzungen des § 54 III HGB wirksam wird.

829

Für **Vermittlungs**vertreter und -gehilfen gilt § 55 IV HGB in Verbindung mit dem Schutz des redlichen Rechtsverkehrs ebenfalls, s. §§ 75g, 91 II HGB. Schließen sie (trotz fehlender Vollmacht) ein Geschäft ab, so kann dieses nach §§ 75h, 91a HGB durch Stillschweigen des Prinzipals wirksam werden, dh dem reinen **Schweigen** ist hier die Bedeutung einer Genehmigung (iSv § 177 BGB) beigelegt. (Allgemein zum Schweigen im Handelsverkehr nachfolgend → Rn. 846 ff.)

830

4. Ladenvollmacht, Rechtsscheinvollmacht

a) § 56 HGB

Die in § 56 geregelte Ladenvollmacht muss vor dem Hintergrund von § 54 HGB gesehen werden. Dann kann man sie als eine weitere Form typisierter Vollmacht verstehen, auf der Stufe der **Artvollmacht** des § 54 I HGB, aber jetzt nicht mit privatautonomer, sondern mit *gesetzlicher* Konkretisierung der Art, nämlich von Verkaufsgeschäften. In der Regel hat der Verkäufer, der in einem Ladengeschäft damit betraut

831

---

781 Ähnlich *OLG Düsseldorf* DB 1992, 2080: »nach objektiven Maßstäben«; aA KKRD/*Roth* HGB § 54 Rn. 8.
782 *BGH* NJW 1980, 2410.

ist, die Rechtsgeschäfte abzuschließen, eine dementsprechende **Arthandlungsvollmacht.** Ist eine eigene Kasse eingerichtet, so hat der Kassierer Vollmacht; ob daneben dann auch noch die im Laden beratenden Verkäufer Abschlussvollmacht für die Verkaufsgeschäfte haben (jedenfalls keine Inkassovollmacht!), ist Auslegungssache. Geht der Lehrling, dem dies eigentlich untersagt war, dazu über, Kunden selbständig zu bedienen und die Geschäfte abzuschließen, und lässt der Geschäftsherr dies geschehen, so ist die entsprechende Arthandlungsvollmacht stillschweigend (durch Dulden) erteilt. Stets handelt es sich dabei um eine rechtsgeschäftlich gültig erteilte Vertretungsmacht.

832 Um all dies festzustellen, bedürfte es aber keiner eigenen gesetzlichen Regelung gemäß § 56 HGB. Dem Wortlaut nach hat § 56 HGB die Bedeutung einer gesetzlichen **Vermutung** (»gilt«). Wenn diese aber widerlegbar ist,[783] so ist daran nichts Besonderes; denn ein gleichbedeutender Beweis des ersten Anscheins für eine dementsprechend erteilte Vollmacht könnte auch ohne gesetzliche Grundlage aus dem in § 56 HGB beschriebenen Tatbestand hergeleitet werden.

833 Das Entscheidende ist also auch hier wieder, wie bei § 54 HGB, inwieweit das **Vertrauen** auf die **gesetzliche Typisierung geschützt** wird. Gegen eine gesetzliche Vertretungsmacht oder unwiderlegbare Vermutung spricht, dass bei § 54 HGB eben auch nur der nach Maßgabe von Abs. 3 gutgläubige Dritte geschützt wird. Deshalb überträgt die hM die gesetzliche Wertung des § 54 III HGB in das Anwendungsfeld des § 56 HGB, weil einerseits, was inhaltliche Beschränkungen betrifft, die wirklich erteilte Ladenvollmacht, die ja Arthandlungsvollmacht iSv § 54 I *ist,* kraft § 56 HGB nicht weiter reichen kann als nach § 54 III HGB, andererseits das gänzliche Fehlen der Vertretungsmacht ihrer inhaltlichen Beschränkung iS des § 54 III HGB gleichzuhalten ist.

834 Das Anwendungsfeld des Gutglaubensschutzes allerdings reicht bei § 56 HGB weiter als bei § 54 III HGB; es betrifft **Bestand** *und* **Umfang** der Vollmacht. Deshalb wird die eigentliche Bedeutung des § 56 HGB zutreffend darin erkannt, dass er eine **gesetzliche Anscheinsvollmacht** ausdrückt.[784] Die Gutgläubigkeit ist wiederum nach den Umständen des Einzelfalls zu beurteilen. So dürfte in einem Kauf-, Bekleidungs- oder Möbelhaus die gut sichtbare Einrichtung einer eigenen Kasse den guten Glauben an eine Inkassobefugnis des übrigen Verkaufspersonals grundsätzlich ausschließen.

b) Voraussetzung

835 Als Voraussetzung für § 56 HGB ist einmal ein Verkaufsraum, der zum Abschluss von Geschäften mit dem Publikum bestimmt ist, zum anderen eine Beschäftigung in diesem Verkaufsraum, und zwar nach hM zu Verkaufszwecken, zu nennen. Über die kaufmännische Natur des Unternehmens sagt § 56 HGB nichts aus.

Gegenständlich erfasst die Vorschrift die mit der Veräußerung einer Ware zusammenhängenden **Verpflichtungs- und Verfügungsgeschäfte** sowie die sonstige Entgegennahme von Leistungen, sofern geschäftstypisch, wohl auch Rückabwicklungsgeschäfte (Rücktritt, Umtausch, str.), *nicht* (auch nicht in entsprechender Anwendung) Ankaufsgeschäfte.[785] Hierfür schafft allein die Beschäftigung im Verkaufsraum noch keinen zurechenbaren Rechtsschein.

---

783 KKRD/*Roth* HGB § 56 Rn. 2; Baumbach/Hopt/*Hopt* HGB § 56 Rn. 4.
784 S. *Altmeppen,* Disponibilität des Rechtsscheins, 1994, S. 175; *K. Schmidt* HandelsR § 16 V 2.
785 *BGH* NJW 1988, 2189; *K. Schmidt* HandelsR § 16 V 3e.

c) Allgemeiner Rechtsschein

Der gesetzliche Tatbestand ist nicht erfüllt, wenn die betreffende Person nicht mit dem **836** Willen des Inhabers in dem Laden etc. tätig ist bzw. dort im geschäftlichen Verkehr tätig wird. Schon der im Geschäft angestellte Dekorateur oder die Reinigungskraft fallen nicht mehr unter § 56 HGB.

Als Auffangtatbestand kommen dann die (ungeschriebenen) **allgemeinen Rechtsscheingrundsätze** in Betracht (→ Rn. 783). Tritt etwa jemand *unbefugt* als Verkäufer auf, so kann dies trotzdem eine Vertretungsmacht kraft Rechtsscheins begründen, doch ist dann die Zurechenbarkeit des Rechtsscheins im Einzelnen nachzuweisen. Der Scheintatbestand kann allein durch das Auftreten des Vertreters als solcher hervorgerufen werden. Der Schein wird verstärkt durch die Verwendung von Firmen-Briefpapier, Stempeln, Formularen etc. Für die *Zurechenbarkeit zum Inhaber* genügt zumeist schon, dass dieser das Verhalten hätte erkennen können und mit dessen Wiederholung hätte rechnen müssen. Es zu verhindern, obliegt ihm dann allein schon deswegen, weil er durch das Handeln in seinem Namen betroffen ist, und die Möglichkeit hierzu hat er jedenfalls im Rahmen eines bestehenden Arbeitsverhältnisses bzw. in der (räumlichen) Sphäre seines Unternehmens.

> **Beispiel:** U betätigt sich bei hektischem Geschäftsbetrieb in der Möbelabteilung eines Kaufhauses auf eigene Faust als Verkäufer, »verkauft« ein Möbelstück an K, sichert dessen spätere Anlieferung frei Haus zu, kassiert gegen fingierte Quittung eine Anzahlung und verschwindet unerkannt. Das Auftreten des U in den Geschäftsräumen ist dem Inhaber zurechenbar, hinsichtlich der Anzahlung hängen aber Gutgläubigkeit des K wie auch Zurechnung zu I von den Umständen des Einzelfalls ab.[786]

Weitere Beispiele aus der Rspr. bei Baumbach/Hopt/*Hopt* HGB § 54 Rn. 5, zB: Bankschalterangestellte für den gesamten Schalterverkehr, Bankauskünfte trotz bloßer Gesamtvertretungsmacht, Übertragung der Zeichnung der Geschäftspost, Angestellte am Telefon oder Fernschreiber bezüglich Entgegennahme von Erklärungen.

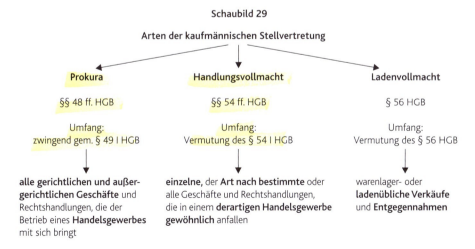

Schaubild 29

Arten der kaufmännischen Stellvertretung

Prokura	Handlungsvollmacht	Ladenvollmacht
§§ 48 ff. HGB	§§ 54 ff. HGB	§ 56 HGB
Umfang: zwingend gem. § 49 I HGB	Umfang: Vermutung des § 54 I HGB	Umfang: Vermutung des § 56 HGB
alle gerichtlichen und außergerichtlichen Geschäfte und Rechtshandlungen, die der Betrieb eines **Handelsgewerbes** mit sich bringt	**einzelne**, der **Art nach bestimmte** oder alle Geschäfte und Rechtshandlungen, die in einem **derartigen Handelsgewerbe** **gewöhnlich** anfallen	warenlager- oder **ladenübliche Verkäufe** und **Entgegennahmen**

---

786 Der Fall ist einer US-amerikanischen Entscheidung entnommen.

837   **Lösungshinweise zu Fall 46** (vor → Rn. 819; vgl. *BGH* NJW 1980, 2410):

Vertraglicher Rückzahlungsanspruch des A gegen die X-Bank

1. Wirksame **Stellvertretung** der X-Bank durch D, **§§ 164 ff. BGB**
    a) Eigene Willenserklärung des D im Namen der Bank (entweder ausdrücklich, siehe Briefpapier, oder zumindest über die Figur des **unternehmensbezogenen Rechtsgeschäfts, § 164 I S. 2 BGB**)
    b) Im Rahmen der **Vertretungsmacht,** § 54 (iVm § 55 I) HGB
        Arthandlungsvollmacht (→ Rn. 821): Die X-Bank bevollmächtigte den Leiter D zu einem
    aa) bestimmten Kreis von Handlungen (insbesondere Abwicklung von Kreditgeschäften, Kassenführung usw.).
    bb) Festgeldanlage ist **»gewöhnliches Geschäft«** iSd § 54 I HGB, grundsätzlich vom Umfang der Vertretungsmacht erfasst.
    cc) Aber: Einschränkung der Vertretungsmacht im **Innenverhältnis**
    dd) Gemäß **§ 54 III HGB** keine Wirkung der Beschränkung im **Außenverhältnis** → Die Bank ist an die WE des D gebunden.
2. Ergebnis: A hat einen vertraglichen Rückzahlungsanspruch gegen X.

4. Teil. Die Handelsgeschäfte

1. Abschnitt. Allgemeine Regeln

§ 33. Anwendungsbereich, Rechtsgeschäftslehre

Fall 47: Die Parteien verhandelten über den Kauf eines Wärmesilos. Schließlich schickte K dem V einen Bestellschein, auf dem seine formularmäßigen Einkaufsbedingungen abgedruckt waren, die ua eine vereinbarte Lieferfrist für bindend erklärten und daran bestimmte Rechtsfolgen knüpften. V übersandte daraufhin dem K eine detaillierte Auftragsbestätigung nebst seinen Verkaufsbedingungen, in denen ua Liefertermine für unverbindlich erklärt und Haftungsfolgen insoweit ausgeschlossen waren. In der Folge lieferte V nicht termingerecht, und K macht Schadensersatz geltend.
Wie ist die Rechtslage, wenn die Parteien sich mündlich bereits über den Abschluss einschließlich Liefertermin geeinigt hatten? (Lösungshinweise → Rn. 874).

1. Begriff des Handelsgeschäfts

Besondere Regelungen für Rechtsgeschäfte des Handelsverkehrs zu schaffen, ist die **838** primäre Funktion des Handelsrechts (→ Rn. 11). Das kaufmännische Unternehmen interessiert zunächst einmal nur *als Anknüpfungspunkt für diese Sonderregelung* der Handelsgeschäfte, weil das HGB hierbei eine im Ansatz **subjektive Begriffsbestimmung** verfolgt: Handelsgeschäfte sind die Geschäfte eines *Kaufmannes* (**§ 343 HGB**), zweiseitige Rechtsgeschäfte mithin dann *zweiseitige Handelsgeschäfte*, wenn auf beiden Seiten ein kaufmännisches Unternehmen steht, und nur einseitige Handelsgeschäfte, wenn dies lediglich auf einer Seite der Fall ist.

Beachten Sie, dass das HGB den Begriff des Handelsgeschäfts und ebenso denjenigen des »Geschäfts« in einem doppelten Sinn verwendet, hier wie etwa auch in § 17 HGB für Rechtsgeschäfte bzw. Transaktionen, andernorts (zB in den §§ 21–28 HGB) im Sinn von »Unternehmen«.

Grundsätzlich unterfallen auch **einseitige Handelsgeschäfte** der handelsrechtlichen **839** Sonderregelung (§ 345 HGB), muss also auch der Nichtkaufmann, der es auf der Gegenseite mit einem Kaufmann zu tun hat, sich die Anwendung der (zumeist verschärften) handelsrechtlichen Regeln gefallen lassen. Das kann für ihn sehr nachteilig sein, vgl. die verschärften Rechtsfolgen für Annahmeverzug des Käufers nach § 373 HGB, und daher machen die auf § 345 HGB folgenden Einzelregelungen den genannten Grundsatz im Ergebnis praktisch zur *Ausnahme*, indem sie nämlich bei denjenigen Vorschriften, die den Normadressaten im Verhältnis zum allgemeinen Zivilrecht stärker belasten, fast durchwegs die Anwendung auf die *kaufmännische Vertragspartei* beschränken (lesen Sie §§ 348–350 HGB).

Andere Verschärfungen setzen von vornherein ein **zweiseitiges** Handelsgeschäft voraus, gewähren also die mit der Belastung korrespondierende Vergünstigung nur der Gegenpartei, die ebenfalls Kaufmann ist (lesen Sie § 377 HGB).

Durchbrechungen dieses Systems in der Richtung, dass handelsrechtliche Vorschriften **840** auch auf Nichtkaufleute angewandt werden, ordnet das HGB selbst in den speziellen

Fällen der typisierten Unternehmer bzw. Geschäftstätigkeiten des 4. Buchs (Kommissionäre etc.) an: §§ 383 II, 407 III S. 2, 453 III S. 2, 467 III S. 2 HGB.

Darüber hinausgehende Vorschläge wollen ohne gegenständliche Beschränkung ein **nichtkaufmännisches** Unternehmen immer dann handelsrechtlichen Normen unterstellen, wenn dies im Einzelfall angezeigt erscheint, um Unzuträglichkeiten auszugleichen, die sich aus der kritisierbaren Eingrenzung des Kaufmanns- und des Gewerbebegriffs ergeben.[787] Auf das damit verknüpfte Problem der Rechtsunsicherheit wurde bereits hingewiesen (→ Rn. 83). Jedenfalls wären die als besonders gravierend empfundenen Verschärfungen der §§ 348–350 HGB – ebenso wie in den §§ 383 II ff. HGB – dann auch hier auszunehmen.

841 Dass die subjektive Begriffsbestimmung des Handelsgeschäfts an das *kaufmännische Unternehmen* anknüpft, gewinnt praktische Bedeutung, wenn das Unternehmen nicht in einem gegenüber der **Privatsphäre** seines Inhabers verselbständigten Rechtssubjekt verkörpert ist. Das macht beim Einzelkaufmann die Unterscheidung zwischen Unternehmensgeschäften und Privatgeschäften erforderlich; nur die ersteren sind Handelsgeschäfte (§ 343 HGB).

Hingegen entfällt dieses Problem bei den *Handelsgesellschaften,* die von vornherein keine Privatsphäre besitzen und für die daher notwendigerweise *alle* Geschäfte Handelsgeschäfte sind. Bei den Personenhandelsgesellschaften ist im Übrigen zu beachten: Geschäfte der Gesellschaft (dh der Gesellschafter in ihrer gesamthänderischen Verbundenheit) sind immer Handelsgeschäfte, Geschäfte des einzelnen Gesellschafters für sich selbst immer Privatgeschäfte (str., → Rn. 226).

842 Die Zurechnung zum Geschäftskreis des Unternehmens wird durch die **widerlegbare Vermutung** des § 344 I HGB erleichtert. Um sie zu entkräften, muss der Kaufmann die Zugehörigkeit des Geschäfts zur Privatsphäre beweisen. Darüber hinaus gewinnt auch hier wieder der Rechtsscheingedanke Bedeutung: Spricht der äußere Anschein für Zugehörigkeit zum Unternehmensbereich und vertraute der Geschäftspartner in schutzwürdiger Weise darauf (wohl Standard des § 122 II BGB maßgeblich: »kannte oder kennen musste«), so ist der Gegenbeweis nach § 344 I HGB verschlossen. Wie allgemein bei der Rechtsscheinhaftung (vgl. §§ 173 BGB, 15 III HGB), muss der Kaufmann auch hier die Bösgläubigkeit des Partners beweisen.

843 Das 4. Buch des HGB regelt die Handelsgeschäfte zunächst in einem Komplex allgemeiner Vorschriften (§§ 343–372 HGB), dem sodann Sonderregelungen für bestimmte Geschäftstypen folgen. Deren wichtigster ist der Handelskauf (→ § 31), das für den »Kaufmann« schlechthin charakteristische Geschäft. Den anderen, spezielleren Geschäftsarten entspricht zumeist gleichzeitig ein spezieller Unternehmenstypus, der die gewerbsmäßige Abwicklung derartiger Geschäfte zum Gegenstand hat. Das gilt im Übrigen auch für die außerhalb des 4. Buchs geregelten und unten § 33 einbezogenen Handelsvertreter und Handelsmakler.

---

787 S. insbesondere *K. Schmidt* HandelsR § 3.

2. Willenserklärungen: Form und Inhalt

In einigen wichtigen Fällen gelten schützende **Form**vorschriften des allgemeinen Privatrechts zugunsten von Kaufleuten nicht (§ 350 HGB). **844**

Wichtiger ist jedoch die Frage nach handelsrechtlichen Sonderregeln, die die Substanz der Willenserklärung betreffen. Hier ist zunächst festzuhalten, dass bei der **Auslegung** die Kriterien des allgemeinen Zivilrechts (§§ 133, 157 BGB) durch **§ 346 HGB** ergänzt und modifiziert werden. Die Vorschrift ersetzt den Maßstab der allgemeinen Verkehrssitte (§ 157 BGB) durch denjenigen der spezifischen Gewohnheiten und Gebräuche des Handelsverkehrs. Sie gilt dem Wortlaut nach nur für beiderseitige Handelsgeschäfte; der Nichtkaufmann braucht sich nicht am Standard des § 346 HGB messen zu lassen. § 346 HGB ist jedoch in zweifacher Hinsicht in einem **weiteren Sinne** zu verstehen. Zum einen sind **Handelsbräuche** *nicht nur für die Auslegung* beachtlich, sondern sie gelten, sofern ihnen ihrem Inhalt nach rechtliche Verbindlichkeit zukommt, ganz allgemein als in der Gesellschaft bzw. ihren kaufmännischen Teilgruppen geschaffenes und gewachsenes Recht (s. bereits → Rn. 32). Man mag dies auf § 346 HGB (in extensiver Interpretation) oder auf ein mehr rechtssoziologisch orientiertes Verständnis von Gewohnheitsrecht stützen. Zum zweiten braucht die Geltung von Handelsbräuchen *nicht auf Kaufleute* beschränkt zu sein, ebenso wie sie sich umgekehrt nicht zwangsläufig auf alle Kaufleute erstrecken muss. Verkehrssitten und selbst Gewohnheitsrecht können sich auf spezifische Verkehrskreise verengen, und das gilt einerseits auch für Handelsbräuche innerhalb des kaufmännischen Verkehrs, andererseits können Verkehrskreise auch kaufmännische wie nichtkaufmännische Sektoren gleichermaßen einschließen, etwa die Unternehmen einer Branche ohne Rücksicht auf die Erforderlichkeit kaufmännischer Einrichtung (§ 1 II HGB) erfassen oder über die antiquierten Grenzen des Gewerbebegriffs hinausgreifen (vgl. zum alten Kaufmannsrecht *BGH* NJW 1952, 257: Filmbranche).

Darüber hinaus wird man auch zulassen können, dass ein *Nichtkaufmann* im Einzelfall die Vorteile eines Handelsbrauchs für sich in Anspruch nimmt, indem er sich erkennbar dem kaufmännischen Verkehrskreis anschließt, beispielsweise ein *Bestätigungsschreiben* (gegenüber einem Kaufmann) verwendet (→ Rn. 858f.). Die schwierigere Frage ist, ob man dem Nichtkaufmann auch ohne eine derartige Manifestation das Recht zubilligt, seinen kaufmännischen Vertragspartner am Standard eines Handelsbrauchs festzuhalten, sofern nicht im Einzelfall die Parteien ersichtlich von dessen Unmaßgeblichkeit ausgingen. Das hängt davon ab, ob die Rechtsvorteile, die aus der Maßgeblichkeit eines Handelsbrauchs für eine der Parteien resultieren, nach dessen Sinn und Zweck einer kaufmännischen Vertragspartei vorbehalten bleiben müssen. Ist die ratio einer handelsrechtlichen Sonderregelung in den spezifisch kaufmännischen Bedürfnissen nach Schnelligkeit, Rechtsklarheit, Kalkulierbarkeit etc. begründet, so reserviert das Gesetz in der Tat gelegentlich auch die Vergünstigung für den Kaufmann (s. § 377 HGB). Der Grundsatz sollte aber dessen ungeachtet lauten, dass es dem Kaufmann zumutbar ist, die handelsrechtlichen Standards auch bei einseitigen Handelsgeschäften zu beachten und gegen sich gelten zu lassen. **845**

3. Das Schweigen im Handelsverkehr

a) Gesetzliche Regelung

846 Unter den handelsrechtlichen Sonderregeln für den **Abschluss von Rechtsgeschäften** verdient die größte Aufmerksamkeit die Frage, inwieweit im Handelsrecht das Schweigen ein rechtsgeschäftliches (oder rechtsgeschäftsähnliches) Element darstellt. Dabei ist klar, dass das Schweigen, weil selbst inhaltsleer, nicht den *Inhalt* eines Rechtsgeschäfts selbst determinieren kann, sondern die Situation muss so beschaffen sein, dass der Inhalt bereits von anderer Seite her vorgegeben ist. Es geht, mit anderen Worten, um die Bedeutung des Schweigens als *Annahme* eines Angebots, als Zustimmung zu einem Vertrag, als Billigung etc.

847 Grundsätzlich legt das Privatrecht dem reinen Schweigen – dem bloßen Nichtstun – keine derartigen rechtsgeschäftlichen Wirkungen bei; der Satz »qui tacet consentire videtur« gilt gerade nicht. Einige wenige Ausnahmen sind freilich schon im **BGB** statuiert: §§ 455 S. 2, 516 II S. 2, 1943. Von größerer Bedeutung sind aber im **HGB** die §§ 75 h, 91 a und 362. Vor allem die letztgenannte Vorschrift macht in Gegenüberstellung zu § 663 BGB das Besondere dieser Regelung deutlich: Während § 663 BGB lediglich eine Pflicht zur Mitteilung statuiert, deren Verletzung zum Ersatz des Vertrauensschadens (des negativen Interesses) verpflichtet, bringt die Untätigkeit im Falle des § 362 HGB den Vertrag zustande, begründet also eine Haftung auf das *positive* (Erfüllungs-)*Interesse.*

848 **§ 362 HGB** betrifft in erster Linie den Geschäftsbesorgungs-Kaufmann; seine wichtigsten Zielgruppen sind Handelsmakler, Kommissionäre, Spediteure, Frachtführer, Reeder, Banken. Voraussetzung ist, dass entweder eine Geschäftsverbindung bereits besteht oder der Kaufmann speziell dem Antragenden seine Dienste offeriert hat (iS nicht eines Vertragsangebots, sondern einer »invitatio ad offerendum«). Für die zweite Variante erweitert Abs. 1 S. 2 den Anwendungsbereich auf kaufmännische Unternehmen aller Art, wenn sie sich zu Geschäftsbesorgungen erboten haben. Aber auch in der ersten Variante (S. 1) muss das Gewerbe nicht spezifisch auf solche Geschäftsbesorgungen ausgerichtet sein; es genügt ein sachlicher Zusammenhang. Zum Begriff der Geschäftsbesorgung vgl. auch §§ 662, 675 BGB.

849 Die eindeutige Aussage der zitierten Gesetzesbestimmungen ist, dass sie an das **reine Schweigen rechtsgeschäftliche Wirkungen** knüpfen. Die ratio ist speziell im Falle des § 362 HGB leicht verständlich: Der Kaufmann hat unter den beschriebenen Voraussetzungen einen Vertrauenstatbestand geschaffen, an dem er sich im Interesse der Verkehrssicherheit festhalten lassen muss. Der Vertrauenstatbestand muss dem Kaufmann zurechenbar, er also beispielsweise geschäftsfähig und ihm insbesondere der Antrag auch zugegangen sein. Alle diese subjektiven Elemente lassen sich bei der Beurteilung des Verschuldens berücksichtigen, zu der das Erfordernis »unverzüglicher« Antwort (= ohne schuldhaftes Zögern, § 121 I BGB) auffordert. Die *Rechtsfolge* besteht darin, dass ein **gültiger Vertrag mit dem im Antrag der** Gegenpartei umschriebenen Inhalt zustande kommt. (Dieser Antrag muss sich freilich gegenständlich im Rahmen der vom Kaufmann betriebenen oder angebotenen Geschäftsbesorgungstätigkeit halten.) Diese Wirkung entfaltet sich dann – über den konkreten Vertrauensschutz hinaus – zugunsten beider Parteien; denn die Gegenseite hat ein bindendes Angebot gemacht, und es besteht kein Anlass, sie nach § 362 HGB besser zu stellen, als wenn der Kaufmann das Angebot rechtsgeschäftlich angenommen hätte (str.).

b) Dogmatische Deutung

Die schwierigere Frage ist, ob und wie sich diese Regelung in die **allgemeine Rechts-** 850
geschäftslehre einfügt, und diese Frage stellt sich aus mehreren – dogmatischen wie
auch praktischen – Gründen. Zum einen sollte das Verständnis der dogmatischen Zusammenhänge um ihrer selbst willen angestrebt werden, weil sich in ihnen eine wider-
spruchsfreie und gefestigte Interessenwertung zu offenbaren hat. Und hier hat der Ver-
such einer rechtsgeschäftlichen Deutung Vorrang, weil unsere Rechtsordnung das
Rechtsgeschäft zum Instrument privatautonomer Selbstbestimmung gemacht hat.
Zum zweiten sollten sich auch praktisch wichtige Konsequenzen widerspruchsfrei
daraus ableiten lassen, beispielsweise hinsichtlich der Anfechtbarkeit »des Schweigens« wegen Irrtums. Drittens gilt es zu klären, unter welchen Voraussetzungen auch
außerhalb der gesetzlichen Sonderbestimmungen – eben auf dem Boden der allgemeinen Rechtsgeschäftslehre – dem Schweigen vergleichbare Bedeutung zukommen kann.
Und viertens stellt sich im Anschluss daran das spezielle Problem des kaufmännischen
Bestätigungsschreibens, einer ohne spezielle Gesetzesgrundlage auf Handelsbrauch
und Richterrecht gestützten Rechtsentwicklung, die ebenfalls dem reinen Schweigen
eine rechtsgeschäftliche Bedeutung beimisst und die beurteilt werden muss bzw. kritisiert werden darf. Im Einzelnen:

aa) Einordnung als Willenserklärung

Das **Schweigen als mögliche Form einer Willenserklärung** einzuordnen, ist nicht so 851
befremdlich, wie es auf den ersten Blick den Anschein haben mag. Das Element des (inneren) *Willens* kann durchaus auch hier vorhanden sein; so mag der im Falle des § 362
HGB schweigende Kaufmann durch das Schweigen den Antrag annehmen *wollen*.
Und auf der Ebene der *Erklärung*, also des Zutagetretens der Willenserklärung im
Rechtsverkehr, kann diese schon nach allgemeinem Zivilrecht nicht nur *verbal* formuliert (mündlich oder schriftlich), sondern auch *»stillschweigend«*, nämlich durch schlüssiges (konkludentes) Handeln abgegeben werden. Beide Fälle sind rechtlich gleichwertig; in beiden Fällen ist die (empfangsbedürftige) Willenserklärung an den Empfänger
adressiert und muss, um wirksam zu werden, ihm zugehen (§ 130 BGB mit Ausnahme
in § 151 BGB).

Ob ein bestimmtes Handeln die Bedeutung einer **Willenserklärung** hat, bestimmt 852
sich nach denselben Auslegungsgrundsätzen (§ 157 BGB und – im Handelsrecht –
§ 346 HGB), die für den Inhalt maßgeblich sind. Demgemäß kann auch das reine
Schweigen eine »stillschweigende« Willenserklärung durch konkludentes Handeln
(hier: Unterlassen) darstellen, wenn der Rechts- bzw. Handelsverkehr dem schlichten
Unterlassen eine solche objektive Erklärungsbedeutung beimisst. Das Auslegungsproblem ist hierbei weniger die Ermittlung des Inhalts im Einzelnen (dies kann
nur – s. oben – die unqualifizierte Zustimmung zu einem anderweitig vorgegebenen
Geschäftsinhalt sein), als vielmehr die Frage, *ob überhaupt* eine Erklärungsbedeutung
bejaht werden kann. Und wenn insoweit eingangs festgestellt wurde, dass dies im
Privatrecht grundsätzlich nicht der Fall ist, so schließt das nicht aus, es – speziell im
Handelsrecht – nach Maßgabe des Einzelfalls doch einmal zu bejahen. Die hauptsächlichen Gründe hierfür können sein: einerseits ein entsprechender Handelsbrauch,
andererseits besondere Umstände im Verhältnis unter den Parteien, die dem Schweigen eine Erklärungsbedeutung beilegen oder den Empfänger einer Willenserklärung

nach Treu und Glauben zum Widerspruch verpflichten, wenn er ihren Inhalt nicht gelten lassen will.

> **Beispiele:** Eingespielte Gepflogenheit im Rahmen ständiger Geschäftsverbindung; schutzwürdiges Vertrauen aufgrund von Vorverhandlungen, die bis zur Abschlussreife gediehen sind; Entgegennahme einer Teilzahlung als Erlass der Restschuld, wenn darüber vorher eingehend verhandelt worden war; inhaltlich abweichende Annahmeerklärung (§ 150 II BGB), die ersichtlich auf einem Missverständnis des Angebots beruht; nach hM auch verspätete Annahme (§ 150 I BGB).[788]

Die Bedeutung der einschlägigen speziellen Gesetzesvorschriften liegt dann auf dieser Ebene ganz einfach darin, dass sie in ihrem tatbestandlichen Bereich eine solche positive Erklärungsbedeutung verbindlich festlegen.

853 Zum **Problem** wird das Schweigen erst, wenn dem Schweigenden der **Wille** zur Zustimmung fehlt, er es aber versäumt, seine Ablehnung zu erklären, weil er sich entweder der Bedeutung seines Schweigens als Willenserklärung nicht bewusst ist (fehlendes Erklärungsbewusstsein) oder die ganze Angelegenheit seiner Aufmerksamkeit entgangen ist (unbewusstes Schweigen). Im letzten Fall fehlt ihm, genau genommen, sogar der Handlungswille, weil kein gewolltes Unterlassen vorliegt. Daher rückt eine Meinungsströmung, wenn auch mit unterschiedlichen Abstufungen, von einer rein rechtsgeschäftlichen Deutung des rechtlich relevanten Schweigens ab[789] und begründet seine Bindungswirkung mit *Vertrauensschutz* bzw. Rechtsscheinsgrundsätzen, hält also den Schweigenden daran fest, dass er durch das Unterlassen eines rechtzeitigen Widerspruchs einen vertrauensbegründenden Tatbestand geschaffen habe. Dies ist dann, ebenso wie die allgemeine Rechtsscheinhaftung (→ § 2), ein Anwendungsfall der aus Treu und Glauben abgeleiteten Rechtsprinzipien, wonach derjenige, der ein bestimmtes Verhalten geübt oder ein gebotenes Handeln unterlassen und damit bei der Gegenpartei berechtigte Erwartungen hervorgerufen hat, hieran festgehalten werden kann. Rechtfertigt das Schweigen die Annahme, dass eine bestimmte rechtsgeschäftliche Gestaltung herbeigeführt worden sei, so kann aus diesen Zurechnungsgrundsätzen eine der rechtsgeschäftlichen Gestaltung gleichwertige Bindung, ohne dass die Konstruktion einer rechtsgeschäftlichen Genehmigung bemüht werden müsste,[790] hergeleitet werden. Ausschlaggebend ist die Zurechenbarkeit des Unterlassens, und das bedeutet hier, dass bei mangelndem Einverständnis der rechtzeitige Widerspruch geboten war, dass die Gegenpartei das Unterbleiben des Widerspruchs als Einverständnis deuten durfte und dass der Schweigende dies zumindest erkennen konnte.

854 Andererseits erlaubt auch die *Rechtsgeschäftslehre* in ihrer modernen Ausprägung[791] eine Zurechnung des Schweigens als Willenserklärung, selbst wenn dem Schweigenden das **Erklärungsbewusstsein fehlt.** Es genügt, dass ihm die Erklärungsbedeutung erkennbar war und er imstande gewesen wäre, diesen Eindruck zu vermeiden. Nichts anderes gilt für das unbewusste Schweigen, wenn das Unterlassen des gebotenen Wi-

---

788 Vgl. *K. Schmidt* HandelsR § 19 II; MüKoBGB/*Busche* § 151 Rn. 4 ff.; ferner *BGH* NJW 1995, 1281; 1996, 919.

789 Überblick bei *K. Schmidt* HandelsR § 19 II 2, III 1; grundlegend *Canaris*, Vertrauenshaftung, S. 197 ff.; *Canaris*, FS Wilburg, 1975, S. 77.

790 Ein handelsrechtlicher Anwendungsfall ist § 377 II HGB, hierzu → Rn. 911 ff.

791 Näher *Neuner* BGB AT § 31 f.; MüKoBGB/*Armbrüster* Vor § 116 Rn. 22 ff.; anders allerdings *Canaris*, § 23 Rn. 1.

derspruchs dem Schweigenden zurechenbar ist. Man muss sich allerdings darüber im Klaren sein, dass mit dieser Ausdehnung der rechtsgeschäftlichen Konstruktion keine tragfähige Verankerung im privatautonomen Willen des Schweigenden mehr gefunden werden kann, sondern dass es um eine **objektive Interessenwertung** geht, die sich inhaltlich von derjenigen, die bei einer Ableitung der Bindungswirkung aus Treu und Glauben vorzunehmen ist, nicht unterscheidet und nicht unterscheiden darf. Es geht immer darum, ob das Schweigen im Rechtsverkehr als Einverständnis gedeutet werden durfte, weil andernfalls ein aktiver Widerspruch zu erwarten oder geboten gewesen wäre. Das durch die Untätigkeit verletzte Gebot zu handeln bzw. zu widersprechen wird zum entscheidenden Element, von dem die Untätigkeit ihre rechtliche Relevanz bezieht. Das gilt für das rechtsgeschäftliche ebenso wie für die alternativen Erklärungsmodelle.

Ein problematischer Unterschied ergibt sich allerdings auf der **Rechtsfolgenseite** insofern, als die Behandlung des Schweigens als Willenserklärung zwanglos zur Annahme einer entsprechenden rechtsgeschäftlichen Gestaltung und der Haftung auf das Erfüllungsinteresse führt, wohingegen bei Verletzung einer Widerspruchspflicht stets die Frage zu beantworten ist, ob als Rechtsfolge nicht bereits die Haftung auf das negative Interesse (wie bei § 663 BGB) genügt.[792]   **855**

bb) Anfechtung »des Schweigens«

Vor diesem Hintergrund ist auch die Frage zu lösen, die als praktisches Hauptproblem auch der gesetzlich erfassten Fälle des Schweigens übrig bleibt: die Irrtumsanfechtung. Hierbei sind wiederum zwei Fallgestaltungen zu unterscheiden. (1) Der Schweigende wollte zustimmen, hat aber den *Inhalt* des Rechtsgeschäfts (determiniert in dem Vertragsangebot der Gegenseite) missverstanden. (2) Er *wollte nicht zustimmen*, schwieg vielmehr aus einem der beiden vorgenannten Gründe.   **856**

Am wenigsten problematisch ist Anfechtbarkeit nach § 119 I BGB wegen Irrtums über den Inhalt des Rechtsgeschäfts und entsprechend nach § 119 II BGB; denn die rechtliche Bewertung des Schweigens hat den Betroffenen nicht schlechter zu stellen als eine positive Willenserklärung. Dies akzeptiert auch die hM, ohne darin eine Bruchstelle ihrer nichtrechtsgeschäftlichen Grundkonzeption zu sehen. Die Frage ist, ob darüber hinaus auch eine *Unkenntnis* bzw. ein mangelndes Bewusstsein von der *rechtlichen Bedeutung des Schweigens* als **Erklärungsirrtum** geltend gemacht werden kann. Für den Fall des § 1943 BGB lässt § 1956 BGB das ausdrücklich zu; im Übrigen ist aber zu berücksichtigen, dass eine uneingeschränkte Zulassung dieser Anfechtung den mit der gesetzlichen Fiktion bezweckten Vertrauensschutz weitgehend vereiteln könnte. Teilweise wird daher dieser Anfechtungsgrund schlechthin ausgeschlossen; zumindest hat man ihn in wertender Beurteilung auf die Fälle einer *unverschuldeten* Unkenntnis zu beschränken, weil § 362 HGB eine »unverzügliche« (= ohne schuldhaftes Zögern) Ablehnung des Antrags verlangt. Der nächste und konsequente Schritt wäre dann freilich, die Anfechtung wegen Erklärungsirrtums dem Kaufmann nicht nur beim Schweigen, sondern »erst recht« bei positiven Erklärungen zu versperren,[793] und hierin erweist sich, dass eine solche Einschränkung der Irrtumsanfechtung durchaus mit dem rechtsgeschäftlichen Erklärungsmodell vereinbar ist.   **857**

---

792 *Canaris*, § 23.
793 Vgl. MüKoBGB/*Armbrüster* § 119 Rn. 65 ff.; *LG Tübingen* JZ 1997, 312.

Literatur: *Bitter/Schumacher* HandelsR § 7; *Canaris*, Vertrauenshaftung, §§ 19, 20; *Jung* HandelsR § 34 Rn. 15 ff.; MüKoBGB/*Armbrüster* Vor § 116 Rn. 2 ff., § 119 Rn. 64 ff.; *Petersen*, § 17.

4. Das kaufmännische Bestätigungsschreiben

858 Im kaufmännischen Verkehr weit verbreitet ist die Übung, dass nach Vertragsverhandlungen, vor allem wenn diese mündlich stattfanden oder aus einem umfangreichen Schriftwechsel bestanden, die eine Vertragspartei der anderen ein Bestätigungsschreiben übermittelt. Im Regelfall (Ausnahme → Rn. 868) bezieht sich das Bestätigungsschreiben auf einen vorangegangenen wirksamen (mündlichen) *Vertragsschluss;* es ist also *nicht* mit der *Annahmeerklärung* gleichzusetzen. Der »Clou« des Bestätigungsschreibens liegt vielmehr darin, dass es den **Vertragsinhalt** *zusammenfasst* und zugleich in gewissen Punkten *modifiziert* oder *ergänzt* (→ Rn. 860 ff.). Das Schweigen der Empfängerpartei auf das Bestätigungsschreiben, also die widerspruchslose Hinnahme, kann weittragende Rechtswirkungen haben, wobei drei Abstufungen zu unterscheiden sind (nachfolgend → Rn. 859–868 f.).

a) Beweisfunktion

859 Der ursprüngliche Sinn des Bestätigungsschreibens besteht darin, den Vertragsinhalt beweiskräftig festzuhalten. Als einseitige Parteiaussage wäre seine Beweiskraft freilich gering, aber indem die Gegenpartei es widerspruchslos zur Kenntnis nimmt, macht sie sich die Aussage stillschweigend zu eigen. Immer noch handelt es sich aber auf beiden Seiten um *Wissens*erklärungen (über den vorher vereinbarten Vertragsinhalt), und die Beweiswirkung ist widerlegbar; die Gegenpartei kann auch später noch den Gegenbeweis antreten, dass etwas Abweichendes vereinbart wurde.

b) Modifikationsfunktion

860 Diesen Gegenbeweis schneidet das Recht des kaufmännischen Bestätigungsschreibens der Empfängerpartei ab. Dem Schreiben und seiner schweigenden Hinnahme wird eine *konstitutive, rechtsgeschäftliche Wirkung* beigelegt. Der neue, »bestätigte« Vertragsinhalt soll nunmehr maßgeblich sein, auch wenn er das *ursprünglich Vereinbarte* ergänzte oder evtl. sogar leicht abänderte.

Gerechtfertigt wird dieser Grundsatz einerseits mit einem Handelsbrauch, dem zufolge gewisse Präzisierungen, Modifikationen, Ergänzungen nachträglich noch eingeführt werden dürfen, wenn die Empfängerpartei nicht unverzüglich widerspricht, andererseits mit dem Bedürfnis, durch das Bestätigungsschreiben spätere Auseinandersetzungen und Beweiserhebungen über den tatsächlichen Inhalt der Absprachen gerade abzuschneiden.

861 Lediglich zwei **Einschränkungen** werden gemacht:

1) Der *Absender* des Bestätigungsschreibens darf *nicht arglistig* handeln.
2) Das Schreiben darf sich von dem vorher Abgesprochenen *inhaltlich nicht so weit entfernen,* dass der *Absender* selbst mit der Billigung der Abweichung durch den Empfänger *vernünftigerweise nicht mehr rechnen kann.*

Diese Rechtslage wird heute in Deutschland überwiegend schlicht als höchstrichterlich **862** anerkanntes **Gewohnheitsrecht** bezeichnet, welches eine weitere Begründung und dogmatische Auseinandersetzung überflüssig mache. Für den speziellen Fall der Schiedsklauseln ist es überdies bereits gesetzlich festgeschrieben worden: § 1031 II ZPO. Indessen scheint eine Konfrontation mit der allgemeinen Rechtsgeschäftslehre schon deswegen geboten, weil die zweite der vorgenannten Eingrenzungen (dass mit der Billigung durch den Empfänger vernünftigerweise noch – oder nicht mehr – gerechnet werden konnte) entweder nach den üblichen, für Willenserklärungen geltenden Auslegungsgesichtspunkten ausgefüllt werden muss oder bloße Leerformel bleibt. Hinzu kommt, dass diese Rechtsentwicklung weiterhin der kritischen Würdigung bedarf – das lehrt ua der rechtsvergleichende Blick über die Grenzen[794] – und man sich hierzu ihre Tragweite, gemessen an rechtsgeschäftlichen Grundsätzen, bewusst machen muss.[795] Nicht unbedingt einleuchtend ist auch die Abgrenzung zur schlichten Auftragsbestätigung, für die die vorgenannten Grundsätze nicht gelten sollen.[796]

In **rechtsgeschäftlicher Konstruktion** müsste ein Änderungsvertrag zustande kom- **863** men, nämlich durch das Bestätigungsschreiben als Angebot hierzu und dessen stillschweigende Annahme. Das erste Problem ist hierbei schon das »Angebot«, gibt sich doch das Bestätigungsschreiben, beim Wort genommen, gerade nicht als solches zu erkennen. Doch kann man das noch ohne Weiteres mit dem Handelsbrauch abtun, dem zufolge eben auch gewisse Modifikationen unter dem Titel einer Bestätigung üblich sind. Desgleichen muss die Ausdeutung des Schweigens als Zustimmung auf dem Handelsbrauch aufbauen, wie es denn ja auch zuzutreffen scheint, dass der Empfänger im Handelsverkehr willens ist, marginale Modifikationen zu akzeptieren und sein Einverständnis hiermit durch Nichtwidersprechen auszudrücken. Aber damit ist die entscheidende Frage noch nicht beantwortet, in welchen Grenzen konkret eine solche Modifikationswirkung akzeptiert werden kann. Und hierbei mündet jeder Lösungsversuch, orientiere er sich am hypothetischen Parteiwillen oder an den Treuepflichten der Vertragspartner, letztlich in die Frage nach den beiderseits **schutzwürdigen Interessen** ein. Diesen wirklich gerecht zu werden, ist nicht ganz einfach; denn auf den ersten Blick mutet das Verhalten beider Seiten einigermaßen befremdlich an. Der Absender des Bestätigungsschreibens versucht, unter dem Deckmantel einer »Bestätigung« den bereits vereinbarten Vertragsinhalt nachträglich einseitig zu verändern oder zu ergänzen – naheliegenderweise nicht zu seinen Ungunsten. Der Empfänger andererseits unterlässt einen rechtzeitigen Widerspruch, der in seinem Interesse läge und ihm doch auch nicht allzu schwer fallen sollte.

Solange man dabei den Prototyp des gerissenen Absenders vor Augen hat, der auf die **864** Nachlässigkeit oder Unerfahrenheit des Empfängers spekuliert, mag man für eine Modifikationsfunktion des Bestätigungsschreibens generell nur geringe Sympathien aufbringen. Man braucht sich aber bloß die Situation eines eiligen, vielleicht telefonischen Abschlusses vorzustellen, um zu erkennen, dass eine sinnvolle Vervollständigung des Vertragsinhalts auf einfachem Wege im beiderseitigen Interesse liegt. Und selbst für nachträgliche Klarstellungen und sogar inhaltliche Änderungen kann man Verständnis

---

794 S. zum österr. Recht *OGH* JBl 1975, 89; *OGH* JBl 1993, 782; zum Recht der EG *EuGH* NJW 1977, 494 u. 495; EuZW 1997, 209; zu Auslandsverträgen *Thamm/Detzer*, DB 1997, 213.

795 *Bydlinski*, Privatautonomie und objektive Grundlagen des verpflichtenden Rechtsgeschäfts, 1967, S. 194 ff.; MüKoBGB/*Busche* § 151 Rn. 4 ff.

796 BGHZ 61, 282, 285; *BGH* ZIP 1995, 843.

aufbringen, wenn man in Betracht zieht, dass über den Vertragsinhalt in bestimmten Punkten Ungewissheit oder Dissens bestehen mag, die Verhältnisse in bestimmter Hinsicht vielleicht zunächst falsch eingeschätzt wurden etc. Freilich könnte die Partei, der das nachträglich bewusst wird, nun ein Neu- oder Nachverhandeln versuchen, aber damit begibt sie sich zwangsläufig der verhandlungstaktischen Waffengleichheit, die das Instrument des Bestätigungsschreibens ihr zu erhalten vermag.

865 Das Problem ist nun, dass diese Überlegungen sehr weitgehende **Differenzierungen** nach der Art der Modifikation einerseits, Bewusstseinslage und Beweggründen der Parteien andererseits nahe legen, dass aber das gerade auf Kosten der Einfachheit und Rechtssicherheit ginge, denen das Bestätigungsschreiben zu dienen bestimmt ist. Immerhin sollte man auch unterhalb der nach hM maßgeblichen Grenzen der Arglist des Absenders und der »groben« inhaltlichen Abweichung noch in zweifacher Hinsicht weiter unterscheiden: (1) Vertrags**ergänzungen** sind insoweit zu akzeptieren, als sie sich, insgesamt beurteilt, einigermaßen auf der Linie eines angemessenen Interessenausgleichs halten. (2) **Änderungen** des bereits Vereinbarten sind auf diesem Weg überhaupt nur ausnahmsweise wirksam, etwa wenn sich dem Empfänger der Eindruck aufdrängen musste, dass der Bestätigende den Inhalt der vorher getroffenen Absprachen nicht absichtlich verfälscht, sondern missverstanden hat. Ansonsten bleibt es bei der Beweisfunktion (→ Rn. 859), die Empfängerpartei kann also den Gegenbeweis antreten, dass etwas anderes vereinbart wurde.

> **Beispiele:** (1) Der Käufer schreibt im Bestätigungsschreiben ua, dass er bei Barzahlung 3 % Skonto abziehen könne. Branchenüblich ist ein Skonto von 2 %. Wenn bei den Vertragsverhandlungen über diese Frage nicht gesprochen wurde, kann der Käufer nun – wenn der Verkäufer dem Bestätigungsschreiben nicht widersprochen hat – 3 % Skonto abziehen. Hatte hingegen der Verkäufer ausdrücklich jegliches Skonto abgelehnt, so vermag auch das Bestätigungsschreiben daran nichts zu ändern (Ergebnis in der zweiten Variante str.). (2) Nennung eines fixen Liefertermins im Bestätigungsschreiben, wenn der Gegenpartei klar war, dass das Geschäft schnell abgewickelt werden musste (*OLG Köln* CR 1996, 216).

866 Praktisch besonders wichtig ist der Fall, dass eine Vertragspartei nachträglich per Bestätigungsschreiben ihre **Allgemeinen Geschäftsbedingungen** in den Vertrag einbeziehen will (vgl. *Fall 47,* vor → Rn. 838). Die hM sieht dies als eine generell zulässige Funktion des Bestätigungsschreibens an und begnügt sich mit der allgemeinen Inhaltskontrolle der Geschäftsbedingungen (s. sogleich). UE hat eine graduell strengere Angemessenheitskontrolle stattzufinden, wenn die AGB durch Bestätigungsschreiben Vertragsinhalt wurden.

867 Ist das Bestätigungsschreiben umgekehrt *lückenhaft*, unterschlägt es also einzelne Punkte der vorher getroffenen Vereinbarung, so soll es insoweit nur die Beweiswirkung (→ Rn. 859) entfalten; dh es hat zwar zunächst die Vermutung der Vollständigkeit für sich, der Empfänger kann aber trotz der widerspruchslosen Hinnahme später noch den Gegenbeweis über weitere Vereinbarungen antreten.[797]

c) Abschlussfunktion

868 Sofern die Vertragsverhandlungen nicht bis zu einem rechtsverbindlichen Abschluss gediehen waren, kann das Bestätigungsschreiben als Annahmeerklärung den Vertrag

---

[797] *BGH* WM 1986, 168.

zustande bringen, wenn bereits ein verbindliches Angebot der Gegenpartei vorliegt und beide Erklärungen inhaltlich übereinstimmen. Desgleichen ist das Bestätigungsschreiben für den Vertragsschluss konstitutiv, wenn die Parteien sich zwar mündlich bereits einig geworden waren, aber unter dem (Form-)Vorbehalt einer nachfolgenden schriftlichen Fixierung. Fehlt es an dieser inhaltlichen Kongruenz, so wäre die Bestätigung als modifizierte Annahme iSv § 150 II BGB zu qualifizieren und damit als neues Angebot, das seinerseits nun der Annahme bedarf. Dasselbe hätte zu gelten, wenn die Gegenpartei sich noch gar nicht auf ein verbindliches Angebot festgelegt, beispielsweise die Verhandlungen durch einen Beauftragten ohne Abschlussvollmacht geführt hatte. In beiden Fällen könnte das Schweigen nach allgemeinem Vertragsrecht keinen Vertragsschluss bewirken; allenfalls könnte die widerspruchslose Hinnahme des Bestätigungsschreibens wiederum zu einer Beweislastumkehr führen. Der Empfänger hätte nun zu beweisen, dass ein Vertrag noch nicht geschlossen und ein bindendes Angebot dieses Inhalts von ihm nicht erklärt worden war.

Eröffnete man jedoch der Empfängerpartei diesen Gegenbeweis, so beeinträchtigte man auf dem Boden der hM damit ganz entscheidend die oben (→ Rn. 859) beschriebene Funktion des Bestätigungsschreibens. Denn es wäre wenig sinnvoll, zwar Auseinandersetzungen über den genauen Inhalt einer Vereinbarung abzuschneiden, solche über deren Zustandekommen bzw. über den genauen Inhalt eines Vertragsangebots aber uneingeschränkt zuzulassen. Auch in diesen Fällen wird dem Schweigen daher die Rechtsfolge beigelegt, den Inhalt des Bestätigungsschreibens als Vertragsinhalt maßgeblich zu machen – mit der Einschränkung allerdings, dass die Vertragsverhandlungen ein Stadium der »Abschlussreife« erreicht haben müssen. Die Regelung des § 150 II BGB soll nicht geradezu unterlaufen werden; hatte die Empfängerpartei zuvor ein klar umrissenes Angebot anderen Inhalts abgegeben oder sich eindeutig noch *nicht* festgelegt, so kann sie sich darauf weiterhin berufen (im Einzelnen str.). **869**

UE ist der erste wesentliche Punkt auch hier, dass dem Empfänger gegenüber seinem zuletzt erklärten Willen keine nachteiligen Änderungen und unangemessenen Ergänzungen zugemutet werden. Und falls er seinen eigenen Willen überhaupt noch nicht präzise artikuliert hat, darf ihm auf diesem Weg nicht der von der Gegenpartei einseitig gewünschte Geschäftsinhalt »untergeschoben« werden. Sodann muss aber zu diesem inhaltlichen Moment noch ein »Umstandsmoment« hinzukommen, besondere Umstände nämlich, die den Empfänger nach dem zwischen Verhandlungspartnern geltenden Vertrauensgrundsatz zum Widerspruch verpflichten, wenn er den behaupteten Vertragsschluss nicht gelten lassen will. **870**

> **Beispiel:** *BGH* NJW 1964, 1951 bejahte Bindungswirkung nach Vertragsverhandlung durch nicht abschlussberechtigten Angestellten.[798] UE ist das nur richtig, wenn die Gegenpartei den Angestellten für bevollmächtigt, den Vertrag also für zustande gekommen hielt und dies der Empfängerpartei ersichtlich wurde. Denn dann muss nach Treu und Glauben eine Richtigstellung erwartet werden.

Umstände dieser Art müsste also der Absender des Bestätigungsschreibens geltend machen, um den vom Empfänger geführten Gegenbeweis, dass kein Vertragsschluss zustande kam, wieder zu entkräften. Auf diese Weise wird die Abschlussfunktion des Bestätigungsschreibens zum Anwendungsfall des allgemeinen Grundsatzes, wonach

---

798 Bestätigt in *BGH* NJW 1990, 386. Differenzierend *Canaris*, § 23 Rn. 16 f.

Schweigen als Annahme gelten kann, wenn nach Treu und Glauben ein Widerspruch geboten gewesen wäre.

d) Anfechtung

871 In der Frage der **Anfechtbarkeit** gilt das oben (→ Rn. 856 f.) Ausgeführte mit der Maßgabe, dass auch ein *Inhaltsirrtum*, wenn verschuldet (etwa wegen Nicht- oder Flüchtig-Lesen des Bestätigungsschreibens), nicht zur Anfechtung berechtigt (str.).[799] Denn beim Bestätigungsschreiben steht, anders als bei § 362 HGB, weniger der Vertragsschluss als solcher, als vielmehr die exakte inhaltliche Präzisierung im Vordergrund.

e) Anwendung im nichtkaufmännischen Verkehr

872 Noch nicht restlos geklärt ist die Frage, inwieweit die geschilderten Rechtsgrundsätze auch im **nichtkaufmännischen** Verkehr gelten. Unseres Erachtens muss auch ein Nichtkaufmann einen Kaufmann durch ein Bestätigungsschreiben binden können (→ Rn. 858 f.); schweigt hingegen ein Nichtkaufmann auf ein Bestätigungsschreiben, so kann ihm das nur unter besonderen Umständen als Vertrauenstatbestand zugerechnet werden.[800]

f) Sich kreuzende Bestätigungsschreiben

873 Fertigen **beide Seiten** Bestätigungsschreiben unterschiedlichen Inhalts aus, so ist keines von beiden maßgeblich, und zwar gleichgültig, ob diese Schreiben sich ieS **kreuzen** oder ob das zweite in Erwiderung auf das erste abgesandt wird. Denn auch im letztgenannten Fall begründet die schweigende Hinnahme kein schutzwürdiges Vertrauen, vielmehr entspricht die Situation derjenigen des § 150 II BGB.

---

799 Vgl. *Jung* HandelsR § 23 Rn. 21.

800 So für Konkursverwalter, der am geschäftlichen Verkehr teilnimmt, *BGH* NJW 1987, 1940; für Rechtsanwalt *OLG Köln* CR 1991, 541.

Schaubild 30: Das kaufmännische Bestätigungsschreiben

Häufige Stellung im Prüfungsaufbau:
▸ Frage nach wirksam vereinbarter Vertragsregelung

Voraussetzungen
▸ **Persönlicher Anwendungsbereich (Anwendbarkeit):** bei Auftreten im Rechtsverkehr **als** oder **wie Kaufmann** (ursprüngl. Anwendungsbereich nur für Kaufleute, heute h. M.: ausreichend, dass beide Parteien ähnlich einem Kaufmann in größerem Umfang am Geschäftsverkehr teilnehmen; a. A.: unter Hinweis auf §§ 345, 362 HGB sogar ausreichend, wenn ausschließlich Empfänger kaufmannsähnlich auftritt, Bestätigender kann reiner Privatmann sein).
▸ **Sachlicher Anwendungsbereich (Bestätigung**sschreiben)
• **Bestätigung** eines **vorangegangen (jedenfalls scheinbaren)** Vertragsschlusses (Unterscheidung zwischen deklaratorischem und konstitutivem Bestätigungsschreiben): Bei deklaratorischem Bestätigungsschreiben erfolgt Bestätigung eines Vertragsschlusses ohne Ergänzung bzw. Modifikation; bei konstitutivem Bestätigungsschreiben ist ausreichend, dass in irgendeiner Form Vertragsverhandlungen stattgefunden haben und diese jedenfalls aus Sicht des Bestätigenden scheinbar zu einem Vertragsschluss geführt haben.
• **Zeitliches Moment: unmittelbarer** zeitlicher Zusammenhang, d. h. Bestätigungsschreiben muss zeitnah an die bestätigten Vertragsverhandlungen abgesendet werden, so dass der Empfänger auf das Eintreffen vorbereitet ist und noch damit rechnen kann, also gerade nicht überrascht wird.
• **Zugang** (§ 130 I 1 BGB analog) unmittelbar nach den Vertragsverhandlungen (wobei die Möglichkeit der Kenntnisnahme genügt).
▸ **Schutzwürdigkeit** des Absenders
• keine **Arglist** des Absenders (z. B. dann gegeben, wenn der Absender bewusst das Vereinbarte in mehr als nur unwesentlichen Nebenpunkten unrichtig oder unvollständig wiedergibt in der Hoffnung, dass der Empfänger nicht unverzüglich widerspricht).
• **Inhaltsmoment:** keine **erhebliche Abweichung** vom vorher Abgesprochenen, d. h. der behauptete und wesentliche Inhalt muss eindeutig, klar und endgültig erkennbar sein (nicht erforderlich ist aber die namentliche Bezeichnung als Bestätigungsschreiben).
• keine sich **kreuzenden/widersprechenden** Bestätigungsschreiben (in diesem Fall ist ein gesonderter Widerspruch der jeweiligen Empfänger nicht notwendig, da bereits die Bestätigungsschreiben ihrem Inhalt nach den Widerspruch in sich tragen; dies gilt jedenfalls in Bezug auf die wesentlichen Vertragsbestandteile).
• **keine** bereits zwischen den Parteien bestehenden **Streitigkeiten** über den Vertragsinhalt: in diesem Fall darf der einen Vertragsseite durch ein vermeintliches Bestätigungsschreiben nicht die Sicht der anderen Vertragspartei einseitig auferlegt werden.
▸ kein **unverzüglicher** (i. S. d. § 121 I BGB), formfrei und auch konkludent möglicher **Widerspruch.**

Rechtsfolge
▸ Geltung des Vertrages mit **Inhalt** des Bestätigungsschreibens (Modifikationsfunktion); weiter wird vermutet, dass das Bestätigungsschreiben vollständig die Parteivereinbarung widerspiegelt (vgl. § 416 ZPO)

Literatur: *Ebenroth,* ZVglRw 1978, 161; *Huber,* ZHR 160 (1997), 160, 162; *Jung* HandelsR § 34; *Lettl,* JuS 2008, 849; MüKoBGB/*Busche* § 151 Rn. 4 ff.; *Kindler* GK HandelsR § 7 II.

Rechtsprechung: BGHZ 40, 42; BGHZ 61, 282; *BGH* NJW 1994, 1288; NJW-RR 1995, 179; *BGH* NJW-RR 2001, 680; *BGH* ZIP 2004, 1211.

874 **Lösungshinweise zu Fall 47** (vor → Rn. 838; vgl. *BGH* NJW 1973, 2106):
Anspruch des K gegen V auf Verzugsschaden gem. §§ 280 I, II, 286 BGB

1. Schuldverhältnis iSd §§ 280 I, 311 I BGB
2. Pflichtverletzung (verspätete Leistung)
   a) zunächst **individuelle mündliche Vereinbarung** über den Liefertermin
   b) Spätere Modifikation des mündlichen Vertragsinhalts durch **kaufmännisches Bestätigungsschreiben?** sog. Theorie des letzten Wortes, wonach das zuletzt eingegangene Bestätigungsschreiben maßgeblich ist, hat sich aufgrund des rein zufälligen Charakters nicht durchgesetzt. Die hM lässt in diesen Fällen der sich widersprechenden, kreuzenden Bestätigungsschreiben grundsätzlich keine Allgemeinen Geschäftsbedingungen gelten.
   c) Es bleibt beim ursprünglich vereinbarten Liefertermin.
3. Verzugsvoraussetzungen (§ 286 BGB)
4. **Ergebnis:** Anspruch K gegen V aus §§ 280 I, II, 286 BGB (+)

5. Allgemeine Geschäftsbedingungen

Fall 48: Die Firma A. M. Heizungstechnik hat im Bauvorhaben des B die Heizungsanlage erstellt und verlangt den Werklohn von 65.000 EUR. B rechnet mit einem Vertragsstrafenanspruch von 70.000 EUR auf, den er auf seine Allgemeinen Geschäftsbedingungen stützt. Dort ist eine Vertragsstrafe von 1,5 % der Vertragssumme pro Tag Terminüberschreitung vorgesehen, und die Firma A. M. hatte den Fertigstellungstermin um 72 Tage überschritten. Steht dem B die Vertragsstrafe zu? (Lösungshinweise → Rn. 888).

875 Die grundsätzliche Problematik allgemeiner Geschäftsbedingungen (AGB) ist im Handelsrecht dieselbe wie im allgemeinen Zivilrecht, ihre praktische Bedeutung mindestens ebenso groß. Der Verwender von AGB ist in der Praxis ohnehin regelmäßig Kaufmann (vgl. nur die brancheneinheitlichen AGB des Banken-, Versicherungs-, Speditionsgewerbes etc.), die aus handelsrechtlicher Sicht entscheidende Frage aber, ob auf der Gegenseite **Kaufleute** gegenüber AGB tendenziell *weniger schutzwürdig* sind als Privatpersonen (Endverbraucher). Wer die ratio der AGB-Kontrolle im Ungleichgewicht wirtschaftlicher Macht, in der mangelnden Geschäftsgewandtheit des Vertragspartners, im Schutz der Befriedigung existentieller Lebens- (Verbraucher-)Bedürfnisse sieht, wird die Frage eher bejahen. Wer demgegenüber mehr auf die psychologische Situation abstellt, in der sich die Gegenseite bei der Anwendung von AGB typischerweise befindet, wird erkennen, dass auch Kaufleute *nicht* grundsätzlich besser befähigt sind, ihre Interessen gegenüber dem Verwender von AGB selbst wirksam zu wahren.

876 Demgemäß hatte die Rspr. vor Inkrafttreten des AGB-Gesetzes und dessen spätere Überführung in die §§ 305 ff. BGB zutreffend einen grundsätzlichen *Unterschied zwischen Kaufleuten und Nichtkaufleuten verneint.*[801] In den §§ 305 ff. BGB wurde diese

---

801 *BGH* NJW 1976, 2345.

Differenzierung mittlerweile auf die Ebene von **Unternehmern und Verbrauchern** verlagert (→ Rn. 83 f.) und macht hier nun den *doppelten Unterschied,* dass einerseits *Unternehmer* von einigen stark schematisierenden Schutzvorschriften ausgenommen bleiben (lesen Sie § 310 I BGB), andererseits *Verbraucher* in bestimmten Punkten noch weitergehend geschützt werden **(§ 310 II BGB).** § 310 I 2 BGB lässt aber die Möglichkeit offen, auf dem Weg über die Generalklausel des § 307 BGB den so aufgerissenen Graben bei der Inhaltskontrolle teilweise wieder einzuebnen.

Im Einzelnen ist der **Leitgedanke** bei der **AGB-Kontrolle,** auf eine einfachste Formel   877
gebracht, folgender: AGB sind von einem Vertragspartner einseitig und wohlüberlegt für eine Vielzahl von Fällen vorformulierte Vertragsklauseln (vgl. die Legaldefinition in § 305 I BGB), die nicht die essentialia negotii (Leistung/Gegenleistung/Preis), sondern typischerweise nur **Nebenpunkte** des Vertragsinhalts wie Liefermodalitäten, Mängelgewährleistung, Verzugsfolgen, Nebenpflichten und Obliegenheiten etc. abweichend vom dispositiven Gesetzesrecht regeln (lesen Sie § 307 III 1 BGB). Die Gegenseite hat dann auf die inhaltliche Gestaltung dieser Bestimmungen im Einzelfall regelmäßig keinen Einfluss mehr, sie kann allenfalls das Geschäft ausschlagen. Dazu besteht aber zumeist keine Neigung, weil einerseits in vielen Branchen die Konkurrenz ebensolche AGB verwendet, andererseits die Gegenpartei (der Kunde) ihr Augenmerk in erster Linie den Hauptpunkten des Geschäfts – Ware und Preis – schenkt, drittens schließlich die AGB-Klauseln häufig nur Eventualitäten (zB einen Schadensfall) betreffen, mit deren Eintritt man nicht rechnet.

Auf diese Weise besteht die **Gefahr,** dass der AGB-Verwender die Privatautonomie   878
einseitig zu seinem Vorteil ausnutzt, die sog. *»Richtigkeitschance« privatautonomer Regelung*[802] ist entscheidend beeinträchtigt. Auf der anderen Seite ist einzuräumen, dass AGB in vielen Fällen die **legitime Funktion** erfüllen, Massengeschäfte auf einfache und einheitliche, gleichzeitig aber im Vergleich zum dispositiven Gesetzesrecht dem Falltypus angemessenere Weise zu regeln.

Demzufolge lässt die Rechtsordnung AGB zwar grundsätzlich zu, unterwirft sie aber   879
einem **dreistufigen Kontrollsystem,** welches zunächst in der Rechtsprechung ausgeformt und dann in seinen wesentlichen Zügen in die §§ 305 ff. BGB übernommen wurde.

a) Einbeziehungskontrolle

Die vertragliche Einigung der Parteien muss die Einbeziehung der AGB in den Vertrag   880
(ausdrücklich oder konkludent) mit umfassen. Dabei soll der Vertragsgegner in die Lage versetzt werden, sich selbst zu schützen. Zu diesem Zweck muss die Verwendung der AGB ihm deutlich, ihr Inhalt bekannt gemacht (§ 305 II BGB), eine inhaltlich ungewöhnliche (»überraschende«) Klausel besonders hervorgehoben werden (§ 305 c I BGB).

b) Restriktive Auslegung

Zweifel an der Bedeutung und Reichweite von AGB-Bestimmungen gehen zu Lasten   881
des Verwenders (§ 305 c II BGB); bei der Kollision mit Individualabreden haben diese Vorrang (§ 305 b BGB).

---

802 Näher hierzu *Weller,* Die Vertragstreue, 2009, S. 282 ff.

c) Inhaltskontrolle

882 Diese ursprünglich auf § 242 BGB gestützte dritte und wichtigste Kontrollstufe bewertet den Gerechtigkeitsgehalt von AGB-Regelungen. Sie hat nunmehr Eingang in die §§ 307–309 BGB gefunden.

(1) Die §§ 308, 309 BGB zählen eine Vielzahl von Klauseln auf, die schlechthin (»ohne Wertungsmöglichkeit«, siehe § 309 BGB) oder angesichts der Auslegungsbedürftigkeit darin verwendeter unbestimmter Rechtsbegriffe unter bestimmten Voraussetzungen für unwirksam erklärt werden (»mit Wertungsmöglichkeit«, § 308 BGB).

(2) Wird eine AGB-Klausel nicht von den §§ 308, 309 BGB erfasst, ist sie sodann an der Generalklausel des § 307 BGB zu messen. Dessen Absatz 1 greift die Formel von der unangemessenen Benachteiligung entgegen den Geboten von Treu und Glauben ausdrücklich auf. In § 307 II BGB erfolgt eine Konkretisierung zweier wesentlicher Fallgruppen unangemessener Benachteiligung: Die eine orientiert sich am Leitbild des dispositiven Gesetzesrechts (§ 307 II Nr. 1 BGB), die andere an den Kardinalpflichten des einschlägigen Vertrages (§ 307 II Nr. 2 BGB).

d) Rechtsfolgen

(1) Sind AGB-Klauseln aus einem dieser Gründe nicht wirksam in den Vertrag einbezogen worden (Einbeziehungskontrolle) oder inhaltlich unwirksam (Inhaltskontrolle), so ist der Vertrag im Übrigen – entgegen den Grundsätzen des § 154 BGB (Dissens, weil der AGB-Verwender erfolglos eine Einigung über die Einbeziehung seiner AGB anstrebte) oder des § 139 BGB (im Zweifel Gesamtnichtigkeit des Vertrages bei Unwirksamkeit einer Vertragsklausel) – dennoch wirksam (§ 306 I BGB).

(2) Die durch die nicht einbezogene bzw. unwirksame AGB entstandene Lücke wird durch dispositives Gesetzesrecht geschlossen, § 306 II BGB.

(3) Die inhaltlich unwirksame Klausel kann zugunsten des Verwenders nicht auf das gerade noch erträgliche und von der Rechtsordnung tolerierte Maß reduziert werden (Verbot der geltungserhaltenden Reduktion). Dem Verwender würden sonst Anreize gesetzt, seine Klauseln zu weitgehend zu Lasten des Klauselgegners zu formulieren, weil er das Risiko der Gesamtunwirksamkeit nicht trüge.

883 Die bereits erwähnte Ausnahme des Unternehmers vom Schutz einiger gesetzlicher Kontrollbestimmungen ist in § 310 I BGB geregelt.

(1) *Einbeziehungskontrolle:* AGB, die gegenüber einem Unternehmer verwendet werden, sind auch dann Vertragsbestandteil, wenn die strengen Voraussetzungen des § 305 II BGB nicht eingehalten werden. Allerdings dispensiert § 310 I 1 BGB nicht von der Anwendung des § 305 I BGB (was in Prüfungen häufig übersehen wird). Das bedeutet, dass auch bei der AGB-Verwendung gegenüber einem Unternehmer zu prüfen ist, ob die AGB zu der in § 305 I BGB genannten »Vertragsbedingung« geworden ist. Dies setzt voraus, dass sich beide Parteien – zumindest *konkludent* – über die Geltung der AGB *rechtsgeschäftlich geeinigt* (»Vertrag«!) haben. Letzteres ist im unternehmerischen Verkehr freilich schon dann anzunehmen, wenn eine Partei in ihrem Angebot auf die Einbeziehung ihrer AGB (zB auf ihrem Briefpapier) hinweist (ohne

dass die AGB beiliegen müssten) und die andere Partei das Vertragsangebot ohne Widerspruch annimmt.[803]

(2) *Inhaltskontrolle:* Die §§ 308, 309 BGB finden nach § 310 I 1 BGB keine Anwendung auf AGB, die gegenüber einem Unternehmer verwendet werden. Allerdings – dies besagt § 310 I 2 BGB – entfalten die in §§ 308, 309 BGB genannten Konstellationen **Indizwirkung** im Rahmen der Generalklausel des § 307 BGB. Das bedeutet: Unterfiele eine AGB eigentlich einem Fall in § 308 bzw. § 309 BGB, so spricht dies indiziell dafür, dass sie auch im Rahmen des § 307 BGB unwirksam ist. Allerdings ist hierbei Raum für die Berücksichtigung der »*im Handelsverkehr geltenden Gewohnheiten und Gebräuche*«, **§ 310 I 2 2. Hs. BGB,** welche zu einer Widerlegung der Indizwirkung führen können mit der Folge, dass die Klausel wirksam ist.

884

Als **Grundregel** lässt sich im Hinblick auf §§ 310 I 2 iVm 307 BGB formulieren: Die Inhaltskontrolle allgemeiner Geschäftsbedingungen ist im kaufmännischen Geschäftsverkehr dann großzügiger, wenn wegen der dort üblichen Art der Geschäftsabwicklung oder der im Handelsverkehr geltenden Gewohnheiten und Gebräuche ein *weniger strenger Maßstab hinnehmbar erscheint.* Wenn hingegen das dispositive Gesetzesrecht, von dem die Klausel abweicht, vornehmlich einem Ausgleich widerstreitender Interessen dient und den Schutz des Vertragspartners bezweckt, gebührt diesen Gesichtspunkten grundsätzlich auch bei der Klauselkontrolle im kaufmännischen Geschäftsverkehr Vorrang. Trifft der in der gesetzlichen Regelung zum Ausdruck kommende Gerechtigkeitsgedanke auf kaufmännische Geschäfte in gleicher Weise zu wie auf bürgerliche, so greift die Inhaltskontrolle unter § 307 BGB ein. Daher ist beispielsweise eine Bürgschaftsklausel für alle zukünftigen Gläubigerforderungen auch im kaufmännischen Geschäftsverkehr unwirksam.[804]

885

Praktisch besonders wichtig ist die Einschränkung der gesetzlichen Gewährleistungsrechte und Haftungsansprüche des Käufers/Bestellers durch sog. **Freizeichnungsklauseln** des Verkäufers/Unternehmers. Hier ist im Rahmen des § 307 BGB die Indizwirkung des § 309 Nr. 7a/b zu beachten. Freizeichnungsklauseln sind hiernach nur wirksam, wenn sie

886

(1) Körperschäden etc. ausnehmen (§ 309 Nr. 7a),

(2) sich auf die Freizeichnung von einfacher Fahrlässigkeit beschränken (§ 309 Nr. 7b) und

(3) nicht zu einer Freizeichnung von wesentlichen Vertragspflichten (= Kardinalpflichten) oder wesentlichen gesetzlichen Obliegenheiten wie nach §§ 377, 378 HGB führen (§ 307 II Nr. 2 BGB).[805]

Ein im Handelsverkehr häufiges Sonderproblem ist die **beiderseitige** Verwendung von AGB. Soweit diese einander **widersprechen,** sind beide unwirksam; denn die Auslegung ergibt, dass beide Parteien zu keinen anderen als jeweils den eigenen AGB abschließen wollen. Der Vertrag ist dennoch zustande gekommen, wenn die Parteien ihn auch ohne die AGB abschließen wollten – was im Zweifel anzunehmen ist. Es bleibt also bei der (dispositiven) gesetzlichen Regelung. Wenn die AGB sich teilweise decken,

887

---

803 Vgl. *BGH* NJW 1992, 1232.
804 *BGH* ZIP 1998, 1868.
805 *BGH* NJW 1991, 2633; 1992, 2016; 1993, 335; WM 1995, 1636; NJW-RR 1997, 304.

so hängt es von einer Gesamtwürdigung ab, ob die Aufrechterhaltung dieses Teils allein vom Willen jeder Partei getragen ist. – Das gilt grundsätzlich auch dann, wenn die eine Seite ihre AGB in Erwiderung auf diejenigen der anderen vorlegt, es sei denn, dass die Gegenseite sich diesen AGB nunmehr eindeutig und unter Verzicht auf ihre eigenen Klauseln unterwirft.[806]

Literatur: *Schmidt*, NJW 2011, 3329; *Schwab*, AGB-Recht, 3. Aufl. 2019.

888   **Lösungshinweise zu Fall 48** (vor → Rn. 875; vgl. *BGH* NJW 1981, 1509; WM 1989, 449): Wirksamkeit der **Vertragsstrafen-Klausel** in den AGB des B?

1. Grundsatz: Möglichkeit der individualvertraglichen Vereinbarung von Vertragsstrafen (§§ 348 HGB, 343 BGB)
2. Hier aber in AGB des B
3. Vorliegen und wirksame **Einbeziehung der AGB** nach §§ 305 I, 310 I 1 BGB wird unterstellt (keine überraschende Klausel nach § 305 c I BGB, da Vertragsstrafen im Baugewerbe üblich).
4. **Inhaltliche Wirksamkeit?**
   a) Keine unmittelbare Geltung des § 309 Nr. 6 BGB wegen **§ 310 I 1 BGB.**
   b) Aber: **Indizwirkung des § 309 Nr. 6 BGB** im Rahmen der Generalklausel des § 307 I, II BGB, siehe § 310 I **2 BGB.**
      BGH NJW 1981, 1509: Es sei unvereinbar mit Treu und Glauben, »bei Bauverträgen eine Vertragsstrafe in AGB **völlig unabhängig** von den Verzugsauswirkungen im Einzelfall und **ohne jede Begrenzung** nach oben so hoch festzusetzen, dass der Auftragnehmer bereits bei verhältnismäßig kurzer Verzugsdauer nicht nur seinen gesamten Werklohn verliert, sondern darüber hinaus auch noch möglicherweise Zahlungen an den Auftraggeber zu leisten hat.«
      Anmerkung: Bei Kaufleuten ist mithin ein krasses Missverhältnis von Vertragsstrafenhöhe und Leistungsumfang erforderlich, das insbesondere durch fehlende zeitliche Beschränkung, Obergrenze etc. indiziert wird.
      c) Rechtsfolge: gesamte Klausel ist **unwirksam,** insbesondere ergibt sich kein anderes Ergebnis aus § 343 BGB. Diese Vorschrift, die die Herabsetzung von Strafen ermöglicht, ist nämlich gem. § 348 HGB für einen Kaufmann nicht anwendbar. Aus der fehlenden Anwendbarkeit darf aber nicht folgen, dass die Pönale gegenüber einem Kaufmann überhaupt keiner Kontrolle zugänglich ist. Vielmehr gilt: § 348 HGB gilt nur für individual-vertraglich ausgehandelte Vertragsstrafen und nicht für AGB, so dass die Wirksamkeitskontrolle von Vertragsstrafe-Klauseln hiervon unberührt bleibt.
5. Ergebnis: Unwirksamkeit der Vertragsstrafenklausel. B hat keinen Anspruch auf Zahlung der Vertragsstrafe.

---

806 *OLG Koblenz* WM 1984, 1347.

§ 34. Sorgfalt, Kontokorrent, gutgläubiger Erwerb

1. Der handelsrechtliche Sorgfaltsstandard

Für Haftungszwecke bestimmt die Definitionsnorm des § 347 I HGB den Sorgfaltsstandard, der im Rahmen des § 276 II BGB maßgeblich ist. Diese Formulierung eines
speziellen (hier: kaufmännischen) Sorgfaltsstandards ist an sich nichts Besonderes,
wird doch auch ansonsten unter § 276 BGB die Fahrlässigkeit objektivierend nach Verkehrskreisen, Berufsgruppen etc. beurteilt. Umgekehrt ist auch innerhalb des Handelsrechts die Differenzierung nach spezielleren kaufmännischen Verkehrskreisen durch
§ 347 HGB nicht ausgeschlossen. Gemeinhin wird § 347 I HGB deshalb als Bestätigung des Grundsatzes verstanden, dass im Gegensatz zum Privatbereich im Unternehmensbereich strengere Sorgfaltsanforderungen gestellt werden.

889

Funktionsspezifische Differenzierungen (und dh praktisch zumeist: Verschärfungen)
sprechen die Gesetze gelegentlich selbst aus, vgl. §§ 93 AktG, 43 GmbHG (Sorgfalt
eines ordentlichen und gewissenhaften Geschäftsleiters).[807]

Der Verantwortlichkeitsstandard gilt für alle Arten von Verschuldenshaftung, auch
vorvertraglich und deliktisch, auch für Erfüllungsgehilfen (§ 278 BGB), sofern nicht
eine Abschwächung nach § 347 II HGB zum Zuge kommt und sofern es um ein Handeln in der Unternehmenssphäre (§ 343 HGB) geht.

2. Das Kontokorrent

> **Fall 49:** Die Sparkasse S hatte der D-OHG einen Kontokorrentkredit gewährt. Nach den Vertrags-
> bedingungen war das Kontokorrent jeweils zum 30.6. und 31.12. abzurechnen und auch zu diesen Ter-
> minen kündbar. G schied am 3.8.2009 als Gesellschafter aus der OHG aus; die Kontokorrentschuld be-
> trug an diesem Tag 4.000 EUR. In der Folge erreichte die Schuld ihren niedrigsten Stand von 750 EUR
> am 4.11.2009, stieg aber zum 31.12.2009 wieder auf 3.600 EUR und danach immer weiter an, bis die
> Gesellschaft schließlich insolvent wurde.
>
> a) In welcher Höhe haftet G der S?
> b) Wie ist die Rechtslage, wenn G sich außerdem der S für ihre Forderungen gegen die OHG verbürgt
>   hatte?
>
> (Lösungshinweise → Rn. 896).

a) Rechtliche Struktur, Arten

Das Kontokorrent bezeichnet eine Art, wie im Handelsverkehr *wechselseitige Ansprüche* aus einer fortlaufenden Geschäftsverbindung zwischen zwei Parteien gegeneinander *verrechnet* werden. Das anschaulichste und zugleich praktisch wichtigste Beispiel
ist das sog. »laufende« Konto oder **Girokonto** eines Kunden bei der Bank. Mit jeder
Einzahlung auf das Konto entsteht eine Forderung gegen die Bank, mit jeder Überweisung, Abhebung etc. eine Forderung der Bank gegen den Kunden. Diese Forderungen
bleiben nun nicht unabhängig voneinander bestehen, sondern werden einer besonderen wechselseitigen Bindung unterworfen, die sie ihrer rechtlichen Selbständigkeit beraubt, und schließlich so gegeneinander verrechnet, dass ein **Saldo** als neuer und nun

890

---

807 So ist auch § 43 GmbHG zu interpretieren.

allein maßgeblicher Rechnungsposten und Anspruchsgegenstand entsteht. Bezweckt wird damit zum ersten eine *Vereinfachung* im Zahlungsverkehr, zum zweiten eine *Sicherung* der einzelnen Forderungen und schließlich eine Vereinheitlichung, da nur noch der festgestellte einheitliche Saldo und nicht mehr die einzelnen Forderungen maßgeblich sind.

Das HGB regelt in den §§ 355–357 nur einige eher zweitrangige Rechtsfragen des Kontokorrentverhältnisses wie die Verzinsung, das Fortbestehen von Sicherheiten etc. Über die zentralen Fragen des Saldierungsvorgangs besteht daher noch nicht in allen Punkten Klarheit; vieles hängt auch vom Inhalt der von den Parteien vereinbarten Kontokorrentabrede im Einzelfall ab.

891   Man unterscheidet nach dem Zeitpunkt der Verrechnung zwischen **Staffel- und Periodenkontokorrent.** Bei dem letzteren (s. § 355 HGB) erfolgt zu bestimmten Zeiten, etwa zum Ende des Kalenderjahres, eine Verrechnung der bis dahin aufgelaufenen Ansprüche, bei dem ersteren (auch unechtes Kontokorrent genannt) wird jeder Anspruch sofort nach seinem Entstehen mit dem vorhergehenden Anspruch bzw. dem vorherigen Saldo zu einem neuen Saldo verrechnet. Die Saldierung hat jedenfalls zur Folge, dass die einzelnen Ansprüche nicht mehr selbständig geltend gemacht werden können – ob sie schlechthin erlöschen, ist str. Andererseits werden aber auch beim Periodenkontokorrent die Ansprüche bereits vor der Saldierung der Kontokorrentbindung unterworfen und damit ihrer Selbständigkeit beraubt. Die Feststellung des Saldos durch die eine Partei in Verbindung mit dem ihr regelmäßig nachfolgenden Saldoanerkenntnis der anderen Partei stellt ein konstitutives Schuldanerkenntnis iSv § 781 BGB dar.

892   Auf das typische **Bankkonto** angewandt, bedeutet das: Vereinbarungsgemäß handelt es sich hier um ein Periodenkontokorrent mit viertel- oder halbjährlicher Saldierung. Die zwischen den Stichtagen erstellten *Tagesauszüge* haben nur *Informationswert* (insbesondere über die dem Kunden verbleibenden Dispositionsbefugnisse), stellen aber keine Saldierung im Rechtssinne dar und machen das Konto noch nicht zum Staffelkontokorrent. Die periodische Saldierung kommt dadurch zustande, dass die Bank einen Kontoabschluss (mit Saldofeststellung) übersendet und der Kunde diesen genehmigt.[808] Die Banken-AGB (Nr. 7 II) sehen hierfür eine stillschweigende oder *fingierte Genehmigung durch unterlassenen Widerspruch* vor; diese Regelung ist zunächst an § 308 Nr. 5 BGB zu messen, ihre Wirksamkeit ist aber auch im Übrigen str. Grundsätzlich ist freilich das Anerkenntnis ebenso wie die Kontokorrentvereinbarung als solche auch konkludent möglich.[809]

b) Rechtslage vor und nach Saldierung

893   *Vor der Saldierung* können die einzelnen Forderungen nicht selbständig geltend gemacht oder abgetreten werden, denn bereits mit der Einstellung in das Kontokorrent verlieren die einzelnen Forderungen und Leistungen ihre Eigenständigkeit. Sie können auch nicht von Dritten gepfändet werden (§§ 851 ZPO, §§ 399 BGB, 357 HGB). Pfändbar ist aber der nächste Saldo (als Pfändung einer zukünftigen Forderung), pfändbar ist aber auch der Anspruch des Kunden auf Auszahlung des zwischen zwei

808 *BGH* NJW 1985, 3007 und 3010.
809 *BGH* ZIP 1991, 1069.

Abschlussterminen bestehenden Kontoguthabens (sog. Tagessaldo, § 357 HGB); dieses Recht hat der Kunde gemäß dem Bankvertrag.[810]

Nach rechtsverbindlicher Saldierung stellt sich die Frage, inwieweit noch Rechte und   **894**
Einwendungen aus den früheren Einzelforderungen oder aus der Saldoberechnung hergeleitet werden können. Grundsätzlich hat das nunmehr nach Bereicherungsrecht, nämlich im Wege der *Kondiktion des Saldoanerkenntnisses* (§ 812 I 1 1. Alt., II BGB) oder der *Bereicherungseinrede gegen den Saldoanspruch* (§ 821 BGB) zu geschehen. Auf diese Weise kann beispielsweise die Bank auch nach der Saldierung noch eine irrtümliche Kontogutschrift, der Kunde umgekehrt eine ungerechtfertigte Lastschrift geltend machen. Die praktische Erschwernis aus der Saldierung und Anerkennung ist dann also zunächst einmal nur eine *Umkehr der Beweislast.* Der Gläubiger braucht dann nur das Anerkenntnis darzutun, ohne Anerkenntnis muss er die einzelnen Rechnungsposten darlegen.[811] Allerdings kann der Bereicherungsanspruch auch der Substanz nach geschwächt sein, vor allem ist ein Wegfall der Bereicherung (§ 818 III BGB) möglich.[812] Darüber hinaus müssen für bestimmte Zwecke weiterhin die früheren Einzelforderungen (zumindest rechnerisch) maßgeblich bleiben. Das gilt vor allem insoweit, als die Rechtsstellung Dritter gerade (und nur) durch solche Einzelforderungen berührt wird.

Ist **beispielsweise** die Ehefrau F zusammen mit ihrem Gatten E Gesamtschuldnerin eines Darlehens, welches, ebenso wie die Tilgungszahlungen, in das Girokonto des E bei der Bank eingestellt wurde (oder hat sie sich für dieses Darlehen verbürgt), so ist der jeweilige Schuldstand der F allein aus dem Darlehen und seinen Tilgungsraten zu berechnen, unabhängig von sonstigen Belastungen auf dem Konto. In diesem Sinne ist § 356 HGB zu verstehen. – Lässt hingegen F eine ihr zustehende Geldzahlung auf das Konto des E überweisen, so geht diese Position dort in die Kontokorrentverrechnung ein, und F kann insoweit keine gesonderten Rechte gegen die Bank geltend machen.

Die Haftung eines **ausscheidenden Gesellschafters** – entsprechend bei Umwandlung   **895**
der Gesellschaft in eine KG bzw. GmbH & Co. KG – beschränkt sich *gesellschaftsrechtlich* auf den Schuldstand im Zeitpunkt des Ausscheidens, auch wenn dies kein Saldotermin ist. In der Folge vermindert die Haftung sich mit Veränderungen des Schuldstands bis auf den niedrigsten Stand, den dieser irgendwann erreicht (str.). Erhöhen kann sie sich mit dem Schuldstand dann – und nur dann (str.) –, wenn Dauerschuldverhältnisse, zB ein Kontokorrentkredit, in die laufende Rechnung eingehen und der Ausgeschiedene hierfür nach allgemeinen Grundsätzen (→ Rn. 310, 318) haftet.[813]

Literatur: *Bitter/Schumacher* HandelsR § 8; *Kümpel/Mülbert/Früh/Seyfried,* Bank- und KapitalmarktR, 5. Aufl. 2019, S. 637f., 745ff.; *Claussen,* Bank- und BörsenR, 5. Aufl. 2014; *Canaris,* § 25.

Lösungshinweise zu Fall 49 (vor → Rn. 890):   **896**

  a) **Höhe der Haftung des G** (vgl. *BGH* NJW 1968, 2100)

    1. Wirksames Kontokorrentverhältnis zwischen B und der OHG, **§ 355 I HGB**

---

810 *BGH* NJW 1981, 1611 (= BGHZ 80, 172); 1982, 2192 und 2193.
811 *BGH* NJW 1991, 2908; *OLG Oldenburg* WM 1995, 1144; *OLG Koblenz* WM 1995, 1225.
812 A A wohl *OLG Düsseldorf* WM 1985, 690; einschränkend auch BGHZ 72, 9.
813 Hierzu BGHZ 50, 277; *K. Schmidt* HandelsR § 21 V; *Canaris,* § 25 Rn. 36f.; *Nassall,* WM 1991, 1977.

2. Grundsätzliche Möglichkeit der Beendigung des Kontokorrentverhältnisses bereits vor dem vereinbarten Schlusstermin, § 355 III HGB
3. **Problem:** das Kontokorrentverhältnis besteht auch nach Ausscheiden des G zwischen B und der OHG fort.
   a) *BGH:* Die ursprüngliche (kausale) Saldoforderung v. 3.8.2009 wird durch die neue (abstrakte) Saldoforderung v. 31.12.2009 ersetzt und fällt somit im Wege der **Schuldumschaffung** weg. Das Ausscheiden des G aus der OHG berührt das Fortbestehen des Kontokorrents nicht. G bleibt an die während seiner Zugehörigkeit zur Gesellschaft geschlossene **Kontokorrentabrede gebunden,** allerdings begrenzt durch die Höhe des Saldos am Tag des Ausscheidens.
   (entsprechende Anwendung des § 356 I HGB; Sicherheit des Rechtsverkehrs)
   b) *aA* vertretbar: Argument des § 364 II BGB
4. **Ergebnis:** G haftet in Höhe 3.600 EUR (BGH); aA: 750 EUR
b) **Bürgschaft des G** (vgl. *BGH* NJW 1986, 252)
   G konnte die Bürgschaft zum 31.12.2009 kündigen und haftet dann auf 3.600 EUR, ansonsten unbegrenzt, da die Wirksamkeit der Bürgschaft vom Ausscheiden aus der OHG unberührt bleibt.

3. Gutgläubiger Eigentumserwerb

897 **§ 366 HGB** erstreckt den Gutglaubensschutz der §§ 932ff. BGB (und entsprechend des § 1207 BGB für die Verpfändung) auch auf den Fall, dass der Nichtberechtigte im eigenen Namen über fremde Sachen verfügt und der Erwerber von dem *fehlenden Eigentumsrecht* weiß und daher nach bürgerlichem Recht nicht mehr kraft guten Glaubens Rechte erwerben könnte, den Verfügenden aber gutgläubig (§ 932 II BGB) für **verfügungsbefugt iS von § 185 I BGB** hält. Die praktisch wichtigen Fälle betreffen Kaufleute, die kraft ihrer Tätigkeit typischerweise im eigenen Namen über fremdes Recht verfügen und die daher der Dritte regelmäßig nicht – oder jedenfalls nicht gutgläubig – für den Eigentümer, wohl aber für verfügungsbefugt hält, zB den Verkaufskommissionär (→ § 36). Eine andere wichtige Fallgruppe stellt die **Weiterveräußerung von unter Eigentumsvorbehalt bezogenen Waren** dar: Wenn der nächste Erwerber mit dem Eigentumsvorbehalt rechnen muss, kann er sein Vertrauen nur noch auf die bestehende Verfügungsbefugnis seines Verkäufers stützen.

898 § 366 HGB setzt voraus, dass der Verfügende Kaufmann ist, wohingegen der Rechtsnachteil den *wahren Eigentümer* ohne Rücksicht auf dessen Kaufmannseigenschaft trifft. Die Kaufmannseigenschaft des Verfügenden ist hier also lediglich der Anknüpfungspunkt für die erhöhte Schutzwürdigkeit des gutgläubigen Erwerbers.

899 Im Hinblick auf die vergleichbare Interessenlage wird auch die Anwendung des § 366 HGB auf eine Verfügung in offener Stellvertretung bejaht, also auch der gute Glaube an eine bestehende Vollmacht geschützt (str.).[814] Das erscheint an sich überzeugend, ein im Ergebnis entscheidender Unterschied lässt sich jedoch nicht überbrücken: Hat der Verfügende, wie in solchen Fällen typisch, auch das *Grundgeschäft* im fremden Namen abgeschlossen, so kann *insoweit* über den Mangel der Vertretungsmacht § 366 HGB nicht hinweghelfen,[815] und das gutgläubig erworbene Eigentum bleibt dem Bereicherungsanspruch aus § 812 I 1 1. Alt. BGB ausgesetzt. (Immerhin verbleiben noch die Vorteile aus der Anwendung der bereicherungsrechtlichen Saldotheorie!).

---

814 MüKoHGB/*Welter* § 366 Rn. 24ff.; aA *Kindler* GK HandelsR § 7 Rn. 62.
815 So aber *K. Schmidt* HandelsR § 23 I.

Beachten Sie: In Fällen der letztgenannten Art kann auch ein gutgläubiger Erwerb kraft Anscheinsvollmacht in Betracht kommen, doch setzt diese tatbestandlich – vor allem unter dem Gesichtspunkt der Zurechenbarkeit – mehr voraus als § 366 HGB (vgl. → Rn. 783 ff.).

Literatur: *Jung* HandelsR § 34 XI.; *Ogris,* Guter Glaube an die Vertretungsmacht, 1987; *Tiedtke,* Gutgläubiger Erwerb, 1985; *Reinicke,* AcP 189 (1989), 79; *K. Schmidt,* JuS 1987, 936.

4. Überblick über weitere Einzelregelungen

§§ 348–350 HGB: Vergünstigungen und Schutzvorkehrungen des allgemeinen Zivilrechts bei **Vertragsstrafe** und **Bürgschaft** werden dem Kaufmann versagt. Im Zusammenhang mit § 350 HGB ist zu beachten, dass ein Schuldbeitritt wie auch eine Garantiezusage schon nach Bürgerlichem Recht formlos gültig sind. So kann einerseits eine als Bürgschaft formungültige Erklärung unter Umständen als Schuldbeitritt aufrechterhalten werden, andererseits muss man darauf achten, dass auf diesem Weg nicht der Schutz des Nichtkaufmanns unterlaufen wird.[816] Denn gerade die Verschärfungen der §§ 348–350 HGB werden als besonders gravierend empfunden, weshalb sie auch von der erweiterten Anwendung der §§ 343–372 HGB in § 383 II HGB etc. ausgenommen sind. 900

§ 354 a HGB: Forderungen können trotz vereinbarten Abtretungsausschlusses (§ 399 BGB) wirksam abgetreten werden. Damit wird die Kreditbesicherung durch Forderungszession erleichtert. In S. 2 wird der Schuldnerschutz über § 407 BGB hinaus verstärkt; der Schuldner kann die an sich wirksame Abtretung ignorieren. Das ist in gewisser Weise das Gegenstück zu § 25 I S. 2 HGB, wo der Schuldner eine nicht vollzogene Abtretung als wirksam behandeln kann. 901

§§ 352, 353 HGB: Erhöhter und erweiterter **Zinsanspruch.** 902

§ 354 HGB: Handelsgeschäfte sind entgeltlich.

§ 360 HGB qualifiziert für Gattungsschulden § 243 BGB.

§§ 363–365 HGB regeln wertpapierrechtliche Fragen. Für diese wird auf wertpapierrechtliches Schrifttum verwiesen.[817]

§ 367 HGB verschärft die Anforderungen der Gutgläubigkeit in einem Fall des § 935 II BGB.

§§ 369–372 HGB erweitern das **Zurückbehaltungsrecht** und die Rechte aus diesem.

---

816 *BGH* WM 1985, 1417.
817 *Gursky,* Wertpapierrecht, 2007, S. 8 f., 20 f.; *Brox/Henssler* HandelsR Rn. 635 f.

2. Abschnitt. Besondere Handelsgeschäfte

§ 35. Der Handelskauf

Fall 50: Die Weinkellerei W kaufte 100.000 Flaschenkorken und verkorkte damit ihre auf Flaschen abgefüllten Weine. Nach einiger Zeit wies der Wein Verunreinigungen auf, die von der schlechten Qualität der Korken herrührten; der Wein ist unverkäuflich. W rügt nunmehr gegenüber dem Korkenlieferanten K und verlangt Schadenersatz für den verdorbenen Wein. Die Mängel der Korken hätten aber schon vorher durch Aufschneiden einiger Korken entdeckt werden können. Hat W noch Ansprüche? (Lösungshinweise → Rn. 924).

1. Allgemeines

903 Die §§ 373 ff. HGB bringen in **Ergänzung zum Kaufrecht des BGB** einige Sonderregeln für Kaufverträge, wenn diese zumindest *einseitige* Handelsgeschäfte sind (§§ 343, 345 HGB) und **Waren** (gemeint sind damit bewegliche Sachen, vgl. § 375 I HGB) oder Wertpapiere zum Gegenstand haben (§§ 373 I, 381 I HGB). Ein *Grundstückskauf* kann also, auch wenn Kaufleute beteiligt sind, nicht den Vorschriften über den Handelskauf unterfallen.

904 Die Vorschriften gelten schon nach BGB gleichermaßen für den Tausch (§ 480 BGB) und den Werklieferungsvertrag über vertretbare Sachen (§ 651 S. 1 BGB), nach § 381 II HGB auch für den **Werklieferungsvertrag** über nicht vertretbare Sachen. Auf Verträge über die Lieferung von bereits fertig entwickelter Standard-Software wendet die Rspr. Kaufrecht einschließlich der HGB-Normen zumindest entsprechend an,[818] solche über individuell entwickelte Software werden als oder wie Werklieferungsverträge iSv § 381 II HGB behandelt.[819]

905 Gemessen an der Bedeutung des Handelskaufs als des praktisch bei weitem wichtigsten Handelsgeschäfts ist der Umfang kaufmännischen Sonderrechts, wie er in den §§ 373–382 HGB seinen Niederschlag gefunden hat, ausgesprochen gering. Außerdem spielen jedoch gerade im Kaufrecht typisierte Vertragsgestaltungen eine große Rolle, die sich weitgehend in spezifischen, abgekürzt formulierten **Handelsklauseln** ausgeprägt haben, deren Bedeutungsgehalt wiederum weitgehend zum Handelsbrauch erstarkt ist. Siehe zu den im Überseeverkehr besonders wichtigen Klauseln »fob« und »cif« sogleich nachfolgend 2 (→ Rn. 909), zu der verbreiteten Zahlungsklausel »Kasse gegen Dokumente« *BGH* NJW 1987, 2435, zu »Angebot freibleibend« *Lindacher*, DB 1992, 1813.[820]

Den grenzüberschreitenden Handelsverkehr dominieren die sog. **incoterms** (international commercial terms), ein von der Internationalen Handelskammer (Paris) zusammengestelltes internationales Regelwerk,[821] das eine Vereinheitlichung derartiger han-

---

818 BGHZ 102, 135; *BGH* ZIP 1990, 650 und 1138; *BGH* ZIP 2000, 456.
819 *BGH* NJW 1993, 2436.
820 Ferner *OLG Düsseldorf* NJW-RR 1991, 679 zu sog. Circa-Klauseln.
821 Eine Erklärung zu den wichtigsten Incoterms findet man auf der Seite der ICC Deutschland: *www.icc-deutschland.de.*

delsüblicher Vertragsformeln anstrebt und unter anderem auch die soeben erwähnten fob- und cif-Klauseln definiert.[822]

Bei **internationalen Handelskäufen** ist weiter zu beachten, dass möglicherweise und dann vorrangig das Einheitliche **UN-Kaufrecht** (Convention on Contracts for the International Sale of Goods = CISG) anwendbar ist, dessen Vorschriften über den Vertragsschluss und die Rechte und Pflichten der beiden Parteien unter bestimmten weiteren Voraussetzungen (vgl. Art. 1 CISG) im grenzüberschreitenden Kaufgeschäft gelten und dann das Vertrags- und Kaufrecht des BGB und HGB verdrängen bzw. überlagern.[823] Das Abkommen hat seine hauptsächliche Bedeutung auf dem Gebiet des Handelskaufs; denn Geschäfte mit Endverbrauchern werden nicht erfasst, Art. 2 CISG.[824] Allerdings wird es in der Praxis häufig nach Art. 6 CISG vertraglich abbedungen (nicht zuletzt, weil sich viele anwaltliche Berater nicht hinreichend damit auskennen und kein Haftungsrisiko wegen Beratungsfehlern eingehen wollen), mit der Folge, dass die – nach dem IPR (vgl. Art. 3 ff. Rom I-VO) zur Anwendung berufenen – nationalen Handels- und Zivilrechte Anwendung finden. **906**

2. Versendungskauf

> **Fall 51:** Das Chemieunternehmen K bestellt bei der Raffinerie R 60 000 l Dieselöl; R beauftragt das Transportunternehmen T mit der Anlieferung. T holt die Ladung mit 2 Tanklastzügen ab. Später wird bei einer Zollkontrolle in den Lagertanks des K eine Vermischung mit Spuren von Heizöl festgestellt und der Tankinhalt beschlagnahmt. Die Vermischung rührt von Heizölresten her, die sich noch in einem der Tanklastzüge befanden. Kann R von K gleichwohl den Kaufpreis verlangen? (Lösungshinweise → Rn. 910).

Eine praktisch besonders große Rolle spielt im Handelsverkehr das **Distanzgeschäft**, das Geschäft also, bei dem Wohnsitz bzw. Niederlassung der beiden Vertragsparteien geographisch auseinander fallen und die Leistung daher die Entfernung überbrücken muss. Das HGB enthält insoweit keine Besonderheiten, es gilt also etwa für die Verteilung der **Leistungs- und Preisgefahr** das allgemeine Recht des **BGB**. Demnach trägt das Risiko, die geschuldete Leistung wegen Untergangs der zur Leistung vorgesehenen Sache nicht zu erhalten (§ 275 I BGB), bei Stückschulden immer der Käufer, bei Gattungsschulden der Käufer von der Konkretisierung an (§ 243 II BGB). Schon hierfür ist die Unterscheidung nach dem Erfüllungsort und ergänzenden Schuldnerpflichten zwischen Hol-, Schick- und Bringschuld von Bedeutung (§§ 269, 270 BGB), und entscheidende Bedeutung gewinnt sie für die Preisgefahr. **907**

Demgemäß trägt beim **Versendungskauf** als Fall der Schickschuld der Käufer die Leistungsgefahr regelmäßig von der Absendung an. Das Risiko, bei Unmöglichkeit der Leistung (§ 275 I BGB) den Preis dennoch (in Abweichung von § 326 I BGB) zahlen zu müssen, trägt der Käufer nach **§ 447 BGB** von dem dort bestimmten Zeitpunkt der Auslieferung an den Spediteur, Frachtführer etc. an.[825] Dieser Zeitpunkt fällt mit dem- **908**

---

822 Näher Großkomm/*Koller*, Vor § 346.
823 Wiener UNCITRAL-Abkommen von 1980, in Deutschland (G v. 5.7.1989, BGBl. I 586) zum 1.1.1991 in Kraft getreten.
824 *Schlechtriem/Schroeter*, Internationales UN-Kaufrecht, 6. Aufl. 2016; *Schlechtriem*, JZ 1988, 1037.
825 Beachte: Bei einem Verbrauchsgüterkauf findet § 447 BGB nach § 474 II 2 BGB keine Anwendung. Im Handelsverkehr liegt freilich regelmäßig kein Verbrauchsgüterkauf vor.

jenigen der Konkretisierung regelmäßig zusammen oder folgt ihm unmittelbar nach. Zu den Besonderheiten bei Versendung an ein und demselben Ort oder mit eigenen Mitteln des Verkäufers s. die Erläuterungen zu § 447 BGB im allgemeinen Kaufrecht.

909 Die **Kosten der Versendung** fallen mangels abweichender Vereinbarung dem Käufer zur Last (§ 448 I BGB). Im Handelsverkehr sind abweichende Vereinbarungen häufig und speziell beim **Überseekauf** zwei Regelungen unter den Klauseln »*fob*« (free on board) und »*cif*« (cost, insurance and freight) typisiert. Bei einer **fob**-Vereinbarung trägt der Verkäufer die Versandkosten bis an Bord des Seeschiffs im Ladehafen, bei einer **cif**-Vereinbarung bis zum Eintreffen des Schiffes im Bestimmungshafen. Für die Gefahrtragung gilt in beiden Fällen nach hM, dass die Konkretisierung und der Übergang der Preisgefahr sich mit der Abladung der Ware an Bord vollziehen, der Ladehafen ist Erfüllungsort – im cif-Falle muss noch die Absendung eines ordnungsgemäßen Verlade- oder Frachtpapiers hinzukommen.

Weitergehend trägt der Verkäufer die Preis- und bei Gattungsschulden auch die Leistungsgefahr, wenn ein anderer Ort (Niederlassung des Käufers, Bestimmungshafen) als Erfüllungsort vereinbart ist.

910   *Lösungshinweise zu Fall 51* (vor → Rn. 907; vgl. *BGH* ZIP 1991, 107):
Anspruch des R gegen K auf Kaufpreiszahlung aus **§ 433 II BGB**?

1. Kaufvertrag zwischen K und R
2. Befreiung von der Gegenleistungspflicht: Untergang des Anspruchs auf Kaufpreiszahlung nach **§ 326 I BGB** wegen Unmöglichkeit der synallagmatischen (konkretisierten, § 243 II BGB) Leistung aufgrund der Beschlagnahme, § 275 I BGB
3. Bestehenbleiben des Kaufpreiszahlungsanspruchs: Ausnahme zu § 326 I BGB: **§ 447 BGB**
   a) Versendungskauf (+), da Versendung auf Verlangen des Käufers K
   b) Übergabe an Transportperson (hier T) (+)
   c) Grundsätzliche **Rechtsfolge**: Die **Gegenleistungsgefahr** geht auf den Käufer über, dh das Risiko, den Kaufpreis trotz zufälligen (nicht vom Verkäufer zu vertretenden) Untergangs oder Verschlechterung der Leistung zahlen zu müssen. Problem: **Reichweite und Umfang der Transportgefahr**: Welche in Bezug auf die Kaufsache bestehenden Risiken werden von dem Gefahrenübergang erfasst? Besteht eine Beschränkung auf die »typische Transportgefahr«? Gegen solche Reduktion spricht, dass § 447 BGB keine Aussage darüber zu entnehmen ist, ob Entlastung des Verkäufers auf der Risikoerhöhung durch den Transport oder auch auf der Verzögerung des durch die Übergabe zu bewirkenden »gewöhnlichen« Gefahrenübergangs gründet. Hier: Übergang der Preisgefahr betrifft nicht nur die physische Veränderung im Bestand der Sache, erfasst ist vielmehr auch das durch eine Veränderung der Ware auf dem Transport begründete Risiko einer Beschlagnahme oder der Verlust der Sache aus anderen Gründen (zB Diebstahl, Aushändigung an den falschen Empfänger), daher Übergang der Gegenleistungsgefahr (+).
4. **Ausnahme**: Die **Gegenleistungsgefahr geht nicht** auf den Käufer über, wenn die Verschlechterung der Kaufsache während des Transports Folge eines bereits bei Auslieferung bestehenden **Sachmangels** ist (Palandt/*Weidenkaff* BGB § 447 Rn. 16).
   a) Vorliegend ist ein **Sachmangel** nach § 434 BGB (Vermischung Diesel- mit Heizöl) und daraus resultierend ein **Rechtsmangel** (§ 435 BGB) anzunehmen, da die Vermischung zu einem Beschlagnahmerecht der Zollbehörde führt. (*BGH* ZIP 1991, 107: »Enthält Dieselkraftstoff Heizöl, was zu seiner Sicherstellung und Veräußerung durch die Zollbehörde führt, liegt darin ein Rechtsmangel des Kraftstoffs.«).
   b) Allerdings ist ein Sachmangel nur anzunehmen, wenn er im Zeitpunkt des **Gefahrübergangs** (§ 434 BGB) vorlag.
   c) Gefahrübergang bemisst sich hier nach **§ 447 BGB**: Übergabe an die Transportperson

d) Zu diesem Zeitpunkt lag aber noch kein Sachmangel vor; dieser entstand erst im Tankwagen des T, mithin nicht mehr in der Sphäre des R.

5. **Ergebnis:** R kann von K den Kaufpreis verlangen.

6. **Hinweis:** Über die Figur der **Drittschadensliquidation** kann sich K (Schaden, aber keinen Anspruch gegen T und zufällige Schadensverlagerung) jedoch den Anspruch des R gegen T (R hat einen Anspruch, aber keinen Schaden, weil er nach § 447 BGB den Kaufpreis erhält) wegen Pflichtverletzung im Zusammenhang mit dem Transport (Verunreinigung) aus §§ 280 I, 241 II BGB abtreten lassen (§ 285 BGB analog) und dann gegen R geltend machen.

3. Die Mängelrüge nach § 377 HGB

> **Fall 52:** I importiert Champignons in Dosen aus Formosa. Die Fleischwarenfabrik F bestellte bei I 400 Kartons à 6 Dosen, um die Pilze zu Ragout zu verarbeiten. Unmittelbar nach Erhalt der Lieferung öffnete F stichprobenweise 5–6 Dosen, wobei sich keine Beanstandungen ergaben. 2 Wochen später, bei der Verarbeitung der Pilze, stellte sich heraus, dass etwa 3/4 der Lieferung beim Erhitzen ungenießbar wurden. F rügte nun sofort den Mangel. Rechtzeitig? (Lösungshinweise → Rn. 925).

a) Untersuchung und Mängelrüge

Die Sonderregelung des HGB für Sachmängel (§ 377 HGB) statuiert zunächst einmal nur eine zusätzliche Anforderung an den Käufer, bei deren Nichtbeachtung er seine (nach den §§ 434 ff. BGB zu bestimmenden) *Mängelrechte verliert.* Die Anforderung betrifft ein bestimmtes Tätigwerden, und dessen zurechenbares Unterlassen bewirkt den Rechtsverlust. Die Genehmigungsfiktion des § 377 II HGB drückt keine *rechtsgeschäftliche* Aufgabe der Mängelrechte aus, sondern knüpft einen *Rechtsnachteil* an das Ausbleiben der erwarteten Handlung bzw. Beanstandung (→ Rn. 846 ff.). **911**

§ 377 HGB gilt nur für zweiseitige Handelsgeschäfte, und die ratio dieser Beschränkung ist, dass auf der einen Seite *nur der kaufmännische Käufer* mit diesem zusätzlichen Nachteil belastet werden soll (also praktisch: der Einzelhändler, Zwischenhändler oder weiterverarbeitende Unternehmer), auf der anderen Seite nur der kaufmännische Verkäufer der daraus resultierenden Vergünstigung bedarf, um schon frühzeitig (und nicht erst nach der Zweijahresfrist des § 438 I Nr. 3 BGB) über die definitive Erledigung des Geschäfts und dessen wirtschaftlichen Erfolg Gewissheit zu haben, seinen Geschäftsablauf rational gestalten und auf sicherer Grundlage kalkulieren zu können. **912**

Sachlich handelt es sich bei dieser zusätzlichen Anforderung um eine »Pflicht« zur unverzüglichen Anzeige (Rüge) des Mangels. Der dem § 377 HGB unterliegende Käufer kann sich also nicht innerhalb der Zweijahresfrist des § 438 BGB mit der Mängelrüge nach Belieben Zeit lassen.[826] **913**

Bei der Mängelrüge handelt es sich ihrer **Rechtsnatur** nach weder um eine Leistungspflicht (§ 241 I BGB), noch um eine Rücksichtspflicht (§ 241 II BGB). Vielmehr ist sie eine bloße **Obliegenheit des Käufers**. Eine Obliegenheit erlegt dem Obliegenheitsbelasteten nur Anforderungen auf, die sich unterhalb der Pflichtenebene befinden; **914**

---

826 Um Missverständnisse zu vermeiden: § 377 HGB kann mit § 438 BGB nicht schlechthin auf dieselbe Stufe gestellt werden; denn die letztere Vorschrift verlangt – zur Hemmung der Verjährung bzw. für ihren Neubeginn (§§ 203 ff. BGB) – mehr als bloß eine Mängelrüge, und deshalb ist diese Verjährungsfrist auch im Anwendungsbereich von § 377 HGB zusätzlich zu beachten.

dementsprechend führt eine Obliegenheitsverletzung auch »nur« zu **Rechtsnachteilen,** nicht aber zu weitergehenden Sanktionen.[827] Insbesondere kann eine Obliegenheit vom Vertragspartner *nicht in Natur eingeklagt* werden; auch löst eine Obliegenheitsverletzung (im Unterschied zu einer *Pflicht*verletzung, § 280 I BGB) *keine Schadensersatzansprüche* aus.

915 Ob eine Rüge **unverzüglich** (§ 121 I BGB!) erfolgt, richtet sich nach der Erkennbarkeit des Mangels. War der Mangel unmittelbar nach Übergabe der Sache bei der nach § 377 I HGB gebotenen Untersuchung erkennbar, so muss die Rüge innerhalb eines angemessenen Zeitraums nach der Übergabe erfolgen. War der Mangel in diesem Zeitpunkt noch nicht durch eine solche Untersuchung feststellbar, so kommt es darauf an, wann er *tatsächlich* dem Käufer bekannt wird, § 377 III HGB.

916 Die in § 377 I HGB scheinbar statuierte »Pflicht« zur **Untersuchung** hat also keine eigenständige Bedeutung; es geht nur darum, ob der Mangel bei einer Untersuchung von bestimmter Intensität und zu einem bestimmten Zeitpunkt erkennbar gewesen wäre, wobei diese Intensität und der genaue Zeitpunkt sich danach richten, was von einem Kaufmann unter den gegebenen Umständen vernünftigerweise erwartet werden kann. Bei der Beurteilung dieser Frage spielen die besondere kaufmännische Sorgfaltspflicht (§ 347 HGB) ebenso wie bestehende Handelsbräuche (§ 346 HGB) eine Rolle. Trotzdem ist es im Einzelfall und speziell dann, wenn die Untersuchung den Handelswert der Ware zerstört oder eine aufwendigere Inbetriebnahme erfordert, nicht immer leicht, etwa den Zeitpunkt und Umfang einer erforderlichen **Stichprobe** exakt zu bestimmen.

> **Beispiele:** Wie viele Konservendosen müssen bei einer Sendung von 1000 Dosen in 5 Paketen stichprobenhalber geöffnet werden? (Maximal aus jedem Paket eine Dose, aber auch bei der umgekehrten Konstellation – s. Fall 52 (vor → Rn. 911) – genügen insgesamt ca. 5 Dosen aus verschiedenen Packungen.) Wie ist es, wenn ein Einzelhändler zu Weihnachten 4 Flaschen Pommery-Champagner ins Sortiment aufnimmt? Welchen Tests muss eine Sendung von 3 Rasenmähern unterzogen werden, die im Februar eintrifft?

Hätte die demnach erwartbare Untersuchung mit hinreichender Wahrscheinlichkeit den Mangel zutage gefördert, so ist für diese Untersuchung und die anschließende Rüge ein *angemessener Zeitraum* zu bestimmen, nach dessen Ablauf der Rechtsverlust eintritt, wenn nicht der Käufer bis dahin gerügt hat. Andernfalls, also wenn der Mangel auf diese Weise nicht erkennbar gewesen wäre, ist es gleichgültig, ob und wie der Käufer die Ware untersucht hat. Die Frist beginnt mit der Ablieferung der Ware, wozu – bei komplizierteren Produkten wie namentlich Computern und Software – auch die erforderlichen Gebrauchsanleitungen und sonstigen Dokumentationen gehören.[828] Wenn auf die Beanstandung hin eine Nachbesserung oder Ersatzlieferung erfolgt, gilt § 377 HGB erneut.[829]

917 UE legen die modernen Trends in Produktion und Handel zu höherwertiger Ware, Originalverpackung, knapperen Handelsspannen, aber auch schnellerem Lagerumschlag eine *restriktive* Handhabung der Untersuchungsstandards auf den reinen (Zwi-

---

827 Näher zur Rechtsnatur der Obliegenheiten und der Abgrenzung gegenüber Pflichten (§ 241 I und II BGB) *Weller,* Die Vertragstreue, 2009, S. 257 ff.
828 *BGH* NJW 1993, 461 und 2436; ZIP 2000, 456; *OLG Köln* NJW-RR 1999, 1287.
829 *BGH* NJW-RR 1998, 680.

schen-)Handelsstufen nahe, auf denen die Ware *unverändert umgeschlagen* wird. Anders ist es bei Weiterverarbeitung, die die Ware ohnehin in ihrer Substanz antastet.

Ein weiterer Unterschied dürfte zwischen Fertigungsmängeln und nachfolgender Beschädigung oder Verderb der Ware angebracht sein. Erstere werfen zumeist keine Beweisfragen auf, sind vom Hersteller leichter beherrschbar bzw. kalkulatorisch erfassbar; und es scheint auch in der Praxis eher unüblich zu sein, dass er sich insoweit seiner Einstandspflicht für den Mangelschaden als solchen mittels § 377 HGB entzieht. Zum Rechtsproblem wird das Rügeversäumnis hier erst, wenn gravierende Mangelfolgeschäden auf dem Spiel stehen, oder ansonsten bei Insolvenz des Verkäufers, Abbruch der Geschäftsbeziehungen etc., anders bei verderblicher Ware. Im Übrigen versucht die Praxis häufig, den Anwendungsproblemen des § 377 HGB dadurch zuvorzukommen, dass feste Rügefristen vereinbart werden.[830]

Die Belastung des Käufers **entfällt** unter den Voraussetzungen von § 377 V HGB **918** (Arglist des Verkäufers), ferner kann sie (uU stillschweigend) abbedungen sein – allerdings nicht ohne Weiteres in den AGB des Käufers – oder einem besonderen Vertrauensschutz weichen, etwa bei langjähriger Lieferbeziehung.[831] Eine gewisse Milderung bringt auch § 377 IV HGB, der dem Käufer das Risiko von Verzögerungen bei der Übermittlung der Mängelanzeige abnimmt.

§ 377 HGB gilt auch, wenn der Käufer nur **Mittelsperson** für einen Dritten ist, an den **919** er die Ware weiterleitet oder der Verkäufer *direkt ausliefert,* und dieser *eigentliche Empfänger Nichtkaufmann* ist, zB beim Streckengeschäft (Erstkäufer als Zwischenhändler) oder in den besonderen Konstellationen des Kommissions- und des Leasinggeschäfts. Es ist dennoch Sache des (Erst-)Käufers, sich darum zu kümmern, dass die Obliegenheiten des § 377 HGB durch den Nichtkaufmann gewahrt werden. Allerdings kann die Verlängerung der Lieferkette bei der Beurteilung der Unverzüglichkeit ins Gewicht fallen; andererseits wirken Mängelrügen des Letztempfängers oder gleichwertige Mitteilungen an den Erstverkäufer auch zugunsten des rügebelasteten Käufers.[832] Wird hingegen der Mittelsperson ein zunächst nicht erkennbarer Mangel später, nach seinem Zutagetreten, erst mit Verzögerung mitgeteilt, so ist die Weiterleitung der Rüge an den Erstverkäufer verspätet, weil nicht mehr »unverzüglich«, nur nach Maßgabe eines eigenen Verschuldens der Mittelsperson.

b) Die Rügeerklärung

Trotz § 377 IV HGB bleibt die Mängelanzeige aber eine empfangsbedürftige Erklä- **920** rung, und das *Zugangsrisiko* (Beweislast!) trägt der Käufer.[833] Allerdings kann bei Verlust einer Rügemitteilung deren Wiederholung immer noch »unverzüglich« sein, solange den Käufer kein Verschulden trifft. – Auch im Übrigen unterliegt die Rüge als *rechtsgeschäftsähnliche* Mitteilung den Regeln über Willenserklärungen. Inhaltlich muss die Rüge den Mangel bezeichnen; sie darf also einerseits nicht ganz unsubstanti-

---

830 Eine Rügefristvereinbarung ist aufgrund der Privatautonomie zulässig, Baumbach/Hopt/*Hopt* HGB § 377 Rn. 57; EBJS/*Müller* HGB § 377 Rn. 309f.

831 Vgl. *BGH* NJW 1991, 2633; *BGH* NJW 1996, 1537; *Grunewald,* NJW 1995, 1777.

832 Zum Streckengeschäft *OLG Köln* BB 1994, 1959; zum Leasinggeschäft *BGH* WM 1990, 510; *OLG Köln* CR 1995, 218; zum Kommissionsgeschäft → Rn. 961 ff.

833 BGHZ 101, 49; krit. *Mössle,* NJW 1988, 1190.

iert sein, braucht aber andererseits den Mangel auch nicht präzise und fachkundig zu beschreiben, erst recht nicht die begehrte Rechtsfolge festzulegen.[834]

c) Die Rechtsfolge

921 **Die Rechtsfolge,** die in § 377 II HGB mit der »Genehmigung der Ware« angesprochen ist, ist eine *Verkürzung der Käuferrechte,* nämlich (in erster Linie) der Sachmängelrechte. Doch muss die Rechtsfolge, der ratio der Vorschrift entsprechend, alle Rechte des Käufers aus dem Sachmangel erfassen, gleichgültig auf welcher Rechtsgrundlage sie beruhen – und sofern sie nicht ohnehin, wie beispielsweise grundsätzlich die Anfechtung wegen Eigenschaftsirrtums, nach Gefahrübergang (§§ 446 f. BGB) durch das Gewährleistungsrecht kraft Spezialität ausgeschlossen sind.

922 Zum Problem werden auf diese Weise hauptsächlich die Fälle der früher sog. positiven Vertragsverletzung (pVV). Dabei ist zu unterscheiden:

(1) **Mangelfolgeschäden** (Anspruchsgrundlage: §§ 280 I, 437 Nr. 3 BGB) unterfallen § 377 HGB, weil der Schaden per definitionem auf dem Mangel beruht, dh, insoweit Kausalität und darüber hinaus eine Art von »Rechtsschutzzusammenhang« zwischen Mangel und Schaden besteht (Beispiel: Aufgrund eines Mangels läuft die Kühlflüssigkeit des verkauften Kühlschranks aus und beschädigt den Teppichboden als anderes Rechtsgut des Käufers).

(2) § 377 HGB kommt dagegen nicht bei Schadensersatzansprüchen aus §§ 280 I, 241 II BGB zum Zuge, wenn eine **Rücksichtspflicht verletzt** wurde, die mit dem Sachmangel als solchem nichts zu tun hat (zB die unzureichende Verpackung der Ware verursacht den Schaden, oder der unterlassene Hinweis auf eine Produktänderung).[835]

923 Überwiegend abgelehnt wird hingegen die Anwendung des § 377 II HGB auf **deliktische Ansprüche** einschließlich solcher aus Produkthaftung (auf der Grundlage von § 823 I BGB oder nach dem Produkthaftungsgesetz).[836] Im vorerwähnten Beispiel mit dem beschädigten Teppichboden (→ Rn. 922) würde ein Schadensersatzanspruch aus § 823 I BGB mithin nicht nach § 377 II HGB ausgeschlossen). Insoweit soll die unterlassene Untersuchung bzw. Beanstandung allenfalls als Mitverschulden des Käufers nach § 254 BGB zu berücksichtigen sein. Erst recht unberührt bleiben Ersatzansprüche geschädigter *Dritter.*

---

834 Vgl. *BGH* ZIP 1996, 1379; *OLG Köln* NJW 1993, 2627; *Michalski,* DB 1997, 81.
835 Vgl. BGHZ 66, 208; *BGH* NJW 1989, 2532.
836 Verneint von BGHZ 101, 339; hierzu *H. Roth,* JuS 1988, 938; differenzierend *Fitz,* FS Ostheim, 1990, S. 241.

Lösungshinweise zu Fall 50 (vor → Rn. 903; vgl. *BGH* NJW 1988, 52): $\qquad$ 924

I. Anspruch der W gegen K auf **Schadensersatz** aus §§ 437 Nr. 3, 434, 280 I BGB

   1. Richtige Anspruchsgrundlage: Da ein **Mangelfolgeschaden** (am Wein) vorliegt, ist allein § 280 I BGB (und nicht § 281 BGB) einschlägig, denn: Nachlieferung mangelfreier Korken hätte nicht dazu geführt, dass Weinflaschen noch weiter veräußert werden können, da der Wein auch dann noch ungenießbar wäre, mithin ist (hypothetische) Fristsetzung nach § 281 I 1 BGB sinnlos, Begleitschaden (+).

   2. Schuldverhältnis in Form eines Kaufvertrags, § 433 (+)

   3. Sachmangel im Zeitpunkt des Gefahrübergangs, § 434 I 2 Nr. 1 oder Nr. 2 BGB iVm § 446 BGB

   4. Ausschluss der Rechte aus § 437 BGB wegen Verletzung der **Rügeobliegenheit aus § 377 HGB:**

     a) beiderseitiges Handelsgeschäft iSd §§ 377, 343 HGB

     b) Ablieferung der mangelhaften Ware durch den Verkäufer

     c) Unterlassung der (für W rechtzeitig möglichen) Untersuchung der Korken und der **unverzüglichen Rüge**

     d) Rechtsfolge: Ware gilt als genehmigt, **§ 377 II HGB (Genehmigungsfiktion)**

   5. **Ergebnis:** Kein Anspruch gegen K aus §§ 437 Nr. 3, 434, 280 I BGB

II. Von den Folgen der Verletzung der *Rügeobliegenheit* **unberührt** bleibt der Anspruch aus **§ 823 I BGB** (Eigentumsverletzung: verdorbener Wein) sowie aus Produzentenhaftung; Problem: **Ausschluss des Anspruchs durch Verletzung der Rügeobliegenheit?** Für Erstreckung der Ausschlusswirkung des § 377 II HGB auf deliktische Ansprüche spricht, dass ansonsten Umgehung der ratio des § 377 HGB droht, gegen Erstreckung spricht, dass zwischen Vertrags- und Deliktsrecht grundsätzlich echte Anspruchskonkurrenz besteht; BGH: keine Erstreckung, jeder Anspruch unterliegt unterschiedlichen Voraussetzungen, deliktische Ansprüche stellen auch keine Gewährleistungsrechte iwS dar, auch bestehen unterschiedliche Schutzzwecke; aA *K. Schmidt* HandelsR § 29 III 5 b, der eine Erstreckung befürwortet.

Evtl. mit Minderung der Schadenshöhe wegen Mitverschuldens, § 254 BGB: hierbei dürfte der in §§ 347 I, 377 HGB verankerte Rechtsgedanke der Sorgfalt eines ordentlichen Kaufmannes zu berücksichtigen sein, uE erscheint hier eine hälftige Quotelung angemessen (keine unverzügliche Überprüfung durch Aufschneiden einerseits, schlechte Qualität des Korkes andererseits).

III. **Ein Anspruch aus § 1 ProdHaftG** scheidet aus, da W den Wein nicht für den privaten Gebrauch verwendet, sondern gewerbsmäßig veräußert (lesen Sie § 1 I 2 ProdHaftG).

Lösungshinweise zu Fall 52 (vor → Rn. 911; vgl. *BGH* WM 1977, 821): $\qquad$ 925

1. Rüge nach § 377 HGB muss unverzüglich nach der Lieferung und Untersuchung der Ware erfolgen oder, wenn sich der Mangel später zeigt, unverzüglich nach Entdeckung (§ 377 III HGB).

2. F ist unverzüglich nach der Ablieferung der Untersuchungspflicht des **§ 377 I HGB** im gebotenen Maße nachgegangen (→ Rn. 911 ff.), insbesondere genügt stichprobenartige Untersuchung, die sich – gemessen an der gelieferten Gesamtmenge – im unteren einstelligen Promillebereich bewegt.

3. Nach Entdeckung des Mangels erfolgte die Rüge rechtzeitig iSd **§ 377 III HGB**, insbesondere führt die vorherige stichprobenartige Untersuchung nicht dazu, dass ein späterer verdeckter Mangel ausgeschlossen ist.

Schaubild 31: Untersuchungs- und Rügeobliegenheit nach § 377 HGB

Häufige Stellung im **Prüfungsaufbau:**
▸ Frage nach Gewährleistungsrechten des Käufers gegen den Verkäufer aus § 437 BGB
▸ Rechte aus § 437 BGB untergegangen/ausgeschlossen gem. **§ 377 II HGB**?

Tatbestandsvoraussetzungen
▸ **beiderseitiges Handelsgeschäft** iSd § 343 HGB
▸ **Untersuchung** der Ware
• **unverzüglich** (§ 121 BGB) nach der Ablieferung
• soweit dies nach **ordnungsgemäßigem Geschäftsgang** tunlich ist
▸ **Erkennbarkeit** des Mangels bei der Untersuchung, § 377 II HGB
▸ **Anzeige/**Rüge des Mangels
• **unverzüglich** (§ 121 BGB) nach der Entdeckung des Mangels, § 377 I aE, III HGB
• rechtzeitige Absendung der Anzeige reicht aus, § 377 IV HGB
▸ **kein arglistiges Verschweigen** des Mangels durch den Verkäufer, § 377 V HGB

Rechtsfolgen
▸ bei Verletzung der Obliegenheit aus § 377 HGB: Fiktion der **Genehmigung** der Ware nach § 377 II HGB → Verlust der Gewährleistungsrechte
▸ bei rechtzeitig erfolgter Rüge: der Käufer behält Gewährleistungsrechte

4. Fixhandelskauf (§ 376 HGB)

926 § 376 HGB betrifft das sog. Fixgeschäft. Ob § 376 HGB iVm § 345 HGB auch auf **einseitige Handelsgeschäfte** Anwendung findet (so die **h. M.**[837]) oder ob der Anwendungsbereich des § 376 HGB wegen der ihm immanenten Benachteiligung des Käufers teleologisch dahin zu beschränken ist, dass er »keine Konstellationen erfasst, in denen ein kaufmännischer Verkäufer bzw. eine gleichgestellte Person mit einem privaten Käufer kontrahiert«,[838] ist umstritten. Letztere Ansicht harmoniert besser mit dem Prinzip der Naturalerfüllung, das durch § 376 I HGB zwar nicht ausgehebelt, aber doch beschnitten wird (dazu sogleich).

927 Im Hinblick auf Fixgeschäfte ist nach allgemeinem **Bürgerlichen Recht** zu unterscheiden:

(1) Beim **absoluten Fixgeschäft** ist die Leistungszeit nach dem Vertragsinhalt so wesentlich für die Erbringung der Leistung, dass nach Überschreiten eines bestimmten Zeitpunkts die Erfüllung **unmöglich** wird (§ 275 I BGB), so zB bei der Bestellung eines Taxis für eine Fahrt zum Flughafen, um ein bestimmtes Flugzeug zu erreichen. Die Rechtsfolgen bestimmen sich folgerichtig nach dem Tatbestand der Unmöglichkeit (lesen Sie § 275 IV BGB), nicht des Schuldnerverzugs.

(2) Beim relativen bzw. **einfachen Fixgeschäft** ist die Einhaltung der Leistungszeit zwar ebenfalls von herausgehobener Bedeutung, jedoch ist die Leistung – im Gegensatz zum absoluten Fixgeschäft – im Regelfall nachholbar. Die eben angesprochene

---

837 MüKoHGB/*Grunewald* § 376 Rn. 1.
838 So *Herresthal*, ZIP 2006, 883, 889f.

wesentliche Bedeutung manifestiert sich hierbei darin, dass der Gläubiger bei Überschreiten der Leistungszeit sofort, dh ohne vorherige Fristsetzung, zurücktreten kann (**§ 323 II Nr. 2 BGB**).

In beiden Fällen wird der sog. **Primat der Naturalerfüllung,**[839] dh die vorrangige Durchführung des Vertrages in natura auf Grundlage seiner Primärrechte und Primärleistungspflichten, eingeschränkt. Im Fall des absoluten Fixgeschäfts erlöschen die Primärrechte eo ipso (§ 275 I BGB); beim relativen Fixgeschäft hat der Gläubiger die Wahl, ob er die vertraglichen Primärrechte sofort durch Rücktritt storniert oder ob er stattdessen am Erfüllungsanspruch festhält.

928

§ 376 HGB bringt nun gegenüber dem **relativen Fixgeschäft** des BGB folgende Änderung: Regelfolge der Fristüberschreitung ist nicht der Fortbestand des Naturalerfüllungsanspruchs verbunden mit der Option für den Gläubiger, Schadensersatz zu verlangen oder zurückzutreten. Vielmehr ist die Regelfolge **umgekehrt** der *Schadensersatz statt der Leistung* mit der Option, am Naturalerfüllungsanspruch festzuhalten. Der Schadensersatzanspruch ergibt sich aus **§§ 280, 281 BGB** und setzt daher Vertretenmüssen voraus, § 280 I 2 BGB. Die Fristsetzung ist nach § 281 II 2. Alt. BGB entbehrlich.

929

Die Formulierung in § 376 I 1 HGB, der Schuldner müsse »im Verzug« sein, ist seit der Schuldrechtsmodernisierung für den Schadensersatz *statt* der Leistung, um den es ja hier geht, überholt, da der Verzug nur noch für den Schadensersatz *neben* der Leistung (Verzögerungsschaden) relevant ist, vgl. §§ 280 I, II, 286 BGB.[840] Im praktischen Ergebnis dürfte die veraltete Formulierung in § 376 I 1 HGB jedoch ohnehin unschädlich sein, da beim Fixgeschäft die Leistungszeit regelmäßig bestimmt ist, wodurch der Verzug bereits mit Überschreitung der Leistungszeit (unabhängig von einer Mahnung) eintritt, § 286 II Nr. 1 BGB.

930

Nur wenn der Schuldner sein fortbestehendes Naturalerfüllungsverlangen »sofort« anzeigt, behält er den **Primäranspruch** aus dem Vertrag, § 376 I 2 HGB. Der Gläubiger kann bei verspäteter Erfüllungsanzeige auch dann *nicht* (im Nachhinein) auf Erfüllung bestehen, wenn ihn kein Verschulden an der verzögerten Erfüllungsanzeige trifft.[841]

931

Die Umkehrung von Primär- und Sekundäransprüchen (Vorrang des Schadensersatzes) ist den **Eigenheiten und Bedürfnissen des Handelsverkehrs** geschuldet. So liegt der Zweck des § 376 HGB in der zeitnahen und klaren Vertragsabwicklung, ua damit der Gläubiger nicht auf Kosten des Schuldners spekulieren kann.[842] Auch sollen Waren vom säumigen Schuldner nur noch dann beschafft werden müssen, wenn der Gläubiger durch sein sofortiges Naturalerfüllungsverlangen deutlich macht, dass er sie noch gebrauchen kann (was etwa bei Saisonwaren häufig nicht mehr der Fall sein wird).

932

Hält der Gläubiger sofort am Erfüllungsanspruch fest, verliert er den bereits entstandenen Schadensersatzanspruch und das Rücktrittsrecht aus § 376 I 1 HGB wieder; der

933

Vertrag wird durch das Erfüllungsverlangen in einen »normalen« Kaufvertrag umgewandelt, dessen Rechtsfolgen sich nach dem BGB richten.[843]

934 Gegenüber dem **absoluten Fixgeschäft** des Bürgerlichen Rechts bringt § 376 HGB *keine* Änderung. Wie § 376 I 2 HGB zeigt, kann die Norm nicht das absolute, sondern nur das relative Fixgeschäft betreffen, weil die Vertragsparteien im Fall der Unmöglichkeit keine Rechtsmacht haben, die von Gesetzes wegen (§ 275 I BGB) und nach den Grundsätzen der Logik (impossibilium nulla est obligatio) ausgeschlossene Primärleistung wieder entstehen zu lassen.

Ob ein absolutes Fixgeschäft vorliegt, richtet sich daher – wie im Bürgerlichen Recht – allein nach der **Auslegung** des Vertrages (womit § 376 HGB aber nichts zu tun hat). Die Rechtsprechung ist auch im Handelsverkehr im Zweifel eher zurückhaltend mit einer Auslegung des Rechtsgeschäfts in dem Sinn, dass es mit Fristablauf zu Fall kommen soll.[844] Im Einzelfall kann hierfür auch ein Handelsbrauch maßgeblich sein.[845]

> **Literatur:** *Herresthal,* Der Anwendungsbereich der Regelungen über den Fixhandelskauf (§ 376 HGB) unter Berücksichtigung des reformierten Schuldrechts, ZIP 2006, 883 ff.

5. Annahmeverzug und Spezifikationskauf

a) Annahmeverzug des Käufers

935 **§ 373 HGB** *erweitert* im Sinne einer Beschleunigung und Erleichterung der Geschäfte *für den Verkäufer* dessen Rechte zur Hinterlegung und zum Selbsthilfeverkauf beim **Annahmeverzug des Käufers.** Zur Regelung des BGB vgl. §§ 372, 383 BGB.

Im Übrigen gelten weiterhin das allgemeine Recht des Annahmeverzugs (§§ 293 ff. BGB, 374 HGB) sowie darüber hinaus die §§ 286 ff. BGB über den **Schuldnerverzug,** da der Käufer aus § 433 II BGB auch zur Annahme *verpflichtet* ist – regelmäßig als Nebenleistungspflicht nach § 241 I BGB.

b) Spezifikationskauf

936 **§ 375 HGB** regelt den Fall, dass der Käufer noch eine nähere Bestimmung über die Kaufsache zu treffen hat **(Spezifikationskauf),** und wertet diese Mitwirkung des Käufers – im Gegensatz zu § 315 BGB, der dem Käufer lediglich ein Bestimmungs*recht* einräumt – zu einer echten Schuldnerpflicht, und zwar zu einer Hauptpflicht (s. § 375 II S. 1 HGB), auf.

---

843 *Herresthal,* ZIP 2006, 883, 888.
844 Siehe *BGH* WM 1984, 639, 641.
845 Vgl. *BGH* NJW 1991, 1292.

Schaubild 32: **Besonderheiten beim Handelskauf**

	HGB	**BGB**
Rücktritt	**§ 376 I 1** Umkehrung des Verhältnisses von Primär- und Sekundärrechten: **Vorrang des Schadensersatzes** Natural-erfüllung nur bei sofortiger Anzeige, § 376 I 2	**Vorrang der Natural-erfüllung** Rücktritt und Schadensersatz nur als sofortige Wahl-möglichkeit (§ 323 II Nr. 2)
Sachmängelrecht	**§ 377** Untersuchungs- und Rügeobliegenheit	**§§ 434 ff.** keine vergleichbare Regelung
Schadensersatz	**§ 376 I 1** ohne Nachfristsetzung/ohne Mahnung **§ 376 II–IV** Sonderbestimmungen für Schadens-berechnung	**§ 281 I** grds. Fristsetzung erforderlich **§§ 249 ff.**
Hinterlegung	**§ 373** Erweiterung der Rechte zur Hinter-legung, Selbsthilfeverkauf	**§§ 372, 383**
Spezifikation	**§ 375** Bestimmungs*pflicht*	**§ 315** Bestimmungs*recht*

§ 36. Das Kommissionsgeschäft

Fall 53: R hatte am 27.12. als Kommissionär der Klägerin in eigenem Namen Roggen an die Beklagte verkauft, der am 29.12. bezahlt werden sollte. Am 29.12. zedierte die Firma B der Beklagten eine fällige Forderung gegen R, und die Beklagte verweigerte die Zahlung an R. Am 1.1. zedierte R seine Forderung (§ 433 II BGB) aus dem Kaufvertrag mit der Beklagten an seine Kommittentin, die Klägerin. Als diese Zession der Beklagten bekannt gemacht wurde, erklärte sie die Aufrechnung mit der vorerwähnten Forderung. Greift die Aufrechnung durch? (Lösungshinweise → Rn. 960).
(Hinweis: Eine Skizze erleichtert die Identifikation der verschiedenen Rechtsverhältnisse.)

1. Allgemeines

a) Kommissionär und Kaufmann

§ 383 HGB definiert den **Kommissionär** (als Unternehmertypus) und gleichzeitig eine **937** bestimmte Art der **Geschäftstätigkeit,** einen Geschäftstypus. Der sachliche Zusammenhang wird in der Weise hergestellt, dass als Kommissionär gilt, wer die beschriebene Art von Geschäften (Einkaufs- und Verkaufskommission) *gewerbsmäßig* betreibt. Und die Person des Kommissionärs ist dann für die nachfolgenden Regelungen der Anknüpfungspunkt. Dieser Kommissionär kann Kaufmann nach § 1 II oder nach § 2 HGB sein oder auch nicht; doch § 383 II 1 HGB bezieht ausdrücklich auch den »kleinen« Kommissionär ein, der nicht nach § 2 HGB für den Kaufmannsstatus optiert hat, und zwar nicht nur in die Anwendung des Kommissionsrechts, sondern gleichzeitig auch in diejenige der allgemeinen Vorschriften über Handelsgeschäfte (§§ 343 ff. HGB) mit Ausnahme der §§ 348–350 HGB. Hierzu bereits → Rn. 83, 105 ff.[846]

938 Tritt auf diese Weise in § 383 für die Anwendung von Kommissionsrecht ein subjektbezogener, eben an der Person des Kommissionärs orientierter Ansatz zutage, so kommt tatsächlich Kommissionsrecht aber auch unabhängig vom Unternehmertypus des Kommissionärs zur Anwendung, und dieser letztlich maßgebliche Regelungsansatz enthüllt sich erst ganz am Ende des kommissionsrechtlichen Abschnitts, in **§ 406 HGB.** Zunächst stellt § 406 II HGB dem Kaufgeschäft den *Werklieferungsvertrag* über nicht vertretbare Waren gleich; für denjenigen über vertretbare Waren gilt dasselbe schon gemäß § 651 BGB. Und § 406 I HGB gibt schließlich jede Eingrenzung nach der Art des Rechtsgeschäfts auf; es verbleibt als ausschlaggebendes Kriterium die besondere rechtliche Qualifikation der **Abschlussmodalität »in Kommission«,** die § 383 HGB beschreibt und § 406 I HGB wieder aufgreift. Lediglich einzelne Vorschriften des Kommissionsrechts beschränken sich auf den speziellen Unterfall der Einkaufs- und/oder Verkaufskommission, zB die §§ 391, 400 HGB. Vor allem aber löst § 406 I HGB sich vom Unternehmertypus des Kommissionärs: Wenn die erwähnte Abschlussmodalität für ein bestimmtes Rechtsgeschäft gegeben ist, findet Kommissionsrecht Anwendung, gleichgültig ob der solchermaßen Abschließende Kommissionär ist (S. 1) oder nur ein sog. Gelegenheitskommissionär (S. 2). Allerdings muss der Betreffende im letzteren Fall Kaufmann sein,[847] und gültig bleibt das Erfordernis der Unternehmensbezogenheit als allgemeine Voraussetzung jedes Handelsgeschäfts (§ 343 HGB).

b) Abschluss »in Kommission«

939 Das demnach ausschlaggebende objektive **Kriterium** beschreiben die §§ 383, 406 I S. 1 HGB als Abschluss von (Ausführungs-)Geschäften **im eigenen Namen,** aber **für Rechnung des Auftraggebers** (des Kommittenten). Der Kommissionär wird also *selbst Vertragspartei* des Ausführungsgeschäfts, aber er handelt im Interesse des Kommittenten, und das wirtschaftliche Ergebnis des Geschäfts soll diesem zukommen (Fall der sog. **mittelbaren Stellvertretung**).

940 Charakteristisch für das Kommissionsgeschäft und zugleich die Grundlage der spezifisch kommissionsrechtlichen Probleme ist das **Dreipersonenverhältnis,** das unter den Beteiligten entsteht:

(1) Kommissionär und Kommittent sind die Parteien des **Kommissionsvertrags.**

(2) Mit dem Dritten schließt der Kommissionär das **Ausführungsgeschäft** (idR den Kaufvertrag).

(3) Unmittelbare Vertragsbeziehungen zwischen dem Kommittenten und dem Dritten bestehen nicht;

---

846 Praktisch wichtig: § 366 HGB im Ausführungsgeschäft (→ Rn. 897 ff.), *v. Olshausen,* JZ 1998, 717, 719.

847 Die Beschränkung in § 406 I S. 2 auf Kaufleute gemäß §§ 1–6 HGB ist möglicherweise ein Redaktionsversehen des Reformgesetzgebers von 1998, das durch analoge Anwendung auf nichtkaufmännische Unternehmer behoben werden könnte, *Bydlinski,* ZIP 1998, 1174.

daher stellt sich das »**Abwicklungsproblem**«, dh die Frage nach der Weiterleitung der wirtschaftlichen Auswirkungen des Geschäfts auf den Kommittenten. Im Zuge dieser Abwicklung schließlich können dann auch direkte Rechtsbeziehungen Kommittent – Dritter in Frage stehen. Besondere Aufmerksamkeit verdient die Abwicklungsproblematik auch deshalb, weil sie sich geradezu als Exerzierfeld für eine Reihe wichtiger und schwieriger Regeln aus dem allgemeinen Bürgerlichen Recht erweist.

Die **Funktion** des Kommissionsgeschäfts besteht also darin, einen wirtschaftlichen **941** *Leistungsaustausch zwischen dem Kommittenten und dem Dritten* zuwege zu bringen, und die Besonderheiten der Kommission als Abschlussmodalität werden am deutlichsten, wenn man sie den anderen Konstellationen gegenüberstellt, die ebenfalls diese Funktion durch Einschaltung einer *Mittelsperson* wahrzunehmen vermögen.

(1) **Direkte Stellvertretung.** Die Mittelsperson handelt namens und mit Vollmacht eines der beiden Partner der Austauschbeziehung. Der Vertrag kommt anders als bei der Kommission aber nicht mit der Mittelsperson, sondern mit dem Vertretenen zustande, § 164 I BGB.

(2) **Eigengeschäft.** Die Mittelsperson fungiert als Zwischenhändler (Eigenhändler), schließt auf *eigene* Rechnung Austauschgeschäfte nach beiden Seiten ab.

(3) **Vermittlung** durch Makler (Handelsmakler, §§ 93 ff. HGB). Dieser ist dann typischerweise am Abschluss des Austauschgeschäfts nicht durch rechtsgeschäftliche Erklärung beteiligt, sondern bringt lediglich die Parteien zusammen, die ihrerseits die Willenserklärungen abgeben.

Der Kommissionär steht insofern zwischen den Varianten (1) und (2), als er wie der Eigenhändler im eigenen Namen auftritt, aber das wirtschaftliche Ergebnis wie bei der Stellvertretung unverkürzt seinen Hintermann treffen soll.

c) Anwendungsgründe

Die kommissionsrechtliche Gestaltung ist überwiegend komplizierter als die Alternativen; es müssen daher schon besondere **Beweggründe** vorliegen, um sie zu wählen. **942** Solche können im Verhältnis zur direkten Stellvertretung sein:

- Der Kommittent will *anonym* bleiben,
- der Kommissionär die Partner nicht unmittelbar zusammen bringen, um seine eigene Position am Markt auch in Zukunft ausnutzen zu können,
- der Dritte auf Grund persönlichen Vertrauens nur mit dem Kommissionär zu tun haben,
- ein Handeln in fremdem Namen ist, zB bei Massengeschäften, unpraktikabel etc.

Im Verhältnis zum Eigengeschäft sind die Unterschiede in der Interessenlage offensichtlicher, die das Handeln für fremde Rechnung bedingen. Der Kommissionär will **kein eigenes wirtschaftliches Risiko** übernehmen – der Kommittent von der Gewinnchance nichts abgeben. Trotzdem macht in der Praxis häufig gerade die Abgrenzung zum Eigengeschäft Schwierigkeiten; denn das Auftreten nach außen ist dasselbe, und ob das Geschäft auf eigene oder auf fremde Rechnung gehen soll, steht nicht immer eindeutig fest.[848]

---

848 Hierzu *K. Schmidt* HandelsR § 31 III 2 b.

943 Der praktisch wichtigste **Anwendungsfall** der Kommission ist die **Effektenkommission** zwischen Bank und Kunde beim Kauf und Verkauf von Wertpapieren (hierzu → Rn. 966 ff.). Außerdem spielt die Kommission hauptsächlich noch im **Kunst-, Antiquitäten-** und **Gebrauchtwarenhandel** (sofern nicht umsatzsteuerliche Gesichtspunkte entgegenstehen) sowie fallweise im Überseegeschäft und im Handel mit landwirtschaftlichen Produkten eine Rolle. Außerhalb des Kaufrechts scheint sie gelegentlich im Verlags- und Filmgeschäft vorzukommen. Zum kommissionsrechtlichen Sonderfall der Spedition s. nachfolgend → § 39.

2. Der Kommissionsvertrag

a) Rechte und Pflichten

944 Seiner Natur nach ist der Kommissionsvertrag ein **Geschäftsbesorgungs**vertrag iS von § 675 I BGB. Die wichtigsten Rechte und Pflichten regeln die §§ 384 ff. HGB; Hervorhebung verdienen insbesondere die Folgenden:

- §§ 384 I, 385 HGB: Sorgfaltspflicht, Interessenwahrung, Weisungsgebundenheit, Grundlage für Schadensersatzansprüche.§ 384 II HGB: Anzeige- und Rechenschaftspflicht, Pflicht zur Abführung des Erlangten an den Kommittenten.
- §§ 388, 390, 391 HGB: besondere Pflichten und Verantwortlichkeiten des Kommissionärs.
- §§ 396–399 HGB: Ansprüche des Kommissionärs auf Provision und Aufwendungsersatz (mit §§ 670, 675 BGB), Sicherungs- und Befriedigungsrechte. Kein Aufwendungsersatz im Falle von § 393 I HGB.
- §§ 386, 387 HGB: Der Kommittent kann bzw. muss das wirtschaftliche Ergebnis des Geschäfts so für und gegen sich gelten lassen, wie der Kommissionär es abschließt; Ausnahme in § 386 HGB. Letzteres bedeutet, dass der Kommissionär nach rechtzeitiger Zurückweisung des Geschäfts dieses nicht mehr mit den Mitteln des Kommittenten ausführen, etwa bei der Verkaufskommission nicht dessen Ware liefern darf; tut er es doch (oder hat er es schon getan), so ist er zu Schadensersatz, dh regelmäßig zur Deckung des Preisunterschieds, verpflichtet.

b) Haftung

945 Der **Kommissionär** haftet dem Kommittenten grundsätzlich *nicht* für die Ausführung des Geschäfts, die Erfüllung durch den Dritten; denn er schuldet nicht diese, sondern nur die pflichtgemäße Ausführung der Kommission, dh nur den *Abschluss* des Ausführungsgeschäfts bzw. die entsprechenden Bemühungen und die Mitwirkung bei dessen Abwicklung. Daher ist der Dritte auch nicht etwa sein Erfüllungsgehilfe nach § 278 BGB. Anders aber, wenn der Kommissionär zusätzlich das *Delkredererisiko* gemäß § 394 übernommen hat, desgleichen wenn er dem Kommittenten den Dritten nicht namhaft machen will (Geheimhaltungsinteresse, → Rn. 942), § 384 III HGB. Vgl. ferner § 393 III HGB.

c) Selbsteintrittsrecht

946 §§ 400 ff. HGB: »**Selbsteintrittsrecht**« des Kommissionärs. Voraussetzung ist, dass die Ware einen Börsen- oder Marktpreis hat, der Kommittent also gegen eine Benachteiligung beim Preis geschützt ist. Dann kann der Kommissionär grundsätzlich die Ware selbst liefern bzw. abnehmen, anstatt das entsprechende Kaufgeschäft mit Dritten abzuschließen, wenn nicht der Kommittent den Selbsteintritt von vornherein ausgeschlossen hat. Umgekehrt kann der Kommissionär sich im Kommissionsvertrag das Selbsteintrittsrecht auch in weiterem Umfang vorbehalten. Die Rechtsfolge des Selbsteintritts ist, dass durch einseitige Rechtsgestaltung des Kommissionärs (Anzeige, § 405 I HGB) das Kommissionsverhältnis seine rechtliche Qualität verändert, indem es die kaufrechtlichen Elemente eines Eigengeschäfts mit in sich aufnimmt. Den Kaufpreis hat der Kommissionär (bei der Verkaufskommission) nun nicht nach § 384 II HGB abzuführen, sondern schuldet ihn als Käufer.[849] Provision und Kosten darf er aber weiterhin im kommissionsüblichen Maße berechnen (s. §§ 403, 404 HGB). Auch seine **Treuepflicht** gegenüber dem Kommittenten bleibt bestehen,[850] wenngleich der Interessenkonflikt nun ihre Verwirklichung in stärkerem Maße bedrohen kann. Zum Schutz des Kommittenten legen die §§ 402, 405 II HGB zwingendes Recht fest.

d) Kommissionärsgesamtheit

Unter Umständen können **mehrere Kommissionäre** hintereinander geschaltet werden: K1 schließt nicht selbst das Ausführungsgeschäft ab, sondern erteilt seinerseits dem K2 einen Kommissionsauftrag (in eigenem Namen), und so fort. Ob das zulässig ist, richtet sich nach dem Kommissionsvertrag und dessen Auslegung.   947

3. Die Abwicklung des Kommissionsgeschäfts

Fall 54: Der Kommissionär KR zediert eine Forderung aus Kommissionsverkauf an seine Hausbank und Kreditgläubigerin B. Später macht der Kommittent KT seine Rechte auf diese Forderung geltend, und KR tritt sie nunmehr auch an KT ab.

a) An wen muss der Schuldner S zahlen?

b) Wie ist es, wenn S ohne Kenntnis der zweiten Abtretung bereits an B gezahlt hat?

(Lösungshinweise → Rn. 970).

a) Die Leistung des Kommittenten

Dem Dritten ist aus dem Ausführungsgeschäft (etwa aus dem Kaufvertrag/Verpflichtungsgeschäft) zur Erbringung der Leistung **nur der Kommissionär** verpflichtet. *Wirtschaftlich* soll die Leistung aber dem *Vermögen des Kommittenten* entstammen. Die Frage ist also, wie sich dieser Vorgang rechtlich vollzieht. Einfach ist dies, wenn der Kommittent selbst direkt an den Dritten leistet oder wenn der Kommissionär die Leistung als Leistung des Kommittenten, dh in dessen Namen (in offener Stellvertretung) erbringt. Beides ist möglich, entspricht aber nicht Wesen und Sinn des Kommissionsgeschäfts, dem zufolge der Kommittent dem Dritten nicht unmittelbar gegenübertreten soll.   948

Typisch ist vielmehr, dass der Kommissionär nicht nur das Verpflichtungsgeschäft, sondern auch **das Erfüllungsgeschäft im eigenen Namen** ausführt, und dann ist weiter nach der Art der Leistung zu unterscheiden: 949

---

849 *BGH* NJW 1981, 918.
850 *Canaris*, § 30 Rn. 14.

(1) *Geldzahlungen* – bei der Einkaufskommission – erbringt der Kommissionär normalerweise aus eigenem Vermögen und hat dann im Innenverhältnis gegen den Kommittenten den **Erstattungsanspruch des § 670 BGB** (mit § 396 II HGB), falls dieser ihm die Mittel nicht schon vorgestreckt hat. Er kann aber auch, solange die Verbindlichkeit noch nicht erfüllt ist, den **Befreiungsanspruch des § 257 BGB** geltend machen.

(2) Über *Waren* – bei der Verkaufskommission – verfügt der Kommissionär als Nichtberechtigter nach **§ 185 I BGB**, die Einwilligung des Kommittenten hierzu wird normalerweise ausdrücklich oder konkludent im Kommissionsvertrag erteilt. Sollte es daran ausnahmsweise einmal fehlen, so kommt zugunsten des Dritten § 366 HGB zum Zuge. Die Übergabe der Ware erfolgt unmittelbar durch den Kommissionär, wenn ihm der Kommittent den Besitz daran eingeräumt hat.

b) Die Leistung des Dritten

950 Der Erfüllungsanspruch gegen den Dritten steht wiederum dem Kommissionär und nicht dem Kommittenten zu. Der letztere kann folglich den Anspruch erst nach Abtretung an ihn geltend machen; § 392 I HGB spricht dies nochmals ausdrücklich aus. Normalerweise zieht aber der Kommissionär die Forderung ein, leistet also der Dritte an ihn. Eine Abtretung des Erfüllungsanspruchs an den Kommittenten gemäß §§ 398 ff. BGB kommt hauptsächlich in Betracht, wenn die Einziehung auf Schwierigkeiten stößt; denn zu besonderen Anstrengungen bei der Eintreibung, etwa gar zum Beschreiten des Prozesswges, ist der Kommissionär auf der Grundlage des § 384 I HGB grundsätzlich nicht verpflichtet. Ein Anspruch des Kommittenten gegen den Kommissionär auf Abtretung von dessen Erfüllungsanspruch gegen den Dritten lässt sich aus § 384 II HGB herleiten.

951 Erbringt der Dritte dem Kommissionär die geschuldete Leistung, so erwirbt folgerichtig letzterer das **Eigentum** an der Ware bzw. – bei der Verkaufskommission – an dem Geld. Der Kommissionär leitet dann das Eigentum durch einen ebensolchen (zweiten) Verfügungsakt weiter an den Kommittenten (Grundlage für einen Anspruch des Kommittenten gegen den Kommissionär auf Übereignung und Übergabe des Erlangten ist § 384 II HGB: »Herausgabe«). Das Problem ist nun aber, dass dem Kommittenten auf diese Weise aus der Einschaltung des Kommissionärs zusätzliche Risiken erwachsen, insbesondere das **Risiko eines Zugriffs von Gläubigern des Kommissionärs** auf die Ware.

952 Solange dem Kommissionär lediglich die **Forderungen** aus dem Geschäft gegen den Dritten zustehen, nimmt die Spezialregelung des **§ 392 II HGB** dem Kommittenten diese Risiken ab. Insbesondere kann er in der *Insolvenz* des Kommissionärs die Forderung *aussondern* (§ 47 InsO), gegenüber einer Pfändung durch Gläubiger des Kommissionärs die *Drittwiderspruchsklage* (§ 771 ZPO) erheben.

953 Eine entsprechende Regelung für das **Eigentum** (als das Surrogat der Forderung) fehlt, und eine analoge Anwendung des § 392 II HGB verbietet sich methodisch, da ihr Gegenstück, der Umkehrschluss, hier eindeutig die größere Überzeugungskraft für sich hat. Es ist kaum vorstellbar, dass der Gesetzgeber des § 392 II HGB die vergleichbare Problematik beim Eigentumserwerb übersehen haben sollte. Auch von der Interessenlage her bestehen gewisse Unterschiede zwischen den beiden Fallgestaltungen, die die unterschiedliche gesetzliche Behandlung verständlich machen können: Bei beweg-

lichen Sachen dient der Besitz als »Indiz« für das Eigentum, und das Recht misst dieser Publizitätswirkung ganz allgemein großes Gewicht bei (zB beim Erwerb kraft guten Glaubens). Ein entsprechendes Publizitätsmittel fehlt bei Forderungen, und deswegen mag der Gesetzgeber hier eine Zuweisung an den Kommittenten für gangbar erachten, dort hingegen sich durch den Besitz des Kommissionärs daran gehindert gesehen haben. Die Interessen des Kommittenten umgekehrt mögen bei Forderungen noch schutzwürdiger erscheinen; denn während der Kommissionär empfangene Waren normalerweise auf schnellstem Weg weiterzuleiten hat, können Forderungen längere Zeit offen stehen und sollen dennoch beim Kommissionär verbleiben, nämlich von ihm eingezogen werden. Rechtspolitisch wird § 392 II HGB in diesem Punkt für ergänzungsbedürftig erachtet, und im Speditionsrecht hat § 457 S. 2 HGB bereits die Konsequenzen daraus gezogen (→ Rn. 1010 f.).

Angesichts dessen besteht ein Interesse an rechtsgeschäftlichen Konstruktionen, die **954** bei der Einkaufskommission das **Eigentum** an der Ware *unmittelbar auf den Kommittenten* übertragen. Eine direkte Übereignung an den Kommittenten bzw. ein Erwerb durch den Kommissionär in offener Stellvertretung ist natürlich wiederum möglich, aber atypisch. Erwogen wird gelegentlich ein Handeln des Kommissionärs *»für den, den es angeht«*, also in direkter, aber verdeckter Stellvertretung; doch selbst wenn man eine solche Form der Stellvertretung überhaupt zulässt, passt sie allenfalls auf Massengeschäfte des Alltags,[851] kaum je auf ein Kommissionsgeschäft.

Von größerer Bedeutung ist daher der Weg über das **Besitzkonstitut.** Das heißt, dass **955** der Kommissionär das Eigentum gemäß **§ 930 BGB** auf den Kommittenten überträgt. Zunächst erlaubt dies nur eine Abkürzung der Risikospanne: der Kommittent kann schon Eigentum erwerben, während die Ware noch beim Kommissionär lagert. Erforderlich ist freilich eine diesbezügliche Einigung zwischen den beiden Parteien. Dieser Vorgang kann nun aber noch auf zweifache Weise vereinfacht und beschleunigt werden. Beim *Insichkonstitut* einigt sich der Kommissionär »mit sich selbst« (§ 181 BGB, mit Ermächtigung des Kommittenten) und bringt dies irgendwie erkennbar zum Ausdruck; beim *antizipierten Besitzkonstitut* wird die Einigung schon vor der Leistung des Dritten vorweggenommen.[852] Der letztere Weg hat den doppelten Vorzug, dass das Eigentum auf den Kommittenten sofort nach Eigentumserwerb des Kommissionärs und unabhängig von dessen Handeln übergeht. Ein sog. **Durchgangserwerb des Kommissionärs** ist aber auch hier unumgänglich, und gewisse Gefahren eines Gläubigerzugriffs kann selbst diese »logische juristische Sekunde« in sich bergen, zB kann ein Vermieterpfandrecht entstehen.[853]

Das praktische Hauptproblem des **antizipierten Besitzkonstituts** ist aber, inwieweit **956** man bei Fehlen einer ausdrücklichen Vereinbarung eine solche als stillschweigend im Kommissionsvertrag enthalten unterstellen darf. Handhabt man eine solche ergänzende Vertragsauslegung im Interesse des Kommittenten großzügig,[854] so ist das methodisch nicht unbedenklicher als die »analoge« Ausweitung des § 392 II HGB, ver-

---

851 *Neuner* BGB AT § 49 Rn. 47 ff.; KKRD/*Roth* HGB § 383 Rn. 19.
852 *Baur/Stürner* SachenR § 51 Rn. 31; Überblick über die verschiedenen Konstruktionen bei Baumbach/Hopt/*Hopt* HGB § 383 Rn. 22 f.
853 *Baur/Stürner* SachenR § 51 Rn. 32.
854 S. Großkomm/*Koller,* § 383 Rn. 88.

fährt man aber engherziger, so belohnt man das formale Geschick der Partei, die das Klauselwerk der Vertragsgestaltung besser beherrscht.

Schließlich verfängt das Besitzkonstitut nicht bei Geldzahlungen, wenn Bargeld vermischt oder bargeldlos gezahlt wird.[855]

Schaubild 33: Rechtsverhältnisse bei Kommissionsgeschäften

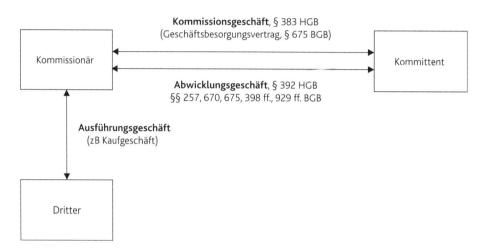

4. Die Aufrechnungsproblematik

957 Bei der Aufrechnung stellt sich im vorliegenden Zusammenhang insbesondere aufgrund der Regelung des **§ 392 I, II HGB** das Problem der **Gegenseitigkeit** der aufzurechnenden Forderungen als Voraussetzung für § 387 BGB. Steht dem Dritten eine Forderung gegen den Kommittenten zu, so ist klar, dass er damit dem Kommittenten gegenüber aufrechnen kann, sobald diesem die Kaufpreisforderung des Kommissionärs gegen den Dritten abgetreten wurde (§ 392 I HGB). Vorher aber, also für eine Aufrechnung gegenüber dem Kommissionär, fehlt es an der Gegenseitigkeit.

Andererseits aber erwachsen im **Verhältnis des Dritten zum Kommissionär** auch dann, wenn der Dritte eine Forderung gegen diesen selbst hat (*Fall 53,* vor → Rn. 937, → Rn. 960), Schwierigkeiten aus § 392 HGB. Sie resultieren daraus, dass der Dritte gleichzeitig Schuldner iS von § 392 I HGB und Gläubiger iS von § 392 II HGB ist und diese beiden Vorschriften *Gegensätzliches* anordnen. *Eine* Auffassung stellt angesichts dessen für die Aufrechnung auf die Gläubigerposition des Dritten ab und folgert aus § 392 II HGB den Mangel der Gegenseitigkeit.[856] Ebenso gut kann man aber aus § 392 I HGB schließen, dass dem Dritten das Privileg des Schuldners auch für den Fall der Aufrechnung erhalten bleiben müsse.

958 Vielmehr hat man sich an der **Interessenlage** zu orientieren und die Entscheidung von der ratio der Ausnahmevorschrift des § 392 II HGB her zu entwickeln. Die Vorschrift

---

855 Anders *K. Schmidt* HandelsR,§ 31 V 4 auf der Grundlage von § 392 II HGB.
856 *K. Schmidt* HandelsR § 31 V 4 bei Kenntnis des Handelns für fremde Rechnung; aA *BGH* NJW 1969, 276; Baumbach/Hopt/*Hopt* HGB § 392 Rn. 12.

soll offenbar verhindern, dass *Gläubiger des Kommissionärs* in den *unverdienten Genuss von Zugriffsvorteilen* kommen, die aus der besonderen Struktur des Kommissionsgeschäfts, aus der Diskrepanz von rechtlicher und wirtschaftlicher Zuordnung, resultieren. Für den **Dritten** als Schuldner existiert eine solche Diskrepanz nicht, der *Kommissionär ist sein Vertragspartner,* Rechte wie Pflichten bestehen ihm gegenüber. Diese Überlegungen sprechen uE dafür, dem Dritten auch die Vorteile der Aufrechnungslage, also das Erfüllungssurrogat des § 389 BGB, im Verhältnis zum Kommissionär zu erhalten. Anders ausgedrückt: § 392 II HGB erklärt die Interessen des Kommittenten für vorrangig schutzwürdig gegenüber denjenigen der Gläubiger des Kommissionärs, § 392 I HGB diejenigen des Dritten als Schuldner für vorrangig gegenüber den Interessen des Kommittenten. Die Frage ist nun, ob zu den solchermaßen bevorzugten Interessen des Dritten auch seine Aufrechnungsinteressen gehören, und das kann man uE bejahen (str.).

Einigkeit sollte aber jedenfalls in *einem* Punkt herstellbar sein: Man kann den Dritten **959** nicht gleichzeitig der Aufrechnung gegenüber dem Kommissionär *und* dem Kommittenten berauben. Wer also in der soeben diskutierten Fallgestaltung die Aufrechnung an § 392 II HGB scheitern lassen will, muss dem Dritten die Aufrechnung mit einer Gegenforderung gegen den Kommittenten schon vor Abtretung – und das heißt: dem Kommissionär gegenüber – eröffnen. Auch das lässt sich zur Not begründen, nämlich mit einer Art von »Durchgriff« auf die wirtschaftliche Zuordnung, wie er in § 392 II HGB angelegt ist, aber nun erweitert auf die Gesamtheit der aufrechnungsrelevanten Rechtsbeziehungen. Denn der Kommittent kann sich nicht einerseits auf die wirtschaftliche Zuordnung berufen, andererseits die Vorteile aus der rechtlichen Konstruktion in Anspruch nehmen.[857] Praktisch gesehen allerdings gibt man dem Dritten damit Steine statt Brot, solange ihm die Person des Kommittenten verborgen bleibt. Nicht zuletzt deswegen erscheint insgesamt doch eine Entscheidung auf der Grundlage von § 392 I HGB, wie oben entwickelt, überzeugender.

Lösungshinweise zu Fall 53 (vor → Rn. 937; vgl. RGZ 32, 39 aus dem Jahre 1893): **960**
Wirksamkeit der Aufrechnung, §§ 387 ff. BGB

1. Vorliegen einer **Aufrechnungslage, § 387 BGB**
   a) Fälligkeit und Durchsetzbarkeit der Gegenforderung (der Bekl.) sowie Erfüllbarkeit der Hauptforderung (der Klägerin) aus § 433 II BGB
   b) Gleichartigkeit der Forderungen: beides Geldforderungen
   c) **Problem** der **Gegenseitigkeit** der Forderungen:
      – Die Beklagte ist Gläubigerin, ihre Forderung richtet sich **gegen R.**
      – Die Bekl. ist zunächst **Schuldnerin** des **Kaufpreises gegenüber R** (§ 392 I HGB), so dass die Gegenseitigkeit an sich gegeben ist. Allerdings besagt **§ 392 II HGB,** der eine gesetzliche relative (Haftungs-)Zuordnung fingiert, dass die Kaufpreisforderung **zum Schutz des Kommittenten dem Kommittenten** zugeordnet wird, wodurch die **Gegenseitigkeit entfiele.** Problem: Wie ist der **Widerspruch** zwischen § 392 I und § 392 II HGB zu lösen? Nach hier vertretener Auffassung ist Widerspruch zugunsten des **Abs. 1** aufzulösen (→ Rn. 957 f.), auch der BGH wendet Abs. 2 auf Partner des Ausführungsgeschäfts, die zugleich Schuldner des Kommissionärs sind, nicht an (*BGH* NJW 1969, 276, 277, aA differenzierend, MüKoHGB/*Häuser* § 392 Rn. 24 ff.); Gegenseitigkeit (+)
   d) **Problem:** Die Gegenseitigkeit könnte nachträglich durch die Zession der Kaufpreisforderung (§ 433 II BGB) von R an die Klägerin wieder entfallen sein. Zugunsten der Beklagten greift hier

---

[857] S. zu derartiger Durchgriffsproblematik in Dreiecksverhältnissen MüKoHGB/*Häuser* § 392 Rn. 23 ff.

jedoch **§ 406 BGB** ein und »konserviert« die Aufrechnungslage auch im Verhältnis zum neuen Gläubiger.

2. Aufrechnungs**erklärung**, § 388 BGB; **Kein Ausschluss** nach §§ 390 ff. BGB

3. **Ergebnis:** wirksame Aufrechnung, § 389 BGB (+)

5. Störungen im Ausführungsgeschäft

961 Erleidet der Kommissionär bei der Durchführung des Ausführungsgeschäfts einen **risikotypischen Begleitschaden,** so sollte dieser ebenso wie bei Auftrag und Geschäftsführung ohne Auftrag einer ersatzfähigen Aufwendung im Rahmen der §§ 396 II HGB, 670 BGB gleichgestellt werden, wenn er nicht seinem allgemeinen Betriebsrisiko zuzurechnen ist (str.). *Beispiel:* Verkehrsunfall des Kommissionärs im Zuge der Ausführung – keine Überwälzung des Schadens auf den Kommittenten.

962 **Vertragliche Schadensersatzpflichten** gegenüber dem Dritten, zB wegen Nichterfüllung, für Mangelfolgeschäden, sowie sonstige Haftung treffen zunächst den Kommissionär als Vertragspartner, und nur ihn.[858] Im Rahmen des Kommissionsverhältnisses muss aber der Kommittent hierfür einstehen und den Kommissionär von diesen Verbindlichkeiten intern befreien, sei es, dass man dies unmittelbar aus der wirtschaftlichen Drittwirkung der Kommission herleitet, sei es, dass man das Recht des Aufwendungsersatzes (§ 670 BGB mit § 257 BGB) hierauf erstreckt. Ausnahme: wenn der Kommissionär seinerseits nach §§ 384 I, 385 HGB verantwortlich ist.

963 Umgekehrt stehen **Schadensersatzansprüche** wegen Vertragsverletzungen des Dritten ebenfalls dem Kommissionär zu, wobei aber das Problem entsteht, dass wirtschaftlich der Schaden – abgesehen vom Fall des § 394 HGB – nicht dem Kommissionär, sondern dem Kommittenten erwächst. Diese Schadensverlagerung (das *Auseinanderfallen von Anspruchsberechtigung und Schaden*) überbrückt das Institut der **Drittschadensliquidation,**[859] dh, der Kommissionär kann den Schaden des Kommittenten geltend machen oder diesem den Anspruch abtreten. Allerdings dürften besondere schadenserhöhende Umstände aus der Person des Kommittenten dem Dritten nicht zurechenbar sein.

964 Bei der Verkaufskommission hat für eine **mangelnde Berechtigung** des Kommittenten dem Dritten zunächst ebenfalls der Kommissionär einzustehen – mit Regressanspruch gegen den Kommittenten, wie soeben erwähnt. Hat allerdings der Dritte kraft guten Glaubens trotzdem lastenfreies Eigentum erworben, so kann der frühere Berechtigte die Herausgabe des Erlangten gemäß § 816 I 1 BGB zunächst vom Kommissionär und, wenn dieser den Erlös schon weitergeleitet hat, dann vom Kommittenten verlangen (im Einzelnen str., s. näher *K. Schmidt* HandelsR § 31 V 2 c).

965 Andere vertragliche Rechte, zB das der **Irrtumsanfechtung,** bemessen sich grundsätzlich allein nach der Person des Kommissionärs, ebenso guter Glaube, sofern der Kommissionär nicht auf konkrete Weisungen des Kommittenten gehandelt hat, § 166 I und II BGB analog.

---

858 Zur Frage, ob der Kommissionsvertrag Schutzwirkungen zugunsten des Dritten (zu Lasten des Kommittenten) ausstrahlt, *K. Schmidt* HandelsR § 31 V 1.

859 S. zur Drittschadensliquidation (Schadensliquidation im Drittinteresse) *Larenz*, Lehrbuch des Schuldrechts, Bd. I, 14. Aufl. 1987, § 27 IV b; *BGH* NJW 1985, 2411 (für Lagergeschäft); *BGH* WM 1987, 581.

6. Die Effektenkommission der Banken

Als **Effekten** bezeichnet man üblicherweise eine besondere Gruppe von Wertpapieren, 966
die *Kapitalmarkt*papiere, die eine Kapitalanlage mittels verkehrsfähiger Wertpapiere
erlauben. Die wichtigsten Arten von Effekten sind **Aktien,** Inhaberschuldverschrei-
bungen und Investmentzertifikate.

a) Kommissionsgeschäft

Werden diese Effekten an einer Börse gehandelt, so hat der private Anleger i. d. R. kei- 967
nen unmittelbaren Marktzugang, sondern bedient sich üblicherweise einer Bank. Diese
kauft oder verkauft für den Kunden das Wertpapier und tut dies gemäß ihren AGB
(Sonderbedingungen für Wertpapiergeschäfte Nr. 1) überwiegend in der Rechtsform
des **Kommissionsgeschäfts.** Diese Gestaltung hat für die Bank den Vorteil, dass sie
einerseits eine Vielzahl von Aufträgen zum Massengeschäft zusammenfassen und in
eigenem Namen ausführen kann, andererseits am Risiko des Wertpapiergeschäfts nicht
beteiligt ist (für *fremde* Rechnung – die des Kunden!). Das Ausführungsgeschäft
schließt sie dann an der Börse ab und unterliegt dabei speziellen Vorschriften des Bör-
seG und des WpHG.

b) Festpreisgeschäft

Eine alternative Ausführungsform, die in den Sonderbedingungen für Wertpapier- 968
geschäfte (aaO Nr. 1 III) zur Wahl gestellt wird, ist das **Festpreisgeschäft.** Hier tritt
die Bank dem Kunden unmittelbar als Verkäufer bzw. Käufer gegenüber; doch ist sie
ungeachtet der rechtlichen Einkleidung stets zu der treuhänderischen Interessenwahrung für verpflichtet zu erachten, wie sie sich für das Kommissionsverhältnis aus
§ 384 I HGB sowie allgemein aus der banktypischen Vertrauensstellung ergibt.

c) Abwicklung

Die **Abwicklung** der Effektenkommission ist durch einige Besonderheiten geprägt, die 969
aus der Praxis des modernen Effektenverkehrs resultieren. Die Wertpapiere werden
normalerweise im **Depot** der Bank (oder in einem zentralen Depot für diese Bank) ver-
wahrt, über die der Kunde seine Geschäfte tätigt, und zwar üblicherweise nicht mehr
für den einzelnen Kunden getrennt (sondern *Sammelverwahrung*), oder nicht einmal
mehr in getrennten Urkunden (sondern *Sammelurkunden*), oder die Rechte sind überhaupt nicht mehr in Urkunden verbrieft (sondern bloße Registrierung, sog. *Wert-
rechte*). Tatsächliche Wertpapierbewegungen finden also kaum mehr statt, sondern
bloße Umbuchungen, und das DepotG trägt dem in einigen Bestimmungen Rechnung,
die eine dingliche Rechtsstellung des Erwerbers aufrechtzuerhalten bzw. seine Interessen in gleichwertiger Weise zu schützen suchen. Ein Zwischenerwerb der Bank an den
für den Kunden verkauften oder erworbenen Effekten wird nach Möglichkeit ausgeschaltet oder zeitlich abgekürzt.

Literatur: *F. Schäfer,* Effektengeschäft, in: Assmann/Schütze/Buck-Heeb, Handbuch des Kapitalanlagerechts, 5. Aufl. 2020, §§ 12 f.

970   Lösungshinweise zu Fall 54 (vor → Rn. 948; vgl. *BGH* NJW 1988, 3203):
S muss an KT zahlen, wenn die Abtretung der Forderung des KR an KT wirksam war.

1. Grundsatz: **Priorität** der zeitlich früheren Abtretung (Zession an die Bank B), dh die zweite Abtretung des KR an KT ginge grds. ins Leere.
2. Ausnahme: Das Prioritätsprinzip tritt beim Kommissionsgeschäft im Hinblick auf die **Schutzfunktion des § 392 HGB** zugunsten KT zurück. (*BGH* NJW 1988, 3203: »Aus der Bestimmung ergibt sich aber weiter auch, dass der Kommittent die Abtretung der Forderung an einen Gläubiger des Kommissionärs zu dessen Deckung oder Sicherung nicht« gegen sich gelten zu lassen braucht. Diese Abtretung ist mithin *relativ unwirksam*«).
Aus § 392 II HGB folgt, dass der Kommittent vor einer Sicherungsabtretung an etwaige Gläubiger des Kommissionärs geschützt werden soll. Das Prioritätsprinzip muss sich dieser gesetzlichen Wertung beugen.
3. **Ergebnis:** KT ist Inhaberin der Forderung geworden und kann von S Zahlung verlangen.

Zahlt S an B (Variante b), wird er trotzdem gem. **§ 407 I BGB** frei.

§ 37. Andere Hilfsgeschäfte des Warenvertriebs

1. Überblick

971   Die in der Praxis des Handelsverkehrs besonders wichtige Funktion des Warenvertriebs unter Einschaltung von Hilfspersonen bzw. Hilfsunternehmen führt nicht nur hinsichtlich der rechtlichen Durchführung zu der vorerwähnten (→ Rn. 941) Unterscheidung zwischen (1) Stellvertretung, (2) Handeln in eigenem Namen, aber für fremde Rechnung (Kommissionär), (3) Handeln für eigene Rechnung, (4) Vermittlung (Makler).

Diese Einteilung wird überlagert von einer zweiten, die sich an der **Position des Mittelsmannes** *im Verhältnis zu seinem Auftraggeber* orientiert. Er kann diesem gegenüber rechtlich selbständig oder unselbständig, wirtschaftlich mehr oder minder abhängig sein, in einer Dauerbeziehung stehen oder fallweise tätig werden, schließlich beiden Parteien der Austauschbeziehung gleichermaßen verbunden sein.

972   Der Vertrieb durch *Hilfspersonen* des *eigenen* Unternehmens, **kaufmännische Angestellte,** wurde bereits in anderem Zusammenhang behandelt, → §§ 26, 32. Diese Handlungsgehilfen werden entweder *in Stellvertretung* (als Handlungsbevollmächtigte, §§ 54, 55 HGB) oder als *Vermittler* (s. §§ 75 g, 75 h HGB) tätig.

973   Soweit die Mittelspersonen **rechtlich selbständige Unternehmer** sind, hat man folgende Gestaltungen (und dementsprechend: Geschäftstypen) zu unterscheiden:

(1) »Kommissionsweise«, also im eigenen Namen, aber für fremde Rechnung, handelt
    (a) der soeben dargestellte **Kommissionär,** der
    (b) im Rahmen einer *Dauerbeziehung* zu einem Auftraggeber zum **Kommissionsagenten** wird.
(2) Als Stellvertreter oder als Vermittler wird tätig:
    (a) der **Handelsvertreter,** der »*ständig* betraut« ist (§ 84 HGB),
    (b) der **Handelsmakler,** der *fallweise* beauftragt ist (und Abschlussvollmacht haben kann, auch wenn § 93 HGB nur von Vermittlung spricht).
(3) Im eigenen Namen und für eigene Rechnung handelt
    (a) der Eigenhändler (Zwischen-, **Einzelhändler**), der

(b) als **Vertragshändler** in einem *Dauer*rechtsverhältnis zu einem Hersteller bzw. Lieferanten stehen oder sogar in dessen Vertriebsorganisation eingegliedert sein oder auch

(c) die besondere Vertriebsmethode des **Franchising** verwirklichen kann.

Dabei ist es vor allem im Rahmen einer Vertriebsorganisation oder sonstigen Dauer-rechtsbeziehung weitgehend willkürlich, welche rechtliche Gestaltung gewählt wird, und die wirtschaftlichen Probleme und Rechtsschutzbedürfnisse sind davon weit-gehend unabhängig.

> **Beispiel:** Die Mehrzahl der Autohersteller vertreibt in Deutschland ihre Fabrikate über **Ver-tragshändler**, einige wie Daimler jedoch über eigene Niederlassungen mit *unselbständigen* Angestellten. Ebenso wäre der Vertrieb über Kommissionsagenten oder Handelsvertreter möglich. Vgl. ferner den Benzin-(Tankstellen-)Markt, wo sich – mit unterschiedlichen Akzen-ten – ähnliche Differenzierungen finden.[860]

Das Handelsvertreter- und -maklerrecht des HGB gilt auch für den kleingewerblichen Handelsvertreter und -makler, sofern er sich nicht ohnehin freiwillig nach § 2 HGB ins Handelsregister eintragen lässt, §§ 84 IV, 93 III HGB; hierzu bereits → Rn. 105f.

2. Handelsvertreter

Zur Abgrenzung zwischen Handelsvertreter und Handlungsgehilfen nach dem Krite-rium der **Selbständigkeit** (§ 84 I S. 2, II HGB) s. bereits → § 26. Dort auch zu der Frage, inwieweit der Handelsvertreter trotz Selbständigkeit zu einer ausschließlichen Tätig-keit für seinen Auftraggeber (den »Unternehmer« in der Terminologie der §§ 84 ff. HGB) und zu vollem Arbeitseinsatz verpflichtet sein kann. Ansonsten spricht § 86 HGB nur von der Pflicht des Vertreters, sich um Vermittlung oder Abschluss des Ge-schäfts »zu bemühen« und das Interesse des Unternehmers zu wahren. Darüber hinaus ist eine Weisungsgebundenheit anerkannt (auch insoweit also in Übereinstimmung mit § 384 HGB). 974

Allgemein wird der **Handelsvertretervertrag** als *Dienstvertrag über Geschäftsbesor-gung* eingeordnet (§§ 611, 675 BGB), also einerseits nicht als Arbeitsvertrag (sondern Vertrag über selbständige Dienste), andererseits auch nicht als Werkvertrag.[861]

Das Entgelt des Handelsvertreters für seine Tätigkeit besteht typischerweise in einer **Provision** (§§ 87–87c HGB). Sie steht ihm – in der vereinbarten oder üblichen Höhe, § 87b HGB – von allen Geschäften zu, die er abgeschlossen hat oder für deren Ab-schluss seine Tätigkeit *kausal* geworden ist (lesen Sie § 87 I HGB), bei Bezirksvertre-tung sogar ohne Nachweis der Kausalität (§ 87 II HGB), schließlich auch noch von Geschäften, die erst nach Beendigung des Vertreterverhältnisses abgeschlossen wur-den, wenngleich hier unter einschränkenden Voraussetzungen (§ 87 III HGB). Der Provisionsanspruch des Handelsvertreters besteht auch, wenn das Geschäft nicht durchgeführt wird aus Gründen, die in der Sphäre des Unternehmers liegen, es sei denn, dass er diese nicht zu vertreten hat (§ 87a III HGB). Davon zu unterscheiden ist der Fall, dass der Unternehmer Geschäfte des »Vermittlungsvertreters« nicht akzep- 975

---

860 *BGH* NJW-RR 1993, 1122: Tankstellenbetrieb durch Handelsvertreter.
861 Einzelheiten: Baumbach/Hopt/*Hopt* HGB zu §§ 84, 86.

tiert; darin ist er innerhalb der Grenzen von Treu und Glauben frei (§ 86 a II S. 2 HGB), und es fällt dann insoweit auch keine Provision an.

Statt oder neben einer Provision kann aber auch ein anderes Entgelt vereinbart werden (s. auch *Fall 37*, vor → Rn. 647, → Rn. 652).

976   Die einseitige **Beendigung** des Handelsvertreterverhältnisses ist ähnlich wie diejenige eines Arbeitsverhältnisses nur aus wichtigem Grund fristlos (§ 89 a HGB), ansonsten unter Beachtung gesetzlicher Kündigungsfristen möglich (§ 89 HGB). Einen besonderen Schutz des üblicherweise wirtschaftlich schwächeren Handelsvertreters nach Vertragsbeendigung sieht **§ 89 b HGB**[862] vor: Ihm steht für die fortdauernden Vorteile, die der Unternehmer aus der früheren Tätigkeit des Vertreters zieht, ein **Ausgleichsanspruch** zu. Dieser Anspruch ist allerdings in mehrfacher Hinsicht an Gesichtspunkte der Billigkeit geknüpft (lesen Sie § 89 b I HGB), ferner ist eine absolute Obergrenze vorgesehen (§ 89 b II HGB), und schließlich entfällt der Anspruch, wenn die Beendigung des Vertragsverhältnisses in der Sphäre des Vertreters begründet lag (im Einzelnen: § 89 b III HGB). Weitere Einschränkung: § 92 b HGB.

Zum Schutz gegen vertragliche **Wettbewerbsverbote** (§ 90 a HGB) bereits → Rn. 651.

Wesentliche Teile des gesetzlichen Interessenschutzes sind *zwingendes* Recht.[863]

Zur Vertretungsmacht des Handelsvertreters §§ 55, 91, 91 a HGB und hierzu → Rn. 829 f.

3. Handelsmakler

977   Der Handelsmakler **vermittelt** Geschäfte, *ohne ständig* damit betraut zu sein. Außerdem muss es sich um Geschäfte über *Gegenstände des Handelsverkehrs* handeln, § 93 I HGB.

Für den *Zivilmakler des BGB* bleibt damit dem Gegenstand nach hauptsächlich noch die *Immobilien-* (vgl. § 93 I und II HGB) und die *Ehevermittlung* (§ 656 BGB), der *Tätigkeitsweise* nach der bloße Nachweis von Gelegenheiten (im Unterschied zur Vermittlung, vgl. § 652 BGB).

978   Der Handelsmakler ist Mittler für beide Parteien gleichermaßen, ist also beiden verpflichtet (§ 98 HGB), und zwar auch zur unparteiischen Interessenwahrung; er kann andererseits von beiden seinen Maklerlohn (je zur Hälfte) verlangen (§ 99 HGB). Grundsätzlich ist weder der Makler zur Herbeiführung eines Geschäftsabschlusses – er schuldet weder den Erfolg noch auch nur, wie der Handelsvertreter, die Tätigkeit – noch die Partei zur Annahme eines vorgeschlagenen Geschäfts verpflichtet. Jedoch können sich aus der Funktion der Schlussnote unter bestimmten Voraussetzungen weiterreichende Rechtsfolgen ergeben.[864]

---

862   Der deutsche Gesetzgeber hat § 896 HGB Anfang August 2009 neu gefasst. Damit hat er die Vorgaben des *EuGH* aus dessen *Tamoil-Urteil* v. 26.3.2009 – C–348/07 umgesetzt. Ausführlicher dazu *Westphal*, DB 2010, 1333.

863   Und zwar im räumlichen Bereich der EU und des EWR, Umkehrschluss aus § 92 c I HGB.

864   Näher hierzu EBJS/*Reiner* HGB § 94 Rn. 10.

Der **Provisionsanspruch** ist, ähnlich wie derjenige des Handelsvertreters, an den   979
wirksamen Abschluss des Geschäfts und Kausalität der Maklertätigkeit geknüpft
(§§ 652, 653 BGB); hieraus sowie aus Klauseln in Maklerverträgen, wonach schon der
Nachweis oder auch ein Abschluss ohne Kausalität den Provisionsanspruch auslösen
soll, resultieren in der Praxis die meisten Streitigkeiten.

4. Vertragshändler

Der Vertragshändler steht in einem *Dauerschuldverhältnis* zu seinem Lieferanten und   980
steht daher – ungeachtet der unterschiedlichen rechtlichen Qualifikation seines Auftretens – rechtlich wie wirtschaftlich in vielfacher Hinsicht einem Handelsvertreter sehr
nahe. Das Hauptproblem des Vertragshändlerrechts besteht angesichts dessen darin,
ihm ohne spezielle gesetzliche Grundlage einen vergleichbaren Rechtsschutz zu gewährleisten. Hier kann eine stärkere Akzentuierung der wechselseitigen **Treuepflichten** Abhilfe schaffen.[865] Vor allem gewährt die Rspr. dem Vertragshändler, der sich in
einer vergleichbaren Situation wie der Handelsvertreter befindet, dann auch den **Ausgleichsanspruch** des § 89 b HGB.

BGH NJW 1985, 3076: Sinn des Ausgleichsanspruchs nach § 89 b HGB ist es, dem Handelsvertreter für
auf seine Leistung zurückzuführende, ihm aber infolge der Beendigung des Vertragsverhältnisses nicht
mehr vergütete Vorteile des Unternehmens, wie sie in der Schaffung und Überlassung eines **Kunden-
stammes** liegen, eine Gegenleistung zu gewähren. Für eine solche Gegenleistung kann auch bei einem
Eigenhändler Veranlassung bestehen, wenn dieser ähnlich einem Handelsvertreter weisungsgebunden
in die Absatzorganisation des Unternehmens eingebunden und dem Hersteller vertraglich verpflichtet
ist, diesem bei Beendigung des Vertragsverhältnisses seinen Kundenstamm zu überlassen, so dass sich
der Hersteller den Kundenstamm sofort und ohne Weiteres nutzbar machen kann.

5. Franchising

Bei dieser modernen Absatzform übernimmt der Einzelhändler nicht nur die Ware,   981
sondern die gesamte, **einheitliche Vertriebskonzeption** vom Franchisegeber. Hierzu
können ein gleichartiges Warensortiment, gleichartige Aufmachung der Ware, aber
auch der Geschäftsräume, einheitliche Werbung, identische Geschäftsbezeichnung
bzw. Kennzeichnung etc. gehören; der Franchisegeber liefert häufig auch kaufmännisches und technisches Know-how, überlässt seine Schutzrechte zur Nutzung, berät
bei der Unternehmensorganisation und -führung, bildet die Arbeitnehmer aus und gewährt sonstige Unterstützung. Der Franchisenehmer andererseits ist zu systemkon-
formem Verhalten verpflichtet, unterwirft sich zumeist in gewissem Umfang der Weisung und Kontrolle sowie einer Ausschließlichkeitsbindung, zahlt ein Entgelt, das
über den reinen Produktwert der Ware hinausgeht.

Auf diese Weise entsteht häufig eine besonders enge und dauerhafte Form der **vertika-**   982
len Kooperation; der Franchisenehmer befindet sich dann in ebenso starker Abhängigkeit wie ein Handelsvertreter und ist ebenso schutzbedürftig.[866] Im Einzelnen allerdings verbirgt sich unter dem Begriff des Franchising eine Vielfalt unterschiedlicher
Ausgestaltungen der Rechtsbeziehungen, wobei nicht nur neben das Produktfranchi-
sing (die Form des Warenvertriebs) das Dienstleistungsfranchising (vor allem im Ho-

---

865 *BGH* NJW-RR 1993, 6/8.
866 *BGH* ZIP 1998, 2104 (»Eismann«); *BAG* ZIP 1997, 1714; *Horn/Henssler*, ZIP 1998, 589.

tel- und Gastronomiegewerbe) nebst Mischformen tritt, sondern auch die vertikale Abhängigkeit von einer mehr partnerschaftlichen Kooperation abgelöst werden kann.

Beispiele: Coca Cola, McDonalds, Holiday Inn.

Literatur: *Kindler/Menges,* Die Entwicklung des Handelsvertreter- und Vertragshändlerrechts seit 2005, DB 2010, 1109; *Martinek/Semler/Flohr,* Handbuch des Vertriebsrechts, 4. Aufl. 2016.

§ 38. Das Frachtgeschäft

1. Die Transportgeschäfte – Überblick

a) Arten, Wesensmerkmale

983 Unter dem Begriff der Transportgeschäfte werden mehrere, im HGB eigenständig geregelte Typen von Handelsgeschäften zusammengefasst:

(1) das **Frachtgeschäft**[867] (§§ 407–452 d) als transportrechtlicher Grundtatbestand mit Sonderregelung für die Beförderung von Umzugsgut (§§ 451–451 h),

(2) das **Seefrachtgeschäft** als Kernbereich des Seehandelsrechts, welches seinerseits ein eigenes (5.) Buch des HGB ausmacht und an Umfang die vier ersten Bücher zusammen aufwiegt,

(3) das **Speditionsgeschäft** (§§ 453–466) und

(4) das **Lagergeschäft,** das im sachlichen Zusammenhang mit dem Gütertransport steht (§§ 467–475 h).

Die Rechtslage wird noch weiter kompliziert durch Sonderregelungen außerhalb des HGB für den **internationalen Transport** (Abkommen über den internationalen Straßen-, Schienen-, Luftverkehr = CMR, CIM, Warschauer Abkommen), und überhaupt noch nicht genannt sind die speziellen Regelungen für die Personenbeförderung (zB PersonenbeförderungsG = PBefG), die hier außer Betracht bleiben sollen.

984 Immerhin hat das TransportrechtsreformG von 1998 die früher noch weit größere Zersplitterung des Rechtsgebiets wesentlich reduziert und das Recht des Frachtgeschäfts inhaltlich weitgehend auf der Linie des CMR vereinheitlicht. Soweit dennoch die für das jeweilige Beförderungsmittel bzw. den Beförderungsweg spezifischen Rechtsvorschriften ins Gewicht fallen, weil ein Transportvorgang sich über verschiedene Verkehrsmittel erstreckt – sog. **multimodaler Transport** –, versucht **§ 452 HGB** eine *Konzentration auf das Frachtrecht des HGB* herbeizuführen, soweit nicht die internationalen Übereinkommen im Wege stehen.

985 Die HGB-Vorschriften zum Transportrecht finden – ebenso wie die §§ 343 ff. (ohne §§ 348–350) – im Übrigen unabhängig von der Kaufmannseigenschaft des Transportunternehmers Anwendung (→ Rn. 83). Es genügt *jede gewerbliche* Tätigkeit (§§ 407 III, 453 III, 467 III HGB), auch ohne dass sie die Art des Unternehmens prägt, dh, der transportrechtliche Geschäftstypus bestimmt von vornherein den Anwendungsbereich, und nicht erst wie beim Kommissionsgeschäft durch die Hintertür des § 406 HGB.

---

867 Zu den Reformvorhaben im Fracht-, Speditions- und Lagerrecht: *Koller,* VersR 2011, 1209 ff.

Der **Transport** ist eine *klassische Funktion des Handels,* eine Hilfsfunktion des Gü- 986
teraustauschs, das Transportrecht mithin seit eh und je ein wichtiger Bestandteil des
Handelsrechts. Auch die Regelungsaufgaben des Transportrechts lassen sich von den
spezifischen Gegebenheiten des Transports her unschwer verstehen. Der Verfügungs-
berechtigte (zumeist der Eigentümer, in der Terminologie des § 407 HGB der »Absender«) vertraut eine Ware einem anderen zum Zwecke des Transports an, und der Transport birgt besondere Risiken für die Erhaltung der Ware in sich. Dabei sind die
risikobehafteten Vorgänge auf der Reise nicht nur der Einflussnahme des Absenders,
sondern auch seiner Beobachtung und Kenntnisnahme entzogen. Man braucht sich
nur die Situation eines spätmittelalterlichen Wagenzugs, bedroht von Wegelagerern,
oder einer Karavelle auf dem Weg von Indien nach Holland, von Mittelamerika nach
Spanien zu vergegenwärtigen, um zu begreifen, was gemeint ist. Diese Transportrisi-
ken – zB ist die Piraterie nach wie vor aktuell – sind andererseits auch vom Transporteur nur zum Teil beherrschbar, und hier wiederum ist häufig die Grenze zwischen
vorwerfbarem und unvermeidlichem Fehlverhalten nur schwer zu ziehen. Unabhängig
davon stehen schließlich die Schadensrisiken der Höhe nach zumeist ganz außer Verhältnis zur Gewinnerwartung des Transporteurs, weil der Wert des Gutes denjenigen
der Transportleistung weit übersteigt.

b) Haftungsproblematik

Die erste Regelungsaufgabe des Transportrechts besteht mithin darin, unter Berück- 987
sichtigung dieser Gegebenheiten die **Haftung des Transporteurs** für Schäden an der
Ware und am sonstigen Vermögen des Absenders (Verspätungsschäden!) angemessen
zu ordnen. Typischerweise ist das Gesetz *einerseits* bedacht, die Verantwortung des
Transporteurs für die Güter stärker zu akzentuieren, wobei die hauptsächlich gewählten Ansätze – lesen Sie vorerst §§ 425, 426 HGB! – gegenüber dem allgemeinen Vertragsrecht des BGB graduelle *Verschärfungen* bringen. So macht in § 426 HGB nicht
die Beweislastumkehr den entscheidenden Unterschied zur positiven Vertragsverletzung des bürgerlichen Rechts (§ 280 I 2 BGB!), aber die **Sorgfaltsanforderungen**
sind strenger als selbst nach dem berufsspezifischen Sorgfaltsstandard des allgemeinen
Privatrechts (§ 276 II BGB).

Praktisch wichtiger ist dennoch die *andere Seite,* die der **Haftungsmilderungen.** Sie 988
betrifft teils die *Höhe* der Haftung, wobei hier wiederum ein vollständiger Ausschluss
besonderer risikoerhöhender Umstände (§ 427 HGB) mit einer generellen Haftungs-
obergrenze in Abhängigkeit vom Gewicht des Frachtguts (§§ 431, 433 HGB) oder
von anderen Kriterien (zB von Größe des Laderaums – § 451e HGB – oder Wert des
Schiffes im Seerecht) kombiniert wird. Teils werden auch bestimmte transporttypische
Risikoquellen ausgeschaltet, zB diejenigen des nautischen Fehlers und des Feuers auf
dem Schiff bei der Seefracht (§ 607 II HGB). Andererseits entfallen die Vergünstigungen bei grobem Verschulden (§ 435 HGB). Last not least ist von Bedeutung, ob das
Gesetz noch weitere vertragliche Haftungsbeschränkungen zulässt oder eine zwingende Untergrenze liefert. Beispielsweise hat der Transportunternehmer nur ein-
geschränkte Freizeichnungsmöglichkeiten gegenüber Verbrauchern (§§ 449, 466
HGB).

Weiter kompliziert wird das Rechtsverhältnis dadurch, dass typischerweise eine **Drei-** 989
ecksbeziehung entsteht. Der Empfänger der Ware ist vom Absender verschieden; und

die daraus erwachsende Regelungsaufgabe ist eine doppelte: Einerseits sind die Rechtsbeziehungen zwischen Transporteur und Empfänger zu regeln, andererseits spielt im praktisch wichtigsten Fall eines solchen Transports, demjenigen des Versendungskaufs, die kaufvertragliche Beziehung Absender – Empfänger in den Transportvorgang herein. Insbesondere kann es darum gehen, dem Empfänger abweichend von den allgemeinen sachenrechtlichen Regeln das Eigentum an der Ware zu verschaffen, während diese sich auf dem Transport befindet.

990 Im Sonderfall des **Speditions**geschäfts schließlich entsteht ebenfalls eine Dreiecksbeziehung, aber eine solche von anderer, *kommissionsgeschäftlicher* Art. Der Spediteur schließt für Rechnung seines Auftraggebers, aber grundsätzlich in eigenem Namen, *Frachtverträge mit dem Transporteur* ab (§ 454 HGB). Der Spediteur ist in diesem Fall »Absender« iS des § 407 HGB, seinen Auftraggeber bezeichnet § 453 HGB daher als »Versender«. Wird auf diese Weise ein Spediteur zwischen Versender und Transporteur in die erwähnte Dreierbeziehung des normalen Frachtgeschäfts eingeschaltet, so entsteht insgesamt (unter Einbeziehung des Empfängers) also eine **Vierer**beziehung, die die rechtlichen Komplikationen des normalen Frachtgeschäfts (s. oben) mit denjenigen, die für das Kommissionsgeschäft typisch sind, vereinigt.

2. Das Frachtgeschäft – Rechtsbeziehungen

a) Zweipersonenverhältnis

991 Ist der Absender zugleich der Empfänger (Beispiel: *Möbelumzug* von A-Stadt nach B), so sind die Rechtsbeziehungen im Frachtgeschäft relativ einfach. Es treten nur zwei Personen auf, zwischen denen der Frachtvertrag besteht. Dieser beinhaltet den Transport der Güter von einem bezeichneten Ort zu einem anderen und ist seinem Wesen nach Werkvertrag iS von § 631 BGB. Er ist im Übrigen auch Konsensualvertrag,[868] was deswegen Hervorhebung verdient, weil die Verladung des Gutes die notwendige Voraussetzung für die Durchführung des Transports ist.

b) Dreipersonenverhältnis

Ist aber der Empfänger vom Absender verschieden (typischer Fall: *Versendungskauf,* vgl. auch → Rn. 907f. und *Fall 51,* vor → Rn. 907), so ist das entstehende Dreiecksverhältnis durch folgende Rechtsbeziehungen charakterisiert:

(1) Zwischen Absender und Empfänger besteht der *Kaufvertrag,*

(2) zwischen Absender und Frachtführer der *Frachtvertrag.*

(3) Zwischen Frachtführer und Empfänger wurde unmittelbar *kein* Vertrag geschlossen.

992 Das passt nun allerdings schlecht zu der Tatsache, dass die Abwicklung des Frachtgeschäfts hauptsächlich zwischen Frachtführer und Empfänger zu erfolgen hat. Nicht nur erfüllt der Frachtführer durch Auslieferung an den Empfänger seine Vertragspflichten, sondern es ist auch nahe liegend, dass bei dieser Gelegenheit, also im Verhältnis **Frachtführer – Empfänger,** etwaige Beanstandungen hinsichtlich des Transports

---

868 EBJS/*Reuschle* HGB § 407 Rn. 27.

sowie die Gegenansprüche des Frachtführers auf sein Entgelt erhoben werden bzw. vernünftigerweise werden sollten. Hinzu kommt, dass beim Versendungskauf nach der gesetzlichen Regelung im Verhältnis Verkäufer – Käufer der letztere, also der Empfänger, das Transportrisiko (§ 447 BGB, nicht etwa ist der Frachtführer Erfüllungsgehilfe des Verkäufers) und die Transportkosten trägt (§ 448 BGB; dazu → Rn. 909).

Daher räumt das Gesetz in § 421 HGB dem **Empfänger** *eigene Rechte* aus dem Fracht- 993
vertrag gegen den Frachtführer ein. Der Frachtvertrag ist also als **Vertrag zugunsten eines Dritten** (§ 328 BGB) ausgestaltet. Zum einen kann er nach Ankunft des Gutes an der Ablieferungsstelle(-adresse) im eigenen Namen den *Anspruch auf Auslieferung* des Gutes geltend machen (§ 421 I 1 HGB). Gleichzeitig erlischt das Verfügungsrecht des Absenders (§ 418 II 1 HGB). Umgekehrt wird der Empfänger dem Frachtführer zur Erbringung der vertraglichen Gegenleistung verpflichtet (§ 421 I 1, II HGB). Die Verpflichtung des Absenders bleibt *daneben* bestehen (§ 421 IV HGB).

Zum zweiten stehen auch dem Empfänger die **Schadensersatzansprüche** des § 421 I 2 994
HGB zu, und dies unabhängig von der Ankunft des Gutes und damit insbes. auch bei dessen Totalverlust. Diese Ansprüche konkurrieren mit den fortbestehenden Ansprüchen des Absenders, und es kommt dabei nicht darauf an, wen im Verhältnis zwischen ihnen der Schaden trifft, wer also den eigenen Schaden, wer ihn im Drittinteresse geltend macht. Der Frachtführer wird durch Zahlung an jeden der beiden von seiner Schuld befreit.

Falschauslieferung an einen Nichtberechtigten ist dem Verlust der Ware gleichzuset- 995
zen.[869] Umgekehrt hat der nichtberechtigte Empfänger nicht die Rechte aus § 421 HGB.[870]

Schließlich obliegt dem Empfänger in erster Linie die **Rüge** von Transportschäden oder -verspätungen, nämlich bei der Ablieferung des Gutes oder innerhalb kurzer Fristen danach; allerdings besteht der Rechtsnachteil in einem Anspruchsverlust nur bei Verspätungsschäden, ansonsten bleibt ihm der Beweis des Schadenseintritts weiterhin eröffnet[871] (§ 438 HGB).

c) Frachtbrief

Im Frachtgeschäft spielen zwei **Urkunden** eine Rolle, die sorgfältig voneinander zu 996
unterscheiden sind: der Frachtbrief (§ 408 HGB) und – praktisch nur in der Binnenschifffahrt – der Ladeschein (§§ 444 ff. HGB). Während der Ladeschein ein echtes Wertpapier ist, ist der Frachtbrief lediglich Beweisurkunde (§ 409 I HGB). Außerdem beinhaltet er allerdings auch eine Risikozuweisung (§ 409 II, III). Das macht aber den Frachtbrief noch nicht zu einem Wertpapier.

Den Frachtbrief stellt der Absender dem Frachtführer in drei Ausfertigungen aus 997
(§ 408 II HGB), von denen eine für den Absender bestimmt (und auf Wunsch vom Frachtführer gegenzuzeichnen) ist, eine das Gut auf der Reise begleitet, eine beim Frachtführer verbleibt. Der Frachtbrief dient zunächst einmal dem Frachtführer als Beweisurkunde über den Inhalt des Frachtvertrags (Einzelpunkte: § 408 HGB). Nach

---

869 *OLG Düsseldorf* TranspR 1995, 77.
870 Baumbach/Hopt/*Merkt* HGB § 135 Rn. 1
871 BR-Drs. 368/97, 75.

Ankunft des Gutes am Ort der Ablieferung dient der Frachtbrief dann aber auch dem Empfänger zur Information, namentlich über das geschuldete Frachtentgelt (§ 421 II HGB), die dem Absender verbleibende Ausfertigung ggf. diesem zum Beweis seines Verfügungsrechtes (§ 418 IV HGB).

Schaubild 34: Rechtsverhältnisse bei Frachtgeschäften

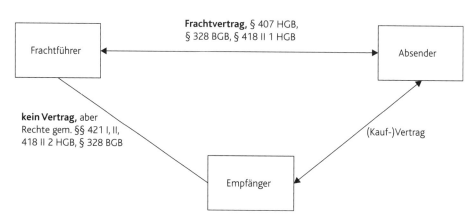

3. Haftung für Transportschäden

Fall 55: Die Z-GmbH verkaufte der Schiffswerft P einen Dieselmotor und beauftragte mit der Versendung die Spedition S, die als Zwischenspediteur die B einschaltete, welche ihrerseits die J-KG zum Frachtführer bestellte. Die J führte den Transport per Sattelzug durch, wobei ihr Fahrer F in einer Kurve infolge überhöhter Geschwindigkeit ins Schleudern geriet. Haften (a) J, (b) F für den Schaden von 80.000 EUR? (Lösungshinweise → Rn. 1009).

a) Aus Vertrag

998 Die vertragliche Schadensersatzhaftung des Frachtführers beruht auf den **§§ 425, 426 HGB.** Demnach kann er sich durch den Nachweis entlasten, dass er den Eintritt des Schadens »auch **bei größter Sorgfalt** nicht vermeiden konnte«. Damit ist an die Stelle der bisher im Handelsrecht üblichen Verschuldenshaftung mit relativ strengem, berufs- bzw. positionstypischem Sorgfaltsmaßstab (§§ 347 I HGB, 43 I GmbHG, früher § 429 HGB aF: »Sorgfalt eines ordentlichen Frachtführers«) eine neuartige Haftung auf der Grenze zwischen Verschuldenshaftung und objektiver Risikozurechnung getreten, die in dieser Art einen Fremdkörper in unserem System privatrechtlicher Vertragshaftung darstellt und auch nicht einfach den uns vertrauten Typen der (evtl. abgeschwächten) Gefährdungshaftung zugerechnet werden kann, wenngleich die Verwandtschaft mit § 7 II 2 StVG unverkennbar ist und im Hinblick auf den heute vorherrschenden Straßengütertransport auch nicht unangebracht erscheinen mag.

999 Jedenfalls verlangt § 426 HGB mehr als den üblichen Entlastungsbeweis für einfache Fahrlässigkeit (§§ 276, 280 I 2 BGB); die »größte Sorgfalt« ist mehr als die verkehrserforderliche Sorgfalt eines ordentlichen Frachtführers iSv § 347 HGB, sie stellt, wie gesagt wird, auf den *idealen* Frachtführer ab, der im Rahmen des Menschenmöglichen

Vorsicht übt.[872] Auf der anderen Seite tritt die Haftungsbefreiung nicht erst bei sog. »höherer Gewalt« ein, auch wenn dies die ursprüngliche Vorstellung der Gesetzesverfasser gewesen sein mag. Denn auch bei dieser höchsten Anspannung der Sorgfaltsanforderungen dürfte die Haftung der Idee nach (und systemgerecht) immer noch als Verschuldenshaftung einzuordnen sein.[873] Der Sache nach hat der Frachtführer nachzuweisen, dass entweder er diese äußerste Sorgfalt tatsächlich geübt hat oder auch unter dieser Hypothese der Schaden eingetreten wäre, sein tatsächliches Defizit an Sorgfalt also nicht schadensursächlich war.

Weiter verschärft wird die Haftung durch eine Regelung der **Gehilfenhaftung in § 428 HGB,** die zwar im Kern derjenigen nach § 278 BGB entspricht, in den Kreis der Gehilfen (»seiner Leute«) aber über die Erfüllungsgehilfen ieS hinaus schlechthin alle im Unternehmen angestellten Personen einbezieht, ohne Rücksicht darauf, ob sie mit Aufgaben im Zuge der konkreten Vertragserfüllung betraut waren.   1000

Auf der anderen Seite wird die Verwirklichung **besonderer Gefahren** in § 427 **von der Haftung ausgenommen.** Hierbei handelt es sich im Wesentlichen um risikoerhöhende Umstände, die dem Absender zuzurechnen sind. In diesem Rahmen verordnet Abs. 2 im Bemühen um ganz subtile Interessengerechtigkeit eine weitere Merkwürdigkeit, nämlich eine Beweislast für *mögliche* Kausalität,[874] die dann durch den Gegenbeweis der tatsächlich fehlenden Kausalität wieder ausgeräumt werden kann. Das bedeutet inhaltlich nichts anderes, als dass die Existenz der Gefahrenquelle, wenn sie nur in einen Sachzusammenhang mit dem eingetretenen Schaden gebracht werden kann, den Beweis des ersten Anscheins für die Ursächlichkeit begründet.   1001

§ 431 HGB zieht der Haftung allgemeine **Obergrenzen** in Abhängigkeit vom »Rohgewicht« (Gesamtgewicht) der Sendung ein; 1 Sonderziehungsrecht (SZR) entspricht derzeit etwa 1,12 EUR. Diese Haftungslimitierung erleichtert vor allem den Abschluss eines kostengünstigen Haftpflichtversicherungsschutzes. Konsequenterweise entfallen die Vergünstigungen gemäß § 435 HGB bei qualifiziertem Verschulden, dessen Untergrenze bei der bewussten groben Fahrlässigkeit zu ziehen ist[875] – wiederum ein ansonsten eher unübliches Kriterium.   1002

Abdingbar ist die gesetzliche Haftung im Verhältnis zu Verbrauchern nur bei Briefsendungen, gegenüber Unternehmern allgemein in Individualvereinbarungen, in AGB kann hier außerdem die Haftungshöchstgrenze in näher bestimmter Weise reduziert werden (§ 449 I, II HGB). Im Übrigen gelten die Grenzen der §§ 276 III, 278 S. 2 BGB.   1003

Der in § 437 HGB behandelte **»ausführende Frachtführer«** ist der Sache nach Erfüllungsgehilfe des Frachtführers, der mit dem Absender den Frachtvertrag abgeschlossen hat. Deshalb besteht die vertragliche Haftung des Hauptfrachtführers (Abs. 3). Das Besondere an der Vorschrift ist die Einbeziehung auch des ausführenden Frachtführers in den Hauptfrachtvertrag mit unmittelbarer Haftung gegenüber den aus diesem Vertrag Anspruchsberechtigten.[876]   1004

---

872 KKRD/*Koller* HGB § 426 Rn. 1; *Koller,* VersR, 2011, 1209, 1211.
873 Baumbach/Hopt/*Merkt* HGB § 426 Rn. 2.
874 Baumbach/Hopt/*Merkt* HGB § 427 Rn. 3.
875 Reg.-Begr. aaO, S. 71.
876 BGHZ 116, 15; *OLG Düsseldorf* NJW-RR 1994, 1522.

1005 Vom Fall des § 437 HGB zu unterscheiden sind die gesonderte Beauftragung mehrerer Frachtführer jeweils für Teilstrecken in getrennten Frachtverträgen (»**Teilfrachtführer**«) sowie – sofern nach dem Vertrag zulässig – die Delegation von Transportabschnitten auf »**Zwischenfrachtführer**« – in beiden Fällen keine wechselseitige Haftung für die Leistung des jeweils anderen. Der »nachfolgende Frachtführer« iSv § 442 HGB kann ein solcher Teil- oder Zwischenfrachtführer, er kann aber auch ausführender Frachtführer sein.

b) Aus unerlaubter Handlung

1006 Neben der vertraglichen kommt eine deliktische Haftung des Frachtführers wegen Eigentumsverletzung in Betracht (§ 823 I BGB). Hierfür ist entscheidend, wer Eigentümer der Ware im Zeitpunkt einer Schadensverursachung war. § 421 HGB gilt für den deliktischen Anspruch nicht, so dass beim Versendungskauf diese Anspruchsberechtigung normalerweise beim Absender verbleibt – das Eigentum geht auf den Käufer grundsätzlich erst mit der Auslieferung (= Übergabe nach § 929 S. 1 BGB) über –, dieser aber wegen der Risikoüberwälzung nach § 447 BGB keinen eigenen Schaden hat. Zum Zuge kommt wiederum die **Drittschadensliquidation**. Der Empfänger-Käufer kann sich gegenüber dem Absender-Verkäufer auf § 285 BGB stützen.[877] Allerdings ist für ihn neben § 421 HGB dieser Weg normalerweise nicht von Interesse, zumal die vorerwähnten Haftungsbeschränkungen auch auf die außervertraglichen Ansprüche erstreckt werden (§ 434 HGB). Letzteres gilt auch für die persönliche Haftung von Hilfspersonen (§ 436 HGB).

c) Haftung des Absenders

1007 Schäden aus dem Transport können auch dem Frachtführer entstehen, nämlich Schäden aus der Beschaffenheit oder Verpackung des Gutes an seinen Transportmitteln oder an der Gesundheit seiner Arbeitnehmer, oder beispielsweise auch Schäden aus behördlichen Maßnahmen, die gegen ihn wegen des Transports ergriffen werden. Im Hinblick darauf statuieren die §§ 410–413 HGB besondere **Schutzpflichten des Absenders,** namentlich zur *Information* über besondere Gefahrenquellen des Gutes, und diese sind durch eine echte verschuldensunabhängige Haftung abgesichert (§ 414 HGB), die aber auch wieder der Höhe nach begrenzt ist und von der überdies Verbraucher ausgenommen sind (Abs. 1 S. 2, Abs. 2, 3). An die Stelle der Abwägung mitwirkenden Verschuldens (§ 254 BGB) tritt folgerichtig eine mitwirkende Verursachung des Frachtführers (§ 414 II HGB). Auch diese Ansprüche kann der Frachtführer nach § 421 I 1 HGB gegen Auslieferung des Gutes beim Empfänger geltend machen.

4. Abwicklung des Vertrags, Transporthindernisse

1008 Die §§ 415–420 HGB berücksichtigen den Eintritt besonderer Umstände, die den vereinbarten Transport verzögern oder unmöglich machen oder zu Umdispositionen eines der Vertragspartner führen können, und versuchen hierbei der besonderen Interessenlage der Beteiligten bei einer Transportsituation angemessen Rechnung zu tragen.

---

[877] MüKoHGB/*Herber* § 425 Rn. 67 f.; *Rabe*, TranspR 1993, 1.

Der Sache nach handelt es sich um Sonderregelungen für den Fall von Leistungsstörungen bzw. für einseitige Abstandnahme vom Vertrag.

Weitere Durchführungsregelungen, gesetzliche Vermutungen und Vereinfachungen: §§ 422–424 HGB.

> **Lösungshinweise zu Fall 55** (vor → Rn. 998; vgl. *BGH* NJW 1994, 852):   1009
>
> a) Haftung des J, §§ 421 I 2, 425, 428 HGB
>   1. Voraussetzungen der Obhutshaftung:
>   a) Wirksamer Frachtvertrag iSd **§ 407 HGB**
>   b) Beschädigung des Gutes (+)
>   c) keine Haftungsausschlussgründe nach §§ 426, 427 HGB
>   2. Rechtsfolge: J haftet für Güterschäden gem. §§ 421 I 2, 425 HGB, wobei hier die haftungsrechtliche **Zurechnungsregel** des § 428 BGB anzuwenden ist: Hiernach wird dem Frachtführer jedes Verhalten »**seiner Leute**« (hier des F, der in Ausübung der Verrichtungen des J handelte) zugerechnet. Das Fehlverhalten des F (Schleudern infolge erhöhter Geschwindigkeit in einer Kurve) steht auch in einem inneren Zusammenhang mit der der Hilfsperson (J) übertragenen Aufgabe (Beförderung des Dieselmotors in die Schiffswerft).
>   3. Summenmäßige Beschränkung auf Haftungshöchstbetrag (**§ 431 HGB**)
> b) Haftung des F gem. **§ 823 I BGB**
>
> Auch hier ist die **Haftungsbeschränkung** gem. § 431 iVm §§ 434, 436 HGB, die der Sicherung des frachtvertraglichen Haftungssystems dient, zu berücksichtigen.

§ 39. Speditions- und Lagergeschäft

1. Das Speditionsgeschäft

a) Spediteur

Der Begriff des Spediteurs im Rechtssinne ist vom allgemeinen Sprachgebrauch sorg-   1010
fältig zu unterscheiden. Bezeichnet man hier als Spedition zumeist das Unternehmen, das den Transport tatsächlich durchführt, so ist dies in juristischer Terminologie der Frachtführer zu Lande und auf Binnengewässern bzw. – im Seefrachtverkehr – der Verfrachter.

Spediteur im rechtlichen Sinne ist demgegenüber laut **§ 453 I HGB** derjenige, der die Versendung durch jene Transportunternehmen *besorgt*. Besorgen heißt dabei, Frachtverträge mit dem Frachtführer bzw. Verfrachter abzuschließen, und zwar entweder *im eigenen Namen, aber für Rechnung des Versenders,* **oder** unter Umständen auch in *offener Stellvertretung* für den Versender (§ 454 III HGB). Funktion und Rechtsstellung des Spediteurs entsprechen im ersteren Fall derjenigen des Kommissionärs (»**Transportkommissionär**«), und Kommissionsrecht kommt auch gemäß § 406 I 2 HGB ergänzend zur Anwendung.

In der Praxis führt allerdings der **Spediteur den Transport** überwiegend auch –   1011
wenigstens auf Teilstrecken – *selbst durch,* tritt also gleichzeitig als Frachtführer auf bzw. beauftragt ausführende Frachtführer auf eigene Rechnung. Rechtlich geschieht dics, ebenso wie beim Kommissionär, im Wege des **Selbsteintritts** (§ 458 HGB mit Rechtsfolgen in S. 2, 3). Unter Umständen hat er dann die Rechte und Pflichten des

Spediteurs für den gesamten Transportweg, diejenigen des Frachtführers für eine Teilstrecke.[878]

1012 Außerdem kann der Spediteur sich im Einzelfall unmittelbar als Frachtführer verpflichten, dann gilt nur Frachtrecht. Häufig betreibt auch ein und dasselbe Unternehmen *gleichzeitig das Speditions- und das Frachtführergeschäft*.[879] Schließlich sehen die §§ 459, 460 HGB zwei Fälle vor, in denen von Gesetzes wegen (nur) Frachtrecht zur Anwendung kommt, der Spediteur insbesondere grundsätzlich keine Provision verlangen kann: die Spedition zu festen Kosten und die Versendung per Sammelladung.[880] Im Einzelfall kann daher die Abgrenzung zwischen Speditions- und Frachtvertrag Schwierigkeiten bereiten.[881]

b) Dreipersonenverhältnis

1013 Wenn der Spediteur kommissionsweise tätig wird, steht er kraft des **Speditionsvertrags** in vertraglichen Beziehungen mit dem Versender, kraft des **Frachtvertrags** in ebensolchen mit dem Frachtführer. Unmittelbare Vertragsbeziehungen Versender – Frachtführer bestehen ebenso wenig wie beim Kommissionsgeschäft zwischen Kommittent und Drittem.

1014 Die Pflichten des Spediteurs gegenüber dem Versender formuliert § 454 HGB, dessen Abs. 4 wiederholt § 384 I HGB; der Spediteur *haftet* also insbesondere nicht selbst für die Durchführung des Transports (§ 461 II HGB). Werden hierbei Schäden verursacht, die der Frachtführer zu vertreten hat (→ Rn. 993 f.), so hat der Spediteur insoweit Ansprüche aus dem Frachtvertrag, und für sein Verhältnis zum Versender greift § 457 HGB die Regelung des § 392 HGB aus dem Kommissionsrecht auf, allerdings mit einer signifikanten Erweiterung, die das oben (→ Rn. 957 f.) diskutierte Problem des § 392 II HGB beseitigt. Einen Schaden des Versenders macht der Spediteur im Wege der Drittschadensliquidation geltend, der Versender selbst auf vertraglicher Grundlage erst nach Abtretung des Anspruchs. Allerdings kann der Versender bei Beschädigungen der Ware, wenn er in diesem Zeitpunkt Eigentümer ist, unmittelbare Schadensersatzansprüche aus Delikt haben.

1015 Bei komplizierterer Transportabwicklung schaltet der erstbeauftragte Spediteur uU nicht nur mehrere Frachtführer ein, sondern auch einen weiteren Spediteur, und er darf das grundsätzlich auch nach Maßgabe von § 454 HGB. Rechtlich kann auch dies wiederum, ebenso wie beim Frachtführer, in zweifacher Weise geschehen: Der erste oder Hauptspediteur kann sich eines Unterspediteurs als Erfüllungsgehilfen (§ 462 HGB) bedienen oder mit einem »Zwischenspediteur« einen (weiteren) Speditionsvertrag in eigenem Namen, aber für Rechnung des Versenders abschließen; der Zwischenspediteur »besorgt« dann den Transport auf bestimmten Teilstrecken. Der Hauptspediteur haftet dem Versender in Bezug auf den Zwischenspediteur ebenso wie in Bezug auf einen Frachtführer nur für sorgfältige Auswahl, nicht aber ist der Zwischenspediteur sein Erfüllungsgehilfe. Vielmehr hat der Hauptspediteur insoweit seine Aufgaben und Verpflichtungen in zulässiger Weise delegiert. Insoweit demnach eine Haftung des

---

878 *OLG Düsseldorf* VersR 1993, 1426.
879 Zur Abgrenzung *BGH* WM 1991, 459 (Paketdienst).
880 Baumbach/Hopt/*Merkt* HGB Anm. zu §§ 459, 460; *BGH* WM 1989, 1519.
881 BGHZ 38, 150; *OLG München* NJW-RR 1993, 166; *OLG Düsseldorf* VersR 1993, 1426; WM 1997, 371; *OLG Köln* TranspR 1995, 162.

Spediteurs eintritt, verweist § 461 I HGB auf das Frachtrecht, insbes. auf die Kernelemente der Frachtführerhaftung (§§ 426, 431 HGB, → Rn. 998 f.).

c) Allgemeine Geschäftsbedingungen

In der Praxis wird die gesetzliche Regelung des Speditionsvertrags regelmäßig von den **Allgemeinen Deutschen Spediteurbedingungen** (ADSp) überlagert, sofern der Versender nicht Verbraucher ist (Punkt 2.4 ADSp). Dabei handelt es sich um brancheneinheitliche Geschäftsbedingungen des Speditionsgewerbes, die so weit verbreitet sind, dass ihre Geltung im kaufmännischen Verkehr auch ohne ausdrückliche Unterwerfung sehr weitgehend als *stillschweigend vereinbart* anerkannt wird. Die ADSp regeln vor allem auch die Haftung des Spediteurs, allerdings ist die Dispositivität der gesetzlichen Regelung in gleicher Weise wie bei der Frachtführerhaftung begrenzt (§ 466 HGB), so dass die ADSp sich insoweit im Wesentlichen darauf beschränken müssen, im Verhältnis zu Unternehmern die Haftungshöchstbeträge in den Grenzen des § 466 II S. 2 HGB herabzusetzen (Punkt 23). Das Kernelement der ADSp-Regelung ist daher die Kombination von Haftung und Versicherungsschutz, wobei einerseits die Haftung des Spediteurs durch eine Haftungsversicherung, andererseits das darüber hinausgehende Risiko des Versenders oder sonstigen Wareninteressenten durch eine Schadenversicherung abgedeckt ist.

1016

Auf diese Weise soll die gesetzliche Regelung in Verbindung mit Versicherungsschutz dazu beitragen, dass das Transportrisiko in möglichst effizienter Weise durch Risikoprämien erfasst wird, die zwar letztlich der Auftraggeber zu bezahlen hat, die aber im Wettbewerb der Beteiligten so determiniert werden, dass das Schadensrisiko minimiert, die Schadensvermeidung belohnt und das verbleibende Restrisiko auf die Gesamtheit aller Geschäftsvorfälle umgelegt wird.

1017

Die ADSp beanspruchen im Übrigen auch dann Geltung, wenn der Spediteur (zusätzlich oder ausschließlich) dem Frachtrecht unterliegt (Punkt 2.1.). Allerdings sind dann an eine wirksame Einbeziehung in den Vertrag strengere Anforderungen zu stellen.

2. Der Spediteur im Frachtverhältnis

Durch Einschaltung eines Spediteurs in die frachtrechtlichen Beziehungen erweitert sich das Dreiecksverhältnis zum **Viereck**. Der Spediteur hat nunmehr als Absender die frachtvertraglichen Rechte, solange diese nicht auf den Empfänger übergegangen sind, bzw. er hat sie in Konkurrenz mit den Empfängerrechten (§ 421 HGB). Die Rechte aus dem Eigentum hingegen stehen dem Eigentümer-Versender zu, bis das Eigentum an der Ware auf den Empfänger übergeht. Die frachtvertraglichen Haftungsbeschränkungen gelten allerdings trotz der Personenverschiedenheit auch gegenüber den deliktischen Ansprüchen des Eigentümers (§ 434 II HGB).

1018

Trägt beim Versendungskauf der Empfänger das Transportrisiko, so kommen ihm die eigenen Ansprüche aus dem Frachtvertrag (§ 421 I S. 2 HGB) oder aus Eigentum zugute. Damit konkurriert die Schadensliquidation im Dritt-(Empfänger-)Interesse, und zwar einmal seitens des Absenders (Spediteurs),[882] so ausdrücklich § 421 I S. 2, 3 HGB,

1019

---

882 Vgl. *BGH* NJW 1989, 3099.

zum anderen seitens des Eigentümers (Versenders), wobei der Eigentümer den Anspruch oder einen bereits eingezogenen Ersatzbetrag als Verkäufer nach § 285 BGB abzutreten bzw. abzuführen hat, während der Spediteur unmittelbar nur dem Verkäufer-Versender verpflichtet ist (§ 454 HGB). Schadensersatzansprüche gegen den Spediteur selbst auf der Grundlage von § 461 HGB kann der Empfänger ebenfalls nicht unmittelbar geltend machen, auch § 421 HGB greift insoweit nicht ein.

Schaubild 35: Rechtsverhältnisse bei Speditionsgeschäften

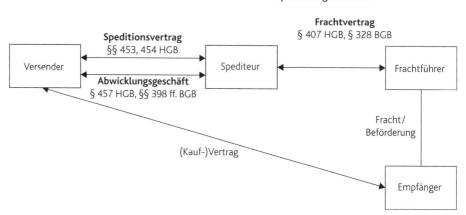

3. Das Lagergeschäft

1020　Der Lagerhalter ist nicht direkt am Gütertransport beteiligt, dient ihm aber, indem er an den Orten des Warenumschlags Lagerraum bereitstellt. Er verpflichtet sich im Lagervertrag zu Lagerung und **Aufbewahrung** (§ 467 HGB), seine wichtigsten Rechte regeln die nachfolgenden Vorschriften. § 475 HGB vereinfacht die Haftung im Vergleich zu den anderen Transportgeschäften zu einer reinen Verschuldenshaftung mit Beweislastumkehr, auch ohne Haftungshöchstbeträge, aber grundsätzlich abdingbar (§ 475h HGB). Spezielle Verbraucherschutznormen gibt es aber auch hier (§§ 475h, 468 II, 472 I S. 2 HGB).

1021　Eine besondere Form der Lagerhaltung mit spezieller sachenrechtlicher Relevanz ist die **Sammellagerung** des § 469 HGB für vertretbare Sachen gleicher Art und Güte. Hierbei erwerben die mehreren Eigentümer der zusammen eingelagerten Waren Miteigentum nach Bruchteilen; jeder Anteil kann und muss aber jederzeit ohne Zustimmung der anderen Miteigentümer wieder ausgesondert und ausgeliefert werden. Das Miteigentum entsteht bereits vom Zeitpunkt der Einlagerung ab (ohne Rücksicht auf tatsächliche Vermischung iSv § 948 BGB). Das Gesetz knüpft dies an die Voraussetzung eines »ausdrücklichen« Einverständnisses, was wohl so zu verstehen ist, dass ein nicht in diesem Sinne einverstandener Einlagerer sein Sondereigentum erst nach § 948 BGB verliert.

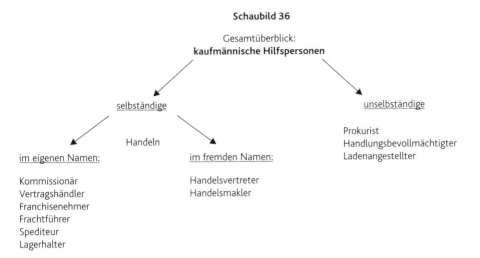

Schaubild 36

Gesamtüberblick:
kaufmännische Hilfspersonen

selbständige

Handeln

unselbständige

Prokurist
Handlungsbevollmächtigter
Ladenangestellter

im eigenen Namen:

Kommissionär
Vertragshändler
Franchisenehmer
Frachtführer
Spediteur
Lagerhalter

im fremden Namen:

Handelsvertreter
Handelsmakler

Sachverzeichnis

(Die Fundstellen beziehen sich auf Randnummern.)